“纪念张海鹏先生诞辰八十周年暨徽学学术讨论会”文集

JINIAN ZHANGHAIPENG XIANSHENG DANCHEN BASHIZHOUNIAN JI HUIXUE XUESHU TAOLUNHUI WENJI

王世华　李琳琦　周晓光◎主编

安徽师范大学出版社

责任编辑：孙新文
装帧设计：丁奕奕

图书在版编目（CIP）数据

“纪念张海鹏先生诞辰八十周年暨徽学学术讨论会”文集/王世华，李琳琦，周晓光主编．—芜湖：安徽师范大学出版社，2013.3

ISBN 978-7-5676-0448-3

Ⅰ.①纪… Ⅱ.①王… ②李… ③周… Ⅲ.①张海鹏（1931~2000）—纪念文集 ②文化史—徽州地区—文集 Ⅳ.①K825.81-53 ②K295.42-53

中国版本图书馆CIP数据核字（2013）第044633号

“纪念张海鹏先生诞辰八十周年暨徽学学术讨论会”文集
王世华 李琳琦 周晓光 主编

出版发行：安徽师范大学出版社
芜湖市九华南路189号安徽师范大学花津校区 邮政编码：241002
网 址：http://www.ahnupress.com/
发 行 部：0553-3883578 5910327 5910310（传真） E-mail：asdcbsfxb@126.com
经 销：全国新华书店
印 刷：安徽芜湖新华印务有限责任公司
版 次：2013年6月第1版
印 次：2013年6月第1次印刷
规 格：787×1092 1/16
印 张：30.75
字 数：606千
书 号：ISBN 978-7-5676-0448-3
定 价：60.00元

前　言

八十年前，张海鹏先生诞生在安徽枞阳一个普通农民家庭。枞阳本属桐城县，“天下之文章，其在桐城乎！”清代桐城派驰名海内，而桐城派很多大家其实都出生在枞阳，所以民间一直流传这样的说法：“枞阳出人，桐城出名。”张先生就生活在“出人”的这样一片文化沃土上，自小就酷爱桐城派文章，也深受桐城派的影响，秉承桐城派的流风余韵，经过刻苦学习，打下了扎实的传统文化功底。张先生年轻时先是在小学当教师，1954 年安徽师范学院（安徽师范大学的前身）历史专业招收专科调干生，张先生以优异成绩被录取入学。那时专科学制为两年，1956 年张先生毕业后又竟然以优异的成绩留校任教。一个专科毕业生能够破格留校任教，足可见他已是出类拔萃了。从此，张海鹏先生与中国古代史结下了不解之缘，既教学，又研究，滋兰树蕙，析疑解难，在这块土地上辛勤耕耘了一辈子。改革开放以后，张先生开始专攻明史，厚积薄发，很快驰名明史学界。上世纪 80 年代初，张先生以其敏锐的学术战略眼光，组织团队开始研究徽商，成为我国徽学领域的奠基者和领军人，在徽学领域作出了重大贡献。正因如此，在学界同仁的一致推选下，张先生荣膺安徽省历史学会会长、中国明史学会副会长、中国商业史学会副会长。

张海鹏先生不仅是位杰出的教师、学者，而且是位优秀的行政管理者。1985 年他被选任安徽师范大学副校长，不久升任校长，一直任职到 1993 年退休，为安徽师范大学的发展做出了重要贡献。

“烈士暮年，壮心不已。”虽然张先生晚年患有严重的青光眼，读书写作非常困难，但他仍然念念不忘徽学研究，除了担纲《徽州文化全书》学术顾问外，几乎每天都在思考一些问题，经常召见团队的同志耳提面命，为进一步开拓徽学研究的新局面而操劳谋划。2000 年 9 月 5 日张先生在住院仅仅两个月就永远离开了我们。

2011 年是张海鹏先生诞辰八十周年。为纪念张海鹏先生的学术贡献，今年八月份，我们在芜湖举办了“纪念张海鹏先生诞辰八十周年暨徽学学术讨论会”，会议由安徽师范大学历史与社会学院主办、安徽省历史学会和池州学院协办，张海鹏先生的生前挚友、名流硕彦、门墙桃李共八十多人莅临了这次会议。与会代表深切缅怀张海鹏先生在教育上、学术上的重要贡献，不少学生以自己的亲身经历回忆受教师门期间那些难忘的谆谆教诲。在会上，还有不少代表就中国史研究和徽学研究的若干问题提出了自己的真知灼见。今天我们将这些发言整理出来并和论文一起结集出版，算是献给张海鹏先生的一瓣心香，张先生九泉有知，定会开颜一笑的。

感谢安徽师范大学出版社张传开社长对文集出版的大力支持，感谢孙新文同志在文集编辑过程中所付出的辛勤劳动！

编　者

2011 年 10 月

目录

第一编

纪念大会

主持词

安徽师范大学副校长李琳琦教授主持词

尊敬的各位领导、各位专家、各位来宾、各位朋友：

大家上午好！

今年是我们尊敬的张海鹏先生诞辰八十周年、先生离开我们十一周年，也是先生创立和领导的安徽师范大学的学术团队开展徽商和徽学研究二十九周年。今天，我们少长咸集，齐聚在先生曾经生活了几十年的江城芜湖、先生毕生为之服务的安徽师范大学，隆重召开“纪念张海鹏先生诞辰八十周年暨徽学学术讨论会”，缅怀先生的学识为人、道德文章，并就先生一生所热爱的中国历史、安徽文化，特别是对先生倾注了后半生全部热情为之奠基、予以开拓的徽学进行研讨。首先请允许我介绍莅临这次纪念和学术讨论会的各位领导，以及来自于省外各高校和科研机构的部分专家和来宾，来自省内和校内的专家学者就不介绍了，请大家鉴谅。他们是：

1. 安徽省委宣传部副部长，安徽省社会科学院党组书记、院长　陆勤毅教授；

2. 安徽行政学院党委书记、常务副院长，原安徽师范大学党委书记　吴良仁先生；

3. 安徽省教育厅副厅长　李和平教授；

4. 安徽师范大学校长　王伦教授；

5. 安徽省社会科学界联合会副主席　洪永平教授；

6. 池州学院院长　何根海教授；

7. 安徽大学副校长　吴春梅教授；

8. 安徽省社会科学院历史研究所所长、安徽省历史学会副会长兼秘书长　施立业研究员；

9. 安徽省教育厅高教处处长　储常连博士；

10. 美国华商报、美国华商网社长兼总编，美国华商会常务副会长　管必红博士；

11. 上海建委党校副校长　陈锡宝教授；

12. 安徽师范大学校长助理　沈洪先生；

13. 中国社会科学院历史研究所研究员、中国明史学会会长　商传先生；

14. 北京师范大学资深教授、教育部社会科学委员会委员兼历史学部召集人　瞿林东先生；

15. 广东省社会科学院研究员、广东省经济史研究会会长　叶显恩先生；

16. 中国社会科学院近代史研究所　蒋大椿研究员；

17. 北京师范大学史学研究所　吴怀祺教授；

18. 中央民族大学历史文化学院　陈梧桐教授；

19. 中国社会科学院历史研究所研究员、徽学研究中心前副主任　栾成显先生；

20. 中国社会科学院历史研究所研究员、明史研究室主任　万明先生；

21. 中国人民解放军军事科学院军事历史研究所正师职研究员　陈力先生；

22. 暨南大学中国文化典籍研究所前所长、中国宋史学会副会长　张其凡教授；

23. 上海师范大学马克思主义学院　吴仁安教授；

24. 南开大学历史文化学院　李小林教授；

25. 南京大学历史系副主任、中国明史学会副会长　范金民教授；

26. 南京大学中国思想家研究中心常务副主任　夏维中教授；

27. 复旦大学文史研究院　王振忠教授；

28. 中国社会科学院历史研究所　阿风研究员；

29. 苏州大学国学研究所所长　余同元教授；

30. 湖南师范大学历史文化学院　刘渝龙副教授；

31. 华东师范大学古籍研究所　宗韵副研究员；

32. 江苏省社会科学院历史研究所　王裕明副研究员。

另外，我还要特别介绍两个人：一是张海鹏先生的小公子、安徽师范大学图书馆研究馆员张健先生；二是张海鹏先生生前好友、安徽师范大学历史学科的老一辈学者杨国宜教授。

莅临会议的还有来自安徽大学、安徽师范大学、淮北师范大学、池州学院、黄山学院、安徽省社会科学院、安徽日报社、朱元璋研究会等省内高等学校、科研院所、新闻媒体、学术团体的专家学者40余人。

我谨代表安徽师范大学、安徽师范大学历史与社会学院、张海鹏先生的亲属和弟子们，向莅临这次纪念和学术讨论会的各位领导、各位专家、各位来宾表示最热烈的欢迎、最衷心的感谢和最崇高的敬意！

接下来，

请安徽师范大学校长王伦教授致欢迎词；

请安徽省教育厅副厅长李和平教授讲话；

请中国明史学会会长、中国社会科学院历史研究所商传研究员讲话；

请安徽省社会科学界联合会副主席洪永平教授讲话；

请安徽省社会科学院历史研究所所长、安徽省历史学会副会长兼秘书长施立业研究员讲话；

请安徽大学副校长吴春梅教授讲话；

请安徽行政学院党委书记、常务副院长，原安徽师范大学党委书记吴良仁先生讲话；

请安徽省委宣传部副部长，安徽省社会科学院党组书记、院长陆勤毅教授讲话；

请历史学科毕业研究生、刚留校任教的年轻教师赵忠仲上台宣读贺信、贺电和纪念诗。

刚才8位领导从不同的角度追忆了张海鹏先生的学识、人品和风范；实事求是地评价了先生为安徽省和安徽师范大学的历史学科、尤其是徽学学科发展所做出的奠基性、开拓性和前瞻性的贡献，以及先生在安徽省高等教育、特别是在安徽师范大学事业发展过程中的地位和作用，抒发了对先生的崇敬和怀念之情。让我们用热烈的掌声再一次感谢8位领导的精彩讲话！

尊敬的各位领导、各位专家、各位来宾、各位朋友：我们之所以要纪念张海鹏先生，是因为我们怀有感激和感恩的心，我们不能忘却历史、我们不能让一个人的贡献随着时间的推移而湮没；我们之所以要缅怀张海鹏先生，更重要的还在于我们想借此吸取力量，将先生奠基和开创的事业一步一步坚定而稳妥地向前推进！

最后，我还要说的是：这次纪念和学术讨论会之所以能顺利举行，我们除了要感谢在座的各位领导、各位专家、各位来宾、各位朋友的大力支持外，我们还得到了安徽省教育厅、安徽省财政厅教科文处、安徽师范大学、池州学院、安徽安兴杰成房地产开发有限公司等相关单位、相关机构，以及安徽安兴杰成房地产开发有限公司侯培勇总经理、芜湖市食品药品监督管理局江澜局长、安徽绿庄集团有限公司祝世义董事长、来自上海的张海鹏先生的学生高文娟女士等相关个人的关心、支持和鼎力相助。在此，我代表纪念和研讨会的主办单位和组委会，向他们表示最衷心的感谢！

领 导 讲 话

安徽师范大学校长王伦教授欢迎词

尊敬的各位领导、各位专家、各位来宾：

大家上午好！

今年是我们敬爱的老校长张海鹏先生诞辰八十周年。今天，我们怀着崇敬的心情在这里隆重集会，共同纪念这个特别的日子。首先，请允许我代表安徽师范大学，向专程前来参加纪念活动的各位领导、各位嘉宾表示热烈的欢迎和衷心的感谢！向张海鹏先生的亲属们表示亲切的问候和诚挚的敬意！

张海鹏先生是我国著名的明清史研究专家，是徽学研究的奠基人和开拓者之一。他1931年出生在枞阳一个贫寒的乡村医生家庭，自幼受"桐城派"文风的熏染，酷爱读书、学习，写一手好字。1954年，张海鹏先生以地区第一名的成绩，被安徽师范大学前身——安徽师范学院历史专业录取。1956年留校任教，直到2000年9月去世，在我校整整工作了四十四个春秋，把大半生的精力都献给了安徽师范大学。张海鹏先生先后任系主任、副校长、校长，徽商研究中心主任，教授、研究生导师。曾兼任安徽省社科联副主席、中国明史学会副会长、中国商业史学会副会长、朱元璋研究会会长、安徽省历史学会会长。1998年出任安徽省委、省政府组织编撰的二十卷本《徽州文化全书》学术顾问。1996年被美国国际名人传记协会收入《世界名人录》。

张海鹏先生离开我们已有十余年，但回顾起这位前辈师长的卓越贡献和生平点滴，我们仍然倍感亲切和敬佩。张海鹏先生以自己终身热爱教育、热爱教学、热爱学术、热爱学生的行动，为我们树立了光辉的榜样，永远值得我们学习和发扬。

张海鹏先生一生严谨治学，致力于中国历史的教学与研究。其研究涉及中国历史的诸多领域，成果丰硕。自20世纪60年代初，先生即倾心于安徽历史人物的研究。20世纪80年代初，先生又以敏锐的学术战略眼光，组建学术团队，专注于徽商研究，收集、整理了系统的徽商资料、提出了一系列重要的学术观点，他主编的《明清徽商资料选编》、《中国十大商帮》和《徽商研究》等，在学术界产生了重要影响，也奠定了先生以及安徽师范大学在中国商帮史研究领域的学术地位。已故的中国社会科学院徽学研究中心主任周绍泉研究员生前曾评价张海鹏先生“采文华章，徽商研究独步海内外”。徽商研究的深入发展，又带动了徽学这门新学科的兴起。张海鹏先生对徽学这门新学科的构建进行了深入思考，对徽学的概念、内容、特色、成因等学科的基本问题发表了独到的见解。先生去世后，中国明史学会在唁电中充分肯定其“开创徽学研究领域，具奠基之功”。从20世纪90年代开始，张海鹏先生带领学术团队在对徽州文化深入探索的同时，又逐步将研究的视野拓宽到安徽历史文化的整体研究方面，由先生主持编纂的三卷本《安徽文化史》，是一部集大成之作，反映了20世纪安徽学术界关于安徽历史文化研究的最高水平，《安徽文化史》的编纂和出版是先生为弘扬安徽历史文化所做出的又一重要贡献。

张海鹏先生一生热爱教育事业，致力于人才培养。他从十八岁辍学当乡村小学教师，到大学毕业留校任教，一生都与教育结下了不解之缘。他既是师大的学子，后又在师大授业、掌门，对师大有着深厚的感情。张海鹏先生在长期的办学治校过程中，始终坚持实事求是、学以致用、从严务实的精神，始终把人才培养作为学校的根本任务，为国家培养和造就了一大批优秀的人才，为师大的建设和发展作出了不可磨灭的贡献，为我省高等教育发展发挥了重要的作用，深受师大师生和海内外校友的爱戴。

赭山苍苍，江水泱泱，先生之风，山高水长。今天，我们在这里纪念张海鹏先生诞辰八十周年，深切缅怀先生对我国史学研究和安徽师范大学发展作出的重要贡献，学习和传承先生实事求是的办学思想和严谨治学的科学态度，学习和弘扬先生淡泊名利、为人师表、甘为人梯的高风亮节。正是因为有张海鹏先生这样一大批德高望重的学者，才撑起了师大的脊梁，铸就了师大的辉煌，他们是师大的骄傲，也是师大永远的精神财富，它将始终激励我们把师大优良传统代代薪火相传，为把安徽师范大学早日办成特色鲜明的综合性高水平教学研究型大学而努力奋斗！

最后，祝纪念张海鹏先生诞辰八十周年暨徽学学术讨论会取得圆满成功！祝各位来宾身体健康、万事如意！

谢谢大家！

安徽省教育厅副厅长李和平教授讲话

各位专家、各位来宾，女士们、先生们：

大家上午好！

今天，我们满怀敬仰之情，相聚在美丽的江城芜湖，隆重纪念安徽师范大学前校长、中国明史学会前副会长、中国商业史学会前副会长、安徽省社科联前副主席、安徽省历史学会前会长张海鹏教授诞辰八十周年，并举行以徽学为主题的学术研讨。在此，我谨代表安徽省委教育工委、安徽省教育厅，向前来参加纪念和研讨活动的各位专家、各位来宾致以最崇高的敬意！也借此机会，向长期关心、支持和致力于我省高等教育事业发展的各位朋友表示最衷心的感谢！

张海鹏先生是位教育家和史学家，他生前在教育战线奋斗近五十年，为安徽省的高教管理、人才培养、学术研究，尤其是徽学研究做出了重要贡献。

作为一名高教管理者，先生在安徽师范大学发展史上占有重要地位。先生生前在安徽师范大学先后担任过不同岗位的行政管理职务，尤其是在20世纪80年代后期和90年代初期担任副校长和校长期间，以其儒雅的风范、前瞻的理念、严谨的态度和笃实的作风，重视教学、重视科研、重视对外交流、重视青年教师的培养，为安徽师范大学转型升级以及后来的发展奠定了坚实的基础。

作为一名人民教师，先生为社会培养了大量的优秀人才。先生热爱学生、关心学生，并以其渊博的学识、负责的精神和高尚的人格感染学生，他长期坚持给历史系本科生、专科生和研究生讲授中国史的专业课程，甚至在任一校之长期间仍然挤出时间给每届本科生开设专题讲座。先生一生坚持做人与治学并重，并身体力行，他同时也要求每届学生要懂得做学问必先学会做人，而做人重在品德修养的道理。“焚膏油以继晷，恒兀兀以穷年”，先生一生为教育学生、培育学生而兢兢业业、矢志不渝，历届学生都对先生怀有深深的感激和景仰之情。古人云：“善歌者使人继其声，善教者使人继其志。”先生生前最快慰的就是桃李满天下，其中包括著名的政界人物和众多的学界精英。

作为一名专家学者，先生对安徽省，尤其是对安徽师范大学的历史学科发展贡献巨大并影响深远。首先，先生在学术生涯的各个阶段，始终站在学术和学科发展前沿，引领学科发展方向，奠定学科理论基础，并以其杰出的研究成果，拓宽和丰富了学术视阈和学科领域。先生是安徽省徽商和徽学研究的开拓者和奠基者，学界誉其“徽商研究独步海内外”、肯定其“开创徽学研究领域，具奠基之功”。学术乃天下之公器！出于对徽学的无比热爱和弘扬安徽历史文化的赤子之情，先生以其博大的学术胸怀，参与领导、组织教育部人文社科重点研究基地——徽学研究中心的申报工作，其作用举足轻重。先生为奠定安徽师范大学和安徽大学在国内外徽学研究领域中的学术地位，做出了不可磨灭的贡献！其次，先生创立了安徽师范大学的徽商和徽学研究的学术团队，使其学科发展能薪火相传。正如史学家瞿林东先生所说：张海鹏教授创立的这个学术群体，虽“几次易名，研究人员也稍有变化，但它的研究领域、治学宗旨却始终都不曾改变，而且呈现出‘日日新，又日新’的趋势”；“这个学术群体的良好的师承关系和良好的学风，以及明确的治学宗旨，在史学界并不多见，因而是值得人们关注的。”

各位专家、各位来宾，张海鹏先生毕生以自己醇厚的学养、崇高的风范、执著的科学精神和丰富的学术成果，为我们留下了宝贵的精神财富。今天我们齐聚一堂，纪念张海鹏先生，我想，这不仅仅是受我们个人的情感所驱使，抒发我们的缅怀之情，更重要的是因为张海鹏先生的高尚人格魅力和在学术研究以及教育事业中留下的光辉足迹和精神财富，需要我们今后去进一步发扬光大。

预祝“纪念张海鹏先生诞辰八十周年暨徽学学术讨论会”圆满成功！祝愿安徽师范大学和安徽省的史学研究，特别是徽学研究取得更加丰硕的成果！祝福与会的各位专家、各位来宾身体健康、家庭幸福！

谢谢大家！

中国明史学会会长、中国社会科学院历史研究所商传研究员讲话

谢谢主席！各位领导、各位同仁，大家上午好！

非常荣幸能有机会出席这次纪念海鹏老师八十诞辰的学术研讨会，得到会议通知后，我跟张显清先生、南炳文先生商议赴会事宜，他们因为工作不能脱身前来，都让我一定到会，并且一定要在会上讲几句，因为这是我们大家共同的心愿。

26 年前，我们在芜湖和黄山举行了第一次中国明史国际研讨会，是海鹏老师在当时的历史条件下努力为明史界同仁安排的一次盛会。26 年过去了，如今学会活动的条件已经今非昔比，但是我们永远忘不了那个时代、那个日子，忘不了海鹏老师！那时候我们住在黄山脚下的小招待所里，住的是好几个人一间的大宿舍，早晨洗漱用水都从蓄水缸里面取。海鹏老师跟我们住在一起，一起开会，一起爬山，海鹏老师平易近人，对我们这些晚辈也不分彼此，有时还会开个玩笑。从那时起，我们就跟海鹏老师结下了既是师生又是朋友的深厚友谊。海鹏老师主办的这次会议，就成为了我们明史的第一届国际学术研讨会。

1989 年第二届中国明史国际年会在太原召开，在这次年会上成立了中国明史学会，海鹏老师是第一届学会的副会长，当时名誉会长是白寿彝先生，会长是王毓铨先生，副会长有刘重日老师和海鹏老师等前辈学者们。白先生和王先生年事已高，不能直接参与对学会的管理，我们明史学会，其实就是在重日老师、海鹏老师这一代学者领导下，一天天发展起来的。

从那时候起，每两年一届的中国明史学会年会，已经召开了十多届，现在学界都知道中国明史学会是一个团结、活跃、有所作为的学术团体，而且不断发展壮大，这与海鹏老师那一代学会领导奠定的学会风气是不可分的。如今，每当参加学会的活动，和看到明史学术团队的阵营一天天发展，我们就会想起海鹏老师。

我至今还记得我跟海鹏老师在北京火车站分手时的情景，那是海鹏老师在北京治好了眼睛，准备回安徽时，我送他到车站，海鹏老师对我说：我宁肯耳聋，不愿眼瞎。我当时觉得海鹏老师说的是人人都知道的大实话，还暗暗感到好笑，现在我才明白，海鹏老师是要用他最后的时间，去做他毕生为之努力的事业，而做学问，可以听不见，却不能看不见，他还要读书。

海鹏老师身体不是那么好，像个瘦弱的书生，谦谦的君子，他担任了校长的工作，政务甚忙，晚年眼睛有病视力不好，看书很困难，可是海鹏老师，还是克服种种困难，发起并主持了徽学的研究，为徽学的发扬光大和明史研究的深入发展做出了重大贡献。

今天我们在这美丽的江城，纪念海鹏老师八十诞辰，这实在是一个让我们感到悲喜交加的时刻。悲的是海鹏老师太早地离开了我们，我们失去了一位良师益友；喜的是海鹏老师所开创的明史研究、徽学研究的事业现在都取得了骄人的成绩。现在徽学已经成为了一门被学界关注的显学。继海鹏老师之后，安徽师范大学和安徽大学先后涌现出一批卓有成就的学者，这与海鹏老师当年为此付出的心血是分不开的。我们将永远发扬海鹏老师那种治学做人的精神，做好我们今天的事，以告慰海鹏老师。

祝研讨会圆满成功！谢谢大家！

安徽省社会科学界联合会副主席
洪永平教授讲话

各位领导嘉宾，各位专家学者：

在张海鹏先生诞辰八十周年之际，来自省内外的知名专家学者和张先生生前同事、好友、亲属、学生及有关方面领导齐聚在芜湖，参加由安徽师范大学等主办的“纪念张海鹏先生诞辰八十周年暨徽学学术讨论会”，缅怀张海鹏先生的精神风范，学习他的高尚品德，追思他的学术成就，探讨徽学研究前沿问题，以更好地推进我省教育事业和学术事业的发展，很有意义。在此，我代表安徽省社会科学界联合会和安徽省徽学学会向会议的召开表示热烈的祝贺！向张海鹏先生的亲属表示诚挚的问候！

张海鹏先生是我省著名的教育家、史学家和徽学家，在教育战线奋斗了近五十年，在高教管理、人才培养、史学研究，尤其是徽学研究方面做出了突出贡献。张海鹏先生是徽商和徽学研究的开拓者和奠基者之一，学界誉其“徽商研究独步海内外”、肯定其“开创徽学研究领域，具奠基之功”。特别是张先生创立了安徽师范大学的徽商和徽学研究的学术团队，使其学科发展能青蓝相续、薪火相传，成为学术界的佳话和榜样，在省内外产生重要影响。

张海鹏先生曾经担任第三届省社会科学界联合会副主席，长时间担任安徽省历史学会会长，热心支持关心我省社科学术事业，真诚团结学术队伍，积极培养学术后人，为我省改革开放初期社科事业繁荣发展做出了重要贡献。我本人当时作为社科联机关的一名年轻工作人员，无论是张先生到社科联机关开会，还是我到安徽师范大学出差，他那慈祥的笑容、鼓励的目光、和蔼的语气、谦逊的态度都给我留下难忘的极具长者风范的形象。我们永远怀念张海鹏先生！

我们今天纪念张海鹏先生，就是要更好地把他开创和毕生致力的徽学研究事业做好。我们要学习张先生严谨的学风和作风，潜心研究，特别是在学科建设、人才培养、资源整合等方面加快步伐、加大力度，为开创徽学研究新局面，推进文化强省建设作出应有的贡献！

预祝会议圆满成功！

安徽省社会科学院历史研究所所长、安徽省历史学会副会长兼秘书长施立业研究员讲话

女士们、先生们、朋友们，上午好!

今年是安徽师范大学原校长张海鹏先生诞辰八十周年。张先生生前曾担任安徽省社科联副主席、安徽省历史学会会长等主要职务，在史学战线奋斗50年，以其杰出的学术成就，为安徽争得了荣耀，又以其卓越的学术组织和领导能力而做出了重要贡献，赢得了海内外尤其是安徽史学界的尊重和敬仰。张先生生前曾主持安徽省历史学会工作，先后任过副会长兼秘书长、会长等职务。这里，我仅就张先生对安徽省历史学会的贡献，作一简略的缅怀，也借以表达对他的崇敬。

一、安徽省历史学会的重建者

作为学术性社团组织，安徽省历史学会成立于1960年6月，后因众所周知的原因停止工作。文革结束不久，安徽省哲学社会科学联合会于1978年4月成立，安徽省历史学会也因以重建。主任（后来改称会长）光仁洪，副主任（后改称副会长）陈怡、吴寿祺、刘孝良、赵文衡、陈明、常秀峰、马数鸣、张海鹏，张先生兼秘书长，负责学会的日常工作。万事开头难，当时史学界人员、机构处于日新月异的变换之中，百废待兴，头绪纷繁。这对学会筹备者的组织能力、协调能力和领导能力提出了挑战。在重建时期，在会长光仁洪先生领导下，张先生知难而上，从章程拟定、登记审批、联络组织、理事推选到活动规划等学会筹备工作，不厌其烦，不懈努力，使得筹备重建工作进行得周密切实，平稳顺利。因此，他是安徽省历史学会的重建功臣。

二、学会工作的探索者

安徽省历史学会重建之后，如何设置机构，以尽量发挥学会作用？先生曾任安徽省历史学会第一届至第三届副会长兼秘书长（第三届后期任代会长），第四届会长，在他主持的前几届历史学会工作时，对此进行了探索。他努力健全建立历史学会机构，使历史学会成为史学工作者之家，学术交流的园地，服务社会的平台，团

结和集聚全省史学界力量的专业社团。

回顾重建后的历史学会发展历程，可以发现，有这么几个趋势性特点：去行政化，实现学术化。比如，早期理事会构成尚残存“官味”，经过几次调整，逐步为学者完全控制；破除三驾马车狭隘门户，增强历史学会的代表性，在去“官味”过程中，一度形成了安徽大学、安徽师范大学、安徽省社会科学院控制历史学会的所谓“三驾马车”，经过继续努力，增加其他单位和部门的人员入理事会，担任学会领导，逐步改变了这种局面；去老化，实现年轻化，起初历史学会领导年龄偏大，张先生在其中算是最年轻的，经过不断调整，逐步实现了年轻化。上述这些情况，虽从某种意义上说是大势所趋，不是某个人甚至某社团的所为，但相比较而言，安徽省历史学会在这方面做得更好，而张先生作为学会的主要负责人或日常工作的主持者，在其中发挥的作用是不言而喻的。那时期，安徽省历史学会还在内部机构的管理方面也进行了有益的探索，如设立分组或分会，设立常务理事单位，增设副秘书长以加强日常工作处理能力，会刊的编印以及时通报工作和信息，等等。在他及同仁的共同努力下，历史学会历经数次换届，初步完成了平稳过渡，实现了历史学会向学界社团转变的目标，也更加充满活力，生机勃勃。

三、注重学会可持续发展的先驱

这里引用“可持续发展”、“先驱”这样的词汇，可能让人感到有些意外。事实上，张先生当之无愧。我想从如下两个方面来认识张先生的这一“先驱”作用：一是他始终注重从事学会工作的队伍培养建设。如今的历史学会副会长都是张先生生前培养成长起来的，百分之八十以上理事都受到过张先生的教诲，因此，毫不夸张地说，我们现在从事历史学会工作的队伍，是张先生建设起来的。二是从历史学会重建伊始，他就极力发挥历史学会引领学术发展的作用。他每每通过组织学会的学术活动，来引领安徽史学发展方向，如提倡和加强地方史研究，突出学术致用性，等等。如果不忌讳的话，可以说，今日得到繁荣和发展的安徽地方史研究等学术方向，在张先生主持历史学会工作时就提出来了。注重学会工作的队伍建设，确保了历史学会工作的健康发展；选定正确的学术方向，确保了安徽省历史学会能够发挥社团的潜力和作用。总之，上述两个方面工作，提升了安徽省历史学会的可持续发展能力。所以我说，重建后的安徽省历史学会的可持续发展，张先生功不可没。

四、安徽省历史学会学术活动新局面的开创者

安徽省历史学会重建后的前20年间，所有重大或重要学术活动，都是由他出面具体实施的。尤为令人叹服的是，他善于把握学术与时代发展的大势，适时地提出学术议题，多种形式地开展学术活动。这里仅举两例：（1）开展学术讲座活动。如历史学会重建之初，即出面在合肥、芜湖组织了《儒法斗争真相》、《古为今用还是古为帮用?》和《孔子思想再评价》等专题讲座。1980年，历史学会又在合肥、芜

湖举办了《陈独秀评价》、《皖南事变的回顾》、《评罗斯福新政》、《近代国际关系》、《马皇后评述》等专题讲座。历史学会还曾邀请胡华、彭明、庞朴、汤志钧等著名专家学者来安徽讲学。通过这类活动，快速提升了安徽历史学界整体学术研究能力和水平，为安徽新生代史学力量的成长营造了浓郁的学术氛围。（2）积极组织学会年会和学术会议。张先生主持工作期间，安徽省历史学会召开过许多次学术会议，每次会议从方案的策划、经费的筹集、会务的筹备、代表的邀请到会议论文集的出版，先生都是事必躬亲，安排周密。其中影响较大的，如1979年10月26日—11月2日举办了首届史学年会及关于历史发展动力的讨论会，全国24个省市44个教学科研单位及《光明日报》、《历史研究》、《中国史研究》等著名报刊代表140余人参加会议，许多省内外著名专家都为这次会议提供了论文。这是我省建国以来最盛大的一次学术会议，国内著名报刊都参与了会议报道和宣传活动，极大地提高了安徽史学界的知名度，推动了史学界思想解放运动的发展。1981年5月又在滁县召开了一次年会，围绕辛亥革命70周年、建党60周年和安徽地方史展开讨论。1997年5月下旬，历史学会在凤阳召开了'97学术讨论会，围绕朱元璋与洪武之治、香港回归两大主题展开研讨。他为安徽史学界的学术交流，推动安徽史学事业发展做出了重要贡献。

张先生为安徽省历史学会所做的工作远不止这些，这里仅撮要缅怀上述四点。今天，当我们回顾改革开放以来，我省史学界取得的辉煌成绩的时候，我们总忘不了 大批老一辈史学工作者，尤其我们的张先生对历史学会及安徽史学事业的贡献。他们的精神，会永远激励着我们；他们有关历史学会工作的经验，是留给我们的宝贵遗产；他们对历史学会工作和安徽史学事业的期待，是我们承前启后、继续前进的巨大动力。我们一定要加倍努力，把学会工作搞得更好，只有这样才不会辜负张先生等老一辈史学工作者对我们的殷切期望。

安徽大学副校长吴春梅教授讲话

尊敬的各位领导、各位专家学者：

大家上午好！今年是张海鹏先生诞辰八十周年，感谢大会组委会给我提供这样一个发言机会！张海鹏先生是明清史研究方面的大家，更是徽学研究的开创者和奠基者之一，先生曾在安徽师范大学领导岗位担任重要的领导职务，更是学生心目中关心学生、爱护学生、栽培学生的好老师。我主要从这几个方面谈谈我的感受。

无论我在安徽师范大学读书，还是走上工作岗位，张海鹏先生都给我很多的关心和帮助。1992 年我准备报考南京大学，攻读博士学位，当时我在安徽师范大学工作，张海鹏先生是校长，工作非常繁忙，我想请先生给我写推荐信，怀着忐忑的心情，找到先生，先生非常愉快地答应了我的请求，亲笔给我写了推荐信。当时我想，校长亲自给我写推荐信，我必须认真复习，不能辜负校长的培养。

如果说先生对我的关心是老师对学生的爱护，那么作为一校之长，他对师资队伍建设高度重视，并以前瞻性的眼光采取了针对性的措施：与南京大学合作，将安徽师范大学的教师送到南京大学去深造，1992 年我们在南京大学攻读博士学位期间，经常听到南京大学的领导和老师们谈到这一点时很佩服，他们说每到重要节日时，安徽师范大学都会派人去看望他们，对南京大学的老师很尊重。学校对在南京大学学习的教师也很关心，了解他们的情况，帮助解决学习和工作中遇到的困难和问题，让他们安心学习。我想，这是非常好的导向，更是为学校的可持续发展打下了坚实的基础。

作为徽学研究的开创者和奠基者之一，先生的学术眼光和学术胸怀，同样是常人所不能及。对于张海鹏先生在徽学研究方面的地位和影响，2006 年 1 月 6 日瞿林东先生在《中华读书报》上发表的文章——《二十年的功力——评一个徽商研究的学术群体》，进行了高屋建瓴的概括和总结，一口气读完这篇文章，我深深地被感动，不仅是这篇文章，更重要的是文章中体现的先生和他的团队在徽学尤其是徽商研究方面做出的开创性的贡献，正如文章所指出的："这个学术群体的良好的师承关系和良好的学风，以及明确的治史宗旨，在史学界并不多见，因而是值得人们关注的"。为学校、为学术界开创了一个有特色、有影响的研究领域，为安徽的文化建设留下了丰硕的研究成果，这是张海鹏先生留给我们的宝贵财富。

张海鹏先生的学术胸怀，更是值得我们学习。1998年安徽大学申报教育部研究基地，先生全力支持，并在教育部专家组考察时汇报，以他的学术地位和影响，更以他的学术胸怀，为安徽大学徽学研究中心的获批起到了重要的作用。

瞿林东先生在他的文章中说："我以此抒发对故人的缅怀，我也以此表示对今人的敬意和期望"。这两句话我一直铭记在心，瞿先生是我尊重的史学大家，对我非常关心、提携，他对我方方面面的教诲，我也一直放在心上。我想，我们今天举办纪念张海鹏先生诞辰八十周年暨徽学学术讨论会，就是要将张海鹏先生给我们的言传身教继承并发扬光大，将先生开创的徽学研究做强做大！

谢谢大家！

安徽行政学院党委书记、常务副院长，原安徽师范大学党委书记吴良仁同志讲话

尊敬的各位领导、各位专家，尊敬的张海鹏先生的各位亲朋好友：

大家上午好！

今天，我们怀着崇敬的心情，纪念张海鹏先生诞辰八十周年，并进行以徽学研究为主题的学术研讨。首先，我代表安徽行政学院，并以我个人的名义，向张海鹏先生致以深切的缅怀和追思，向张海鹏先生的亲属表示诚挚的问候和敬意。

接到参加纪念先生诞辰八十周年暨徽学学术讨论会的邀请，我很荣幸。古人说："慎终追远，民德归厚"。今天，我们缅怀张海鹏先生，自然而然地会想到他的学识、他的见地、他的成就，然而，更为重要的是，我们要学习他的为人和品格、情操和智慧，唯有如此，我们才能在秋天这个怀念的季节里真正获得前行的动力，让我们自已、我们的事业不断地前进。刚才，听到了前面几位领导对张先生生前的介绍，感到心情久久难以平静，也深有同感。在我的心目中，先生是一位有远见卓识的老校长，是一位很有成就的史学家，是一位儒雅谦逊的好教师，更是我可亲可敬的家乡前贤。

在担任安徽师范大学校长期间，张海鹏先生积极倡导和弘扬"严谨、求是"的精神，广延名师，民主办学，加强校地合作，营造良好氛围，使安徽师范大学迈向了发展的新阶段，在社会上有着良好的办学声誉，促进了我省高等教育的发展，在基础教育领域具有举足轻重的影响。特别是在20世纪90年代初期，我省高等教育面临人才"孔雀东南飞"的困境，先生以一个教育家的远见卓识，高度重视青年教师队伍建设，积极倡导与南京大学等高校合作，培养了一大批高等专业人才，有效保证了安徽师范大学的办学水平和人才培养质量。正是张老校长这样的老前辈用他们毕生的心血和精力薪火相传，才能使安徽师范大学发展到今天，我们每一个后来者应永远记住他们的贡献。

张海鹏先生是著名的明清史研究专家，徽学研究的奠基人和开拓者之一，他坚守教学与史学研究岗位四十多年，长期给历史系本、专科学生和研究生讲授中国史方面的专业课，先后主持和完成国家、省、市及学校重要科研课题与研究项目十多

项，学术成果除其亲自撰写的五十多篇论文以外，还主编和合作出版了千余万言的学术著作。其内容几乎涵盖了中国历史的方方面面，可谓穆穆皇皇，博大精深。在明清史研究、安徽地方史研究特别是徽学徽商研究方面成就卓著。徽商研究独步海内外，“贾而好儒”字字千金。

十五年前，我还在家乡枞阳县工作的时候，就知道和认识张海鹏先生。他是沐浴着“桐城派”文风走出来的知名学者，他对家乡故人有着深厚情感。生前，他曾多次回到家乡，关心家乡建设和发展，与故人交往，没有一点大学问家的孤傲，没有一丝大学校长的架子，谦谦君子之风让人难以忘怀。四年前，我刚刚到安徽师范大学工作的时候，登门拜访了先生的夫人。说来这也是一种缘分，来到先生倾注了一辈子心血的地方工作，我倍感亲切和熟悉，也倍感责任重大。我不敢丝毫懈怠，只有勤勉扎实工作，才能对得起组织的培养、安徽师范大学师生的厚爱，才能对得起张海鹏先生等老一辈传承下来的事业。去年因工作变动离开安徽师范大学，我对学校领导和教职工的深情感念在心，我与安徽师范大学将一直保持着良好的联络，我永远是安徽师范大学的一份子。

最后，预祝纪念活动和学术研讨活动获得圆满成功！祝愿安徽师范大学的徽学研究再上新台阶！祝福与会的专家、来宾幸福、快乐！

谢谢大家！

安徽省委宣传部副部长、安徽省社会科学院党组书记兼院长陆勤毅教授讲话

尊敬的各位来宾、各位老师、各位同学，大家上午好！

今天，我们怀着崇敬和怀念的心情参加“纪念张海鹏先生诞辰八十周年暨徽学学术讨论会”，首先请允许我代表安徽省委宣传部、安徽省社会科学院向张海鹏先生表示由衷的缅怀之意！记得11年前我们在芜湖神山向安徽师范大学原校长、安徽省历史学会原会长、我国著名的历史学家张海鹏先生作最后的告别，大家的心情十分沉痛。一晃11年过去了，今天我们以举行“纪念张海鹏先生诞辰八十周年暨徽学学术讨论会”的方式来纪念先生是很恰当的，既可告慰先生在天之灵，又可激励后学继续努力以不辜负先生的期望。

张海鹏先生给我们留下了丰富的精神财富，我认为这些财富归纳起来就是张海鹏先生以一位学术大家的气度所表现出的智者之道、学者之德、长者之风、师者之范。

张海鹏先生的智者之道体现在他对学术发展趋势的准确把握上。早在29年前，先生就认识到在安徽从事史学研究必须选准方向、形成特色，把研究重点确定在徽学领域既有资料获取之便利，又有组织研究力量的条件。在先生的倡导和组织下，很快形成了一支专事徽学研究的老中青结合的队伍。在此基础上，先生敏锐地选择徽学研究领域的一个方向“徽商研究”为突破口，取得了一批颇有影响的成果，用了不太长的时间，先生及其学术团队就在中国史学界崭露头角，独树一帜。

张海鹏先生的学者之德体现在他对学术发展的包容与开放上。学界的同仁们都很了解先生对“学术乃天下之公器”的深刻理解，先生主张在学术研究上应该采取自由、开放、平等的态度，就是地位再高的“学术权威”人物，也应该和同仁们自由、平等地讨论问题。先生主张研究资料应该充分开放、充分利用，而绝不能成为一个单位或个人的一己之私，只有被学者们充分利用的研究资料才能真正体现其价值，才能有利于学术的发展繁荣。正是因为先生具有这样的学者之德，安徽史学界在先生的领导下呈现出蓬勃发展之势，徽学研究在安徽和全国的影响逐渐扩大，成为与藏学、敦煌学齐名者。

张海鹏先生的长者之风体现在他对后学晚辈的宽容与提携上。在先生身上我们

能够切实地体会“桃李不言，下自成蹊”的内涵。20多年前，我们作为后学晚辈，和当时已有很高学术地位并且担任安徽师范大学领导的先生交往时也毫无畏惧之感，不是我们胆大无畏，而是先生没有一点“架子”或“派头”，总是和颜悦色、慢声细语，可亲可敬。和先生交谈，无论涉及的是学术还是工作、生活的内容，先生都能耐心倾听、平等交流、解疑释惑。遇到需要先生帮助解决的困难，先生总是尽力而为，即使无力解决也会说明缘由或指点迷津。大家都会感到和先生相处是一种快乐，是一种受益的过程。我想，在安徽史学界、在安徽师范大学当年得到张海鹏先生宽容和提携的应该是大有人在的。

张海鹏先生的师者之范体现在他对学校对教职工对学生的负责与爱护上。先生担任安徽师范大学校长时，我在安徽大学担任党委副书记，因而常有工作上的往来。20世纪90年代，办学条件远不如今，用“举步维艰”来形容毫不为过。为了办好安徽师范大学先生可谓是“夙夜在公”，不曾有丝毫的懈怠，这是先生对学校的负责。对教职工，先生从没有校长的“官架子”，当然教职工也从没把先生当“外人”，这样一种和谐的氛围正是现在很多大学所缺乏的。对学生而言先生就是一位和蔼可亲的师长、知识渊博的学者、处事公道的裁判。先生对学生是一视同仁的，但是对那些家境贫寒的学生，先生更是爱护有加，常常嘘寒问暖，有的还给予接济。受业于先生的学生毕业几十年后回忆起先生，流露出的依然是由衷的钦佩。

以上是我对张海鹏先生“道德风范”的评价和认识，我想在座的同仁们会和我有同样的感受。这次会议的另一重要内容是徽学学术研讨，与会的专家们多有成果提交，正体现了对张海鹏先生等老一辈学者开创的徽学研究的继承和发扬。我衷心祝贺研讨会圆满成功。

最后祝在座各位身心和谐、家庭和睦、事业和顺、前景和美！

中国商业史学会名誉会长、中国社会科学院经济研究所吴慧研究员纪念诗一首

纪念皖师大张海鹏校长八十诞辰

吴 慧

鲈乡濡墨共晨昏，十载泪犹挥寝门。
桃李芳蹊淡留韵，松篁峭石郁遗根。
史文兼美才难及，德业双馨道益尊。
求实集开光燄起，东方矫首望晴暾。

中国商业史学会会长王茹芹教授的贺信

安徽师范大学历史与社会学院：

知悉贵院与其他单位联合主办“纪念张海鹏先生诞辰八十周年暨徽学学术讨论会”，非常高兴，我因参加北京政协组团赴西部考察，不能与会，特代表学会致信对会议的隆重召开表示热烈祝贺！

张海鹏先生生前是中国商业史学会副会长，也是中国商业史学会的创始人之一，对学会的建立和发展作出过重要贡献，中国商业史学会深切怀念张海鹏先生！

早在20世纪80年代初，张海鹏先生就以敏锐的学术战略眼光，组建学术团队，高擎起徽商研究的大旗，他主编的《明清徽商资料选编》、《中国十大商帮》和《徽商研究》，在学术界产生了重要影响，也奠定了安徽师范大学在中国商业史研究，特别是徽商研究领域的学术地位。徽商研究带动了徽学研究的发展，张海鹏先生在徽学的概念、内涵、特色、成因等方面也有深入的思考，这又为他组建的这个学术团队在徽商和徽学研究的深入和拓展上奠定了坚实的基础。中国商业史学会对张海鹏先生的学术成就深表钦佩！

预祝“纪念张海鹏先生诞辰八十周年暨徽学学术讨论会”圆满成功！祝愿安徽师范大学的同仁们继承张海鹏先生的遗志，在徽商和徽学研究领域再立新功！

中国商业史学会会长　王茹芹

2011年8月16日

中国社会科学院历史研究所所长
卜宪群研究员的贺信

尊敬的“张海鹏先生诞辰八十周年暨徽学学术讨论会”组委会各位先生：

欣闻“张海鹏先生诞辰八十周年暨徽学学术讨论会”即将召开，我因有事在身，不能前往，深感遗憾！向组委会各位先生表示道歉！

张海鹏先生是我的老师，也是我的老校长。在安徽师范大学学习的七年时间里，张先生在做人、做事、做学问上，给我许多的教诲，树立了楷模，点点滴滴，至今难忘！我相信，那些年生活、学习在安徽师范大学的同学们都会有同感。

张先生在明史研究，特别是徽学研究上卓有建树，为安徽史学、中国史学的发展做出了重要贡献，是值得我们尊敬的一位史学界前辈。本次会议的召开，缅怀张先生的业绩，探讨徽学的丰富内含，必将对母校的学科建设与发展起到极大推动作用。我本人并代表中国社会科学院历史研究所祝会议圆满成功！祝与会代表身体健康！

此致

敬礼

中国社会科学院历史研究所　卜宪群

2011 年 8 月 17 日

安徽省文化厅副厅长李修松教授的贺信

安徽师范大学：

欣悉母校隆重举办“纪念张海鹏先生诞辰八十周年暨徽学学术研讨会”，特致信表示祝贺！

张海鹏先生是著名的历史学家，徽学研究的奠基人和开拓者，为我国的学术事业和高等教育做出了杰出的贡献，他的师德人品都是我们学习的楷模。

今天纪念张先生，就是要弘扬他“咬定青山不放松”的学术精神，就是要继承他传道、授业、诲人不倦的为人师表，就是要学习他淡泊宁静、严于律己、宽以待人的名家风范，就是要加倍努力繁荣徽学研究。我作为先生的学生，曾受到他诸多关心、关爱和扶持，师恩难报，我只有加倍努力工作，为国家和民族多做贡献，才能报答师恩于万一。

衷心祝愿与会同志身心健康，事业腾达，祝本次研讨会取得圆满成功！

李修松

2011年8月19日

中共中央办公厅秘书局吴付来同志的贺信

安徽师范大学历史与社会学院：

欣悉母校牵头举办“纪念张海鹏先生诞辰八十周年暨徽学学术讨论会”，邀集学界巨擘群贤，研习先生所拓史域，绍续先生道德文章，极欲与焉。怎奈公务繁冗，难遂心愿。谨对本次会议隆重举行表示热烈祝贺！预祝会议取得圆满成功！

中共中央办公厅秘书局　吴付来

2011 年 8 月 18 日

第二编 纪念文章

张海鹏与徽学研究

叶显恩

（广东省社会科学院研究员）

海鹏先生驾鹤西去，倏已十年有一，但他的音容笑貌却恍惚如昨。记得我首次与海鹏先生邂逅是1979年在合肥，我们谈话的内容是关于方腊起义的问题。短暂的相见，留下了美好的记忆。第二次会晤，是1988年在太原明史学年会上，接着是1990年，由他举办的芜湖徽学研讨会上，我们又幸得相逢。此时，正是他掌安徽师范大学任内。会议期间，他曾以校长之尊，请魏金玉、刘永成和我，到他府上茶叙。1998年因同任《徽州文化全书》（丛书）顾问，1999年又同兼职于安徽大学徽学研究中心的缘故，见面的机会就频繁了。在共推徽学研究中，我们的友谊因此而加深，论学上得益于他的也因此而增多。

海鹏先生给我的印象是，权位不移人，出任校长之后，依然保持儒雅风度，宽厚谦和，坦诚待人。不仅在私下活动的场合，表现出祥和谦让，在一些重大问题上，他也能以大局为重，绝不计较个人得失。他创办的徽商研究中心，是海内外最早的徽学研究机构，他麾下的研究人员有王廷元、唐力行、王世华、周晓光、李琳琦等，都是徽学研究着手较早，而又取得丰硕研究成果的学者。在20世纪90年代，就研究条件而论，无以出其右者。但他却同意教育部研究基地徽学研究中心置于安徽大学，而且还出任该中心的名誉主任。其宽容大度，由此可见。他关爱扶持后学，将有研究潜质的学人，提拔到教学研究岗位，以发挥其所长。历史学界硕果累累的吴仁安教授，就得到他的青睐和奖掖。

海鹏先生是真正的学者型的大学校长。他坚守教学研究岗位，未因行政要职而放弃本行。除亲自撰写大量学术著作外，还主持十余项重大的科研课题，取得丰硕研究成果。尤其值得称许的是他徽学研究上的奠基性的贡献。

海鹏先生无疑是徽学的重要奠基人之一。他创建了徽学研究的第一个机构——徽商研究中心，他先后与王廷元主编的《明清徽商资料选编》和《徽商研究》两部著作，是徽商研究的里程碑。前者是一项重大的徽商研究的基础工程，后者则是一部有丰富创获的研究成果。在学界产生了深远的影响。记得《明清徽商资料选编》一书出版后，当时（20世纪80年代）国内出版的图书向国外发行渠道不通畅，许多学者为此书来信求助于我。我多次向海鹏先生索取，他都热情而慷慨地无偿给我寄赠。这一研究成果，极大地推进了国内外的徽学研究。徽学，从默默无闻蔚成大国，从一棵细苗长成枝叶扶疏的大树，终于与敦煌学、藏学成为学术界的三大显学，海鹏先生做出的贡献是不可低估的。

海鹏先生又是一位出色的学术领导者。他先抓住要害，从基础工程做起。再写出示范性的著作，步步推进。带出由王世华、周晓光、李琳琦等撰写的一批为学术界称许的徽学著作。从而使安徽师范大学的徽学研究，不仅薪火相传，且越发兴旺。

我们景仰的海鹏先生，虽然已经离我们而去，但他为人的品德、为学的精神，是值得我们学习的。他留下的学术研究成果，将永存！

2011年7月27日于海龙湾水如轩幽篁室

无尽的追思　深切的怀念

——忆张海鹏教授

陈梧桐

（中央民族大学教授）

著名明清史学家、徽学研究的奠基者张海鹏教授辞世已经十一年了，同他交往的件件往事仍不时浮现眼前，引起我对他的深切怀念。

我同张海鹏教授相识较晚。“文化大革命”结束后，我转向明史研究，陆续在报纸杂志上读过他有关马皇后、朱升和徽商的论文，知道他有着深厚的史学功底和精辟的学术见解，但一直无缘谋面。1985 年金秋时节，我应邀奔赴皖南的黄山，参加张海鹏教授承办的第一届中国明史国际学术讨论会，才有幸同他初次见面。就是在这次会上，有两件事情给我留下了极深的印象，从而播下我们学术交谊的种子。

第一件事发生在会议开幕的前一天。当天午后，我到达黄山汤泉宾馆，在大厅的接待处报到后，由一位年青的接待同志领我到一个双人间住下。我把行李包放在一张床上，即忙着浏览刚刚领到的会议资料与论文。不一会儿，年青的接待同志又找来，说要调一下房间，领我到一个四人间去住。我没在意，进屋后还是摊开会议资料和论文，继续翻阅浏览。大约过了半个钟头，响起“当当当”的敲门声，我以为是哪位同住一室的与会者到了，说了声“请进!”即去开门。拉开房门一看，门口站着一位瘦瘦高高、清癯儒雅的中年学者，以谦和的声音问道：“你是陈梧桐老师吗？我是张海鹏。”原来他就是这次会议的承办者、中国明史学会副会长、安徽师范大学副校长张海鹏教授。我赶紧请他进屋，让他在一张床边坐下。因为此前彼此素不相识，更无来往，我想不出他为什么找我，便以探寻的目光注视着他。没想到张教授却一脸歉意地对我说：“实在抱歉，原先安排你住双人间。后来，有位安排住双人间的年青外宾，说他们国家同性的成年人不能同住一个房间，否则就是同性恋。我们只好让所有外宾一人住一个房间。黄山是著名旅游区，秋天又是旅游的黄金季节，游客多，但附近的宾馆又不多，我们住的这家宾馆的客房早已预订一空，没有多余的床位。所以只能在内部进行调整，让国内年纪较轻的同志委屈一下，都住四人间，腾出部分房间让给外宾住。我们第一次承办国际学术会议，缺乏经验，考虑不周，请大家多多包涵。”说着，还双手抱拳，连连作揖。这种小事，其实让负责接待的同志说一声，大家都能理解。张教授却以堂堂校长的身份，亲自登门道歉，让我有些过意不去，忙制止道：“没关系，没关系。我们这些人，大学毕业后，人人都下放过，什么劳动锻炼，四清运动，五七干校‘再教育’，哪样艰苦的生活没经历过？房间挤点算什么，人多不是更热闹，可以多交几个朋友嘛？再说你们费尽心血，筹集经费，调动人力，承办这样一个学术会议，劳苦功高，我们应该感谢你们才对，哪有让你们来道歉的呢？”他却谦恭地答道：“我既然承诺筹办这个会议，就要想尽一切办法把它办好，出了纰漏，应该检讨！”张教授的这番肺腑之言，反映他为人坦诚谦虚，做事认真负责的质朴而高尚的品德，马上赢得了我的好感和信任。

接着，我们便聊起了各自的科研工作。张教授告诉我，“文革”以前，他一直从事秦汉魏晋南北朝史的教学，兼做历史系副主任的行政工作。“文革”结束后，系里中国古代史的教学，每一段都有人做，力量比较强，但明清部分却是个空白，他作为系领导，便改变研究方向，来补这个缺了。经过一段时间的摸索，他发现明清徽州的经济文化既有地域特色又具有典型意义，而且资料极为丰富。早在20世纪40年代，我国著名的社会经济史学家傅衣凌先生就发表了《明代徽商考》一文。到20世纪50年代初，日本的藤井宏先生又出版了《新安商人的研究》的长篇论著。到了20世纪80年代初，广州的叶显恩先生也出版了《明清徽州农村社会与佃仆制》。但作为近水楼台的安徽，却未见有人涉足这个领域。20世纪80年代初，一些美、日学者为研究包括徽商在内的徽学，到徽州来做实地考察，搜集资料，路过安徽师范大学，经常找历史系的教师座谈，老师们因为缺乏系统深入的研究，自己也所知甚少，谈不出太多的东西，感到很不是滋味。安徽师范大学是一所老牌学校，地处皖南，距古徽州也就是200公里的距离，称得上是徽州的门户，研究徽学无疑比外地和外国学者方便得多。如果不急起直追，万一将来出现“徽州在中国，徽学在国外”的尴尬局面，那将成为历史的罪人。为此，张教授在1983年便联合几位志同道合的老师，成立明清史研究室，确定以徽学作为主要的研究方向，以徽商这个徽州文化的酵母作为研究的切入点和突破点。此后，他便率领研究室的同志，北上合肥、南京、北京，南下上海及徽州各县，从各地的图书馆、档案馆、博物馆、科研院所和私家珍藏的史籍、方志、谱牒、笔记、小说、契约、文书、碑刻、档案中，搜集到徽商资料百余万字，整理编辑成《明清徽商资料选编》一书，由黄山书社出版。这次会上，将发给大家，人手一册，既广泛征求意见，也为同行的研究提供方便。今后他们将进一步搜集资料，并利用所掌握的资料，对徽商展开系统深入的研究，然后由徽商的研究延伸到徽学各方面的研究。听了张教授这番不藏不掖、直率诚挚的叙说，我不由对他深邃的学术眼光、远大的史学抱负和高度的历史责任感感到由衷的敬佩。

随后，张教授说读过我一些论述朱元璋的论文，很有新意，猜测我正在系统地研究朱元璋，问我何以对朱元璋感兴趣，是怎样研究起这个历史人物的，有何计划和打算？我便如实的谈起自己的曲折经历。我说，自己大学毕业后，先到高等教育出版社当文史编辑，不久又调到人民教育出版社，从事中学历史世界古代史教材的编写工作。“文革”后期，下放到安徽凤阳的教育部五七干校接受再教育。后来从干校分配到广西大学，参与中文系的创办与公共课世界近代史的教学。“文革”结束前夕调回北京，到中央民族学院（今中央民族大学）历史系任教。“文革”结束后，高等学校恢复招生和正常的教学，我便改教中国古代史，业余时间从事明史的研究。要研究明史，当然必须先了解开国皇帝朱元璋和他制订的一系列规章制度，而五七干校的经历，又使我对朱元璋传奇的一生产生浓厚的兴趣。查阅吴晗的名著《朱元璋传》和有关朱元璋的论著，觉得脑子里许多疑问得到了解决，但仍有不少问题没有答案，就决定自己动手来解开这些谜团。从此一发而不可收，先后发表了十几篇论文，后来有出版社前来邀约，请我撰写一部新的朱元璋传记。目前打算将已发表的一组论文辑成《朱元璋研究》一书先行出版，然后着手撰写朱元璋的传记。我还告诉张教授，人民教育出版社历史编辑室十几位同志下放五七干校后，有两位因此和凤阳结下了不解之缘。除我由此萌生研究朱元璋的念头外，还有一位是王剑英先生。王先生因为有什么“历史问题”未查清楚，当大部分同志被分配到边疆一些省区重新工作后，他和少数同志仍留在干校继续接受审查。当时干校的农田已交回给当地的公社或农场，没有农活可干，他便抽空踏勘明中都遗址，写出了一部《明中都城考》的专著（后来正式出版时改名为《明中都》）。张教授静静地听着，最后笑着说：“我们安徽有许多历史宝藏等待人们的开掘，可惜我省的史学队伍力量比较单薄，像朱元璋这样重要的历史人物就没有专人进行研究。徽学也是如此，我们的研究也才刚刚起步。我们的《明清徽商资料选编》搞得比较仓猝，希望你多提意见。我也等着尽快读到你的《朱元璋研究》和新的朱元璋传记。”

第二件事发生在会议闭幕的前一天。那天好像是会议组织与会者兵分两路，一路游览黄山，一路考察徽州古民居。我因大病刚愈，身体比较虚弱，只随几位老先生到黄山脚下逛了一个多小时，远眺顶峰金秋瑰丽的景色，就回到了宾馆。下午四点多钟，便到已从黄山归来的《光明日报》史学编辑肖黎先生的房间去聊天。不一会儿，张海鹏教授推门而入，询问游览黄山的观感，然后问肖黎先生：“能不能在《光明日报》的《史学》版上，为《明清徽商资料选编》的出版登条消息？”肖黎先生当即爽快答应，说：“没问题，你找人写个一二百字的书讯给我，我来安排。”张教授随即对我说：“陈先生就在北京，能不能劳你大驾，给写条书讯，就近交给肖黎先生？省得我找人写了再邮寄，太耽误时间了。”张教授既然信任我，我二话没说，当即应允了。

回到北京，我抽空将《明清徽商资料选编》从头到尾翻阅一遍，拟出了一则二百字左右的书讯，除交代该书主编、出版社的名字及出版时间外，还着重指出它的价值所在：“有关徽商的资料，对于研究我国封建社会后期的政治、经济、文化史和徽州的社会史，尤其是对于探讨我国封建社会长期延续、资本主义萌芽缓慢发展的原因，具有很高的价值。”然后署上“纪程”的笔名，交给肖黎先生。第二年2月5日《光明日报》《史学》版刊出后，我给张教授寄去一份样报，作为对其嘱托的覆命。没想到的是，张教授竟来信对这举手之劳表示谢意，说我的这则书讯虽然字数不多，但却对资料集作出了很高的评价，让他和他的同事深感欣慰和鼓舞。透过这封字迹娟秀的短笺，我又真切地领略到张教授尊重他人劳动、真诚对待朋友的人格魅力，更感到他是一位可以深交的挚友。

转眼到了1993年，两部拙著《洪武皇帝大传》和《朱元璋研究》几经周折，终于在6月和11月相继问世，我寄请张海鹏教授指教。张教授收到《洪武皇帝大传》后，竟在繁忙的行政工作和教学、科研之余，抽空认真翻阅，提笔给我写了一封热情洋溢的信，称赞“《大传》洋洋五十余万言，诚为朱元璋传记中前所未有之巨制。与原有的同类著作相比，它不仅挖掘了许多新的史料，订正了不少史籍记载的错误，而且大大拓宽了研究的领域，加深了论述的深度，具有重要的学术价值”，“是一部有较高学术价值又有较强可读性的历史人物传记”。我在感动之余，萌生了一个念头：何不请张教授将此信改写成一篇书评，拿到报刊上发表？我当即给人民日报理论部的一位编辑打电话，询问可否借该报的一角予以刊载？他慨然应允，但篇幅限在千把字左右。我便给张教授去信，斗胆提出了这个请求。到了11月，张教授寄赠他与张海瀛先生主编的刚出版的《中国十大商帮》一书，同时寄来了他撰写的书评。书评以前人评诗的一句名言“功夫深处却平夷”为标题，以前引来信中的那段评论为基调，分别征引书中的有关论述论证拙著“挖掘了许多新的史料”、“订正了不少史籍记载的错误”、“拓宽了研究的领域”、“加深了论述的深度”诸项成就，然后用一段文字评说拙著的文字表述“具有较强可读性”的优点：

> 《大传》文字表述上也做到了深入浅出，明白晓畅。铺叙是为了析透问题，简约则是力求语言的皓洁。这就把史学的内容和文学的形式合为一体了。

最后还有一段文字，评说拙著所以写得成功的原因：

> 这部《大传》之所以写得成功，原因是作者曾穷十余年之力，就朱元璋一生活动的事迹，从不同的方面写出二十多篇很有分量的学术论文。《洪武皇帝大传》则是在通过深入研究朱元璋其人其事的基础上写出来的。这说明，作者在动笔之前，就已下过工夫了。前人评诗有句名言：“功夫深处却平夷”。其实，写文章，写著作，要求得较高的质量，关键也在于“功夫深处”，功夫够了，写出来的论著也就平易明白了。

全文约1800字，字里行间充分体现张教授奖掖后学和鼓励外地学者挖掘安徽历史富矿的慷慨气度。我按照事先的约定，将稿件转给人民日报理论部的编辑。理论部的编辑对稿子略加压缩，删去最后两段，并将标题改为《〈洪武皇帝大传〉评介》，于翌年3月23日正式发表。

这样，一来二去，我们便结下深厚的友谊。几次明史国际学术讨论会和朱元璋国际学术讨论会，我们重逢时都会畅谈一番，交流彼此的学术研究和工作生活情况。

通过接触和交谈，我知道张教授身兼数职，除了安徽师范大学校长繁重的行政工作，还要兼顾教学与科研以及校外的许多社会活动，但他应对裕如，样样都做得十分出色。就科研而言，张教授本人不仅发表了数十篇论文，还在安徽师范大学历史系先后组建明清史研究室、徽商研究中心、徽学研究所等机构，率领一批志同道合的老师，协作攻关，撰写和出版了一批徽商与徽学的重要论著，在海内外产生了很大的反响。以培育人才而论，张教授在20世纪八九十年代先后培养了一批硕士生，他们现在都已成为教学与科研的骨干人才和中坚力量。再就社会活动来说，张教授作为中国史学会理事、中国明史学会副会长、中国朱元璋研究会会长、安徽省历史学会会长，在安徽的黄山（1985）和凤阳（1995）先后承办了两次明史国际学术讨论会，还在凤阳（1990/1998）主持了两次朱元璋国际学术讨论会。在他生前，还没有一个省市单独举办过如此次数的明史和朱元璋的国际性学术会议。这些学术会议的召开，对明史和朱元璋研究产生了积极的推动作用。

十一年前，张海鹏教授因长期劳累过早地与世长辞了，令人无限痛惜。值得庆幸的是，张教授为之奠立基石的徽学研究，在其后继者和学生的努力之下，正在向纵深之处开拓，呈现出日益辉煌的局面；他积极推动的明史和朱元璋研究，队伍在日益壮大，成果在不断涌现，也呈现一派欣欣向荣的景象。所有这一切，或许多少可以告慰于张教授的在天之灵吧。

怀念桐城张海鹏先生

蒋大椿

（中国社会科学院近代史研究所研究员）

蒋大椿先生给王世华教授的信

世华教授：

近好！

欠了点文债，对方催的甚急，复函晚了，见谅。

函中要我为纪念张海鹏先生的会议写点东西，这是应该的。思之良久，我打算将海鹏先生逝世后陆陆续续写的几首怀念小诗汇集在一起（应该还有，但找不到了），虽然内容单薄了点，然情是真切的。汇在一起，倒也能表达出我参加会议怀念海鹏先生的心情。不知您以为如何？

这几首小诗写于不同时间，当时都是即兴写的，写后也没记下具体时间。这里我向您做点最简单的介绍。第一首写于接到海鹏先生逝世讣告的当天，已十年多了。第二首也是写于那时。前两句不是仅写吃喝，写这两句时当年的情景氛围包括海鹏先生的音容笑貌都浮在眼前，藉此象征性地表达出海鹏先生对朋友们的多方关怀。第三首几年前写于安徽师范大学专家楼的一个雨夜。第四首大约五年前我因事乘车路过国务院二招，请司机将车开到最慢，那首小诗便是在车中写在一张纸上的。最后两首是这次接到邀请函后写的，“屯溪论茶理”是上个世纪90年代初在屯溪（那时还未改称黄山市）开的一次学术会，海鹏先生和我都参加了，并且同住一室，一次海鹏先生有关茶的自然以及人文的议论令我深受益。“瘦湖”指扬州“瘦西湖”，中国史学会在那里开会，海鹏先生和我在瘦西湖漫步时讨论了明史中的若干问题。我们都很欣赏于谦说的“要留清白在人间”。

如果您同意，新附三页文字，便作我参加会议的文章了。并请指正。

并祝

时祺！

蒋大椿

2011年5月2日

怀念桐城张海鹏先生诗六首

桐城张海鹏先生于我亦师亦友。海鹏先生逝世以后，我曾陆陆续续地写过几首怀念他的小诗。现汇集在一起，以纪念海鹏先生诞辰八十周年。

一　惊闻桐城张海鹏先生仙逝

古道新学集一身，儒雅风骨今难寻。
南来讣音吾心碎，泪眼凝望天边云。

二　今朝我哭君

镜湖蟹黄包，九华石鱼醺。
当年君怜我，今朝我哭君。

三　雨夜思海鹏

又来师大专家楼小住，晚宴归来。夜雨，思念海鹏

满座乡音情依旧，总忆故君心内惘。
桐城海鹏今何在？唯听夜雨落满楼。

四　君去不再来

路经国务院二招，曾与海鹏先生在此畅谈，深深怀念

当年话江淮，兴高更壮怀。
如今频回首，君去不再来。

五　桐城海鹏长在二首

其　一

屯溪论茶理，瘦湖品明史。
君生达道谊，即故何尝死。

其　二

江淮遍弟子，徽学铸基址。
君生德业隆，即故何尝死。

蒋大椿

集心香一束，纪念张海鹏先生诞辰八十周年

2011 年 5 月

翰墨清香映儒雅

——张海鹏先生忆记

范金民

（南京大学教授）

著名的明清史专家、徽学研究的奠基者和带头人、安徽师范大学张海鹏先生，以博学、谦和、儒雅闻名国际学坛。余生既晚，又无缘忝列先生门墙，于先生之学问，不能稍窥门径，然蒙先生不弃，自1983年拜谒后（当年11月初，南京大学明清史研究室协同中国社会科学院历史研究所明史研究室和南开大学历史研究所在无锡召开明代经济史讨论会，会间得以见到至今多负盛名而当年风头正健的学者，其中就有早已仰闻其名的张海鹏先生），十八年间，垂爱有加，时予奖勉教导，或可自诩为私淑弟子，谅也不算过分。先生身高峻拔，面庞清秀，略带桐城口音，浑身透出一股儒雅之气，至今已记不起最初如何向他请教，但其光辉形象一直深留在我的记忆中。

近日整理书信，居然理出先生来札十八封，一律“同志”相称，一笔行楷，书写在安徽师范大学信笺用纸上，封装在安徽师范大学信封中，不禁让我串联起一条长达近十年的记忆之路，鼓舞着我今后的学术生涯。如今文化快餐，通信业已与时俱进，绝大部分均已电邮，要想保留只字片言，已属奢求，先生的这些书翰，在我看来，不啻是天壤间难得之重物，理当沐浴焚香，宝之珍之拱璧之。今选择其中部分，用以缅怀先生的恩德，兼以与先生的学生与同仁分享先生留给我们的遗产。

《中国十大商帮》出书琐忆

1988年10月，秋高气爽，稻香蟹肥，身为安徽师范大学校长的张先生在校内主持中国商业史讨论会。会议之前的18－19日，先举行小范围的明清商帮编写会，由张先生和山西社会科学院张海瀛先生主持。整整讨论了两天，确定了商帮一书的内容、分工、写作要求和文字表达形式。会上，大家畅所欲言，着重就商帮的内涵和地域范围展开了充分的讨论。我对山西、陕西、广东、福建、江西、山东等省以省域为范围称为一个“商帮”，同时将宁波、龙游、洞庭等地较小地域范围的商人各称为一个商帮，而并称为“十大商帮”杂糅于一书持有不同看法，而且年少气盛，倡言这样安排似不科学。先生耐心地听取每个人的意见，极有风度，不以我之放言无忌为忤，只说金民同志所说有道理，但大家先按讨论设想写作，有具体问题再商量。最后先生作总结性部署，希望大家集中精力，按时交稿。此次商帮编写会，我初次体会到了先生的大度和学术带头人的水平与气魄。

会后先生安排在专家楼招待大家，知道我喜欢吃鱼，一定要我将大半条鳜鱼吃掉，并说吃了鱼后有任务。原来次日的中国商业史讨论会，先生要致开幕词，大概因为忙于会议和校务，无暇亲自撰稿，要我起草。我仗着酒力和鳜鱼的营养，连夜赶稿。次日先生会上所作致辞，改动较多，但先生在此前后多次表示感谢，一再鼓励晚生努力学业。

说起《中国十大商帮》的编写，回顾先生与我的"交往"，感慨难免多了。至今保存的先生的亲笔信，年头早的就是1990年10月25日关于书稿的那一封。先生说："书稿早已收到，因杂事冗繁，未暇及时函复，请原谅。"先生这封信，主要是给我发来该年11月初在芜湖召开的徽学讨论会的邀请，不知何故我没有应邀忝列会议。如果出席会议，或许我就能从此进入徽学研究之门，实在遗憾。

次年6月，又收到先生于6月8日寄出的两封信，其中的一封打印件，是告知《中国十大商帮》一书出版事宜的，寄给全体作者。信中具体说明道："目前，书稿已全部交至黄山书社，责任编辑正在审稿。五月末，我因事去合肥，约责任编辑作一次面叙……对于这部书稿的出路，我想你们一定很关心，故在付梓之前，特先函告。"

到了1992年4月末，又收到先生告知《中国十大商帮》一书出版进展的打印信，信中称："《中国十大商帮》原拟去秋付梓，因责任编辑临时派往它任，故发稿计划推迟。但安徽出版总社仍将这部书稿列为1992年重点出书计划中，黄山书社已于四月初将稿件发至芜湖新华印刷厂。经联系，印刷厂拟于五月初发排（民按：此句为先生手书）……这部书稿拖至现在才发排，深表歉意!"

次年5月上旬，收到先生整整两页的手书，主要告诉《中国十大商帮》一书的出版和署名问题，信谓："上月中，我和徐力同志合作校对了《中国十大商帮》的三校，由于有几章改动的较多，所以，最后的'对红'，到昨天才将清样送到我手里。估计六月份可望出书。我在和徐力同志通校三校中，共同的看法是：'洞庭商帮'一章属上乘之作。无论材料的征引，结构的安排，文字的表述，都是令我们钦佩的。这决非故意的恭维，我们的共同评价就是如此。为此，我和出版社都应向你和罗老师表示谢意！……关于这本书的署名，我和出版社遵照中山大学黄启臣教授来函的意见，一律放在前面的扉页上，以姓氏笔画为序。另外，我在'前言'里，又按章分别提出了作者姓名。这样，整体的作者、分章的作者姓名都有了。因为事先未能普遍征求作者的意见，我想，大家是会同意的。并请转告罗老师。"读罢先生的来信，深感先生考虑周全，决不掠人之美，而奖掖后进晚辈，不遗余力。

在当时，书正式出版不易，销路更是大问题，出版社为转让负担，一般是由作者包销，《中国十大商帮》最为典型。1993年11月9日，先生来信，不厌其烦地交代出书销书的曲折过程。信中说：“《中国十大商帮》已赶在扬州会议前印出发行，我带去一百本，无疑等于席上添了‘一碗菜’。吴慧会长高兴不已，称它是拿出来的‘拳头产品’，并颁发了‘荣誉证书’。我想，这也是对这本书的作者们的一点精神鼓励。这本书的问世，黄山书社出了大力。一个多月前，编辑室和发行科告知收回来的征订单，数字很小，大概只有500本左右。为了给他们分担困难，我即答应推销1000册。经联系，已落实并发出的有：张海瀛先生处100册，方志远同志处800册（他是出了大力的）、黄启臣、陈支平、林树建三位先生处各55册（每包11本，5包55本）。也想请你代销55册。另有李华先生、田培栋先生处我不好意思请他们来帮助销售了，陈学文同志（民按：先生所提各位，均是《中国十大商帮》的作者）已出国，就算免了这次做‘书贾’交易了。我已销掉了三百余册，估计压在我身上的一千本销售任务可以完成。说实在的话，我当书商这还是第一回，但学术已走向低谷，又有什么法子呢？前天，一份报纸上刊载了一幅漫画，是反映撰书的作者背了一大摞书抵作稿费，看后，不禁感慨系之。我之所以这样做，也是想让出版社把稿费能付出来。出版社也有这个意思。不过，我已和他们讲清楚了，到时桥归桥，路归路。即应付作者稿费多少？书价多少？算清后多退少补。《洞庭商帮》的稿酬也是按规定开出后，不足数再补寄来（由黄山寄或由我寄，但他们要开出通知单）。我与黄山书社交涉，他们还给我们一些发行费，扣除搬运、邮寄费用（还有其它杂费），可给推销的同志，发行费每本2元，这样，你处55册书，原价计687.5元，除去110元发行费，实际为577.5元。你推出后，书款不必寄来，以后，在稿费里冲掉。你在销售时，购买单位是要发票的，你可在附近书摊上或书店买一些发票，给他们一点费用就是，我们在芜湖也是这么做的。……在销售时，还可请维中同志帮一下忙。无论是卖给谁，不能减价卖，但可以给经办人一点好处。新书一开始就减价，有失它的声誉的。你说可是？”

过些时日，出版社计算稿费了。1994年1月20日，先生给各位作者发打印的信，并附上了出版社的稿费结算单，信谓：“《中国十大商帮》已于去年十月出版，黄山书社虽然亏本，仍付给作者较为优厚的稿酬（在该社是如此）。您撰写的洞庭（民按：‘洞庭’二字为先生手书）商帮，稿酬是662元，扣除您代售的书55本计577元，应付给您85元，现邮寄上（附黄山书社稿酬通知复印件）。收到款后，务请回函，以免释念。”先生另在打印件上手书：“金民同志：近好！现将《中国十大商帮》稿酬寄来，请查收。我实在无奈，认代销55册书，实际上是减少了你的稿酬收入，于心深感不安。今后，如有机会，我还愿意与你和罗先生合作，未审以为然否？”揣度先生意思，该书费尽周折，终于如愿以偿，正式出版，也如约结算清稿酬，确保了作者的利益，作为主编的他对得起各位作者了。

如今读先生的来信，免不了一阵阵心酸。在那年头，一个堂堂的专家型大学校长，以其学术地位和声望，组织了全国研究商帮的专家，撰写出第一部商帮研究著作，却还要通过人脉，凭藉人情，延时两年多才出书。出得书来，还要费尽心思，包销印数，以至交代每位作者如何销书，如何计费。此事要是放在今日，书稿恐怕首先是个项目，作者有研究经费不说，出版社要出这样的书，或许还得先付部分稿费，出书后自然还得按印数计酬，断不至于后来该书一再重印却对作者连个招呼也从来不打。后来个别书稿作者提起此事，免不了愤愤不平，先生却往往一笑了之。

《中国十大商帮》后来市场看好，中华书局香港公司和台湾什么出版社都买了版权，要原作者改写，以一套书系列分出小册子。先生在作者和原出版社之间反复协调，使作者从出版社获得了据说是一半的版权转让费。

撰写《徽商研究》书评琐忆

20 世纪 80 年代起，先生即组织安徽师范大学的同仁，倾力于搜集和编集《明清徽商资料选编》，并在资料积累的基础上，着手研究徽商并撰写《徽商研究》，安徽师范大学徽商研究团队花了十来年的努力，终于撰著了《徽商研究》一书。1995 年 11 月 29 日，先生来信，正式嘱咐我为该书草写书评。先生在信中说："《徽商研究》下月可以发行，兹将三校稿托我校张传开副教授带来，请以您的生花之笔为它写一篇书评，不能拔高，重平实，反而好些。劳神之处，至为感谢！文稿写成后，可托人或由邮寄给我，我设法找一家有影响的刊物采用。"

不知何故，我似乎迟迟未能动笔，或许是相关知识的汲取，需要时间。次年 3 月 10 日，先生再次来信，专提书评之事，信中云："金民同志：春节后寄来一本《徽商研究》，想已收到，那是商业史学会购买的。现寄赠两本，因为你要送人，所以没有落款。烦请你写的书评，脱手后即寄给我。这是一项苦任务，待见面时再为感谢！"说实话，我专业学习和研究的重点，局限在江南的手工业，于徽商研究殊少关注，完全外行，要对先生主持并亲自撰写相当篇幅的《徽商研究》发表看法是有难度的。承他厚爱与信任，考虑到此前一年曾为唐力行老师的《商人与中国近世社会》写过书评，似有一些基础，是以愿意试一试，藉此也可以获取关于徽商的知识，因此领受任务后一直在努力。

3 月 19 日，先生第三次寄来有关书评的手札。札谓："金民同志：今天下午收到您寄来的《徽商研究》书评，至为高兴！其时，由于夕阳快西下，来不及拜读。晚饭后，我细心地通读了全文，觉得这篇书评出之您这位行家里手之笔，真是味醇如酒。书稿写得平平，书评却写得火花四溅。我既感到欣然，又感到赧然！倒是出版社就希望书评能够拔高评述，他们想以这本书来申报国家图书奖，如能在刊物上发出来，他们那是高兴无比的。……对于您煞费苦心写成这篇书评，我谨代表同仁们向您致以由衷的谢意！"

后来书评在《中国社会科学》上发表，我松了口气，先生也甚感满意。1997 年 4 月 8 日，先生来信（民按：这是手头保留的先生的最后一封来信）说："《徽商研究》书评已在《中国社会科学》今年第二期刊出，经过您的神来之笔作了渲染，这本书和它的作者均为之增辉，出版社更为之欢欣鼓舞。上周，我寄了一份复印件给责任编辑曹文益，他来电话云：‘他又再次复印多份，分送社里和局里领导，足见其快慰之忱’。”

《徽商研究》是安徽师范大学徽商研究团队的集成之作，融入了集体的研究成果，更倾注了先生的心血，我在拜读之时，常常因其深入的探讨、涉及的层面和流畅的文笔而感叹，因而撰写书评时，自然地流淌出这样的文字：“《徽商研究》……既是徽商研究的集大成之作，也是迄今为止国内传统商人研究篇幅最为宏大之作，在林林总总的商人研究成果中，恰如根深叶茂的老树，又当融融春日开出了绚丽的花朵。”这是我的真实感受，我至今以为，这样的表述决非溢美之词，是经得起时间检验的。此书后来据说获得安徽省哲学社会科学优秀成果一等奖、教育部人文社会科学研究成果三等奖和首届国家社科基金项目优秀成果三等奖，“竖起了徽商研究史上的第二座丰碑”[①]。文章如精金美玉，市有定价，非人徒以口舌定贵贱，《徽商研究》连续获得殊荣，正是学界共同看法的反映。

出席台湾明史会琐忆

自1994年起，本人有幸每年利用参加学术会议的机会拜见先生。1996年7月，台湾中国明代学会吕士朋、张哲郎、徐泓先生等主持，举办第一届两岸明史学术研讨会，邀请大陆明史研究同行25人赴台与会，先生、我与师弟夏维中等在列，从此三人往返均同行。先生时年66岁，腿脚不便，眼睛又刚动小手术，似乎对赴会有畏难情绪，我和师弟维中不时敦促他，恳请他与我们同行。因而确定行程前，先生两次来信，相约与我们同行。3月19日来信说：“台大徐泓教授又寄来新邀请函，也许就是您提出要求的缘故（民按：台湾方面先发来的邀请信，不合要求，我们不能申报出境手续）。我的赴台手续正在办，到时，我一定和您、维中同志同机赴港，这样，我在旅途中有你们两位照顾，我的胆子也大些。”7月3日来信说：“前天，接到徐泓先生的电话，云及廿二号我们聚首香港，想你亦已知道。你和维中同志是坐飞机去还是坐火车去？反正我是离不开你们的，你们怎么走我就怎么走。买飞机票要身份证，买火车票要工作证，我将两证各复印一份放在信里寄来，请在购票时使用。票价款请设法先垫一下，待我们见面时再为归付。”

21日7时许，先生由芜湖小车来宁，在机场汇齐，我们开始了较为艰难的旅程。飞机降落广州，由广州坐火车去深圳。广州火车站仍如十年前光景，杂乱无章，候车大厅基本由小车堵塞，左冲右突方进入候车室。工作人员漫不经心，问深圳在何处候车，三人说法均不一。楼上楼下往返两趟，三人手提行李箱，大汗淋漓，手酸

① 余同元：《醍醐海阔　德性山高——张海鹏教授与明清史研究侧记》，《明代史研究》第30号，2002年4月，第6页。

脚颤，终于登上火车。先生跟着我们上下奔波，十分吃力。次日一早由罗湖入九龙，手续繁，人又多，直到下午一点半左右才上了去九龙的火车。又要到地处金钟的台湾中华旅行社取入台通行证正本，前后近两个小时，近五点才登机飞台湾桃园机场。

大陆明史学者绝大部分为第一次赴台，处事出言格外谨慎小心。研讨会整整两天，按部就班，先发言，后点评，然后自由发言。大陆学者发言大多拘谨，较为内敛，而台湾同行却大多言辞激烈，不留情面。有人评先生的会议论文，好像措辞过甚，我看先生不动声色，未予回应。事后我问先生何以不反驳，先生莞尔一笑，说小唐（民按：唐力行教授）不是回应了吗？老辈忠厚，一至于此！后来南下考察旅游，张哲郎、徐泓、刘石吉先生等精心安排，随车领队。无如天公不作美，葛乐礼台风无礼，车抵高雄，豪雨如注，一夜未停。

回程时自然仍然取道香港，线路不熟，先生与我等三人，加上郑克晟、杜婉言先生五人往深圳。后来我们三人在深圳过夜，到赵洪保（安徽师范大学本科毕业，南京大学硕士毕业，于先生有师生之谊）家吃晚饭，次日飞返南京。

此番赴台，先生是大陆一行中年纪最长者，又时值炎夏，台风肆虐，日程安排又紧，出入境手续繁琐，一路可谓颠簸。先生一定吃了不少苦头，但始终乐观开朗，一路上给我们讲史林掌故，讲老人家安徽大学校名题写对象之误，讲他如何忙中偷闲抓紧徽商研究，语气沧桑而不乏幽默。在台期间，先生还不时买些小件礼物，回程在深圳时一一整理，说这个给孙女，那个给同事，每人都有了，我回去可以交代了。先生真周到心细，我和师弟直感到惭愧。更有意思的是，一路乘车吃饭时，先生总是争着付钱，而早在广州机场，他争着买票，一把钱被三只眼光顾，以后就不见了。先生执意向我“借”钱，付款时仍然抢先。

回宁后，还在我担心先生的身体时，8 月 6 日先生即来函称：“金民同志：这次台湾之行，多蒙你和维中同志的细心照顾，故能往来顺利，旅游便捷，在记忆里将是难忘的。一日晚我们在机场分手后，即和校办主任、日本高知女子大学教授市村金次郎先生一道前往江苏教育学院休息并用晚餐。十时许离宁，当晚十二时抵家。归来几日，于疲困中还要接待一些今年高考期待录取的考生家长，以致旅途之累至今尚未恢复。从你处拿的 680 元，正好，我校政经系臧宏教授因事来南大，便托他带来，这样，就免得我跑邮局了。见到维中同志请代致候！”

如今再读先生的这些手札，摩挲着我们在台湾的旅游影片，时刻感受着亲切温暖的同时，赴台场景历历在目，前后整整十天，与其说是我和师弟维中俩人照顾先生，还不如说是先生在待人接物、治学授业方面时时指导、开导和熏染我们。能够与先生这样的饱学老辈朝夕相处十日，实在是我等后生的福气，这样的机会，既从来未曾有过，今后恐怕也不会再有，敢不珍念！

出席研究生答辩琐忆

先生谦和，待人礼数周到，即使与我等晚辈往来，也绝无半点架子，而总是倍加鼓励。1996年6月上旬，我应先生之命往芜湖主持安徽师范大学历史系的硕士生论文答辩。一个多月前的4月30日，先生即由其学生陈欢带来手书，书谓：“我的两位研究生今年毕业，系里决定请您为主持答辩的老师，因此，我让他们将论文先送来，请你审阅，答辩大约在六月上旬举行。烦神处至为感谢！”至今我每读到此信，总感觉惭愧。我辈如今每年举行研究生论文答辩，人多往往提前若干天，一个电话，即要人家出席答辩，甚者连招呼都不打，径由研究生“通知”一声而已。回想老辈做同样的事，何其慎重，何其认真！张海鹏先生如此，许大龄先生等无不如此。世风日下，研究生答辩一事，也能略显端倪。

也就是那次答辩前后，先生托研究生陈欢送来他的字。先生的字，娟秀俊逸，一如其人，作为文人字，别有一番韵味，人见人爱。我也很想得到先生的墨宝，但是从不敢开口。不知何时先生知道了我的愿望，不待求索，即慷慨挥毫。1996年2月，先生将条幅写好，3月19日即来信告知：“给您和维中同志写的条幅已送去装裱，裱成后再托人带来。”我即恳请先生不必装裱，应由我自己去裱。先生却说：“芜湖有一家裱店，我常在那里裱，裱得很好，你在南京裱，恐怕裱不好。”4月30日，先生的研究生陈欢为论文答辩事来宁，带来先生手札和条幅。条幅纵64.5厘米，宽31厘米，录唐代诗人李白七绝《早发白帝城》：“朝辞白帝彩云间，千里江陵一日还。两岸猿声啼不住，轻舟已过万重山。”左书“金民同志雅正　张海鹏　九六二月”。尺幅笔力刚健，而又飘逸，墨色浓重，疏朗有致，已用绢纸裱成立轴。挂在我斗室的书房中，顿时映出光辉。当时我激动得说不出话来，陈欢又出示先生为维中写的尺幅，录南宋朱熹《观书有感》：“半亩方塘一鉴开，天光云影共徘徊；问渠那得清如许，为有源头活水来。”先生手札则云：“遵嘱给你和维中同志各写了一张条幅并已裱好，现让陈欢带来，祈笑纳，维中同志的请代转交。”我无以为报，又不能送“润笔”，后来赴芜湖答辩时买了些宣纸以示感谢。7月3日先生来信却说：“金民同志：近好！上次你来芜湖时，还给我带来了宣纸，真不应该！何必花这笔钱呢！但既已收下来，还当表示感谢！”先生如此厚爱，真令我等晚辈感念不已。

我自1995年起，1996、1998、1999年数次出席安徽师范大学历史系的硕士生论文答辩，多次随先生行走在美丽的安徽师范大学校园中。其时先生已从校长岗位上退下来，但路遇同事或曾经的下属，对方都远远与先生亲热地打招呼，一次饭后，眼见校纪委的几位同事，他们见到当年的校长，招呼过后，转身驻足，目送着先生渐渐走远。可见先生不当校长已数年，而安徽师范大学的同事仍然在心中记念着他，崇敬着他！如今先生虽然已辞世11年，其儒雅形象却树立在我们的心中。

（作者附记：今年是张海鹏先生诞辰八十周年，谨以此文，以志纪念）

不尽哀思悼故人

——深切感念良师益友张海鹏教授

吴仁安

（上海师范大学教授）

张海鹏教授去世已经十一个春秋了。他的早逝，是徽学研究乃至中国明清史学界的一大损失，也成为其亲朋好友、同事和学术界同仁的绵绵之痛。这篇小文，追忆我同他的交往和如何在他的指导、提携之下得以学术成长与事业有成，是我献给他的一瓣心香，作为我对他的纪念。

一、识荆于美丽的安徽师范大学校园

1987 年 12 月 14 日—17 日，由中国社会科学院历史研究所、中国人民大学清史研究所、厦门大学、广东省社会科学院等十二个单位联合主办的“国际清代区域社会经济史暨第四届全国清史学术讨论会”在深圳市隆重召开。12 月 14 日，上午在深圳大学礼堂举行了会议开幕式和拍摄了与会代表集体照后，接着又在该校的餐厅举办盛大的招待午宴。时任广东省社科院院长的张磊教授特地邀请我坐到他的身边，并热情洋溢地把我介绍给同桌在座的与会专家、学者：“这位吴仁安先生，他完全是靠着自己个人的勤奋努力而终于由一名中学历史教师走上了大学的讲台，走进了历史科学的殿堂……”张磊教授是这次学术盛会的主持人和东道主，他这一宴桌上的在座者都是些史学界的鸿儒名流，据我今天记忆所及，当时这桌在座者中就有时任华中师范大学校长的著名近代史专家章开沅教授、著名明清史专家的中国人民大学韦庆远教授和解放后我国第一本用马克思主义观点写成《明清史》专著的作者东北师范大学博士生导师李洵教授（而据李老日后与我交谈获悉，本人 20 世纪 60 年代初负笈华东师范大学历史系时的其中几位授课业师，诸如孙道天教授、艾周昌教授等都是李老以前的学生，是则李老也就是我的太老师了）等等。其实，张磊教授的上述这番话，完全是出于他对区区不才的厚爱，是为了提携我而特地把我介绍给学界同仁的。但是，俗话说得好：“一个好汉三个帮。”我清醒地认识到：一个人的成功与否，除了其个人的天赋与勤奋，还有天时、地利与人和等诸因素的制约。一个学人如果毫无他人在各方面的支持与帮助，那么他要有所建树并在学术上不断取得进步，这几乎是不可思议的。在我学术成长与进步的漫长道路上，就曾得到了包括张磊教授在内的众多专家、学者的指导、扶持与鼎助。在上海人民出版社2001年12月出版的拙著《明清江南望族与社会经济文化》一书的“前言”中，本人对曾帮助过我的专家、学者们均择要一一提名深致谢忱，其中也有前安徽师范大学校长张海鹏教授。

本人由华东师范大学历史系五年制本科66届毕业之时，适逢我国十年内乱的“文革”非常时期。在经历了大学毕业生奔赴军垦农场接受解放军“再教育”之后，我才被分配到了安徽省沿江城市芜湖长期从事中学历史教学工作（最初分配在芜湖市东部的康复路学校任教，一年后由组织调动至市中心的芜湖二十二中学任教，最后则奉调到该市北部的芜湖九中任教）。芜湖素称鱼米之乡，自古以来工商业发达，经济繁荣，曾经是闻名中外的全国四大米市之一。它又是一座古老而又秀丽的江城，境内山环水抱，风光宜人，且因历史上文人墨客来芜湖冶游、寓居者颇众，故文物古迹亦多。例如，北宋时苏东坡、黄庭坚两位著名诗人都先后来过芜湖，苏东坡在畅游了当时号称芜湖四大名寺之一的东承天院（后改称“东能仁寺”）后挥毫书下佳诗《湖阳曲》一首；黄庭坚寓居芜湖二年之久，他在芜湖赤铸山埋首读书治学，留下了不少脍炙人口的诗篇：“读书在赤铸，风雪弥青萝，汲绠愁水断，村酤怯路蹉。……”南宋状元诗人张孝祥幼年时因金兵侵犯祖籍和州（今安徽和县），跟随全家迁居芜湖，长大后考中南宋绍兴二十四年（1154）甲戌科一甲一名进士，成为芜湖历史上唯一的状元。张孝祥虽然一生短促，但他在芜湖也留下了“状元坊”、“陶塘”等名胜遗迹。迨至明清时期，文化名人寓居芜湖者更多。诸如，明代著名传奇作家汤显祖，晚年曾寓居芜湖儒林街文化世家李承宠的宅邸“雅积楼”并在楼中写成了不朽的传奇剧《牡丹亭》；清代现实主义作家吴敬梓也在乾隆十五年（1750）左右在芜湖寓居过一段日子，他的传世名著《儒林外史》则很可能就是受到了当时芜湖城内的儒林街、儒林里、儒林桥等等地名的启示而定名的。……总之，芜湖是个历史悠久、古意盎然的如画江城，它自古以来确是一个可以静下心来做学问的好地方。但对我来说，在刚分配到芜湖工作的最初几年，总感到自己孤身在这古称“鸠兹”的江城，人地生疏，举目无亲，心就一直系在长江下游入海口的故乡上海，牵挂着远在上海的年届九十高龄的祖母和年迈体弱又多病的父母双亲等家人亲属，总是千方百计地想法调回上海工作。只是在我有幸结识了日后成为我良师益友的张海鹏教授之后，我才终于逐渐找到了“芜湖是个可以静下心来做学问”的良好感觉！

1980年4月，正是江南莺飞草长的暮春时节，我与张海鹏教授初次相见于美丽的安徽师范大学校园。事情的起因是这样的：该年4月中旬的一天，本人昔日在芜湖二十二中任教时的一位老同事吕少勇老师（时任二十二中政治教研组负责人）从聊天中得悉我也有志于明清史研究，他就自告奋勇地要将我介绍给他青年时代负笈合肥师院历史科的一位同窗好友而时任安徽师范大学历史系主任的张海鹏教授，问我意下如何？我当即表示欣然乐从！大约在和吕老师谈话后的一周左右吧，经过吕老师的妥善安排和从中介绍，我在4月下旬一天的午后，终于在安徽师范大学校园有幸结识了张海鹏教授。但见他身材修长，温文儒雅，谦和有加，是位蔼然长者。

当吕老师把我介绍于他后，我即向他呈送上前几天由刊物编辑部刚寄来的本人刊载在广州《学术研究》1980年第二期上那篇拙文《明代广东三十六行初探》的“抽样本”，敬请他多多指教，他愉快地收下文章，笑容可掬地说这是我送他的一份珍贵的“见面礼”。当他得悉我的全家都生活在本人故乡上海而仅只我个人孤身分配在芜湖任教时，他即操着带有浓重皖西枞阳乡音的普通话劝慰我总要以教学工作与学术研究为重，并又以黄庭坚、汤显祖和吴敬梓等历史上的文化名人在芜湖读书治学的生动例子来强调他的论断：“芜湖确实是个可以静下心来做学问的好地方。”他那浑厚苍劲的男低音吐字清晰而铿锵有力，初次见面时他那种谦和亲切、平易近人的态度给我留下了深刻良好的印象，直观使我认定这是一个诚笃的长者，一个可以深交的学者。

此后，我们来往日多。他曾先后带领我去拜访了当时安徽师范大学历史系的系主任光仁洪教授和该系另一位副系主任汪宏玉教授；又特地为我搞了一张类似介绍信的证明，我凭证可以自由出入安徽师范大学图书馆的善本、古籍等阅览室查看文献资料，及时把握学科前沿研究的发展状况，这令我非常感激。在安徽师范大学校园，由于张海鹏教授的直接或间接的关系，我又先后认识了由华东师范大学研究生毕业分配来皖任教的杨国宜教授、由东北调入安徽师范大学任教的清史专家王廷元教授、时任《江淮论坛》编辑的刘淼先生、时任《安徽师大学报》编辑的唐力行先生和张海鹏教授的高足王世华先生等专家、学者，使我逐渐走上了业余研治明清史的漫漫学术道路。总之，自从结识了海鹏公（当时我与力行兄、刘淼兄等学界好友都爱尊称张海鹏教授为“海鹏公”）后，从此我在江城芜湖有了可以解惑指南的良师益友，使我对自己的学术道路充满了信心，也使我对芜湖越来越喜爱，甚至将芜湖当做我的“第二故乡”。

二、仰慕他的学识，敬重他的人品，更钦佩他那见微知显的学术洞察力

自1980年4月我有幸结识了海鹏公，迨至2000年9月5日他驾鹤仙逝，我同他交往整整二十多年，从相识到相知。海鹏公学识渊博，凡是读过他论著的人，无不推崇他具有扎实的学术功底，而对他于徽商人物掌故和徽学研究娴熟于胸则更是交口赞誉。他又十分平易近人，在我同他初次见面之时，我尚是芜湖市一名普通的中学历史教师，但当时已经身为大学教授兼历史系主任的他却并没在我面前摆谱、搭架子，而是谦和有加、亲切近人。在以后的短短几年之中，海鹏公又逐步荣升为大学副校长、校长，但他待人接物总还是那么的随和亲切，毫无架子。所以，我深以为海鹏公特具中国知识分子的传统美德，他的身上集中体现严谨治学、为人师表、平易近人、甘为人梯等崇高精神。我仰慕他的学识，敬重他的人品，更钦佩他那见微知显的学术洞察力。正如张海鹏教授逝世后中国明史学会发来的唁电中所说：“先生长期从事中国史特别是明清史的教学和研究，成果累累，桃李满园。他又开创徽

学研究领域，具奠基之功。”这个评价是名副其实的。关于明清史研究的深入发展，海鹏公认为首先就是要围绕明清资本主义萌芽发展缓慢的特点及其缓慢发展的原因问题，去深入探讨明清社会经济这个时代性课题。因此，承蒙海鹏公的厚爱，他很欣赏我那篇拙文《明代广东三十六行初探》，说它立论新颖，文笔流畅而清晰可咏。他认为研究“明代广东三十六行”这个问题确实具有重大学术价值，因为它不仅事关明代海外贸易，而且如果真正搞清楚它的组织结构、经营性质、它在澳门对外贸易中所处的地位和它同尔后的清代广东十三行的社会历史的联系等等诸多重要问题，那么它对于我们今天研究明清资本主义萌芽和中外关系等问题也就会具有重大的学术意义。他曾多次鼓励我如有条件和兴趣，应该对“明代广东三十六行”问题继续深入研究下去，可以写出对此问题的“再探”、“三探”乃至“四探”、“五探”，直到将上述诸多历史问题梳理得清清楚楚为止。但是，若要深入研究“明代广东三十六行”，其难度则是相当大的。因为关于这个问题目前只见到明人周玄暐著的《泾林续记》中的记载，这是研究者所能引用的唯一的一条史料。后来，我倒是确曾前后花费了四、五年的时间，去多方寻找其它的相关资料，但却总是查搜不到足以将上述诸多历史问题梳理清楚的有力资料。我也曾想过，既然明清以来（特别是明代）中国文人的著述中一时难以找到足以说明问题的得力材料，那么何不另辟蹊径，到明清以来（特别是明代）那些来华的外国船长及其他人员的私人文化资料（诸如书信、著述或者航海日志等）中去寻找？但若那样做，则首先必须要精通英文、法文、德文、拉丁文等等多种语言，而绝非是像我这样仅读过数年俄文（高中三年加大学五年学习俄文。但由于大学毕业后多年不用，所学的俄文也早已荒废了）的人所能胜任的。有鉴于此，尔后我并没有再对“明代广东三十六行”继续深入研究下去，而是把研究转向到徽商、科举、官制、盐业、江南市镇和社会风尚、著姓望族等学术领域，真是辜负了海鹏公对我的深切期望。

张海鹏教授又认为，在深入探讨明清社会经济这个时代性的课题时，必须着眼于现实和立足于地方来进行明清社会经济史的区域研究，这样既能借以探讨区域发展的个性特征，又可研究该地与其它区域社会经济发展的共同规律。基此认识，海鹏公自1983年始，即以敏锐的学术洞察力率先选择皖南徽州地区的社会经济文化来进行系统研究。海鹏公也深知，重大的课题研究必须依靠集体协作，亦即只有发挥团体学术精神进行群体学术攻关，才能取得重大的学术成果。为此，他在1983年底又组建了安徽师范大学明清史研究室，确立徽商研究课题，这实为在国内开创了团体研究明清徽学的风气之先，而张海鹏教授也就成为徽学研究的开拓者和奠基人之一。就在安徽师范大学明清史研究室成立前的一段日子，海鹏公曾数次主动向我提出要把我调入安徽师范大学，主要是加盟他即将组建的明清史研究室工作。记得十月深秋一个周日的午后，海鹏公同我在其安徽师范大学家宅的居室把茗相对，他款款地向我谈起将来明清史研究室的人员组成等问题：“研究室的人员组成，初步打算有大王（即指王廷元—笔者，下同）、小王（即指王世华）、小唐（即指唐力行）和我，再把你调来。开始时人员不宜太多，待以后科研成就和社会影响大了，再逐步地扩充科研队伍。我认为我们这几个人水平都不算怎么样，但好在彼此都很熟悉，大家在一起都还谈得来，故我深信今后我们这些同事是能够合起伙、抱成团共同搞出点名堂来的！”他爽朗地笑了笑，又加上一句：“俗话说得好：‘众人一条心，黄土变成金’么！”谈到明清史研究室今后如何展开科研工作时，他答说：安徽师范大学明清史研究室根据学校所在地理位置的有利条件应有它自己的地方特色，即主要是从事明清徽学研究，既要研究徽州地区的政治沿革、自然环境、风俗习惯、土地制度、历史人物、宗教制度、佃仆制度，又要研究“新安学派”、“新安画派”、“新安医学”等大的学术领域和学术流派。但上述诸课题又往往与徽商有密切联系，因此，他主张开展徽学研究第一步要从研究徽商入手。关于这一点，正如尔后在他主编的《明清徽商资料选编·序言》（黄山书社 1985 年 8 月版）中所说：“研究明清时期的徽商，可以从一个侧面考察我国封建社会后期的政治史、经济史、文化史。更重要的是，徽商所留下的踪迹，还为我们探索我国封建社会长期延续、资本主义萌芽缓慢发展的原因，提供了颇有价值的材料。”

三、“安徽师范大学的校门对您是敞开的，您在新单位工作如果不顺意，欢迎您随时回来加盟我们的徽学研究工作！”

安徽师范大学（老校区）位于芜湖市中心的人民路一号，是一所省级重点师范院校、芜湖市的最高学府。它西依奔腾不息的万里长江，东傍日夜轰鸣的沪铜铁路。它的北面紧靠着号称江城“雄山”的赭山，以“赭塔晴岚”风景闻名于世的赭塔即在赭山的半山腰，在其不远处的石壁上镌刻有“江城入画”四个大字，而山巅则建有“一览亭”，人们登亭可以纵览全市，但见足下大江滔滔，帆樯云连，绮丽无比，大有“三楚风涛随袖底，六朝烟云落樽前”之胜。它的南面不远处就是南宋状元张孝祥“捐田百亩，汇而成湖”的陶塘，湖水透明如镜，故又名为“镜湖”。环湖杨柳婆娑，每当春末夏初之际，人们则又可以欣赏到号称历史上“芜湖八景”之四的“镜湖细柳”的美景。而在偌大的安徽师范大学校园中又花木扶疏，绿荫幽深，曲径逶迤，风光旖旎。该校不仅环境优美，而且图书文献馆藏丰富，各种学科专家、学者荟萃。如果说芜湖是个可以静下心来做学问的好地方，那么地处市中心的安徽师范大学则更是一个读书、教学与治学的理想之所在。而海鹏公当年向我描绘的“利用教学之余，冒寒暑，舍昼夜，到有关图书馆、博物馆、科研单位以及徽州各地，访求珍藏，广搜博采”① 那样的到处寻求徽学研究所需文献资料的方法，恰又正是我治学时所最乐意采用的方式方法。② 因此，当海鹏公在 1983 年深秋向我初次提出希

① 张海鹏、王廷元：《明清徽商资料选编·前言》，黄山书社 1985 年版，第 3 页。

② 参阅拙作《历史研究与实地历史考察》，刊载《史学理论研究》2000 年第 1 期。

望我能调入安徽师范大学加盟他即将筹建的明清史研究室工作时，我确实是神思飞动而心向往之的。但我当时对自己今后是否调入安徽师范大学工作一事却不能立即贸然作出决定，因为我们中国人历来都很重视“家”，当时我的家庭基础是在上海，故我事前必须征得在沪生活的妻子、特别是本人老父亲等家人的同意后再行事。海鹏公对我相当尊重，他当时力劝我在回沪探亲时务必将此调动工作单位之事要同家属妥善商量。当他获悉我在上海市区有座祖传私房时，则又劝我干脆把这座上海的祖宅“处理掉”（亦即“卖掉”）。他说像我这样的情况，只要我能调入安徽师范大学工作，那么学校是会分配我的住房和解决我妻子的工作问题的，同时再把我的老父亲也接到芜湖来，那么我们一家人就可在芜湖生活在一起了。海鹏公对我郑重表示：我本人只要尽力去做好家属方面的工作即可，至于安徽师范大学方面的工作则一切都由他负责去做。海鹏公对我是真可谓关怀备至，他为我调入安徽师范大学工作的方方面面考虑得是多么的周到！我对此事当时确实极为感动，以至今天对此尚是念念不忘。可是，后来我回沪同家属商议此事的结果，则由于我老父亲固执地坚持他的“三不政策”（不准出售我上海市区的祖宅、他老人家也决不肯离开上海故土搬迁到芜湖居住，为了达到上述二个目的，他又竟然“釜底抽薪”，亦即不同意我调入安徽师范大学工作）而终于使我调入安徽师范大学之事彻底告吹。此事，本人在20世纪60年代初负笈华东师范大学历史系时的授课业师、同我至今已有50多年学谊而对我非常熟识的刘学照教授（博士生导师）在为我的拙著《明清时期上海地区的著姓望族》一书撰写的《序言》中曾指出：“（20世纪）80年代初，安徽师范大学等高校曾商调他（指该书作者吴仁安，下同——笔者注）去任教。但他因当时在故乡上海的市中心有座祖宅，老父幼女需他就近照顾而婉辞。”①

果然不出我老父亲所希望的那样，不久，我因符合中央当时正在着手解决的知识分子夫妇长期分居两地问题的政策，位于上海市奉贤县东海之滨新建置的上海师院分院（“上海技术师范学院”的前身）政教系又因缺乏教员而正在到处寻觅合格的历史教师，于是在当时上海市川沙县（我妻子户口所在地）人事局的牵线搭桥下，我这华东师范大学历史系本科毕业生、具有多年历史教学教龄并且已在《学术研究》、《历史教学》、《中国社会经济史研究》等重要刊物发表过多篇学术论文者便很快就顺理成章地进入调往上海工作的商调程序之中。等待了数月，我在1984年6月底终于拿到了调令。又忙乎了几天，才总算办妥了芜湖方面的调动手续。在我调离芜湖的前夕，我特地往海鹏公宅邸向他告别。那天我俩谈得很多，主要是谈关于我调往上海后的教学与科研工作。海鹏公语重心长地对我说，他个人是不想看到我调离芜湖的，但我的生活基础在上海，家中的老父幼女都需要我回沪就近照顾，故他当然是不能干预我调往上海的。但他又提醒说：我即将调入的学校不设置历史系，我将去任教的是该院政教系的史学教研室。根据一般院校政教系的性质与特点，史

① 吴仁安：《明清时期上海地区的著姓望族》序一，上海人民出版社1997年版，第2页。

学并不是政教系的重点学科，我又是从外地中学调进去的，所有这一切今后在我的教学、科研工作乃至职称评定等各个方面可能会有负面影响，海鹏公教导我凡此种种今后务必要有所思想准备。这样深刻的“临别提醒”，绝非泛泛之交的一般朋友所能想到、即使想到也不肯言明的。海鹏公真是我人生道路上一位十分难得的良师益友，说实话，如果不是为了要照顾生活在上海的老父幼女，我确是真切希望能进入安徽师范大学明清史研究室在海鹏公的领导下学习、工作一辈子的。夜深了，校园里一片虫声唧唧，我向海鹏公告别时他非要陪我从居室走出家宅，又深情款款地一直陪送我到安徽师范大学的西门，他最后指着西大门爽朗地笑着说：“安徽师范大学的校门对您是敞开的，您在新单位工作如果不顺意，欢迎您随时回来加盟我们的徽学研究工作！”

虽说我自1984年7月初调离芜湖后，我俩分处芜湖、上海两地，但彼此函电联系甚密，特别是在许多学术会议（除了我们明史学会每两年一届的明史讨论会之外，还有相关的诸如朱元璋讨论会、明清史研讨会等等）上我俩经常重逢聚首畅谈。我与他每在一起时总能深谈，大至国家大事、学术研究，小到职称评定、家庭琐事，论古说今，无拘无束。说来也真可悲可叹，当年我调离芜湖时海鹏公向我说的那番“临别提醒”竟在我后来的人生道路上均一一被他不幸而言中了。别的不说，单从我的职称评审中的不公正遭际即可见一斑。上海技术师院自1986年起几乎每年一次进行职称评审工作，迨至1990年，我所在的政教系前后分几批总计有8人被评上副教授职称（亦即校中有的同事戏称我们为政教系的“八大金刚”），而我则是直到1990年才最后一批被评上的。尽管当时系里其他七大“金刚”发表论文加在一起的总和尚不及我一人发表论文总数的三分之一，但当时我所在系的掌权者却在1986年、1987年、1988年竟然连续三年都将我申报副教授职称的材料扣压不予上报，其“理由”据说我是刚从中学调入该校尚无大学讲师资格。因此，系里有的“金刚”当时只发表了几篇论文、有的“金刚”仅在内部刊物《上海技术师院学报》上发表了篇把文章，但他们却个个在我之前都轻松愉快地取得了副教授职称。同样，我申报正高职称的经历，也是一波三折，真可谓一言难尽！每当我与海鹏公谈及我职称评定的艰难历程时，他总是力劝我对职称问题不必看得太重，而要我淡然视之、坦然处之；他又认为，就凭我已有的学术成果，可以断言，本人职称评定的圆满解决那仅仅是个时间问题罢了。在1999年8月底，我俩在天津南开大学召开的“明清以来中国社会国际学术讨论会”上再次重逢，当他获悉本人的正高职称已被批准时就向我由衷地连连祝贺，并戏说我是终于“修成正果”、“名至实归”！我俩又相约：一年之后，在安徽大学召开的“2000年徽学国际学术研讨会”上再度聚首畅谈。

一年之后，我与海鹏公确是又重逢聚首了，但相见的地点却不是我俩原先约定的合肥市安徽大学召开的徽学研讨会的会场，而是在芜湖市弋矶山医院的高干病房。“2000年徽学国际学术研讨会”定于该年8月15日—20日由安徽大学主办召开，我原拟8月14日乘坐沪肥线T726次列车直达合肥市报到的，但当我获悉海鹏公不幸身患食道癌住进弋矶山医院化疗的讯息后，则决定提前一天于 8 月 13 日清晨即改乘沪铜线 T702 次列车直达芜湖探望海鹏公后再转道北上合肥赴会。弋矶山医院位居长江岸畔的弋矶山头，故名。它是清朝光绪年间由美国基督教美以美会教士赫怀仁创建的，至今已有一百多年历史。它幽雅、僻静，又风景如画。海鹏公的病室安排在四楼的高干病房，我进病室探望时他正在午餐。缺乏医学知识的我见他能吃下一小碗面条，认为他得此病症而饮食尚可，于是连日来沉重的心情不免略微放松了几分。海鹏公对我从上海带来赠送他的那只玲珑精致的花篮情有独钟，赞不绝口，说什么它可以"压倒群芳"（当时在他病床左侧的地板上堆放满了各界人士和亲朋好友送来的花篮，几乎占据了他整个病室的四分之一）。海鹏公向来为人重情重义，对同志与朋友关怀备注。当他得知我是从火车站直奔医院来探望他而尚未落实旅馆时，他一边关切地对我说："近来芜湖的治安不太平，出现了一些偷盗、抢劫等事。您是从上海特地来医院看望我的，如在芜湖出了什么问题，叫我怎么向您的家人交代?"他一边又在病床上用手机为我联系好了安徽师范大学外宾楼宾馆作为我的下榻处。次日上午我再次去医院看望他时，他又告诉我：从芜湖到合肥去，最方便的走法就是在弋矶山医院的山脚下长江边汽车轮渡码头搭乘开往合肥市的专线中巴车。看，此时的海鹏公已经重病在身，但他却时时、处处还是为朋友的安危与方便着想，这又如何不令我感动万分？2000 年 8 月 14 日上午十时左右当我向海鹏公告别时，他送我到病室门口的走廊中微笑着向我频频挥手作别，又吩咐陪护他的一位远房侄子帮我拿着行李送下楼去；我则一步一回首，再三请他多多保重。当时我见他思路清晰，饮食尚可，特别是他精神颇佳，故还认为他即使难以在近时病愈康复，总也可以带病延年些岁月吧？不料在我与会后从合肥返回上海尚不到一个月，即传来了海鹏公病逝的噩耗。这样，该年 8 月 14 日上午我同他在弋矶山医院的一别，竟成为我与他的永诀！而综上所述，从我与张海鹏教授交往二十多年的历史可证，海鹏公足为我良师，足为我益友。

中国明史学会副会长、朱元璋研究会会长、著名徽学专家张海鹏教授，因患癌症医治无效而不幸于 2000 年 9 月 5 日溘然仙逝。从此，学术界损失了一位卓越的历史学家，吾侪失去了一位良师益友。惊闻噩耗，哀思绵绵。连续数日，海鹏公的音容笑貌不时浮现，他那浓重的皖西枞阳乡音不时萦绕。历历往事，仿佛就发生在昨天，可如今却已成隔世。痛惜之心难能言辞，纸短情长聊表寸心。海鹏公虽然过早地离开我们匆匆而去了，但他遗留下来的煌煌文章业绩必将长存人世，他将永远活在人们的心目中！

（原载《求实集——张海鹏史学论文选·附录》。后经修改，本文作者在 2011 年 8 月应邀赴芜湖市安徽师范大学出席"纪念张海鹏先生诞辰八十周年暨徽学学术讨论会"并以此文作大会发言）

寸草难报三春晖

鲍义来

（《安徽日报社》资深记者）

我虽是张老师的学生，但因是“文革”中的工农兵学员，所学甚浅，多少有些“愧忝”，对张老师的渊博学识也难知一二。但他课讲得好，围绕主题，娓娓道来；又和蔼可亲，楚楚儒雅，给广大同学也给我留下了很深印象。记得分配方案公布后的离校前夕，我去了张老师家告别，那是一幢陈旧的宿舍，张老师对我说了些勉励的话。回想起那晚他的心情或许不是很好，就如那幢陈旧的宿舍留给我灰灰的印象。

当我再次见到张老师并有些来往，那是12年后安徽省徽学会在歙县举行成立大会暨学术研讨会，安徽省政协副主席郑家琪出任会长，张老师是副会长，那时他已选定徽商课题，搜集了大量徽商资料并出版了《明清徽商资料选编》。再之后便是他担任《徽商研究》主编，该书的副主编为王廷元和孙树霖二先生。张老师将其中《徽商与徽州文化》一章分给孙先生，时孙担任着安徽省社科院《江淮论坛》杂志副总编，因编务繁重，他让我写出初稿，由他修改后交张老师统审。《徽商研究》是张老师和他课题组同仁经过多年资料收集和理论准备的一部力著，然而却没有嫌弃我的学识浅薄，给我提供了一次难得的学习机会，并还在“前言”中特意提到了我的加盟，让我深感春晖般的温暖。不久后，张老师又将我的这部分稿费如数交到，在装稿费的信封上写着这章的字数，每千字多少钱，也让我好生感动。再后来，此书一再获奖，但凡遇上张老师，他总是笑容可掬地告诉着这些喜讯；尤其是获得首届国家社科基金项目优秀成果三等奖的殊荣后，他不仅欣喜地告诉了这一喜讯，还特别提到将有奖金要发，接下来的一句，我记得特别清楚：“不完全是为了钱，是高兴。”我也由衷地分享了他内心的这份喜悦，因为这是他和他的团队经过数年辛劳而获得的初步丰收。不久他又将一个写上多少奖金的信封如数带交。

徽商的经济文化现象，早为历史上的学者所关注。明代嘉靖万历时的汪道昆在《太函集》中就为许多徽商作传，还发表了不少见解；万历《歙志》大量记录了徽商现象以及所引起的社会习俗心理等变化；还有不少徽州宗谱、志乘、笔记等也一直伴随着徽商的兴衰没有停止过这一民间记录。随着20世纪初学术界对经济史的研究，徽商现象也为国内外学者所关注，其中日本学者藤井宏和国内的傅衣凌教授之徽商研究尤为学界重视。张老师进入徽商领域，既有地利优势，因他所任教的学校近邻徽州；更有学术的使命，他不想出现“徽商在中国，徽商研究在国外”的尴尬。

故人到中年，竟舍下原来熟悉的领域转战于徽商兴衰的明清史研究，为此让他的同行捏了一把汗。

张老师的难能可贵，不仅在于他像愚公一样挖山不止，他还像愚公一样率领子孙一起挖山，这就是他组织了一支富有战斗力的团队，并从最基础的徽商文献资料搜集开始。几年下来，他们从上百万字中选编了一册《明清徽商资料选编》出版，不仅为他们日后的徽商研究打下了坚实的资料基础，还金针度人，为学界同仁的研究提供了方便。用张老师的话，《明清徽商资料选编》就如同为各位厨师准备了丰富的原料，为他们制作满汉全席提供了可能。之后徽商研究很快从象牙塔走向民间，当与这一“资料集”的出版大有关系。我总以为，张老师有着特别宽广的学术胸怀。

之后，张老师由安徽师范大学的历史系主任提拔为学校的副校长、校长，然而就在他非常繁忙之际，却参加了在西子湖畔召开的杭州徽学会成立十周年暨学术研讨会。因为先前许多这样的活动，他常因分身无术不能参加，有时虽然到了会，却在听了一些发言后即匆匆离席，而这次却能与会，让人深为感动。这次他作了重点发言，也即提交大会的《徽学漫议》论文。这是他对徽商、徽州文化经过长期研究、思考，从而比较全面、系统、科学地论证了徽商、徽州文化的内在关系，尤其从时间与空间、内涵与外延、性质与特点等方面回答了徽学研究的诸多问题，既表现了张老师深厚的理论根底和学养，也表现了他作为徽学研究的奠基人所起的领军作用。这样一篇本要洋洋万言才能讲得清楚的大文章，张老师却以不到四千字的篇幅，深入浅出，将徽学的来龙去脉讲得清清楚楚。比如说到徽商在徽州文化的作用上，他用了“酵母”的比喻；在说到徽州文化和历史上中原移民关系，他又用了“基因”的比喻，形象生动，真让我等醍醐灌顶，豁然开朗。正如他的得意弟子周晓光教授所说：“此文不仅是‘成一家之言’，具原创性；而且得徽学之真，有科学性。从文章学的角度来看，该文才情并茂、学识兼备，颇有清代桐城散文之遗风。”

显然，张老师绝对不是为了宣读他的新作《徽学漫议》而莅会杭州，他还有一件事，即是为了他们课题组的《明清徽商资料续集》进一步补充资料。他在会议上说了继《明清徽商资料选编》后，又接着进行了《明清徽商资料续集》的搜集，这次到杭州即想就徽商在杭在浙的活动做些调查，除了文献搜集外，还应有口碑资料，他们将要继续这方面的努力。并告之这一资料续集已基本完成，想不久就会出版。行文至此，联想到今天的一些学术单位，以稀见资料为私宝，秘不示人，显得何等小气，这也可证张老师何以有那样强大学术魅力之由来。

这次会议，东道主还安排了与会人员游览西湖，在经过了收藏《四库全书》的文澜阁时，虽然其时与会人员皆已前行，但张老师还是停了下来，让我和他一起以文澜阁为背景合影，然后匆匆赶上已经前往的队伍。我想，张老师之所以执意要在这里留影，那分明是他对我国优秀传统文化的一片感情。

在此，我还要说到张老师的学术胸怀。那些年教育部要在全国高校安排100处学术基地，这时的张老师已从安徽师范大学校长任上退休，正想集中余力来研究徽商和徽州文化，然而安徽师范大学所报之选题未获教育部通过，而安徽大学因报了徽学，则有可能选上，为此想借助张老师的学术影响。其实他何尝不知道人事的复杂，但他有一个朴素的想法，即多一个做徽学的地方、多得到上面的一份支持便是徽学之幸，为徽学出力不会有什么过错，于是支持了安徽大学徽学中心的申报并愿意担任中心的名誉主任。这期间我曾遇到过张老师，他仍是那样和蔼可亲地报告着这一喜讯，没有在意来自于同事的误会；或许这样的误会也曾带给他苦恼，只是我不了解而已，但他能以学术大业为重，这也正可见他的学术胸怀和书生本色。

在此，我还想说说曾耗去张老师很多心血而没有见到面世的两套大书。一是《安徽文化史》，这在周晓光教授的《张海鹏与安徽地方文化史研究》中曾有专门介绍。我在该书的几十位作者中担任了“安徽新闻”的撰稿，是张老师又给了我一次锻炼的机会，同样也使我感念不已。可惜张老师没有等到这部洋洋数百万言三大册的《安徽文化史》出版就去世了，“出师未捷身先死”，也是文人一厄。

还有一部是《徽州文化全书》，这是由安徽省委宣传部主持的一项文化工程，张老师和叶显恩、汪世清、栾成显三先生一起出任全书的学术顾问；他的团队在这套20册书中由王廷元、王世华担任了《徽商》，李琳琦担任了《徽州教育》，周晓光担任了《新安理学》的撰稿。张老师作为学术顾问提出了许多好的意见，其中就每部书稿都有徽州的自然、历史、经济背景重复介绍问题，他提出了各卷的背景介绍不宜过多，应直奔主题，“比如造桥，引桥不能过长。”遗憾的是，张老师也未等到这套书的出版就离开了人世，然而他的很多经典语言仍常在我耳边响起。

还有一次，让我想来也多为凄然。记得有一年我去芜湖，那是张老师刚搬进教授楼的新房子不久，他非常高兴地领我参观了他的书房。新打的书架，竖放着他常用的书，并特别介绍了那一排中华书局标点版廿五史，说以后将在此安心读书写作，那心满意足的表情给我留下深刻的印象。我在分享着老师的喜悦同时，也不免为之鼻酸，奋斗了大半辈子还担任了多年校长的著名学者，这一百多平方米的房子，就是那时他的许多学生也都早早住上；一部二十五史，当时也只不过三四千元，然而却让老师无比开心。相比之下，作为学生的我真是惭愧弗如。

那年张老师七十岁，他到合肥，我们几个他的学生和他一起吃饭，他对我们说，“这以后好了，可以安心做喜欢的学问了。”说着说着，无意中说了他最近吞咽有点不适，我们本不以为会有大事，然而之后传来竟是得了食道癌。手术后，我曾和几个同学去芜湖弋矶山医院看过，期盼着他能带病延年，然而竟成永诀，呜呼哀哉，岂苍天忌才乎？

长时间来，我常想表达寸草春晖的感念，然而又不无有辱师门的担忧，故欲言而嗫嚅。唯在张老师生前，我作为省报的编辑，曾编发过刘小林同学和杨俊同志对张老师的介绍报道；在张老师去世后，也编发过王世华学长对张老师的纪念文章，私心中也藉此表达了对老师的敬重。值此今天老师的八十诞辰、去世十一周年祭念，奉上我的一瓣心香，以表达对恩师的敬重和怀念。

张海鹏会长与朱元璋研究会

陈怀仁　夏玉润

（朱元璋研究会）

敬爱的恩师、朱元璋研究会首任会长张海鹏先生，离开我们已有11个年头了。学界在总结先生一生对中国史研究的贡献中，大多以“开创徽学研究领域，具奠基之功”[①]、“开拓明清史研究新领域（徽学），创业奠基，建宗立说，领时代潮流，名归实至”[②] 作评价。殊不知，先生在对明朝开国皇帝朱元璋这一历史人物的研究，同样在中国明史界作出了重要贡献，成为统领这一学术领域在安徽的掌舵人。

一

自20世纪50代中叶开始，张海鹏先生在进入历史文化的研究领域后，找出了安徽在明清时期的两大历史文化亮点：南徽州，北凤阳。张先生在安徽南方开创徽学研究领域、建宗立说的同时，把目光一直盯住安徽的北方——朱元璋的家乡凤阳。

早在1981年，他就撰写了《马皇后评述》[③]。后来，又主编了《皇子传》、《冤臣传》二部专著，在撰写《〈皇子传〉序言》[④]、《论冤臣》[⑤] 二文中，对朱元璋这一历史人物进行了评说。他还撰写了与朱元璋有关的《朱升和〈朱枫林集〉评议》[⑥]、《论朱升的从政与隐退》[⑦]、《评吴晗同志的〈明史简述〉》[⑧] 等。中央民族大学陈梧桐教授《洪武皇帝大传》一书出版后，张海鹏更是在《人民日报》发表了《〈洪武皇帝大传〉评介》，亦对朱元璋进行了评价。[⑨]

张海鹏先生对朱元璋研究的推动，更主要的是体现在组织和领导上。

先生对明史研究的贡献，并非仅仅站在安徽的角度，而是站在整个中国明史界

---

① 张海鹏先生逝世后，中国明史学会发来的唁电。转引自余同元：《史学家张海鹏》，http：//www. ahage. net/mingren/16972. html，安徽文化网。

② 余同元：《史学家张海鹏》，http：//www. ahage. net/mingren/16972. html，安徽文化网。

③ 《安徽师范大学学报》1981年第1期。

④ 《安徽师范大学学报》1991年第3期。

⑤ 《安徽史学》1994年第3期。

⑥ 《中国古代史论丛》，福建人民出版社1982年版。

⑦ 《安徽史学》1984年第4期。

⑧ 《安徽史学》1984年第3期。

⑨ 张海鹏：《〈洪武皇帝大传〉评介》，《人民日报》1994年3月23日第5版。

的角度来开展这项工作。1985年秋，时任安徽师范大学副校长的先生，率先在黄山发起和主办了“第一届明史国际学术讨论会”，参加会议的中外专家学者达100多人。这是一次中国明史研究的开创性会议，自黄山会议后，每两年一次的“明史国际学术讨论会”从未中断；时至2011年，“明史国际学术讨论会”已成功地召开了十四届。更重要的是，4年后，即1989年8月举行的“第三届明史国际学术讨论会”上，中国明史学会正式诞生，张海鹏教授当选为副会长。因此，称“张海鹏先生是中国明史学会这一学术组织的开创者之一”，是言之有据的。

在黄山会议上，中外代表纷纷向先生提出了回到朱元璋的“老家”——凤阳，召开一次国际学术会议的要求，先生爽快地答应了。

黄山会议的信息，不久传至凤阳。凤阳县领导委托夏玉润与先生联系。此时，已是安徽师范大学校长的先生，在接到夏玉润的来信后，在百忙中立即以清秀的毛笔小楷书写了一封回信，谈到了朱元璋研究的重要意义，并要求凤阳再与中国社科院历史所明史室负责人刘重日联系。在先生的安排下，凤阳与北京取得了联系。与此同时，先生还与时任滁县地区行署宣传部长白振亚不断交往。1990年10月，在张海鹏、白振亚的共同组织下，安徽师范大学、中国明史学会、滁州师范专科学校、蚌埠历史学会和凤阳县文物管理所等，在凤阳县联合举办了“朱元璋与明初社会研讨会”。

这是中国历史上首次以朱元璋这一历史人物作为研究对象的专题学术研讨会，也是对1985年黄山明史会议的初步回应。出席会议的专家学者，有陈高华、刘重日、张德信、王剑英、陈梧桐、郭厚安、王玉欣、周绍泉、商传、毛佩琦、李世愉等，安徽省有傅玉璋、李琳琦、余同元等。在当时及以后的岁月中，他们均成了研究中国史、明史的著名学者。

会议收有论文20余篇，探讨的范围涉及朱元璋的治国之道、军事与教育思想、罢相及废除谏官组织等政策，也讨论到朱元璋的对外政策，与北元的关系，以及文字狱等问题。与会学者一致认为，对朱元璋的评价不能简单化，应运用历史唯物主义的观点和实事求是的态度，依据当时的实际情状，宏观的把握其功过是非。会议还提出了研究方法也应有所突破，结合传统与现代的研究法，如比较史学及心理史学的方法，做多角度、多方位、多层次的认识。①

这次会议，还开创了自建国以来朱元璋研究新的模式，那就是组织了一批当地非专业作者参加了朱元璋研究的学术队伍中，仅凤阳县就组织撰写了8篇文章。出现了白振亚的《朱元璋与凤阳歌》，刘思祥、王幼生的《朱元璋营建中都对凤阳及皖东地区的影响》，吴庭美、夏玉润的《朱元璋与凤阳移民》等一批文章，成了会议讨论的热点话题。我们清楚地记得，先生在会议总结中对上述几篇文章作出了精彩的评点。

---

① 李琳琦：《全国首次朱元璋学术研讨会在皖闭幕》，《中国史研究动态》1991年第1期。

如果说，今天的凤阳出现了一支研究朱元璋学术队伍的话，那么先生等发起组织召开这次学术研讨会，便是建立这支队伍的起点。

会议期间，先生提议在凤阳成立“朱元璋研究会”。

这次会议后，先生成了滁州和凤阳文化界的朋友。1991 年 10 月，白振亚组织召开了“滁县地区文化资源开发论证会”，邀请了先生与中国明史学会领导参加了会议。会议组织者提出了滁县地区的文化资源，要“以滁县琅琊山为龙头，以凤阳明中都、皇陵为龙身，以其它县为龙尾”的基本框架。先生提出了不同看法。他说：凤阳的明中都、皇陵，是全国第二批重点文物保护单位，是朱元璋留下的历史文化遗产，无论是规模、还是文化内涵的深度与广度，均远远高于滁州，应以凤阳为龙头。

凤阳县的陈怀仁、夏玉润参加了这次会议。会议期间，先生主动找到了我们，再次提出凤阳应该成立“朱元璋研究会”的意见。

二

1992 年初，陈怀仁任中国凤阳县委常委、宣传部长，负责全县的文化工作；吴庭美任中共凤阳县委书记。两人均在安徽师范大学（或其前身）读书，虽然先生没有向他俩直接面授，但一直恭称先生为恩师。由于先生与凤阳县领导的特殊关系，在凤阳成立朱元璋研究会的时机已基本成熟。

1993 年，在陈怀仁的提议下，经凤阳县委研究决定，委派夏玉润参加在西安举行的“第五届明史国际学术讨论会”，并向中国明史学会提出两项申请：一是把“第六届明史国际学术讨论会”放在朱元璋的家乡凤阳县召开；二是成立“朱元璋研究会”。

关于申请成立“朱元璋研究会”的最重要一点，那就是何人担任朱元璋研究会的会长？凤阳县虽是朱元璋的家乡，但是却没有一位专门研究朱元璋及明史的学者。一个研究会的主要负责人如果不是这一研究领域著名专家的话，那么这一组织的学术水平及知名度将大打折扣。此时，凤阳打听到先生刚从安徽师范大学校长的岗位上退下来，不仅是中国明史学会的副会长、安徽省历史学会会长，更是多次向凤阳县建议成立“朱元璋研究会”的倡议者。陈怀仁、吴庭美一直仰慕母校恩师的才学与名望，想请先生担任“朱元璋研究会”的会长。当夏玉润把凤阳的想法向中国明史学会领导汇报时，与他们的意见一拍即合。

记得在西安会议期间的一个晚上，中国明史学会会长刘重日、秘书长张德信带着夏玉润，一起来到了先生的房间（当时他与李琳琦同住一个房间）。在一番愉快的交谈后，先生当即表示同意出任朱元璋研究会会长。

于是，夏玉润代表先生、代表凤阳，以朱元璋研究会筹备组的名义，在西安会议的闭幕式上向全体学者发出邀请：“到大明王朝开国皇帝的家乡凤阳去领略帝乡的风采；研究明史者不到凤阳，终身遗憾”，受到与会者们的热烈掌声。

西安会议后，立即开始筹备朱元璋研究会的成立。在先生的指导下，经过一年多的筹备，1994 年 10 月 24 日，在安徽凤阳召开了朱元璋研究会成立大会，中国明史学会的主要负责人全部来到凤阳。与会者一致推选张海鹏教授为会长，会议还推选陈怀仁为常务副会长，县委书记吴庭美、中国明史学会秘书长张德信先生等为副会长，夏玉润为秘书长，一批全国著名专家成了朱元璋研究会的理事。会议决定，朱元璋研究会隶属于中国明史学会，并作为中国明史学会的团体会员。

后来，台湾师范大学朱鸿教授对朱元璋研究会的成立作了如下评价："朱元璋研究会在凤阳成立，开创了（中国）史学界研究帝王将相的先河。"① 仅从当年先生愿意出任会长这一点，可以看出他的非凡气度和与众不同的眼界。

三

召开一次国际性的大型会议，这在当时的凤阳县乃至滁州市，是历史上从来没有的。为了成功、圆满地举办这次会议，先生数次来到凤阳指导工作。他还亲自以朱元璋研究会的名义写了一份报告，向安徽省人民政府申请会议经费。先生不仅在史学研究上是安徽的旗手，而且在安徽政界享有崇高的威望。省政府破例为凤阳会议下拨五万元。为此，张海鹏会长提议，每位专家仅收会议费 400 元，台湾学者的会务费与大陆学者一视同仁。凤阳会议是历届"明史国际学术讨论会"收费最少的一次，这一最低纪录一直保持至今。

1995 年 8 月盛暑，"第六届明史国际学术讨论会"如期在凤阳召开。来自全国各地的专家学者及国外、港澳台学者 180 余人云集凤阳。其中，仅国外、港澳台学者就有 40 余人。安徽师范大学有 10 多位师生参加了此会。毛新宇也作为明史学者的一员，参加了会议，成为大会的亮点。

凤阳县集全县之力来主办此会。投资 100 万，在凤阳宾馆内新建了一个"多功能厅"，用做大会的主会场；从全县各单位调集 10 多辆小车供会议全程使用；抽调了 100 余名机关工作人员驻会服务；凤阳、蚌埠没有大型空调客车，专门从省旅游公司租赁了 4 部进口空调大客车；又为大会安排了两场文艺演出，一场是凤阳花鼓专场，另一场是安徽省京剧团专场……

开幕式那天，省、地区、县各级领导来到了会场。在前往会场的路上，数百名学生及文艺队伍高举花环彩带，载歌载舞，夹道欢迎，锣鼓鞭炮声不停。先生满面笑容，在他的研究生陈欢同学的引导下，走在专家学者入场队伍的最前面。这一画面被相机定格下来，今天看来，恍如昨日。

在开幕式上，先生代表中国明史学会和朱元璋研究会，发表了开幕词。他说：

---

① 朱鸿：《近十年来（1989—2000）有关朱元璋研究之介绍》，（台湾）《汉学研究通讯》，总 77 期，2001 年 2 月。

“在凤阳召开的明史学术会议，几乎是学者们的共同夙愿。记得1985年秋，第一届明史国际学术讨论会在黄山汤泉宾馆召开时，就有不少与会同仁提出‘回到老家’开一次明史会的建议，而且希望殷切。相隔整整十年，大家的愿望终于成了现实。这是值得庆幸的。”

对于这次明史界的盛会，先生作了这样的评价：“在几天的会议中，凤阳——这个古钟离之域，每天都沉浸在浓郁欢快的气氛之中。通过会前传媒的连续介绍，对于这次会议的召开，凤阳城乡几乎是家喻户晓。‘老家’的领导和人民为能首次迎来180多位中外嘉宾而深感无比兴奋与自豪；治明史的中外学者对在明代‘老家’受到盛情友好的接待也感到十分快慰而赞不绝口。实事求是地说，这是一次异乎寻常的学术盛会”。①

学者们还考察了朱元璋在家乡凤阳遗留下来的文化遗产——明中都、皇陵等，县委书记吴庭美亲自为学者们导游解说。会议最后在滁州琅琊山闭幕。多年后，台湾著名教授吕士朋先生一见到我们，还提及先生，赞扬凤阳那次难忘的盛会。

这次会议共收论文99篇，其中与朱元璋相关者有40余篇，占四成以上，大大“丰富了朱元璋研究的内容，并将朱元璋的研究挺向一个高峰。此后我们在大陆、台湾、香港、日本、韩国出版的学术刊物上，所见到的研究朱元璋的论文，许多都曾在凤阳宣读。”② 凤阳会议所取得的学术成果，在当时中国史学界乃至在全球明史界，都是朱元璋研究领域的一块里程碑。

四

“第六届明史国际学术讨论会”以后，张海鹏先生成了凤阳人民尊敬的老朋友。凤阳成了他的史学研究的又一阵地。他先后在凤阳召开了两次会议。

第一次会议是在1997年5月24日召开的“安徽省历史学会、朱元璋研究会97学术研讨会”。这是一次以安徽省历史学会会员为参会主体的会议，是一次安徽省历史学会的年会。来自安徽师范大学、安徽大学、安徽省社科院等约80余名专家学者，围绕鸦片战争与香港回归的历史问题，史学与精神文明建设的关系，朱元璋与洪武之治，纪念抗日战争60周年等四个议题，展开了热烈的研讨。为了提高我省的历史研究学术水平，先生还邀请了皖籍在京的著名历史学家蒋大椿、瞿林东、吴怀祺三位教授，做了精彩的学术报告。

先生既是朱元璋研究会会长，也是安徽省历史学会会长。通过这次会议，先生把两个协会联成一家人。后来，安徽省历史学会把陈怀仁、夏玉润增补为学会的常务理事。

---

① 陈怀仁：《明史论文集——第六届明史国际学术讨论会》序，黄山书社1997年版，第1页。

② 朱鸿：《近十年来（1989—2000）有关朱元璋研究之介绍》，（台湾）《汉学研究通讯》，总77期，2001年2月。

第二次会议是在朱元璋逝世600周年——1998年8月举办的“第一届朱元璋国际学术讨论会”。会议由中国明史学会与朱元璋研究会共同主办，明孝陵、明皇陵、明祖陵承办，世界朱氏联合会协办。由于世界朱氏联合会代表的参与，朱熹和朱元璋的宗亲后裔与研究明史的专家学者们能够共聚一堂，使之成为朱元璋研究历史上的一次有特色的会议。

在会议开幕式上，先生代表中国明史学会、朱元璋研究会致开幕词。他说：“朱元璋是明朝的开国皇帝，他于1398年去世，至今整整六百年了。当此之际，我们举办这次会议，既是学术讨论会，也是追忆这位历史人物的纪念会。”先生在谈到朱元璋独特的贫寒身世后，接着说：“正是因为如此，我们这次会议的地点选择在朱元璋从‘僧钵’到‘从戎’的发迹之地召开，从某种意义上说，也是有着纪念意义的。”

与会者先后考察了明皇陵、明祖陵、明孝陵，先后祭扫了明皇陵、明孝陵。由于这是建国50年来第一次在明孝陵举行祭陵仪式，引来江苏省和南京市近10家新闻媒体争相报导，近千人观看了祭陵仪式，在南京轰动一时。正如先生所说的：“这次会议……把学术活动和祭扫皇陵结合起来，这是以往的学术会议很少有的。大家知道，我们的炎黄子孙向来是崇尚尊祖敬宗，重视血缘亲族，认同血浓于水的。几千年来，共祖同源的观念，根植于人们的思想深处，并成为传统文化的一项重要内容……这次学术会议是有特色的一次盛会！”①

这次会议以后，不仅使朱元璋研究会在南京、盱眙两地名声大振，而且使隔绝了多年的明初三大陵墓得以沟通；不仅有利于朱元璋学术研究活动的深化，而且促进了凤阳、盱眙、南京以历史人物朱元璋为纽带的三地旅游文化经济的发展。

从此，朱元璋研究会与南京明孝陵、南京大学之间建立亲密的友好关系，两地长期交往不断。这次会议后，更促成了中国明史学会与明孝陵之间的联系：明孝陵成立的“南京明文化研究会”以及于2004年举办的“第十届明史国际学术讨论会”，追根求源，便是先生主持召开的这次“第一届朱元璋国际学术讨论会”。

五

自1994年朱元璋研究会成立以来，设在凤阳的朱元璋研究会与安徽师范大学历史与社会学院结成了“亲家”。每年，朱元璋研究会都要来到安徽师范大学，看望我们尊敬的张会长，拜访历史与社会学院的领导及同仁们。先生与历史与社会学院的领导们，总是以最高的规格来接待凤阳来的客人。

在凤阳驻会的朱元璋研究人员，均为地方业余历史爱好者，仅有热情而无学力，为此，先生开始对我们进行了指导与培养。

---

① 以上均见张海鹏：《在第一届朱元璋国际学术讨论会上的讲话》，收于陈怀仁、夏玉润主编：《洪武六百年祭》，南方出版社2001年版，第1-4页。

1997年，先生任《安徽文化史》主编期间，把书中的“凤阳”一节交给夏玉润撰写。

1998年，先生得知安徽省委宣传部向全省征集社会科学课题项目，立即通知夏玉润，让他以研究凤阳花鼓的名义，提交一份立项申请报告。后来，这一科研项目得以批准。2001年，由夏玉润撰稿并作曲，与滁州市电视台合作，拍摄出一部长达60分钟的电视专题片《花鼓沧桑》。几年后，获安徽省“五个一工程奖”。

自1994年朱元璋研究会成立以来，我们先后编纂（包括与中国明史学会合作）并出版了《洪武御制全书》、《明史论文集——第六届明史国际学术讨论会》、《起源——凤阳大包干实录》、《中国剧目辞典》、《洪武六百年祭》、《朱元璋与凤阳》、《凤阳名胜大观》、《小岗村与大包干》、《千年沧桑凤阳歌》、《明中都研究》、《明太祖与凤阳》等，并且参加了《安徽通史·明史卷》有关章节的写作，总字数达八百万以上。此外，在国家、省级重点刊物上发表了数十篇论文，几乎全部与朱元璋研究有关。如其中的《重读朱升及〈朱枫林集〉——兼析疑点重重的“高筑墙、广积粮、缓称王”》一文，受到了中外学者的一致好评，称是近年来中国明史研究出现的难得的好文章。

自1995年“第六届明史国际学术讨论会”以来，朱元璋研究会参加了中国明史学会所举办两年一次的全部会议，从未缺席。近年来，由于“徽学”成安徽文化中的“显学”，原来研究朱元璋的安徽学者，大多数把研究方向改为研究徽学。但先生当年培养的这批朱元璋研究会史学业余爱好者，逐渐成为安徽省乃至全国朱元璋研究的前沿学者，成为安徽史学界研究朱元璋的中坚力量。对此，中国明史学会的领导对朱元璋研究会作了如下评价：“近年来，还有一个引人注目的现象，就是朱元璋家乡一批学者的成长和成就。他们身在帝乡，对明史念之深，爱之深，又从而知之深，通过苦心钻研，从文史爱好者成了研究有成、引人注目的专家”①。“朱元璋研究会……为中国明史研究所做出的工作及所取得的成绩，已被明史界的同仁交口称誉”②。

所有这一切，正是首任朱元璋研究会会长张海鹏先生当年在凤阳撒下的文化种子，培养的结果。

六

2000年9月5日，朱元璋研究会首任会长、我们敬爱的恩师溘然长逝，吾辈损导师，史坛折巨子，朱元璋研究会失去了掌舵人。

2001年8月，在武夷山举行的“第九届明史国际学术讨论会”上，中国明史学

① 毛佩琦：《序一》，收于陈怀仁、夏玉润主编：《明太祖与凤阳》，黄山书社2011年版，第1页。

② 南炳文：《“朱元璋暨凤阳帝乡文化学术讨论会”开幕词》，收于陈怀仁、夏玉润主编：《明太祖与凤阳》，黄山书社2011年版，第719页。

会领导对朱元璋研究会会长的人选进行了研究。刘重日、张显清、张德信等建议陈怀仁出任会长，陈怀仁表示坚决拒绝。他说：当年我们成立朱元璋研究会时，就曾对会长一职作出规定：必须是在中国史学界有一定学术名望的专家来担任，以提高本会的学术地位及知名度。安徽师范大学是安徽史学研究的著名学府，涌现出一大批史学专家；王世华是张海鹏的学生，现已接任安徽省历史学会会长一职，由他接任朱元璋研究会会长一职，顺理成章。陈怀仁还提议：自此，安徽师范大学成为朱元璋研究会的会长单位，以后朱元璋研究会会长的改选，必须从安徽师范大学中选任。中国明史学会的领导一致赞同陈怀仁的意见，最后，确定王世华为第二任朱元璋研究会会长，李琳琦为副会长。

2008 年，围绕着朱元璋出生地这一话题，开始在明光、盱眙、宿州、五河以及后来的韩国之间出现激烈的争夺。明光还专门编写了《明光出了个朱元璋》一书，认定朱元璋出生于明光。面对朱元璋出生地之争的不断升级，作为朱元璋研究会这一学术团体，有责任、有必要从学术上来解决这一争论。于是我们专程前往北京，向中国明史学会领导作了汇报，请求以中国明史学会的名义，召开以“凤阳帝乡文化”为主题的学术讨论会，并邀请一批在朱元璋学术研究领域中的著名专家，参加朱元璋出生地的学术讨论。接着，我们又来到安徽师范大学，向会长王世华、副会长李琳琦汇报了这次会议的筹办全过程，得到了两位会长的肯定。

2009 年 10 月底，“朱元璋暨凤阳帝乡文化学术讨论会”在凤阳举行，中国明史学会领导大多参加了会议。在开幕式上，王世华会长、李琳琦副会长分别代表朱元璋研究会、安徽师范大学发言，肯定了这次会议的召开。会议共收论文 60 余篇，其中收到关于朱元璋出生地的文章 11 篇，并一致认为朱元璋出生地是今天的凤阳县。会后，这 11 篇文章全部在国家核心刊物发表；《新华文摘》对陈梧桐的文章进行了摘转；陈怀仁的文章在《中国文化报》整版全文发表，并在全国各大网站转载，影响巨大。媒体认为，凤阳会议的文章，是“廓清近年来关于朱元璋出生地真假莫辨之争论的‘定鼎之作’”，“对观照近来闹得沸沸扬扬的名人故里之争亦有意义。”①

朱元璋研究会在中国明史学会的指导与支持下，“朱元璋出生地在哪里，从本次会议提交的几篇论文来看，可以说基本解决了”②。时隔两年，没有任何史学专家、学者对这一问题再提出疑义。

这次会议除了解决了朱元璋出生地问题，还提出了“帝乡文化”这一新的研究课题。关于这一新课题的研究方向与意义，正如中国明史学会副会长王熹所说：“从国家历史的视角来看，全面审视凤阳在明代整个历史发展过程中所扮演的特殊角色，也是中国历史研究的重要命题。明朝开国皇帝朱元璋处心积虑精心经营遗留下来的文化遗产，不仅是明代帝乡文化研究的渊薮，而且是该项研究独具魅力与深邃的所

---

① 本报记者卢毅然、采访嘉宾陈梧桐：《朱元璋出生地有新证，埋葬于紫金山南麓无可置疑》，《中国文化报》2010 年 7 月 5 日，http：//www. chinanews. com/cul/2010/07 - 05/2381559. shtml，中国新闻网。

② 毛佩琦：《序一》，收于陈怀仁、夏玉润主编：《明太祖与凤阳》，黄山书社 2011 年版，第 1 页。

在，涉及政治学、历史学、考古学、地理学、文化学等诸多领域，涵盖了诸多学科，具有非常丰富的历史文化内涵……明代帝乡文化的范围已远远超出凤阳地域的概念，成为中华文明发展过程中形成的重要物质和非物质文化遗产，是明史乃至中国历史研究的重要组成部分。”①

会议所收论文，涉及朱元璋与帝乡文化的文章，占75%以上。这些文章，无论是从选题还是文章的质量，均大大超过了14年前在凤阳召开的“第六届明史国际学术讨论会”。本次会议拓宽、深化了研究朱元璋这一历史人物的领域，从而再次成为这一研究领域的又一里程碑。

张海鹏先生当年精心培育、领导的朱元璋研究会这一学术团体的学术水平，已逐渐成熟，并在中国明史界崭露头角。

七

记得15年前的1996年春天，我们第一次来到先生的家中，在二楼的小会客室中，先生在谈到朱元璋研究会的工作及做学问上，他语重心长地对我们说：治学与做人，立言与立身，要齐头并进。学问无止境，全靠勤奋。对待知识如同对待恋人——你欺骗她，她就欺骗你；你对她真心，她才对您实意，两者之间来不得半点虚假。他还谈到了史料、史识、史才、史德之间的关系；个人的气度、心胸与文章深度与广度之间的关系等。他还特别强调历史学的“经世致用”与“继往开来”。这些话语，至今仍在我们的耳中响起，成为我们做人、做学问的座右铭。

先生还把他一生出版的所有著作，一一签名送给了我们。每当我们打开扉页，观看那字体秀丽、端正、流利的“张海鹏”三字时，先生那清秀的面孔、慈祥的笑容、文雅的举止，以及略带枞阳口音的亲切话语，顿时呈现在我们的脑际，我们禁不住以泪洗面……

我们朱元璋研究会十分幸运。在建会之初，遇到了一位在中国史学界德高望重、才学横溢的张海鹏先生出任我们的会长，带领、指导着研究会，从一个较高的起点开始，跨步前进，一往无前。

我们朱元璋研究会十分自豪。在先生治学理念的指导下，由业余走向专业，从幼稚走向成熟，在中国明史学会的十多个团体会员中，成为历史最长、大旗不倒、颇有建树的一名。成为中国明史界一支研究朱元璋及帝乡文化的重要力量。

我们朱元璋研究会满怀信心。携带着先生留给我们的宝贵精神财富，沿着先生给我们铺好的道路，在新一任会长王世华教授的带领下，在中国明史学会的指导下，继续阔步前进！

---

① 王熹：《凤阳帝乡文化大有作为》（代前言），收于陈怀仁、夏玉润主编：《明太祖与凤阳》，黄山书社2011年版，第4－5页。

缅怀徽商研究的奠基人张海鹏校长

管必红

（美国华商会常务副会长）

张海鹏先生去世前不久，还在其《徽商研究十五年》中说：“我们拟以安徽师范大学徽商研究中心的名义，主办一次徽商国际学术讨论会，邀集国内外的一些同行，共同深入地研讨这一课题”。尽管他的愿望未能实现，但今天我们在这里召开纪念张海鹏先生诞辰八十周年暨徽学学术讨论会，是对他在天之灵的一种慰藉。

徽商，又称新安商人，徽州商人，是中国十大商帮中一支重要的商帮。在中国商界称雄数百年。其商业资本之巨，活动范围之广，经商能力之强，从业人数之多，在商界首屈一指。

但对徽商的研究，之前寥寥无几。20世纪80年代初，时任安徽师范大学历史系副主任的张海鹏先生，创办明清史研究室，后改为徽商研究中心。张海鹏先生一直担任徽商研究中心主任。即使在1985年至1994年他担任安徽师范大学校长期间，他也没放弃过对徽商的研究。张海鹏先生坚守教学与史学研究岗位四十多年，长期给历史系本、专科学生和研究生讲授中国史方面的各门专业课，先后主持和完成国家、省、市及学校重要科研课题与研究项目十多项，学术成果除其亲自撰写的五十多篇论文以外，还主编和合作出版了千余万言的学术著作。张海鹏先生所主编的《徽商研究》，一直被推崇为这一领域的经典之作。《徽商研究》不仅在学术界好评如潮，而且以其极高的学术价值，先后获得安徽省社会科学优秀成果一等奖，国家教育部人文社会科学研究成果三等奖和首届国家社科基金项目优秀成果三等奖等殊荣，竖起了徽商研究史上的丰碑。在此前后，张海鹏先生还主编过《明清徽商资料选编》、《中国十大商帮》等专著，发表了《徽商研究十五年》、《徽商与徽州文化》、《论徽商经营文化》等论文，在业内很有影响。

值得一提的是，张海鹏先生“做学问先学做人”的理念深深印在他的关门弟子的身上。为了培养明清史和明清徽学徽商研究的专业人才，张海鹏先生更是呕心沥血，功勋卓著。他从教四十多年，培养了大批学子，可谓桃李满天下。他先后培养和提拔了一批德才兼备的史学和管理人才，像王世华、李琳琦、余同元、周晓光等。

我是在张海鹏先生担任校长时1988年自费公派到美国留学的。当时在放与不放的问题上，张海鹏先生是帮了忙的。而且在很长一段时间内，尽管他工作、科研很忙，还一直与我保持通信联系，了解和帮助解决我学习和生活中的困难。在我母亲去世时，他还亲自出席追悼会，体现了一位领导对员工、对下级的关心和爱护。这使我终生难忘。

徽学领军　儒硕风范*

——张海鹏先生对徽州学的贡献

方利山

（安徽大学徽学研究中心兼职教授、黄山学院教授）

有故乡的文化渊源，有严谨的史学训练，张海鹏先生是著名的历史学家。20世纪80年代初期，研究徽州文化的徽州学渐成学术潮流。张海鹏先生以时代的眼光，积极的开拓，无私的付出，为徽州学学科建设作出了多方面的贡献，以其人格魅力，骄人成果，儒硕风范，成为徽州学的领军人物之一。

张海鹏先生对徽州学的贡献，据我所知，主要有以下几个方面：

明晰了一条思路　张海鹏先生是中国明史学会副会长。明清史研究的一个重大问题是中国封建社会明中叶以后为什么经济滞后，社会发展缓慢？研究明清史首先要探讨中国明清时期资本主义萌芽的实际状况如何，这一萌芽发展缓慢的特点及其原因。张海鹏先生审时度势，明晰了身边江南徽州地域经济史研究、徽商研究可以作为突破点的思路，这一思路同时也为刚刚兴起的徽州学研究拓开了一个大有驰骋空间而且又是奠基性的重要领域。张先生率领其研究团队立足中国明清史研究开辟徽商研究新路，把徽商放在中国社会历史发展长河中加以考察，是一种高瞻远瞩的战略思考，是在傅衣凌先生、藤井宏先生、陈学文先生、叶显恩先生等人之后，对徽商研究的新拓展，意义重大。

凝就了一批成果　1983年，张海鹏先生和王廷元先生等人成立了安徽师范大学明清史研究室，之后又创建了安徽师范大学徽学研究中心。张海鹏先生带领研究人员，在艰苦条件下，不辞劳苦，深入徽商故里徽州各地农村实地调研，搜寻族谱、契约文书、地方史志文献资料和民间口碑资料；往各大城市图书馆等资料机构查找相关文献，倍极艰辛。在汇集大量徽商原始资料的基础上，发掘、整理、分析研究，主持编辑出版了四十多万字的《明清徽商资料选编》，先后出版了《徽商研究》、《中国十大商帮》、《富甲一方的徽商》、《徽商与经营文化》、《徽商》等徽州学专著，并组织谋划在各类学术刊物上发表了百来篇徽商研究论文文章，这是当时徽商研究、徽州学研究的标志性的开掘，里程碑式的学术成果，引人注目。这些专著和论文的

---

* 基金项目：国家社科基金项目（09BZX070）；国家教育部人文社科重点基地重大项目（2009JJD70002）阶段成果。

推出，做大了“徽商研究”这一“徽州学”重要品牌，有力地推动了在当时刚刚兴起的徽州学研究，形成了安徽师范大学徽州学研究的鲜明特色。让国内外徽州学同仁刮目相看。这批徽商研究学术成果，对徽商研究的新开拓有着奠基之功，在海内外影响很大。

提出了一些创说　在徽商研究中，张海鹏先生身先士卒，在学术前沿不倦求索，以过人的眼力和深厚的功力，和研究人员一道，对徽商的渊源流变、产生背景、兴盛原因、经营范围、活动区域、管理方式、经营特色、资本积累、资金走向、历史作用、价值影响、衰落原因、文化特征等等，进行了全面的分析研究和评述。最让世人注目的是，张海鹏先生徽商研究团队对于徽商“贾而好儒”重要特征的揭示，提升了徽商的时代价值和徽商研究的新意义；张海鹏先生关于“徽商是徽州文化的酵母”的论述，精辟而又形象地概括了徽商对徽州文化兴盛辉煌的历史作用；张海鹏先生关于徽州学的定义、外延和内涵的论说；关于徽州文化“商成帮、学成派”的精彩概括，等等，这些创见对于徽州学学术研究向纵深的发展，是有充分说服力、有份量、有权威性的创获，都有重要的开拓之功。

勾勒了一个框架　根据自己多年对徽州文化、对徽商的认真思索、研究体认，张海鹏先生在《徽学漫议》中，对于徽州学学科建设的一些基本问题，提出了自己的见解。张海鹏先生指出：“徽学即徽州学”。它是原徽州一府六县所出现的既有普遍性又有典型性并且具有一定学术含量的各种文化现象的整合；它植根于本土，伸展于各地，是“小徽州”和“大徽州”的文化融合；是一座内容丰富，品位较高的文化宝库。张海鹏先生通过对“徽学”学术概念的溯源，对徽州文化产生、兴盛原因和发展历程的简要梳理，特别强调了徽商经济对“徽州文化”和“徽州学”产生的“酵母”作用，精辟地指出“徽学”的发展在于“学”，认为徽州学研究应该多学科交叉综合，协力攻关。张海鹏先生在“徽州学”建设的关键时刻，为徽州学学科建设和研究的开展勾勒了一个基本完备的框架，至今仍有重要的启示、引导意义。

带出了一支队伍　张海鹏先生和王廷元先生等安徽师范大学的徽州学前辈，非常重视对徽商研究、徽州学研究梯队人才、新生力量的培育，经过一二十年的精心扶植、实践训练，在安徽师范大学形成了以王世华、唐力行、李琳琦、周晓光等为骨干的青年研究团队。这支徽商研究团队，有良好的师承关系，有良好的学术作风，治学严谨扎实，主攻方向明确。在张海鹏先生和王廷元先生等人的悉心关怀和指导下，经过多年的学术实践磨炼，研究团队在徽商研究领域和徽州学的新安理学、徽州教育等领域，攻坚克难，英勇善战，成果辉煌。在科研团队骨干们各种学术专著、学术论文成批陆续发表的同时，一批徽州学、徽商研究的学术带头人也脱颖而出，让内外瞩目。

为徽商研究、徽州学研究带出了一支学风严谨，功底深厚、同心协力，能战斗、有水平的学术团队，这是张海鹏先生和安徽师范大学徽州学前辈们对徽州学建设最重要的贡献。

提升了一个平台　张海鹏先生在学术生涯中心胸宽广，无私纯粹，事业第一。当国家教育部规划在全国重点高校设立人文社科重点研究基地的时候，张先生为了徽州学的将来发展，立足安徽高校科研发展的大局，欣然应邀积极参与筹划安大徽学研究中心的申报和创立，经过各方面包括张先生的不懈努力，2000 年作为我国第一批十五个国家级人文社会科学研究重点基地之一的“徽学研究中心”，在安徽大学正式成立，这也是当时唯一一个落户在非国家重点高校的国家级人文社科重点研究基地。“国家教育部人文社会科学重点研究基地安大徽学研究中心”的设立意义重大，它标志着徽州学建设第一次有了国家队，标志着徽州学学科建设在国家层面地位的提升，标志着徽州文化研究有了一个高档次的重要平台。张海鹏先生担任了徽学研究中心的名誉主任，为中心的建设作了开创性、基础性的工作。张先生的辛劳付出，已载入徽州学发展的史册。

留下了一种风范　需要特别叙写的，是张海鹏先生在多年的徽州学研究、徽商研究学术实践中，在其一生的教书育人中，言传身教，给我们留下的儒硕风范。张海鹏先生是安徽师范大学校长，校务繁忙，但学术探研却始终笔耕不辍，勤奋耕耘。为了写好徽商研究专著中的《徽商和两淮盐业》，搞准一些数据，张先生不顾眼疾，硬是通读了三大部数十卷的《两淮盐法志》，作了充分准备才动笔。张先生发表的许多徽商研究、徽州学研究论文，都是厚积薄发，深思熟虑、多有新见的力作，清新隽永、踏实严谨、有皖派朴学之遗风。张先生十分重视新人的培育，他的“先做人后做学问”、“正人品以正学品”的教诲，语重心长，教育和熏陶着一茬又一茬徽州学后辈。

张先生为人诚恳，质朴谦恭，温良宽厚，平易近人，能团聚人。从不以身份、地位取人。笔者作为师专的徽州后学，徽州文化的业余爱好者，曾有幸多次亲聆张先生的教诲，多次打搅张先生的宝贵时间。在讨教徽商有关问题时，张先生总是循循善诱，一一剖析。对于张先生给我的许多关心和勉励，我铭刻肺腑，至今感念在怀。

张先生做学问认真执着，勤奋严谨；生活淡泊宁静，严于律己；待人诚实热忱、宽宏友善，是在徽州学界深得同仁们敬重的大家和前辈。

目下的徽州学研究、徽商研究，方兴未艾。

徽州学研究的发展，尤其需要有张海鹏先生这样的德高望重、有远见卓识的领军人物，来组织、培育和带领学术团队进行学术攻坚；尤其需要有张海鹏先生这样的儒硕风范，以身作则来凝聚人心、激励斗志、祛邪扶正。自上个世纪初黄宾虹等人开始大力提倡“徽学”研究以来，“徽学”已走过百年历程。虽然“徽州学”在内外的热切关注中正在渐渐成为“显学”，但是，和在国内外影响很大的敦煌学、藏学相比较，徽州学无论在学术地位、学术影响方面，还是在学科建设、整体提升方面，目前都还有比较大的差距。徽州学学科建设的许多特色领域、重大课题，还没有做开，没有做深，没有做好，正需要徽州学的同道们齐心合力、攻坚克难。徽州文化学术探究的前路正长。而徽商研究目前也正在一个关键时刻。前些时候郎某人向全世界“说徽商”，认为徽商只不过是从晋商那里倒点“盐引”的二道贩子而已。徽商发财以后“基本上是吃喝嫖赌、花天酒地”、养“瘦马”，巨额资本不去建“商业帝国”，而只会大力进行封建性投资，向传统回归，徽商是一个腐败之源。时下也有的研究者认为：徽商不会致力于“商业利益的最大化”，不符合“现代商业理念”，讲诚信在市场经济社会不可能取得成功。还有的电影宣传，徽商是在新安家族的“世代冤仇”中你死我活的争斗中才得到发展的。现实在提醒我们需要进一步认真思考：徽商的成功之道真相到底是什么？徽商的“贾而好儒”到底有什么价值意义？徽商的“回归传统”到底应该怎么评价？“商”发财以后到底应该干些什么？儒商精神到底值不值得继承和弘扬？历史上的徽商，光大了自强不息的中华民族精神，提升了诚实守信的商业人文理性，凝就了爱乡爱国的社会担当品质，其留存的物质和精神财富，需要我们认真继承。总之，在徽商研究这一特色板块，还有许多大题目需要我们继续去开掘探究。在传统断裂、金钱至上、物欲横流、世风日下、学术不端风行的当下，我们更加怀念汪世清、周绍泉、张海鹏、张秉伦等已故徽州学大家和前辈。为了徽州学事业的更大发展，我们应继承张海鹏等先生给徽州学所留下的宝贵精神遗产，亦步亦趋，不懈努力。

作为徽州的后学，我对张海鹏先生一生为徽州、为徽州文化鼓与呼所付出的心血无比感激；作为徽州学的爱好者，我对张海鹏先生为徽州学作出的重大贡献深表仰佩；作为社科工作者，我要对张海鹏先生的儒硕风范致崇高的敬礼！

徽州文化、徽州学学术之树常青，张海鹏先生的业绩、学术风范永存！

2011 年 7 月于屯溪

徽商研究的开拓者

——忆著名历史学家张海鹏教授

刘小林

（《清明》杂志社编审）

今天徽商研究已走向世界，每当我们看到轰轰烈烈的徽商活动和形形色色的徽商电视剧的展播时，我总想起徽商研究的开拓者、著名历史学家——张海鹏教授，是他开辟了徽商研究领域，提出了一系列深邃的学术观点，带出了一支研究队伍，奉献出一批重要研究成果。张海鹏教授虽然离开我们十一年时间了，可是他儒雅谦虚的风度、学贯古今的知识才华、平易助人的高尚品德，常常萦绕在我的脑际。

一

张海鹏教授曾任安徽师范大学校长、中国明史学会副会长、安徽省历史学会会长，著名历史学家，他长期从事中国古代史的教学与研究，以研究徽商成就斐然而名播于史坛。

张海鹏教授，皖籍枞阳人。1931 年出生于一个贫寒乡村医生家庭。也许是受“桐城派”文风的熏染，聪明、灵秀的他自小就酷爱读书、学习，写得一手好字。迫于生计，十六岁那年他辍学当了一名乡村小学教师。那时，白天他给孩子们上课，夜晚一盏煤油灯下，他总是如痴如醉地读着《中国通史》《史记》等文史书籍。面对广袤璀璨的中国历史长河，他暗暗下定决心，学习历史，像司马迁那样报效祖国。

1954 年，年轻的张海鹏以地区第一名的成绩，被安徽师范学院（安徽师范大学前身）历史专科录取。此时，理想即将变为现实，这位乡村青年激动难抑，他要倍加珍惜这宝贵的学习机会，迈进科学的殿堂。从此，在安徽师范大学校园里，你总能看到着农家布衣的张海鹏勤奋读书的身影，不管是春夏秋冬、刮风下雨，教室里，他总是最后一个离开；寝室里，他总是最后一个休息，几年的大学生活，除了理发，他从未浪费过一个星期天。1956 年，张海鹏以优异成绩留校任教，从此走上中国古代史专业教学研究的道路。安徽师范大学历史系是一个人才荟萃的地方，也给了张海鹏继续深造、勤奋学习的好机会。尽管那个时代，政治运动此起彼伏，他却给自己制订了一个严格的学习计划，每天必通读一篇史书，此时，张海鹏除兼任教学秘书外，因爱人在农村，每天还得照料身边两个幼小的孩子。往往工作、教学、做家务，一天忙碌下来，晚上看书眼皮直打架，他就拿冷水冲头，坚持阅读。就这样一天一篇通读完二十四史。成功来自于勤奋与自强不息的奋斗，年轻的张海鹏脱颖而出，从普通教师成为古代教研室主任、历史系主任。

二

在浩瀚如烟的中国几千年历史长河里，徽商像一匹横空飞跃的黑马，在明清历史的时空里驰骋了三百多年。他们以不辞艰险的“徽骆驼”精神、并以“以诚待人”、“以信接物”、“以义为利”、“贾而好儒”的“儒商”风度，“称雄”于全国各大商帮之首。在江南曾有“无徽不成镇”之谚。徽商财力之雄厚，连当朝天子乾隆皇帝也惊叹：“富哉，朕不及也!”可是长期以来，对于徽商这一很有学术价值的课题，在国内只有20世纪40年代历史学家傅衣凌先生写过一篇《明代徽商考》，50年代初日本学者藤井宏先生发表了《新安商人研究》，这在当时被看作徽商领域里最有权威的著作。“徽商在中国，难道徽商研究却要在国外?”长期以来，这种强烈的民族自尊心一直抨击着张海鹏教授的心灵。他回想“文革”前那一段政治动荡岁月，作为一位历史学者，他虽写过不少论著，可是却无力着手徽商研究这一历史空白。20世纪80年代初，改革的春风给知识分子带来报效祖国的好机会。张海鹏教授清楚地认识到，随着市场经济的掀起，借鉴徽商，研究他们长达300多年的兴衰历史，既有学术价值，又有现实意义。况且安徽师范大学地处芜湖，地近“徽商故里”，研究徽商可以得“天时、地利、人和”之便，是我们义不容辞的职责。为此，1983年，张海鹏教授毅然与几位志同道合的同仁成立了“安徽师范大学明清史研究室”，全身心投入到徽商研究中去。

徽商研究的起步是非常艰难的。徽商作为明清时期驰名全国的大商帮，从商人数众多，经营范围广泛，商业资本雄厚，足迹“几遍宇内”。那时张海鹏教授领导的徽商研究全是在教学工作之余进行的。为掌握徽商研究的第一手资料，1983年暑假张海鹏教授带领同仁们深入徽州六县一市进行实地调查研究，冒着酷暑，他们跋涉在陡峭的山路上，他们挨村访户查阅徽商的契约、文书、族谱、方志，以及其它材料。晚上住在没有电扇的简陋山村旅社里，汗流浃背地将搜集来的材料进行分类鉴别。为了更全面地深入徽商研究，好几个盛夏严冬，他们又奔赴合肥、南京、上海、北京各大图书馆查阅资料。经过几年辛勤的汗水和艰辛的努力，他们共搜集到100多万字的徽商资料，为徽商研究打下了坚实的基础。回首这段往事，张海鹏教授的学生、安徽省历史学会会长王世华教授说，“那真是冒寒暑，舍昼夜，吃尽了苦头。记得有一年夏天我们随张老师去合肥的安徽省图书馆查资料。天气似乎特别热。我们住地距省图书馆还有一段路，为了赶时间查资料，每天上午在图书馆还未开门时就赶到，中午到下班时才离开，下午又顶着烈日，冒着40℃的高温，徒步赶到图书馆，一直干到下班。当资料搜集到相当数量以后，为了避免干扰，集中精力，张老师又带领我们在黄山脚下的汤口镇包了两间住房，开始整理、誊抄徽商资料，一住就是20多天。当时一天要工作十几个小时，对一些费解或有歧义的资料，我们就在一起共同讨论，常常为一个标点、一个字义争论好久，非要求得文通句顺不可。那时我们好几个人都没有上过黄山，但为了工作，虽然黄山近在咫尺，我们还是打消了上山的念头。”40万字的《明清徽商资料选编》出版后，获得学术界的广泛好评。

在徽商研究过程中，张海鹏教授认为，要把研究的重点放在前人未涉及的领域，要有所突破与创新，才能达到徽商研究的学术价值和现实价值。张海鹏教授善于调动集体智慧与个人作用相结合，在讨论一些重大问题时，他总是让大家各抒己见，大胆提出自己的看法，相互切磋，由此获得共识。同仁们也在徽商研究中逐步提高了研究水平与鉴别能力，也通过相互研究，培养了一批年轻的后起之秀。着力耕耘，必有收获。由张海鹏教授和同仁们合作主编撰写的一系列徽商论著在国内外引起了反响。先后推出了《明清徽商资料选编》、《中国十大商帮》、《徽商研究》、《富甲一方的徽商》、《徽商与经营文化》、《徽商》等一系列著作及100余篇徽商研究论文，这些论著在“徽商”的界定、徽商的形成和发展阶段、徽商的特色、作用、衰落原因以及徽商与徽州文化和封建地权关系等学术问题上，都有新的见解与突破，得到了国内外专家的好评。已故著名历史学家傅衣凌先生曾致信张海鹏教授，称赞他们“做了一件功德无量的工作”。

这里特别值得一提的是《徽商研究》，它是国家社科基金“八五”规划重点图书，本书可以说是张海鹏教授带领的徽商研究中心十几年来研究徽商的总结性成果和结晶。张海鹏教授为这部书的出版可谓呕心沥血，从选题的策划到章节的确定，从论点的推敲到方法的选择，从文稿的撰写到全书的审定，甚至出版过程中的各个环节，他都亲自过问。这部54万字的论著出版后在学术界产生了很大反响。南京大学历史系教授范金民博士在《中国社会科学》1997年第2期上撰文，高度评价此书是“徽商研究的集大成之作，也是迄今为止国内传统商人研究篇幅最为宏大之作。”称它“是一部里程碑的著作”。他指出此书的三大特色：第一，“系统地论述了徽商的兴衰历史”，徽商作为称雄商界三百余年的大商帮，虽然研究成果不少，但此前还未有专著系统论述徽商的兴衰史。本书把徽商的历史划分为四个阶段：即从成弘之际到万历中叶的发展阶段，从万历后期到康熙初年的受挫阶段，从康熙中叶到嘉道之际的兴盛阶段，从道光中叶到清末的衰落和解体阶段。这样的划分“是在全书深入考察的基础上得出的，也是符合徽商兴衰实际的。”尤其是本书第一次提出徽州商帮兴起的标志：徽人从商风气的形成；“徽”、“商”二字相连成词，成为特定概念被时人广泛应用；作为徽商骨干力量的徽州盐商已在两淮盐业中取得优势地位。这一论述，被认为是“今人关于商帮的完备表述。”而且，本书“既从纵向厘清了徽商的发展线索，又从活动地域、行业范围以及各业的变化等横向探讨了徽商的经营状况。”第二，本书“准确地揭示了徽商的发展特征”，这就是“与封建政权的关系特别紧密”、“贾而好儒”、“经营之道也颇具特色”、“热心文化事业，文化品位较高”。

第三，本书“精心挖掘了大量第一手资料，深入探讨了有关问题。”

《徽商研究》问世后，分别荣获全国首届社科基金项目优秀成果三等奖、国家古籍图书二等奖，国家教育部优秀成果三等奖和安徽省社科一等奖，成为目前史学界徽商研究有影响的代表著作。鉴于张海鹏教授的出色贡献，1996 年美国“国际名人传记协会”将他收入《世界名人录》中。

张海鹏教授在研究徽商的同时，也时时思考着整个徽学研究，就在他逝世的半年前，他在《光明日报》上发表了《徽学漫议》一文，全面地提出了他对徽学研究的系统看法。什么是徽学？他认为“徽学即徽州学，或曰徽州文化。作为地域文化的徽学，其主要内容有：新安理学、新安医学、新安文献、新安画派、新安宗族、新安商人，以及徽州书院、方言、礼俗、戏剧、民居、谱牒、土地制度、佃仆制度、契约文书以及徽派朴学、版画、篆刻、建筑、盆景，乃至徽墨、徽砚、徽笔、徽纸等。这些以‘新安’或‘徽’为标志的文化‘特产’，反映了当日的徽州是商成帮、学成派，并由此而构筑了‘徽学’这座地域文化大厦。”

出色的科学研究成果是与张海鹏教授一贯治学严谨、一丝不苟分不开的。他每编一部书，每撰一篇文章，总是先读书、查资料、不做无米之炊。在他为《徽商研究》撰写《徽商与两淮盐业》这一章时，为考证徽商进入两淮的准确时间，他不顾眼疾，通读了三部计数十卷的《两淮盐法志》才动笔。年轻的同仁们、学生们有论文送他审阅，每次在文稿上，大多可见他密密麻麻的圈点，大到结构的调整，小到文字的润色，标点符号的修改，都非常认真。张海鹏教授除在徽商研究中取得的成果外，合作主编撰写的论著还有：《中国古代史》、《皇子传》、《冤臣传》、《中国考试史文献集成》、《中国传统文化论纲》等，他还发表了论文 40 余篇。读了张海鹏教授的论著，感到它清新隽永，无迂腐之气，又严谨踏实，颇见考据遗风。他由于有较深的国学功底，在给学生上课时，经常如流背诵传统史籍如《四书》、《五经》、《史记》、《汉书》中的名篇，令学生们钦慕不已。

三

张海鹏教授对徽商研究的贡献，还在于他为徽商研究带出了一支队伍，培养了良好的学风。安徽师范大学徽商研究中心（现更名为皖南历史文化研究中心）就是张海鹏教授呕心沥血培养的一个具有浓厚学术氛围的研究队伍。在张海鹏、王廷元等教授的带领下，徽商研究中心日益扩大，成为蜚声国内外的历史文化学术交流中心，培养出一批知名历史学家，如王世华、李琳琦、周晓光等教授，他们在徽商研究上都取得了不菲的成就。

安徽师范大学原副校长王世华教授是张海鹏教授的开门弟子，长期师从张教授，受益匪浅。在张教授的引导下，他积极投入徽商研究，出版了专著《富甲一方的徽商》，并和王廷元教授共同撰写了近 50 万字的《徽商》，还发表了数十篇徽商研究论文。目前王世华教授兼任中国明史学会副会长、中国商业史学会副会长、安徽省历史学会会长、安徽省徽学会副会长。他正和他的师弟李琳琦、周晓光共同领导着皖南历史文化研究中心进行各种学术活动，主持国家清史工程项目 300 万字的《清代徽商资料丛编》，即将结项。

安徽师范大学副校长李琳琦教授是张海鹏教授的学生与同乡，是我省文科第一位博士后，在张海鹏教授的指导下侧重徽州教育研究。他出版了《徽州教育》、《徽商与明清徽州教育》和《话说徽商》等专著。现安徽师范大学历史与社会学院院长周晓光教授毕业于广州中山大学。正是仰慕张海鹏教授的学识和为人，他从繁华的大都市来到芜湖，考取了他的第一届研究生，毕业后又志愿留校与张海鹏教授一起致力徽商研究，在张海鹏教授的指导下侧重新安理学的研究，出版了《新安理学》以及《徽州传统学术文化地理研究》等专著。李琳琦和周晓光二人合著的《徽商与经营文化》也已出版，在徽商研究上他们取得了一系列成果。两人三十几岁便已破格晋升为教授，被国家和教育部列入拔尖人才，现都是安徽省徽学会副会长、博士生导师，李琳琦教授还是中国商业史学会副会长。在他们的领导下这支队伍现在更发展壮大了，研究方向又拓宽了，除了徽商研究、徽州教育研究、徽州学术研究外，现在又开辟了徽州宗族、徽州方志、徽州宗谱、徽州文书等研究方向，并推出了一批科研成果。《徽商》、《徽州教育》、《新安理学》作为《徽州文化全书》的一部分，不仅获得了安徽省社科优秀成果一等奖，还获得首届中国出版政府奖图书奖提名奖。团队的成果获得了十几个国家、教育部和省政府的奖项。可以预料，假以时日，这支队伍一定能够创造出辉煌的成绩。

张海鹏教授从教 50 周年，可谓桃李天下，学生从国务院部长、省级官员到企业经理、普通教师，提到张海鹏老师无不被他的崇高人格魅力所折服。现广州暨南大学博士生导师张其凡教授，大学毕业分配到新疆边界的一个县任教，张海鹏教授鼓励他坚持学习，报考研究生，并在学术上给予指导，今天他是国内知名的宋史专家。提到张海鹏教授，他深情地说："我永远忘不了大学里张老师对我学业上的指点和帮助，在我艰难困苦时，是他给了我无私的关怀，他永远是我治学做人的楷模。"

"先做人，后做学问"张海鹏教授是这样告诫他的学生的，也是这样做的。在他担任安徽师范大学校长的多年领导工作中，他平易近人，廉洁奉公，以身作则，关心爱护知识分子，在党委的领导下，安徽师范大学呈现出一种团结向上的蓬勃局面。当时师大研究生录取率、四级英语统考合格率、在国外权威刊物上教师论文发表数都名列省属高校前列。但张海鹏教授总是把荣誉让给别人，在任校系领导工作近 20 年中，从未要过什么奖。就连多数授课教师都得过的校内"优秀教学奖"，他也未拿过一次。

作为他的学生，我曾几次到他家采访，看到朴素简洁的书房里到处摆满了书和资料，坐在沙发上他用浓重的皖西枞阳口音，向我谈到徽商研究的远景和计划，谈到成绩他叙述的多是同仁的成绩和硕果，从未谈及自己和家庭。当我得知他的次子因肾病医治无效去世而留下一大批债务，看到他相濡以沫没有工作的老伴热情拉着我的手嘘寒问暖，我对他们一家高尚的人格肃然起敬。

然而，就在张海鹏教授刚刚度过 70 华诞后不久，他被医院诊断为食道癌中晚期，一切药物用下去，都毫不见效。2000 年 9 月 5 日张教授因病去世，大家都说张教授是因工作过于劳累而积劳成疾去世。此时正值张教授早就计划出版的《徽商资料集成》、《徽商发展史》和由他担任学术顾问的大型丛书《徽州文化全书》等重要研究项目全面推进之际，张教授的突然病逝，可谓史学界一大损失。中国明史学会在发来的唁电高度赞誉：“先生长期从事中国史特别是明清史的教学和研究，成果累累，桃李满园，他又开创徽商研究领域，具奠基之功”，充分肯定了张海鹏教授学术贡献。

追忆恩师，思绪万千。人们不会忘记张海鹏教授筚路蓝缕、开创奠基之功。如今，徽商研究不仅受到学术界的青睐，而且受到了政府的高度重视，张教授组建的徽商研究中心仍在深入探索、再创辉煌，张教授可含笑九泉矣！人们也牢记着，从轰轰烈烈的五四运动到改革开放振兴中华的今天，历史已经走过了九十二个春秋，爱国主义的大旗一直激励着像张海鹏教授这样的一代代知识分子，献身于民族文化的治学研究生涯中，他们那种为事业、为民族、为国家不畏艰难，积极探索，自尊自强的精神正是我们这个时代所需要的。

做学问先学做人

——张海鹏先生门下辱教记

余同元

（苏州大学教授）

恩师张海鹏先生之为人师，德高望重，对学生处处爱护、栽培，和风煦煦，殷切、体贴、宽容、无微不至。诸弟子对先生言必称师，行必恭敬，对先生的教训铭刻于心并时时反省，对先生传授的为人、治学、做事方法切实履行与实践。唯独我自出师门后四处飘荡，成绩平平，深感有辱师门。已故史学家罗尔纲曾在胡适门下求学问道五年，作《师门辱教记》，即"有辱师门教诲"之意。这里借用"师门辱教"之意，回忆在张先生门下受教期间，听到和见到的先生关于怎样做人的言传与身教。

作为先生的不肖弟子，我自1979年考入安徽师范大学历史系本科班读书（时先生为历史系主任，讲授《明清史专题》等课程），至1985年考入先生门下攻读明清专业研究生（时先生为安徽师范大学副校长兼明清史研究室主任、研究生导师），再到2000年先生仙逝，二十多年来，主要是在先生关怀和指导下，进行明清史教学和研究工作。凡《明清史专题研究》、《明清史文献资料》、《徽学与徽商研究》、《中国经济史》、《中国商业史》、《中国文化史》等专业课知识及其学习、研究的方法，无不来自先生悉心传授；凡教学、科研中大小问题，或亲聆教诲，或电函传达，无不请教叩问。所以在长期的耳提面命之中，听到先生每每强调的治学宗旨有两条：一是"做学问先学做人"的原则要求；二是"经世致用"的价值追求。在拙作《醍醐海阔　德性山高——张海鹏教授与明清史研究》（此文已于2002年4月在日本《明代史研究》第30号发表，国内多有转载）一文中，我对先生关于"做学问"与"做人"的言教及身教有提纲挈领的记述，在此基础上，以下专就先生在如何做人方面的言传与身教作补充叙述，谨以此表达弟子对恩师的永远纪念。

一、人生三大事做人第一

"立德"（做人）、"立功"（做事）、"立言"（做学问）的三不朽观，是历代中国知识人追求人生成就价值的中心信仰。来源于《左传》襄公二十四年范宣子与叔孙豹论"不朽"：

二十四年春，穆叔如晋。范宣子逆之，问焉，曰：“古人有言曰：‘死而不朽’，何谓也?”穆叔未对。宣子曰：“昔匄之祖，自虞以上为陶唐氏，在夏为御龙氏，在商为豕韦氏，在周为唐杜氏，晋主夏盟为范氏，其是之谓乎?”

穆叔曰：“以豹所闻，此之谓世禄，非不朽也。鲁有先大夫曰臧文仲，既没，其言立，其是之谓乎！豹闻之，‘大上有立德，其次有立功，其次有立言’，虽久不废，此之谓三不朽。若夫保姓受氏，以守宗祊，世不绝祀，无国无之，禄之大者，不可谓不朽。”

“立德”即树立高尚的道德，“立功”即为国为民建立功绩，“立言”即司马迁所说的成一家之言。此三者是虽久不废且流芳百世的。唐孔颖达在《春秋左传正义》中对德、功、言三者分别做了界定：“立德谓创制垂法，博施济众”；“立功谓拯厄除难，功济于时”；“立言谓言得其要，理足可传”。后人将“立德”简化为“做人”，将“立功”简化为“做事”，而将“立言”简化为“做学问”。

每一届研究生入学后，张先生上第一节课就讲“做学问先学做人”的道理。这既是如何处理做人（立德）、做事（立功）与做学问（立言）的相互关系问题，同时又是关于成就信仰和人生价值选择与实践的问题。对不朽价值的追求，是古圣先贤超越个体生命而追求永生、超越物质欲求而追求精神升华的文化不朽观。因为知识人在学校里当老师（做事）和做学问是合二为一的，所以先生要我们先认识“做学问”与“做人”的关系，并开宗明义，要求“做学问先学做人”。中国文化往往区分“为学”与“为道”，《老子》曰：“为学日益，为道日损。”“为学”是一个经验领域的求知过程，其对象主要限于现象世界的特定对象；“为道”则指向形而上的存在根据，其要旨在于把握世界的统一性原理与发展原理。可见“为道”（做人）比“为学”（做学问）难度更大。

“做人”是一种通俗的说法。它指的是一个健全人必备的基本素质，它是思想品德、道德规范、世界观、人生观、价值观以及各种非智力因素，如情感、意志、毅力等方面的总和。正确反映客观事物的系统知识叫“学问”，而知识是生活经验的积累，是人生智慧的源泉，它是生命之源的动力，教育的全部意义就在于揭示知识与人的生活、生存、发展的内在联系。一个人再有学问，如果人品不合格，就不可能有什么大成就。子曰：“入则孝，出则弟，谨而信，泛爱众，而亲仁。行有余力，则以学文。”意思是在父母面前要孝顺父母，与兄弟相处要尊敬兄长，说话要谨慎而讲信用，博爱大众而特别亲近那些有仁德的人。做到了这些之后，才谈得上学习文化知识。孔子这番话揭示了做人与做学问的关系，即首先是品德修养，其次才谈得上学习文化知识。德育第一，智育第二，这两者的关系是非常明确的。换句话说，如果你要学习文化知识，精通学问之道，也只有从做人的体会、人生的经验入手，才能够学有所成，学以致用。所谓世事洞明皆学问，人情练达即文章也。

“做学问先学做人”这个道理包含两层意思：一指治学根本目的，一讲治学的基本途径。从终极目标上讲，治学的根本目的是为了“做人”而不是“谋生”，所谓“读书明理”首先是指明人伦道理，因为人才是“人”与“才”的合体，只有先“成人”，然后才能“成才”，所以说“做学问要先学做人”。从治学的途径上讲，自古有“尊德性”（偏重于道德实践而求仁者，又称“穷理”，穷得物理也）与“道问学”（偏重于认知活动而求智者，又称“尽性”，尽得人性也）之分。有人主张尽心以知天，以仁统智；有人强调穷理以知性，以智统仁。宋明时期“理学”与“心学”关键之分即在于此，主敬是道德涵养，穷理是知识增进，只有将两者有机结合起来，才能既穷得物理又尽得人性，否则必蔽于一曲而暗于大方。用顾炎武的话说，就是要“博学于文，行己有耻”。这是先生对弟子的基本要求，也是他自己一贯坚持的行为准则。具体到日常生活中，先生要求学生时刻注意人格修养，淡泊宁静，严于律己，宽以待人，正人品以正学品。具体到学术研究中，先生要求治学与做人、立言与立身齐头并进；在史学研究中，则表现为史才、史学、史识与史德并重。先生经常说，学问是老老实实的事情，来不得半点投机取巧；强调要勤奋耕耘和厚积薄发，要拿出经得起历史考验的有学术价值的研究成果。

在芜湖读书期间，常常于晚饭后陪先生爬赭山（1985—1988年王世华、彭克明、刘渝龙、周晓光、李琳琦和我同届在先生门下读研究生，周末或节日总是到先生家聚餐，全是张妈妈亲手做的饭菜，饭后多陪先生散步谈学论道），他几次边走边给我们背诵和讲解欧阳修的《醉翁亭记》，他很欣赏并赞同欧阳修的人生实践和做人主张。欧阳修反对单纯以文辞、言语来安身立命，其《送徐无党南归序》（欧阳修《文忠集》卷四十三）阐述了修身、施事、立言三者关系。在欧阳修看来，最好的途径，首先是修身，其次为施事，再次才是见之于言。据此，先生曾经要求我们年轻时先不要急于发表学术论著，等到修身行事成熟了再发表成熟的作品。后来由于看到我们要依靠发表评职称挣工资，先生才同意我们发文章，并笑谓“聊补无米之炊也”。

张先生认为学界对桐城派有不少误解。他认为桐城派不少人物追求修身、施事、立言三结合。特别是桐城方氏很有代表性。桐城方氏为海内著名世家，如清代著《滇黔纪闻》（戴名世《南山集》的原本）的方孝标、桐城文派鼻祖方苞，长期担任直隶总督和太子太保的方观承等，人人皆知。而自明及清，桐城方学渐、方大镇、方孔炤、方以智、方中通，一家五代，不仅俱以易学为家学而扬名天下，而且皆能学用结合，则更值得我们研究。

方学渐人称明善先生，明代中叶桐城学术领袖，东林党魁。他主张儒释道三家兼容，崇尚实学，图以朱学补阳明心学之空幻，著有《易蠡》等书20多种，建桐川会馆讲学论易，为桐城方家易学创始者。朱彝尊云：“方氏门才之盛，甲于皖口，明善先生实濬其源。东南学者，推为帜志焉。”

方学渐长子方大镇，字君静，号鲁岳，万历十七年进士，授大名府推官、升为御史、巡盐浙江，后迁大理寺少卿，著《易意》、《诗意》、《礼说》等书各若干卷，论“学”以“性善”为主旨，论“治”必基于人君的德行。

方大镇之子方孔炤，万历四十四年进士，为官为学皆名重一时。

方孔炤之子方以智，崇祯十三年进士，载书泛游，遍访大家，博览群书，四处交游，结识学友，学兼古今，贯通中西。

方以智次子方中通，受家学影响，从小喜爱易学、数学和天文学，著作有《周易深浅说》、《数度衍》等多种。其中《数度衍》24卷附1卷，几乎包罗了当时传入的所有西算知识以及当时所能见及的中算知识，是一部数学上的百科全书。

著名的易学著作《周易时论》为方孔炤所著。凡《图象几表》八卷、《上、下经》、《系辞》、《说卦》、《序卦》、《杂卦》十五卷。其立说以时为主，有所忧患而发于言，类多证据史事，感慨激烈，故名《时论》。其讲“象数”，穷极幽渺，自河洛源流切入，探讨河洛之学意涵及其所引发系列问题，透过太极分化的角度，以“密衍”与“互藏”等论说解决易学之奥秘。记得我做毕业论文时，写明代九边的沿革[①]，张先生叫我读桐城方氏著作，指导我读方孔炤的《全边纪略》，[②] 要我从中领会桐城方氏几代人如何学用结合？如何做学问与做人统一？

在“三不朽”中，“立德”有赖于见仁见智的外界评价，“立功”需要跻身垄断性官场和风险性商场，这些往往非书生能力所及。于是，文人每以“立言”为要务，如曹丕《典论·论文》曰：“盖文章经国之大业，不朽之盛事。年寿有时而尽，荣乐止乎其身，二者必至之常期，未若文章之无穷。是以古之作者，寄身于翰墨，见意于篇籍，不假良史之辞，不托飞驰之势，而声自传于后。”胡适则将“三不朽”称为“三W主义”。“三W”即指英文“Worth”、“Work”、“Words”，这三个词的涵义与“立德、立功、立言”相近。先生赞同胡适关于不朽的主张。在《不朽——我的宗教》一文中，胡适由传统“三不朽论”引发提出“社会不朽”曰：“‘小我’虽然会死，但是每一个‘小我’的一切作为，一切功德罪恶，一切言语行事，无论大小，无论是非，无论善恶，都永远留存在那个‘大我’之中。”“社会不朽”论旨在把每个人的一已行为与人类的历史发展关联在一起，给有限的个体生命赋予永恒的意义。所以胡适称“社会不朽论”乃是人生的“宗教”，其“教旨”是：“我这个现在的‘小我’，对于那永远不朽的‘大我’的无穷过去，须负重大的责任，对于那永远的‘大我’的无穷未来也须负重大的责任。我须要时时想着，我应该如何努力利用现在的‘小我’，方才可以不辜负了那‘大我’的无穷过去。方才可以不遗害那‘大我’的无穷未来。”社会不朽与文化不朽的信仰提供着人生进取的动力源泉。

张先生非常重视学用结合和知行合一的施事与实践，他常常教导学生的另一条治学宗旨是“经世致用”。在《中国传统史学的特点》《论历史的发展动力》等学术

---

① 余同元：《明代九边述论》，《安徽师大学报》1989年第2期；人民大学《中国地理》1989年第8期全文转刊。

② 方孔炤（1590—1655），字潜夫，号仁植，方大镇之子、方以智之父，著名易学家，任嘉定州知州，右佥都御史，湖广巡抚等。著有《周易时论》23卷、《全边纪略》12卷等。

论文中，他认为，史学向来都是与现实社会有着密切的联系，历史是现实的“昨天”，而现实则是历史的延续和发展；“述往事，思来者”，“继往开来”都说明历史与现实的关系，史学应该服务现实。他说：关于历史学社会功能的讨论，大家见仁见智，各有卓识，“但归纳起来，一言以蔽之，即是如何‘经世’，离开了经世还有什么功能可言。历史学本来就是一门‘经世’的学科。”

二、人生价值选择以义利之辨为核心

义利之辨是中国传统伦理学最核心、最基本的问题，也是学术研究和人生价值选择的首要课题。对义利关系的态度，集中体现了中国伦理道德的价值取向。从内涵上看，“义”是指道义、正义，既是人们行为要遵循的道德规范与准则，也是人们进行道德评价的标准；“利”是指利益、名利，既指国家、集体、社会利益，也指个人利益，既指物质利益，也指精神利益，是一个广泛的概念。义利观以义利关系认识为核心并受义利关系的制约，义利关系内容主要有物质生活追求与精神生活追求的关系，物质利益与伦理道德的关系，个人利益与社会公共利益的关系，志向动机与利益效果的关系等。先生指导我写《廉吏传》中的《刘宗周传》期间，教读《刘子全书》（当时无点校本，先生请邱树森教授介绍我到南京大学图书馆古籍部阅读）及慎独学说，要求以其义利之辨中的舍生取义作为学习的切入点。

刘宗周是明末著名的儒学大师，也是宋明理学殿军人物。他开创的蕺山学派，在中国思想史特别是儒学史上影响很大。清初大儒黄宗羲、陈确、张履祥等都是这一派的传人。刘宗周的思想学说以“慎独”为宗旨。他在自己的著作中反复强调“慎独”之重要，认为慎独是学问的第一义。他认为“君子之学，慎独而已矣。”“学问吃紧工夫，全在慎独，人能慎独，便为天地间完人。”“独者，本心之谓，良知是也。”“独”即是本心，是良知，是人具有的一种主观道德能力，“慎独”则是一种内省的道德修养功夫。他把“独”提升到本体论高度，而把“慎独”说成是最重要的修养方法：“独之外别无本体，慎独之外别无功夫。”所以，“独”是“至善之所统会，不仅宇宙中的万事万物，而且人类的一切道德准则都统摄在“独”（或者叫本心、良知）之中：“独中具有喜、怒、哀、乐。四者，即仁、义、礼、智之别名。”希望通过内省的功夫，收拾人心，使人人向善，跻于道德之域，以解救“世道之祸”。刘宗周为官五起五落，历经万历、天启、崇祯、弘光四朝，“通籍四十五年，在仕六年有半，实立朝者四年。”其绝笔之作是《人谱》，原名《证人小谱》，成书于崇祯七年，三易其稿而后成。他认为佛教谈因果、道教谈感应，都出于功利目的，不能真正成就圣贤人格，而儒者所传《功过格》也难免入于功利之门。所以强调：“今日开口第一义，须信我辈人人是个人。人便是圣人之人，圣人却人人可做。”“做人之方，尽于《人谱》。”如何成圣是《人谱》一书的目的，书中首列《人极图》，第二篇为《证人要旨》，第三篇为《纪过格》，最后附以《讼过法》、《静坐法》、

《改过说》。“言过不言功，以远利也。”主张“学者诚知人之所以为人，而于道亦思过半矣。将驯是而至于圣人之域，功崇业广，又何疑乎！”弘光元年五月，清兵攻破南京，南明福王被俘遇害，潞王监国。六月十三日，杭州失守，潞王降清。十五日午刻，刘宗周效法伯夷叔齐开始绝食。当时江南士大夫纷纷降清做贰臣，背叛了平时所学仁义之道。刘宗周则以自己的义行壮举，成就自己的道义人格。至弘光元年闰六月初八日，刘宗周绝食两旬而死。现代学者牟宗三甚至认为，刘宗周绝食而死后，中华民族的命脉和中华文化的命脉都发生了危机。张先生让我研究刘宗周，可惜当时没有完全领会先生的旨意。虽然写成《五起五落不易志的刘宗周》收入《廉吏传》① 一书，但离先生的要求，无论理论还是实践，都相差万里！

张先生除了日常生活中不时讲述义利关系问题，还在报纸上公开发表《义利之辨》（刊于《安徽日报》）的专门论文，评说中国历代义利观的演变及社会价值。孔子曰：“君子喻于义，小人喻于利。”（《论语·里仁篇》）《大学》说：“君子贤其贤而亲其亲，小人乐其乐而利其利。”又说：“民之所好好之，民之所恶恶之，此之谓民之父母。”可见，对于“君子”（领导者）而言，能让普天下“小人”（百姓）得以“利其利”，正是人生之“大义”。所以荀子主张先义后利，“先义而后利者荣，先利而后义者辱。”（《荀子·荣辱》）孟子主张见利思义和舍生取义，其答梁惠王说：“王何必曰利？亦有仁义而已矣。”（《孟子·梁惠王》）又强调：“生，亦我所欲也；义，亦我所欲也；二者不可兼得，舍生而取义者也。”（《孟子·告子上》）义成为主观道德意识、道德判断与客观道德法则和原则的总称。西汉董仲舒概括孔孟的义利观，提出“正其谊（义）不谋其利，明其道不计其功。”（《汉书·董仲舒传》）但墨家有不同的看法，墨子认为“义，利也”（《墨子·经说上》），主张义利一致。宋代学者程颢指出：“大凡出义则入利，出利则入义。天下之事，唯义利而已。”（《二程语录》）在此基础上，陈亮、叶适认为道义和功利并不矛盾，功利体现在道义之中，离开功利无所谓道义。如叶适说：“古人以利与人，而不自居其功，故道义光明。既无功利，则道义乃无用之虚语耳。”（叶适《习学记言》）清代学者戴震、颜元等也认为义利不可偏废，理欲应该统一。

张先生每每赞扬岳飞“文臣不爱钱，武臣不怕死”的名言（见先生所写《论冤臣》，《安徽史学》1994 年第 3 期）。认为中国传统儒家所讲的“义”主要是指正义、道义和公益，“利”主要是指个人利益和物质利益；儒家有重义轻利的价值取向，把“义”看作是人安身立命的根本，主张“以义制利”、“公利为上”和“舍生取义”，强调对利的追求应该以义为准绳加以节制。岳飞出生在一个农民家庭，跟从名师学习武艺，能左右开弓，还精通兵法，南宋初参加北方抗金队伍，多次立下战功，很快升为将领。岳飞的军队纪律严明，行军露宿，只许士兵睡在廊檐下，被老百姓称呼为“岳家军”。岳家军练兵认真，作战勇敢，能够以少胜多，被金兵赞誉为：“撼

---

① 周怀宇：《廉吏传》，河南人民出版社 1988 年版。

山易，撼岳家军难！”这些皆源自岳飞一生廉洁正直，不计较个人得失。所以有人问他：“天下何时才能太平？”他回答说：“文臣不爱钱，武臣不惜死，天下便可太平！”

义利关系是人类社会中普遍存在着的一种价值关系，义利观则是人们对义利关系的理论抽象和概括。历史上不同学派的思想家，有着各具特色的义利观。从价值导向和目的追求上看，义利关系主要体现为利益与诚信两大问题。市场经济要以诚信为基础，要靠制度来建立。一个社会诚信破坏很容易，但要建立诚信却不易，破坏诚信之后重建更难。从传统社会转向市场经济必须有相应的诚信体系，西方国家建立诚信之路也相当艰难。马克思《资本论》中反映出了原始资本积累时期资本家如何靠抢劫、诈骗、造假之类不讲诚信的卑劣手段起家。一百多年过去之后，现代市场经济各国谋求实施把诚信与利益联系在一起的法律制度，也就是通过利益来维护诚信，但诚信与利益矛盾更加尖锐，“马太效应”依然存在。特别是资产阶级以个人主义为核心内容的伦理道德原则滋生了利己主义、实用主义、拜金主义、享乐主义、唯利是图、先利后义、见利忘义等思想观念，使人们的义利观陷入了模糊化、功利化和极端化的泥潭。日本现代企业家之父涩泽荣一在《论语与算盘》中提出了“士魂商才”说，主张商人既要有“士”（武士）的操守、道德和理想，又要有商家的才干与务实。张先生认为徽商早已有了贾而好儒与儒贾合一的理论和实践，所以他带领大家一起研究徽商。

利益关系种类大体可以一分为三，即完全的利益关系、完全的感情关系和兼有利益与感情的关系。其中完全的利益关系与完全的感情关系都不多见，最广泛的是兼有利益与情感的关系，它始终离不开道德和法律的驱动和维护。公平正义的建立与诚信待人如何实现？诚信主要靠法律维护还是靠道德自律？既是历久弥新的学术课题，又是知行合一的实践课题。张先生把义利之辨同名与利、群与己、贾与商、诚信和利益、王道与霸道、道德与功利等关系结合在一起进行新思考，强调义利一致，认为诚信和利益尤其在长远利益上应该是一致的，但当诚信与利益发生矛盾时应如何抉择？诚者，为人之本；信者，处世之基。要相信诚信是为人处世的基本准则。

每思先生义利之说教，联系现实中这个金钱至上的社会，不能不感慨万千！利益是对于生存和发展的一种客观追求，但须取之有道。所谓利益最大化，就是指用最少的投入得到最大的收益，一味追求利益，难免误入歧途。社会现阶段存在诸多利益冲突，如社会分配利益冲突，政府与公众利益冲突，劳资利益冲突等。在社会分配利益冲突方面，随着社会贫富差距悬殊，造成社会对立现象越来越严重。怎样做到为政治国不与民争利？又怎样做到在社会利益分配中去为民谋利？这就要求义利并重、以义导利和义利统一，要求人们努力做一个能平衡良知和利益的人，相信利益和诚信之间可以相互协调。资本家的本质就是残酷无情的榨取劳动者的剩余价值以获得利益的最大化，利益最大化必然带来利益冲突。所以我们有必要反思张先生的义利说教，自觉重温孟子的义利王霸思想，发扬民贵君轻、见利思义、穷不失义与达不离道的价值追求，接受诚信可以带来利益的选择认同，争取获得利益的同时也能够保持诚信原则。

三、做人根本途径是内圣外王的人格修养

怎样做人与做什么样的人？中国古代的“大学之道”提出了一套系统的方案。“大学之道”，出自经典文献《大学》。《大学》原为《礼记·大学篇》，后来被单独抽出来成为一本书。宋代大学者朱熹又将其列为儒家《四书》之首，成为传统文人第一部必读的中国文化经典。所以“大学”又称“大学之道”。“大学之道”又称“内圣外王之道”。“内圣外王之道”语出《庄子·天下篇》，后来被人写成论文编入《礼记》之中，名曰《大学》或《大学之道》。“内圣外王”之道是中国传统的人格修养之道。

在先生主编出版的《中国传统文化论纲》① 的《序言》中，张先生强调指出：“中国传统道德，一向重视做人，注重人生价值，把‘舍生取义’作为人生最高的价值取向。而做人就是从‘修身’做起，然后‘齐家’以及于‘治国’，认为只有‘身修’才能‘家齐’以至于‘国治’。往日的那一套修身、齐家、治国的具体内容虽多已成为历史的陈迹，但按照今天的道德准则，吸取其中的精华，提倡做人，提倡修身，提倡建立温馨和谐的家庭，提倡报效祖国，提倡‘先天下之忧而忧，后天下之乐而乐’，这在当前来说，还是完全必要的。”对古代中国人来说，“内圣外王”的人格结构至少从形式上代表了其实现人生价值的两个侧面，而实质上这两个侧面又是统一的。“内圣”是“外王”的前提，而“外王”又是“内圣”的条件，缺少任何一面，人格形态都不会完美。对完美人格的追求，便形成了一种理想的人生模式。

儒、墨、法三家的“内圣”是从事道德修养，以追求一种崇高的道德境界；其“外王”是从事政治实践及其它社会事务，以建功立业。道、玄、禅三家的“内圣”是追求一种超越而自由的精神境界，其“外王”则是指从事俗务，即要求以出世的精神干入世的事业。可以说，儒、墨、法三家所设计的人格是一种道德人格，代表着人们对至善的追求；而道、玄、禅三家所设计的人格则是一种逍遥人格，代表着人们对自由的追求。

人格也称个性，是指人在一定社会制度与传统文化中所形成的、旨在调节人与自然、人与社会、人与自身关系的行为准则，以及实际行为中所凸现出来的精神素质。真、善、美的人格修养是理想人格的培养。理想人格是一个社会、一个民族文化中人们最推崇的人格范型，是一定的文化环境与社会制度中，出于现实的需要，

① 张海鹏、臧宏：《中国传统文化论纲》，安徽教育出版社1996年版。

人们的利益、要求、期望集中于某一楷模身上的人格范型；典型地体现了该社会文化的基本特征和价值标准。格物、致知、诚意、正心、修身、齐家、治国、平天下的内圣外王之道中，格物，研究事物本质；致知，把握事物规律；诚意，端正自己意念，集中自己的注意力；正心，让自己的心变得公正、公平，才是根本。不朽的信仰为文化传承指明了方向，说到底就是自觉的求真、求善和求美的理想和实践，总归为实践“不朽”的“内圣外王”之道。

梁启超说：“‘内圣外王之道’一语包举中国学术之全体，其旨归在于内足以资修养而外足以经世。”人生修养包含在人对三大关系（即人与自然的关系、人与社会的关系、人与自我的关系）的正确处理之中，核心内容是求真、求善、求美的人格修养之道，也就是中国儒、释、道三教都孜孜以求的“内圣外王之道”。中国传统的各家哲学均以“内圣外王之道”作为人格设计的基本架构和理想目标，但各家对其内涵的界定又有所不同。儒、墨、法三家的“内圣”是从事人文道德修养，以追求一种崇高的人生境界，其“外王”是积极从事政治实践及社会事务，以建功立业；道、玄、禅三家所设计的人格则“内圣”是“外王”的前提，而“外王”又是“内圣”的条件。各家“内圣外王”都强调对完善人格的追求，形成了一种理想的中国人生模式，其中所包含着高度的文化自觉精神。

内圣外王在于正其身，亦在于诚其意。以出世之道，寻求入世之利；以入世之利，得出世之乐，这就是内圣外王的真正境界。人格修养之道，首先讲的是回归内心，修炼自我，完成对自我的成长过程。首先是“格物、致知、诚意、正心”，接下来才是“修身、齐家、治国、平天下”。所以人们常常忙着“平天下”，忘了前面的“修身”。而修身前面的四步，那是儒家真正的文化：格物，研究事物的本质；致知，把握事物的规律；诚意，端正自己的意念，集中自己的注意力；正心，让自己的心变得公正、公平。这些才是根本，有了这些，不平天下，你也问心无愧。

如何由“内圣”开出新“外王”？张先生认为道德学问（内圣）可以与事功（外王）结合。“心安是国安也，心治是国治也。”（《管子·心术下》）心安、心治是治身、内圣，国安、国治是治国、外王，二者究其实乃是一体和一理。美国第三十六任总统约翰逊在1965年的就职演说中说：“经过两次世界大战，美国形成了强大的军事工业体系、发达的金融体系和繁荣的科研体系，这三大体系支撑和引导着美国的国家和社会，影响着世界”。他同时奉劝美国民众：“不要为种在地里的那点瓜果争斗，要关注人类的公平自由，不允许一个痛苦无助的人遗漏在我们的视线之外。”社会与经济现代化发展，意味着新的政治文化和政治制度——民主制度的形成。新“外王”要以新“内圣”为基础，特别要在以“仁”为核心的一系列修身养性的道德观念上注入西方的人格独立的观念，从而由修身到立己，由立己而觉己，由觉己而觉人，从而才可能最终产生精神独立与思想自由的人格。1958年由现代儒学家牟宗三、徐复观等人联合发表的《为中国文化敬告世界人士宣言》中，强调要发展儒家的“心性之学”，以建立中国的新道统、新政统和新学统。这就是当代新儒家所谓要从“内圣外王”之学中开出外王事功一面的新使命，即“儒家第三期文化使命应为三统并建，即重开生命的学问以光大道统，完成民主政体建设以继续政统，开出科学知识以建立学统。”这应该是新时代“内圣外王”的基本目标。

人在通过机能实现意向时，既是一种外在的文化追求又体现为内在的精神体验。美国文化人类学家林顿（1893—1953）在《人格的文化背景》中认为，“人格”与“社会”、“文化”三者互动。不论任何人，他作为一个社会成员，在社会结构中居于特定的地位和身份，并扮演特定的社会角色；同时他又是文化的享受者、修正者和传承者。每一个社会都存在着“基本人格”和“身份人格”。前者是共同人格因素形成的综合体，后者是个人的基本人格类型。所以说文化传承本质上是“文化不朽”与“内圣外王”的理想和追求，张先生做人的理论与实践，首先体现了这个根本的理想和追求。

四、人生修养的关键是内在超越与外在超越

在《皇子传》序文（河南人民出版社1991年版）中，张先生认为帝王之家培养出为史家称颂的皇子，端在于皇子人生的内外超越的成功。外在超越是指家庭的学校的社会的教育，如“庭训有方”“师教有术”“遇物而教”；内在超越指自身的努力，如“自立有道”，“以史为鉴”，“弗纳于邪”等。

关于“庭训”与“师教”，康熙皇帝自幼成长经历便很有代表性。康熙皇帝是中国历史上很有作为的帝王之一，在位61年，雄才大略、文治武功，创造了有名的“康熙盛世”，被史家称之为具有谦恭仁爱、平和慈祥品格的杰出政治家，端在其所受“庭训”与“师教”的成功。他晚年亲笔撰写了一部洋洋数万言的《庭训格言》，共246则，详细介绍了他从儒家经典中学习的人生修养经验。其训曰：“仁者以万物为一体，恻隐之心，触处发现，故极其量，则民胞物与，无所不周。语其心则慈祥、恺悌，随感而应。凡有利于人者则为之，凡有不利于人者则去之。事无大小，心自无穷。尽我心力，随分各得也。”又曰：“仁者无不爱。凡爱人爱物，皆爱也。故其所感甚深，所及甚广。在上则人咸戴焉，在下则人咸亲焉。己逸而必念人之劳，己安则必思人之苦。万物一体，恫瘝切身，斯为德之盛，仁之至。”强调“凡人养生之道，无过于圣人所留之经书。故朕惟训汝等熟习《五经》、《四书》，性理诚以其中，凡存心养性立命之道，无所不具故也。看此等书，不胜于习各种杂学乎？”

关于“遇物而教”，旨在强调教育方式的灵活多样性和学习方法的自主性。要在理论课学习的同时重视实践课，特别是文化素质教育，一定要教师言传身教和学生学习实践相结合，要在道德教育过程中遇物而教，使道德规范在学生生活实践中自律内化。如明代医师万金《育婴家秘》曰：“小儿能言，必教之以正言，如鄙俚之言勿语也；能食，则教以恭敬，若亵慢之习勿作也……言语问答，教以诚实，勿使欺妄也……衣服器用，五谷六畜之类，遇物则教之，使其知之也。或教以数目，或教

以方隅，或教以岁月时日之类。”18 世纪法国启蒙思想家卢梭主张让儿童在生活中和各种活动中学习，通过观察获得直接经验，主动地进行学习。现代美国实用主义教育家杜威主张“教育即生活”，以儿童的直接经验为起点，让儿童通过直接生活进行学习，不断改造经验，掌握丰富知识。中国现代教育家陶行知在其生活教育理论中提出“生活即教育”的思想，他认为儿童过什么生活便受什么教育，主张把教育和学习的内容扩大到整个社会和大自然中去。

关于“自立有道”，中国古代有智、仁、勇“三达德”的要求，又叫做“君子”之道，是对自立之道的基本解释。孔子曰：“君子道者三，我无能焉：仁者不忧，知者不惑，勇者不惧。”其中“仁”是核心。“仁”是什么？简言之就是“泛爱众，而亲仁”，就是“克己复礼为仁”，就是“己欲立而立人，己欲达而达人”，就是“己所不欲，勿施于人”。“己所不欲，勿施于人”即忠恕之道，要求根据自己内心的体验来推测别人的思想感受，达到推己又及人的目的。换句话说，己之所欲，亦施于人。就推己及人的肯定方面称之为“忠”，即“尽己为人”；就推己及人的否定方面称之为“恕”。推己及人的这两个方面合在一起，就叫忠恕之道，亦称“挈矩之道”，“仁之方也”（实行仁的方法）。《大学》曰：“所恶于上，毋以使下。所恶于下，毋以事上。所恶于前，毋以先后。所恶于后，毋以从前。所恶于右，毋以交于左。所恶于左，毋以交于右。此之谓挈矩之道。”《中庸》曰：“忠恕违道不远，施诸己而不愿，亦勿施于人。所求乎子以事父，所求乎臣以事君，所求乎弟以事兄，所求乎朋友先施之。”《大学》所举强调忠恕之道的否定方面，《中庸》所举强调忠恕之道的肯定方面。曾国藩极为推崇孔孟“自立立人、自达达人”之道，认为孔子所说的“己所不欲，勿施于人”与孟子所说的“取人为善，与人为善”都是“忠恕之道”和“仁义之道”。如果一个人懂得这样的道理，则说明这个人见识广博胸襟开阔，能成大事。

关于“弗纳于邪”，就是要学习做人的正当道理，不要因骄傲、矜夸、过度、放纵而走火入魔。《左传·隐公三年》记载，春秋时期卫国贤臣石碏劝卫庄公曰：“臣闻爱子，教之以义方，弗纳于邪。骄、奢、淫、佚，所自邪也。……夫宠而不骄，骄而能降，降而不憾，憾而能眕者，鲜矣。且夫贱妨贵，少陵长，远间亲，新间旧，小加大，淫破义，所谓六逆也。君义，臣行，父慈，子孝，兄爱，弟敬，所谓六顺也。去顺效逆，所以速祸也。君人者，将祸是务去，而速之，无乃不可乎？”这段话大意是，喜爱孩子就要教导他做人的正当道理，不要使他走入邪路。骄傲、矜夸、过度、放纵，是走入邪路的主要原因。这四种恶习的产生，又主要是由于宠爱和赏赐过分的缘故。一般说来，受到宠爱而不骄傲，骄傲而能安于地位下降，地位下降而不怨恨，怨恨而能忍耐，这种人是少有的。还有，卑贱的伤害高贵的，年少的欺负年长的，关系疏远的离间亲近的，新来的离间交情长久的，势力小的凌驾势力大的，道德败坏的破坏品行端正的，叫做“六逆”。君王按照正当道理行事，臣下执行正确的命令，父亲慈爱儿子孝顺，兄长友爱弟弟恭敬，叫做“六顺”。抛弃“六顺”

而去效法“六逆”的行径，就是祸乱到来的原因。

关于“以史为鉴”，是先生讲得最详细彻底的。“以史为鉴”的基本内涵是“资治通鉴”和“读史明智”两方面。“居今之世，志古之道，所以自镜也”，这是司马迁“究天人之际，通古今之变，成一家之言”的根本途径。魏徵对唐太宗说：“殷鉴不远，在夏后之世。臣愿当今之动静，以隋为鉴，则存亡治乱可得而知。”唐太宗就是从这个角度理解“以史为鉴”的意义。杜牧也强调秦朝覆亡留给后世的教训：“秦人不暇自哀，而后人哀之。后人哀之而不鉴之，亦使后人而复哀后人也。”可见“以史资治”乃是“治国平天下”的关键环节之一。但刘知几认为“以史为鉴”既可“资治”也可“明智”，所以他强调：“史之为用，其力甚博，乃人生之急务，为国家之要道。”历史是一面明镜，是好是坏都可以照见自己的影子。所以说历史不光教人学好，也能教一些人学坏。关键是要如何“读史明智”？要求积极地吸取历史的经验教训，以便更好地把握自己，大到治理国家，小到自我修养，都应该走正道而不要走邪路。故曰“以铜为鉴可正衣冠，以古为鉴可知兴衰，以人为鉴可以明得失，以史为鉴可以知兴替。”所谓“前车之覆，后车之鉴”、“鉴古知今”、“鉴往知来”、“观今宜鉴古，无古不成今”、“明镜可以照影，古事可以知今”，“温故而知新”，“推陈以出新”，“返本以开新”，等等，都说明“以史为鉴”是中国传统文化的核心理念之一，也是中国人生修养的根本方法之一。

任何一个人都具有认识、情感、意志等机能的自我意识和自我控制能力，其内驱力是人所固有的求真、向善、爱美意向，它使人不断实现自我超越（内在超越与外在超越），从而驱动知识人的学术研究和创新。关于超越的标准说法是：“天道一方面是超越的（Transcendent），另一方面又是内在的（Immanent 与 Transcendent 是相反字）。天道既超越又内在，此时可谓兼具宗教与道德的意味，宗教重超越义，而道德重内在义。”① 人如何实现与自然、社会以及自我身心内外之和谐而达到“超凡入圣”的境界，也就是说如何摆脱有限的自我限制而达到“天人合一”的境界呢？照中国传统哲学看，这就必须论证人的内在本质可以通于超越性的“天”，即由人的内在性的发挥可以达到与超越性的“天”的统一。汤一介先生认为，从儒家说，最早提出“内在性”与“超越性”问题是孔子。《论语》中记载着子贡一段话说：“夫子之言性与天道，不可得而闻也。”因为“天道”是超越性的问题，“性命”是内在性的问题，而这两个问题是属于形而上的问题。照中国传统哲学的看法，形而上的问题是“超言绝象”的；“超言绝象”自然不可说，说了别人也听不懂，只能自己去体会，所以孔子提倡“为己之学”，而反对“为人之学”。②

“内在超越”（immanent transcendent）是当代新儒家的一个重要概念，20 世纪 50 年代初期由唐君毅、牟宗三等人提出，其后由余英时等学者申论而流行。余英时

① 牟宗三：《中国哲学的特质》，台湾学生书局 1974 年版，第 30－31 页。
② 汤一介：《论儒家的境界观》，收入《儒道释与内在超越问题》，江西人民出版社 1991 年版。

认为文化变迁可以分成很多层：首先是物质层次，其次是制度层次，再其次是风俗习惯层次，最后是思想与价值层次；文化变迁的层次也是文化整体构成的层次，价值系统处在文化整体系统的中心位置上；文化系统的各层次通过有价值观念的人的文化主体地位有机联系着；人与自然的关系，人与人（个人与个人、个人与群体、群体与群体）的关系，人与自我的关系等，既构成不同层面的文化领域，也展现着价值系统的不同层面；价值系统的中枢是通过对两个问题的实际解决来确定的：一是所谓人间的秩序和道德价值源于何处，一是价值世界和现实世界的关系。余英时先生还强调，中国和西方在形成各自价值系统时都承认人的价值具有超越的源头（“天”或“上帝”），但中国人对这一超越源头只作肯定而不去穷究所以，西方人则起初凭借理性后来又诉诸宗教，一味对超越的源头作执着的探溯；因此，在中国人那里，超越世界与现实世界是“不即不离”的，超越世界一直不曾被外在化、形式化；在西方人那里，占主导地位的倾向是超越世界与现实世界的分裂，同现实世界分开了的超越世界一开始就被外在化和形式化了。因此对第一个问题的解决体现着中西文化之“同”，对第二个问题的解决发生了中西文化之“异”，这两个问题的联结是我们理解中西文化异同的“总关键”。人们怎样从现实世界达于超越世界呢？中国人走的是“尽其心者知其性，知其性则知天”（孟子）的“内在超越”的路径，西方人走的是以实体化的超越世界（“上帝之城”）反照现实世界、鞭策人们努力向上的“外在超越”的路径。两种路径产生了人对自然、人对人、人对自我、人对生死问题的两种不同态度，对这两种态度——其展开即是中西价值系统——的分野的把握，即是从文化整体意义上把握了中西文化的分野。①

如何提高身心修养？张先生强调身心关系的辩证统一。身心关系是学术研究又一永恒课题，它在中国古代亦称“形神关系”，西方则称“灵肉关系”。身是指相对于精神的感性肉体，即人的物质性躯体，心则是指相对于躯体而言的精神、意识、观念、情感等。人类对身心关系的认识，曾经历了一个由“形神结合”到“形神分离”，再到形神辩证统一的肯定——否定——否定之否定过程，即由浑沌认识到经验认识，再到理性认识三大发展阶段。但身心究竟是一种实体的两种属性，还是完全两种实体？或者完全是两个实体（如精神与大脑分别说）？对此问题学者难以作出明确回答，纵观古今中外的各种身心关系理论都不能令人满意地解决身心问题这一古老难题。“仁义礼智根于心”（《孟子·尽心上》），唯心主义一元论认为身体的作用只不过是躯壳而已；唯物主义则走向另一极端，往往过分强调精神、心灵是肉体的机能。其实，凡人必身心同时俱有，把身体和心灵看作是截然不同的东西再考虑其相互作用的结果是有害的，我们有必要继承中国传统形神关系中的身心不二论，承认心灵中的各种现象具有身心合一的根本属性；而且无论从认识意义之心还是境界

① 余英时：《从价值系统看中国文化的现代意义》，收入何俊编《余英时学术思想文选》，上海古籍出版社2010年版。

意义之心看，自觉与觉悟的程度都会决定人们思想行为的后果，努力从改造内心来追求人生健康和实现社会平等正义必然是正确修养途径之一。因此，在人与自然的物质交换中我们必须提倡天人合一的价值取向，在人与社会的行为转化中我们必须提倡诚信友爱的价值取向，在人与自己的自我意识互动中我们必须提倡内在超越的价值取向。三组价值取向的正确的自觉选择，必然彰显出人们求真、向善、爱美的自我意识和内在超越。① 这就是：

求真（自然科学技术）——人与自然关系的价值选择

求善（社会政治经济）——人与社会关系的价值选择

求美（人文艺术修养）——人与自己关系的价值选择

处理好自己和自我的关系，一要珍爱自己，同时还要超越自己。人活在地球上，其实最重要的就是不断实现对自我的超越，才能把自己的注意力从外界的攀比收回内心，种好自己的心田。把自己当作一个主人，高楼住得，茅屋居得，寒也耐得，暑也熬得，表扬经得，批评听得，顺境处得，逆境受得。生活的大浪把你卷入高峰，你积极主动地活着；卷入低谷，还积极主动地尽自己的责任，内心就可立于不败之地。

五、做人智慧以与人为善和识人之长为要

张先生时常告诫我们，与人相处，要谦和礼让，淡泊名利。他特别强调看人要先看别人的长处，处世要与人为善。只有宽阔的胸襟、博大的情怀，才能赢得友谊，增进团结。只有度量博大，才能解人之难，释人之迷，扬人之长，谅人之短，从而产生巨大的吸引力和感召力，使人乐于亲近。而胸襟褊狭者则往往因为嫉人之贤，妒人之能，讥人之短，扬人之过，无形中形成了一种排斥力，使人避而远之。

在做人的智慧方面，张先生对其家乡桐城先贤的理论和经验表示赞赏。记得20世纪90年代末，先生应山东大学出版社之邀到济南主持《中国古代史》（山东大学出版社2000年版，朱绍侯、张海鹏、齐涛主编《中国古代史》）教材修订工作。我和陈长征（曾随先生读硕士研究生，现为山东工商学院教授）由烟台前去请教，谈到古人立身处世良方时，先生告诫《聪训斋语》有可读之处。后来捧读几遍，其中饮食起居，人情物理，处处娓娓道来，深入浅出，让人感到终生受益。明清时期，桐城张家曾极度煊赫。张英（1637—1708），字敦复，号乐圃，安徽桐城人。康熙六年进士，授编修充日讲起居注官，旋入直南书房，升翰林学士，兼礼部侍郎衔，再官至文华殿大学士，兼礼部尚书。致仕后啸咏于林泉，卒谥文瑞，赠太子太傅。著有《易书衷论》、《恒产琐言》、《笃素堂文集》等著作。他为官则民生利病，四方水旱，知无不言；为人则低调和易，不爱显摆，唯好山林之乐。康熙皇帝评价他：“张

① 余同元：《中国文化概要·绪论》（修订本），人民出版社2011年版。

英始终谨慎，有古大臣风。”张英致仕后撰编《聪训斋语》，告诫子孙如何立身处世。关于此书的撰写原因，张英说：“余久历仕途，日在纷扰荣辱劳苦忧患之中，静念解脱之法，成此八章。自谓于人情物理，消息盈虚，略得其大意。”他教子有方，四个儿子皆考中进士，全都官居要职。尤其是次子张廷玉，雍正时官至保和殿大学士，并出任军机大臣，堪称权倾朝野的重臣。这里仅列《聪训斋语》大意如下：

1. 读书养性与山林之乐

张英在《聪训斋语》开头就谈到养心的问题。他说：“人心惟危，道心惟微。”也就是说人的欲望之心是很危险的，约束的道德之心是很微小的。但是怎么来克制呢？他认为“人心至灵至动，不可过劳，亦不可过逸，惟读书可以养之。书卷乃养心第一妙物。”“读书可以增长道心，为颐养第一事也。”他一生饱读诗书，心境异常澄澈。朱用纯谈到读书重要性时说：“子孙虽愚，经书不可不读。”也就是指无论任何人，读书都是第一要事，古人说读书万卷，就会心胸开阔，有君临天下的感觉，如此心性自然开朗。张英不仅强调读书养心，还提出通过读书以内省自律之法。他说：“凡喜怒哀乐、劳苦恐惧之事，只以五官四肢应之，中间有方寸之地，常时空空洞洞，朗朗惺惺，决不令之入”。也就是说要在内心里设有城防，并将城门紧闭，不能让喜怒哀乐及劳苦恐惧入内。不过，“有时贼势甚锐，城门稍疏，”外来干扰混入其内。但他“即时觉察，便驱之出城外，牢闭城门”，使心地仍然宽绰洁净。他努力从内心修养自己，自觉地抵御外来的种种压力。他追求一种超然的人生状态，意在保持天真快乐的心情，和健康长寿的身体。也就是说内在修行更重要，这才是养心的重点。

张英在《聪训斋语》中谈到，人们不仅要在世俗世界中保持一颗快乐仁慈的心，还要到自然山水中自得其乐，这才能体验到世界的广大与美妙。张英说：“人生不能无所适以寄其意，予无嗜好，惟酷好看山种树。”“山居宜小楼，可以收揽群峰众壑之势，竹杪松梢更有奇趣。余拟于芙蓉岛南向，构一小楼，题曰‘千崖万壑之楼’，大溪环抱，群峰耸峙，可谓快矣。筑小斋三楹曰‘佳梦轩’。夫人生如梦，信矣。”从这些自然可以看出他行为的大气。关于山林居住饮食，张英说：“燔炙熬煎香甘肥腻之物，最悦口而不宜于肠胃。彼肥腻易于粘滞，积久则腹痛，气塞。寒暑偶侵则疾作矣。”要“食只八分饱，后饮六安苦茗一杯，若劳顿饥饿，归先饮一二杯，以开胸胃。”“食忌多品一席之间，遍食水陆，浓淡杂进自然损脾，予谓或鸡鱼凫豚之类，只一二种饱食良为有益。”张英主张：“人生于珍异之物绝不可好。”说名贵瓷器、古玩字画等，皆不可收藏；歌舞声伎，及禽兽博弈之属，更不可好，因为这些都耗费钱财物力，容易惹气而遗后患，不可以训子孙。唯有山林之中，山水花木，差可自娱，而非人之所争。

2. 助人为乐以养生

养生不止包括这两个方面，还包括养情、养寿、养气等很多方面。快乐是养生最重要的养生方法。张英也教诲孩子以助人为乐，自己也以身作则，他把家人为自己做寿的钱拿来周济穷人，说：“能做好事一两件，其乐逾于日享大烹之奉多矣。”这样的人心胸自然开阔。关于养寿，张英说：“昔人论至寿之道有四：曰慈，曰俭，曰和，曰静。”他认为，“人能慈心于物，不为一切害人之事，即一言有损于人，亦不轻发。推之，戒杀生以惜物命，慎剪伐以养天和”，即胸有吉祥和悦之气，灾害不侵，自然可以长寿。俭，不仅财用应当节俭，一切事都应当节俭。饮食节俭，可以养脾胃；嗜欲节俭，可以聚精神；言语节俭，可以养气息非；交游节俭，可以择友寡过；应酬节俭，可以养身息劳；夜坐节俭，可以安神舒体；饮酒节俭，可以清心养德；思虑节俭，可以减少烦恼。人常和悦，则心气自然而五脏安康。静有二义：身不过劳，心不轻动。这四条，对于养身，极为切实。为官之家大抵都有僮仆，张英主张：“僮仆最不宜多，但有得力二三人训论有方，使令得宜，未尝不得兼人之用。”也就是说只要有几个得力僮仆就够了，很多仕宦之家都喜欢用很多的僮仆来壮大排场，张英认为：“太多则彼此相诿，恩养必不能周，教训亦不能及，反不得其力。”他让自家僮仆“自治生业”，以“省游手游食之弊，不至于冗食为非。”

3. 宽厚忍让以养德

张英《聪训斋语》总结说：“自古只闻忍与让，足以消无穷之灾悔；未闻忍与让，翻以酿后来之祸患也。”从而归纳出“欲行忍让之道，先须从小事做起。”“忍让”，并非只是口头上说说而已，而是言必信，行必果，说到做到，处处以身作则。如张英的老家因修筑围墙之事而与邻居互相争夺地界，发生了矛盾和纠纷，张英接读家信以后，主张自动退让，于是赋诗代信，劝说家人主动让出地界。他在诗中写道：“千里修书只为墙，让他三尺又何妨？长城万里今犹在，不见当年秦始皇。”张英的名字也和这“六尺巷”佳话一起为人们世代传诵。从心理方面告诫人们说：“人有喜庆，不可生嫉妒心，人有祸患，不可生欣幸心。善欲人见，不是真善，恶恐人知，便是大恶。”这种待人宽宏大量，遇事忍让，舍得吃小亏，绝不占他人便宜的人，能够赢得群众支持，人际关系自然和谐融洽。这样，既可保证事业取得成功，又可促进本人的身心健康，故曰：“终身失便宜，终身得便宜也。”

张英《聪训斋语》还谈到要慎忿怒、慎寒暑、养护元气，等等。这些良好的做人经验方法，值得我们进一步总结和借鉴，这也许是张先生推荐阅读张英《聪训斋语》的用意所在。

六、自强不息端在自奉俭约和淡泊明志

在讨论刘宗周的历史评价时，张先生特别强调刘宗周为官“刚正不阿”和为人“自奉俭约”的精神值得总结。“俭约”和“奢逸”，“退让”与“争强”，这是两种截然不同的处世态度，其结果也是迥然相异的。孔子曰：“奢则不孙，俭则固。与其不孙，宁固。”对自己过于奢侈珍爱，往往会失去生命活力，使人不思振作和进取。《荀子·非十二子》：“上功用，大俭约而僈差等。”《后汉书·郎顗传》：“夫救奢必

于俭约，拯薄无若敦厚。”杜甫《送卢十四弟侍御护韦尚书灵榇归上都》诗：“俭约前王体，风流后代希。”罗大经《鹤林玉露》卷十一：“奢则妄取苟求，志气卑辱，一从俭约，则于人无求，于己无愧，是可以养气也。”自奉上的“减几分”和处事上的“退一步”，同成事上的“增几分”、“进一步”是密切相关的。《菜根谭》中说：“人生减省一分，便超脱一分。”这种超脱，不仅会带来许多精神上的愉悦，而且会赢得事业上的进取和成功。

先生自幼生活清贫，即使后来生活条件好了，他仍然反对奢侈，不但自己谨守俭约，而且以此要求家人、子女和学生奉行不易。他特别注重防微杜渐，不看重物质享受上的满足，而是把注意力放在自我修养完善和精神世界的充实上。在教育年轻人如何养成朴素习惯上，他特别推崇先贤诸葛亮、司马光和吕坤等人。诸葛亮的《诫子书》曰：“夫君子之行，静以修身，俭以养德。非淡泊无以明志，非宁静无以致远。夫学须静也，才须学也，非学无以广才，非志无以成学。慆慢则不能研精，险躁则不能理性。年与时驰，意与岁去，遂成枯落，多不接世。悲叹穷庐，将复何及。”司马光的《训俭示康》即教子俭约，列举了许多前贤的真知灼见和正反两方面的例子，来教诲儿子。司马光不仅有言传，而且还有身教。在他的影响下，其子司马康在生活上秉承美德，自甘素俭，终能守父之成。吕坤就在他写的《续小儿语》中主张：“待人要丰，自奉要约，责己要厚，责人要薄。”

先生在做人态度方面的谦虚谨慎和温良宽厚，在学术研究上的认真执着和勤奋严谨，无不为弟子们树立了光辉的榜样。记得先生在担任大学校长的那些年头（约1985—1994年），既要处理诸多的政务，又要承担重要的研究课题，还要指导研究生学习，真是千头万绪，一片繁忙。但先生总是夜以继日地工作，将一切事情都处理得有条不紊，将拥有数千名学生的一所大学领导得蒸蒸日上，真正显示了做人与做学问的统一，立言与立身两成的大家风范。在《师门辱教记》中，罗尔纲对其师胡适评价曰：“我还不曾见过如此的一个厚德君子之风，抱热诚以鼓舞人，怀谦虚以礼下人，存慈爱以体恤人；使我置身其中，感觉到一种奋发的、淳厚的有如融融的春日般的安慰。”将这段话加到恩师海鹏先生头上似不为过。

总而言之，什么是人生的价值和意义？人应该怎样生活，路应该怎样走？对这一系列问题的不同回答构成了不同的人生观。在这方面，恩师张海鹏先生融古今中外为一体，从言传与身教两大方面给我们阐明并展示了人生的价值和意义。总结其特点如下：

第一，张先生做人风范显示了安徽师范大学老一辈人文学者群体的人格魅力。安徽师范大学是安徽建校最早的高等学府，自1928年创立以来，历经省立安徽大学、省立安徽学院、国立安徽大学、安徽大学、安徽师范学院、皖南大学、安徽工农大学、安徽师范大学等历史时期，姚永朴、刘文典、周予同、吕思勉、宛敏灏、张涤华等著名文史学家曾在此任教。历史专业经历了文史、史地、历史等科系的发展，至今已有80多年的办学历史，是安徽高校办学历史最悠久的学科之一，师生纯朴，学风优良。由解放前和“文革”前教学过来的安徽师范大学历史系教授很多，且多有大家风范，就我所闻和所就教者，如陈鹏教授、陈正飞教授、光仁洪教授、胡澱咸教授、陈怀荃教授、苏诚鉴教授、万绳楠教授、叶孟明教授、王廷元教授、杨国宜教授、夏子贤教授，汪宏玉教授、杨邦兴教授、张绍叔教授、陶秀教授、杜蒸民教授、管敬绪教授等等，都是身怀理想，道德文章俱佳的史学家。“君子谋道不谋食，君子忧道不忧贫。”他们生活清贫但忧道忧民，以传道授业解惑来实现学术传承和文化不朽的使命。或云身体的不朽靠传宗接代，宗教的不朽寄托于天国和来世，中国知识人传统的不朽追求，就是在这人间寻找人生意义，创造人生价值，实现文化和文明的持续传承。宋代张载有名的“四句教”概括了中国人的人生哲学：“为天地立心，为生民立命，为往圣继绝学，为万世开太平。”这个四句教寄托着国人的人生理想。这种不朽精神的历史传承，充分体现在安徽师范大学历史系老一辈学者的教育教学理念之中，张先生是这老一辈学者中的代表人物，其道德文章亦是渊源有自。

第二，张先生做人方法显示了学用结合与知行合一的事功内涵。人格修养的发展过程，总是内在地指向知与行和言与行的统一。言行一致、知行统一，是中国文化所反复强调的不二途径。在张先生那里，道德就是实践“做人”的学问。以“修身、养性、齐家、治国、平天下”为主导价值观的传统伦理思想和强烈的处世态度决定了实践在道德中举足轻重的地位，通过行动践行人伦关系的要求乃是道德的最高境界，人格的磨炼最终落实在人生或现实生活中。所以，中国历代圣贤都因其在人生道路上体现了至高无上的仁德，或在行动上创造了丰功伟绩才成贤入圣。其实，道德根本上是实践的。在西方，道德哲学或伦理学就是“实践哲学”。如西方伦理思想史上占统治地位的“规范伦理学”，以研究道德与人的现实生活，与人生、个人需要、礼仪、幸福的关系为基本特征，以确定道德准则、道德原则为基本宗旨。亚里士多德的伦理学就是根据实践来定性的，他认为伦理学这门科学的目的，不是知识而是实践。

第三，张先生做人成功是一种知识人高度文化自觉的结果，显示了中国传统人文精神及人格修养方法的辉煌博大。任何时代的社会文明若要持续发展，都不可能没有价值系统的支持。即使在这所谓虚无空虚的时代，人们心里依然有许许多多的价值追求与理性信念。传统社会的现代转型，终结于现代社会核心价值的建立，它既是一种文化的继承创新与温故知新，又是一种文明的返本开新与推陈出新，更是一种持续不断的人性觉醒，简称为“文化自觉”。文化自觉首先是自觉地对以下三组关系中根本价值正确选择与理性认定：

一是人与自然之间的关系——天人合一或天人相分的文化自觉

二是人与社会之间的关系——道德诚信与钱权名利的文化自觉

三是人与自我之间的关系——内在超越与外在超越的文化自觉

知识人的学术传承与文化创新，必须自觉地展开生命活动中蕴含的这三种主要关系的价值选择和社会实践（即价值观念对象化）。[①] 中国传统价值观有着绵延不绝的生命力，诸如：自强不息的进取精神，凛然大义的气节情操，民贵君轻的民本意识，求是务实的现实态度，趋善慎独的思想境界，谦和礼让的道德风貌等，自觉继承这些优良传统，是建设新时代新人格的基因和基石。在此基础上，坚持自己的文化理想，吸收西方优秀文化成果，才能焕发文化创造的活力。张海鹏先生的做人思想与风范，处处闪耀着文化自觉的光芒。

2011 年 8 月 18 日初稿
2011 年 11 月 1 日再稿
于苏州大学

① 余同元：《知识人怎样文化自觉》，《传统文化研究》第 19 辑，群言出版社 2011 年版。

斯人已去犹忆影

——张海鹏先生印象散记

谈家胜

（池州学院教授）

张海鹏先生仙逝已逾十载，但脑海中关于先生的印象仍十分深刻：学问高深，文论精当；身材清瘦高挑，行走时步履健快，背部微弓；面容稍显严峻，乍见之下，给人的感觉有点威严，但与学生交流时，脸庞却溢满了笑意，极和蔼可亲。

初次见到张先生是在一学术报告会上。其时约在 1985 年 10 月份，我去学校图书馆二楼北侧的阅览室聆听先生关于桐城派的学术讲座。先生端坐在一折叠椅上，手拿一把折扇，与我们近在咫尺，操一口纯正的枞阳腔，可能顾虑方言难懂，身后一位助手不时地在一木架支撑的小黑板上写着一些关键词。当时我总是目不转睛地看着先生，心想老先生真有学问，讲座不要讲稿，却能娓娓道来，敬仰之情由衷而生；而地道的枞阳方言又极易让人对先生产生亲近之情。于是，关于桐城派的内容倒未记得多少，而初见先生的影像却深印于脑际。虽然时过二十五年，这一印象至今仍十分清晰。

正因对先生的崇拜，1988 年毕业之前，我决定报考先生的研究生。其时，硕士研究生尚未扩招，安徽师范大学历史系中国古代史方向只招收 3 名。4 月份成绩下来，虽然在诸考生中我总分居首，且门门合格，但仍未达到全国统一划定的应届生最低分数线 335 分。先生决定书面报告省教育厅破格录取我，我也一直在作着复试的准备。然而，时运弄人，直至 6 月底，辅导员刘继红告知，省教育厅未予批准。读研无望，我被分配到池州师专工作。7 月初，我去单位报到后便回家帮父母务农，直至 9 月 1 日回单位上班。整个暑假期间，忙于农活，读研一事已抛诸脑后，诚未料到先生仍为我读研事在争取机会，并托我单位一同事传信，希望我尽快去安徽师范大学同先生联系。此信我上班后才得知，虽迅即赶往安徽师范大学，并追踪至安徽大学外招，见到先生，但为时已晚。先生见到我，惊讶之余，便责备道：“小谈呀，你怎么才来?”

先生工作虽忙，但与青年学子相处时又极耐心、和蔼可亲。工作后，我曾多次赴芜湖探望先生，先生也总会停下手头事，与我促膝谈心。记得有一次在先生的书房，先生询问我的工作和学业后，兴犹未减，拿出其访问美国时的相册，一一指点其曾访问的学校、接触的人和事。照片中，先生西装革履，精神矍铄，笑容灿烂。

每次拜访，先生和师母总要求我留下吃饭，因感觉不太习惯，我总找借口推却掉。但1991年国庆期间，我携未婚妻去看望先生，先生颇高兴，拿出一听茶叶为我们泡茶，并指着手中的茶叶说道：“小谈呀，这是好茶，上面裹着许多白毫”，这是我第一次看见并品尝长着白毫的茶叶。午餐时，夹坐于先生家人中，我们显得紧张拘束。师母不住地往我们碗里夹菜，先生也宽慰道：“多吃点，青年人嘛，长身体的时候，不能饿着。”闻听此言，我稍许放松了局促感，认为再作礼便是假态，便是不敬，因而也着实多吃了一碗。

由点及面，应该说，先生对安徽师范大学的毕业生都是极有感情的。大约在1992年9月份，先生应邀来池州出席池州电大的开学典礼。因我校教师毕业于安徽师范大学的较多，典礼仪式结束后，先生便推却掉其它的应酬，特地来到我校考察。何根海（现任池州学院院长）、汪森年（前池州师专历史系主任，先生大学同学）和我陪同先生参观了校园，并及时报告了时任池州师专的党政负责人。见到昔日的同学和师大学子，先生兴致颇高，仔细地询问我们的工作情况及学校的状况，在得到我们的答复后，先生频频点头，脸上挂满了笑容，并再三勉励我们努力工作。时过十数载，这一幕仍能清晰地浮现于眼前。稍感缺憾的是，时任学校负责人仅仅下楼同先生握个手，照个面而已，没有想到要留住先生给学校师生作一次学术报告。这大概就是学者与非学者的区别所在吧。

先生是知名学者，是学养之典范。惜乎，天不假年，先生竟匆匆地走了，这是学术界的一大损失。假先生以天年，则学界之幸，学子之幸。因为先生于学术、于徽学，功莫大焉；先生于学生、于青年人，慈爱有加。

先生还是匆匆地去了，但先生留给我的印象、影像，仍然深刻、仍然鲜活。其实，先生永远活在我们心中。

2011年7月

经师人师　教泽永存

——缅怀恩师张海鹏教授

王世华

（安徽师范大学教授）

张海鹏先生离开我们已经十一年了。往事并非如烟。十一年来，先师的音容笑貌，可谓“中心藏之，何日忘之。”仿佛他一直还住在师大路西14幢，天天都在念叨着我们。

张海鹏先生是我的恩师，我从20世纪70年代开始就师从张先生，无论是读大学、研究生还是留校教学科研，忝列他的门下长达三十年。求道问学，追随先生最久；亲聆教诲，所获教益最多。深感先生的道德文章是我一辈子也难望其项背的。

人们常说：“经师好遇，人师难求。”我一生最大的幸运就是遇到了张先生，他不仅是我的经师，把我引上教学和治学之路，更是我的人师，教我如何处事，如何做人。

1970年，作为一名工农兵学员，我是在连“历史是什么”也不懂的情况下，“被”进入历史专业学习的，困难和困惑当然很多。所幸的是，进校不久我的另一恩师盛茂产先生就领着我拜访了张先生，他慈父般的温暖立刻消除了我对他的畏惧，从此我与先生结下了不解之缘。先生的书房也是我去得最多的地方。由于文化底子薄，先生给我讲古文，我至今还清楚地记得他给我讲《多尔衮致史可法书》以及《史可法复多尔衮书》的情景。先生还要我背《古文观止》，背唐诗。愧对先生的是我只坚持了一段时间就半途而废了，如今才醒悟到这真是永远无法挽回的损失了。留校后先生开始教我如何治学，度我金针。他教导我，治学一定要认真、要勤奋。他经常给我讲当今学者勤奋刻苦的例子。他自己就是极认真、极勤奋的人。先生认真到写一张便条都要反复看两遍，哪怕一个标点不准确也要改过来。更遑论写文章了。他的每一篇文章都是经过多少遍的修改才定稿的。我曾听编辑说过，张先生的文章，你想挤一点“水分”也很难。这种一丝不苟的精神深深地影响了我们。他的勤奋，更是有口皆碑。他先后在师大副校长和校长的位子上干了近十年，行政工作极其繁忙，加上他又一直患有青光眼，但他在徽学研究上的所有成果恰恰都是在这一时期完成的。当初在收集徽商资料时，先生就亲自率领我们利用两次的寒暑假，到合肥、北京、南京、上海及徽州各县，遍访图书馆、档案馆、博物馆、科研单位，埋首于各种史籍，爬梳剔抉，寻珠探宝。三十年前的条件非常艰苦，但先生带着我们顶烈日、冒严寒、抗蚊虫，终于抄录了百余万字的资料。尤其难忘的是，先生的青光眼，已严重影响了视力，1983 年他到上海手术，医生一再嘱咐他不能过度用眼，可他仍然在手术前天天去上海图书馆查抄徽商资料。在以后标点整理资料时，我们住在黄山脚下的一个旅馆，一干就是一个月。有时为了一个标点往往争论好久。那时先生和我们都没有上过黄山，虽然每天晚上散步到黄山大门口，但自始至终都没有上去。先生的这种认真、勤奋、严谨的精神永远值得我们学习。如果说今天我还算是勤奋和认真的话，这完全是受到先生影响的结果。

先生更是“人师”。他为人正派，待人热情，爱生如子。他的人格魅力就像磁场一样，强烈吸引着莘莘学子。凡是受教于张先生的学生都一致反映，他待学生如慈父，坐在他面前亲闻謦咳，真是如沐春风。从他那里我们懂得了也学到了很多做人的道理。他是官，可我们从来不把他看成官，只把他看成老师。他在当校长后，对学生仍然一如既往，不摆一点架子，每次我们到他家请教，或他邀我们去谈心，他总是泡茶、递烟，师母则送上削好的水果。我们戏称，到老师的家总能得到液体、气体、固体的享受。先生的家也常常是我们学生聚餐解馋的地方。

尤其是先生特别识才、爱才。后进有善，誉之津津不去口。只要“小荷才露尖尖角”，他就着意培养，或极力推荐。“上天奏好事，下界保平安。”我切记张其凡、张国刚、陈力、陈尚胜、余同元等一批同学都得到先生的指导和帮助，如今他们都成了我国学术界的著名学者。记得他发现一名 73 级女同学很有培养前途，就是家庭有点所谓的“问题”，1976 年她毕业时先生极力向学校推荐，说她是个人才，希望能把她留下来。可是在那极“左”的年代，当权者怎么也听不进去。为此先生每当提起此事，就愤愤不已。后来这位同学一年后就考取华东师范大学研究生，毕业后又留校任教并很快在史学界崭露头角，如今已是美国某大学的终身教授。

凡是了解先生的人都认为，先生才华横溢，书法清新秀丽，古诗卓然大雅，文章更是溢光流彩，字字珠玑。他是以小学教师身份考取历史专科的，又竟以专科毕业生留校任教。由于他有深厚的国学功底和很强的科研能力，加上自己的勤奋，很快得到同行的赏识，都对他寄予厚望。正当他奋发努力，准备大干的时候，那一场“雹碎春红，霜凋夏绿”的文革把他最宝贵的年华耽误了十几年。噩梦醒来，张老师已年近半百了。但他并不气馁，经过思考决定进入明史研究领域。他虽半路出家，但凭着深厚的史学功底和勤奋精神，无师自通，厚积薄发，研究成果很快得到同行们的高度评价。尤其是他经过深思熟虑，毫不迟疑地选定徽商研究方向，并能开花结果，在全国产生了重要影响。

遗憾的是，“传世文章未尽才”。在八十、九十耄耋之年已司空见惯的今天，张先生却在七十岁就过早逝去，不能不令人发出“胡天不佑，不假其年”的浩叹！

先生在学术上尤其在徽学研究上最重要的贡献，我认为表现在三点：

第一，于徽学研究有奠基之功。先生逝世后，中国明史学会在发来的唁电中明确指出：“先生长期从事中国史特别是明清史的教学和研究，成果累累，桃李满园，他又开创徽学研究领域，具奠基之功”。充分肯定了他的学术贡献。虽然先生不是第一个研究徽商的学者，因为20世纪40年代，傅衣凌先生发表了第一篇徽商研究的论文《明代徽商考》，50年代日本学者藤井宏先生发表了《新安商人的研究》的重要文章，80年代叶显恩先生也出版了大著《明清徽州农村社会与佃仆制》，他们都有不可磨灭的开创之功。但张先生在20世纪80年代初，在徽商基本鲜有问津的情况下，第一个组织学术团队开展徽商研究和中国商帮史的研究，充分反映了他的深邃的战略学术眼光。他的筚路蓝缕之功是我们不能忘记的。事实证明，先生确定的这个研究方向是完全正确的，如今徽商研究方兴未艾，对徽学研究起到了极大的推动作用。

第二，在徽学研究上贡献了一系列著作，提出了一系列观点。1985年先生主编出版了第一部徽商资料选集《明清徽商资料选编》，被誉为“做了一件功德无量的工作。”可以说为徽商研究竖立了第一个里程碑；接着又主编了第一部中国商帮史著作《中国十大商帮》，开创了中国商帮史的研究，后来这部书又经过扩写在香港出版。1995年先生又主编出版了第一部系统研究徽商的著作《徽商研究》，南京大学范金民教授在《中国社会科学》上撰文，高度评价此书是“徽商研究的集大成之作，也是迄今为止国内传统商人研究篇幅最为宏大之作。”可以说此书为徽商研究竖立了第二个里程碑。

在徽学研究中，先生还提出了一系列深邃的观点，富有启迪意义。他第一次提出了“贾而好儒”是徽商的重要特色的观点，第一次提出“徽商是酿造徽州文化的酵母”的观点，这些都得到了学术界的认同。他第一次提出两淮盐商的衰落和徽商门楣光大的问题，指出：“学者们在论及两淮盐商衰落的时候，只注意到他们裹足不前、破产歇业的一面，却未看到一些徽州盐商尚有辉煌的一面。那就是他们在盐业经营上虽一蹶不振，但一部分商人子弟通过饱读诗书，或衣章服，或入士林，即或任官，或为儒，位尊名高，门楣光大。——这是我们在考察两淮徽商盛衰的时候，必须加以论述的一个问题。”事实正是这样，由于徽商贾而好儒，重教兴学，培养了一代又一代的政治精英和文化精英，不仅光大了徽商的门楣，而且这些政治和文化精英们一代又一代地创造了大量的精英文化，丰富了我国传统文化的宝库。所以徽商衰落了，但他们扶植酿造的徽州文化及其子弟创造的精英文化却永存下来。他还第一次提出“徽学”形成的“基因”问题。他认为，迁到徽州的移民，不仅带来了中原儒风，还带来了中原的宗族文化。由于中原文化在徽州的长期积淀，加上朱子之学的影响，从而生成这一地域文化亦即“徽学”的“基因”。同时，在社会历史演变过程中，又不断吸纳融化了外界的文化“因子”，这更为“徽学”的形成加厚了底蕴。先生的这一系列观点，不仅对我们深有启发意义，也推动了徽学研究的深入。

第三，培养了一支研究队伍。先生深知，学术研究决不能单枪匹马，一定要有一个团队，才能使百年事业，薪火相传。所以他一开始就组建了一支学术团队。为了带出这支队伍，先生可谓呕心沥血。他不厌其烦，为我们一遍遍修改文章；他诲人不倦，为我们确定研究方向；他身先士卒，言传身教，带领我们集体攻关，使我们在实战中不断受到锻炼，提高自己的科研能力。一个团队，最重要的是要有一个核心、一面旗帜、一种精神，先生就是我们的核心和旗帜，他还给我们铸造了宝贵的团队精神：团结、勤奋、严谨、创新。这种团队精神是张先生留给我们的最宝贵的财富。堪可告慰先生的是，先生亲手创建的团队今天已经发展壮大，而且非常团结，研究方向也扩大到徽州教育、徽州学术、徽州宗谱、徽州方志等。我虽天生驽钝，未能如恩师所望，做出较好的成绩，但先生所欣赏的弟子琳琦和晓光，都双双成为国家百千万工程的人才，学术前途未可限量。先生的其他弟子如今也都在自己的岗位上取得累累硕果。令人欣慰的是，我们的学生也一个个成长起来了，先生的事业后继有人。

今天我们这些学生纪念先生，回顾先生在学术上的贡献，愈加感到“高山仰止，景行行止。虽不能至，然心向往之。”先生留下的传统我们一定要发扬光大，先生铸造的团队精神我们一定要坚持下去。“不用扬鞭自奋蹄”，继续完成他未竟的事业，才能告慰恩师的生天之灵。

2011 年 8 月 16 日

一腔热血勤珍重，洒去犹能化碧涛

——恩师张海鹏先生倾心徽学研究二三事

李琳琦

（安徽师范大学教授）

今年是恩师张海鹏先生诞辰八十周年、先生离开我们十一周年，也是先生创立和领导的安徽师范大学的学术团队开展徽商和徽学研究二十九周年。先生虽然离开我们十余年了，但先生的音容笑貌依然真切、先生的谆谆教诲仍在耳际，对先生思念之情随时间的推移反而更为浓烈。徽商和徽学研究，是先生倾注后半生的全部热情所从事的学术事业，所以学界誉其“采文华章，徽商研究独步海内外”、“开创徽学研究领域，具奠基之功”。先生是在桐城文化熏陶下成长的，但其后半生却把徽州文化的研究作为自己的学术追求，而且矢志不渝。原因何在？下面记述的几件事情，不仅可以窥其原因之一斑，而且可以使我们从中能更深切地感受到先生的学术担当、治学态度和宽广的胸怀。

一、“作为中国学者，我们不能甘心徽商在中国，徽商研究在国外的现实，于是我们决心发愤研究徽商。”

这是先生 20 世纪 80 年代初决定组建团队研究徽商的最初动因。1998 年是安徽师范大学建校七十周年，学校决定编印《建校七十周年论文集》作为“建校七十周年庆典的一份献礼”。先生亦收到了约稿通知。年初我从华东师范大学攻读博士学位回安徽师范大学度寒假，先生电话招我到他家中进行了一次长谈。先生说了约稿事，并对我说他初步拟定的题目就叫《徽商研究十五年》，因为“我们从 1983 年起着手研究徽商，迄今在这一领域已整整耕耘了 15 年。……徽商这一课题，我们并不是开拓者，但为了在前人研究的基础上有所突破、有所提高，并在国内外产生一定的影响，我们倾注了不少的心血。回顾 15 年的研究历程，虽然欣慰良多，但遗憾之处亦不少。值校庆 70 周年之际，将我们研究的这一课题进行一次总结，既是向校庆的献礼，亦是对未来更深入地研究，进一步秣马厉兵。我们也想通过这一总结，使学校和学术界了解我们的研究状况，从而继续关心、支持我们，以期取得更加满意的成果。”继之，先生又告诉我，这篇文章应该分三个层次来写：首先要讲讲我们为什么要研究徽商；其次要梳理一下我们是如何研究徽商的；最后要谈谈我们已取得的成果和下一步研究计划。先生希望我能按照这一提纲先写个初稿，然后他再来修改。这就是《安徽师范大学建校七十周年论文集》（A辑）中《徽商研究十五年》① 的由来。

在谈到当时为什么下决心要组建团队研究徽商时，先生回忆说，十一届三中全会后，中国开始实行改革开放的政策，中国与国外的学术交流逐渐增多，日本、美国、荷兰等国的一些研究徽商的学者陆续来到中国，一方面是想和中国大陆的学者进行交流，另一方面是想亲自去看看徽商的故里徽州。他们来中国的第一站是到中国社会科学院历史研究所，但历史研究所那时尚无人研究徽商，于是历史研究所往往指引这些国外学者去安徽师范大学，说那里可能有学者在研究。先生对我说，他们在接待这些国外学者时，也是一派茫然，因为我们安徽师范大学也没人研究徽商、也没人知道徽商到底是什么回事啊！先生说，这种接待不止一次，我们感到尴尬，因为我们安徽是徽商的故里，国外的学者在研究它，而我们作为安徽的学者却对此一无所知，于是我们开始反思，我们开始去查阅一些徽商的文献，最后在20世纪80年代初我们下决心要组建一个团队来研究它。

正因为如此，所以，在《徽商研究十五年》里，我们写了这样一段话："促使我们研究徽商的原因之三，是学术竞争的需要，是出于民族自尊使然。从本世纪（注：指20世纪）40年代起，我国著名历史学家傅衣凌先生发表《明代徽商考》一文之后，徽商研究这一崭新的领域即引起了国外学者的广泛重视。50年代，日本学者藤井宏博士发表了《新安商人的研究》，在学术界产生了很大影响，被誉为是徽商研究领域中份量最重、最具权威之作，而当时国内研究徽商的成果远不及他。面对这种情况，作为中国学者，我们不能甘心徽商在中国，徽商研究在国外的现实，于是我们决心发愤研究徽商。况且，我校所在地芜湖，与徽商的故里相距咫尺，研究这一课题，可得'天时、地利、人和'之便。"也正如先生在最后定稿时跟我说的，这"原因之三"才是当时他们决定组建团队研究徽商的最初动因，至于"原因之一"徽商研究的学术价值和"原因之二"徽商研究的现实意义，都是在后来的研究过程中逐渐体会出来的。由此可见，先生作为一个学者的学术担当！

二、"在（徽商）研究过程中，我们也是发挥个人作用与集体智慧相结合的优势，目标是超越、创新、开拓。"

这是先生在《徽商研究十五年》中的一句话。接下来，先生又写道："在徽商研究中，已有国内外学者垦辟在前，所以起点甚高。我们的研究重点，应当首先是别人未曾涉及的领域，或者是深入探讨的问题，或者是商榷他人的结论，这其中的难

① 安徽人民出版社1998年版；又见张海鹏：《求实集——张海鹏史学论文选》，安徽教育出版社2006年版。

度是可想而知的。然而我们没有退缩，我们将集体智慧与个人的主观能动性结合起来，个人每想出一个重要的问题，即召集研究中心的同仁坐在一起讨论，相互切磋，各表己见，这样的座谈，常常使大家茅塞顿开，获得满意的见识；我们在研究过程中，注意抓一些重点、难点和重要的面，这样，又使我们的研究趋于系统化、体系化，使研究成果能分之成篇，合之成册。”先生领导的团队的确是这样做的。

1991年，先生主持申报的徽商研究项目被批准为中华基金研究项目，这也是国内徽商和徽学研究领域第一个被立项的国家社科基金项目，次年，安徽人民出版社又将《徽商研究》成功申报为“八五”国家重点出版图书。为了把这两个国家级项目做好，先生组织团队成员进行了多次的集体研讨、沟通、商榷，我手头上还保存有先生主持的团队集体研讨的8次会议记录，时间分别是：1992年1月20日上午、1992年9月15日上午、1993年1月12日上午、1993年10月3日晚、1994年2月6日晚、1994年9月1日上午、1994年9月28日上午、1994年11月19日晚；至于团队成员之间的个别讨论，以及先生对团队成员的个别指导更是不知凡几了。在整个徽商研究的过程中，先生作为带头人，真正是将“个人作用与集体智慧相结合的优势”落到了实处，并发挥了重要作用。

从保存的会议记录中，我们还能深切地感受到先生的超越意识、创新意识、开拓意识，以及严谨的治学态度。

在全体团队成员参加的第一次会议上，先生就如何来写《徽商研究》一书谈了自己的整体想法，这就是“不求全，而求新；不求宽，而求深。”先生解释说：所谓“不求全”、“不求宽”，就是有所为、有所不为，要有问题意识，要去研究一个一个的问题，应该着重体现“横”（即问题）的方面，而“纵”（即时间脉络）则隐于其中；所谓“求新”、“求深”，就是要收集新材料，要列出新问题，要写出新观点，而且写出的东西要有深度。在第二次讨论大纲的会议上，先生再次强调了“创新”的问题，并指出：“创新要与科学性一致起来，创新要建立在科学性的基础之上。”在第五次会议上，先生又一次重点谈了“创新”、“开拓”和“特色”的问题，要求：“每个人首先要考虑一下自己写的有没有一点特色、有没有一些突破，这一点在拟题目和拟提纲的时候就应该有所反映，拟的题目应该有新意、拟些人家没有写过的题目，拟的提纲应该有新论点；其次，所写文章不能只摆事实，更要讲道理，要有些适当的‘辨’‘考’，还要提到一定的理论高度进行分析；第三，在写作的时候要注意上引下联，也就是说不光写明清的，明清以前和明清以后的，如果有必要的话要联系起来考虑；第四，不能仅就徽商论徽商，要把徽商放到全国的大背景中进行分析，还要和其他商帮进行一些比较。”最后先生又充满信心的总结道：“如果我们能发掘一些新材料、把视野再开阔些、在理论上再提高些，这本书一定能写出些特色来。”

先生不仅为《徽商研究》的框架结构、指导思想、目标任务进行整体设计，还就许多具体问题提出了真知灼见。会议记录显示，在讨论徽州典商时，先生认为

“写徽州的典当业应该把它放到明清金融业的发展历程来思考”；在讨论徽商资本出路时，先生认为“对徽商投资土地要作层次的分析，从现有的材料看，徽州的大贾如盐商投资土地不多，而中、小商人投资土地要多些，大盐商买土地的材料少，因为他们志不在此”；在讨论徽商封建化时，先生认为“在写徽商封建化时，一定要与同时代的西方商人进行比较，重点要放在社会条件的分析上，事实少摆、道理多说”；在讨论到徽商与封建文化时，先生认为“封建文化促使徽商的兴起和发展，但在社会转型期徽商的衰落可能也与封建文化有关，因为徽商所背的程朱理学的包袱太重，知识和思想不能更新”；在讨论到徽商的消费心理和消费行为时，先生认为“写徽商的消费心理和消费行为，应该运用心理学的知识来分析，如徽商的奢侈性消费既是一种自卑心理的反映，同时还有自矜心理的作用。”等等。

正因为如此，对明清徽商这个复杂的历史现象，成书的《徽商研究》“不是对徽商的历史及其所涉及的方方面面都加以全面论述”，而是就“诸如徽州商帮形成于何时？在其发展过程中经历了哪几个阶段？徽商资本是如何积累的？徽州商帮的主要特色是什么？如何看待徽州人的‘儒贾观’？如何区别徽州盐商从事生产、城建、文化方面的积极活动与奢侈性消费？如何看待徽州商业资本与封建地权的关系？怎样认识徽商是徽州文化的‘酵母’？如何看待徽商衰落与咸同兵燹的关系？如何分阶段地具体分析徽商的衰落？等等”“几个主要问题作些研究和探索，藉以提出我们的看法，并在占有大量资料的基础上，对所论述的问题作出比较合乎实际的结论。”① 所以，南京大学范金民教授在《中国社会科学》上撰文评价说：《徽商研究》“既是徽商研究的集大成之作，也是迄今为止国内传统商人研究篇幅最为宏大之作，在林林总总的商人研究成果中，恰如根深叶茂的老树，又当融融春日开出了绚丽的花朵。”②《徽商研究》这株“绚丽的花朵”之所以能够绽放，张先生、还有王廷元先生两主编，其功最大！

三、“我之所以最后同意牵头并加盟到安徽大学共同申报教育部人文社科重点研究基地——徽学研究中心，目的只有一个，这就是要把徽学的大旗插到更高的平台，大家共聚在这个旗帜下促进徽学的进一步发展。”

安徽大学徽学研究中心，是首批获准成立的十五个教育部人文社科重点基地之一。安徽大学徽学研究中心之所以能顺利通过评审，学界相关朋友大多都知道与张海鹏先生率领安徽师范大学团队的加盟和全力支持密不可分，但张先生率领安徽师范大学的团队加盟申报安徽大学徽学研究中心的原因和过程，学界的朋友，甚至安

① 张海鹏、王廷元：《徽商研究·前言》，安徽人民出版社1995年版。

② 范金民：《老树春深更著花》，《中国社会科学》1997年第2期。

徽师范大学的许多领导和老师并不十分了解。正因为如此，安徽大学徽学研究中心申报成功后，先生受到了来自多方的压力和并非公正的指责，一方面安徽大学联合申报之前的共享共建的方案由于种种原因总体上未能落实，另一方面先生受到了少数人在不明就里的情况下并非公正的指责，晚年的先生为此事身心俱疲，2000 年 7 月先生查出食道癌后，住院治疗不到两个月就与世长辞。所以，我们有必要把所知道的事实写出来，告诉大家，使大家能更为深切地感受到先生作为一个学术带头人的学术品格。

我虽然没有全程参与安徽大学徽学研究中心的申报，但先生告诉了我整个事情的过程和他自己的想法。记得是 1999 年暑假期间，我从南京大学历史系博士后科研流动站回安徽师范大学度假，有一天去看望先生，先生就加盟申报教育部人文社科重点研究基地事，足足跟我谈了将近两个小时，当时的情景我现在依然记忆清晰。

先生对我说，几个月以前，他在安徽大学工作的一个学生受安徽大学校长的委托给他打电话，告诉他教育部人文社科重点研究基地申报事，并说安徽大学原来准备申报的是淮河文化暨徽文化研究中心，但在咨询教育部社政司主要负责人时，这位负责人明确告诉安徽大学，这样的申报几乎不可能获批，因为教育部人文社科重点研究基地的申报其实就是两个“一”：唯一和一流，淮河文化研究，安徽既不是“唯一”、也不是“一流”；从目前看，安徽只有申报徽文化才能符合条件、才有竞争力。安徽大学随即就此研究，认为该校虽然成立徽州文化研究所已有若干年，在诸于徽州文献整理、徽州宗族研究等方面也已取得一些成果，但在研究起步时间、研究团队、研究成果及其影响方面都不如安徽师范大学，尤其缺乏张海鹏先生这样的在海内外都有影响的学术领军人物，所以必须下大力气获得安徽师范大学以张先生为首的学术团队的合作。所以，安徽大学希望安徽师范大学能加盟一起申报徽学研究中心。听后，先生告诉这位学生说：学术乃天下之公器，徽文化是安徽的文化宝库，徽学首先是安徽的学问，我们安徽学人有责任要深入研究。这次教育部人文社科重点研究基地如能申报成功，对于安徽将徽学研究推向深入，不断迈向更高的台阶，至关重要。至于是由安徽大学申报，还是安徽师范大学申报，抑或合作申报，关键是要能申报成功。我虽已退休几年了，但我现在还不能答应安徽大学的要求，因为具体情况我还不是非常清楚，况且尚不知道安徽师范大学的态度和想法。

由于教育部人文社科重点研究基地申报学校首先考虑国家 211 系列重点院校，而且规定原则上应是博士学位授权单位，须依托一个博士点授权学科，而安徽师范大学既不是 211 系列重点院校，又不是博士授权单位、更没有博士授权学科，离申报条件尚有较大距离，所以学校没有考虑以徽学研究来申报教育部人文社科重点研究基地。

安徽大学得知安徽师范大学不拟以“徽学研究”申报时，于是校长亲自给先生电话，盛情邀请先生率领团队加盟到安徽大学共同申报教育部人文社科重点研究基地——徽学研究中心。随即委派一位副校长率校办、科研、人事等部门人士专程赴安徽师范大学礼邀并洽谈。他们对张先生说，经询教育主管部门，省属高校人文社科重点研究基地，虽挂靠在安徽大学，但这是全省高校的共同平台，并非安徽大学一家独占；“中心”拟聘先生为名誉主任、专职研究人员，先生团队中的王廷元教授退休后，“中心”亦聘其为专职研究人员，团队中的年轻学者，“中心”拟聘他们为兼职研究人员，专职和兼职研究人员，根据教育部的相关规定，享受相应的待遇；“中心”申报成功后，作为安徽大学和安徽师范大学共享共建的平台，“中心”课题涉及徽商及徽商相关的，由安徽师范大学主持研究；安徽大学给先生及其团队预留一套住房，先生随时可以到“中心”进行指导和从事研究工作。

先生继之告诉我，在此期间，他召集团队中的王廷元先生和周晓光进行了讨论，大家一致认为，教育部人文社科重点研究基地，是人文社科研究的最高平台，既然安徽师范大学不拟以“徽学研究”单独申报，可以考虑加盟到安徽大学共享共建。

最后，先生又对我说：“我之所以最后同意牵头并加盟到安徽大学共同申报教育部人文社科重点研究基地——徽学研究中心，目的只有一个，这就是要把徽学的大旗插到更高的平台，大家共聚在这个旗帜下促进徽学的进一步发展。”

团队形成一致意见后，向安徽大学提供了相关材料。教育部社政司领导来安徽大学徽学研究中心进行前期考察，以及教育部派专家组来安徽大学徽学研究中心进行现场评审答辩，安徽大学都派车接先生到合肥，请先生坐镇应对。在现场答辩会上，先生首先就徽学的概念与内涵、徽学形成的“基因”和徽学发展的“催化剂”等理论问题进行了阐述，得到了与会专家的一致认可。后来经过整理，以《徽学漫议》为题发表在《光明日报》2000 年 3 月 24 日的“史学版”上。正由于先生在徽商和徽学研究领域的影响，1999 年 10 月，安徽大学徽学研究中心顺利通过了教育部专家的评审。2000 年 4 月，安徽大学徽学研究中心举行了基地揭牌仪式。

基地正式建立后，安徽大学事先承诺的与安徽师范大学共享共建方案总体上由于种种原因未能落实，于是先生有了来自各方的压力，先生自己也感觉到他举起的这杆徽学研究大旗并没有像他预料的那样迎风飘扬。我想，这可能是先生临终之前最为遗憾和痛心的事情！

四、结　语

先生创立的安徽师范大学的徽商和徽学研究团队，三十年来，出版有《明清徽商资料选编》（张海鹏、王廷元主编），《中国十大商帮》（张海鹏、张海瀛主编），《徽商研究》（张海鹏、王廷元主编），《富甲一方的徽商》（王世华），《徽商与经营文化》（周晓光、李琳琦），《徽商与明清徽州教育》（李琳琦），《徽州教育》（李琳琦），《徽商》（王廷元、王世华），《新安理学》（周晓光），《徽州传统学术文化地理研究》（周晓光），《新安文献研究》（张健），《〈新安志〉整理与研究》（肖建新、杨国宜），《〈寄园寄所寄〉点校》（周晓光等），《〈新安志补〉点校》（肖建新等），

《明清徽州宗族文书研究》（刘道胜），《话说徽商》（李琳琦主编），《徽州方志研究》（刘道胜）等著作20余部；在《历史研究》、《光明日报》、《中国史研究》、《学术月刊》、《清史研究》、《历史档案》、《史学史研究》等报刊发表徽商和徽学的学术论文200余篇；承担国家社科基金重大课题1项、国家社科基金一般课题10余项、省部级课题30余项；其研究成果荣获首届国家社科基金优秀成果三等奖1项，全国普通高校人文社会科学成果三等奖1项，安徽省社会科学优秀成果一等奖6项、二等奖5项、三等奖4项。先生为徽学研究洒下的“一腔热血”，虽不能说已化成“碧浪涛天”，但确有“碧波荡漾”之势。正如瞿林东先生所说的：张海鹏先生创立的“这个学术群体几次易名，研究人员也稍有变化，但它的研究领域、治学宗旨却始终都不曾改变，而且呈现出‘日日新，又日新’的趋势”；“张海鹏教授创立的安徽师范大学徽商研究学术群体，能否看作是一个学派？这一点，我还不能作出明确的结论。但是这个学术群体的良好的师承关系和良好的学风，以及明确的治学宗旨，在史学界并不多见，因而是值得人们关注的。”①

把几件记忆犹新的事情用文字的形式记录下来，一方面是对先生的思念之情使然，以此表达对先生的纪念；另一方面是尊重历史使然，以此让我们从一个侧面去了解先生作为一个学者的学术情感、态度和品格；最后是继承先生的遗志使然，以此吸取力量，努力把先生为之奠基、为之开拓的徽商和徽学研究进一步推向前进。

（附识：本文得到安徽省政协副主席、文化厅副厅长李修松教授和安徽师范大学原副校长王世华教授的审阅指正，特此致谢！）

---

① 瞿林东：《二十年的功力——评一个徽商研究的学术群体》，《中华读书报》2006年1月6日第4版。

张海鹏先生对青年教师的培养

房列曙

（安徽师范大学教授）

尊敬的大会主席、尊敬的各位代表：

大家好！举办“纪念张海鹏先生诞辰八十周年暨徽学学术讨论会”，是十分必要的，因为张海鹏先生是一面旗帜。我参加这个大会，感到十分荣幸。能在大会上发言，更是十分激动。

我上大学时，张先生是我的老师。我留校任教后，先生是历史系的领导，负责青年教师的培养，是先生的重要工作之一。在先生的要求和指导下，我制订了六年进修计划。包括每学期的必读书目，读书札记，心得体会。每学期开学之际，我们要向先生汇报自己的进修计划，确定必读书目时，先生严格把关，做到确实可行。每学期结束时，我们要向先生汇报完成进修计划的情况，谈读书体会，谈新发现的一些学术问题。先生对我们青年教师的进修，予以悉心指导，一丝不苟。先生要求我们青年教师上课，要在教研室进行试讲，试讲通不过的，不能上讲堂。先生担任学校校长后，仍然十分重视青年教师的培养工作。在全校范围内，他知道哪位教师的课上得好，要我们青年教师去听那位老师的课，学习其教学方法和长处。先生对我们开设专业选修课，也有统一的要求。那就是发表同一研究方向的三篇学术论文，同时还要写出完整的讲稿。先生认为：对某一问题，没有专门的研究成果，没有写成完整的讲稿，是没有资格开选修课的。先生在领导岗位上，还要求老教师对青年教师要传帮带，要听青年教师的课，指导青年教师。在先生的悉心指导下，我们这批青年教师都站稳了讲堂，教学效果良好。后来，在这批青年教师中，有的成为系领导人，有的成为学校领导人，他们继承和发扬了先生培养青年教师的做法，为师资队伍建设做出了贡献。

在科研方面，我也得益于先生的指导。先生不仅在徽学研究方面是面旗帜，在史学研究的其他方面，也做出了重要贡献。自1989年起，我有幸和先生在一个课题组，一起参加学术会议，在先生的领导和指导下，从事中国考试史的研究。课题组和国家教委考试中心合作，出版了由国家教委考试中心主任杨学为和先生主编的《中国考试制度史资料选编》、《中国考试文献集成》（第一卷）等。后来，先生鼓励我们把中国考试史研究作为自己的一个方向。1996年和1998年，我们还出版了《中国考试制度史》、《中国考试辞典》等。正因为有了中国考试史研究的科研成果，为我申报国家社科基金项目，奠定了学术基础。1998 年，我申报中国历史上的人才选拔制度，获得立项。此项目的成果，被评为国家社科基金项目优秀成果，荣列首批国家社科基金成果文库。首批国家社科基金成果文库仅十部著作，进入本文库，是我们学校和安徽省的荣誉。后来，这部著作被评为省社科一等奖。中央组织部看到这部著作后，又要我们承担了中央组织的《关于深化干部人事制度改革的拓展研究》子课题《我国历代选官制度利弊分析、吏制腐败的根源和教训》，此课题获中央组织部的课题成果一等奖。回想自己的学术道路和取得的学术成果，无一不是和先生的引路、指点、教诲分不开的。

先生的人格力量，对我影响最大。我在当学生时，时常在先生家吃饭。先生有晚饭后在赭山散步的习惯，有一段时间，我也在赭山和先生一道散步。无论是在茶余饭后之际，还是在漫步赭山之时，我们交流的面很广。有学术问题，管理问题，穿衣吃饭住房问题，人际关系问题，先生的言谈举止，都成为我的楷模。那就是求真、务实、和谐、奉献的精神。我受先生的委托，两次到先生老家，协助先生处理有关问题。在先生老家，先生备受人们尊敬。乡亲们最难忘记的，是先生帮助他们度过了一个难关。那是在票证时期和经济困难时期，先生回老家过春节，先生把自己仅有的一份粮食、一份肉票买来的猪肉、一份豆腐票买来的豆腐，分给众乡亲，与众乡亲共享。今天看来，也许有人对此举不以为然。但是，那是在饿死人的年代，给别人一斤米，哪怕是一把米，都可以救人一命。真是危难时刻见真情，在那危难时刻，先生给乡亲们的好处，乡亲们会记住一辈子。改革开放以后，先生不忘为故乡做贡献。有一年，我陪先生到北京开会，住在国务院第二招待所。先生的人脉关系比较好，有位在国务院工作的朋友请先生吃饭，他根据相关政策，为家乡的招商引资工作做出贡献。

缅怀父亲张海鹏

张　健

（安徽师范大学研究馆员）

2011 年是家父诞辰八十周年，也是父亲离开我们十一周年，每当我们去父亲墓地祭扫时，总是掩不住内心思念的痛苦，眼泪从眼眶里涌出。思绪也从眼前回到父亲在世时的情景，他的音容笑貌，宽厚仁慈，谆谆教诲，平易近人以及那伏案写作、全神贯注的神情，立即浮现在我们的脑海里。整个十几平方的书房至今保存完好，最突出的是明清史专著，这也是他主要研究的方向，书房是父亲心路历程的阅览室。他的字写得潇洒、清秀，遒劲有力，因此，很多朋友和学生，执意向他索取墨宝，书房也是他挥毫泼墨之地。

父亲曾担任安徽师范大学校长、安徽省历史学会会长等职。他那儒雅温和的笑容，睿智深邃的目光，随和的语调，过人的见识，给人留下深刻的印象是“学者风范”。曾经关心和帮助过无数的人，他不光是桃李满天下，而且朋友也遍布全国各地。

饱经风霜支撑着这个家

父亲少年时代就聪颖过人。由于家境贫寒，没有实力聘请私塾先生，只好到富裕家庭中作为旁听生。他后来经常给我们讲述这一段故事：从来没有受到私塾先生的批评和棍棒之苦，授课主要内容就是唐诗和古文，在授课之前，就已经预习了80%，等到课上完时，基本已能背熟了，就是课前预习，课后复习，总是走在老师的前面，所以老师常夸奖他聪颖过人。迫于生计，父亲初中还未毕业就辍学了，当上一名乡村小学教师。但他并不甘心这种生活，而刻苦勤奋治学，终于在 1954 年以优秀成绩考取安徽师范学院（安徽师范大学前身）历史专业。他是属于调干生，所谓调干生就是从 1953 年开始，凡是国营企业、事业单位和机关、团体的正式职工，经组织上调派学习或经本人申请，组织批准离职报考中等专业学校和高等学校的，都称调干生。他还带薪学习，也不过是十几元。在校学习期间，特订阅一份《人民文学》，据父亲说，对他后来的文字功底影响很大。大学毕业考试分为笔试和口试，当他口试回答一半时，主考老师光仁洪教授就叫停止，结束后，父亲就询问光仁洪教授，为什么我还没有回答完，就让我停止，光仁洪教授说：“你回答的内容比我讲课时还充分，所以我认为你就不必要继续回答了。”父亲告诉我，学习要讲究方法：所有老师的讲课，都认真做好笔记，课下学习和阅读时，如发现问题或新的材料时，即时在笔记本上补充，所以才有上面的结果。在大学毕业时，由于成绩优秀被留校任职。

20世纪60年代初，我刚出生不久，正逢国家经济困难时期，政府号召城市人口分流到农村，父亲因为是党员，就主动将母亲和我下放到家乡枞阳县农村。从此，我和母亲过着相依为命的艰苦生活。生活的环境是属于山区，三天不下雨就没有水喝，非要到几里之外的小河中提水，所有土地都属于集体所有，私人没有土地，而大部分粮食是按照劳动力来分配的，我们家又无劳动力，所以我和母亲一年之内得到的粮食不多。尽管这样，每年还要上交生产队一定数量的钱，否则，我们就一点粮食都没有。因此，每年父亲都要为我们筹集资金。曾听母亲说，有一年，不知是天灾还是人祸，父亲回家看望我们，还未进家门，村中有人就告诉父亲：“张先生，您回来正好，母子俩人几天都没有吃饭了”。父亲表情严肃，深深感到问题的严重性，拿出自己带回来的十几斤粮票和钱，派人去买粮食，使我们母子二人渡过难关。父亲身边也还有两个孩子，既要当父亲，又要做母亲，还有教学和科学研究，并将为数不多的每月几十元的工资，寄上一点供养我们母子。

1966年，史无前例的文化大革命爆发，深受影响最大的是知识分子，严重的被整死，下放农村、抄家、批斗、游行等，父亲也不例外，在我的幼小的记忆中，父亲也受到“文革”的冲击，知识分子的尊严受到打击，下放到农村劳动，他把家中的藏书都作为废物而出卖，尤其是二十四史，后来听父亲说，那一段日子，确实感到非常痛心，为了家和孩子，他还是强忍着巨大思想压力，然而，关注国事，忧国忧民思想一天也没有停止，他相信这种局面不会持久下去。

1970年父亲由合肥师范学院迁移到安徽师范大学，一位朋友是这样说：“老张的全部家产还不值100元”。可想而知，当时的生活是多么的艰辛。直到1979年，党中央出台了落实知识分子政策，母亲和我的户口终于又迁回到城市，全家人又重新团聚了。然而1985年，对全家人来说是最痛苦一年，二哥因病去世，年方二十六岁，他从小和父亲在一起，寸步未离，感情深厚，白发人送黑发人，这给父亲在精神上以沉重的打击，悲痛万分。

1988年应美国萨姆福特大学邀请，父亲以安徽师范大学校长的身份进行参观访问，这是他第一次走出国门，增进了两校之间交流和友谊，开阔了视野。1995年父亲开始退休生活。回顾过去生活的点点滴滴，想到父爱之情，我们更加怀念他，人们常说：“只有做了父母的人才会真正懂得父母”。是的，不管怎样，随着岁月的流逝，我们对父亲那份怀念之情只会与日俱增。

师徒情深桃李满天下

“先生几十年教坛培育后人，辛勤耕耘，清廉正直，建树丰硕，爱生如子，为我们树立了做人的光辉典范，先生的风骨将永存于我们的心中。”“张先生学识渊博，学术深厚，毕生致力于传道授业。师德人品，堪称楷模。我们缅怀先生的业绩，定当谨记生前教诲，勤奋工作，在各自岗位上取得更大成绩。”这是父亲去世后，学生发来其中两份唁电，可以看出师徒情深，对老师的尊敬和仰慕。父亲常说：作为一名教师，就应该把课教好，把学生培养成有用之才。每当新学期上课之前，他都要花大量的时间来备课，讲稿都要重新写，不断增加发现新的资料和最新科研成果，对于每一个学术问题一定要弄清楚，决不马虎，做到对学生负责、对自己负责。

父亲经常告诫弟子：史德是一个史学工作者必备的基本条件，也是一个史学工作者做人的基本要求。一个史学工作者如果不讲“史德”，那么他就等于失去灵魂，同时也就失去了做人的资格。他的人生格言是：“做学问必须先做人”。父亲一生恪守“创新、守成、严谨”的史家风范。曾在《光明日报》上发表《创新·守成·严谨》一文，阐述：“所谓创新，不外是写史的体例创新，治史的方法创新，对某些史籍、史料的鉴别创新，对某些历史问题的见解创新；乃至在部分研究领域里别开新面，也是创新。只有勇于创新，史学才能得到发展，史家的水平才能不断提高”。并且还说：“史家在创新的同时，也要善于守成。所谓守成，就是尊重、吸取前人的研究成果。史学的发展，乃是史家们长期研究成果的积累。前人的成果使后人获得教益和启示，后人的成果是对前人成果的吸收和发展。”认为历史是一门科学，是一门老老实实的学问。因此无论创新与守成都离不开严谨。以严谨的治学精神创新，这种“新”才具有生命力；以严谨的治学精神守成，这种“成”，才是具有科学价值的成果。

父亲经常告诉学生：不光要学好历史，还要学中文、哲学，强调文、史、哲不分家。特别举例清代桐城派的文章，桐城派主张义理、辞章、考证三者不可偏废，近似我们今天所说的文、史、哲，义理为哲，辞章是文，考证属史。文史哲的基础知识和基本训练，是“善为属文者”所不可缺少的。只有将此三者“兼收”而“善用”之，才能写出意境高、风格新、摒去空言、不落俗套的好文章。

父亲是一个非常爱人才的人，曾经有一位学生叫于琨奇考安徽师范大学古代史研究生，有些老师给他的考试卷的分数给得不高，并引起一些争论，这也许会影响录取，父亲知道后，再次重新评阅试卷，当时就表态：“此考生是人才，分数要加倍。”就这样终于被录取，接着于琨奇又考上了北京师范大学的博士，后来到南京师范大学任历史系主任，在学术界非常有影响。

另一位是1977年毕业于安徽师范大学历史系的邵勤，在学生期间刻苦努力学习，成绩优异，父亲想把她留校当教师，到处托人，找关系，就是因为家庭出身不好，结果还是被分回安庆宿松县（当年下放地）中学任教。后来她通过自学，考取华东师范大学历史系研究生，后又考入美国密歇根州立大学历史系攻读博士学位，她观察力强，思想敏锐，写作勤奋，现为美国新泽西大学终身教授，曾在1995年回母校讲学，并在全国许多高校讲过学，成为了非常有影响力的知名学者。在回忆过去一段往事时，邵勤曾这样写道：“当时的历史系副主任张海鹏先生是一位明清史专家。因一次偶然的机会，他成为我的恩师。我对历史的喜爱，由他而起。张先生给我吃‘小灶’，和系里的青年教师一起听他的中国古代史专修课，周末在他家给我讲解古往今来的人物事件。得知我喜欢古诗词，他便和我一起背诵唐诗宋词和《史记》中的篇章。事实上正是张先生深厚的文学修养和诲人不倦的长者风度，使我发现历史并不只是死记硬背；历史同样需要创造性、想象力以及文字才能。1977 年我写毕业论文时，张先生让我研究贾谊。贾谊的《过秦论》，写得如此大气蓬勃，入木三分，令人百读不厌。我 1977 年发表的《论贾谊》一文，是我的第一篇学术论文。张先生对我学术生涯的另一贡献，是教我写作历史论文。他让我看他如何一字一句给我改文章，有时只动几个字，画龙点睛，同样一个句子马上就有了政论色彩。有时他让我给他自己的文章挑毛病，说是学吕不韦，挑出一错赏千金。这一切都锻炼了我对语言文字的敏感性。”

父亲在世时，学术活动和行政会议也特别多，每到一地，都有学生和朋友去看望他，聊天、谈心、请客，探讨学术问题。外地学生只要到芜湖，大部分都要上门看望老师，现任中共中央宣传部部长刘奇葆，曾任国务院副秘书长时，路过芜湖，特来安徽师范大学看望父亲，父亲开玩笑说：“官做大了，还不忘记老师”。刘奇葆说：“不管官做多大，您永远是我的老师”。多么感人的师生情深，师生之间的友谊是那么的纯洁，仿佛就是长辈和孩子的关系。我常在思考一个问题：为什么父亲受到如此多的学生尊敬？可能是：老师的爱心、宽容和对学生的尊重，是建立良好的师生关系的关键所在。曾经有位父亲的学生是这样对我说：“遇到一个自己敬佩、自己喜欢的老师是一个人一生的幸福”。是的，许多学生将父亲既当老师，又当自己的师父。

徽学研究开拓者之一

父亲是明清史研究专家，其学术视野开阔涉猎广泛，在中国史研究的诸多领域中均有令人称道的学术建树，尤其是对弘扬徽州历史文化方面的研究成果显著，影响深远。

20 世纪 80 年代初，父亲在思考一个问题，如何带领他的同仁走出研究历史的困境，如果研究明清史没有第一手档案资料，缺少大量书籍和史料，也竞争不过中国社科院一批基础扎实，理论水平高的同行。于是做出一个大胆而勇敢的决定，把目光和视线投向徽州区域文化研究。徽学作为一种地域文化，具有极其深厚的文化底蕴、丰富文献资源、极具价值的研究课题。借助天时、地利、人和的大环境，首先将徽州商人研究作为突破口，利用教学之余，冒寒暑，舍昼夜，到有关图书馆、博物馆、科研单位以及徽州各地，访求珍藏，广搜博采，从史籍、方志、谱牒、笔记、小说、文集、契约、文书、碑刻、档案中，进行爬梳剔取，摘录近四十万言，定名为《明清徽商资料选编》。此书为徽商研究提供了非常有价值的第一手资料，当时在学术界引起很大的反响和重视。接着，父亲和同事合作撰写《论徽商“贾而好儒”的特色》发表在《中国史研究》，第一次提出徽州商帮的一个重要特色“贾而好儒”的观点，列举许多事例，证明徽州由于“儒学之盛”，因而在徽商中有许多人受过儒学教育。这些“贾名而儒行”的人，既已成为富商，又欲挤入儒者之林，在一定程度上也有助于壮大士人的队伍。这一观点得到广大学术同行的认可。

在《光明日报》发表《徽学漫议》一文，全面阐述徽学的定义：什么是徽学？徽学即徽州学，或曰徽州文化。它在原徽州（府）下属六县（歙、黟、休宁、祁门、绩溪、婺源）所出现的既有普遍性又有典型性并且具有一定学术含量的各种文化现象的整合。它植根于本土，伸展于各地，即是由“小徽州”和“大徽州”文化融合形成的内容丰富、品位较高的一座文化宝藏。科学的分析徽学的来源、形成和发展，深刻的阐述了徽州商帮是“徽学”发展的“催化剂”。精辟论述徽商所创造的大量财富，说明经济是文化的基础，没有雄厚的经济实力，是难以酿造出高品位的文化。

在《东方讯报》上发表了《徽商——酿造徽州文化的“酵母”》，最先提出：一定的经济，往往孕育着一定的文化。在徽州经济发展的同时，也形成和发展了颇具风格的“徽州文化”。从宏观角度来看，徽商正是“徽州文化”的“酵母”。并分别加以阐述：第一，徽商与新安理学有着极为密切的关系。第二，新安医派的繁荣也是同徽州商帮兴盛同步的。第三，徽商对徽州教育的发展也是功不可没。徽州文化的形成和发展，因素很多，而徽商的“酵母”作用，则是十分重要和基本的。

父亲和同仁从 1983 年开始着手研究徽商，直到去世的前两年，在这一领域已整整耕耘了十五年，并作了《徽商研究十五年》的一个总结。其一，我们为什么要研究徽商。第一，无论从明清经济史、文化史的角度，还是从徽州区域经济文化的角度，研究徽商都具有重要的学术价值。第二，则是基于为现实服务的考虑。学术研究只有为现实服务才具有生命力。徽商在长期的实践中所总结出的“仁、强、智、勇”，出奇制胜的经营谋略等，是给我们十分宝贵的精神财富。这些对当前我国社会主义市场经济的发展和完善都有非常有益的借鉴意义。第三，是学术竞争的需要，是出于民族自尊使然。作为中国的学者，我们不能甘心徽商在中国，徽商研究在国外的现实，于是我们决心发愤研究徽商。况且，我们地处芜湖，与徽商的故里相距咫尺，研究这一课题，可得“天时、地利、人和”之便。其二，我们是如何研究徽商的。其做法是：先是集合群体的力量，搜集研究资料。史学研究是一件老老实实的事情。不掌握一定的资料，研究就成了无源之水，无本之木。同时研究徽商要具备两个条件：一是要有一个具有一定学术水平的集体；二是要有一定的活动经费。其三，我们已取得的成果和下一步研究计划。在徽商研究领域中，取得了一些成果，并博得国内外同行较好的评价。第一，在《光明日报》、《历史研究》、《中国史研究》、《明史研究》、《清史研究》、《中国经济史研究》、《中国社会经济史研究》、《中国文化研究》、《安徽史学》等国内有影响的报纸杂志上发表。第二，出版了

《明清徽商资料选编》、《中国十大商帮》、《富甲一方的徽商》、《徽商研究》等著作，而《徽商研究》出版后，南京大学历史系教授范金民博士在《中国社会科学》1997年第2期上撰文，高度评价此书是"徽商研究的集大成之作，也是迄今为止国内传统商人研究篇幅最为宏大之作。"

父亲去世后，其中有两位学术界朋友来唁电，中国社科院近代史研究所蒋大椿是这样评价："鸿儒仪范，徽学开山，道德文章有口皆赞；文柱崩折，江淮湧泪，友朋弟子吁天同悲"。日本朋友胡宪民这样写道"惊闻张公海鹏先生不幸仙逝，痛失徽学泰斗，学界良师，深感悼念。"另外，杭州徽州学研究会也发来唁电："惊悉噩耗，悲恸难已，徽学界失一宿将，可惜之极！斯人已去，风范永存。"这也可以说是对父亲研究徽学的高度评价和总结。

第三编

徽学研究

20世纪以来学术研究之一新潮流

——关于敦煌学、徽学、藏学等的学术定位问题

栾成显

（中国社会科学院历史研究所研究员）

20世纪以来，随着史学理论的革新和新资料的发现，一批新学问诸如甲骨学、简帛学、敦煌学、徽学、藏学等相继产生了。这些新学问，自其诞生之日起，蓬勃发展，长盛不衰，时至今日，其中不少已成为国际性显学。然而，关于这些新学问的学术定位问题，至今仍说法不一。或认为其是一种“地方学”，如多有“敦煌学、徽学、藏学三大地方显学”的提法；或在学科设置与定位时，不被视为学术研究的主流，而将其边缘化；即使对于专门从事这些学问的研究者来说，对这个问题也不都是十分明确的。

那么，究竟应该如何认识这些新学问？它们在20世纪以来的学术研究中到底处在怎样一种位置呢？其实，关于这些新学问的学术定位问题，早在20世纪之初，国学大师王国维、陈寅恪等就有十分明确的阐论。“古来新学问起，大都由于新发见”①，王国维先生的这一著名论断已多被引用和论述。与此同时，我们还应关注陈寅恪先生的另一精辟阐述：

> 一时代之学术，必有其新材料与新问题。取用此材料，以研求问题，则为此时代学术之新潮流。治学之士，得预于此潮流者，谓之预流（借用佛教初果之名）。其未得预者，谓之未入流。此古今学术史之通义，非彼闭门造车之徒，所能同喻者也。敦煌学者，今日世界学术之新潮流也。②

这段文字虽只有寥寥数语，但却点出了古今学术发展的通义，堪称精论，而成为关于学术发展史的经典性论述。其意蕴深刻，需要我们仔细体会和认真领悟。这一论述具有多层涵义。首先，学术发展是与时俱进的。学术研究如其它事物变迁一样，也是不断发展变化的。每一个时代的学术研究，都“必有其新材料与新问题”，

---

① 王国维：《最近二三十年中中国新发见之学问》，《王国维遗书》第五册《静庵文集续编》，上海古籍出版社1983年版，第65-66页。

② 陈寅恪：《陈垣敦煌劫余录序》，《历史语言研究所集刊》第壹本第贰分，1930年。

而不是完全重复过去的老一套。这是学术研究发展的一种规律。其次，何谓时代学术之新潮流。陈先生指出，以新材料研究新问题，即谓时代学术之新潮流。作为时代学术新潮流，必然要研究时代所提出的新课题，也必然要发掘新材料，不能靠炒冷饭。新材料、新问题，是构成时代学术新潮流的两大基本要素。一般地说，新学问兴起大都由于新发现，即有了新材料才会有新发现，而陈先生在这里又提出了“新问题”这一概念。所谓“新问题”，当指时代提出的新课题。实际上，新材料与新问题，二者实为一种相辅相成的辩证关系。新材料的重大发现促进了新学问的诞生；而新问题的出现，理论上的革新，则开拓了材料发掘的新视野。

20世纪以来学术研究的发展历程正是如此。虽然每个时代都有其新材料与新问题，但20世纪以来，无论是新材料，还是新问题，都与以往时代显著不同，出现了根本性的变化。在新材料方面，20世纪初期，中国学界即有甲骨文、汉晋简帛、敦煌文书、明清内阁大库档案等新资料的发现。其中如甲骨文、汉晋简帛、敦煌文书等更是中国学术史上千年未有之重大发现。在新问题方面，有关学术研究的目的宗旨、对象范围及理论方法等，都出现了前所未有的革命性的变革。学术研究的宗旨根本不同了，从过去的一般表象记述变为要求作出科学分析；研究对象与范围大为扩展，涉及整个社会各个方面；特别是中西文化的碰撞与交流，大大促进了进化论乃至唯物史观等基本理论的传播与应用。研究视角多维，研究方法多样。于是，新问题层出不穷，呈现百花齐放、百家争鸣的态势。

那么，在诸多新问题之中，其根本性问题又是什么呢？新时代下人文社会的研究与此前根本不同的是，它要求人文社会的研究也像自然科学那样，重视对研究对象进行整体把握，结构分析，宏观概括，个案剖析等等，强调科学论证与科学分析，即总体上需置于科学研究的框架之下，所以，亦将人文社会的研究与自然科学并列，称为社会科学。尽管社会科学与自然科学有所区别，尽管社会科学研究的理论不一，方法多样，形态纷呈，但实证研究仍是各种研究的基础，并被提到了新的高度。如众所知，中国传统学术亦重考据，其中不乏科学论证的成份，但与新时代所运用的科学论证的方法还是有所不同；又，传统考据多以文献证文献，利用资料的性质和范围都是有限的。而新时代则提出了更高的标准，要求在研究中自觉地运用科学的方法，对研究对象作出真正的科学论证和科学分析。这就必须重视原始资料，重视第一手资料的发掘，重视典型资料的运用，走出以文献证文献的圈子。新时代下人文社会科学研究另一个重大变化是研究视角与研究方法的多样化。与此相对应的是，则要求研究资料的多样性、系统性与综合性。于是，研究资料采用的范围大为拓展，除了文书档案这类一手资料之外，诸如墓志石刻、出土文物、稗史笔记、谱牒家乘，乃至田野调查、图像史料等等，都成为新时代社会科学研究的基本资料。前述20世纪以来新资料的重大发现，如甲骨文、汉晋简帛、敦煌文书、明清内阁大库档案等，它们都具有一个共同的特征，都是原始资料，多为原文书档案，均属第一手资料，又十分典型。而且这些资料数量巨大，种类繁多，又具有系统性与综合性的特点。

它们既有第一手资料这样一个共同属性，又具备了研究资料的典型性、系统性与综合性之特点。这些特点，正与新时代下社会科学研究的根本要求相契合。这些新发现则成为新时代课题研究之最佳资料选择。所以，自其发现之日起，就引起了中外学者的广泛关注，遂以这些新资料为中心，形成了各自的新学问，从而构成了20世纪以来学术研究之一新潮流。应该说，20世纪以来甲骨学、简帛学、敦煌学等一批新学问的形成不是偶然的，它们正是新时代下新问题与新材料相互作用与影响的结果。

20世纪后期形成的徽学也是如此。作为徽学研究的新材料首先要从徽州文书谈起。徽州文书是宋元以来徽州区域民间遗存的地方文书档案。它们多是古代地方社会在官私各种交往活动中生成的原始文字记录和文本，具有原始性、凭证性和文物性质。徽州文书原为民间所藏，20世纪40年代抗日战争胜利后开始少量面世[①]，50年代为徽州文书的首次大规模面世，改革开放以来则是徽州文书的又一次大规模面世。徽州文书主要为各单位图书馆、档案馆、博物馆等收藏，私人收藏亦有相当数量。它数量巨大，迄今为止，估计公私所藏达50万件以上；种类繁多，主要类别有：交易文契、合同文约、承继分书、私家账簿、官府册籍、政令公文、诉讼案卷、会簿会书、乡规民约、日用类书、信函书札等等；跨越历史时间长，宋元以降至民国各个历史时期的文书均有遗存；研究价值高，其中既有宋元明清时期各种珍贵的散件文书，又有汇集各类原始资料的簿册文书，既有归户性文书，又有完整的商业账簿和诉讼案卷等等，内容极为广泛，内涵十分丰富，涉及人文社会科学研究的诸多领域，不乏各类专史研究所需要的典型个案资料，更为地方基层社会的综合考察提供了宝贵素材。如众所知，作为明清时代的地方文书档案，在其它地方也多有遗存，各具独有的特点和研究价值。但不难发现，它们或数量有限，或种类单一，或跨越时间不长，综合来看，都难以与徽州文书相比肩。可以明确地说，在遗存的明清地方文书档案中，徽州文书最为典型，最具代表性，最有研究价值。

不仅如此。与徽州文书一起，还有数量巨大的各类传世文献遗存下来。据近年来调查研究的统计资料，“见诸著录的徽人著述总数在万种以上，现存尚达6000余种。”其中经史子集各类著述近5000种，家谱1000余种。[②] 这些文献所载十分广泛，涉及政治、经济、文化、教育、考古、医学、文学、艺术以及数学、天文、历法等人文社会科学与自然科学诸多领域。其中有一大批文集、专著等典籍文献，它们同时也是当时最高学术水平的代表之作；又有一批反映地方知识系统、极富地域特色的乡邦文献；还有一批纂修上乘的各类志书，府县乡镇志书齐备，至今遗存仍达70余部[③]；更有千部以上编撰成熟的家乘谱牒遗存于世。以上这些传世文献，与文书档

① 方豪：《明万历年间之各种价格——战乱中所得资料简略整理报告之一》，《食货月刊复刊》第1卷第3期，1971年；《明万历年间富家产业抄存》，《食货月刊复刊》第1卷第5期，1971年；等等。又，卞利：《徽州契约文书之三次外流》，《光明日报》2002年7月9日。

② 胡益民：《〈徽州文献综录〉前言（附凡例）》，《徽学》第3卷，安徽大学出版社2004年版。

③ 刘道胜：《徽州方志研究》，黄山书社2010年版。

案相互配合，构成了一个少有的完整的文献体系。

此外，对徽州文物的遗存亦应加以重视。在原徽州一府六县广大区域内，古城、古村落、老街、古民居、古建筑、祠堂、牌坊、古桥、古塔等文物，都有丰富的遗存。有保护价值的古建筑、古遗址计5000余处，古村落百余处。或属世界文化遗产，或称国家历史文化名城，或为全国重点文物保护单位，或系国宝级文物。数量繁多，规模宏大，种类齐备，形成系列。古城原貌，依然保留；古村布局，原封不变。古桥之上，车马照行，老街巷内，旧俗犹存。物质文化遗产与非物质文化遗产交相辉映，在相当程度上还保存着原有的文化生态。最近，徽州文化生态保护实验区已获国家批准。总之，徽州文书、徽州文献、徽州文物以及大量的非物质文化遗产，形成了一个十分典型而又相当完备的传统文化生态遗存。它们构成了徽学这一新学问的最雄厚的资料基础。

而徽学研究的兴起与徽学学科的形成，正体现了以新资料研究新问题的时代潮流。最早开辟徽州研究的中国社会经济史著名专家傅衣凌先生说：

> 我对于徽州研究的发端，应追溯到三十年前。那时对于中国奴隶制度史研究感兴趣，曾从事于这一方面史料的搜集。嗣又见到清雍正年间曾下谕放免徽州的伴当和世仆，唤起我的思索。特别是接触到明清时期的文集、笔记等等，发现有关徽商的记载甚多……50年代末，徽州民间文约大量流入北京，为徽州研究的深入提供了第一手资料，使我扩大了研究的范围，展开了明清时期徽州社会阶级结构、土地租佃关系诸方面的探索。这些研究，使我对明清时代商品经济在中国经济史上的地位与作用，有了进一步的认识，亦给中国经济史的研究，开辟了一个新天地；并为我以后有关资本主义萌芽和山区经济等方面的研究，提供了可靠的资料。①

改革开放的实行，大大促进了学术界的思想解放，学者们对此前的研究开始进行反思。对中国历史文化的研究与探索，是否就只有大框架的、自上而下的这样一种宏观模式呢？在思想解放的大环境下，人们在思考新的视角，寻求新的切入点，尝试新的方法。于是，区域史研究趋于热门，社会史研究重新兴起，历史人类学亦被提倡，社会经济史的考察也出现了新的方法等等。具有雄厚资料、在宋代以后特别是明清时代占有重要地位的徽州，自然进入人们的视野，很快成为研究者关注的一个热点。面对当时国内外竞相研究徽州的学术竞争，徽学研究的开拓者与奠基人之一张海鹏先生曾说：“作为中国学者，我们不能甘心徽商在中国，徽商研究在国外的现实，于是我们决心发愤研究徽商。”② 与此同时，与徽学相关的学术团体和机构

---

① 傅衣凌：《徽州社会经济史研究译文集·序言》，刘淼辑译《徽州社会经济史研究译文集》，黄山书社1988年版。

② 张海鹏：《徽商研究十五年》，《求实集——张海鹏史学论文选》，安徽教育出版社2006年版。

纷纷建立，关于徽学的国内外学术交流极为活跃，一批水平较高、影响较大的徽学研究成果相继问世。在改革开放学术发展的新形势下，徽学应运而诞生了。

值得注意的是，不仅专门从事徽学研究的学者，其他学者也在关注徽州，其各自领域的研究亦不乏利用徽州资料的事例。这是因为，徽州地处江南，距离苏杭并不遥远，虽不在长江三角洲核心位置，宋代以后却一直属于全国最为发达的经济文化圈之内。其经济繁荣，徽商雄居天下；文化昌盛，号称东南邹鲁。新安理学，徽派朴学，都是当时主流文化的一个代表。徽州经济文化之发达，足以与苏杭相比肩，在宋元以降的中国历史发展中占有不可忽视的重要地位。所以，徽州的历史文化又具有十分典型的意义，而在宋元明清的中国历史文化研究中受到了广泛的重视。在徽学兴起的过程中，许多中外学者正是从研究中国历史、探究中华帝国的视角出发而关注徽州的，或者把徽州当作研究明清社会的一个切入点。毫无疑问，徽州的文化遗存有其地域性的限制，徽州的历史文化也富有地方特色，这些都是徽学研究的重要方面。另一方面，由于徽州的重要历史地位及其典型意义，所以徽学研究又远远超出了地域性的局限，而具有普遍性的意义。

如前所引，敦煌学从有其名伊始就称为“世界学术之新潮流”，敦煌学、藏学从来未将自己称为地方学。徽学也不是地方学。如果我们从历史时序上稍加梳理，不难发现，先秦殷商有甲骨文的发现，而产生甲骨学；秦汉魏晋有简牍帛书的发现，而产生简帛学；北凉至宋有敦煌文书的发现，而产生敦煌学；宋至民国有徽州文书的发现，而产生徽学，它们在时间上正好是前后接续，相连不断。徽学就是继甲骨学、简帛学、敦煌学之后，因新发现而产生的一门新学问，是属于以新材料研究新问题的一门学问，是当今时代学术研究之一新潮流。

在谈及学术新潮流时，陈先生还借用佛教初果之名，将是否参与学术研究之新潮流，比喻为“预流”与“未入流”，并强调了预流之重要性。预流，即是要参与到学术研究的时代新潮流中去，随时接受新东西，跟上学术研究时代前进的步伐。反之，则谓未入流。这对任何时代的学术研究都是重要的。是关乎学术研究的大方向问题。作为20世纪以来学术研究的新潮流，当然不只是甲骨学、简帛学、敦煌学、徽学、藏学等这些新学问。我们不能说，不参与上述这些新学问的研究就是未入流。但我们应该说，甲骨学、简帛学、敦煌学、徽学、藏学等这些新学问，乃是20世纪以来学术研究之一新潮流；它们是新时代学术研究前沿之一，而不应将其边缘化；它们多已成为世界性显学，而不宜称为地方学。

本文为纪念张海鹏先生诞辰八十周年暨徽学学术讨论会而作。

徽商研究与史学思想

——怀念张海鹏先生

吴怀祺

（北京师范大学教授）

张海鹏先生是在历史研究、历史教育上，都有重大成就的学人，他在学术上的贡献，为海内外学人所景仰。2000年，海鹏先生的学术研究进入创作富有活力时期，却因病与我们永别了，思之及此，怅然久之。我们永远怀念海鹏先生！

张海鹏先生的学术研究，有三个重要领域，一是历史人物研究，二是历史理论的探索，三是徽商与徽学的研究，这三者联系为一个整体，落脚在徽商徽学的研究，显示出他的明清史研究的特色；而徽商徽学的研究在海内外产生广泛影响，又是历史学的新的分支，新的天地。

20世纪60年代先生研究由历史人物切入，从研究李岩、左光斗开始；80年代初研究姚鼐、马皇后、朱升，接着是人物群体如冤臣、皇子的研究。历史理论与史学理论的研究是另一重点①；徽商研究则是重点，创新性的成果不断涌现，他和他的学术团队不断努力，开出一个新的学术领域。②

告慰先生的是，如果说，20世纪80年代初，徽商的研究还只是起步，而今已成长为参天大树。皖江南、北的徽商、徽学研究，已经成为一门显学。可以说，先生的一生，贡献给徽商研究事业，使这一专门研究，成为建设有民族特色的历史文化的重要组成部分。

先生每有新著，都寄给我学习。在徽商研究上，我是“门外人”，但展读先生大著之后，启迪良多，写了一些感语，从史学理论、史学思想上，体会先生的卓识。1993年我在《中国社会科学》第3期上，发表一篇书评，是评论先生的《中国十大

---

① 这些方面成果有：《论中国》（《安徽史学》1985年第4期）；《明清资本主义萌芽缓慢发展》（《安徽师范大学学报》1982年第2期）；《论历史发展动力》（《安徽师范大学学报》1979年第3期）；《评吴晗〈明史简述〉》（《史学史研究》1984年第3期）；《创新·守成·严谨》（《光明日报》1984年7月18日）；《中国传统史学的特点》（《安徽师范大学学报》1996年第4期）。

② 重要的论文有：《徽学漫议》（《光明日报》2000年3月24日）；《论徽商“贾而好儒”的特色》（与唐力行合作，《中国史研究》1984年第4期）；《徽商在两淮盐业经营中的优势》（《明史研究》第4辑，黄山书社1994年版）；《论徽商经营文化》（《安徽师范大学学报》1999年第3期）；《徽商与徽州文化》（《中国典籍与文化》1993年第4期）；《徽商——酿造徽州文化的“酵母”》（《东方讯报》1994年3月22日）；《从〈汪氏阄书〉看徽商的资本出路》（《光明日报》1986年4月23日）；《徽商研究十五年》（《安徽师范大学校庆70周年论文集》，安徽人民出版社1998年版）等。

商帮》著作，题目是《独辟蹊径的商帮史研究》。我认为《中国十大商帮》这部书在理论上，提出值得我们重视的认识，“这部书可以说是体现出现代意识的经世史著”。

张先生研究的丰硕成果，是一种载体，今天纪念先生，应当依据这已经建构的平台，从思想理论的高度上，再进行思考，进行总结，以推动当前史学工作，为复兴民族文化大业作贡献。他在谈到为什么要研究徽商时说的话，说了三点，最后一点是：“学术竞争的需要，是出于民族自尊使然”。[①] 没有这样的民族精神，很难在科学研究上，作长期的不懈的努力以开拓创新。皖江南北共同努力，新世纪的学术一定有更大的发展。

货殖理念与徽商兴衰

张海鹏先生的徽商研究，在一定意义上说，是对我国古代货殖学说的发扬。货殖学说表明历史趋势形成、社会阶层的变动、地区经济特点形成、人文风俗对社会的影响以及经济与文化的关系，等。这些都是史学家思考的内容。

《史记》的《货殖列传》是司马迁在史学上的重大的创造，体现他对历史的发展的理解，对社会变动的盛衰的思考；从经济的角度，讨论历史变革成效、财富的聚散的意义，讨论经济与文化的关系，进而反思历史的变动。《货殖列传》与《史记》的《平准书》合而观之，又是古代商业资本流动的理论。《平准书》更多从朝廷的作为着眼，论说商贸货殖[②]与社稷治理的联系，朝廷采取措施对平衡社会需求的关系。

什么是历史，历史盛衰变动的动因是什么，一直是中外学人讨论的热门话题。中国古代史家有自己的解读。货殖学说值得重视，就在于：

货殖内涵包括农、虞、工、商四个方面，这是古代社会的发展四大要素，可以借用中医上的话，这四者是社会历史的四大“经络”。其中的“商”，作为历史的至关重要的内容，这样的学说，在理论上给人很多启发。无论怎样理解历史，总是脱离不了这四个基本要素。

司马迁说：

> 故待农而食之，虞而出之，工而成之，商而通之。此宁有政教发征期会哉？人各任其能，竭其力，以得所欲。故物贱之征贵，贵之征贱，各劝其业，乐其事，若水之趋下，日夜无休时，不召而自来，不求而民出之。岂非道之所符，

---

① 《徽商研究十五年》，《安徽师范大学校庆70周年论文集》，安徽人民出版社1998年版。

② 货殖的语义，是经商，通过收购、交换货物以殖利。《论语·先进》：“赐（子贡）不受命而货殖焉，亿则屡中。”朱熹的《论语集注》：货殖：“唯财货是殖”。英文中的货殖论（Chrematistics）是理财论的意思。内在意蕴，大体接近。

而自然之验邪?

《周书》曰:"农不出则乏其食,工不出则乏其事,商不出则三宝绝,虞不出则财匮少。"财匮少而山泽不辟矣。此四者,民所衣食之原也,原大则饶,原小则鲜,上则富国,下则富家,贫富之道,莫之夺予,而巧者有余,拙者不足。

从事这四者的活动,重要性是财富的增殖,货殖的要义就在这里,体现出人的"情性",所谓:

富者,人之情性,所不学而俱欲者也。……农工商贾畜长,固求富益货也。

这样的货殖论,在理论上的意义,在于:

——从深层次上,揭示历史发展之"道"。

社会的农工商虞活动,追逐财富的活动,是社会发展的趋势的内在原因,追求财富的动机,促成社会具有一种向前发展的趋向,如同水向下流一样,日夜无休时,这不是某一个人的意愿所能决定的。司马迁说:"岂非道之所符,而自然之验"。这就是"道",支配着历史向前运动的"道",是历史向前发展的一种"自然"。中国传统史学思想中,没有发展规律的论说,而历史发展的道与势,能贴切地解读历史变化。

——论说社稷求强之路。

《货殖列传》从不同的侧面,揭示"富"在社会中的意义。

首先,战国诸侯国变革,经济上发展了,"富"了,政治地位上升,加上军事上的成功,从而取得霸者地位。财富的状况决定一个诸侯国的地位,其影响是上到周天子,下至其他诸侯国。一个诸侯国对其他诸侯国有没有支配的地位,关键在它自身的财富的状况。齐国通过管仲的改革,使齐国能"九合诸侯,一匡天下"。强大的国势一直保持到威、宣之世。越王勾践奋发图强,"修之十年,国富"。从而"遂报强吴,观兵中国。称号'五霸'"。《平准书》揭示西汉前期盛衰之变,实际是经济在起作用。

——论说社会治理的重要途径。

社会的安定兴盛和财富有很大的关系。司马迁赞成管仲的说法,"仓廪实而知礼节,衣食足而知荣辱"。他作了进一步的阐发,说:"礼生于有,而废于无。故君子富,而行其德;小人富,以适其力。渊深而鱼生之,山深而兽往之,人富而仁义附焉。富者得势益彰,失势则客无所之,以而不乐。"

货殖的成功,在财富上的强大地位,促成新的阶层的出现。《货殖列传》中的那些富商大贾,能权倾君王,原因在此。巴蜀寡妇清,由于自己的富有,秦始皇对她也礼让三分,为她筑"女怀清台",以为贞妇而客之。这样一个穷乡的寡妇,能"礼抗万乘,名显天下",当然不会是她的操行。乌氏倮,由畜牧起家,秦始皇"令倮比封君，以时与列臣朝请”。其他富商的情形无不如此。司马迁在《货殖列传》的结尾说：“由是观之，富无经业，则货无常主。能者辐辏，不肖者瓦解。千金之家，比一都之君，巨万者乃与王者同乐。岂所谓‘素封’者邪？非也？”更值得注意的是，司马迁把经济地位决定社会地位作为一条规则提出来，司马迁作了概括，说：“凡编户之民，富相什则卑下之，伯则畏惮之，千则役，万则仆，物之理也。”

> 故曰“天下熙熙，皆为利来；天下壤壤，皆为利往。”夫千乘之王，万家之侯，百室之君，尚犹患贫，而况匹夫编户之民乎！

在古代，经济的地位是处于决定的作用的位置上；社会地位乃至等级，不是什么别的原因，只是因为经济上的差别造成的。

——货殖财富的追求，影响社会的风气。

这方面有正面的，也有负面的。作奸犯法的行径，也可以从中找到解释。《货殖列传》有一段集中的论述，说得很清楚：

> 故壮士在军，攻城先登，陷阵却敌，斩将搴旗，前蒙矢石，不避汤火之难者，为重赏使也。其在闾巷少年，攻剽椎埋，劫人作椎奸，掘冢铸币，任侠并兼，借交报仇，篡逐幽隐，不避法禁，走死地如鹜者，其实皆为财用耳。
>
> 今夫赵女郑姬，设形容，揳鸣琴，揄长袂，蹑利屣，目挑心招，出不远千里，不择老少者，奔富厚也。游闲公子，饰冠剑，连车骑，亦为富贵容也。……吏士舞文弄法，刻章伪书，不避刀锯之诛者，没于赂遗也。

司马迁作了概括，说：“农工商贾畜长，固求富益货也。”士兵勇敢登城，为重赏；赵女郑姬能歌善舞，千里而行为的是“奔富厚”；王孙公子及闾巷少年为财用，无所畏避。一切一切，财富可以支配、影响社会生活。司马迁说：“由此观之，贤人深谋于廊庙，论议朝廷，守信死节隐居岩穴之士，设为名高者安归乎？归于富厚也。”所谓忠信仁义，以及清雅高行，与货殖的成效有关；而一味追求财富，不顾礼的规范，又会造成社会动荡不安。

拥有财富有的人物所作所为，又会影响一个时期的风气的营造。例如，宛孔氏，以冶铁起家，他的行事风度，也变成一些人的效法的对象，“（宛孔氏）家致富数千金，故南阳行贾尽法孔氏之雍容”。又如曹邴氏，理财有道，“邹、鲁以其故多去文学而趋利者，以曹邴氏也。”

——货殖影响到地域性特征形成。

司马迁进而从地区地理条件的差异上，分析各个地区的经济的不平衡；经济的差别又导致风俗、人文各有自己的特点。司马迁把全国分成几个大区：关中区；三河即河东、河内、河南地区；中山、赵、燕、齐、鲁和越、楚；楚又有西楚、东楚、南楚。各个地区条件差别很大，其风俗文化迥异。《货殖列传》分别叙述山西、江南、碣石以北、江淮各地的物产，各地的土壤、气候，并把这些和各地的风俗人情联系在一起。

——货殖经济活动影响文化学术形成、传播。

在司马迁看来，孔子的学术影响的扩大，离不开富商大贾的支持，所谓：“子赣既学于仲尼，退而仕于卫，夫废著鬻财于曹、鲁之间，七十子之徒，赐同为饶益。原宪不厌糟糠，匿于穷巷。子贡结驷连马，束帛之币以聘于诸侯，所至，国君无不分庭与抗礼。夫使孔子名布扬于天下者，子贡先后之也”。

货殖学说对于理解、研究徽商提供了理论的依据，历史最有说服力，徽州的“商”促成地区经济特征形成，徽商与徽学的关系，是“贾”与“儒”的联结。

徽学与徽商的关系形成“儒”与“商”的联结上的“贾而好儒”，这既是徽商的特点，又是徽学“儒”的属性。张海鹏先生有一段话，说：

> 经商需要文化，自古皆然，历史诸如管仲、范蠡、子贡、白圭、猗顿等这类大富商，无不都有一定的文化知识，他们有的原来就像猗顿那样的“穷士”。他们之所以很快成为富商。道理也很简单，因为文化知识水平同一个人的智能、气质、洞察力与判断力密切相关的。这些就是马克思所说的商人的“抽象力”。商人的商业活动，诸如购买、运销、积贮、贩卖，都是需要这样的“抽象力”的，两淮的徽州盐商，大多凭其“抽象力”而获厚利。再加上明清两朝两淮盐业达于极盛时期，盐商在盐业经营中的竞争中，从某种意义上看，更是一种“抽象力”的竞争，谁的“抽象力”强，谁就能很快发家致富。这说明文化对于商人非常重要。①

徽商进入两淮的两个阶段，第一次是在明成化中叶，第二次是在清康乾之际。②这也直接影响到以后徽学的形成与发展。徽商为新安理学家发展作出了积极的贡献。富贾出巨资兴修书院，购书籍，为新安理学家研讨理学提供场所和方便，同时不少商人组织新安理学家，编纂理学书籍，十分重视对族内弟子的培养。

而“儒”对“商”的发展又起了积极的作用。张海鹏先生说：徽商的经营活动，在一定程度上受到儒家思想的支配。其表现：以诚待人、以信接物、以义取利。儒商、儒贾对于商业的发展，曾经起过一定的特殊作用。固然，儒学的重农抑商对商业有另一面的作用，却有一些徽商提出“农商交相重”之类的新理论与之相对抗。汪道昆、许承宣、王茂荫的“便商”理论，是贾儒结合在经济领域内的反映。③

张海鹏先生的研究，表明“学”与“商”交织在一起，又是复杂的：清代康乾

---

① 《徽商在两淮盐业经营中的优势》，《明史研究》第4辑，黄山书社1994年版。

② 《徽商进入两淮的几个阶段》，《明史研究》第4辑，黄山书社1994年版。

③ 《论徽商“贾而好儒”的特色》（与唐力行合作），《中国史研究》1984年第4期。

时期，是两淮盐业兴旺发展的顶峰，也是徽商特别是盐商的黄金时代。然而，星移物换，陵谷沧桑，到了嘉道之际，那些往日的豪富之家，讵料“顿成贫户”。……但是，学者们在论及两淮盐商衰落的时候，只注意到他们裹足不前、破产歇业的一面，却未看到盐商尚有辉煌的一面。……一部分盐商子弟通过饱读诗书，或衣章服，或入士林，即或任官，或为儒，位尊名高，门楣光大。[①]

儒学的观念直接影响到徽商资本的流动走向。徽州商人创业积累了资本，最后除因诸子或兄弟均分财产而分散了资本，还有重要的方面，徽商把资本投资土地、山场、房屋，走“以末致财，用本守之”的老路；以至青壮年，“牵牛远服贾”，“足迹几遍天下”，到老来，则只能归故土。[②]

宋学、清学与徽学的兼采精神

中国学术文化发展，到了宋代，发生重大变化，宋元至明清，形成两大学术潮流。一是以朱熹为代表的理学。二是以戴震为代表的汉学。

从这个意义上说，不研究宋之理学、清之汉学，则不能理解徽学精神；而不研究徽学，则对宋元以后的中国学术史难有深入的了解。

这两大学术的学脉都可以与徽学联结在一起的。因此，讨论与徽商相联系的徽学必须放在更大时空下来思考，这里有三点要指出。

其一，所谓徽学为主体的皖南之学，从地域上也要拓宽，不能仅限于徽州六县（歙县、休宁、婺源、祁门、黟县、绩溪）六地以论学。

其二，宋以后的徽学，除新安理学外，重要的还有在清代的戴震的汉学，或称之清学。

其三，徽学的外延很广泛，明清时期，徽州的文化昌盛。……诸如新安理学、新安医学、新安画派以及徽州朴学（皖派经学）、徽州篆刻、徽州刻书、徽派版画，还有徽剧、徽雕、徽菜，等等。文化的基础是经济，而酿出“徽州文化”的“酵母”则是徽商。……由此可知，只有徽商成帮，才有徽学成派。[③]

从历史上看，徽学出现与中原文化联系在一起，张海鹏先生在研究中，指出：据明代嘉靖时人程尚宽的《新安名族志》所载：到明代中期，新安“名族”共有84个，追本溯源，大约有80%以上是来自中原地区。这些移民，与由中原迁徙到闽、粤、赣山区的“客家人”的移民大抵相同。上述由中原迁到徽州的移民，或为世家大族，或为缙绅冠带，或为硕学鸿儒，亦有黎民百姓。这样态势，带来中原儒风，

---

① 《两淮盐商的衰落和徽商门楣的光大》，《求实集——张海鹏史学论文选》，安徽教育出版社2006年版，第70页。

② 参见《从〈汪氏阄书〉看徽商的资本出路》，《光明日报》1986年4月23日。

③ 《两淮盐商的衰落和徽商门楣的光大》，《求实集——张海鹏史学论文选》，安徽教育出版社2006年版，第105页。

并且带来了中原的宗族文化。①

新安自朱子后，"儒学之盛，四方称之为东南邹鲁"②。朱熹的理学的形成在福建，但皖南则是朱熹理学孕育与传播之地。宋代的徽学内核是朱子理学。所谓新安理学的"九贤"为程大昌、吴儆、程时庸、陈栎（定宇）、倪士毅、朱升、赵汸、范准、汪循。这一学脉直接导源于朱子，有明确的传承的关系：

张海鹏先生的《朱升和〈枫林集〉评议》③ 在这一研究上，作出自己的贡献，交代了朱升在新安理学中关键地位。由此，学术授受关系，大体是这样：

朱子—滕德粹（璘）、滕德章（珙）—滕万菊（铅）—黄常甫—陈栎—朱升、赵汸、倪士毅、汪循、范准

朱升、赵汸的高弟尚有黄枢等。新安支流余裔传承的"徽学"一直影响到清代。朱升发明"六经"之旨，其特点是以旁注经文，把经与解结合起来，从而使经与解"可离可合，有纲有纪"。

在发明朱学上，朱升的贡献，还特别表现在"以太极而明理"上。周敦颐太极说，为理学奠定理论基础，而朱熹则以太极说为理学的纲领（《朱子语类》开篇便以太极作为纲领），阐释万物一理的思想体系。朱升的解说，使朱学更为具体、贴切，有功于朱学，只可惜我们的理学史、中国学术史著作，对朱升的学术地位没有给予应有的关注。④

尽管新安理学在南宋兴起，徽商尚未成帮，但在当时徽州商人就与新安理学结下了不解之缘。宋元时期不少著名理学家，出生在商人家庭中。朱熹之外祖父祝确就是一个大商人，他所经营的商店、客栈占徽州府城一半，号称"祝半州"。据康熙《徽州府志》统计，徽州有社学562所，县塾5所。明清两代，徽属六县共有书院54所，其中最大的紫阳书院在康熙时，"六邑诸儒遵文公遗规，每岁九月讲学于此"⑤。

朱熹是理学家也是大史学家，虽称之闽学，但也是新安理学的源头⑥，曾国藩

① 《徽学漫议》，《求实集——张海鹏史学论文选》，安徽教育出版社2006年版，第2页。

② 詹士南：《东山赵先生行状》，见《新安文献志》卷七十二。

③ 《枫林集》，四库全书、《续文献通考》的"经籍考"著录均为十卷，《明史·艺文志》著录为十二卷。

④ 参见《朱升和〈枫林集〉评议》，《古代史论丛》，福建人民出版社1982年版。

⑤ 鲍全德：《歙县紫阳书院岁供资用记》，《求实集——张海鹏史学论文选》，安徽教育出版社2006年版，第145页。

⑥ 报上有文章说："朱熹虽长期居闽，但他作为徽州人，始终没有忘记父母之邦。终其一生，朱熹曾三次回故乡省亲扫墓、讲学访友授徒和传播学问。朱熹理学通过徽州地区的门生弟子的代代传播发展，逐渐形成宋明理学的一个重要流派—新安理学学派。朱熹一生对故乡思恋至深，写信著文常署名'新安朱熹'。与朱熹同时代的学者如陈亮、吕祖谦等往往称朱熹之学为'新安之学'。'新安之学'一转便为'新安理学'。朱熹就是新安理学的真正创始人。明代的程曈所著《新安学系录》，对新安理学的传衍做了较为系统的梳理。"（见《光明日报》2003年5月20日）戴震在《闽中师友渊源考序》中不争地域，而是把宋学纳入到郑玄那里去。应该说，朱熹之学术影响到新安之学的发育，为不可移易的事实。

说："徽州为朱子父母之邦，典章文物，固宜非他郡所敢望。"① 所谓"朱子得河洛之心传，以居敬穷理迪乡人，由是学士争自濯磨以冀闻道，风之所至，田野小民亦皆知耻畏义"②，自南宋以后，徽州人多"读朱子之书，取朱子之教，秉朱子之礼，以邹鲁之风传之子若孙"③。在纪念安徽建省330周年的学术讨论会上，我对安徽文化的皖北、皖中、皖南三个文化带的形成与变动，作了说明。④ 所以，讨论徽学，还应当从安徽文化变动的过程中，进行分析。

南宋中国经济重心南移，理学勃起，这些对安徽文化产生重要的影响。安徽的皖北、皖中、皖南三个文化地带基本形成。应当提到的是皖南的新安理学。黄宗羲及其后人编的《宋元学案》中，没有"新安学案"，但有关的材料还是透露一些信息。新安地区以朱学为大宗⑤，但也有陆学、吕学、湖湘之学的传人，出现学术兼采的现象。

《象山学案》说到汪深为陆学时，指出："其时新安儒宿，率皆读朱子书。"《沧州诸儒学案》说："新安为朱子之学不乏人，而以程蒙斋为首。"休宁人定宇先生陈栎师事草窗先生黄智超，定宇后学兴盛。另外，休宁人程若庸为双峰饶鲁学系。新安理学相当发达，波及江西鄱阳学术，进而影响到明代的学术。南宋后期，朱陆合流，到元代，出现不同倾向的理学代表人物，歙县人郑玉是一种倾向代表，"继草庐（吴澄）而和会朱陆之学者，郑师山（玉）也。草庐多右陆，而师山则右朱。"⑥ 另外，大儒朱学的传人黄震在通判广德军任上，行朱熹社仓法，革除淫祀迷信风俗，可视为东发学术在皖东传播。⑦

皖中的桐城为中心的桐城文派、学派为主体的皖中之学，或称之为江北之学。地区包括舒城、庐江及怀宁一带。所谓桐城派，不只是为文派，也是学派。桐城的文学成就是大家所熟知的，但对这一地区的学术上的成就，往往被人忽视。朱彝尊的《经义考》中，这一地区的经学占有相当多的篇幅。桐城的诸子之学也有相当的成就。方以智、钱澄之等为一代名家⑧。戴名世的史学在史学史上地位十分重要。

张海鹏先生充分肯定姚鼐在学术上的贡献，这对他研究徽州学术有意义。他特别重视从方法论上讨论。姚氏的义理、考证、词章三者不可偏废，以义理为主干，词章与考证是依附它的枝叶繁华，合起来便是郁郁葱葱的大树。由此，张海鹏先生以此说明治学，说：

---

① 《曾文正公全集》卷四。

② 《光绪婺源县志》卷三。

③ 《休宁茗州吴氏家典·序》。

④ 文章收入大会论文集，后作了修改，发表在《安徽史学》2004年第1期上，题为《安徽地区文化变迁与史学——为〈安徽史学〉复刊20周年而作》。

⑤ 《光明日报》2003年发表一系列相关文章（见该报5月21日、5月27日、6月3日、6月7日、6月24日、7月8日、7月29日、8月19日等）。

⑥ 《宋元学案》卷九十四《师山学案》。

⑦ 《宋史》卷四百三十八。

⑧ 参见（清）钱澄之撰，吴怀祺校点：《田间易学·整理说明》，黄山书社1998年版。

> 从治学的角度看待姚姬传的这一主张，应该说是有可取之处的。义理、词章、考证，近似我们今天所说的文、史、哲。义理为哲，词章是文，考证属史。文史哲的基础知识和基本训练，是“属文者”所不可缺少的。只有将此三者“兼收”而“善用”之，才能写出意境高、风格新、摒去空言、不落俗套的好文章。①
>
> 姚姬传提出把义理、词章、考证三者结合起来，以期文章的主题鲜明，内容充实，文字优美，这对我们仍有供借鉴之处。②

明清时期我省两大文化的重心形成，也就是所谓的皖江南、北之学。戴震为代表的皖南之学，或称之为江南之学。它包括经学、历算、舆地、天文之学以及医学、雕刻等学问；也包括戏曲文化的徽剧。皖中之学是清逸、经世；皖南之学是凝重、求实。但戴氏的皖南之学在乾嘉时期成为学术成就的代表，因而称之为“皖学”，促成了“徽学”转型，进而成为乾嘉时期全国的学术的代表。

朱熹与戴震，是传统学术后期的两大代表，而且都在“徽学”中，由此，可以看出徽商、徽学研究的重要意义，体现出徽学的兼采特点。

还要说明的是，戴震的学术产生影响，与高邮王念孙、王引之父子学术、金坛段玉裁的学术，直接联系在一起。戴氏治学上实证精神、方法论的类例与归纳思维，都体现了近代科学精神。戴震对程朱理学有批判，而诚如吕思勉说的“予谓戴氏之说，足以正宋学末流之弊。至其攻宋学之言则多误”。③应该说，戴氏汉学固为清代汉学，也是徽学的特点，但徽学中的宋学同样占有重要地位。张海鹏先生重视姚氏的研究，对深入理解徽学，有意义。

戴震是乾嘉学派的皖派领袖，这还不够，重要的是，“清代三百年间，皖学乃其主流”④。这是一。其二，戴震在史学思想上也是大家，纠正前明的空疏学风，复汉学即复古学，以“训诂明、义理自明”为准则，把人文学的典章制度、训诂小学知识与自然方面的天文、数学、地理研究结合起来，使一时汉学具有了人文精神。⑤

诚如，张海鹏先生的研究，表明：“由于上述中原文化在徽州的长期的积淀，从而生成这一地域文化亦即‘徽学’的基因。同时，在社会历史演变过程中，又不断吸纳融化了外界的文化“因子”，这更为“‘徽学’的形成加厚了底蕴。”⑥

徽商“经营文化”的经世意义

明清时期，经世之学成实学思潮，黄汝诚为顾炎武的《日知录集释》写的

---

① 《简论姚鼐的文学主张及其思想倾向》，《艺谭》1981年第1期。

② 《简论姚鼐的文学主张及其思想倾向》，《艺谭》1981年第1期。

③ 吕思勉：《理学纲要·附订戴》，东方出版社1996年版，第209－210页。

④ 曹聚仁：《中国学术思想史随笔》，三联书店1986年版，第268页。

⑤ 侯外庐：《中国思想通史》第五卷，人民出版社1956年版，第452页。

⑥ 《徽学漫议》，《求实集——张海鹏史学论文选》，安徽教育出版社2006年版，第4页。

《叙》，说到顾炎武的史学经世的实践：

其言经史之微文大义、良法善政，务推礼乐德刑之本，以达质文否泰之迁嬗，错综其理，会通其旨。至于赋税、田亩、职官、选举、钱币、权量、水利、河渠、漕运、盐铁、人材、军旅，凡关家国之制，皆洞悉其所由盛衰利弊，而慨然著其化裁通变之道。

徽商研究的经世意义，体现在“徽商”的风度和“徽骆驼”的精神，同样体现在其经营观念和道德观念，其中的效益观念，又分别表现为地缘、行业、集体、群体的理念上，而他们的质量、名牌、信誉、法律、途程的意识，对后来经商以利国利民，都是有意义的。徽商的社交文化和店堂文化①，后世从中可以得到有益于世的认识，“洞悉其所由盛衰利弊，而慨然著其化裁通变之道。”

徽商史的经世史学意义，是一代实学的组成部分。为了更好说明问题，应当把徽商与当时其他商帮联系起来，就会看得更清楚。徽商与其他商帮的研究，作为有机整体，重要的一点，在于从整体上体现出史学经世意义。这也就是张海鹏先生谈到为什么要研究徽商的另一重要着眼点。经世史学的重要意义，成为明清实学思潮的组成部分。

《中国十大商帮》（以下简称《商帮》）一书总结了包括徽商在内各个商帮的经商之道，很能说明这一点。徽商中有唯利是图的人，但作为徽商的开拓经验是以“诚”、“信”、“义”、“仁”为商业道德的根本。其它商帮多提倡“贾德”，洞庭商人中善于经营者认识到“得微息辄出，速输转无留货。”因此他们在同行中是屡屡获利者。晋帮经营一个成功之道，是守信不欺。“商人的本性就是唯利是图，不择手段，欺诈、哄骗是商人的共性。可是山西商人却认识到守信不欺乃是经商长久取胜之道，认为经商虽亦以获利为目的，凡事则以道德信义为根据。”②《商帮》一书，把徽商与其他商帮作为一个整体把握，具体地揭示商帮在资本积累中的两面性，强调了遵循正常的经济的法则是商帮发展之道，是商品经济发展、也是资本积累的正常的道路。

这里有必要对《商帮》一书再说几句，对于理解徽商是有意义的。这本书总结历史有他们的视角、有他们的想法，我们从中可以体察编者、作者的一种时代感，编者说：“我们研究历史上的商业活动，不仅对于探讨人类社会的过往历程，了解社会经济发展的轨迹，有其学术价值，而且对于正确认识现阶段商品经济的作用，从而促进社会主义市场经济的发展，也具有很大的现实意义。”

《商帮》一书，不是在一个平面上对历史的总结，它是在不同的层面上思考历史

① 参见《论徽商经营文化》，《安徽师范大学学报》1999年第3期。

② 《中国十大商帮》，黄山书社1993年版，第7页。

的经验，这是这本书的一个很重要的特点。明清以来各个商帮在兴起和发展的过程中，形成了完整的经商之道，对于今天发展商品经济、建立市场经济正常的秩序，完善、培育市场机制，有明显的意义。《商帮》总结江右商帮的经商成功之道，一是注意市场信息，看准行情进行投资。二是研究消费者的心理，适应不同的顾客的需求。三是注意信誉，待人以诚。徽商在长期的发展过程中，形成了以儒道为主的商业道德：以诚待人，以信接物，以义为利，仁心为质，以这些准则，促进商品经济的发展，也促进商帮自身发展。洞庭商帮有的人注意总结经商的经验，《生意世事初阶》一本书，就是专门介绍坐商的基本的知识。这些经过一番扬弃，确实可以作为借鉴的。编者在《前言》中说：“他们的发迹起家、经商经验、商业道德、亦商亦儒、利润积累、审时度势、或取或与等等‘生财之道’，对正在商业战线上既为国家聚财，又为消费者服务的各路大军，也许能起到一点借鉴作用。”

商帮给后世留下不少商业管理上的经验，包括徽商在内的各个商帮，在自己的商号中建立一系列的制度。比如晋帮注意对学徒的培训，一是学徒要学算盘、习字、学外语，熟悉商品的性能，和其它的业务知识。一是职业道德的教育，其中包括品行的教育、艰苦经营和敬业的精神的培训，并且以此作为学徒晋升的条件。商帮的经营方式各有千秋，都有可资借鉴的东西。他们的成功的经营之道，发展之道，对于后人是有价值的。

关于迁徙苏州的徽州歙县大阜潘氏第三十二世潘霨（1816—1894）身世行实的考录

吴仁安

（上海师范大学教授）

大阜潘氏（其先世自周毕公子季孙公食采于潘，因以为姓。唐僖宗时“逢时公”潘名于光启二年任歙州刺史，遂家于徽州歙西之篁墩，是为潘氏新安始祖。再传而后世居歙县北岸镇大阜村）原是徽州商贾世家。明末清初，其24世祖潘仲兰（谱称“筠友公”，1609—1677年）在江淮间经营盐业，始侨寓苏州南濠。康熙初年，其25世祖潘景文（谱称“其蔚公”，1639—1706年）正式卜居苏州城厢黄鹂坊桥巷，成为大阜潘氏迁徙苏州吴县的始迁祖。经过百余年的发展，迨至乾嘉以后该支迁苏潘氏遂成为苏州门第煊赫的官宦世家，科第相继，世代书香。从乾隆中期至光绪末年的一百二十余年间，潘氏先后计有35人在乡试、会试中金榜题名，成进士者9人（其中有状元1名、探花2名），中举者26人，其他取得贡生、监生、诸生等科名者则更是多得不计其数，成为清代苏州彭、潘、申、顾四大科举家族中仅次于彭氏的著姓望族。上述即为迁徙苏州潘氏的“贵潘”支，它有别于清代由徽州歙县迁徙苏州的潘氏另一支“富潘”。

上海社会科学院出版社2003年2月第二次印刷出版的《苏州状元》一书的第315页载云：“潘世璜大儿子潘遵渊早逝，故志无记载。潘遵渊的儿子潘霨是位颇有名气的官吏和御医。”该书作者撰写的这段文字，显然与苏州“贵潘”家族史中潘霨的身世行实有很大出入。据潘氏谱牒资料考察，其一：潘世璜根本没有潘遵渊这样一位“大儿子”。潘世璜生有二子（潘遵祁、希甫）：“（潘世璜）子二：遵祁、希甫。女二：一殇，祔葬世璜公墓；一适汪景纯，皆（侧室）袁氏出。”（清·潘观保纂修，光绪十三年松鳞庄刻本《大阜潘氏支谱》卷六《敷九公支四房贡湖公支》）。其二：潘世璜大儿子潘遵祁也根本没有潘霨这样一个侄儿：“（潘遵祁）子六：观保、上达（殇）、康保、惠吉（殇，祔葬世璜公墓），汪氏（正室）出；敦先、睦先，郑氏（侧室）出。女四。”（同上书引）可见，潘遵祁诸子之中确无潘霨其人。

那么，潘霨是否为“贵潘”的后裔，他又是谁的子孙呢？据考证，潘霨确实也是苏州“贵潘”支中的一员，但他不是敷九公支四房“贡湖公”的后裔，而是属于敷九公支长房“蓼怀公”支的潘氏第三十一世潘遵渊之子：“（潘）霨，遵渊公长子。字赓紭，号伟如。国学生。……”（前引书《大阜潘氏支谱》卷五《敷九公支长房蓼怀公支》)。潘遵渊前后计生有五子：“（潘遵渊）子五：雷（殇）、霨，（原配）汪氏出；露、辰（殇）、霒，（继室）陶氏出。女三。”（同上书引）除去二个幼殇子之外，潘遵渊抚育成人者有三个儿子，而以潘霨为长子。而潘遵渊则乃潘世翰（奕腾子、“蓼怀公”潘宗周孙、“东白公”潘克顺曾孙、“敷九公”潘兆鼎玄孙，大阜潘氏三十世）之子：“（世翰）子八：遵澄、遵涵、遵勋（殇）、遵謨（殇）、遵淳、遵渊，（正室）费氏出；遵灏、遵瀛（殇），（侧室）钱氏出。女六。”（前引书卷五《敷九公支长房蓼怀公支》）除去三个幼殇子之外，潘世翰抚育成人者有五个儿子，而潘遵渊则是他的第四子。可见，潘霨实乃潘世翰的孙子，而绝不是潘世璜之孙。潘世璜与潘世翰实系苏州“贵潘”支的远房堂兄弟，他俩最近的共同祖先是“敷九公”潘兆鼎（迁徙苏州的大阜潘氏 26 世祖）。而对于他俩的子辈潘遵祁与潘遵渊这对堂房兄弟而言，他们血缘之远则更是出了五服之外了。《苏州状元》（上海社科院出版社 2003 年 2 月第二版）一书的作者却硬说潘霨是潘世璜之孙，不知他的根据是什么？现将潘霨的身世行实简述如下。

潘霨（1816—1894 年。遵渊长子、世翰孙、奕腾曾孙、宗周玄孙、克顺来孙、潘兆鼎昆孙、大阜潘氏第三十二世）：字赓紭，号伟如。以国学生入仕，由吏员起家，历任顺天府西路厅司狱、候选布政司理问、署天津县知县，历官直隶天津县知县、昌平州知州、天津府知府、山东登莱青兵备道、东海关监督、浙江盐运使、山东盐运使、钦加布政使衔加二级福建按察使、福建布政使，钦差帮办台湾海防事宜、湖北布政使、湖北巡抚、江西巡抚兼提督全省军务、贵州巡抚、兵部侍郎兼都察院右副都御史加节制通省兵马衔。历充同治庚午科福建乡试监试官、癸酉科乡试提督官，光绪己卯科湖北乡试监临官、武乡试主考官，戊子科贵州乡试监临官、武乡试主考官。奉旨查阅江西全省行伍、贵州全省行伍加十级记录十次。诰授光禄大夫，诰赠振威将军。生于嘉庆二十一年丙子七月十五日，卒于光绪二十年甲午八月二十日，享年 79 岁。奉旨照巡抚例赐恤谕赐葬银，赐祭银谕赐祭文。娶陶氏，兵马司指挥贻赠通奉大夫布政使加二级陶惟模女，生于道光元年辛已四月八日，卒于道光三十年庚戌五月二十七日，得年三十岁，诰赠一品夫人。继配沈氏，浙江归安县籍国学生贻赠通奉大夫福建布政使加二级沈丙辉女，生于道光七年丁亥正月二十八日，诰封一品夫人。侧室周氏，生于道光十七年丁酉十月十日。子五：联桂（殇），志枬、受保（殇）、志俊、志恂，（继配）沈氏出。女儿，一适浙江平湖县籍庠生中书科中书衔屈承棫，沈氏出；一适嘉定县籍庠生中书科中书衔秦曾谟。

广州与长崎：东西洋贸易背景下的清代徽商之海外活动及其影响（摘要）

王振忠

（复旦大学教授）

作为清代中国的商界巨擘，徽商在东西洋贸易中有着重要的影响。在徽州民间，早在明代，就已有“走广”的习惯语。及至清代，更有“漂广东”、“发洋财”的说法。在清代徽州的一府六县，有不少人都有过“漂广东”的经历，故此，现存的从徽州至广东的商编路程抄本不止一种，歙县芳坑《徽州至广东路程》、《万里云程》、婺源《口[①]口（诗春?）至广东水路程》、祁门至广州路程，以及徽商抄录的语言课本《各国数法》等，都是昔日广州贸易的见证。而前往长崎的徽商，则主要侨寓于江浙一带。特别是在苏州，当地的虎邱山塘有嘉惠局，主管日本铜务，不少从事中日贸易的商人都定居于此，故有“苏州铜局商人”之惯呼。保留在日本江户时代幕臣宫崎成身所编的《视听草》中的《唐土门簿》，应是来航长崎的中国商人所持有的一份人名簿册，其内容反映了与该商人有关的苏州批发商之姓名与住址。此外，长崎的墓志等碑刻资料，也提供了一些从事海外贸易的徽商资料。综合中日两国的史料，有清一代，在长崎贸易中始终都有徽商活动的身影。

徽商的贸易活动促使徽州人较早地关注海内外的风云变幻，因此而留下了诸多独具特色的文献。乾隆年间汪鹏所撰的《袖海篇》，是徽商对日本特别是长崎社会文化的细致观察，较此前的不少记录都更为全面。鸦片战争后黟县人汪文台撰著的《红毛番英吉利考略》，折射出广州贸易背景下徽州人对于外部世界的关注。该书出版后的翌年，《海国图志》50卷刊刻问世。在这部划时代的巨著中，魏源收录了歙人叶钟进的《英吉利国夷情纪略》，后者较为系统地反映了中国人对西方世界的认识。由此可见，徽州人的商业活动促使他们较早地关注到东西洋世界。

徽商的海外贸易对于中日两国都有着多方面的影响。以种痘为例，至迟到十八世纪初，徽州民间的种痘就已相当活跃。而在海外贸易的背景下，徽州的《稀痘方》也由长崎传入日本。十九世纪初，牛痘新法经由广州传入，在中国各地缓慢传播。此后在徽州，陆续出现了多种有关《引痘略》的抄本，这似乎反映了在新安医学发达的徽州，民间对于种痘技术表现出异乎寻常的热情。另外，江南鉴藏风尚的转变，与中国与东亚各国（包括日本、朝鲜）的海外贸易密切相关。

---

① “口”原缺，下同。

明清时期的村规民约与乡村治理

——以徽州为中心

卞　利

（安徽大学教授）

在一个以农业为主的农耕社会中，乡村社会的治理与稳定，是政权稳定的基石。明清时代是封建专制主义中央集权发展的高峰阶段，如何强化对乡村社会的治理，探索稳定乡村社会的方略，直接关系到政权的安危，是摆在最高统治者面前一件十分重要而迫切的任务。

明清时期的最高统治者总结和汲取了历代乡村社会的治理经验，从当时的实际出发，采取了集权于上、分权于下的治理模式，充分利用地方政权，在地方政权的控制下，积极发挥包括宗族、会社、里甲、乡约和保甲等在内的乡村社会基层组织的功能，鼓励各级基层组织制定符合当地实际的村规民约，并以此教化和约束广大乡民，使整个乡村社会维持在一个基本稳定的状态，形成"邻里和睦，老幼相爱"的局面。[①] 明清时代的徽州乡村社会虽然偶有动荡，但就整体而言，秩序相对较为井然，整个社会依然处在一种相对稳定的状态。那么，维系这种社会秩序的规则是什么？或者说，其乡村治理的深层次原因是什么？尽管其中的规则和因素很多，但作为众多因素和规则中最为重要的一种，村规民约显然在徽州的乡村社会治理中发挥了其他许多规则和因素所难以替代和发挥的功能。

本文拟以徽州为中心，探讨明清时期村规民约和乡村治理的关系，并在此基础上，对明清时代的村规民约的主要类型、基本内容、制定与执行，以及村规民约的特点和功能，进行初步的分析和研究。

一、明清徽州村规民约的主要类型和基本内容

作为乡村治理、规范乡民行为方式和稳定社会秩序的基本规则，明清徽州的村规民约不仅具有丰富的内容，而且还拥有极其繁多的类型。

从制定者的角度划分，明清徽州的村规民约大体可分为行政和自然村村规民约、宗族类村规民约、会社类村规民约和某一特定群体或组织制定的诸如合同文约、乡

① 张卤：《皇明制书》卷八《教民榜文》。

约等类型的村规民约。行政村在明清时期主要是指图里、乡约、保甲等官方规定的乡村基层组织，而自然村则是指分布于徽州广大地区自然形成的村落。应当说，自然村的村规民约在包括整个徽州在内的明清时期村规民约中占据了主体的地位，其数量最多，内容和形式也最为丰富。而宗族类村规民约，在聚族而居的明清乡村社会中，有时呈现出与自然村村规民约重合或一体的状态。

就村规民约的内容而言，包括徽州在内的村规民约大体上可以划分为宗族的族规家法、森林保护规约、宗族族产和坟墓禁约、各类议事合同、各种会社规约、民间劝善公约（含乡约）、民间禁赌公约、村庄或宗族兴办学校和教育公约等；若从形式上看，明清时期的村规民约又可分为告知性村规民约、禁止性村规民约、劝善类村规民约、奖励类村规民约、惩戒类村规民约和议事类村规民约等类型；而就村规民约的载体而论，明清时期的村规民约则可依次分为纸质村规民约、金石类村规民约和木质类村规民约以及非文字村规民约等。应当强调指出的是，包含以上所有内容的纸质类村规民约是明清时期村规民约的主要载体。而金石碑刻类村规民约，在包括徽州在内的明清时期各地现存碑刻中占据了一定的比重。木质类村规民约，则主要有诸如宗族祠堂中的木质粉牌等。至于大量存在于民间的生产与生活类约定俗成的各种“乡例”、“旧规”和“俗例”等，则构成了明清时期非文字载体村规民约的主体。

明清时期村规民约的类型划分，还有许多不同的标准和角度。但是，值得注意的是，明清时期各类村规民约往往呈现出综合交叉的特征，如宗族类村规民约和行政或自然村庄的村规民约往往是合为一体的。明清时期包括徽州在内的乡村社会是一个典型的宗族社会，聚族而居成为明清时期乡村社会普遍的社会现象。正如莫里斯·弗里德曼所指出的那样，“在福建和广东两省，宗族和村落明显地重叠在一起，以致许多村落只有单个宗族，继嗣（agnatic）和地方社区的重叠在这个国家的其他地区也已经发现，特别在中部的省份。”① 其实，同福建和广东以及中国中部地区一样，地处中国中部山区的徽州乡村，宗族和村落也呈现出彼此重叠的格局。“大抵新安皆聚族而居，巨室望族远者千余年，近者犹数百年，虽子孙蕃衍至一二千丁，咸有名分以相维，秩然而不容紊。”② 正如歙县《棠樾鲍氏宣忠堂支谱》所云：“吾邑万山中，风俗最近古；村墟霭相望，往往居族处。”③ 在聚族而居的徽州村落，宗族和村庄呈现出重叠的特征，宗族的族规家法往往与村庄的村规民约相重叠，也就是说，大姓宗族聚居的单姓村庄，由宗族族长和族中精英所制定的管理与约束同姓宗族成员的族规家法，事实上也具有管理和约束村民的功能与作用，因此，其村规民约的性质是不言而喻的。

至于明清时期包括徽州在内的乡村发达的会社组织等，其规约往往也呈现出既

① ［英］莫里斯·弗里德曼著，刘晓春译，王铭铭校：《中国东南的宗族组织》，上海人民出版社 2000 年版，第 1 页。

② 嘉庆《桂溪项氏族谱》卷二十一《风俗·龙章公梓里遗闻五则》。

③ 嘉庆《棠樾鲍氏宣忠堂支谱》卷二十二《文翰·同老会诗》。

是宗族的也是村庄的村规民约性质，如祁门善和村清代即创建了33个会社组织，而善和恰恰是祁门程氏宗族聚居势力最为强大的村庄之一。① 清初康熙年间，婺源庆源村保留下来的会也有近10个之多，而这些会在詹氏宗族聚居地的僻远山区庆源村，则亦多为宗族性的组织。② 当然，这些宗族聚居村庄会社组织的会规，显然兼有宗族和村庄的双重性质。有的甚至是跨越村庄范围和界限的。如休宁县十三都三图明末崇祯至民国年间以祭祀为目的而成立的祝圣会，即是以休宁西南旌城汪氏宗族为中心，联合吴姓、王姓等宗族跨越若干个村庄的民间会社组织，而祝圣会的会规即会社村规民约，则显然也是跨宗族和跨乡村地域范围的。③ 事实上，即使是清代善和的33个会社，其参加会社的成员也不仅仅限于程氏宗族成员本身，其中个别会社还是有外姓参与者的，只是在程姓宗族聚居的善和，外姓成员实在只占整个村庄成员中的极少数。显然，无论是宗族族规家法还是会社的规约合同，在宗族聚居的村庄，都具有村规民约的性质，这是我们在探讨和研究包括徽州在内的明清村规民约时必须要特别加以关注的。

我们还注意到，作为一种一定组织、人群共同商议制定的某一共同地域组织或人群在一定时间内共同遵守的自我管理、自我服务、自我约束的共同规则，明清时期的村规民约往往经过当地封建官府钤印批准、并以官府的名义发布。这一类型的村规民约，更像是封建官府的地方性行政法规，在徽州尤为典型。但褫去其形式上的合法外衣，无论就其内容还是适用地域范围而言，这类官府的告示，都应当不折不扣地划归村规民约的范畴。如《清乾隆十四年三月初十日歙县应二十八都四图候选县丞洪钟等颁行严禁在岑山渡秤钩湾洪姓祖坟盗砍侵害等告示》，看似歙县官府颁发的官方文件，但其告示内容具体，禁示地域范围明确，显然，这是歙县岑山渡一种典型的村规民约。为说明问题，我们谨将该件"告示"的内容照录如下：

> 特授江南徽州府歙县正堂加三级记大功二次唐为吁恩示禁、坟荫得保、存殁感戴事。据二十八都四图候选县丞洪钟，监生洪秉政、洪溥，生员洪元印、洪玉玑、洪泰来抱呈，洪福具呈前事。呈称：生家祖墓坐落二十八都八图岑山渡秤钩湾地方山地之上，蓄养荫木柴薪，以护风水。屡被无知棍徒欺生居隔写远，觊觎肆行戕害，或横加斧锯，或暗里摧残，或掘根株，或纵牛羊，种种侵害，生死攸关。若不恳示勒石严禁，诚恐棍徒得志，鹰视愈张，坟墓余荫，势难保全。为此，沥具下情，吁叩宪天俯赐西伯之仁，广施泽枯之德，恩准给示严禁，俾贼匪奸徒得知畏敛，而坟冢荫木得赖恩全。不但生者啣恩，即亡祖九泉感激，顶祝无疆，望光上禀等情。据此，合给示禁。为此，示仰该处保甲、看山及居民人等知：自后，敢有不法棍徒在于洪姓岑山渡秤钩湾地方祖坟山地

① 《徽州会社综录》，原件藏厦门大学历史系。蒙郑振满教授慨予复印，谨此志谢。
② （清）詹元相：《畏斋日记》（稿本），原件藏安徽省黄山市博物馆。
③ 《崇祯十年—康熙四十九年祝圣会簿》，原件藏南京大学历史系资料室，编号000055。

之上蓄养荫木柴薪，盗砍掘根，纵畜残害。违者，许该保甲、看山人等指名赴县禀报，以凭立拿究处，各宜凛遵毋违。特示。

乾隆拾肆年叁月初十日示

告示 押 仰①

明清时期的村规民约因制定者的不同目的，其主要内容亦千差万别。

撇开制定者来看，明清时期的村规民约涉及某一特定地域乡村社会、民间组织和不同人群在经济、社会、文化、教育和法律等不同领域的内容。

就经济方面而言，明清时期的村规民约涉及对山场农田的保护、水利设施的兴修与维护、乡村社会中经济事务的规则、赋役征收和佥派的约定，以及违反规约的处罚等等。如制定并颁行于清嘉庆十九年（1814）的祁门县箬溪村的《王履和堂养山合同文约》就规定："本村税田，其塝畔并靠山脚，无论公私，凡锄挖有害于田亩者，概行止种。亦不得兴养树木，致防禾稼。如违，听凭拔毁无说。若系沙积，按其多寡，酌计挑复工食，处罚钱文。恃强不尊者，呈官处治。"② 类似这种合同文约式的村规民约，明清时期的全国各地十分普遍。

就社会方面而论，明清时期村规民约几乎囊括了乡村社会和地域群体之间所有的社会关系，包括组织与个人以及群体与个体之间的关系、日常生活的安排、道德伦理规范的维系与约束、成员之间权利与义务的规定，以及违反规约的处置等等，无不都在村规民约的规范之中。从宗族族规祖训中的"凡尔子孙谨时祭，念祖德，保世业，振家纲，孝父母，敬长上，友兄弟，教子孙，务生理，勤学业，力树艺，肃内外，谨火烛，和邻里，礼宾亲，须早完国课，毋好争讼，毋放利弃义，毋欺天罔人，毋习赌博，毋作非为。甚者为犯奸、为强盗、为娼优以伤化，为奴隶以辱先，四者有一焉，生不齿乎族，殁不入乎祠，念之戒之。"③ 到乡约家法中的"自约之后，凡我子孙各宜遵守，毋得故违。如有犯者，定依条款罚赎施行，其永毋怠"。④ 从合同议墨中的"所有在山松杉杂木，俱要长养，毋许私自盗砍。如有私自盗砍者，甘罚银壹两；如违，送官理治，毋许知而不报，知者一体同罚。自立合同之后，各不许悔，各房子孙永远遵守"。⑤ 到会社规约"倘有会内人不遵合同，争论等情，鸣公理说。如有不遵者，众会内人等送官究治"。⑥ 所有这些村规民约，在其所能制约与发挥作用的时间、空间和人群范围内，对当地乡村社会秩序的确是起到了维系与稳定的作用。

---

① 王钰欣、周绍泉：《徽州千年契约文书》（清民国编）卷一，花山文艺出版社1992年版，第310页。

② 嘉庆《环溪王履和堂养山会簿》，原件藏安徽省图书馆。

③ 万历《祁门清溪郑氏家乘》卷四《祖训》。

④ 隆庆《文堂乡约家法·文堂陈氏乡约》。

⑤ 《明万历四年二月廿九日祁门三四都陈春保等四大房立安葬合同》，原件藏南京大学历史系资料室，编号000058。

⑥ 《清嘉庆二十三年十月黟县汪大旺等立出雷祖神会会租议墨合同》，原件藏安徽大学徽学研究中心特藏室。

就文化和教育领域的村规民约来看，其内容涉及乡村文化传统的规定、乡村或宗族教育的维持与发展等等。这类村规民约包括宗族组织对文化和教育设施的兴办、乡村社会或宗族与会社组织对兴办文化与教育事业的具体规定。如涉及迎神赛会的《会规》、兴办乡村或宗族教育事业的《公约》和《族规》等等。清代婺源汪口村的养源书屋膏火田禁令，就是由汪口徽商俞光銮捐助并恳请婺源知县颁布禁止子孙盗卖、保护学校教育经费不受侵蚀的村规民约式的告示。告示规定：“或不肖之子孙，敢于霸吞私卖，抑或附近居民知情，私相质买情事，准随时禀由地方官，分别追还治罪挂示外，合行给示遵守。”① 清代雍正年间编纂的休宁县《茗洲吴氏家典》在其《家规》中即对本宗族成员的教育有着相当具体而详细的规定，“族中子弟，有器宇不凡、资禀聪慧而无力从师者，当收而教之，或附之家塾，或助以膏火，培植得一个两个好人，作将来模楷。此是族党之望，实祖宗之光，其关系匪小。……子孙自六岁入小学，十岁出就外傅，加冠入大学。当聘致明师，训饬以孝悌忠信为主，期底于道。若资性愚蒙，业无所就，令习治生理财。”② 这些关于文化和教育方面的村规民约，对明清徽州文化和教育的健康发展，应当说发挥了积极的作用。

就法律领域来说，明清时期徽州的村规民约作为国家法的必要补充和延伸，其本身就具有民间法的性质。当然，在村规民约中，更多体现的是如何在国家法的意志下，适应不同地域、不同组织和不同人群所采取的诸多的举措。如在国家禁赌法的前提下，明清时期徽州的乡村社会就以宗族族规家法、戒赌公约等村规民约的形式，对其贯彻执行和实施，制定了各自不同的条文。如清雍正《茗洲吴氏家典》就在《家规》中明确规定禁止赌博，并对赌博之徒规定了严格的处罚措施，“子孙赌博、无赖及一应违于礼法之事，其家长训诲之；诲之不悛，则痛箠之；又不悛，则陈于官而放绝之，仍告于祠堂，于祭祀除其胙，于宗谱削其名。能改者，复之。”③ 显然，宗族的族规家法之类的村规民约，事实上起到了与国家法相辅相成的礼法合治的作用。

明清时期徽州的村规民约就其形式而言，一般都规定有明确而具体的应当遵守的条款和违反条款的处罚措施，亦即规定了乡民的权利、义务和违约责任。明隆庆祁门《文堂乡约家法》的《会戒》中就对参加文堂村乡约组织的会众规定了具体的权利、义务和违约的责任，“乡约大意，惟以劝善习礼为重，不许挟仇报复，假公济私，玩亵圣谕。……约所立纪善、纪恶簿二扇，会日共同商榷。有善者即时登记，有过者初贵姑容，以后仍不悛者，书之。若有恃顽抗法、当会逞凶、不遵约束者，即是侮慢圣谕。沮善济恶，莫此为甚，登时书簿，以纪其恶。如更不服，遵廖侯批谕，家长送究”。④ 而且这些村规民约还体现出了权利、责任和义务相统一的规则和

① 《清光绪十年三月二十三日婺源县永禁霸收霸吞和私相典卖养源书屋膏火田碑》，原碑现嵌于江西省婺源县汪口村养源书屋入门墙壁中。

② 雍正《茗洲吴氏家典》卷一《家规》。

③ 雍正《茗洲吴氏家典》卷一《家规》。

④ 隆庆《文堂乡约家法·会诫》。

意志。清代道光年间，绩溪县某村唐、胡二姓恢复乾隆年间被中断的太子神会活动时所定的会规，其实就是清代徽州村规民约中权利、责任、义务相统一的最为典型的个案之一。该规约共由7项条款组成，其内容如下：

一定本会内人等，毋许私自强借。其有强借者，毋许入会，断不徇情；

一定本会分为十二股，一年一换，轮流值守，毋得推挨；

一定十八朝办祭，值年者董事。其祭仪等物，十二股均吃均散。若有不到者，毋得散胙。妇人、小厮毋许入席；

一定递年收租，值年者与前岁值年者二人收管。若有刁佃强吞等情，十二人仝收。公议；

一定递年晒谷上仓，十二股齐到。如有不到者，公罚米六升交众，毋许入席，其在外生理者不到亦可。后又定十二股分为两班，六股管一年。再有不到者，公罚仝前；

一定晒谷之日，众出谷二行秤，以付六人收晒平伙之资。其请神纸箔在内；

一定十八朝庆寿，值年者办祭，要荤仪十二碗、素仪十二碗、果子十二盒、汤三盏、饭三盏。如有不齐者，公罚青香一把，对神焚化。其鸡、鱼、鸭子，众买众散。①

从上引绩溪县聚居于某村唐、胡二姓合办的太子神会会规中，我们不难看出，该会规作为村规民约中的一种，实际上是由总则、分则（含责任、义务和权利等）和罚则三部分组成的。参加太子神会的十二股成员的责任、义务和权利是统一的。该会规的第一条和第二条，规定了太子神会的会产管理和神会值守制度，我们可以视之为该会纲领性的文字即“总则”。会员即十二股成员，义务、责任和权利依次在会规的第三至第七条给以规定，对不按会规履行义务和责任的成员，会规有着明确的处罚条款即“罚则”，“十八朝办祭，值年者董事。其祭仪等物，十二股均吃均散。若有不到者，毋得散胙。……递年晒谷上仓，十二股齐到。如有不到者，公罚米六升交众，毋许入席，其在外生理者不到亦可。后又定十二股分为两班，六股管一年。再有不到者，公罚仝前”。这些规定条款可谓十分地周严，体现了明清徽州村规民约权利、责任和义务相统一的原则和精神。

二、明清徽州乡村村民或特定组织成员资格的获取

在对明清徽州村规民约的类型和内容进行了基本分析与概括之后，我们下一步要开展的工作，便是分析这些不同类型村规民约中村民或特定组织成员的资格问题，

---

① 《清道光十年正月立（太子神会）流水账簿》，原件藏南京大学历史系资料室，编号000115。

也就是不同村规民约的受益人和约束人问题。

就宗族族规家法类型的村规民约而言，其适用范围是该宗族的全体成员，其受益人和约束人都是该宗族的成员。具备宗族成员资格的人，首先是具有本宗族以男性血缘关系为主导的、未被削除族籍的人；其次是肩负传宗接代、延续宗族血缘香火的嫁给本宗族男性成员的异姓妇女；还有就是他姓的入赘者和为宗族成员提供各方面服务的地位卑贱的佃仆和奴婢等特殊成员。

实际上，宗族成员的资格问题，本身就是一个族籍问题。一般来说，明清时期徽州宗族成员族籍的获得，主要有出生和婚姻两条途径。由于宗族是以男性血缘关系为其内部构造的联结纽带，因而，出生显然是获取族籍的最主要途径。关于出生获取族籍问题，明清徽州的宗族谱牒通常都有较为详明的规定，那就是预先设立红簿，统一格式，婴孩一出生或某一特定时间即予以填写，并由有关方面监督公证。歙县棠樾《重编宗谱凡例》即规定："设立红、白二簿，置各派祠匣内。其红簿定于春祭前三日，凡去年至今春诞子之家，开明某人第几子、婴孩名讳及乳名、生年月日，送司祠公处登载于簿。如有犯祖讳者，可令更名。娶来新妇姓名、出某处某人之，又生年月日，亦如之。"[①] 一旦登记入簿，即取得了该族的族籍，成为该族的族众。现存清代嘉庆年间祁门善和的《衍庆录》，即属此类红簿的标准样式，其内容尽是善和程氏宗族仁山门各家出生婴孩、新娶媳妇之姓名登记。关于如何填写，该书卷首专门辟有《格式》，其要点如下："以二十一世日字行人领分，凡某分生人，则记于某分之下。待后，此簿录满，其生更繁，又宜分出某支，各记其下庶益瞭如。……今此统记生名，逐年登录，则以世从年，不能以年从世，只于其名之上记明某世可也。"[②] 此红簿所记，实际上即是下届修谱的主要依据。在徽州，类似的红簿现存很多，甚至还有书至今天者。所以，出生是徽州人取得族籍的最一般途径。而通过婚姻以取得族籍者，上述棠樾鲍氏《重编棠樾鲍氏三族宗谱·凡例》即已道明了新娶之妇进入本族族籍的途径。不过，进入本族族籍的新娶之妇，并不在于婚姻本身，而是在于新娶之妇能为本族繁衍子孙，延续香火。取得族籍的方式还有过继、入赘等方式，不过，过继入籍受到许多限制，对此，徽州宗族大都采取了较为谨慎的做法。如歙县桂溪项氏宗族即对异姓来者一概不书于谱，"他如水盆抱养，赘婿为子，皆异姓乱宗，一概不书。"[③] 歙县和淳安《歙淳方氏柳山真应庙会宗统谱》即对过继入籍作出这样的规定："继嗣必以序承，间有世系差紊者，已从改正。于本生父下书曰'嗣某后'，于所后父下书曰'某子承继'。无子者于图内书曰'止附'，于父志下书曰'某无嗣、无传'，旧谱未明载者曰'失考'。其异姓承祧，无裨宗祊，徒乱宗脉者，已削不录。"[④] 异姓来继者既然不被允许书入家谱，显然也就没有

① 乾隆《重编棠樾鲍氏三族宗谱》卷首《重编宗谱凡例》。
② 嘉庆《衍庆录·书法格式》，清抄本。
③ 嘉庆《桂溪项氏族谱》卷首《凡例》。
④ 乾隆《歙淳方氏柳山真应庙会宗统谱》卷一《凡例》。

取得该姓宗族成员即族籍的资格。当然，还有不少宗族对异姓入继者是采取了较为宽容的举措，允许其入继，入继者亦即由此取得了族籍。如歙县临溪吴氏宗族，对过继者即采取了允许入籍的办法，“异姓来继者，书入记”。①

歙县呈坎罗氏宗族对过继入籍及异姓过继是否入籍，前后曾有过从宽到严的变化，据民国二十一年（1933）《罗氏历代宗谱》（抄本）之《续谱凡例》云：“继子同宗相应者，小传内所生父下书曰‘出继某人’，所继父下书曰‘以某之第几子某继’，其继子名下则书‘本某之第几子继某为子’。其继异姓者，书曰‘出继某姓’，其支派不续。异姓来继者，旧谱书‘来螟他姓子’，今悉不载。”② 祁门历溪王氏宗族向以“一脉流传，清白传家”自居，其《王氏统宗谱》更是严格声明：“义子、异姓不得紊乱宗支”，清代咸丰年间，族人王清池抱来异姓子，甚至被“控告在案，不能入谱。”③ 由此足见徽州人对紊乱宗支、朦胧入籍的严禁程度。

还有就是宗族的佃仆和奴婢，作为宗族的特殊成员，他们和整个宗族上自族长、下至族众所有成员之间，都保持有很强的人身依附关系。在法律和社会地位上，他们属于卑贱者阶层，和主人拥有较强的主仆尊卑的等级关系。把他们列入宗族的特殊成员，是考虑到许多拥有大量佃仆和奴婢的宗族，往往会在自己的族规家法中，对他们的行为和言论进行规范。一部休宁县茗洲吴氏宗族的《葆和堂冠昏丧祭及扫墓差遣各仆条规》，实际上就是明清时期一部徽州各地乡村治理与统御佃仆和奴婢的村规民约。其条规的适用范围和各仆所承担的责任、义务及其所享有的权利，该《条规》都规定得十分具体详赡，《条规》规定：“葆和堂众仆，各家己仆，所有本身及其父母，并一切有关于祠堂正务者，家主从其宽，尔等守其分。毋犯上，毋怠慢，采山耕田，安居乐土。”《条规》要求葆和堂内各仆、各家己仆必须“遵国法”、“严巡夜”、“严保甲”、“尊家主”、“禁害坟林养山”、“禁交青湿冇谷”和“禁亣神会”等，否则将会遭到严厉惩处，落得“有田不得种，有山不得葬，有屋不得居”的结局。在严格按照《条规》完成主人派给的各项差役时，各仆享有得到饭食酒水的权利，即如葆和堂用工抬轿，“其抬轿之人另给使用钱七十文、饭米一筒半、饭肉二两、寿桃一双、旦一双、酒一乎［壶］。如遇路远，即每日加使用钱七十文，房伙路上伙食酌给”。④ 因此，将佃仆和奴婢列入宗族的特殊成员之内，并不意味着他们就是和宗族其他成员权利、地位和责任、义务就是平等的，恰恰相反，他们只是宗族中的与该宗族没有任何血缘关系的地位最为卑贱的、受剥削和压迫最重的被奴役阶层。

由于明清时期徽州乡村社会聚族而居，乡村和宗族往往呈现出一体化的特征。

---

① 崇祯《临溪吴氏族谱》卷首《凡例》。

② 民国《罗氏历代宗谱·续谱凡例》。

③ 《清咸丰六年九月初二日祁门历溪王洪锦等同心合文契》，原件藏安徽师范大学图书馆。转引自张海鹏、王廷元：《明清徽商资料选编》，黄山书社1985年版，第32页。

④ 光绪《葆和堂需役给工食定例（功善抄存）》，转引自叶显恩：《明清徽州农村社会与佃仆制》，安徽人民出版社1983年版，第329－346页。

因此，许多强宗大族聚居村的宗族族规家法，实际上往往也兼有村庄规约的性质和功能。但是，我们也要看到，居住在村庄的村民毕竟还有少数杂姓，有些村庄的更是二姓或多姓聚居，这就使得某一宗族的族规家法对另一姓或多姓的村民缺乏约束力。尤其在个别二姓或多姓宗族无论人数还是财力地位都势均力敌的村庄中，某一姓宗族的族规家法便只能适用于宗族内部成员。还有一类村庄，经历了历史的沧海桑田，村庄居住的人群发生了重大变化，宗族势力出现消长。这样，某一族姓的族规家法就很难在另一族姓的成员中发挥作用。歙县瞻淇村，由章氏宗族的一统天下时称"章祈"，到汪姓宗族居支配地位时易名"瞻淇"，两姓长期不合，一姓宗族的族规家法不仅不能在另一姓成员中发生效力，反而成为阻力。歙县的江村也有类似情况，据乾隆该村村志《橙阳散志》记载："村地故橙子培也，字之以姓，实自宋始。"[①]"村以江名，实世居之。然上塘聂氏来自宋初，汪氏肇居元季，新屋下程氏来自有明。此外曰萧、曰黄，皆旧族也。聂与萧、黄仅延一脉，汪则宗于慈川，程则宗于槐塘，其居吾村，若寄籍然"。[②] 由此可见，虽然江村以江氏宗族为主体，但江村同时还有聂、萧、汪、程、黄诸姓。尽管这些姓氏成员人数不多，但江氏宗族的族规家法显然是不适用于他们的。只有整个村庄的村规民约，对他们才发挥效用。因此，适用于整个村庄的村规民约，显然要比某一宗族的族规家法更具有约束力。因此，探讨村庄的村规民约，就涉及村庄成员即村民的资格问题了。

解决了村籍问题，实际上也就解决了村民的资格问题。大体上说，凡是居住在某一特定村庄的居民，只要在村庄的边界范围之内，不论职业、身份和地位若何，都具有村民的资格，都拥有该村的村籍。即使是外出务工经商的商人、学子，只要进入本村所辖地域，都可视为该村的村民。关于村庄的边界即地域范围，不同时期会有不同的变化，但在一定时期内，这边界是相对固定的。对此，徽州一些村志和家谱于村庄之疆界，大都有着明确的界定范围。乾隆《橙阳散志》对"江村"的边界是这样记录的，"村地直歙城北七里，邑九都一图、二图、十五图、十六图地也。古称德政乡归化里，亦作居化里。东至锦里亭，东南至清塘界，南至小溪，西南至长湖，西至三里亭，西北至田干，北至庆安桥，东北至仁和亭，周十五里有奇。北障飞布，南带练溪，其间山田交半。顾平冈土阜胥可筑屋，中夹平原，颇开朗。自宋歙州倅江公卜居，历七百载，烟户三千余。家分三派：西里村州倅公孟派居焉，东外村仲派居焉，中介塘亦孟派出绍蜀源程氏还居于村。通名其地曰'江村'。"[③] 祁门县《善和乡志》对善和村的疆界亦有明确界定，"善和乡居江南万山间，今隶祁门县之六都。……东为本都之秀溪，相去十里；西为二都之石墅，相去如秀溪；南为五都之韩村，相去九里；北为本都之章溪，相去二十里；东南达县治焉，相去二十里。"[④]

① 乾隆《橙阳散志》卷十二《别志·村考》。
② 乾隆《橙阳散志》卷十二《别志·氏族》。
③ 乾隆《橙阳散志》卷一《舆地志·疆界》。
④ 光绪《善和乡志》卷一《志境》。

聚居于休宁县泰塘村的程氏宗族，在明代万历年间编纂的家谱《程典》中，设有专门的《地理志》，对泰塘村的疆界进行界定，并在《风俗志》中再次强调，“我泰塘之于海阳，在郡国县道之间，地连乡井，东西接臧溪、临溪之壤，不过十五里；南北接汊口、阳湖、兖山之壤，不过三十里。为乡幅员十五里，径七八里，提封田不过万亩。其民屋、道路、山川、林泽不可垦者什六，其可肯者十四。民户以百数，口以千数”。[①] 绩溪县庙子山的王氏宗族，在其家谱中，也对庙子山村的疆界进行了认真的界定，“村在绩溪七都东部，东南至绩溪县城四十里，东距坦头三里，西距七都汪村前三里，南距中潭二里，北距正觉寺一里有半。约当经度东二度偏东，纬度三十度偏北。”[②] 不仅如此，该家谱还专门设置了《沿革》一节，对庙子山村自先秦至清代的地理沿革进行了详细的考证，并列表以志之。[③]

可见，明清时期，徽州各地乡村每一个自然村庄，都拥有自己相对较为固定的疆界和地域范围。而居住于该村的地域疆界范围之内的人群，显然应当归属于该村的村民。该村的村民及其所自然繁衍的后代，都拥有该村的村籍。如果说宗族只是一种组织和人群的话，那么，村庄特别是自然村庄，则主要是由居住人群所构成的地域共同体。宗族的族规家法，作为一种居住于村庄组织的宗族式的村规民约，其所覆盖和适用的人群范围，主要限定在宗族成员这一特定的村民，而非宗族成员的村民，则较少受其限定和约束。在这种情况下，只有属于整个村庄地域范围内的村规民约，才对全体村民具有适用性和约束力。

为说明村庄的村规民约和宗族族规家法类村规民约的适用人群范围，我们仅将清代乾隆二十七年（1762）五月由婺源县思溪村居住的王文、王敦伦等为首的王姓宗族成员，单彬华、单笃庆等为首的单姓宗族成员，以及以俞兴灿等为首的俞姓宗族成员共同请示婺源知县颁布的《思溪村合村山场禁示碑》文字照录于下：

特授婺源县正堂加三级纪录五次纪功一次胡为公吁赏示永禁杜患事。据王文、王敦伦、单彬华、□[④]□□、单笃庆、俞兴灿等具禀前事，词称：身村四户公置俞师坦茶坞、里田坞，面前山、下坞、西培、□坞、头下坞、上培、板门桥、林子坑、黄培山、仓坞培等处山场十二局，乃一村之来龙，面前水口攸关。栽种杉松竹木，掌养保护，屡被无知小民入山侵害。今村佥议，业经唱戏鸣约加禁，但恐人心不一，未沐示□，仍蹈前辙。为此，公叩宪太老爷恩准赏示，勒石严禁，俾愚民知有法究，而山场永无侵害，合村感戴上禀等情。据此，合行示禁。为此，示仰附近居民人等知悉：嗣后，王文等公置俞师坦等处山场杉松竹木，乃一村攸关，□□□□□山侵害。倘有不法棍徒擅敢砍伐，许业主同

① 万历《程典》志卷四《风俗志》。

② 民国《绩溪庙子山王氏谱》卷八《宅里略·位置》。

③ 民国《绩溪庙子山王氏谱》卷八《宅里略·沿革》。

④ “口”原缺，下同。

约保指名，据实赴县具禀，以凭严拿，大法重究，断不宽贷，各宜凛遵毋违。特示。遵。

乾隆二十七年五月初十日　示

仰勒石永禁。[①]

显而易见的是，作为王、单和俞姓多姓村民共居村，王文、王敦伦、单彬华、单笃庆和俞兴灿等代表思溪全体村民请示婺源知县所颁示的这通《合村山场禁示碑》，绝不是王姓或单姓、俞姓某一宗族约束本族成员的族规家法，而是包括以上三姓全体村民都要共同遵守的村庄村规民约。

乡约和会社组织的村规民约，其适用范围是乡约和会社组织的全体成员。在徽州，乡约自明代倡行以来，其主要类型大体有地域性和宗族性乡约两大类，"乡约会依原编保甲。城市，取坊里相近者为一约；乡村，或一里、或一图、或一族为一约，其村小人少附大村。"[②] 因徽州山区村落聚族而居，许多村庄成立的乡约都呈现出宗族化的特征。与此同时，宗族的乡约化趋势也更加显著。[③] 不过，根据明清徽州确实存在地域性和宗族性两类乡约，因此，两类不同的乡约，其成员也各有不同。地域类乡约，一般以地域疆界为限，凡是在乡约统辖地域范围内或一里、或一图、或小村附大村的村落联合体的村民，都属于该乡约的当然成员。明代嘉靖二十三年（1544）和嘉靖三十四年（1555）歙县岩寺分别建立起来的"岩镇乡约"和"岩镇备倭乡约"，就是这种按照地域疆界划分的乡约，如岩镇乡约的地域范围和管理人员，即是"仿蓝田吕氏之约，以束一乡，而首端士习。每月定期讲论于南山之阳，喜有庆，哀有吊。习业有会，彬彬然。"[④] 岩镇乡约把"巨室云集"[⑤] 的岩镇地域"一镇分为十八管，有纪有纲；每管各集数十人，一心一德"[⑥]。这就从地域上，将乡约的范围进行了界定。至于宗族类乡约，其成员则主要来源于该宗族的全体成员。徽州最为典型的宗族类村规民约，主要有明代隆庆六年（1572）建立的祁门文堂陈氏乡约。该乡约的同立人共二十五人，约正、副二十八人，约赞七人，全为文堂村陈姓宗族成员，其成员范围当然亦全部系陈姓宗族成员。陈明良在隆庆六年（1572）中秋书写的《文堂陈氏乡约序》中指出："惟阖族遵依归，而月朔群子姓于其祠，先圣训以约之尊；次讲演以约之信；次之歌咏，以约其性情；又次之揖让，以约其步趋。不知孝顺尊敬者，约之孝顺尊敬；不知和睦教训者，约之和睦教训；不知安生理毋作非为者，约之使安生理毋作非为。"可见，作为村规民约的一种，宗族类乡约

① 原碑现嵌于江西省婺源县思口镇思溪村一古庙前墙上。
② 嘉靖《徽州府志》卷二《风俗》。
③ 参见常建华：《明代徽州的宗族乡约化》，《中国史研究》2003 年第 3 期。
④ 雍正《岩镇志草》亨集《名贤传 · 郑佐》。
⑤ 雍正《岩镇志草》卷首《志草发凡》。
⑥ 雍正《岩镇志草》贞集《艺文下 · 岩镇乡约叙》。

所调整的成员范围，主要局限于本宗族内部的成员，也就是说，在宗族类乡约中，即使是该村的村民，如果不是该宗族的成员，那么他们也就不能成为该宗族所建立的乡约中的成员。尽管村庄中的异姓村民，在一定条件下也受到乡约的限制和约束，如文堂陈氏宗族乡约，对该村也是租种该族成员土地的异姓佃户，即采取了不直接由佃户、小户参与乡约，而是从佃户或小户中编立选举甲长的办法，由甲长负责对佃户或小户的管理与监督。《文堂乡约家法》规定："本都乡约，除排年户众遵依外，仍各处小户散居山谷，不无非分作恶、窝盗、放火、偷木、打禾、拖租等情。今将各地方佃户编立甲长，该甲人丁许令甲长约束。每月朔，各甲长侵晨赴约所，报地方安否何如。如本甲有事，甲长隐情不报，即系受财卖法，一体连坐。如甲下人丁不服约束者，许甲长指名禀众重究。每月朔日，甲长一名不到者，公同酌罚不恕。"[①]但他们通常并不在乡约的调整范围之内。他们的行为和乡约中要求的陈氏宗族成员的"人人同归于善"的行为[②]，没有必然的关联。他们不参加陈氏宗族成员每月一次的乡约家会，每月朔日由佃户中的甲长赴乡约所"报地方安否何如"[③]。至于文堂村的其他姓氏的非陈氏宗族佃户的村民，更与文堂陈氏宗族乡约的活动无关。也就是说，文堂陈氏宗族乡约调整的只是陈氏宗族内部成员的关系，它的成员范围当然也就局限于陈氏宗族成员，而非全体文堂村村民。

会社类村规民约的成员资格，通常限于参加会社活动的全体成员尤其是出资办会的会首。由于明清时期徽州的会社类型繁多，且具有一定的地域性特征。因而，会社的成员既有宗族性的，也有非宗族性的。就祭祀祖先类的清明会等会的组织而言，清一色的宗族成员显然是其成员结构的最基本特征。而祭祀类似土地神、文昌帝的会社以及金融性和乡绅文人所结成的会社，则又往往是非宗族性的居多。明代洪武三年（1370），明太祖"诏天下乡民立社"[④]。嘉靖五年（1526），应天巡抚陈凤梧再次要求各地立社。于是，响应明太祖和陈凤梧的号召，明代徽州各地几乎每一村庄都建立起了自己的社，个别村庄甚至建有数所甚至十数所社的组织。如截止到清雍正年间，歙县岩寺即建立有永兴义井社（明嘉靖五年，奉应天巡抚陈行本县各里立社，当日社首十二家，立簿十二册，编号智、仁、圣、义、忠、和、孝、友、睦、姻、任、恤，家收一册，分别智字方尚、仁字胡沧、圣字胡积佑、义字陈朝伟、忠字汪宗龙、和字方桂柏、孝字龚然达、友字俞嘉贞、睦字胡光德、姻字吴仕圣、任字吴自成、恤字汪时复。崇祯十年重修，康熙六年，增入徐日学一家，并立元字号簿）、长兴祖社（其社户昔为阎氏，今为龙池胡、上新街汪、柳塘巷程、尚义孙、佘家巷汪、一管王，清雍正九年，汪成材修）、四义井社（唐元和间，闵公合龚、黄、胡四姓共立，洪武六年，闵君子寿欲重建，龚、黄、胡多他徙，因另联汪、方、

① 隆庆《文堂乡约家法·文堂陈氏乡约》。
② 隆庆《文堂乡约家法·会诫》。
③ 隆庆《文堂乡约家法·文堂陈氏乡约》。
④ 乾隆《橙阳散志》卷六《礼仪志·祭祀》。

吴三姓，仍成四义，时同社者六十户。后废。正德元年，合众公议重建）、龙潭社（南山郑氏明万历年间建）、义成祖社（明洪武初，诏天下立社，岩镇众姓同建，故曰“义成”。嘉靖间遭灾。万历二十三年，汪氏合族重建）、宁寿祖社（明万历十年，众姓建）、长塘祖社（又名“庆寿会”，明万历七年建。崇祯八年，社户十九姓同修）、长兴社（明万历七年，佘姓合族建）、龙潭祖社（岩寺方氏七门之社）、镇东祖社（宋咸淳六年，徽州提刑节度同知致仕邱龙友钱塘知县致仕王英杰奏请奉准立社。明洪武初，兵毁，龙友公曾孙邱焕文捐资复造。万历间，邱大用、程茂麟、宋必勉、吴仕旆等倡众重修。清康熙三十一年新之）、崇仁兴义社（初建于明嘉靖、隆庆之际，万历三十年，曹祺等重建。康熙二十六年，张之燧等重修）、龙潭社（鲍汝璋于康熙十五年创建）、尧源社（不知建于何时，为南北十四管人户所祀。明万历三十三年重建）和晋昌社（明成化年间建）等十五所社。在这十五所社中，文字记载明确的多姓共建的地域性而非宗族性的社就有八个之多。① 一村多社现象，在歙县蕃村现存的遗存中，还有宁丰大社和许家社屋二座社屋。显然，就社而言，主要有血缘宗族性社和村庄地域性社两类，且以村庄地域性的社占多数。通常宗族血缘性社的成员限于宗族内部，而村庄地域性社的成员则包括居住于该村地域范围内的所有村民。会的情况和种类更加复杂，大体上，既有宗族性的会，如清明会等，也有地域性的会，如歙县岩寺的南山文会等。规模大者有跨村庄地域的数村联合性会，如休宁县十三都三图旌城为中心的祝圣会，即是跨越旌城、溪口、阴山背和金竹数村的会社组织。规模小的甚至还有由小家庭成员组成的家会等。根据不同类型会社和会社规约的规定，会社的成员也各有不同。

关于合同和告示类村规民约，其成员范围一般依合同和告示内容的不同规定而定。大体上，订立和签署合同的成员，是合同类村规民约的当然成员。告示类村规民约，则主要以告示类型和内容规定的范围而定。

总之，明清时期徽州村民和特定组织成员资格的认定和确立，大体上可按地域和组织两大类别进行划分。除居住在村庄内的全体成员可以比较明确地认定为当然的村民以外，其他组织的成员资格确立和认定则相对较为复杂。就宗族成员资格而言，被削除族籍的成员，显然不能被认定为该宗族组织的成员。同样，会社组织中自愿脱离的成员，显然自脱离之日起，便不在会社组织成员之列。相反，新增加的会社成员，则自加入之日起，在恪守会社规约、履行会社规定的权利、责任和义务的前提下，则成为会社组织的当然成员。

三、明清徽州村规民约的制定与执行

那么，明清时期徽州的村规民约是如何制定与执行的呢？

① 雍正《岩镇志草》元集《祠社坛宇》。

先来分析一下村规民约的制定。与国家法由国家权力机关按照一定的法律程序制定并具有一定的强制性效力不同的是，明清时期徽州村规民约的发起者和制定者则主要是来自于乡村社会中的某一地域组织或人群，其任务和作用，主要是配合与协助国家法，对某一特定组织（包括自然和行政村落、宗族和会社等）或特定人群进行自我管理、自我服务和自我约束以维护乡村社会已有的社会与经济秩序，进而达到稳定乡村社会的目的。明清徽州地区村规民约的制定者，大多是居住于乡村社区中的精英，这些精英既包括国家法定的村庄行政负责人，也包括宗族的头面人物，还有大量的乡绅群体。

就明清时期徽州村落的村规民约而言，一般是由居住于该社区地域范围内的法定行政组织里甲长、乡约、保长以及乡绅阶层共同发起、协商制定的。如清乾隆十九年（1754）闰四月徽州某县十八都四图吴德嗣、朱允公、戴才志、蔡思志、范吉振、叶在田等十六人共同发起订立的《轮充均役合同》，就是由居住于十八都八图乡约叶为美和钱运宝、保长叶圣宠参与发起并与上述十六人一道签署押制定的一份专门为轮派甲长差役事务的村规民约。该合同指出："十八都八图立议约合同人吴德嗣、戴才志、范吉振及众姓等、本图保甲长，今值事务繁重，难以承充。众等齐集各姓公同酌议：置有产业，及图内居住，公同轮充均役，料理、照管、监察、争竞、斗殴，及毋藉匪类，不许容留居住。稽查安辑，宁静地方。此系公务，对神阄定月日，轮者充当。凡遇一切在公及图内事，本人承值，毋得推诿。"①

以宗族名义制定的族规家法类村规民约，则是"以族长为核心的房长缙绅集团"② 等共同商议制定的。明万历丨四年（1586），祁门清溪郑氏宗族的《家规》，初定于嘉靖三十五年（1556），在族老和族长等郑氏宗族的缙绅集团共同参与下不断斟酌商议完善后颁布的。为说明问题，谨将万历十四年（1586）由郑氏宗族族老和族首共十二人联名制定和颁行郑氏《家规》告示文字照录干下：

吾家自祖以来，其奉先睦族遇下，各有定额，但行之既久，不能无弊，其通变损益以趋时者，今日不得不然也。于是上遵国法，远稽祖训，近采众议，酌成家规。夫规之为言戒也，又言式也，事有不趋于时，不合于理，不可纵也，故戒之。戒之而趋于时，合于理，可世守矣，故式之。此规之所由立而人之所当遵也。其或有干于此者，则礼罚炳炳在也，条陈于后，期毋犯。

右家规立自嘉靖三十五年，屡经佥议，逐条斟酌，至后益加详妥。兹因家乘既成，摘其要略附梓于末，以便观守云。时

万历十四年丙戌孟冬月吉旦族老之珍　之锡　应祥

族首奇保　端阳　之汶　之琦　应绶

① 《乾隆十九年闰四月徽州某县十八都八图吴德嗣等轮充均役合同》，原件藏南京大学历史系资料室，编号000056。

② 赵华富：《两驿集》，黄山书社1999年版，第308页。

应龙　一治　伯昱　伯洪　共立①

雍正歙县《潭渡黄氏族谱》的“族规”就是以潭渡黄氏宗族族长和八堂尊长联合文会共同商议制定的。“公议宗祠规条计三十二则，乃八堂尊长暨文会诸公于康熙甲午仲春下浣七日议定，自当永远遵守”②。无论是万历祁门郑氏宗族家规，还是雍正歙县潭渡黄氏宗祠规条，其制定者都是来自于宗族内部的族长、族老、文会等头面人物和乡绅等精英阶层。正如明万历二十六年（1598）袁国俼在为休宁城北周家坞《周氏宗规》所写的《序》中所云：“盖闻俗奢示之以俭，俗俭示之以礼，所以明礼以维风，正身以范俗，胥于族长、宗子责也。”③ 肩负宗族风俗教化重任的族长、宗子和乡绅等缙绅集团，显然在族规家法的制定过程中，发挥着比其他宗族成员更大的作用，或者说，他们就是宗族族规家法类村规民约的忠实倡导者和实际制定者。

各种会社的规约则由会社的发起者和会首联合会社成员共同讨论制定，如大部分文会规约即是如此。但宗族性会社，则和族规家法一样，也是由宗族的族长出面负责制定的。如明天启元年（1621）休宁某村友义堂程氏宗族所建立的旨在祭祀祖先、祭扫祖坟的清明会，其会规即是由聚居该村的宗族族长程宏等联合“各房（门）长议定”设立的。④ 清代绩溪县高迁村高氏宗族，有感于该族清代文教不及于前，乃在宗族头面人物的倡导下，创立了所谓的“学愚文会”，“合族兴立文会，名曰‘学愚’。非特不忘先烈，且以愚者可学，而智者愈无不可学也。吾愿后之愚者学而不自以为智，尤望后之智者愿学而直自以为愚”⑤。还有一些跨地域性的会社，甚至由乡村基层社会的里甲长牵头发起制定，如成立于明崇祯年间一直持续至民国三十年（1941）的休宁县西南部十三都三图祝圣会，其会规就是由乡村社会的基层组织发起并制定和不断修改完善的，“住居十三都三图里长吴文庆、保长汪宗公及士农工商各户人等旧议祝会事。”⑥ 而创建于明嘉靖中叶的歙县呈坎潨川文会，其会规则是由文会发起人等共同制定的。⑦ 至于一些以祭祀祖先为宗旨的清明会和以祭祀土地神为目的的春祈秋报性质的社等，其会社规约的制定和调整，在宗族聚居的徽州乡村社会，宗族族长无疑起到了不可替代的作用。

还有一种村规民约，系由少数人发起、部分人参与的完全出自某一特定事项而制定的诸如护山保坟禁约合同、禁止赌博告示和调解民间纠纷的和息文约等等，其制定者基本上来自于当地乡村基层组织的里甲、保长、乡约和宗族会社以及纠纷当事人等群体。如清嘉庆八年（1803）十月，休宁县二十五都五图浯田村，敦请休宁

---

① 万历《祁门清溪郑氏族家乘》卷四《郑氏家规》。

② 雍正《潭渡孝里黄氏族谱》卷六《祠祀·附公议规条》。

③ 万历《重修城北周氏宗谱》卷九《周氏宗规序》。

④ 王钰欣、周绍泉：《徽州千年契约文书》（宋元明编）卷八，花山文艺出版社1992年版，第192页。

⑤ 光绪《梁安高氏宗谱》卷十一《学愚文会序》。

⑥ 《明崇祯十年——清康熙四十九年祝圣会簿》，原件藏南京大学历史系资料室，编号000055。

⑦ 《潨川文会簿》抄本，该书复印本由卞利收藏。

知县颁示的《严禁棚民入山垦种告示》，即是由聚居该村的程氏宗族族长程元通、保长程敬培，房（门）长程伊志、程良吉、程象符，监生程步鳌，生员程其经，司祠程汇公等精英共同发起的。可以说，这里宗族族长、村落保长、乡绅等组成的村庄头面人物所组成的精英集团，在制定该件村规民约中，发挥了极其重要的作用。[①] 清同治九年（1870）三月祁门县知县颁行的文堂村禁赌告示的，也是由聚居该村的陈氏宗族的族长陈龙生、监生陈寿长、陈光门和陈光斗联合村民共同制定和请示颁布的。[②]

同村规民约制定紧密相连的是村规民约的执行问题。由于任何村规民约都有一定的施用范围、施用人群和时间效力，因此，明清时期徽州的村规民约执行和承续，就存在一个执行者和执行时间问题。

原则上，就村落地域范围内的村规民约而言，其执行者显然是该村落法定的行政官员，如里长、甲长、保长和乡约等。如违反村规民约的规定，又不服执行者的处罚，那么执行者则可直接呈官理治。如清乾隆十六年（1751）四月，徽州某县项凤仪等所立的《排年合同》即规定，“合同十排集议，嗣议之后，各甲排年催管各甲完纳，不得遗累现年。立此合同存据，永不拖累。倘有抗欠、不依合同反悔者，甘罚白米叁石。如有不遵，十排呈官理论”[③]。在祁门县文堂村，佃户被编为若干甲，设立甲长，所有佃户即受甲长的约束和处置，而甲长则又受乡约控制。“本都乡约，除排年户众遵依外，仍各处小户散居山谷，不无非分作恶、窝盗、放火、偷木、打禾、拖租等情。今将各地方佃户编立甲长，该甲人丁许令甲长约束。每月朔，各甲长侵晨赴约所，报地方安否何如。如本甲有事，甲长隐情不报，即系受财卖法，一体连坐。如甲下人丁不服约束，许甲长指名禀众，重究。每月朔，甲长一名不到者，公同酌罚，不恕。”[④] 在这里，乡约的约正、副，显然是文堂村村规民约的最高执行者和裁判者，而甲长则是次一级的执行者和裁判员。对实在无法执行者，送官处治，则是明清徽州村规民约执行过程中的最终环节和处置手段。事实上，明清时期徽州许多类型的村规民约都有违犯者被呈官处置的记录。

就宗族族内的族规家法类的村规民约而言，其执行者则是宗族的族长、由宗族族长委托的管理人员和宗族中的乡绅集团。明万历休宁《茗洲吴氏家记》在其族规《家典》中，不仅明确了族长是族规家法的执行人，而且对违犯族规家法者采取了最为严厉的革除族籍的惩罚措施。“倘有户婚田土，事不得已，尊长不恤以至抱屈，亦当禀请族长以分曲直。……婚配须择门楣相对之家，如或素无姻娅，轻与议聘，门第不对，乡鄙诟笑。是人之以奴隶待其身，以卑下待其子孙，我族即不当与之并齿。

① 《清嘉庆八年十月休宁浯田岭严禁私棚民入山垦种碑》，原碑现嵌于安徽省休宁县龙田乡浯田村一商店墙中。

② 《清同治九年三月十八日祁门文堂奉宪严禁赌博碑》，原碑现铺于安徽省祁门县闪里镇文堂中村敦本祠地面上。

③ 《清乾隆十六年四月徽州某县项凤仪等立排年合同》，原件藏南京大学历史系资料室，编号000059。

④ 隆庆《文堂乡约家法》。

生不许入堂，死不许入祠。”① 明代休宁《商山吴氏宗法规条》即指出：“祠规虽立，乃虚文也。须会族众，公同推举制行端方、立心平直者四人，四支内每房推选一人为正、副，经理一族之事。遇有正事议论，首家邀请宗正、副裁酌。”② 在祁门善和村，聚居于该村的程氏宗族推选五大房轮值管理族务，执行族规家法，遇有重大事务，管理者必须禀明各房家长，由家长集终公议。初刻于明嘉靖年间、续刻于万历初年的《窦山公家议》规定：“凡属兴废大节，管理者俱要告各房家长，集家众商榷干办。如有徇己见执拗者，家长家众指实，从公纠正，令其即行改过。如能奉公守正者，家长核实奖励，家众毋许妄以爱憎参之，以昧贤否。各房如有不肖子孙，将众共田地山场祠墓等件盗卖家外人者，管理者访实，告各房家长会众即行理治追复，或告官治以不孝论。”③ 不过，宗族族长执行族规家法类村规民约时，一般被要求在家法许可的框架内进行，不得违背国法，“家法止于杖责驱逐，若罪不止此，则送官究治，不得私立死刑。杖责驱逐之法，尊长可施于卑幼，卑幼不得施于尊长。行家法者，必以是为准”④。

以会社等组织名义制定的会社规约类村规民约，其执行者是轮值的会社首领，即所谓的会首、社首等以及会社规约规定的人员负责执行。清道光三十年（1850）九月，休宁县十三都三图祝圣会，对入会佃户不能遵守会规欠交地租行为，即制定了由会首邀请会众行使处置权的会规。“会内各佃户设或抗租不交司年者，即行通知上下会首，仝往催讨。如有刁佃梗顽，颗粒不交，即应邀仝在会诸公商议公允，再行公举。而管年之家亦不得藉公报私。”⑤ 不过，宗族性的会社规约的执行，宗族的族长和家长、房（门）长依然是主要的执行者和裁判人。清嘉庆十九年（1814），祁门箬溪王履和堂养山会对触犯《条规》者，即规定了由宗族族长和各家房长依家法进行处罚的条款，“兴山之后，各家秩丁必须谨慎野火。倘有不测，无论故诬，公同将火路验明。查出，罚银十两，演戏十部。如不遵罚，即令本家房长入祠，以家法重责三十板。元旦，祠内停饼十年。妇女失火，照例减半，咎归夫子。如无夫与子，咎归房长，公同处罚。外人，另行理治。”同村落和宗族的村规民约一样，会社的规约也规定了对处罚对象不服闻官治理的条款，王履和堂养山会的会规即规定，对“恃强不遵者，呈官处治”。⑥ 明清时期遍布徽州乡村的会社组织——文会，在执行会规、调处民间纠纷方面，起到了十分重要的作用，诚如方西畴在《新安竹枝词》中所云：“雀角何须强斗争，是非曲直有乡评；不投保长投文会，省缺官差免下城。”⑦

明清时期徽州的村规民约还有乡约等组织制定的规约，其负责执行者主要来自

① 万历《茗洲吴氏家记》卷七《家典记》。
② 《商山吴氏宗法规条》（不分卷）。
③ 万历《窦山公家议》卷一《管理议》。
④ 光绪《梁安高氏宗谱》卷十一《家法》。
⑤ 《清道光廿四年—三十年祝圣会簿》，原件藏南京大学历史系资料室，编号000116。
⑥ 嘉庆《环溪王履和堂养山会簿》（不分卷），原件藏安徽省图书馆。
⑦ （民国）许承尧：《歙事闲谭》卷七《新安竹枝词》。

于乡约的约正、约副等乡绅阶层组成的核心成员。[1] 乡约自明代中叶至清前期不断得到统治阶级的倡导和施行，明嘉靖年间，徽州知府倡行乡约，各地纷纷响应，绩溪县令郁兰“奉府何东序乡约条例，令城市坊里相近者为一乡约，村或一族一图为一约。举年高有德一人为约正、二人为副，通礼文数人为约赞，童子十余人歌诗。缙绅家居，请使主约。择寺观祠舍为约所，上奉圣谕碑，立迁善改过簿。至期，设香案，约正率约人各整衣冠，赴所肃班。行礼毕，设坐，童子歌诗鸣鼓，宣讲孝顺父母六条。有善过彰闻者，约正、副举而书之，以示劝惩。每月宣讲六次。”清初继承明朝旧制，清圣祖于康熙九年（1670）亲颁“上谕十六条”，令各地成立乡约进行宣讲。“雍正二年，增颁乡约法律二十一条。乾隆十九年，（绩溪）知县较陈锡奉府太守何达善札，令坊乡村镇慎举绅士耆老足以典刑闾里者一二人为约正，优礼宴待，颁法规条，令勒宣化导，立彰善瘅恶簿，俾民知劝惩。”[2] 现存最为完整的明代隆庆六年（1572）祁门文堂乡约，即赋予了约正、副负责执行的权力，“择年稍长有行检者为约正，又次年壮贤能者为约副，而与权宜议事。在约正、副既为众所推举，则虽无一命之尊，而有帅人之责。……约正、副，凡遇约中有某事，不拘常期，相率赴祠堂议处，务在公心直道，得其曲直。”[3]

至于明清徽州乡村社会中部分人群为某一目的而专门订立的合同文约等村规民约，其执行者和监督者，则主要是由参与订立合同文约的当事人和中人负责。一旦出现违约行为，则允许遵守者按照合同文约规定的款项即罚则，对违约人进行处罚。明嘉靖十八年（1539）六月，祁门三四都詹天法、刘记保、潘万昌、汪华等所立的养山合同就明确规定：“议约之后，各人不许入山砍斫。如违，砍斫壹根，听自众人理治，甘罚白银贰分与众用无词。”[4] 对经过县府钤印并以县府名义颁发的各种告示类村规民约，其执行者基本上仍是当地村落或宗族成员负责执行，不同的是，一旦出现违犯此类告示行为者，执行者可以藉此为依据，恳请官府进行处罚。如清康熙五十年（1711）四月，祁门县民盛思贤为保护汪家坦等处山场免遭盗伐，就曾专门恳请县令颁给告示，这纸钤有祁门县印的告示指出：“嗣后，本业主蓄养树木，一应人等不得妄行强伐盗砍。如敢有违，即鸣邻保赴县呈禀，究治不恕。”[5] 乾隆四十六年（1781）三月，黟县正堂亦曾应监生姜世铨、村民姜尚仪等请求，专门颁发告示，对位于长瑶庵受侵害的姜氏合族祖坟予以保护，“示仰该处地保山邻人等知悉，所有姜世铨等长瑶庵山地，照界执业，附近人等毋许再行侵挖。如敢故违不遵，许原禀人指名赴县具禀，以凭拿究。该地保山邻人及原禀人等不得藉端滋事干咎，各宜凛遵毋违”。[6]

① 参见卞利：《明清时期徽州的乡约简论》，《安徽大学学报》（哲社版）2002 年第 6 期。

② 乾隆《绩溪县志》卷三《学校志·乡约附》。

③ 隆庆《文堂乡约家法·文堂陈氏乡约》。

④ 《明嘉靖十八年元月初七日祁门县三四都詹天法等立长养树木合同》，原件藏南京大学历史系资料室，编号 000058。

⑤ 《清康熙五十三年四月初六日祁门县严禁盗砍汪家坦等处山场树木告示》，原件藏安徽省祁门县博物馆。

⑥ 《清乾隆四十六年三月初五日黟县正堂告示》，原件藏南京大学历史系资料室，编号 000184。

总之，明清时期徽州类型多样、内容丰富的村规民约，其制定者和执行者一般都有着明确的界定。为保证这些村规民约能够得到有效执行，达到制定者的目的，一些地区的乡村基层组织、宗族、乡约和会社等，还专门设立了监督人员，以加强对村规民约的执行。鉴于村规民约的约束范围有时可能超过本地域、组织和人群范围，为强化其权威性和严肃性，一些乡村和各类组织还“需要‘邀请’国家进入，并提供资料或对方要求的帮助”[①]。明清时期数量颇丰的徽州府县应民间要求颁发的各类告示，就是乡村社会组织和人群在不能独立解决问题，主动邀请国家权力介入的一种极为重要的路径。对此，我们必须将这类地方官府的告示纳入村规民约的体系来考察，并对其制定者和执行者进行深入系统的研究。

四、明清徽州村规民约的基本特点和主要功能

明清时期徽州的村规民约类型繁多，内容丰富，但就其总体而言，一般具有以下几大基本特点：

首先是它的地域性。任何村规民约都具有特殊的地域性限制，“代表了一个相对独立的生活共同体，”[②] 或者说只在其所覆盖的地域范围内才具有其效力，超过了该村规民约规定的特定的地域范围，即相对独立的乡民生活共同体，其便失去了应有的效力。可以说，地域性是村规民约的主要特征。明清时期徽州的村规民约地域性特点相当突出，不同县域、不同村庄之间，其村规民约之间都具有其独特的地域性色彩。除非是数村联合制定，否则，即使像歙县棠樾、郑村、槐塘和稠墅等邻村之类的某村单独施用范围的村规民约，在另一村落也无任何约束力。清道光十一年（1831）仲春，祁门桃源村所制定的《奉宪示禁强梗乞丐入境碑》，即对该规约划定了明确的村域界限，“里至天井源，外至横岭下宝山殿”，就是该村规民约效力所覆盖的地域范围。[③] 超越了这一地域范围，桃源村的这一村规民约便失去了其应有效力。即使是宗族性的村规民约，一般亦仅适用于宗族成员所聚居的境域范围之内，更何况徽州村庄地域本身就具有宗族聚居的传统呢？

其次，明清时期徽州的村规民约还具有较强的时效性。任何村规民约都有其施用的时间限制，尽管村规民约作为乡村社会中一种重要的地方性知识和文化传承的载体，往往具有延续时间较长的特点，但是，无论何地何类村规民约，其所拥有的时效性则是毋庸置疑的。我们看到，从明末至民国年间延续数百年之久的休宁县西南山区十三都三图以旌城为中心的祝圣会，其《会规》就因不同时代的变化而因时制宜地进行过多次调整，淘汰一些过时的内容，增加一些新的规定。再如，明代祁

---

① 张静：《村规民约体现的村庄治权》，《北大法律评论》第2卷第1辑，法律出版社1999年版，第5页。

② 张静：《村规民约体现的村庄治权》，《北大法律评论》第2卷第1辑，法律出版社1999年版，第35页。

③ 《清道光十一年仲春月祁门县桃源村严禁乞丐入境碑》，原碑现嵌于安徽省祁门县闪里镇桃源村廊桥墙壁中。

门文堂的乡约《诫条》，到了清代就失去了其存在的现实价值。同样，明清时期徽州各地的村规民约，在今天看来，除了具有历史研究价值和借鉴价值外，应当说基本没有现实的约束力了。宗族的族规家法类村规民约，在宗族发生重大变迁之后，也完全丧失了其原有的效力。正如清乾隆时婺源县江湾村江如松所云："事有宜于古而不利于今，法有行于前而不善于后。祖宗立言如箴铭训诫，宝若鼎彝，百代遵守可也。至于作法处置，虽古人具有深意，然有不能行于今者，不得不为之变通焉。"①徽州许多乡村社区中宗族族规家法在历代谱牒编纂的过程中，如同婺源江湾萧江氏宗族一样，都处在一种不断进行充实和调整的动态过程之中，在某种程度上说，都是基于这些族规家法失去时效性而不断进行因时制宜变通的这一主要目的。

再次是它的宗族血缘性。明清徽州的村规民约不同于其他地区的一个突出特征就是它的宗族血缘性，无论是村庄规约、宗族规约、会社规约、族规家法，还是乡约、合同、告示，由于其成员大多为聚族而居的村民（含乡绅等），因此，这里的任何一种类型的村规民约，都深深地打上了宗族血缘的烙印。清乾隆五十年（1785）婺源汪口村恳请婺源知县颁布的《严禁盗伐汪口向山林木告示》类村规民约，其实就是由聚居该村的俞姓宗族联合发起的。该告示内容如下：

奉县主示禁：

特授婺源县正堂加五级纪录十次记功二次彭为吁恩给示、申禁杜害事。据东乡六都汪口生员监俞大璋、俞芝秀、俞镇巩、俞麟祥抱呈，俞本禀称：生乡聚族而居，前籍向山以为屏障，但拱对逼近削石巉岩，若不栽培，多主凶祸。以故历来掌养树木，垂荫森森。自宋明迄今数百年间，服畴食旧，乐业安居，良于生乡大有裨益。乾隆四十三年，无藉之徒盗行砍伐，当经捉获。适值张主仙逝，迫禀军厅，已蒙究详在案。奈日久玩生，复萌觊觎。旦旦而伐，山必童赭；事关祸福，害切肌肤。生等协众佥议，酌立条规，重行封禁，永远毋得入山残害。即村内一切公事，均不许藉辞板摘，以启砍伐之端。布帖于乡，咸称善举。但恐愚氓无知，非请法禁，终肆梗玩。恭际太父师莅任以来，严明相济，威德并施，雷厉风行，家喻户晓。为此，吁恩准给示禁，永远杜害。煌煌金谳，谨镌诸石，以垂勿朽。俾斧斤不入于山林，则宪泽且及于草木矣。一乡戴德，万祺铭恩等情，据山合行示禁。为此，示仰该地约保及村内居民人等知悉：尔等各宜自爱，毋得借公残害，永远蓄养向山。倘有故违，一经该生等控告，定即拏究，决不姑宽。各宜凛遵毋违。特示。

乾隆五十年十二月　　　　　日示②

① 乾隆《萧江复七公房支谱》卷四《手泽·清归场田坟地山税记》。

② 《清乾隆五十年十二月婺源严禁盗伐汪口向山林木告示碑》，原碑现嵌于江西省婺源县汪口村旧乡约所墙壁中。

这纸“告示”告诉我们，在明清时期聚族而居的徽州乡村社会中，村规民约所具有和显示出的宗族血缘性特征是极其突出的。事实上，明清时期徽州许多地区的即使是多姓共居的村庄，尽管我们还不能武断地得出徽州村规民约呈宗族化趋势这一结论，但其村规民约多呈保护势力较大的宗族利益的倾向还是显而易见的。

再次是它的模糊性和变通性。明清时期徽州的村规民约，作为一种民间法，毕竟不同于国家制定法，在进入地方官府司法领域之前或之外，它会对与国家法相矛盾甚至是相抵触的内容，因人、因事、因地进行调整。尽管明清时期徽州的村规民约在大多数情况下是在国家法的框架下制定的，但与国家法之间的细微矛盾与冲突还是经常存在的。因此，一旦进入正式的国家司法领域，这类村规民约即可能会采取某些模糊的变通方式，来寻求与国家法的吻合与一致。当然，一些户婚、田土和斗殴等民间细故，国家法一般亦会采取尊重并向村规民约让步或妥协的方式，来达到稳定乡村社会的目的。如清代中期以后，徽州各地乡村土地买卖中普遍存在的“小买”问题，作为一种民间约定俗成的“乡例”，其与国家法的规定就是互相矛盾和抵触的，“歙邑买卖田地之契约，有大买、小买之区别。大买有管业收租之权利，小买则仅有耕种权，对于大买主，仍应另立租约。”[①] 由于“小买”俗例的普遍存在，经常导致各种纠纷，因此，徽州知府早在嘉庆四年（1799）即为此专门颁布严禁告示，对此行为进行严厉禁止，“徽州府太爷竣为严禁小买名色以清田业、以息讼端事”[②]。但代表国家权力立法的徽州知府严禁小买的告示，并没有发挥作用，在此法令公布之后，徽州各地乡村的小买行为，依然按照当地的“俗例”有条不紊地进行。而此后甚至到了民国年间，这种“小买”俗例一直存在着，而且地方官府在处理民事纠纷和诉讼时，往往还据此作为证据。在这里，代表国家行使权力执行国家法或制定地方法规的徽州各地地方官府，显然是向村规民约让步和妥协了。

明清时期徽州村规民约的基本功能，就其本质而言是为了维护既有的社会秩序和乡村社会的稳定。具体来说，其功能主要体现在以下几个方面。

第一，规范乡民行为、协调个体与群体关系的功能。国有国法，村有村规，这是包括明清时期在内的中国封建社会的基本政治。但国法是宏观的国家法律法规，而村规则是具体的，是国法在某一乡村地域范围内的具体表现，是国法的具体化，或者说是国法的必要补充和延伸。即如村规民约中的族规家法而论，其与国家法的关系，正如清宣统绩溪《仙石周氏宗谱》所云：“家法治轻不治重，家法所以济国法之所不及。极重，至革出祠堂，永不归宗而止。若罪不止此，即当鸣官究办，不得僭用私刑。山乡恶俗，有重责伤人及活埋者，此乃犯国法，非行家法也。”[③] 体现礼法合治的村规民约，在大山阻隔、宗族顽固的明清徽州社会中，其实更具有规范乡

① 《民商事习惯调查录》第407页，《第九章　安徽省关于物权习惯之报告·第一节　歙县习惯·不动产之大买小买》。民国十九年司法部印行。

② 《清嘉庆年间黟县孙正望等为小买纠纷禀状》，原件藏安徽大学徽学研究中心特藏室。

③ 宣统《仙石周氏宗谱》卷二《家法》。

民言论、行为、生产、生活和思想的作用。无论是村庄的规约、宗族的族规家法、乡约会社的会规诫条以及各种合同文约的规定，其本身都具有协调一定村庄地域范围、组织内部和特定人惩恶扬善的行为规范功能，是个体行为服从群体行为的基本体现。如清乾隆二十六年（1761）四月二十日祁门县知县应该县三四都康良耀等之请颁行的《严禁盗砍侵害康姓等山业告示》，即是典型的规范三四都村民、山邻不得盗砍山林树木、盗挖柴笋和放火纵焚行为的村规民约。该“告示”全文如下：

祁门县正堂加三级纪录三次吴　为委实祀山叩恩给示以杜砍挖事。据康良耀、康启炎、康兴仁、康良贤、康良淳等具禀前事，词称：切身南乡三四都潘樟村地方，所有祀众祖坟冢山及青山，屡遭不法棍徒越入身山，盗砍青苗树木，盗挖柴椿，放火纵焚，勿问身家祖脑坟冢及税山等产。目击心伤，深为痛恨。屡奉上宪示谕兴禁，国课民生有赖。身等蓄树保冢，余山及青山栽养松杉杂木，供课办祀，诚恐梗顽之徒复效前辙。为此，禀明，恳恩给示，以杜砍挖、故焚，课祀两赖，万代朱衣顶祝，上禀等情。据此，合行示禁。为此，示仰该处约保、业户、居民、山邻人等知悉：嗣后，如有不法棍徒擅入康姓祀山，盗砍青苗树木、盗挖柴椿、放火故焚者，许即查实，指名赴县禀报，以凭严拿究处，断不姑宽。各宜凛遵勿违。

特示。

乾隆二十六年四月廿日示。[①]

通过这样一纸“告示”以及诸如村庄、会社或宗族规约等类的村规民约，居住于某一乡村社区或某一组织的村民，其言论和行为便得到了有效的规范，村庄或组织的各种关系得到了协调。事实上，只要这一规范明确并能得到有效的执行，国家与乡村基层社会良性互动便能得到真正的实现。正如《文堂乡约家法》所云：“立约本欲人人同归于善，趋利避害”[②]。而制定宗族规约也正是基于这样一个家国一体的目的，所谓“治国本乎齐家，以是见家国之通也。……太史公谓‘礼禁于未然，而法治于已然’。治国如斯，治家无异术也；治家如是，治国无异术也。”[③]

第二，互助的功能。从明清时期徽州村规民约的类型和内容中，我们不难看出，在山多田少、人众地寡的徽州山区，生产和生活上的互助在为数众多的村规民约中占据了很大的比重。创建于明嘉靖年间的歙县岩镇乡约，其宗旨就是“庶患难相恤之义复敦，而仁厚相成之俗益振”[④]。明代休宁城北周家坞周氏宗族的《宗规》告诫

① 王钰欣、周绍泉：《徽州千年契约文书》（清民国编）卷一，花山文艺出版社1992年版，第336页。

② 隆庆《文堂乡约家法·会诫》。

③ 光绪《梁安高氏宗谱》卷十一《家政叙》。

④ 雍正《岩镇志草》贞集《艺文志下·岩镇乡约序》。

族人要互相周恤，"凡遇吉凶庆吊，无论贫富，吉则庆，凶则吊，谅力资助，以尽其敬"①。清雍正《茗洲吴氏家典》的《家规》对吴氏宗族内部成员互助作了多方面的安排，告诫族众，"一、族中子弟有器宇不凡，自禀聪慧而无力从师者，当收而教之，或附之家塾，或助以膏火。培植得一个、两个好人，作将来模楷，此是族党之望、祖宗之光，其关系匪小；一、族中子弟不能读书，又无田可耕，势不能不从事商贾，族众或提携之，或从它亲友处推荐之，令有恒业，可以糊口，勿使游手好闲，致生祸患；一、族内贫穷孤寡，实堪怜悯，而祠贮绵薄，不能周恤，赖族彦维佐输租四佰。当依条议，每岁一给。顾仁孝之念，人所同具，或贾有余财，或禄有余资，尚祈量力多寡输入，俾族众尽沾嘉惠，以成钜观"②。类似茗洲吴氏宗族这类族规家法式村规民约的成员内部互助与周恤安排，在其他相关类型的村规民约中基本都有所体现。即使是明清时期徽州会社的许多规约，也几乎都含有或具备成员之间互助周恤的功能。如建立于明万历十五年（1587）的徽州某村程氏余庆堂清明会，其建会目的主要是为了报本祭祀先人、标挂祭扫祖墓，但其生息会银用作周恤族人的行为一直贯穿于清明会的始终，"每年多余，周恤要公议，该周者与，不得顺情，以致争端。倘多余，存积生息，又可周殡葬之需。每人以二斗为止，随时量其出入。孤子以十六岁止"③。重建于清道光五年（1825）的祁门善和村利济会，其根本目的就在于"利物济人"，正如《重新议定（利济会）会规》所云："复兴此会，原为继志贻谋、利物济人之事。"④ 明清时期徽州乡村社会中村庄或各类组织、各种类型的村规民约，其互助与周恤的功能，由此可见一斑。

第三，奖惩的功能。明清时期徽州的村规民约还具有奖励和惩诫的功能，对成员中认真遵守村规民约规定的事项，履行村规民约所赋予的各项责任和义务，村规民约一般都列有专门的奖励条款予以奖励。编纂于清同治年间的绩溪宅坦村《明经胡氏龙井派宗谱》为鼓励宗族子弟锐意向学，专门设立了奖励制度，对考取各级功名者，分别给予不同的奖励。该宗族的《祠规》规定："凡攻举子业者，岁四仲月，请齐集会馆会课，祠内支持供给。……其学成名立者，赏入泮贺银壹两；补廪，贺银壹两；出贡，贺银伍两；登科，贺银伍拾两，仍为建竖旗匾；甲第以上加倍。至若省试，盘费颇繁，贫士或艰于资斧，每当宾兴之年，各名给元银贰两，仍设酌为饯荣行。有科举者，全给；录遗者，先给一半，俟入棘闱，然后补足。会试者，每人给盘费拾两。"而对赴会无文或当日不交卷者，《祠规》还设有专门的惩罚条款，"赴会无文者，罚银贰钱；当日不交卷者，罚壹钱。"⑤ 同样，对不能履行甚至违反村规民约者，则规定有具体的惩罚措施。如清代绩溪西隅胡、唐二姓共同制定的太

① 万历《重修城北周氏宗谱》卷九《家训》。

② 雍正《茗洲吴氏家典》卷一《家规》。

③ 《程氏东隐房清明会簿·顺治十四年丁酉岁清明后程时达自执笔批》，原件藏于上海图书馆。

④ 《徽州会社综录·重新议定（利济会）会规》。

⑤ 民国《明经胡氏龙井派宗谱》卷首《祠规》。

子神会会规，就对违反会规的成员予以处罚，规定："一定本会内人等毋许私自强借，其有强借者，毋许入会，断不徇情；一定本会分为十二股，一年一换，轮流值守，毋得推挨；一定十八朝办祭，值年者董事，其祭仪等物，十二股均吃均散。若有不到者，毋得散胙（妇人、小厮毋得入席——原注）；一定递年收租，值年者与前岁值年者二人收管。若有刁佃强吞等情，十二人全收，公议；一定递年晒谷上仓，十二股齐到。如有不到者，公罚米六升交众，毋许入席。"① 其会规中的奖惩条款规定得可谓是泾渭分明，极为细致。清道光六年（1826）三月祁门文堂村《合约演戏严禁碑》，作为规范村民采茶、拣拾苞芦桐子、入山挖笋、纵放野火和松柴出境等行为规范的村规民约，其奖惩规定也十分明了具体。该约规定："一禁茶叶迭年立夏前后，公议日期，鸣锣开七，毋许乱摘，各管各业；一禁苞芦、桐子，如过十一月初一日，听凭收拾；一禁通前山春冬二笋，毋许入山盗挖；一禁毋许纵放野火；一禁毋许松柴出境；一禁毋许起挖山椿。以上数条，各宜遵守，合族者赏钱三百文。如有见者不报，徇情肥己，照依同罚备酒二席、夜戏全部。"② 不惟如此，就是诸如赋役轮充合同、养山禁山合同抑或戒赌文约之类村规民约，其奖惩功能也是一应俱全。至于宗族族规类村规民约，其奖惩规定与功能，与其他类村规民约相比，甚至比之更加完善具体。它体现了明清时期村规民约在维护乡里社会稳定方面的基本作用，是明清时期徽州村规民约贯彻落实国家法律法规、展开乡里社会与国家政权良性互动的最基本方式之一。

总之，明清时期徽州的村规民约内容是丰富多彩、包罗万象的，特点鲜明，它几乎涉及徽州山区乡村社会村民物质和精神生产与生活的各个方面，是规范和约束乡民行为和思想的极为重要的规则。在功能上，明清徽州的村规民约也是多方面、多层次的，它对维护乡村社会既有社会秩序，维系国家与乡村社会的良性互动关系，进而保持明清徽州乡村社会的稳定，起到了毋庸低估的作用。

五、明清徽州的村规民约与乡村治理

明清徽州的村规民约所调整的关系和规范的对象，主要限于制定和认可村规民约的组织者与个人；它所规范的是一定组织、地域和人群之间既定的社会等级秩序和经济文化秩序。而且更为关键的是，就整体而言，它是在国家法的整体框架下，或者说是在不违犯国家法的前提下制定和执行的，并与国家法并存的一种民间习惯法，是国家法的必要补充和延伸。正如美国学者昂格尔所强调的那样，"与这种核心的法律秩序（即国家制定法——引者注）并存的，是一种非正式的习惯法体系，它体现了传统主义社会的占优势的意识并支撑着该社会的等级秩序。正如传统的机构

① 《清道光十年—同治十二年绩溪仁里太子神会簿》，原件藏南京大学历史系资料室，编号000115。

② 《清道光六年三月初八日祁门文堂村合约演戏严禁碑》，原碑现嵌于安徽省祁门县闪里镇文堂村大仓原祠堂前照壁中。

被似乎与其不相容的发展所利用一样，核心的法律秩序与非正式的习惯之间经常出现了一种共性的关系……人们发现官方的法律制度使争诉求助于非官方的调和方式，或依赖于习惯性认识，或通过官方自己的普遍性条款或无固定内容的标准来解决争诉。相反，习惯法受到了核心法律制度的影响，它的非正式的程序通常日益增加地合法化。”①

国家立法的宗旨是为了维护和巩固统治阶级的统治，镇压敌对阶级的反抗，维持既有的政治经济利益和既定的社会尊卑等级秩序，是统治阶级意志的集中体现。而制定村规民约的目的和宗旨，显然也是为了贯彻统治阶级的意志，维系乡村社会的稳定秩序，是乡村社会治理的重要举措和手段之一。村规民约和国家法两者的目的、宗旨是一致的，是一种互为补充的关系，即所谓的“家法所以治轻不治重，所以济国法之所不及。”②

我们知道，“以礼入法，礼法合治”不仅是明清而且是整个中国古代封建王朝立法的指导思想，也是中华法系的重要特征之一。“人无礼则不生，事无礼则不成，国家无礼则不宁。”③“安上治民，莫善于礼”。④ 对此，明清两代封建政权的最高统治者是有着充分认识的，“德主刑辅，明刑弼教”、“防恶卫善”，⑤ 是明清封建统治者立法置刑的主要目的。明太祖朱元璋就曾毫不隐讳地说：“制刑之道，圣王所以法至仁辅礼教也”⑥。因此，明太祖在相继制定和颁布《大明律》、《大明令》、《大诰》三编、《大诰武臣》等律令强化法律打击和镇压功能的同时，还专门颁行《圣谕六条》、《教民榜文》等诏谕，大力倡导教化。“明礼以导刑，定律以绳顽”⑦，所谓“法者，辅治之具，当以教化为先。……民不习教化，但知有刑政，风俗难乎其淳矣。”⑧ 他在《圣谕六条》中，明确告诫全国百姓，要求他们在既定的封建统治秩序下，“孝顺父母，尊敬长上，和睦乡里，教训子孙，各安生理，毋作非为。”⑨ 清圣祖在其所颁行的《圣训十六条》中，也重申：“敦孝悌以重人伦，笃宗族以昭雍睦，和乡党以息争讼，重农桑以足衣食，崇节俭以惜财用，隆学校以端士习，黜异端以崇正学，讲法律以定民志，训子弟以禁非为，息诬告以全善良，试匿逃以免株连，完钱粮以省催科，联保甲以弭盗贼，解仇忿以重身命。”⑩ 明清两代最高统治者所颁行的这些礼法并重的法令，在某种程度上说，都是从以礼为主、以教化为先和明礼导刑的立场和原则出发，进而实现乡村治理、维护社会稳定特别是维护乡村基层社

---

① ［美］R. M. 昂格尔著，吴玉章、周汉华译：《现代社会中的法律》，译林出版社 2001 年版，第 220 页。
② 宣统《仙石周氏宗谱》卷二《家法》。
③ 《荀子》卷一《修身篇》。
④ 《孝经·广要道章》。
⑤ 《明太祖实录》卷六十五，洪武四年五月辛巳条。
⑥ 《明太祖实录》卷一百五十二，洪武十六年二月辛丑条。
⑦ 《明太祖实录》卷二百五十三，洪武三十年五月甲寅条。
⑧ （明）薛瑄：《薛文清公从政录》。
⑨ 隆庆《文堂乡约家法》。
⑩ 《清圣祖实录》卷三十。

会稳定的根本目的。

为厉行教化、维护社会稳定特别是农村基层社会的稳定，明太祖朱元璋还在全国城乡广泛建立了申明亭和旌善亭制度，以为两亭的设立“可以儆昏晨，可以达民隐，可以牖民聪，可以弥眺望，可以宣德化，可以壹心志。”① 并要求各地“每乡每里，各置木铎一个，于本里内选年老或残疾不能理事之人，或瞽目者，令小儿牵引，持铎巡行本里。如本里内无此等之人，于别里内选取，俱令直言叫唤，使众闻知”，以达到“劝其为善，毋犯刑宪”② 的目的。明代中叶以后，随着乡约的普遍建立，活跃于各地的乡约，更是把教化人民“劝善习礼”当成首要任务。僻处皖南徽州山区的祁门县文堂陈氏乡约，就是以“人人同归于善，趋利避害”为指导思想，设置“圣谕屏”，以当地通俗的语言形式，对明太祖的《圣谕六条》进行定期宣讲，以达到人人向善的目的。③ 清世祖更是将清圣祖的《圣谕十六条》加以注解，要求各地建立乡约，认真进行宣讲，“勿视为条教号令之虚文，共勉为谨身节用之庶人，尽除夫浮薄嚣凌之陋习”，希望以此来实现“闾阎相保，营伍相安；下以承家，上以报国”④，以从根本上实现稳定乡村基层社会的目的。

乡饮酒礼是明朝统治者为加强对乡村基层社会统治、维护乡村社会稳定所创立的又一法律制度。明太祖朱元璋来自元末社会的最底层，经过南征北讨、群雄角逐的元末大动乱的洗礼，建立了大明王朝。在长期的流离和征战过程中，他深切地体会到，要维持来之不易的社会稳定局面，必须从乡村基层民众的教化抓起，利用村规民约的力量，真正建立起一个尊卑等级分明、长幼秩序井然的等级社会。他认为实行乡饮酒礼是维护社会稳定的一个较好的方式，“乡饮酒礼本以序长幼、别贤否，乃厚风俗之良法”。为大力推行这一良法，明太祖亲自颁降法式仪制，“令民间遵行”，并一再重申各级、各地官员“务要依颁降法式行之，长幼序坐，贤否异席，”以为“如此日久，岂不人皆向善避恶，风俗淳厚，各为太平之良民。”⑤ 明清徽州村规民约中劝导乡民向善的许多规定，其实都是渊源于当政的最高统治者各项旨在治理乡村、稳定乡村社会的思想和法律。也就是说，村规民约是在“尊国法”的基础上制定和执行的。

的确，作为一种民间习惯法，同样是遵循“礼法合治”精神的明清徽州村规民约与国家法之间经常保持着高度的和谐与一致。如对国家法特别是其中的民事法律规范，其大体内容和精神基本上是一致的，民间习惯法在某种程度上说是国家法有关条款的细化。它所调整和处置的是诸如土地田宅、婚姻、继承、借贷和争斗等民间细故，是在国家法架构许可的范围之内进行。从村规、乡例、乡约、会社规约，

① 万历《江浦县志》卷五《建置志·公署》。
② （明）张卤：《皇明制书》卷九《教民榜文》。
③ 隆庆《文堂乡约家法》。
④ 向燕南、张越：《劝孝·俗约》，中央民族大学出版社1996年版，第246页。
⑤ （明）张卤：《皇明制书》卷十四《附录节行事例》。

到族规家法和宗族公约，其主要内容大都贯穿着“尊国法”这一基本精神和前提。即以宗族的族规家法为例，我们看到，几乎所有的明清徽州的族规家法，都对明太祖的《圣谕六条》和清圣祖的《圣训十六条》视为最高的指导思想，推崇备至。万历《休宁范氏族谱》的《统宗祠规》第一条即为“圣谕当遵”，云：“孝顺父母，尊敬长上，和睦乡里，各安生理，毋作非为。这五句包尽作人的道理。凡为忠臣，为孝子，为顺孙，为圣世良民，皆由此出。无论贤愚，皆晓得此文义，只是不肯著实去遵行，故自陷于过恶。祖宗在上，岂忍使子孙辈如此？今于士族会祭统宗祠时，特加此宣圣谕仪节，各宜遵听理会，共成美俗。”① 乾隆《休宁古林黄氏族重修族谱》云：“孝顺父母，尊敬长上，和睦乡里，教训子孙，各安先理，毋作非为。噫，作人的道理尽之矣。这六句话虽深山穷谷，愚蒙之人都晓得。其实，诵诗读书贤智之士不曾体会躬行。我祖诗礼传家，后人日习而不察，故首列家规，宜时将圣谕多方指示，俾习俗返朴还淳，忠孝贞廉皆从此出。”② 如果说，国家法强调的是“忠”的话，那么，包括族规家法在内的村规民约所强调的则是“孝”，而无论是“忠”还是“孝”，只要恪守在封建统治者所倡导的“礼法”范围之内，两者则又可以完全相辅相成地统一起来。明清徽州宗族在这里所规范的家与国、忠与孝关系，实际上就是徽州许多宗族所标榜的“家国虽殊，忠孝则一”的道理。③

村规民约“尊国法”，还要求它在所管辖权限范围内的乡民触犯国法时，要及时配合国法予以惩处，从而实现家法和国法的协调一致。当然，在聚族而居的明清徽州，包括族规家法在内的村规民约，其处置乡民的最高权限是“治以不孝之罪”，其最重的处置方式是驱逐出村或驱除出族。民国绩溪《鱼川耿氏宗谱》于《祠规》之“惩戒规则”中，对犯有以下五种事项者，即“一不孝不悌者，二流为窃盗者，三奸淫败伦者，四私卖祭产者，五吞众灭祭者。”均予以“斥革，不许入祠”的惩罚。④ 明崇祯十一年（1638）二月二十四日，徽州某县某村胡氏义和堂，就曾因族众胡五元、胡连生“不务农业，不安生意，小木走跳，来往踪迹不定，难为稽查。”在胡五元、胡连生被告官拘提，并连夜逃脱之后，该族胡天时等二十二位族人联名订约，将其驱逐出村，从而实现了村规民约“尊国法”的宗旨。该文约全文如下：

明崇祯十一年二月二十四日徽州某县胡天时等立遵旧家规将族犯逐出村族文书

立文书人胡义和堂，本族人等齐心遵祖旧规，今因五元、连生不务农业，不安生意，小木走跳，来往踪迹不定，难为稽查。旧因詹三阳以贼禀官，差捕快汪礼、李太、周标、方资同里长汪毛旧腊廿七日拘提。讵五元、连生诡计，

---

① 万历《休宁范氏族谱·统宗祠规》。
② 乾隆《休宁古林黄氏族重修族谱》卷下《祠规》。
③ 万历《清溪郑氏家乘》卷三《祀产条例》。
④ 民国《鱼川耿氏宗谱》卷五《祠规》。

至焦坑，将□□□四分钱贰伯文、布乙疋、雉贰只，贿差脱放。本族人等并不知情，今期清明节届，人丁近出生意者皆齐拜祖扫祖茔。是以内有闻风者通众相议，合族人等遵旧家规，捉拿送县主老爷台下法治。其五元等连夜逃走，是以众议，如有见者并知信者，即报众捕捉送理，家口遵祖旧规，赶逐出村，庶免败坏门风，枉法累连。如有知信见者不报，众罚银叁两，入匣公用。如有卖法徇情者，亦赶逐出村，不许在族坏法无词。众立文书，连名歃血，永远存照。

胡天时（押）　胡五毛（押）　胡有瑚（押）

胡天节（押）　胡有瑞（押）　胡有相（押）

胡天喜（押）　胡大儒（押）　胡有象（押）

崇祯十一年二月二十四日立文书人胡天明（押）胡六毛（押）胡大瑢（押）

胡天晓（押）胡大侃（押）胡有琼（押）

胡高孙（押）胡七毛（押）胡大任（押）

胡宗朝（押）胡有珊（押）胡大有[①]

由这件将犯有国法的胡五元、胡连生驱逐出村的宗族公约来看，只要是违犯国法的族众或村民，明清徽州的村规民约一般都是十分响应并配合国法，对犯法之人追加处罚，进而达到村规民约和国家法的高度统一。宗族公约如此，族规家法更是如此。正如《清道光十八年仲秋月祁门滩下村永禁碑》所指出的那样，“官有正条，各宜遵守；民有私约，各依规矩。”[②] 村规民约和国家法二者，其实就是这样一种既有分工合作，又有高度统一的密切关系。

村规民约和国家法之间偶尔也会有抵牾、对立和冲突，但在治理乡村、维护乡村社会秩序和社会稳定这一根本目的下，是高度统一的。除非其具有明显危及封建国家政权的内容，否则，国家法以及执行国家法的地方官员对此是采取睁一只眼、闭一只眼的态度，这实际上是一种默认的办法。包括明清在内的中国历代统治者充分发挥“以良民治良民”、“以乡民治乡民”的政策作用，利用乡村基层组织及其村规民约进行治理，表面上看来好像类似于近代的乡民自治，但这种自治的权限是在国家政权许可的范围之内的，或者说，更多的是将村规民约、乡民自治纳入到国家和地方政权的管辖范围之内的。尽管这种所谓的“自治”在统治政权削弱之时曾经有过失控，但就整体而言，这种“自治”还是在政权的掌控之中。因此，我们在肯定村规民约在乡村治理中积极作用的同时，也有看到其掌控于国家和地方政权之下的事实，避免片面夸大村规民约自治的功能和作用。

---

① 王钰欣、周绍泉：《徽州千年契约文书》（宋元明编）卷四，花山文艺出版社 1992 年版，第 433 页。

② 《清道光十八年仲秋月祁门滩下村永禁碑》，原碑现置于安徽省祁门县滩下村路旁。

明代徽州宗族墓产的管理与拟制黄册户名的设立

——以《歙西溪南吴氏先茔志》为中心

阿　风

（中国社会科学院历史研究所研究员）

有关明清中国人口册籍的户名问题，一直是学术界探讨的焦点。其中，有关里长户名问题，从20世纪80年代开始，片山刚、刘志伟、郑振满、栾成显等人就对这一问题展开了深入的探讨，对于明代黄册户名长期因循不变的原因与后果做过深入的分析，在很大程度上弄清明代黄册户名的实质。不过，有关拟制黄册户名问题，学术界的研究相对薄弱。

1989年，日本学者铃木博之最早研究了拟制黄册户名问题。他以《歙西溪南吴氏先茔志》为中心，考察了宗族墓田（包括祭田）的户名变迁，认为16世纪以后徽州宗族墓田等族产开始被统合到具有法人格的"总户名"之下，从公权力的角度来看，总户名是一个统一管理族产的纳税团体，它的出现，与宗族祭祀组织化有着密切的关系①。

不过，铃木先生将这些为登记墓产而虚设的户名称之为"总户"，并不妥当，这种拟制的户名与"总户"有所不同，两者产生的背景不同，在里甲体系中，两者性质亦有所不同。因此，非常有必要将两者加以区分。因此，本文就是以铃木先生的研究为基础，重新考察拟制户名的历史，分析拟制户名的性质及成立的背景。

一、问题的提出

明代万历年间徽州府休宁县人吴子玉撰写的《茗洲吴氏家记》提到这样一件事。

> （万历十年）令君（休宁知县曾乾亨）作清丈条规一册，都有都正，图有图正，有书算手，而里之长兼督其事。复差定字号。予都图故卑字，新易德字。时里之长为族吴夏生，而算手初签有吴裒名，族众户名也。予在金陵，族以众户难于趣辨，令儿揆持予书以进令君，雅与予知厚，遂得脱。

① 鈴木博之「明代徽州府の族産と戸名」，『東洋学報』71（1・2），1989年。

万历十年（1581），休宁县进行土地清丈，各里皆有派差，承担清丈工作。作为里甲正役，应该依照黄册按户签派，结果茗洲吴氏之“吴袌”户被签为算手之差。不过，“吴袌”事实上是茗洲吴氏之吴音海、吴文升二房子孙虚设的登记“祖坟墓林火佃住基”的“族众户名”，虽然作为一户登记在黄册中，但事实上却无丁对应，无法应役。在这种情况下，当时作为南京府学教授的吴子玉写信给休宁知县，使“吴袌”得脱算手之差。

从这个事例可以看出，当时存在着宗族虚设黄册户名（众户），将祖坟墓林等宗族公产登记在这个拟制户名之下的情况。这种拟制的户名作为一种新设的户名，与长期延续不变的里长户名不同，实际已经不是一种按“人头”所立的黄册户名。

二、拟制户名的历史

在徽州地区，很早就出现了被称为墓户、祠户、茔户的拟制户名。这种户名的出现实际上与唐代以来中国宗族的发展有着密切的关系。众所周知，从唐代开始，墓祭成为国家礼制。随着墓祠祭祖的流行，对于祖先墓地的管理也成为子孙们的一件大事。宋元时代，一些大的家族，常常依墓地建立祠庙，将祭祀场所交给佛僧或道士管理，这在当时非常流行。这些佛寺、道观都有专籍，管理膳田、墓田。除了设立宗教场所外，也有一些徽州大族设立专门的“户名”，由族众立约共同管理祖先墓产。现存徽州族谱中就有一些这样的记载，例如清朝雍正九年刊印的《（歙县）潭渡黄氏族谱》提到了唐代设立“赡茔户”的事例：

我族自迁居潭渡以来，子孙蕃衍，至六世祖超府君始议抽拨田土立黄赡茔户，有十世祖细六府君字元吉，葬洪坑，又拨田土立黄元吉户，使子孙永远轮流收租以备各处先茔拜扫祭祀之费。①

潭渡黄氏六世祖超公生于唐元和七年（812），卒于唐大中十三年（859），他提议并拨出田土，设立“黄赡茔户”，这是以立户的目的为名而设立的户名。黄元吉则是五代时人，其去世后设有“黄元吉户”，这是依故去的祖先名字为名而设立的户名。这些登记祖先墓产的户名并非依自然人而设立，而是一种拟制的户名。

明王朝建立以后，这种拟制的户名曾经一度沿用。不过，到了明初洪武十四年（1381）及二十四年（1391）大造黄册时，禁止使用这种拟制的户名。明万历钞本《（歙县）双桥郑氏世系图谱》提到了“郑吉翁膳茔户”。

六世祖妣汪氏夫人葬本村南厅前茶花树下，系二十三都八保甲业字源二十

① 《（歙县）潭渡黄氏族谱》卷五《德庵府君赡茔标挂约序》。

八号坟地一角……洪武十二年丈量，系谷字八百五十三号，下地四十步，郑吉翁膳茔户装清册通号……洪武十四年造册，不许挂膳茔户，是郑山甫曾孙汪童装载。至永乐元年造册，转入十三府君衿翁玄孙郑继祖户支下子孙通众祭祀管业。永乐十年造册，又转入仲十三璿孫芝芳户。

郑吉翁为徽州府歙县双桥郑氏六世祖，生于北宋元祐元年（1086），死于南宋绍兴九年（1139）。《双桥郑氏世系图谱》并没有明确说明"郑吉翁膳茔"户的设立时间，不过，明初洪武十二年进行土地丈量时，汪氏夫人墓地分装（实际的土地登记人）为"郑吉翁膳茔户"，不过到了洪武十四年（1381）大造黄册时，禁止以"膳茔"为名挂册，汪氏夫人墓地则改由族人分装，拟制的"郑吉翁膳茔户"户名不复存在。

由此可知，这种拟制户名称早在明代之前就已经出现，明朝初年进行土地丈量时曾一度延用。不过，到了明朝洪武十四年（1381）及洪武二十四年（1391）大造黄册时，国家正式禁止使用这种拟制户名，所有土地事产，包括宗族公产必须登记到某个实体户名之下，拟制户名被取消。

三、拟制黄册户名成立的过程

明崇祯八年（1635）序刊、清康熙二十八年（1689）重修的《歙西溪南吴氏先茔志》记述了歙县溪南吴氏唐末始祖吴光以来历代茔山、墓田之沿革情况，刊刻了各代先祖墓图，记录了墓产的土地经理字号、黄册户名、税额的变化情况，并附录了相关契约合同，成为了解宋元以来宗族墓田管理方式变迁的重要史料。下面将以溪南吴氏的"吴泰伯（祠）"、"吴膳茔"户的成立过程为例，说明拟制黄册户名的成立过程。

（一）"吴泰伯（祠）户"的成立过程

西溪南吴氏唐末始祖吴光的坟山在宋代登记为"众坟山"，但到元朝延祐四年（1317）土地经理时，坟山茔地分别登记在吴县尹、吴岳、吴奇叟、吴运泰四户名下，到了明洪武十八年（1385）时，清册现业分装为吴承务（原吴县尹户）、吴岳、吴奇叟、吴副使（原吴运泰户）四户名下，这些户名多是元代延祐经理户名，明初沿用。到了洪武二十四年（1391）时，吴光坟山则改由5派44户分装，原来的户名皆不复存在。《歙西溪南吴氏先茔志》中没有说明出现这种情况的原因，但从前文所提到的《（歙县）双桥郑氏世系图谱》中的关于"郑吉翁"户的记载，可以猜测，在洪武二十一年（1388）造册亲供时，不许以旧户名挂册，因此，溪南吴氏将始祖坟山茔地分由诸派之下各户分装，编入洪武二十四年（1391）黄册。

从明朝初年开始，吴光的坟山茔地就不断地被侵盗、易卖。洪武二十一年

(1388)、洪武二十六年(1393),有十五都人汪学两次盗葬。除了外姓盗葬外,本族子孙侵葬、易卖事件也是频频发生。到了永乐十三年(1415),又有高湖祖坟被外姓侵损,族人吴伯远等共立议约:

南溪吴族伯远等,原有高湖、垄塘、酉塘、江祈下项祖坟四所,为因子孙蕃衍,照管不及,以致高湖祖坟后被他姓人侵损。今来通众商议,依祖坟边拟定左右吉穴,拈阄为定,各自管业,免致在后被人损害。自分立约之后,听自各人早晚择选山向吉利,营造生基及安葬丧柩,亦不许那移位次,及不许称说贴墎惊动为词,故行阻当。如有此等,甘罚籼米二十石与未葬之人己用,仍依此约为准。各枝子孙不许违约多余扦葬,及不许易卖他人。如有此等,听自经公陈治,以不孝论罪,仍令取赎,改掘拘还,族众无词。其各处坟地,仍照旧自实原额,直下子孙经理管业,支解税粮。今将各处分定吉穴,开列于后。今恐无凭,立此合同文约二纸,各收一纸,永远为照。

一前枝吴伯远等分分定穴数……

永乐十三年十二月日立议约人吴伯远等十六人

通过这份议约,可以看出,当时由于子孙众多,以至祖坟照管不及,被他姓侵损。为了解决祖坟的管理问题,溪南吴氏族人决定在祖坟两边,拟定吉穴,然后阄分,由各枝子孙各自管业。这实际上将本来已经分装登记的坟山分由子孙管理,同时要求各枝子孙"不许易卖他人、多余扦葬"。坟山不仅登记分散化,而且实际管理已经细分到每枝子孙。可以看出,明初以来,溪南吴氏对祖先墓地的管理日益松弛化。这种变化与族人不重视祖先墓地有关,但与明初洪武黄册实名登记财产的政策有着密切的关系。

到了嘉靖二十六年(1547),吴氏族人为了筹集诉讼费用,共立议约与卖契,将始祖坟山除祖坟二穴外,其余坟山茔地,议价白银300两,卖与同族吴一龙名下。本来是众产的坟山,因为族众公共事务,缺少支用,所以卖给某个族人,众存墓产成为私产。

不过,到万历九年(1581),溪南吴氏宗族建立了统宗祠——吴泰伯祠,吴一龙将所购坟山批出,作价白银200两以助建宗祠,众存坟山改由宗祠所有。

与此同时,在万历九年(1581)的土地清丈中,"吴泰伯祠"正式立户,祖墓之见业与分装皆挂册为"吴泰伯祠"。万历十年(1582),大造黄册,具有法人格的吴泰伯户正式立户。此后,溪南吴氏一世至八世祖的坟山茔地陆续推入"吴泰伯(祠)户"中,溪南吴氏宗族的祖先墓地经过明初的细分化,到了明代后期,又通过设立拟制黄册户名,逐渐统一管理起来。

(二)"吴膳茔户"的成立过程

《歙西溪南吴氏先茔志·十六世祖(考阳复公)》的《书记》中提到了明朝嘉靖

年间“吴膳茔户”的设立过程。

> 前八号田地塘，今查永乐元年黄册吴桂芳户，止挂十九都下田税二分四毛[毫]，下等地税五分。本年黄册田地分一半与吴佛惠户即照、彰、春、高、成五分承管，仍存一半在户，美、显、明、诚、隆五分承管，于嘉靖十一年黄册，美五分户立膳茔户，将众产税归并，俱入膳茔轮管祭扫。

永乐元年（1403）大造黄册，溪南吴氏的一部分众存墓产登记在阳复公长子吴桂芳户名下。后来，吴桂芳户分出吴佛惠户，二户所分墓田分别由各户子孙均分承管。到了嘉靖十一年（1532）大造黄册，吴桂芳的曾孙吴仁（字世美）等五人将“五分户立（吴）膳茔户”，相关墓田税额俱归入“吴膳茔户”名下。黄册上所登记的这个“吴膳茔户”户名并非源于某个自然人的名字，而是一个拟制的黄册户名。“吴膳茔”立户后，溪南吴氏八世祖妣至十九世祖的许多坟山多登记于该户名下，相关税额俱推入“吴膳茔”户。

四、拟制黄册户名的性质

虽然“吴泰伯”、“吴膳茔”是拟制的黄册户名，但其与实体户名一样，可以买卖土地，成为一个具有法人格的“户名”。

不过，因为是拟制的户名，户下并无人丁，不能充当里甲正役，所以这种拟制的户名当时是作为“带管户”而编入里甲体系。例如，溪南吴氏的一支在嘉靖年间设有“吴墓祭户”：

> 嘉靖四十一年黄册众立墓祭户收税于后：一户吴墓祭，系十六都二图吴德庆、德征、时卿、正学、时际、思鲁、伯诚、仲理合众坟茔，恐后各分子孙人心不一，有失保守，告明将各分坟茔税粮俱收入墓祭户内，毋得侵葬盗卖，永远祭扫当差，充当四十八年分带管。

嘉靖四十一年（1562）大造黄册时，溪南吴氏设立了“吴墓祭户”，管理“合众坟茔”，所有坟茔税粮全部收入吴墓祭户，以避免子孙侵葬盗卖。“吴墓祭户”是作为“带管户”而被编入里甲体系。

关于这种拟制黄册户名称谓，郑振满认为一种“税户”。不过，“税户”过于宽泛，准确地说，应该说是拟制的“税户”。铃木博之将其称之为具有法人格的纳税团体——“总户名”，其主要的根据就是清康熙年间编纂《（婺源）张氏宗谱》所提到的“昭义立户”一事。

乃嘉靖壬子岁，轮造册，例得立户并税。于是以“张昭义”名字立户，具由呈县，将各派原分纳新旧官民团地山场税粮，通行归并总户。蒙准，送督册簿宰行查。经又协同族叔文生、族弟吉，于各户下备查原纳土名戴家塘、宝福寺等处田地山场税粮亩角，尽数开单，具呈送县。复蒙审明，着落各册书照单推收，编入三都三图一甲张楷户下，事即定矣。

嘉靖三十一年（1552）适逢黄册大造之年，张氏一族设立“张昭义”一户，将宗族公产的税粮归并于“张昭义”户名之下。这里虽然提到了“归并总户”，但“张昭义户”因为并无人丁对应，不能作为里甲正管户，而是被编入三都三图一甲张楷户下，由张楷户带管。因此，《张氏族谱》中所说的“总户”大概是“合户”的意思，而不是指明初里长（甲首）户名长期因循不变所形成的与众多“子户”相对应的“总户”（亦有“老户”、“户族”的称谓），因此，将这种拟制的税户称为“总户”并不妥当。

前引《茗洲吴氏家记》中，吴子玉称“吴裒”为“族众户名也”。虽然吴子玉的本意是说全体族众的户名，不过将这种拟制的户名称为“众户”，或许更合乎其本意。

五、拟制黄册户名成立的背景

无论“吴膳茔”、“吴墓祭”，还是“吴泰伯”，他们作为具有法人格、拟制的黄册户名，他们的出现，实际上与明朝的黄册制度的以及宗族族产管理方式的变化有着密切的关系。

明朝建立前后，朱元璋就十分重视人丁、事产的登记。洪武三年（1370），明太祖“命户部籍天下户口，每户给以户帖”，当时是直接派遣军队核对户口，以求准确。洪武十四年，展开全国性的大造黄册。在大造黄册的过程中，全面地清理各种宋元以来旧户名与拟制户名，实行黄册实名登记。原有坟山茔地被分户签业登记。宋元以来的宗族族产的管理方式由于黄册制度的实施而发生了重大改变。

不过，到了明代中后期，随着黄册人口登记作用的削弱，确保赋役征调成为每十年大造黄册的主要任务。明代中后期，随着一些“有志州县官吏”开展的均田均役运动及“一条鞭法”在各地的推行，赋、役合一，明初黄册制度确立的人丁、事产并重的局面开始被打破。这就为一些拟制户名的重新出现创造了条件。

与黄册制度发生变化的同时，从15世纪中叶开始，特别是与16世纪国家的礼制改革相适应，以始祖祭祀为核心的新宗族运动蓬勃开展起来。这些新兴的宗族运动推动者们发现，明初的户口登记与土地清丈，特别是土地佥业的方式，很可能使宗族丧失对于墓产的控制权。为了有效地管理祖先墓地等宗族公产，徽州宗族也顺应明代中期的赋役改革潮流，开始采取设立拟制黄册户名（众户）、建立宗祠等方式来管理宗族公产。也正是从这一时期开始，徽州的宗族作为控产机构而登上历史舞台。清代至民国年间的徽州广泛存在的公堂族产管理方式的形成实际上与明代拟制黄册户名的设立有着密切的关系。

论朱子《孝经刊误》*

周怀宇

（安徽大学教授）

《孝经刊误》是南宋朱熹研究《孝经》的文献。这部学术文献问世之前，历史流传的《孝经》比较混乱，有很多错误。朱子《孝经刊误》指明了原经的错误，还《孝经》历史原貌，为《孝经》研究做出了重要贡献。

《孝经刊误》，全文四千余字。乾隆年间编纂《四库全书》，收入这部文献；当代学者朱杰人等编纂《朱子全书》也收入这部文献。① 其它多种《朱子文集》也收入这部文献。朱子在这部文献中怎样研究《孝经》？取得哪些成就？居于什么样的学术地位？应该如何评价？这些问题值得探讨。

文化繁荣，需要学术研究领先。先进文化诞生之前，孝文化不失为促进社会发展的先进文化。朱子孝道理论研究，引领中国孝文化的发展，值得再认识。上述问题，本文试论之。

一、《孝经刊误》的理论与方法

朱子《孝经刊误》，非是简单的文字刊误，而是关于《孝经》思想体系和内容结构的全面研究。朱子在不改变《孝经》原意的基础上，大胆“笔削”，再造一部新《孝经》，有其独特的理论与方法。今撮其要者，总结如下。

（一）稽考“经”史，甄别“经”“传”

《孝经》是儒家一部经典的学术文献，产生于春秋时期，成书于汉代。

汉代《孝经》有两种版本，即“古文孝经”和“今文孝经”。古文孝经二十二章，出自孔安国。今文孝经十八章，出自颜芝之子颜贞，传至郑玄，为之作注，盛传于世。汉代以降，“孝道”日益受到社会重视，《孝经》研究愈益热烈。但是，《孝经》研究的学术分歧意见很多，其争论的焦点一直停留在“注疏”和“训解”方面。尽管收获了很多成果，取得了《孝经》研究的很大成就，其结果是“丸之走

---

* 基金项目：国家社科基金资助项目《徽州孝文化研究》（09BZS049）阶段性成果。

① （宋）朱熹：《孝经刊误》，载朱杰人、严佐之、刘永翔主编《朱子全书》，上海古籍出版社、安徽教育出版社2002年出版。

盘，横斜圆直不可尽知，其必可知者，是知丸不能出于盘也”①。

朱子不囿前说，运用历史学的视野和方法，考察经学史，探明《孝经》的来历。认为世传《孝经》，“古文本”的前七章和“今文本”的前六章，记录了“夫子、曾子问答之言，而曾氏门人之所记也。疑所谓《孝经》者，其本文止如此。”世传《孝经》，全文约一千八百余字，而朱子考察的结论，认“经文”只有前六章（古文本前七章），约四百八十余字。这是孔子与曾子讲授“孝道”的原文，后人称之为《孝经》。

朱子认为经文“其下则或者杂引传记以释‘经文’，乃《孝经》之传也。”即“传文”。

朱子认为“经文”采取孔子和曾参问答的形式，由曾氏门人记录下来，流传于世。“传文”是后人“杂引传记以释经文，乃《孝经》之传”②，即阐释“经文”的文献。

朱子甄别了《孝经》的“经”“传”，这是《孝经》研究的新论，是《孝经》研究的重大突破。南宋陈振孙《书录解题》著录这部文献，惊叹曰：“抱遗经于千载之后，而能卓然悟疑辨惑，非豪杰特起，独立之士，何以及此！”

这里，朱子提出了一个新的理论概念，即划分“经”和“传”的概念。它不是简单的方法论问题，而是朱子《孝经》学术研究的新思想，为解读《孝经》提出了新的理论。

（二）厘定经传，重划章次

朱子甄别“经文”和“传文”以后，进一步厘定文字，重新章句，调整文字次序。

其“经文”独立为一章。朱子将原《孝经》前“六章者（古文本七章），合为一章。”删去后人增添的文字“凡六十一字，以复经文之旧”，恢复了孔子、曾子讲授孝道的《孝经》的原貌。

其“传文”划分为十四章。提取“经文”中10个关键词，对应“传文”各章，冠以章名，精心排列各章次序。“经”“传”合计15章，重新构建了《孝经》完整的新结构。

在新的结构中，朱子指明第三章开头的文字，引《左传》子产之言，惟易“礼”字为“孝”字。而文势反不若《左传》原文通贯。朱子指出“明此袭彼，非彼取此，无疑也。”为了行文流畅，朱子吸收司马光笔削《孝经》的成果，原文“先王见教之可以化民”一句中“教”改为“孝”。下面“凡六十九字并删去”；“传文”第六章“删去凡九十字”，连同“经文”，总计删去二百二十三字。第八章，

---

① （明）黄宗羲：《明儒学案发凡》，《四库全书》文渊阁本。

② （宋）朱熹：《孝经刊误》，《四库全书》文渊阁本。

属于“格言”，意在强化“经文”严肃性；第十二章是第十一章内容的延伸，不冠章名；第十三章、第十四章，另外起义，视为延伸“经文”大义，深化补充经文的内容。朱子曰：“此不解经，而别发一义”①，属于“经文”含义的延伸。

朱子厘定经传，《孝经》的面貌焕然一新。

（三）申述经旨，明析得失

朱子为“传文”各章“冠名”以后，进一步简洁阐释各章大义。

首先阐释“经文”结构，内容为三个层次：“经之首，统论孝之终始”；中间陈述社会五等人群的孝道之义，即“天子、诸侯、卿大夫、士、庶人之孝”；结尾提出了结论，即“自天子以下至于庶人，孝无终始而患不及者，未之有也。”朱子充分肯定厘定的“经文”，认为“其首尾相应，次第相承，文势连属，脉络通贯，同是一时之言，无可疑者。”

朱子接着分析“传文”，认为原文“固多傅会”，导致“文意分断间隔，而读者不复得见圣言全体大义，为害不细。”② 朱子厘定“传文”，对应“经文”中提炼的关键词，逐一梳理各章的主题。

传之首章，释“至德”；“德”是经学上的重要命题，视“孝悌”为“至德”，强化了“孝悌”的最高原则。

传之二章，释“要道”；申述“孝悌”与政治的密切关系。

传之三章，释“以顺天下”；论述“孝悌”促进社会和谐的政治意义。“以孝治天下”，“其政不严而治。”

传之四章，释“民用和睦”；指明“孝悌”促进社会安定，“天下和平，灾害不生，祸乱不作。”

传之五章，释“孝，德之本”；指明“孝”是“德”的基础。

传之六章，释“教之所由生”；指明做人从孝敬开始。

传之七章，释“始于事亲”；指明履行“孝悌”从孝顺父母开始。

传之八章，是“格言”，即法律。古代已有“罪莫大于不孝”的法条。

传之九章，释“中于事君”；阐释成人应该“进思尽忠，退思补过。”

传之十章，释“天子之孝”；指明国君应该“孝悌之至，通于神明，光于四海”。

传之十一章，释“士之孝”；指明官员的“孝悌”要“移于君”、“移于长”、“移于官”。

传之十二章，延伸上章“三可移”之义。

传之十三章，“别发一义”，反对“隐忍迁就”，遇“不义”则争之；子“争于父”，臣“争于君”。

---

① （宋）朱熹：《孝经刊误》，《四库全书》文渊阁本。

② （宋）朱熹：《孝经刊误》，《四库全书》文渊阁本。

传之十四章，"别发一义"，言"孝悌"的全不含义，"生事爱敬，死事哀戚"。

(四) 改本《孝经》"章法"简析

朱子重新构建的《孝经》，后人称之为朱子"改本"。[1] 改本《孝经》十五章，章法明析，儒家孝道的纲领寓于其中；儒家孝道的思想内容，层层递进，体现首尾贯通。

首先，前数章凸显"孝悌"的理论原则，进而阐述其社会意义、政治意义、思想意义。

其次，阐释五等"孝悌"的原则和义务。有一点值得注意，朱子调整了原经中五等"孝悌"的次序，即天子、诸侯、卿大夫、士、庶人，把五等"孝悌"化为一体，重点显现"孝悌"的理论意义，紧密联系"经文"中"始于事亲"、"中于事君"、"终于立身"的孝道思想，具有普遍意义，适用于社会上的各种人群，充分张扬了孝道的社会意义。在此基础上，第九章、第十章次第以"天子"和"士人"两章孝道，这是国家机器两个主要层面，具有代表性，藉以概括统治阶层的责任和义务，无需细分五等。

最后两章，补充经文的两个重要含义。

上述章法，不仅仅体现朱子的学术上的深刻造诣，也看到了朱子关于孝道的理论体系（拟另文论述）。

二、朱子"改本"《孝经》全文试读

朱子《孝经刊误》，恢复了《孝经》历史原貌，向社会提供了一部"首尾相应，次第相承，文势连属，脉络通贯"的新《孝经》。然而，朱子未及"训读"，今依据《孝经刊误》，恢复《孝经》全文并句读如下：

经一章

仲尼闲居，曾子侍坐。子曰："参，先王有至德要道，以顺天下，民用和睦，上下无怨。汝知之乎？"

曾子辟席曰："参不敏，何足以知之。"子曰："夫孝，德之本也，教之所由生。复坐，吾语汝。身体发肤，受之父母，不敢毁伤，孝之始也。立身行道，扬名于后世，以显父母，孝之终也。夫孝，始于事亲，中于事君，终于立身。"

爱亲者不敢恶于人，敬亲者不敢慢于人。爱敬尽于事亲，而德教加于百姓，刑于四海，盖天子之孝。

在上不骄，高而不危，制节谨度，满而不溢。高而不危，所以长守贵，满而不溢，所以长守富，富贵不离其身，然后能保其社稷而和其民人，盖诸侯之孝。

---

[1] （元）董鼎：《孝经大义》之《四库全书总目提要》。

非先王之法服不敢服，非先王之法言不敢道，非先王之德行不敢行。是故非法不言，非道不行，口无择言，身无择行，言满天下无口过，行满天下无怨恶。三者备矣，然后能守其宗庙，盖卿大夫之孝也。

资于事父以事母而爱同，资于事父以事君而敬同，故母取其爱，而君取其敬，兼之者父也。故以孝事君则忠，以敬事长则顺，忠顺不失以事其上，然后能保其爵禄而守其祭祀，盖士之孝也。

用天之道，因地之利，谨身节用以养父母，此庶人之孝也。

故自天子至于庶人，孝无终始而患不及者，未之有也。

传之首章，释“至德”“以顺天下”

子曰：“君子之教以孝也，非家至而日见之也。教以孝，所以敬天下之为人父者；教以悌，所以敬天下之为人兄者；教以臣，所以敬天下之为人君者。《诗》云：‘恺悌君子，民之父母。’非至德，其孰能顺民如此其大者乎！”

传之二章，释“要道”

子曰：“教民亲爱莫善于孝，教民礼顺莫善于悌，移风易俗莫善于乐，安上治民莫善于礼。礼者，敬而已矣。故敬其父则子悦，敬其兄则弟悦，敬其君则臣悦，敬一人而千万人悦。所敬者寡而悦者众，此之谓要道。”

传之三章，释“以顺天下”

曾子曰：“甚哉，孝之大也。”子曰：“夫孝，天之经，地之义，民之行。天地之经而民是则之。则天之明，因地之义，以顺天下。是以其教不肃而成，其政不严而治。”

传之四章，释“民用和睦，上下无怨”

子曰：“昔者明王之以孝治天下也，不敢遗小国之臣，而况于公侯伯子男乎？故得万国之欢心以事其先王。治国者，不敢侮于鳏寡，而况于士民乎？故得百姓之欢心以事其先君。治家者不敢失于臣妾，而况于妻子乎？故得人之欢心以事其亲。”

夫然，故生则亲安之，祭则鬼享之，是以天下和平，灾害不生，祸乱不作，故明王之以孝治天下如此。《诗》云：“有觉德行，四国顺之。”

传之五章，释“孝，德之本”

曾子曰：“敢问圣人之德，其无以加于孝乎？”子曰：“天地之性人为贵。人之行莫大于孝。孝莫大于严父，严父莫大于配天，则周公其人也。昔者周公郊祀后稷以配天，宗祀文王于明堂以配上帝，是以四海之内，各以其职来助祭。夫圣人之德又何以加于孝乎？故亲生之膝下，以养父母日严。圣人因严以教敬，因亲以教爱。圣人之教不肃而成，其政不严而治。其所因者本也。”

传之六章，释“教之所由生”

子曰：“父子之道天性，君臣之义。父母生之，绩[①]莫大焉。君亲临之，厚莫重

① 绩，《朱子全书》（上海古籍出版社、安徽教育出版社 2002 年版）作“续”，误。据《四库全书》文渊阁本改。

焉。不爱其亲而爱他人者，谓之悖德。不敬其亲而敬他人者，谓之悖礼。”

传之七章，释“始于事亲”及“不敢毁伤”

子曰：“孝子之事亲，居则致其敬，养则致其乐，病则致其忧，丧则致其哀，祭则致其严，五者备矣，然后能事亲。事亲者，居上不骄，为下不乱，在丑不争。居上而骄则亡，为下而乱则刑，在丑而争则兵，三者不除，虽日用三牲之养，犹为不孝也。”

传之八章，格言

子曰：“五刑之属三千，而罪莫大于不孝。要君者无上，非圣人者无法，非孝者无亲，此大乱之道也。”

传之九章，释“中于事君”

子曰：“君子事上，进思尽忠，退思补过，将顺其美，匡救其恶，故上下能相亲。《诗》曰：‘心乎爱矣，遐不谓矣。中心藏之，何日忘之。’”

传之十章，释“天子之孝”

子曰：“昔者明王事父孝，故事天明；事母孝，故事地察。长幼顺，故上下治。天地明察，神明彰矣。故虽天子，必有尊也。言有父也，必有先也，言有兄也。宗庙致敬不忘亲也，修身慎行恐辱先也。宗庙致敬，鬼神著矣。孝悌之至，通于神明，光于四海，无所不通。《诗》云：‘自西自东，自南自北，无思不服。’”

传之十一章，释“立身扬名”及“士之孝”

子曰：“君子之事亲孝，故忠可移于君；事兄悌，故顺可移于长；居家理，故治可移于官。是以行成于内而名立于后世矣。”

传之十二章，言上章“三可移”

子曰：“闺门之内，具礼矣乎？严父严兄，妻子臣妾，犹百姓徒役也。”

下面依据《孝经刊误》，整理“传文”后二章如下：

传之十三章，“别发一义”，言孝不盲从，“不义则争”

曾子曰：“若夫慈爱，恭敬，安亲扬名，参闻命矣。敢问从父之令，可谓孝乎？”子曰：“是何言与？是何言与？昔者天子有争臣七人，虽无道不失其天下；诸侯有争臣五人，虽无道不失其国；大夫有争臣三人，虽无道不失其家；士有争友则身不离于令名；父有争子则身不陷于不义。故当不义则子不可以弗争于父，臣不可以弗争于君。故当不义则争之，从父之令又焉得为孝乎？”

传之十四章，“别发一义”

子曰：“孝子之丧亲，哭不偯，礼无容，言不文，服美不安，闻乐不乐，食旨不甘，此哀戚之情。三日而食，教民无以死伤生，毁不灭性，此圣人之政。丧不过三年，示民有终，为之棺椁衣衾而举之，陈其簠簋而哀戚之，擗踊哭泣哀以送之，卜其宅兆而安厝之，为之宗庙以鬼享之，春秋祭祀以时思之。生事爱敬，死事哀戚，生民之本尽矣。死生之义备矣，孝子之事亲终矣。”

三、朱子《孝经刊误》的意义

朱子《孝经刊误》，在中国经学史上占有重要地位，在朱子一生的学术生涯中也占据重要地位，在中国社会历史发展中，对于孝文化的发展史具有深刻影响。

（一）中国经学史上的问鼎之作

在中国经学研究史上，《孝经刊误》揭橥《孝经》研究的新阶段，不仅为中国经学研究做出了贡献，其研究的理论与方法深藏了朱子的学术功力。

汉代奉行“尊儒”路线，经学研究成为中国学术思想文化研究的主流。《孝经》应时问世，并且成为中国经学研究的一块重要阵地。朱子《孝经刊误》面世之前，汉代以降，注疏《孝经》的学术名流辈出，其中不乏力作。但是在朱子看来，都没有解决《孝经》中存在的错误。朱子曰：“窃尝考之，‘传文’固多傅会，而‘经文’亦不免有离析增加之失。”朱子认为最大的错误在于“经”“传”不分，把“传文”混淆于“经文”，视为孔子的文章。朱子严肃指出这一错误，曰：“顾自汉以来，诸儒传诵，莫觉其非，至或以为孔子之所自著。”

朱子《孝经刊误》面世，跳出前辈窠臼，一部新《孝经》横空出世。社会上立即出现两种意见，肯定者有之，否定者亦有之。无论肯定或者否定，无论赞成抑或反对，都促进了《孝经》研究的学术发展。

其一，赞成者予以继承。南宋以后为《孝经》作注者，多用朱子“刊误本”。陈振孙《书录解题》称赞这部文献“悟疑辨惑”，予以充分肯定。元代学者董鼎撰写《孝经大义》，乃“因朱子‘改本’为之诠解。”元代吴澄撰写《孝经定本》，“从朱子‘刊误’之例”。康熙年间，编纂了《朱子全书》，皇帝御撰并“敬书”《御制朱子全书序》。足见朱子学术及其孝道思想体系在身后的深远影响。

其二，反对者提出了激烈的批评。但是，却以另外一种形式激起了朱子《孝经刊误》思想在社会上的热烈传播。

特别是清代，一部分汉学家们，反对朱子“改经”。毛奇龄《孝经问》，驳诘朱子《孝经刊误》十分尖锐，质疑十个问题。然而“四库馆臣”在毛氏文献前面《孝经问提要》中批评说：“奇龄此书，负气叫嚣，诚不免失之过当。”[①] 清代前期，汉学派在朝廷控制经学研究。康雍乾时期，数次“御定”《孝经集注》，都没有采用《孝经刊误》体例，但是却在《序言》中申述“不用朱子《刊误》本，杜‘改经’之渐”。这说明朱子“刊误本”对于“泥古”者的威慑。但是，雍正皇帝却在《序言》指明，注解《孝经》要“词旨显畅”，诏“其体例悉仿朱子《四书章句集注》为之。”骨子里仍然肯定和接受了朱子《孝经刊误》的学术成就。

---

① 《四库全书孝经问提要》，《四库全书》文渊阁本。

（二）朱子五十年潜心研究的扛鼎之作

朱子平生著书不辍，据不完全统计，朱子著书两千余万字，连同后人整理的朱子文集，累计25种著作。其奉献给人类的文化遗产空前丰厚，后人研究朱子学术的兴趣日益热烈，形成一门学科，称之为“朱子学”。

《孝经刊误》在“朱子学”中，是为一部力作。淳熙十三年，朱子年五十七岁，主管华州云台观时作。这部力作是朱子潜心五十年研究成果。

清代学者王懋竑编《朱子年谱》记载，朱子八岁拜师，“授以《孝经》，一阅通之”，题字曰：“不若是，非人也”。朱子八岁读《孝经》，立志成为忠孝之人。屈指距离《孝经刊误》成书，阅五十年。这中间，朱子从未中辍《孝经》研究。

朱子二十九岁时，师事李侗。李侗是朱子父亲朱松的同门学友，是二程学说的第四代传人。朱子师事李侗先生5年，直至李侗撒手人寰。师生之间留下了《延平李先生问答》①，记录了朱子和李侗先生研究“孝道”的很多资料。其中涉及孔子、曾子、孟武伯、子游等相互之间论“孝”的各种问题。其中也包含讨论苏东坡、司马光等人论“孝”的各种见解。朱子师事李侗，李侗视朱子为友，无论是经筵面授，还是互至书札，亦师亦友之情溢于言表。李侗仙逝，朱子痛失良师，“挽诗”云：“有疑无与析，挥泪首频搔。”② 李侗对于朱子的教诲，影响朱子放弃以前儒、佛杂糅的学术思想，转而全面接受伊洛“程学”；其《孝经》研究，也由此发生重大的转变，解放思想，辨正圣人学术，大胆“解经”。此后，朱子不断吸纳同仁的学术思想和成果，在《孝经》研究中孜孜以求，不断积累新的成果。苏东坡、司马光、范祖禹等前辈学者关于“孝经”研究的片言只语，纤细无遗，加以考察。苏东坡关于“可改父志”的见解，司马光笔削《孝经》之“教”为“孝”等等，皆体现在朱子改本《孝经》中。尤其是胡宏《论语说》提出“疑《孝经》引《诗》非经本文”的判断，让朱子大为震惊，曰：“初甚骇焉。徐而察之，始悟胡公之言为信。”朱子由此获得了“疑经”的信号。为此，朱子慎重请教同时期名儒程可久（程迥），“以书质之沙随程可久丈”，获得程可久的答书，曰：“汪端明亦以此书（按：指《孝经》）多出后人附会。”这对朱子启发很大。朱子由此继承“前辈读书精审”的精神，进一步研究《孝经》，发现“《孝经》之可疑者，不但此也”，认为“汉代以来，诸儒传诵”，存在很多错误，《孝经》中存在很多“傅会”、“离析增加之失”。于是，朱子开始了《孝经》深入研究的漫长之旅，直至五十七岁，完成了《孝经刊误》这部扛鼎之作，体现了朱子在学术上，敢于挑战汉代以来的“旧说”，“辨正”流传千

① 《延平李先生师弟子答问》，朱杰人、严佐之、刘永翔主编《朱子全书》，上海古籍出版社、安徽教育出版社2002年版。

② 朱熹《挽延平李先生》第三联：“歧路方南北，师门数仞高。一言资万善，十载笑徒劳。斩板今来此，怀经痛所遭。有疑无与析，挥泪首频搔。”载朱杰人、严佐之、刘永翔主编《朱子全书》，上海古籍出版社、安徽教育出版社2002年版。

载的《孝经》。

朱子自三十岁怀疑《孝经》，到朱子晚年完成《孝经刊误》，阅二十七年。这期间朱子完成了很多著作，为朱子《孝经刊误》研究准备了学术条件。孝宗隆兴元年，朱子三十四岁，完成《论语要义》和《论语训蒙口义》；三十五岁，完成《困学恐闻》；三十九岁，完成《程氏遗书》；四十一岁，完成《家礼》；四十三岁，完成《论孟精义》和《资治通鉴纲目》、《西铭解义》、《八朝名臣言行录》；四十六岁，完成《近思录》；四十八岁，完成《论孟集注》、《或问》、《周异本义》、《诗集传》；五十七岁，完成《易学启蒙》。这年八月《孝经刊误》成。[①] 其中，关于《论语》等经学研究，直接为《孝经》研究奠定了基础。《孝经》中引用"子曰"二十二文，其思想直接与《论语》思想相通。有了治《论语》的造诣，为治《孝经》奠定了攻坚的基础。

朱子晚年完成《孝经刊误》，正是其学术造诣成熟的时期，汇聚了朱子各方面的学术功力和条件。这部文献也铸就了朱子学术研究的里程碑，标志朱子自八岁读《孝经》，阅五十年《孝经》研究的结晶。

（三）促进中国孝文化发展的力作

朱子《孝经刊误》有一个重要特点，即"简易条畅"[②]。这不仅有利于社会上运用与流传，也具有较强的实践性。

毫无疑问，《孝经》是社会孝文化发展的先导。其学术研究的进步和发展，必将引领中国孝文化的进步和发展。《孝经刊误》促进《孝经》学术研究，进而为推动社会孝文化的发展提供了学术依据。

自汉代独尊儒术，讫朱熹生活的南宋时代，《孝经》研究，不惟热烈于学术领域，也引起社会上的密切关注。《孝经》研究领域的分歧意见，直接影响《孝经》的社会运用。历代帝王不得不腾出手来关注《孝经》研究，很多帝王躬自成为研究《孝经》的推手。晋元帝撰《孝经传》、晋孝武帝有总明馆《孝经讲义》、梁武帝有《孝经义疏》。[③]

唐宋时期，深化推行孝道，"以孝治天下"，扩大推行科举制，"孝廉"被列为科举科目，《孝经》被列为考试项目。但是，"观孝经旧注，踳驳尤甚"，影响举子、学人的思想文化水平和质量。唐太宗贞观十八年，召集汴鄜诸州所举"孝廉"举子，赐坐于御前，"问以曾参孝经，并不能答。"太宗"退而有忧色"，[④] 诏整理《孝经》，于是有陆德明《孝经音义》问世。唐玄宗即位，继续推行"孝道"，扩大推行科举

---

① 据（清）王懋竑《朱熹年谱》（中华书局 1998 年版）统计。

② 朱熹《与刘子澄书》云："诸书今岁都修得一过，尽简易条畅。"载朱杰人、严佐之、刘永翔主编《朱子全书》，上海古籍出版社、安徽教育出版社 2002 年版。

③ （清）《四库全书孝经注提要》，《四库全书》文渊阁本。

④ （宋）王溥：《唐会要》卷七十六《孝廉科》。

制，《孝经》被列为重要科目。玄宗两次躬自撰写《孝经御注》颁行天下，并刻石，存放国子监、太学。北宋王朝，九代君主，皆十分重视孝道，自太祖赵匡胤以下，每一代皇帝都诏命注疏《孝经》。邢昺、司马光、范祖禹、苏东坡、二程等学术名流无不加入《孝经》研究的行列。南宋政治中心南移，二程“洛学”南行，涌现了朱子学术巨匠。他完成《孝经刊误》，文字流畅，不仅便于流传，也便于实践，成为中国孝文化发展的理论先导。

朱子孝道的理论研究与躬行孝道的实践密切结合。孝宗隆兴五年，朱子四十岁，丁母忧。母亲祝孺人，歙县处士祝确之女。朱子遵循《孝经》第十五章，庐墓守丧。朱子在庐墓期间，著成《家礼》，向社会基层的家族家庭深化推行孝道学说。据朱子学生黄榦云：朱子“所辑《家礼》，世多用之。”[①] 事后，父母坟墓所托之看管的乡人，朱子加礼拜之。

淳熙三年，朱子四十七岁，归婺源省先墓，躬行孝道，孝文化的社会普及，在徽州家乡得到传播。朱子回婺源，携书赠送邑中学人和藏经阁（本地图书馆），把“程氏遗书、外书、文集、经说，司马氏《书仪》、高氏《送终仪》、《吕氏乡仪》、《乡约》等书留学中”。朱熹对乡中张敬夫说，这些书，“教人善传”“自修”“庶乎小补耳”！淳朴的徽州父老乡亲，对于朱子的学术思想报以热烈的感情。孝道之风，蔚然于徽州大地。朱子之书的诵读之声传遍徽州梓里户牖。朱熹所到之处，传导圣人思想，教人为善。朱熹在徽州推行乡规民约，提倡建置“仁寿庐”、“安济坊”、“广惠坊”、“养济院”、“福田院”等基层慈善机构，收养孤老、病残、乞丐。这些慈善活动，促进了社会和谐。徽州人奉行朱熹《家礼》理家，形成古朴的民风，“虽为贾者，咸近士风”。徽州“自朱子而后，为士者多明义理”。徽州社会孝道之风，验证了朱子孝道学术思想具有较强的社会实践性，对于推进中国孝文化的发展具有一定的意义。

---

① （清）王懋竑：《朱熹年谱》，中华书局 1998 年版。

徽商收藏的文化意义

王世华

（安徽师范大学教授）

对于前朝书籍、古董尊彝、法帖名画的收藏，千年历史，屡见不鲜。其中既有官府，也有个人；个人中既有官员，也有平民。个人收藏各有目的，有的是为了转手牟利，有的是为了附庸风雅，有的为了招摇炫耀，有的却是出于对传统文化的特殊爱好。在封建社会，对个人的收藏行为，有人统统嗤之为“玩物丧志”。殊不知对收藏是要区别而论的，其实有的收藏行为是蕴涵着重大的文化意义，是绝不能作皮相之论的。

一

明清时期尤其是康乾时代，“贾而好儒”的徽商在钱囊丰满后对文化充满了兴趣，他们除了兴办学校、投资书院以外，很多人开始钟情于收藏。

徽商收藏的范围很广，首要的就是图书。这一方面是为了自己读书的需要，另一方面也是培养子弟的需要。所以徽商家中或多或少都有一些藏书。更有一些徽商嗜书成癖，千方百计搜求各种图书，尤其是印刷质量好、校雠精、错误少、价值高的即我们今天所称的“善本书”，他们堪称藏书家。扬州盐商马曰琯、马曰璐兄弟就是以“藏书家”名扬海内。他们在扬州自己的园林“小玲珑山馆”里建有著名的“丛书楼”。著名学者全祖望就经常光顾“丛书楼”，他曾回忆道：“予南北往还，道出此间，苟有宿留，未尝不借其书。而嶰谷（马曰琯）相见，寒暄之外必问近来得未见之书几何，其有闻而未得者几何，随予所答辄记其目，或借钞，或转购，穷年兀兀，不以为疲。其得异书则必出以示予，席上满斟碧山朱氏银槎，侑以佳果，得予论定一语，即浮白相向。方予官于京师，从馆中得见《永乐大典》万册，惊喜贻书告之，半查（马曰璐）即来问写人当得多少，其值若干，从臾予甚锐。予甫为钞宋人周礼诸种而遽罢官，归途过之，则属予钞天一阁所藏遗籍，盖其嗜书之笃如此。”① 有珍贵稀见者，不惜千金购之。他们藏书十万卷，宋版元刻，无不具备。简直就是一个古代图书馆。仅此一端，需要投入多少资金啊。正如全祖望所说：“百年

---

① 全祖望：《鲒埼亭集外编》卷17记，清嘉庆十六年刻本。

以来，海内聚书之有名者，昆山徐氏、新城王氏、秀水朱氏其尤也，今以马氏兄弟所有，几几过之”[①]。由此可见当时文人对马氏藏书是非常推崇的。经营盐业的徽商鲍廷博也是一位藏书家，后定居桐乡青镇（今乌镇）杨树湾，建有“知不足斋”书屋。他勤学好古，不求仕进，喜购藏秘籍，所收甚富。时人评价他说：“君收储特富，鉴裁甚精，壮岁多获两浙故藏书家旧物，偶闻他处有奇文秘册，或不能得，则勤勤假钞厥副，数十年无懈倦。”[②] 当时在浙江藏书家浙东称范氏天一阁，浙西称汪氏振绮堂，而汪氏振绮堂就是徽商世家，据近代著名出版家、政论家汪康年回忆：“余家世以藏书为事，至鱼亭公（汪慧）益加搜罗，于是‘振绮堂藏书’之名始著。”[③]

歙县商人程晋芳在扬州业盐，也是“书痴”，酷爱藏书。自称从十三四岁起就千方百计搜求异书，得一书则置楼中，自己或与好友加上题识，并精心装潢，真是怡然自得。好友李情田知其所好，往往将从乡下得到的善本书专程送来，程晋芳能买则买，不能买的则抄。后来他到了京师做官，十年间更是经常造访书坊书肆，遇有奇书，不惜代价买下。有时钱不凑手，竟然典衣以购，简直“嗜书藏若饥渴”。因此，“积三十年而有书三万余卷”。他的藏书楼上下六间，摆满图书，琳琅满目。藏书楼庭前杂栽桂树，据《尔雅》，室之东隅曰“宧”，此处又多植桂树，故他把自己的藏书楼命名为“桂宧”。[④] 还有一位商人名吴梦龄，歙人，侨寓江都。家世好藏典籍，多至数十万卷。[⑤] 其它一些徽商虽然藏书不如上述诸人那么多，但也比较丰富。如婺源木商洪庭梅家就“藏书千余卷”[⑥]。歙商方在宥“以藏书倾邑里”[⑦]。歙商汪讱庵在杭州经商，家中就建有“开万楼”，藏书数千种。中国历朝历代富有的商人多矣，但像徽商如此钟情藏书的恐怕也是少见的。

徽商不仅酷爱藏书，而且还喜欢收藏前人字画、古董。这当然要花更多的钱。从来字画、古董有市无价，全凭喜好程度。由于“喜好”，再多的银两也在所不惜。歙县盐商吴雪翀“雅蓄砚墨，见前人嘉言懿行，辄涤砚吮墨，手自书之。多购书画、金石诸古物置左右，间一寓目，摩挲自得。”[⑧]《画友录》说到歙县盐商子弟巴慰祖时载谓：“少读书，无所不好，亦无所不能。弆藏法书名画、金石文字、钟鼎、尊彝甚伙。”[⑨] 大盐商汪廷璋的侄子汪灏“家蓄古人名画极富。”[⑩] 盐商子弟、歙人王学儒

① 全祖望：《鲒埼亭集外编》卷17记，清嘉庆十六年刻本。

② 顾广圻：《思适斋集》卷12《知不足斋丛书》序，清道光二十九年徐渭仁刻本。

③ 汪诒年：《汪穰卿（康年）先生传记》，选自沈云龙主编《近代中国史料丛刊第一辑》，文海出版社，民国二十七年版。

④ 程晋芳：《勉行堂文集》卷2，清嘉庆二十五年冀兰泰吴鸣捷刻本。

⑤ 光绪《增修甘泉县志》卷24《丛缀》，江苏古籍出版社1991年版，第222页。

⑥ 婺源《炖煌洪氏通宗谱》卷58《清华雪斋公传》。

⑦ 汪道昆：《太函集》卷32《方在宥传》，黄山书社2004年版。

⑧ 许承尧：《歙事闲谭》卷28《吴瑞鹏》，黄山书社2001年版。

⑨ 王鋆：《扬州画苑录》卷3，中华书局2007年版。

⑩ 李斗：《扬州画舫录》卷15，中华书局2007年版。

凭藉丰厚资金，“尤多蓄元明人书画，尝坐斋中，晨夕展玩，谓人曰：‘余老不能游，即此以当自放于山巅水湄，其谁曰不然。’”① 休宁孙烺，为徽之巨商，侨居杭州。在京师与覃溪善，覃溪殁后，孙赙五千金，故苏斋金石书画半归侍御（孙烺）。《宋拓公房碑》、《化度寺碑》、《嵩阳帖雪浪帖》、《诗文杂箸手稿》四十巨册均在焉。②

徽商收藏的书画，不仅数量大，而且精品多。据明末商人兼收藏家吴其贞记载，徽州收藏家程季白的儿子程正吉家中就藏有王维、赵孟頫的手卷和荆浩的立轴山水，还有大量其它书画作品。如王维的《江山雪霁图》手卷、李唐的《晋文公复国图》、翟院深的《雪山归猎图》、赵孟頫的《水村图》手卷，还有书圣王羲之《行穰帖》的唐初摹本、王蒙的《秋丘林屋》题记等，可见收藏之精美。徽商子弟黄宾虹（即黄崇惺）《草心楼读画集》也载：徽商收藏历史上名家作品之多，令人惊叹。如唐代画家吴道子的《黄氏先圣像》以及阎立本的《孔子事迹二十四图》，还有北宋画家李公麟的白描《十八应真渡海》长卷和北宋宫廷画家张择端的《清明上河图》长卷等等，都是稀世奇珍。当然，徽商收藏元人的作品也很多，据晚明鉴赏家和收藏家张丑所说，歙县一吴姓徽商家收藏倪云林的画最少有四幅并皆为立轴。正如黄崇惺说：“而是时（指康熙、乾隆时期）休、歙名族，乃程氏铜鼓斋、鲍氏安素轩、汪氏涵星研斋、程氏寻乐草堂，皆百年巨室，多蓄宋元书籍、法帖、名墨、佳砚、奇香、珍药，与夫尊彝圭璧盆盎之属，每出一物，皆历来赏鉴家所津津乐道者。而卷册之藏，尤为极盛。”③ 毫无疑问，这些“休、歙名族”、“百年巨室”，当然大多是徽商家庭。黄崇惺儿时经常去程氏铜鼓斋，他记道：“程氏古画，以李成《五老峰图》为第一。书迹以《大令保姆帖》为第一。余时方稚齿，来往程氏斋中，未知请观，然耳熟久矣。”咸同战乱后，程云松先生孙少帆避居祁门，书画尚有数十箧，寄于山农家，可知他家收藏之富。④

黄崇惺就是出身于徽商世家，他的先世也藏有大量的法书名画，嘉庆道光以来，由于家道中落，不少归于他人之手，然尚存者颇多。据他回忆，他家就曾藏有一千多年前的唐代“画圣”吴道子画的先圣像、明初宫廷画家商喜的《西园雅集图》等。外舅家藏有初唐集大成的画家阎立本画的《孔子事迹二十四图》，二伯父藏有北宋著名画家李公麟（号龙眠居士）的白描《十八应真渡海》长卷，舅氏藏明代姚广孝的《百八罗汉图》，尤奇物也。黄崇惺侄黄新宇也藏有元代高克恭的山水画。黄氏宗族祠堂——承德堂中还藏有明代大画家王叔明的山水，鸾绫象匣，这是准备进贡皇帝的；又藏有北宋苏东坡的墨竹。这些画别说今天是极其难得的国宝，就是在当时也堪称世间罕品。黄崇惺小时就记得家中有书一楼，列几堆积，高五六尺，多有前代古本，这只是他经眼看到的，就已经不得了了，但我们知道这还只是徽商收藏

① 方东树：《考盘集文录》卷10《王君学儒墓表》，清抄本。

② 缪筌孙：《云自在龛随笔》卷4《书籍》，商务印书馆1958年版，第171页。

③ 许承尧：《歙事闲谭》卷20《咸丰前歙人收藏之富》，黄山书社2001年版。

④ 许承尧：《歙事闲谭》卷20《咸丰前歙人收藏之富》，黄山书社2001年版。

的冰山一角啊!

徽商收藏有时简直到了“痴”的程度，如歙人汪讱庵自号印癖先生，经商侨寓杭州，不仅喜好藏书，尤酷嗜印章，他千方百计搜罗自周秦迄元明印章，至数万钮。听说钱梅溪先生藏有汉代‘杨恽’二字铜印，讱庵欲得之，钱不许，遂长跪不起，钱不得已，笑而赠之。其风趣如此。①

徽商从明代中后期就钟情于收藏，从而带动了一大批人也加入收藏行列，并导致了社会风气的变化。明代文坛大家王世贞有一段描述徽商引领收藏潮流的文字：“画当重宋，而三十年来忽重元人，乃至倪元镇（元代画家、诗人倪瓒）以逮明沈周，价骤增十倍；窑器当重哥、汝，而十五年来忽重宣德，以至永乐、成化，价亦骤增十倍。大抵吴人滥觞，而徽人导之，俱可怪也。”② 可知苏州之所以能够引领收藏潮流，就是因为有徽商“导之”的结果。

当然，徽商的这种风气也受到徽州官员士大夫的影响。明末商人兼收藏家吴其贞在《书画记》中说：“昔我徽之盛，莫如休歙二县，而雅俗之分，在于古玩之有无，故不惜重值争而收入。时四方货玩者，闻风奔至，行商于外者，搜寻而归，因此时得甚多。其风开于汪司马兄弟，行于溪南吴氏丛睦坊，汪氏继之，余乡商山吴氏、休宁朱氏、居安黄氏、榆林程氏，以得皆为海内名器。”所谓汪司马兄弟，乃是指明嘉万年间的歙县人汪道昆、汪道贯兄弟，道昆曾任兵部左侍郎一职，故有“司马”之称。他特别喜爱收藏古玩字画，登门求观的文士络绎不绝。作为朝廷高官，又是徽商子弟，他的行为不能不给其它徽州商人以极大的影响。所以汪氏兄弟开其风，一大批徽商就继其后了。

二

收藏的文化意义在于对藏品的文化利用，不断发掘它的文化价值。徽商收藏固然也有自赏、炫耀的意味，甚至有的也转手牟利，但确有一批徽商志不在此。他们收藏就是因为对传统文化的极大爱好。他们的藏品对文化人绝不封锁，反而欢迎大家观摩利用。这种收藏而开放的方式，就具有重要的文化意义了。

首先，徽商的收藏保存了大量传统文化中的瑰宝。那些珍稀书籍、法帖名画、玉器古玩等等，都是极其珍贵的历史文物，它们如果单件存于某人之手，很容易流失甚至消亡，徽商用重金收购收藏，大批文物流到徽商手中。正如前述：“时四方货玩者，闻风奔至，行商于外者，搜寻而归，因此时得甚多。”从而集中保存了大量祖国传统文化中的瑰宝，这应是对祖国文化的一大贡献。徽州今天之所以被誉为“文物之海”，不少文化珍品仍保存在民间，就是得益于当年徽商的收藏。下面将提到的

---

① 西泠印社所纂：《金石家小记》。

② 王世贞：《觚不觚录》，《中华野史》，泰山出版社 2000 年版。

徽商利用家藏所刻的大量丛书，其中就使得不少是孤本、稿本等善本书能够保存流传下来。

其次，徽商的收藏推动了书画艺术的进步，催生了新安画派。我们知道，书画艺术的提高必须要观摩前人的书画作品，从前人画作中汲取营养。这是画家成长必不可少的条件。过去既没有图书馆，也没有博物馆，而徽商的收藏正起到了图书馆和博物馆的作用。不少徽商收藏的法帖名画，绝不是“藏在深闺人不识”，而是公诸同好，欢迎观摩学习。史载：“诸先生往来其间，每至则主人为设寒具，已而列长案，命童子取卷册进，金题玉躞，锦赙绣褫，一触手，古香经日不断，相与展玩叹赏，或更相辩论，断断不休。”[①] 就在这“断断不休”的展玩、辩论之中，艺人们揣摩了古人的技法，吸取了他们的长处，提高了自己的水平，很多画家成长起来了。如新安画派代表人物之一的休宁查士标，“家多古铜器及宋元人真迹，书法华亭（董其昌），画初学倪高士（倪云林），后参以梅花道人、董文敏”[②] 后人评价他的画作“真窥元人之奥”。之所以如此，与他从元人画作中汲取丰富的营养是分不开的。新安画派首领弘仁“闻晋唐宋元名迹，必谋一见”，认真摹写研读。而能够收藏“晋唐宋元名迹”的，大多是富甲一方的徽商人家。弘仁与徽商吴羲友好，常在吴家赏阅古代大师的作品。吴家藏有元代画家倪云林的《幽涧寒松图》、《东冈草堂图》、《汀树遥岑图》、《吴淞山色图》等，弘仁见后如获至宝，研读达数月之久，境界大大提高，回去以后将自己过去的作品全部撕毁。周亮工《读画录》说其“喜仿云林，遂臻极境。”弘仁之所以能成为新安画派的领袖人物，应该说徽商的收藏是助了一臂之力的。弘仁的画风影响了一批人，新安画派逐渐形成。画家的成长也离不开与同行的切磋交流。同样，徽商又提供了这样的条件。谁都知道，扬州是徽商大本营，大批稀世珍品也都集中在扬州，因此全国各地的学者、艺术家也多趋之若鹜。正如清人李斗所说的：“扬州书画（家）极多，兼之过客往来，代不乏人。”[③] 众多同行在徽商所建的园林中相聚，讨论学术，切磋技艺。多少书家、画家就是在这样的氛围中迅速成长起来。[④]

在书法艺术上，盐商鲍氏做了一件大事：清代嘉、道年间淮南总商鲍志道之子、收藏家鲍漱芳收藏了唐、宋、元、明诸多名家书法40余件，这是旷世瑰宝。怎样才能让它们永久保存并能让人利用呢？鲍漱芳欲将它们勾勒上石，为此重金延请扬州名匠党锡龄（字梦涛）等精雕细刻，生动再现了原作的精神风貌。鲍淑芳死后，其子鲍冶亭、鲍钧亭继续这项工程，这就是著名的“安素轩石刻”，共300多方。它始于嘉庆二年（1797），成于道光四年（1824），历经3代、28个春秋。“安素轩石刻”大部分是按真迹或原作勾摹刻制的，且皆有名人题跋，许多是首次见诸刻石，其中

① 许承尧：《歙事闲谭》卷20《咸丰前歙人收藏之富》，黄山书社2001年版。
② 李斗：《扬州画舫录》卷2，中华书局2007年版。
③ 李斗：《扬州画舫录》卷2，中华书局2007年版。
④ 参阅王世华、李锦胜：《明清徽商与新安画派》，《学术月刊》2005年第1期。

唐勾本王羲之《兰亭集序》、李邕书《出师表》、苏东坡诗、米芾小楷、赵孟頫书《老子》等，都是极其珍贵的艺术品。可以说，"安素轩石刻"是我们今天弥足珍贵的文化遗产。现扬州天宁寺内陈列的175方石刻，乃鲍氏后人、画家鲍娄先于建国初捐献。可见鲍氏家族为保护和传承祖国宝贵文化遗产，弘扬书法艺术立下了不朽的功绩。

第三，徽商的收藏促进了学术的发展。如果收藏是为了炫耀、自赏甚至谋利，那与学术进步当然无缘。但在一些徽商那里，绝不是这样，而正像清代著名诗人袁枚所颂小玲珑山馆那样："横陈图史常千架，供养文人过一生。"从而使多少学者深受其益。如祁门商人马曰琯、马曰璐兄弟俩由于有几万卷藏书，一些著名学者如全祖望、符曾、厉鹗、金农、陶沿藻、陈撰等就成了常住客，名流宴咏，殆无虚日。这不就是文坛盛会吗？学者们在这里读书、研究，推动了学术进步。厉鹗就在这里居住多年，博览群书，专心著作，写成了《宋诗纪事》100卷皇皇巨著，还有《南宋画院录》、《辽史拾遗》、《东城杂记》诸书，因而成名。可以说是马氏兄弟玉成了一位大学者。"扬州二马"去世后，清代诗人楼锜也十分感激地写道："阅肆愧非才，插架困贫乏。感兹故人意，借抄兼借榻。"[①] 穷厄以终但颇有学问的寒士姚世钰也是丛书楼里的座上客。他曾满怀深情地写道："薄游扬州，马秋玉、佩兮兄弟为余置榻丛书楼下，膏馥所沾丐（溉），药物所扶持，不知身之在客也。"[②] 他在丛书楼里读书、校书，获益良多，最终成为一位著名学者。

鲍廷博、程晋芳等盐商何尝不是如此。鲍廷博为了校书，"洁亭舍，丰馆谷"，经常邀请文人学者来家中切磋探讨。程晋芳的"桂宧"，也是"谈笑有鸿儒，往来无白丁。"他们或赏奇文，或析疑义，或则斗诗，或则联句，其情洽洽，其乐融融。在他死后，京师甚至流传这样的话："自竹君（指翰林编修朱筠）先生死，士无谈处；鱼门（程晋芳）先生死，士无走处。"可见他生前与士人结成多么深厚的友谊。

徽商与文人学者的这些交往，不仅仅是个人之间的情谊，它为学术的发展也起到了重要作用。梁启超曾说："欲一国文化进展，必也社会对于学者有相当之敬礼；学者恃其学足以自养，无忧饥寒，然后能有余裕以从事于更深的研究，而学乃日新焉。近世欧洲学问多在此种环境之下培养出来，而前清乾嘉时代，则也庶几矣。"[③] 乾嘉时代正是徽州盐商对学者"借抄兼借榻"、"药物所扶持"的"有相当之敬礼"的时代，也是清代学术全盛的时代，这应该不是偶然的。

第四，徽商的收藏促进了文化的传播。这尤其表现在刻书上。在当时，文化传播的主要是通过书籍载体而实现的。而徽商在这方面的贡献也很大。如歙商吴梦龄，侨寓江都。家世好藏典籍，多至数十万卷。又聚中晚唐人诗集得二百许家，半为宋库遗钞，人不经见。康熙年间政府校刊《全唐诗》于扬州，遇有遗缺者，就到其家

---

① 楼锜：《于湘遗稿》卷1《题丛书楼呈马嶰谷半查昆季两先生》，清乾隆二十年陈章刻本。

② 姚世钰：《孱守斋遗稿》卷2，清刻本。

③ 梁启超：《清代学术概论》十八《清学全盛的时代环境》，中国人民大学出版社2004年版，第189页。

借录副本，多取资焉[①]。乾隆开《四库全书》馆，诏求天下遗书，前述鲍氏以家藏精本626种进献，内多为宋元以来之孤本、善本。马氏进献藏书776种。汪氏振绮堂也进呈善本百十种。在当时，全国私人进呈书籍最多的共四家，其中马氏为首。这些书籍被选入四库后自然能够惠及更多的学人，发挥更大的学术价值。

除了向朝廷献书支持《四库全书》纂修外，富有藏书的徽商还大量刻书，将很多珍本、善本书刊刻面世，嘉惠士林。盐商马曰琯、马曰璐兄弟尝不惜千金为大学者朱彝尊刻《经义考》，为蒋衡装潢所写《十三经》，又刻《许氏说文》、《玉篇》、《广韵》、《字鉴》等书，让它们广泛传播。刻书离不开校雠，清代著名学者全祖望是这样记叙马曰琯校书的："聚书之难，莫如雠校。嶰谷（马曰琯）于楼上两头各置一案，以丹铅为商榷。中宵风雨，互相引申，真如邢子才思误书为适者。珠帘十里，箫鼓不至，夜分不息，而双镫炯炯，时闻雒诵，楼下过者多窃笑之。以故其书精核，更无讹本，而架阁之沉沉者遂尽收之腹中矣。"[②] 由于他刻书质量好，校雠精，世间谓之"马板"。鲍廷博为了刊刻《知不足斋丛书》，可谓呕心沥血，"梨枣之材，剞劂之匠，遴选其良，费而勿靳。生产斥弃，继以将伯，千百锱铢，咸归削氏。犹复节衣减食，裨补不足，视世间所谓荣名厚实、快意怡情者，一切无堪暂恋，衹有流传古人著述，急于性命。"[③] 他能将"流传古人著述"看成"急于性命"的大事，摒弃世间一切快意怡情的享乐，节衣缩食，刊刻丛书，这种精神实在难能可贵。为了使刊刻的书籍不出错，他利用自己丰富的收藏，比照各种版本，认真仔细校勘，也请教先达闻人，集思广益。时人评说他："并涉四部，旁综九流，奥篇隐事，心识口诵，元元本本。有经丹黄甲乙者，如风庭之扫叶，又况先达闻人，洎二三雅素，往复扬榷，集思广益外，此即土壤细流，咸不让择，大要期诸求是。每定一书，或再勘三勘，或屡勘数四勘。祁寒毒暑，舟行旅舍，未尝造次铅椠去手也，其于校有如此者。"[④] 故此丛书甫问世，"士林争购，以为巨观，洵自左禹圭以来一不朽盛业也。"[⑤] 受到人们的热烈欢迎。后人高度评价这套丛书在传播传统文化方面的重大作用："歙县鲍渌饮廷博辑刻《知不足斋》丛书，久为艺林推重，约而言之，盖有数善：全书三十集，都二百余种，搜罗之富，实罕其比；所辑各种，或旧刻脱讹而此独完好，或中土久佚而传自海外；无陈陈相因之弊，且皆学者必需之书，采辑之善，允推独步。"[⑥] 很显然，鲍廷博利用自己丰富的收藏为传播我国传统文化作出了极为重要的贡献。

第五，徽商的收藏也造就了不少文化商人。贾而好儒的徽商一旦有了自己的收

① 光绪《增修甘泉县志》卷24《丛缀》，江苏古籍出版社1991年版，第222页。

② 全祖望：《鲒埼亭集外编》卷17《丛书楼记》，清嘉庆十六年刻本。

③ 顾广圻：《思适斋集》卷12《知不足斋丛书》序，清道光二十九年徐渭仁刻本。

④ 顾广圻：《思适斋集》卷12《知不足斋丛书》序，清道光二十九年徐渭仁刻本。

⑤ 俞樾：《春在堂杂文》六编卷7《知不足斋丛书》序，清光绪二十五年刻春在堂全书本。

⑥ 鲍廷博辑、鲍祖志续辑：《知不足斋丛书》，民国十年上海古书流通处据清鲍氏刊本景印《古书流通处启》。

藏，就会充分利用这些收藏来充实自己，提高自己。藏画的有的就成为画家，如孙灏，性古雅，家蓄古人名画极富，交游皆一时名士。① 他从古人名画中充分汲取营养，因此诗画极工。“休宁金�，字达三，号雪圃。笔力斡脱，去时习。以贸迁往来四方，行笈中藏名人笔墨，暇则展玩，兴至即画，他的墨梅画得极佳，遇投契者赠之，非其人不轻与片纸。”② 这显然也得益于收藏。藏印的有的就成为刻家，并有不少著作问世。西泠印社所纂《金石家小记》云：“汪讱庵自号印癖先生，乔寓杭州，家有‘开万楼’，藏书数千种。尤酷嗜印章，搜罗自周秦迄元明印，至数万钮。当于巨珠上刻作篆文，以备诸品所未备。……著有《集古印存》、《飞鸿堂印谱》、《汉铜印丛》、《汉铜印原》、《退斋印类》、《锦囊印林》及其它各谱，最二十七种，《续印人传》八卷。”③ 收藏金石最多的巴慰祖，工书善画，尤其精于篆隶摹印，乃至仿造数百年前的古器，连精于鉴别的专家也难以辨别。也有不少收藏家成为古玩鉴赏家。成为鉴赏家的不可缺少的条件，就是要大量观摩比较各种古玩，才能逐渐掌握各个时期古玩的特点、各个书画家的风格。因此，没有大量的收藏是做不到的。徽商正因为有丰富的收藏，所以或则本人，或则子弟成了鉴赏家。乾隆进士吴绍浣，歙县丰南人，侨居扬州，“嗜书画，精鉴赏，四方名迹多归之，如颜鲁公竹山联句，徐季海、朱巨川告身，怀素小草千文，王摩诘辋川图，贯休十八应真象，皆希世珍也。当时名公巨卿如彭元瑞、董诰、王杰辈交口推重，各省疆吏所贡书画图籍必招浣品题而后奏进。”④ 吴绍浣父祖就是侨居扬州的大盐商，家中藏有很多古玩，虽走上仕途仍念念不忘收藏。朝濡暮染，左采右获，见多识广，鉴别益精，终于成为一位名闻京师的古物鉴赏家。前述巴慰祖当然也是鉴赏家。

尤其值得提出的，藏书的不少成为学者。古玩收藏是要有相当雄厚的经济实力的，当然不能家家都有，但藏书对于贾而好儒的徽商来说，却是绝大多数家庭都是有的。清代著名学者钱谦益说过：“有聚书者之聚书，有读书者之聚书。”。徽商堪称读书者聚书。爱好读书再加上勤奋，自然文化日增，著述渐丰，虽为商人，但称之为学者，也毫不为过。翻开徽州方志和宗谱，有著作或诗集问世的商人不胜枚举。最典型的莫过于扬州盐商鲍廷博、马曰琯、马曰璐兄弟以及程晋芳等。马氏兄弟家十万卷的藏书给了他们丰富的营养，加上他们的勤奋努力，都有著作问世。马曰琯著有《沙河逸老集》六卷、《嶰谷词》一卷；马曰璐著有《南斋集》六卷、《南斋词》二卷。时人早已把他们视为学者，“马氏虽承商业，起家巨万，穷极豪燕胜游之乐。秋玉兄弟独文雅翩翩，力学过于寒畯绩学，毋歉世家。不希仕宦，不苟富贵，尝荐鸿博，屡辞不赴，布衣儒生以终其身，殆上可步武倪云林之高致，而后能兼有

① 李斗：《扬州画舫录》卷15，中华书局2007年版。

② 王鋆：《扬州画苑录》卷3，清光绪十一年刻本，中华书局2007年版。

③ 许承尧：《歙事闲谭》卷9《汪讱庵佚事》，黄山书社2001年版。

④ 《丰南志》卷3《人物志·士林》。

程鱼门之素襟者。商人得此，谈何容易。”① 评价确实很高。鲍廷博也是淹雅多通，而精于鉴别。时人夸道：“其称说一书，辄举见刻本若钞本、校本凡几，及某刻本如何，某抄本如何，某校本如何，不爽一二也，其于本有如此者。”② 可见藏书家成了学问家。

当然在这方面最著名的应是程晋芳了。作为盐商，程晋芳的兴趣却在治学上。程晋芳一直对学问抱有极大的兴趣。“君性嗜学，见长几阔案辄心开，展卷其上，百事不理。”③ 由于家中藏书丰富，他覃研典籍，虚怀求益，故博闻宏览，而才情丰蔚。大学者袁枚评价他说：“君学无所不窥，经史子集，天星地志，虫鱼考据，俱宣究而尤长于诗，古文醇洁，有欧曾遗意。”④ 袁枚对程晋芳的诗最为推崇，曾赞曰：“平生绝学都探遍，第一诗功海样深。”程晋芳不仅自己长年刻苦钻研，而且虚心求教。自到京师后又从大学者朱筠、戴震问学。他笃信程朱之学，时人评价他“综核百家，出入贯串于汉宋诸儒之说，未始不以程朱为职志也”⑤ 他曾在《正学论》七篇中，反复讨论治学之道，可见他的治学宗旨。由于他的勤奋笃学，一生著述甚丰。计有《周易知止编》三十余卷、《尚书今文释义》四十卷、《尚书古文解略》六卷、《诗毛郑异同考》十卷、《春秋左传翼疏》三十二卷、《礼记集释》若干卷、《诸经答问》十二卷、《群书题跋》六卷、《桂宧书目》二卷、《蕺园诗集》十卷、《勉行堂诗集》二十四卷首一卷、《勉行堂文集》六卷、《勉行堂集》一卷等，真可谓著作等身。

三

令人扼腕的是，徽商丰富的收藏，至今大多不存，其原因是多方面的。

首先是有的商人未能正确处理主副关系，顾此失彼，走向反面。对徽商而言，经商是主业，收藏是副业。收藏是要有雄厚经济实力的，因此一定要不断夯实经济基础，巩固和扩大自己的主业，才能为收藏提供源源不断的物质保证。而有的徽商却主副倒置，从而顾此失彼。巴慰祖就是一个典型。他家虽丰于财，但由于沉溺于好古，大把花钱，在所不惜。虽然收藏金石最多，生意却弃之不顾。长此以往，家日益贫，金石也不保。因此其父给他的斋室命名“可惜”。但清代著名学者汪中为巴慰祖作传，谓慰祖“惜在治生，不在好古也。”认为他“可惜”的是不善经商，而不是好古。世人认为是知人之言。程晋芳可谓无独有偶。程晋芳是盐商世家，家庭非常富有，所以他能够藏书五万卷。然而他却是个“才难问生产，气不识金银”的人，竟把生意交给仆人打理，自己却热衷科举、交游文士。仆人不断侵蚀，他又熟

① 邱炜萲：《五百石洞天挥麈》卷7，清光绪二十五年邱氏粤垣刻本。
② 顾广圻：《思适斋集》卷12《知不足斋丛书》序，清道光二十九年徐渭仁刻本。
③ 李元度：《国朝先正事略》卷43，清同治刻本。
④ 袁枚：《小仓山房集》卷26，清乾隆刻增修本。
⑤ 翁方纲：《复初斋文集》卷14，清李彦章校刻本。

视无睹，了不勘诘，所以生意越做越亏，由此“名日高，而家日替矣”。他晚年债台高筑，负券山积，虽有俸禄、有佽助，但如沃雪填海，生活都难以为继。为了维持生计，他不得不大量卖书度日、还债。最后因负债不能偿还而客死关中。这两人都是由于顾此失彼，及身而败，实在令人惋惜！

其次是毁于社会战乱。19世纪五六十年代，太平天国起义爆发。为镇压太平天国，清军与太平军展开了激烈的交战。徽商最活跃的长三角一带变为战场，徽州更是两军拉锯十年之久，徽商损失极其惨重。大乱之中，不少徽商身家性命尚且不保，收藏更是百无一存。据汪诒年介绍，“振绮堂藏书，自经咸丰庚申、辛酉两次兵燹后，已散佚殆尽，惟藏书目录则幸尚存留四种。”① 每念及兹，令人称叹！任何战乱对于社会文化来说，无疑都是一场浩劫。它从反面告诉我们，只有社会安定升平，收藏才能彰显价值。

第三是失于不肖后代。虽然也有一些藏品劫后余生，但作为后世的继承者，却又无法保证代代能够珍藏，更难以做到发掘它的文化价值。往往由于某代的不肖，珍贵的藏品也很容易转手易主。对任何人来说，收藏都难以永世保存的。

但是，也有的徽商极有远见，他们深知自己身后藏品难以永世，所以采取了当时唯一可以保存的形式——刻石和刻书，使其至今仍继续彰显着重要的文化意义。这就是《安素轩石刻》和《知不足斋丛书》以及“马板”刻书等等。想当初盐商鲍志道收藏的那么多历代名人法帖如果不将其勾勒上石，恐怕不是毁于战乱，就是失于后代。但鲍氏历经三代28个春秋完成的《安素轩石刻》，就永久保存了它们的价值，也真正成了鲍氏的丰碑。同样，鲍廷博的“丛书楼”经过沧海桑田的巨变，至今已是人去楼空，但鲍氏所刊刻的三十集《知不足斋丛书》、各种“马板”书籍，以及徽商子弟汪康年利用家藏所辑的《振绮堂丛书》都永远嘉惠着广大的士林学子。印癖汪讱庵虽然家有“开万楼”，贮藏数万钮古印，但不久就因各种原因湮没无存了，然而他所著的《集古印存》、《飞鸿堂印谱》、《汉铜印丛》、《汉铜印原》、《退斋印类》、《锦囊印林》等27种书，却永远是祖国文化宝库中的瑰宝。

利用收藏，提高自己，并创造出新的成果，为传统文化的发展作出新的贡献，这是另一种收藏文化意义的发扬光大。程晋芳虽然藏书及身而散，作为收藏家，他是失败者，但他和鲍廷博、马氏兄弟却利用大量收藏的有利条件，孜孜不倦地学习，不断地提高自己的文化素养和品位，并穷年兀兀地著述，奉献了大量的著作，推动了传统文化的发展。从这个意义上说，程晋芳又是成功者。一切都是过眼烟云，只有文化得以长存。清代著名学者阮元有一段评价马氏兄弟的话：“征君昆弟业鹾，赀产逊于他氏，而卒能名闻九重，交满天下，则稽古能文之效也。当时拥重赀过于征君者奚翅什伯，至今无人能举其姓氏矣。”② 认真品味这段话，确实意味深长。

---

① 汪诒年：《汪穰卿（康年）先生传记》，选自沈云龙主编《近代中国史料丛刊第一辑》，文海出版社，民国二十七年版。

② 阮元：《淮海英灵集》乙集卷3，清嘉庆三年小琅嬛仙馆刻本。

论与方志有关的别种文献

——以徽州地区为例

翟屯建

（黄山市方志办主任）

一、引　论

地方志是综合性资料文献，它所记载的范畴涉及各个方面，从自然到社会，从政治到经济，从历史到现实，从人物到风土，是全面、系统、准确的社会大观综录。在地方志编纂过程中和编纂完成以后，都会留下大量的别种文献。这些别种文献极易与地方志混淆，[①] 但它们与志书相辅相成，对志书的编纂过程及流传产生影响，也是文献学和方志研究中的重要课题。

与方志有关的别种文献分为五种类型：

一是志书刊刻出版后的“拾遗、补缺、纠谬”之作。志书出版以后，由于读者观点和切入点不同，会对志书“拾遗、补缺、纠谬”，于是会产生一些“拾遗、补缺、纠谬”之作。徽州地区此类文献主要有方信：《新安志补》8卷，明嘉靖四十年（1562）刻本；黄宗惺：《徽州府志辩证》，清同治木活字本；倪望重：《祁门县志补》，清光绪年间稿本；徐卓：《休宁碎事》12卷，清嘉庆十六年（1811）海棠书巢刻本。

二是记载专门内容的著作。此类文献与专志难以区分，如潘之恒：《黄海》不分卷，明万历刻本，专门辑录与黄山有关的资料，与山志同；《新安文萃》15卷附录1卷，金德辑，明天顺刻本，专收徽州文献，与文献志同；汪洪度：《新安女史征》，清乾隆三十七年（1772）刻本，专为徽州妇女立传，与人物志同；等等。

三是部分族谱与村志难以区分。徽州为宗族社会，大姓聚族而居，编纂族谱是

---

① 一些地方志书目和方志理论文章往往将此类别种文献与地方志混为一谈，涉及徽州地区的主要有中国科学院北京天文台主编：《中国地方志联合目录》，中华书局1985年版，第468－474页；刘尚恒：《徽州历代方志考录》，《徽学研究论文集》，黄山市社会科学界联合会1994年编印，第159－168页；刘道胜：《略论清代徽州方志的发展》，《中国地方志》2005年第7期；刘道胜、朱昌荣：《明代徽州方志述论》，《安徽师范大学学报》2002年第4期；张英聘：《明代南直隶方志研究》，社会科学文献出版社2005年版，第451－457页等。本文将对这些别种文献与志书的区别与关联进行讨论。

近世宗族制度的一项重要内容，由于一族居于一村，故族谱与村志相通，两者难以区分。此类族谱主要有许可复、许凤翔：《新安歙北许氏东支世谱》9卷，明隆庆六年（1572）刻本；余攀荣：《环山余氏宋谱》22卷首1卷末1卷附1卷，民国七年（1918）木活字本等。

四是志书的资料长编。这一部分主要是志书主纂个人收集的资料，未能在志书中全部利用，另外出版的文献。如赵吉士：《寄园寄所寄》12卷，清康熙三十四年（1695）文德堂刻本；许承尧：《歙事闲谈》，民国二十六年（1937）辑，黄山书社，2001年版；黄海散人：《黄山指南》，民国十八年（1929）商务印书馆铅印本。

五是志书的衍生品。它们取材于志书重新编写而成，主要是乡土志和乡土教材，如佚名：《黟县乡土志》（清末记事至同治末），抄本，中国科学院图书馆藏；李家骧：《祁门乡土地理志》不分卷，清宣统铅印本；董万里：《婺源地理教科书》不分卷，清光绪三十四年（1908）活字本；董钟琪、汪廷璋：《婺源乡土志》7章，清光绪三十四年（1908）活字本；许家栋：《歙县乡土志》不分卷，民国四年（1915）稿本，安徽省博物馆藏；胡存庆：《黟县乡土地理》不分卷，民国十四年（1925）铅印本；胡步洲：《绩溪乡土地理》不分卷，民国十五年（1926）油印本；《绩溪乡土历史》不分卷，民国十九年（1930）油印本；江友燮：歙县《初等小学乡土地理教科书》7章。

二、别种文献与志书的区别与关联

（一）志书的拾遗、补缺、纠谬之作

什么是地方志？按照学术界的定义：“方志，或称地方志，是记载一定地区（或行政区划）自然和社会各个方面的历史与现状的综合性著述”；“专志是专记某一项或主要是某一项内容的志书”。[①]按照这个定义，如果不是“记载一定地区（或行政区划）自然和社会各个方面的历史与现状的综合性著述”，就不能称为地方志。明方信[②]《新安志补》八卷，卷首列秦郡图、丹阳郡图、新都郡图、新安郡图、徽州府图、分野图；卷一沿革表补、大事表补；卷二分野补、封建补、灾祥补、赈恤补、土产删、制科补、邱墓补；卷三监司补；卷四武功补、艺文补；卷五郡守补；卷六邑令补；卷七师儒补；卷八兴学补、除弊补、廉吏补、宰相补、卓异补、甲科补、再任补、效死补、良师补、聚敛补、游田补、判吏补。其凡例称：“《新安志补》补弘治壬戌旧志之阙，及拾罗鄂州《新安志》之遗，正讹辩疑，准李肇《国史补》之列。”体例与志书不类，与弘治《徽州府志》相比，缺少食货、公署、学校、祀典、

① 来新夏主编：《方志学概述》，福建人民出版社1983年版，第1页、15页。

② 方信，字好古，号陶山，歙县灵山人。以明经入应天府学生员，改徽州府学生员，补为廪生，以例入太学生。著有《金陵志》、《皇明文苑》等著作，参与嘉靖《徽州府志》的编纂。

选举、宫室、寺观以及形胜、风俗、山川、城池、坊市、厢隅乡都、桥梁等大量内容，达不到“自然和社会各个方面的历史与现状的综合性著述”这一要求，因此算不上是一部志书，诚如其书名所宣示，只是一部“志补”性质的别种文献。再看清嘉庆十九年（1814）邵棠的《徽志补正》，该书分为“补遗”、“正误”两个部分，末附“大鄣山辨”一文。“补遗”辑录《大明一统志》、《资治通鉴》、《全唐书》、《十国春秋》等文献中有关徽州的内容，补康熙《徽州府志》之遗，共83条，多的300来字，少的几十个字；“正误”提出康熙《徽州府志》的错误41条，逐条加以纠正。全书不过1.5万字，同完整的志书完全是两个概念。清同治年间黄崇惺《徽州府志辩证》、光绪年间倪望重《祁门县志补》与《徽志补正》一样，都是志书出版以后的拾遗、补缺、纠谬之作，篇幅都很小，不能与正式的地方志书相提并论。

徐卓《休宁碎事·自序》称：

> 匠氏持具入山，于秀蔚葱蓊中，见干霄蔽日者则斧之，斯之畀以归乎巨室。其余枓者、乔者、枝而卷者、干而曲者、宛童而无姑者、离奇而赤棟白棠者、虎而櫐者、鼠而梓者，散材也，而尽弃之。非弃也，所得在大木，斯弃之矣。邑志，大木也。碎事，散材也，枓也、乔也、卷枝曲干也、宛童也、无姑也、赤棟白棠也、虎櫐鼠梓也，补志之未逮，可以资桑梓之谈，可以广枌榆之见，何嫌乎事之碎也。譬彼大木之为梁也，而散材则为棁、为椓、为楶矣；大木之为栋也，而散材则为榱、为阒、为交矣。如必取其大木，弃其散材，无已！请问诸持具之入山者。

可见内容虽与志书其相类，也只是“补志之未逮”，反映不了休宁县自然和社会各个方面的历史与现状，而且体例也与地方志大相径庭，全书12卷，不分类目、年代，只要是有关休宁县的山川、人物、古迹、掌故、遗闻，均予以摘录，且不具一词，原文照录，不能等同于地方志。

上述拾遗、补缺、纠谬之作均被《中国地方志联合目录》收录①，视为地方志，这是不对的。

（二）记载专门内容的著述

明万历年间（1573—1619）潘之恒②辑刻《黄海》，全书分“纪初”、“纪藏”、

① 中国科学院北京天文台主编的《中国地方志联合目录》收录，中华书局1985年版，第469页、471页、473页。

② 潘之恒（1556—1621），歙县人，字景升，号鸾啸生、鸾生等。出身徽商世家、书香门第。仕途不得志，曾五次参加乡试而未考中，于是退出官场，潜心文词，寄情山水。长期生活在南京、苏州等地，交游极广，与戏曲家张凤翼、汤显祖、屠隆、臧懋循以及袁宏道兄弟等的友谊都很深，与李贽也有过来往。著有《鸾啸集》、《涉江集》、《亘史》和《鸾啸小品》等。

"纪迹"、"纪游"、"纪异" 五个部分。"纪初"、"纪藏" 收录散见于各种古书中有关黄帝轩辕氏的传说，"纪迹"、"纪游" 收录历代史籍中有关黄山的文字，其中最主要的部分收录了《黄山图经》及多次重刻图经的序文和跋语，详细记载了黄山峰、源、溪、洞及形胜特点，以及历代文人尤其是当代文人游览黄山的游记及诗文，是一部关于黄山的比较全面的文献集成，很多地方志研究的著作和文章，都将其认作是黄山志。① 但《黄海》并不是一部志书，因为志书有志书的体例，坚守区域，不越界而书。《黄海》收罗文献极滥，"纪初" 对有关黄帝的野史传闻不加选择的予以采录，以致包括《内经》、《素问》、《列子》、《庄子》、《易经》等经史中的章句及昆仑山、王母瑶池等传闻都广泛地加以摘录。李一氓先生指出：

> 潘辑此书野心过大，故收罗甚滥，以黄山而牵连黄帝，致包括《内经》、《素问》，且摘录《列子》、《庄子》等。不知此与黄山、黄海之峰林泉石，有何关涉？杂凑成篇，反使体例纷乱，其结果自己亦将无法收拾矣。②

（三）族谱与村志

族谱记录一姓世系、人物及宗族内部的事务，以血缘为纽带；地方志记载一个地方古今综合情况，以地缘为纽带。两者关注的对象不同，在内容和体例上有所不同。

---

① 如吴昭谦：《明珍本〈黄海〉精要》，《图书馆工作》2003 年第 3 期，第 53－54 页；张英聘：《明代南直隶方志研究》，社会科学文献出版社 2005 年版，第 493 页；《黄山志》，黄山书社 1988 年版。

② 见李一氓 1957 年国庆后一日赠黄山风景区《黄海》残帙首页"题记"，《黄海》残帙今藏黄山风景区档案馆。另外，关于《黄海》的版本有不同的说法。李一氓在"题记"中指出"《黄海》卷数，不详。" 并考证："僧弘眉《黄山志》称其为'若干卷'；《黄山志叙》又称其：'列纪迹、纪游、纪异三科，约五万余叶，惜其板废失滋久。'数年前在京曾见有《黄海》本《素问》，《郘亭知见传本书目》卷八亦加著录；且原书《纪迹》曰'三'，《纪游》曰'四'，《纪异》曰'五'，必尚有'一'者，'二者'，或'六'者，必不只'三科'也。意盖随辑随刻，现卷数、叶口题目、参校人名，板片诸原木未见刻清，叶数依篇作计，不统全册；皆可为证。"《黄山志定本》，闵麟嗣所辑，载李维桢《募刻〈黄海〉序》（另有毕懋康《黄海序》），是剞劂之资亦有不继，恐终潘一世，迄未竣工，故闵氏"山志竟无成书"之说，诸本均极希见。《北京图书馆古籍善本书目》（书目文献出版社 1987 年版，第 784 页）称："《黄海》不分卷，明潘之恒辑，明刻本，八册，十行二十字白口左右双边。" 吴昭谦在《图书馆工作》2003 年第 3 期上发表《明珍本〈黄海〉精要》一文，考证国家图书馆（即北京图书馆）所藏《黄海》为明万历三十八年（1610）版，八册七十五卷，具体为纪初（卷五、一本），纪异（8 卷、1 册）、纪游（卷三十、三本），纪藏（卷三、一本），纪迹（卷二十九、二本）。经检黄山风景区档案馆藏《黄海》残帙，共三册，第一册题名页首行上为"黄海"下分两行小字"卷第"后为墨丁，无卷数；第二行下为"天都逸史潘之恒景升撰"；第三行下为"定海居士冯时可元成校"；第四行上空二字"纪迹三之"后为墨丁。校对先后有鲍玄度、汪犹龙、汤宾尹、汪茂光、汪汝凤。第二册中间题名页首行、第二行不变，第四行改"纪游四之"墨丁，校对有程开社、潘允宜、潘膺爵、丁惟曜、吴琨、朱之儒、鲍正元、吴敬、汪诚启、方士适、吴文龙。第三册中间题名页首行、第二行不变，第四行先后有"纪异五之一"、"纪异五之二"、"纪异五之"墨丁，校对有汤宾尹、黄克谦、吴公治。每页十行二十字白口左右双边，与国家图书馆本同，不知吴昭谦所称 75 卷是如何认定的。同时吴昭谦定《黄海》为明万历三十八年（1610）版，也不知其根据是什么？《黄海》残帙"纪游"的最后一篇文章收录的是黄习远癸丑年（万历四十一年）《黄山游记》，板片中亦有"万历癸丑"四字。刘尚恒在《文献》2003 年第 4 期发表《潘之恒〈黄海〉之存佚》一文，对《黄海》的版本考证甚详，认为《黄海》总计篇幅不少于 140 卷，刊刻年代约在明万历三十六年至四十八年（1608—1620），也只是一种推论。

以万历歙县《溪南江氏族谱》为例，该谱为明江珍撰，[①] 不分卷，谱前有江珍隆庆三年（1569）序和隆庆四年按语，约刻于万历初期。正文分为始迁考、世系和艺文三大部分。始迁考简述梁明帝九世孙唐宰相萧遘三子萧祯于唐广明时避黄巢乱，易姓江，迁至歙县篁墩，卒葬歙县溪南。祯生三子董、郑、威，江董迁婺源，江威迁开化，江郑庐墓而居，是为溪南江氏鼻祖。世系上通唐萧桢迁歙县改姓江，下迄明万历年间，绵延二十六世。每一世系均列名讳、迁处、简历、生卒年月、婚配、子嗣和茔葬情况。艺文部分录有《徽州府志》中的江氏忠节、武功人物，敕命，江氏名流行状、像赞、墓志铭、墓表，谱训等。《溪南江氏族谱》所体现出的始迁考、世系和艺文三大部分是族谱的主体，凡是族谱，均必以此三部分为核心。所不同的是有的族谱将世系与传记分离，形成世系（含始迁）、人物传、艺文三大部分。

地方志则不同，以民国歙县《丰南志》为例。[②] 该志卷一、卷二为舆地志，下分沿革、疆界、山川、水源、都鄙、岭墩坦场潭、街巷、小地名、风土、祠宇、津梁、古迹、园林、寺观、社宇、路亭、堂宇、水利、古墓十九目；卷三、卷四为人物志，下分宦绩、忠节、文苑、孝友、义行、士林、诗林、方技、经济（仓官）、耆寿、节妇、贞烈、贞女、孝友、才媛15目；卷五为选举志，下分文科（举人、进士、贡生）、武科（举人、进士）、仕宦、荐辟、殊恩、封荫、乡宾7目，附吴氏历代科第仕宦等简表；卷六、卷七、卷八、卷九为艺文志，分书目、寿序、行状、哀词、诰命、序跋、碑记、建置、赠言、诗、词11目；卷十杂志，分杂记、兵事、人瑞、详异四目，附《丰南志序》。从内容上来说，历史沿革、山川、风土、建筑、古迹、人物、艺文等，凡涉及丰南的政治、经济、社会、人文情况，无所不载。从体例分类上，舆地、人物、艺文是志书的主体。两者不同的是族谱重世系，村志重舆地。

由于明清时期的徽州社会是宗族社会，各族聚居在某一始祖或迁祖为中心的地域内，形成一村一姓的格局。所以宗族在修谱时，往往对自己的居住环境以及相关的政治、经济、社会状况，也注意在所修谱中加以记载，充实舆地内容的记载。同时，修村志时，村规即族规，村俗即族俗，村中建筑多为族中建筑，村中的人、事、艺文也是族中之人、事、艺文，自然也脱不了宗族的影响，故村志往往与族谱相通，除了大量的世系图以外，所修村志与族谱也就差不多。下面兹举明隆庆六年（1572）《新安歙北许氏东支世谱》与清康熙八年（1669）《善和乡志》作一比较：

明隆庆《新安歙北许氏东支世谱》九卷，许可复、许凤翔纂。[③] 该谱为歙县北乡昉溪许村许氏族谱，卷首有隆庆三年（1569）中顺大夫温州太守加俸前监察御史

---

① 江珍（1508—1578），字民璞，歙县溪南人，嘉靖二十三年（1544）进士，授江西瑞州府高安县知县，累官至贵州布政司左布政使。著有《溪上集》。

② 歙县西溪南村居丰溪之南，故称“丰南”，《丰南志》即《西溪南村志》。

③ 许可复（1533—?），字伯初，歙县许村许氏二十六世孙，庠生；许凤翔（1540—?），字明瑞，歙县许村许氏二十六世孙，庠生。

婺源洪垣序、许可夏自序二通。目录后附宋王安石许氏宗谱序、许元祖宗世次图序、许霖许氏东支世谱序、明汪赦许氏续修世谱序、许伯升许氏续谱序。卷一为世系图，前为许氏自文叔至知稠公世系总表，较为简略；次为迁许村始祖知稠公世系，记载知稠公以下二十八世，按房分列，五世一图，每五世后附传。较详细地记载每人的字、号、简历、生卒年月、婚配、子嗣、茔墓情况。卷二考，列有许氏迁徙地理考、许氏山川考、许村十二景考、许氏国梁考、许氏丘墓考、墓道宫室桥梁考和许村山川图。卷三至卷九为文献部分，卷三列先世文翰、序、说、传，卷四记，卷五寿叙，卷六赋，卷七诗、歌、词、挽诗，卷八行状，卷九赞、祭文。末附隆庆三年（1569）许琇、许有功、许可度、许应奎续修东支世谱说，许凤翔续修东支世谱世序，领贮谱号名次、西派世系图。

清康熙《善和乡志》，程襄纂。[①] 明初祁门县设六乡，善和村为乡所在地，后来虽存其名，但已形同虚设，为都所取代。志以“善和”为名，实际是指古称，称“乡志”，记得也只是村。分上下两卷，上卷设志境、志居、志山、志水、志产、志俗6目，下卷设志人、志制、志坊、志礼、志宅、志祠、志墓、杂志8目。卷首设凡例、目录，卷后有程襄自跋。

《新安歙北许氏东支世谱》卷二即村志中的舆地，记载了许村的历史沿革、山川、环境，对桥梁、亭庙等建筑也有记载，且在大量的文翰、传纪中保留了很多徽商、文学、经学和民俗资料，反映了一村之全史。与《善和乡志》比较，虽然分类不同，但很多内容是一致的，比《善和乡志》多出世系和艺文，缺少物产方面的记载。《善和乡志》作为村志，记载的都是程氏宗族的内容，同样可以当作六都村程氏族谱看。如“志居”记得是程氏迁居善和村的历史，志人、志制、志坊、志礼、志宅、志祠、志墓、杂志全部记载的是程氏族内之事。嘉庆二十二年（1817）后裔恭和在抄录康熙《善和乡志》时，增加了“新安程氏谱图”，可见其后裔也是把村志当成族谱来看待的。艺文为志书所必载，《善和乡志》缺载，按其“凡例”的说法是“词翰阙之而不载者，以世有《世芳集》可传也。”光绪《善和乡志》为补康熙《善和乡志》艺文之阙，增加了文翰的内容。

再看民国七年（1918）黟县《环山余氏宗谱》，余攀荣等纂。[②] 卷首列旧序四通、新序八通和凡例，目录、遗像、颁谱字号、修谱题名；卷一述古谱略、家规、诸儒礼论、家礼仪节、历代科第表、历代仕宦表、历代封荫表；卷二余氏先代分迁图、余氏始祖外纪图、益祥公由珠水迁西安祖系图、蝶公由西安迁黄墩再迁休宁蓝田祖系图、钵公由蓝田迁黟府均祖系图、荫甫公由府均迁黟治西环山祖系图、环山余氏历代行次表；卷三至卷十七为环山余氏世系图，先统系后支系，支系分为允恭公房、允迪公房、允道公房，三房之下又分为中公支、和公支、庄公支、正公支、

---

① 程襄，字资仲，明末清初祁门县六都村人。

② 余攀荣（1836—?），谱名蕊榜，字桂芬，环山余氏十七世孙。增贡生，试用训导，历署贵池县、宿州、芜湖县训导兼理芜湖县教谕。敕授修职郎，以次子毓桢职封儒林郎。

纪公支、衍公支、衡公支、循公支、复公支、聪公支、睿公支、肃公支、齐公支；卷十八为懿行传；卷十九贤节传；卷二十宗祠图、墓图；卷二十一艺文；卷二十二丛录（收宫室、田赋、祀田、学校、仓储、桥路等与余氏家族有关之事物），失考表（录环山余氏旧谱失考人物）；卷末收后序三篇；附篇收录始祖六百岁冥诞暨谱系告成祭文联额、宗谱排印议单大要。是谱为环山余氏总谱，搜罗资料极为详备，凡一族之政治、经济、文化、民俗、人物诸方面均载而不漏，卷二十二即村志之舆地。除世系图为族谱所独有，余皆与村志无二致。

前述《丰南志》，从体例上来看，是村志。但丰南村为吴氏聚族而居的村落，内容记得基本上是吴氏宗族的事。如沿革记载吴氏始迁祖吴光迁徙于此的经过，风土记载宗族岁时活动、祭祀及婚丧礼俗，祠宇、园林皆为宗族建筑，人物记得是族中之人，艺文收得是族中之文，尤其是纂谱之吴吉祜就是丰南村吴氏宗族族长，故《丰南志》也可以看成是没有世系的丰南吴氏族谱。

（四）志书资料长编

此类别种文献主要是指志书的主纂和主修在编纂志书过程中积累的资料，未能在志书中全部利用，保存在另外出版的文献作品之中。如康熙《徽州府志》的主纂赵吉士的《寄园寄所寄》、民国《黄山志》编纂者陈少峰的《黄山指南》、民国《歙县志》主纂许承尧的《歙事闲谭》等。

赵吉士编纂府志主要得益于自己长期的资料积累，曾说："余结发受书即乐闻先民逸事，阙后四十余载，搜揽旧文，访拾家乘，往往溢于箧笥。"① 所著《寄园寄所寄》中的卷十一《泛叶寄》，专门辑录有关徽州的资料，分为"新安理学"、"故老杂记"、"黔兵始末"三篇，"新安理学"辑录朱熹、程大昌、汪莘、程若庸、胡方平、胡炳文、陈栎、倪士毅、汪克宽、赵汸、潘荣、朱升、郑玉等徽州学者的资料，并夹以评论，对宋以来的徽州学术史进行梳理，第一次提出"新安理学"这一命题。"故老杂记"明确说明是补府志"所不及载，不必尽载"② 的内容，其中有不少是赵吉士自己的亲历，对补充府志内容，了解当时的徽州社会，有一定的价值。康熙《徽州府志》载："亲殁不及营宅兆，富者为屋以殡，贫者仅复茅茨，至暴露不忍见者。由俗溺阴阳，择地、择日拘忌以故，至屡世不能覆土举葬。"③ 徽州人是如何择地、择日选择墓地所，"故老杂记"中有一段赵吉士为其父母选择墓地的记载，对此作了补充：

> 甲寅葬先父母于瑯源台上狮高原，此癸未年先宜人携余避乱处也。曾作诗纪此山之胜，今三十六年矣。徂岁访地师于白下，时伊大农奉旨伐木江南造船，

---

① 赵吉士：康熙《徽州府志·序》。

② 赵吉士：《寄园寄所寄》卷十一《泛叶寄·故老杂记·小序》。

③ 康熙《徽州府志》卷二《风俗》。

慕巡抚行咨，谓新安多巨木，须遣道员督伐。伊公知予徽人，因以抚咨掷阅。予对曰：“大木尽有，但不适用。”伊公云：“既有大木，自合式，如何不适用？”予对曰：“徽处万山中，每年木商于冬时砍倒，候至五六月，梅水泛涨，出浙江者由严州，出江南者由绩溪顺流而下为力甚易。值此隆冬，即伐木，木不能出，徒利木商耳。”伊公首肯，遂寝其事。及予归里，未旬日，周地师云：“地已得矣。风水合局不必言，合抱大木，罗列于前，亦不知多少。”予心动，谓果如所愿，即尽力陈说于夫司农前，非为桑梓，正以保吾父母茔木也，因不惜重价成事。阖郡堪舆家二十余人，纷纷点穴不定。予用称土法，择土之重者用事，及开金井，土如紫粉，光润异常。登山者，咸获得地。

“黔兵始末”记得是明崇祯十六年（1643）三月，凤阳总督马士英从贵州募兵返经祁门县，其时沿江寇乱，徽州各地组织民团御寇，黔兵至徽，烧杀抢掠，乡民疑为寇，堵截于华桥，尽歼其众。兵部上奏，称凤阳总督马士英募兵经过徽州，被徽人歼灭700余人，夺马600余匹。朝廷震怒，逮推官吴翔凤、祁门知县赵文光、黟县知县朱世平、乡官金声入京究问，经金声等力辩，被释放。十一月，马士英率大兵欲过徽州往江西攻打张献忠，徽州人惧其入徽后报仇。经金声及大司马史可法从中斡旋，马士英兵马遂不过徽州沿长江西上，黔兵一案告结。道光《徽州府志》记载这一事件只用了300字①，而“黔兵始末”辑录当时大量的官方档案如巡抚檄文、按察院牌文、浮梁县牌文、兵备道牌文、部文、奏疏、揭文以及当事人的书信、民间记录等，篇幅达11000余字。

陈少峰②世居黄山西麓，酷爱黄山秀丽风光，经常登临寻奇探胜，熟谙黄山。民国十五年（1926）着手编纂《黄山志》，多次上山实地调查考察，收集资料，三年后基本完稿。由于卷帙浩繁，恐有挂漏，于是精简篇幅，先行编成《黄山指南》2卷，于民国十八年（1929）由商务印书馆正式出版。他说：③

拙修《黄山志》，编辑三年，共计一千余页。现虽脱稿，因距清康熙所修之旧志，中隔二百四十余年，不但全山胜迹陈废靡常，即二百四十年中之人物、艺文搜集，恐有挂漏，故延待数月，广加采访，以克臻完美。兹现将《黄山指南》一书公诸当世。

《黄山指南》分上下二卷，上卷列有黄山新图、黄山历史、黄山形胜、黄山建置四目，下卷列有黄山异产、游客须知、游客路程、入山沿路风景、黄山风俗五目。黄山新图第一次运用现代摄影技术，留下58幅照片，成为了解20世纪初期黄山原

① 道光《徽州府志》卷1《舆地志·建置沿革表》。
② 陈少峰（1882—1950），字一烈，别号黄海散人，太平县焦村镇陈村人。
③ 陈少峰：《黄山指南·凡例》。

貌的珍贵图片资料。陈少峰所编纂的《黄山志》一直没能问世，《黄山指南》虽是利用山志资料编成的一部登山导游之作，但涉及黄山的方方面面，视为《黄山简志》亦未不可。

许承尧晚年闲居，对乡邦文献极为关注，凡过目的著作，涉及歙县的内容，均抄录留存。尤其在编纂《歙县志》的过程中，更是广泛搜集，积久成帙，成《歙事闲谭》31 卷，留于家中。《歙事闲谭》内容涉及人物、艺文、史事、风俗、山川、名胜、掌故、轶文，由于是稿本，未作分类，一则内容一个条目，次第排列。是一部以辑录文献为主，兼有记述、议论、考证体的笔记体著述，同时也是民国《歙县志》的一个资料长编。其中《歙事闲谭》收录人物近千人，经过其筛选，大部分载入县志，县志中的《杂记·拾遗》也是基本采自《歙事闲谭》。

（五）志书衍生品

此类文献主要是乡土志和乡土教材。清末，政府实行学制改革。光绪二十九年(1903)，清政府颁布《奏定初等小学堂章程》，将初等小学堂分为完全、简易两科。完全科将乡土教育分历史、地理、格致 3 门课，简易科并为 1 门课讲授。规定一至三年级历史课讲授乡土故事及本地先贤名人事实，地理讲授乡土地理，以养成学生爱乡土、爱国家的优良品质。[①] 为适应乡土教育的需要，光绪三十一年（1905）编书局监督黄绍箕受学部管学张百熙之命编撰《乡土志例目》，经学部同意，斥令各地遵照《乡土志例目》编纂乡土志。乡土志和乡土教材就是在这一背景下开展起来的。

现知最早的徽州乡土志和乡土教材为佚名清光绪时所编纂的《黟县乡土志》，未刊，抄本藏中国科学院图书馆，记事至同治末。清光绪三十四年（1909），婺源县编了两本乡土教材，一部是董钟琪、汪廷璋编纂的《婺源乡土志》7 章，另一部是董万里编纂的《婺源地理教科书》。宣统年间，李家骧编纂有《祁门乡土地理志》，由于使用广泛，民国三十三年（1944）再版重印。民国四年（1915），许家栋编有《歙县乡土志》，但未能正式刊刻印行。民国十四年（1925），胡存庆编《黟县乡土地理》，铅印发行。民国十五年（1926）和民国十九年（1930），绩溪县先后编有《绩溪乡土地理》、《绩溪乡土历史》油印出版。歙县还编有《初等小学乡土地理教科书》，油印出版。

关于乡土志与地方志的关系，已有不少学者论及。有乡土志即乡、村、里、镇志，乡土志是蒙学读物，乡土志是教科书等不同的观点。巴兆祥认为:[②]

> 乡土志是清内忧外患的特殊时代背景下产生的，富有进步意义和创新精神的一种特色文献，具有教科书和地方志的边缘特性。它不是方志的一个属类，

---

① 《奏定初等小学堂章程》，见舒新城编《中国近代教育史资料》中册，人民教育出版社 1981 年版，第 411 页、416 页。

② 巴兆祥:《方志学新论》，学林出版社 2004 年版，第 135－142 页。

更不可能等同于乡镇志，它是种准地方志。若将其视为简志系列也未尝不可。

至于《×××乡土历史教科书》、《×××乡土地理教科书》，其编纂目的、记述的区域与一般的《×××乡土志》相同，内容、门类和语言风格也相近，将其归类乡土志似乎也是说得过去的。

下面我们就《歙县乡土志》和歙县《初等小学乡土地理教科书》谈谈乡土志与乡土教材与地方志的关系。

《歙县乡土志》一册不分卷，分六目：歙县沿革、歙县方域、歙县山川、歙县物产、歙县人物、歙县古迹。歙县沿革以纪年方式记述，歙县方域分四至、乡村、关隅三类次第记述，歙县山川按山河逐次记述，歙县物产分为特产、谷、蔬茹、果实、飞禽、鱼类、动物、植物几类次第记述，歙县人物分勋绩、孝友、义行、节概、文学、宦绩、方技几类记述，歙县古迹次第记述。

歙县《初等小学乡土地理教科书》分为七章，第一章天文地理，列有经纬线、昼夜永短刻分表、五带、星球图四目；第二章地文地理，列有风、雨、山脉、河流四目；第三章人文地理，列有氏品、民种、语言、文字、政治、性情、俗尚、嗜好、人事、财产、迷信十一目；第四章县境概况，列有建置沿革、地形、疆域三目；第五章山，分郡之山、邑城之山、歙东之山、歙西之山、歙北之山、歙南之山、歙西南之山、歙东南之山八目；第六章水，分大干之水、大支之水、小支入大干之水、小支入大支之水、运道、滩、潭、泉、井、瀑布十目；第七章乡都，列关隅、重要乡镇二目。该书的最大特点是附有大量的图，如地球图、地理图、山脉图、河流图、疆域图、城厢图、运道图、江滩图等。

清政府颁布的《乡土志例目》要求采用一层分目为主，二层分目为辅的结构，并提出一层目为历史、政绩、兵事、耆旧、人类、户口、氏族、宗教、实业、地理、山、水、道路、物产、商务15类的指导意见。[①] 从《歙县乡土志》和《初等小学乡土地理教科书》的篇目来看，基本遵循了《乡土志例目》的规定。两书涉及的内容也很丰富，基本包含了歙县的历史、地理、经济、社会等方方面面的情况，但两书各有侧重，《歙县乡土志》偏重历史，《初等小学乡土地理教科书》侧重地理。文字叙述都很简略通俗，如《歙县乡土志》记汪道昆：

> 汪道昆，字伯玉，号南溟，千秋里人。以进士除义乌令，明嘉靖时曾助胡宗宪讨倭，斩首数千级，遂晋佥都御史。至隆庆时复兵部左侍郎，因与江陵不合而归。所著有《太函集》祀郡邑乡贤。[②]

---

① 参见《学务大臣奏据编书局监督编成〈乡土志例目〉拟通饬编辑片》，《东方杂志》1905年第二卷第九号；转引自巴兆祥《方志学新论》，学林出版社2004年版，第151－152页。

② 《歙县乡土志·歙县人物》。

《初等小学乡土地理教科书》记财产：

> 本邑富者百无一二，最富者不过百万金，然皆远离乡井。大约以住地比较，离乡者易富，恋家者易贫。以营业比较，以经商者易富，为士者易贫。至以四乡比较，则南境富者居多，西境次之，北境又次之，东境则生计艰难，致民种日渐凋落。①

这也符合《奏定初等小学堂章程》所规定的阅读对象为小学一、二、三年级的低龄儿童。正因为叙述简略，两书的篇幅都不大，《歙县乡土志》约2.5万字，《初等小学乡土地理教科书》约2.3万字。

通过仔细阅读，发现《歙县乡土志》完全取材于《歙县志》，没有新内容，虽为教材，没有课时安排的概念（如“歙县沿革”一目将近3000字，中间无断隔，一个课时讲多少内容，没有提示），只是县志的缩写、简化。《初等小学乡土地理教科书》章下每目均约150字，一目一课时，内容多的目，便分割成“××一”、“××二”“××三”（如山脉一、山脉二、山脉三）等。笔者收藏的《初等小学乡土地理教科书》，书上有的目用毛笔标有课时（如“风”上标第六课、“雨”上标第七课、“河流”上标第十一课），符合教学使用。而且《初等小学乡土地理教科书》还采用经纬度、五带（即热带、南温带、北温带、南寒带、北寒带）、星球图等近代科学知识，更利于培养儿童的爱国主义和科学知识。

由此可见，作为新学改制实行的乡土教材，由于编者的身份及水平，其主要内容取材于地方志，有的适用于教材，有的不适用于教材，具有教科书和地方志的边缘特性，是与地方志关系密切的别种文献。

三、结 语

通过上述对有关别种文献与志书区别与关联关系的讨论，我们可以得出以下几点结论：

（1）志书拾遗、补缺、纠谬之作没有系统的记载一定地区（或行政区划）自然和社会各个方面的历史与现状，单独阅读这些文献，不能够了解一个地方的全貌。在内容上，志书拾遗、补缺、纠谬之作只是对志书不足的地方进行补正，内容极其单薄，体例也与志书不类，简单而随意，算不上完整的志书。

（2）越境不书是志书体例的基本形态，记载专门内容的著述，如果没有按照志书的体例，越界而书，就不应该列为方志。

（3）族谱记录一姓世系、人物及宗族内部的事务，以血缘为纽带；地方志记载

① 歙县《初等小学乡土地理教科书》第3章《人文地理·财产》。

一个地方古今综合情况，以地缘为纽带。两者关注的对象不同，在内容和体例上有所不同。但在一些族聚村落，一姓一村，村中的人、事、物、艺文也是族中之人、事、物、艺文，自然也脱不了宗族的影响，故村志往往有与族谱相通。有些族谱可以视为村志，同样有些村志也可以当成族谱看。

（4）志书资料长编是志书主纂和主修在编纂志书过程中积累的资料，未能在志书中全部利用，保存在另外出版的文献作品之中。对这类文献进行展开研究，对揭示志书编纂过程，深度了解一个地方的社会历史原貌，有着重要的价值。

（5）地方志是记载一个地方最为全面的资料性文献，通过整理志书资料，再行编纂出版其他著作。与地方志关系密切的别种文献中，乡土教材具有教科书和地方志的边缘特性。

民国初年社会转型中的地方教育发展*

——以徽州教育档案为中心的考察

马勇虎　李琳琦

（黄山学院教授）（安徽师范大学教授）

辛亥革命及民国成立后，地方教育因社会转型出现了新的变化。揆诸民国地方教育史研究论著，利用地方教育档案，以不同教育组织形态为切入点的综合研究不多，尤其是对民国政府、地方民众、民间教育组织与地方教育发展关系的研究则更为少见。遗存民国初年徽州教育档案类型多样，内容丰富，详细记载了师范、小学和民间教育组织不同形态的教育活动[①]。档案所及的1910—1920年代，正是中国近代社会转型时期，也是民国教育制度创设、改革和发展的新阶段，这批档案就真实记录了这一时期地方教育发展的基本形态。本文即以这批教育档案为基础，考察师范学校与师范学区制、小学教育的县域和城乡不均衡发展、民间教育组织与地方教育发展等问题，从中揭示民国教育制度在基层社会的实施和变迁。

一、师范学校与师范学区制

民国伊始，为建设与民国政权相适应的新式地方师范教育，安徽省政府依据“壬子癸丑学制”，在全省开设六所中等师范学校。民国二年成立的“安徽省立第二师范学校”即是其中之一所[②]。学校以胡晋接为校长，办学地点初设歙县紫阳书院，后迁休宁县屯溪荷花池，再迁休宁县新棠村。根据教育部师范学校规定，第二师范学校招收预科、本科学生，以培养小学教师为职责，根据民国七年的统计，第二师范学校教职员工、学生数量在全省五所师范学校中排列第二位，如表1。

---

* 基金项目：国家社会科学基金项目《中国近代社会转型中的乡村教育变革研究》（10BZS039）的研究成果之一。

① 这批教育档案共28册，其中安徽省立第二师范学校档案12册，致中小学等小学档案9册，“全徽教育协进社”档案1册，歙县教育会文书2件，其他教育档案4册。原件分别收藏于安徽师范大学、黄山学院图书馆。

② 第二师范学校原名安徽省立第五师范学校，民国三年改为现名。民国三年九月《安徽省立第二师范学校杂志》第一期，“本校第一年之概况”。

表 1　安徽省师范学校一览表（1918 年）

校名	地点	教职员		现有学生		毕业学生	经费	立案年月
		职员	教员	班数	人数			
安徽省立第一师范学校	省垣	11	22	7	372	41	24660	四年十一月
安徽省立第二师范学校	休宁	14	13	5	169		6760	三年九月
安徽省立第三师范学校	阜阳	5	12	2	122		10700	三年十一月
安徽省立第四师范学校	宣城	8	8	2	168		12910	三年十二月
安徽省立第五师范学校	凤阳	6	8	2	104		12700	五年二月

资料来源：朱有瓛《中国近代学制史料》第三辑下册，华东师范大学出版社 1992 年版，第 570 页。

学校先后培养了 10 届本科毕业生和 2 届普通科毕业生①。1914 年，著名教育家黄炎培曾视察该校，称赞“所见师范，此其第一。”② 但 1922 年壬戌学制（又称新学制）取消了师范教育独立地位，安徽省自 1927 年开始实施中等学校改造方案，师范学校并入或改为省立中学③。民国十七年，第二师范学校与省立第三中学合并，易名为省立第二中学④。

第二师范学校 1912 年因壬子癸丑学制而开办，1928 年又因壬戌学制而撤销，师范学校地位的变动不仅反映了民国教育制度的变迁，同时也折射出中国教育近代化的迷惑与选择。19 世纪末 20 世纪初，在中国人的视野中，欧美国家是西方的代表、现代化的体现，中国只要和这些国家一样，有了西方的科学技术、政治制度、教育制度，中国就能富强。但是他们没有意识到他们所面对的西方国家实际上并非一个整体，而是多样和多面的，是一直处于变化之中的。在引入西方教育模式的思潮下，法国、德国、英国、美国、日本等各种西方教育理论流行中国，并付诸教育实践。而当他们感到一种西方体系没解决中国的问题，马上就换另一种再作尝试。1912 壬子癸丑学制模仿日本模式，1928 年壬戌学制又模仿美国模式⑤，这正是中国教育近代化在迷惑中选择的结果。故而这种“近代化”就成为一种没有确定方向的，处于不断试验的，甚至是各种不同“西方”互相否定的过程⑥。第二师范学校的兴革即是这种近代化的生动案例。

此外，在近代社会转型、民族国家建立的过程中，民国政府通过师范学校布局和“师范学区”规划等制度安排，赋予师范学校师范学区行政管理职能，使之成为

---

① 民国十六年《黄山钟》第六、七期合订本。

② 安徽省地方志编纂委员会：《安徽省志·教育志》，方志出版社 1997 年版，第 398 页。

③ 安徽省地方志编纂委员会：《安徽省志·教育志》，方志出版社 1997 年版，第 376－377 页。

④ 休宁县地方志编纂委员会：《休宁县志》，安徽教育出版社 1990 年版，第 433 页。

⑤ 李国钧、王炳照主编：《中国教育制度通史》第七卷（民国时期），山东教育出版社 2000 年版，第 3 页。

⑥ 丛小平：《师范院校与中国的现代化》，《开发时代》2010 年第 1 期。

政府与学区社会联系的桥梁、渠道。

据第二师范学校档案记载，“中华民国元年，由安徽民政长划分全省师范学校为六学区，本校属第五区。”[①]“民政长”即一省最高行政长官，说明安徽省师范学校布局和师范学区划分源自省政府的设定。追溯安徽省政府设立师范学区的法律依据，乃是1912年9月29日《教育部公布师范教育令》，该法令规定“师范学校定为省立，由省行政长官规定地点及校数。”[②]由文献记载可知，安徽省师范学区范围与行政区划完全等同，“民国初年，安徽依原府、州治的范围划分为6个师范区。”[③]第二师范学校属“第五区”，“本师范学区区域为，歙、休宁、婺源、祁门、黟、绩溪六县”[④]即原徽州府辖地。因此，学区实为地方社会。

在“师范学区”体系中，师范学校负有管理、指导师范学区的职责。因为教育是国家统一稳定、达到思想一致的重要基石，师范学校又是国家的“根本之根本”[⑤]，“师范为国民教育之母”[⑥]。基于此种考虑，全国被划分为六个师范区，每区设一高等师范学校，管理并指导各区的教育。每个师范区下属的省又被划分为多个小师范区，每个小师范区又各设一所中等师范学校，指导本区教育事务。[⑦]安徽省长公署给第二师范等学校下达的训令，明确指出了师范学校在师范学区中的地位和职责，“各师范校长对于该区教育责任綦重，宜于整理校务以外，随时视察各该地方教育状况，以为改良计划之实施。”[⑧]

但第二师范学校试图摆脱师范学校与师范学区的架构，率先向安徽省政府提出设立学区教育联合部的建议。其理由是“无学区教育联合……则终无以发展本学区之地方教育”；“师范学区之教育，当然以师范学校为中心，但非特设一学区教育联合部以专司其事，则职务各有攸属，即精神难以兼营。”显然，第二师范学校所谓的学区教育联合部，实为与师范学校剥离的独立机构。安徽省教育厅虽批准成立学区教育联合部，拨付经费二千元，同时要求“第一、第三两师范学校一致筹办，徐图推行全省”，但要求部主任由学校校长兼任，二者不许分离[⑨]，从而以学区联合部形式进一步明确了师范学校对学区的管理职责。

---

① 民国三年九月《安徽省立第二师范学校杂志》第一期，“本校第一年之概况”。

② 《教育部公布师范教育令》（1912年9月29日），陈学恂主编：《中国近代教育史教学资料》，人民教育出版社1987年版，中册，第195页。

③ 安徽省地方志编纂委员会：《安徽省志·教育志》，方志出版社1997年版，第376页。

④ 民国三年九月《安徽省立第二师范学校杂志》第一期，“校舍”。

⑤ 《教育总长具呈大总统拟暂设高等师范六校统一教育办法》，童富勇主编：《实业教育、师范教育》，上海教育出版社1994年版，第798－799页。

⑥ 参见《教育部通咨师范学校应行报告条目》，童富勇主编：《实业教育、师范教育》，上海教育出版社1994年版，第805页。

⑦ 马啸风主编：《中国师范教育史》，首都师范大学出版社2003年版，第18页。

⑧ 民国八年八月《安徽省立第二师范学校杂志》第六期。

⑨ 民国八年八月《安徽省立第二师范学校杂志》第六期。

民国八年二月十七日第五学区教育联合部成立[①]，“所司职务，为调查、视察、劝导、参观、巡回试教、发行教育月报、举行学区教育联合会议等一切事务。”这些职能与地方教育行政部门劝学、调查等部分职能基本相同，反映出学区教育联合部具有官方职能。联合部下设普通教育部、职业教育部、社会教育部等部门，“皆置主任以专责成”[②]。其组织架构也与行政部门几乎一致。根据所列主任、视察兼劝导员名单，全部为第二师范学校教职人员[③]，表明学区教育联合部的职责实为第二师范学校所承担，师范学校拥有一定的政府职能。民国九年第二师范学校提交《学区教育联合部第一次概况报告》，报告一年来学区调查、出版教育月报等活动内容[④]，印证了第二师范学校已经行使了行政职能。

师范学校的行政职能和师范学区职责表明，在近代社会转型、民族国家建设的过程中，民国政权为了强化对地方社会的控制，试图利用教育系统，从文化、意识形态和政治上将其影响力渗透到地方社会，以建立起国家政权的有效管制。故而师范学校在近代社会转型中扮演着一定的政治角色。忽视了这一点，师范学校的特质就被抹杀了。[⑤] 第二师范学校历年档案“文牍”资料也进一步印证了师范学校的这一政治角色。“文牍”呈送的对象，均为第二师范学校的上级政府首长，如安徽省教育司长、科长和内务司长等。从呈文内容看，无论学校发展、建设等内部事务，还是学区对外各项活动均需要向上一级政府报告，例如民国八年八月第二师范学校呈送的报告，涉及筹办学区联合运动会、申请学区教育联合部经费和组织全徽教育协进社等事项。这些事项不仅需要得到上级政府部门的批准，还需将各种会议记录、会议过程情况上交省教育司。可以看出，上级政府抓住师范学校这个中心环节，就可以实现对学区教育的控制。正是从这个角度看，师范学校成为国家权力延伸至地方的最好渠道。

二、小学教育的不均衡发展

上文已述，在师范学区制度下，第二师范学校负有管理本学区教育的职责。基于学区职责，第二师范学校每年组织教师赴歙县、休宁、祁门、婺源、黟县和绩溪六县进行调查，并将调查报告登载于学校档案汇编杂志中。调查报告及有关数据，具体呈现了民国初年徽州小学教育发展的基本状况，如表2。

由表2可见，自民国三年开始，第二师范学校即进行了学区小学教育发展状况的调查。这与教育部民国三年颁布的《教育部整理教育方案》（以下简称《方案》）

---

① 民国九年九月《安徽省立第二师范学校杂志》第七期，“报告”。
② 民国八年八月《安徽省立第二师范学校杂志》第六期，“报告”。
③ 民国九年九月《安徽省立第二师范学校杂志》第七期，“报告”。
④ 民国九年九月《安徽省立第二师范学校杂志》第七期，“报告”。
⑤ 从小平：《师范院校与中国的现代化》，《开发时代》2010年第1期。

有关。《方案》鉴于“师范学校教员，闭户而谈外国教育学理，于其本国或本区域内教育之情形，暗然无所闻之”的通病，规定“凡师范学校校长暨担任教育科目之教员，每年课余有视察本区内教育情况之义务，归时有提出报告开会研究之义务，其旅行费由学校支出之。”① 因此，民国三年以来学区小学状况调查，是学校执行教育部政令的结果，故而刊登于学校杂志中，以备考核。

表2　民国三年至十一年徽州学区小学统计表

学年度	学校数（所）			学生数（人）		经费数（元）	
	国民	高小	国民高小合	国民	高小	公私费	学费
三年三月	169	60					
四年八月至五年七月	112	14	37	4049	1043	31549	13649
五年八月至六年七月	125	13	34	5015	1085	35555	13969
六年八月至七年七月	162	19	21	5947	1045	37369	16348
七年八月至八年七月	176	25	20	5624	1057	39674	12950
八年八月至九年七月	188	16	33	7530	1280	33614	25020
九年八月至十年七月	205	18	26	7899	1194	41439	15554
十年八月至十一年七月	259	22	33	10353	1440	53970	14899

资料来源：1.《安徽省立第二师范学校杂志》民国三年九月第一期至九年九月第七期。

2. 民国十一年安徽省立第二师范学校《黄山钟》第二期。

据表2，徽州各类小学中，以国民小学数量增加最快，从民国四年112所到十一年259所，增长131%；学生数量从4049人增加到10353人，增长156%。

表3为民国五至六年安徽省小学统计数据。据表2、表3，同时期徽州国民学校和高等小学的总和是全省的11.4%，国民学校、高等小学学生数量分别为全省的7.83%和9.68%，学生平均经费则高于全省平均数。如果考虑徽州是全省人口最少地区的因素②，徽州小学发展规模实际高于全省平均水平。

表3　安徽省小学统计表（1916.8—1917.7）

学校类别	学生数（人）	学校数（所）	每学生平均费（元）
国民学校	64014	1253	3.885
高等小学	11207	257	19.272

资料来源：朱有瓛《中国近代学制史料》第三辑上册，华东师范大学出版社1992年版，第312－313页。

虽然徽州小学教育发展总体呈现较好的态势，但各县小学校发展并不平衡，主

① 转引自熊明安：《中华民国教育史》，重庆出版社1990年版，第49－50页。

② 安徽省地方志编纂委员会：《安徽省志·人口志》，方志出版社1995年版，第37－38页。

要表现在县域、城乡的不平衡，如表4。

表4　民国徽州各县小学数量统计

截止时间	歙县		休宁		婺源		祁门		黟县		绩溪	
	学校数（所）	学生数	学校数（所）	学生数	学校数（所）	学生数	学校数（所）	学生数	学校数（所）	学生数	学校数（所）	学生数
三年三月	60		31		54		25		30		29	
八年七月	62	1311	32	917	36	1139	26	746	25	910	40	1658
九年七月	80	3034	41	1200	34	1218	23	679	26	984	33	1695
十一年七月	117	4317	58	1803	45	1694	23	713	25	985	46	2281

资料来源：同表2。

据表4，历年各县小学发展以歙县为最，其次为绩溪、婺源、休宁县，而祁门县学校和学生数量均最小。显然，各县小学教育发展存在一定程度的不平衡。人口数量与学校规模虽然存在一定的关联，但不是教育发展不平衡的唯一因素。据民国八年的人口统计，歙县424982人、休宁136084人、婺源245465人、祁门130437人、黟县85032人、绩溪111083人。① 尽管歙县人口居六县之首，小学发展规模较快，但祁门和绩溪县的人口基本相当，而绩溪县小学生、学校数量则是祁门的三倍和二倍。即使人口少于祁门的黟县，其学生数也比祁门县多出二三百多人。

一县之内，城乡教育发展也不平衡。休宁县小学教育发展速度较快，一度被评为教育先进县，但全县城乡小学发展极不平衡。根据民国九年调查数据，该县小学共39所②，其中县城小学2所，以屯溪镇为中心的隆阜、黎阳、阳湖等周边地区11所，其他乡村小学总共25所。③ 由此可以看出，在学校分布的地理空间上，休宁县以县城和商业重镇屯溪镇为中心，城镇小学占全县小学数量的33%，城乡小学布局极不平衡。此外，小学的规模也反映出城乡教育发展的差异。调查数据显示，在教员、学生数量上，以县城海阳小学规模最大，教师7人，学生138人。而普通乡村一所小学的教师最多2–3人，最少1人，学生数量大多维持在20–30名的水平。休宁县小学教育发展的状态，十分典型地反映了城乡教育发展的不平衡，中心市镇与偏僻乡村的不平衡。

徽州六县小学发展的快慢、不平衡，与地方民众对教育的支持密切相关。例如发展较快的绩溪、休宁县，社会各界民众对于教育发展倾注了极大的热情和支持。

① 安徽省地方志编纂委员会：《安徽省志·人口志》，方志出版社1995年版，第37页。

② 据民国八年八月《安徽省立第二师范学校杂志》第六期“本年度小学校一览表（自民国八年八月至民国九年七月）”，休宁县小学共39所；又据其“本年度小学统计表（自民国八年八月至民国九年七月）”，全县小学41所，如表4。数据差异的原因不明。

③ 民国九年九月《安徽省立第二师范学校杂志》第七期，“调查”。

绩溪县“民国成立，邑人对于小学教育，尤为重视，城乡学校之创设，风起云涌，盛极一时。”① 休宁县“私人办学之风盛行，许多开明士绅、商人及社会贤达，纷纷捐资助学，少者上百元，多者达万元。从民国七至十一年，本县捐资助学受奖者有15人，其中3人捐资金额达千元以上。”② 歙县小学教育规模最大，也是得到了各界人士的支持。据档案记载，一是徽商的支持。歙县南源口镇致中小学就是本村徽商出资创办的。据该小学成立时编印的《皖歙县南源口镇致中小学校成立纪念大会汇编》记载，致中小学校长汪延龄，其父是“本里汪鉴甫老先生，商界中的巨办。他早几年想开办学校。”汪延龄为实现父亲的愿望，从上海回到家乡“志父之志，创办学校。”③ 显然没有徽商汪氏父子的支持，致中小学难以成立。二是普通村民的支持。歙县私立定山初级小学校从筹划到成立，村民扮演着主导的角色。依据定山初级小学董事会记录，该校的成立源自张翰飞等22名张姓村民的提议，反映了普通村民对兴办乡村小学的热情。由村民推选而产生的学校董事会，在筹措学校经费的过程中，积极与本村张世德祠堂、嘉乐堂祭祀会协调，通过收取谷租、鱼租等方式筹集办学经费。为了推动新式学校教育，董事会讨论了取缔私塾的议案，决定“由董事会推选干员会同保甲长劝导停办，如顽固不从，呈明官所依法取缔之。”④ 不难看出，没有村民和徽商的积极支持，不仅小学经费难以筹措，而且也难以持续发展。

三、地方教育组织与地方教育发展

1915年新文化运动至1927年南京民国政府成立前的十余年间，是中国思想界最为活跃的时期。在此期间，新教育思潮奔腾翻涌，民间教育组织脱颖而出，对基层教育界产生了极大的影响。“全徽教育协进社”（后改称全徽教育联合会）即是此时期成立的徽州民间教育组织，积极参与和推动地方教育的改革、发展，表现了五四时期民间组织关注社会改革的特点，但其向行政权力扩张的趋势又有别于其他民间团体组织。

全徽教育协进社成立于民国八年五月十八日，为徽州地区成立时间最早、规模最大的民间教育组织，其性质定位于“地方教育联络机关……社会自动事业。”宗旨有三，“一曰改良普通教育，二曰提倡职业教育，三曰推行社会教育。”⑤ 表达了徽州教育界改革、发展地方教育事业的目标和愿望，也反映出五四时期教育思潮的广泛传播，在地方社会引起的共鸣和认同。

第二师范学校与全徽教育协进社关系密切。根据档案记载，第二师范学校是全

① 绩溪县教育志编委会：《绩溪县教育志》，方志出版社2005年版，第381－382页。

② 休宁县地方志编纂委员会：《休宁县志》，安徽教育出版社1990年版，第438页。

③ 民国十四年《皖歙县南源口镇致中小学校成立纪念大会汇编》。

④ 《中华民国廿七年春月之吉立歙县私立定山初级小学校订董事会记录底稿簿》。

⑤ 民国八年八月《安徽省立第二师范学校杂志》第六期，“全徽教育协进社宣言”。

徽教育协进社的发起、筹办单位，宣言书的发布、组织章程的起草，以及向安徽省教育厅提交申请报告，均由第二师范学校操作。同时，协进社主任由第二师范学校校长胡晋接担任，协进社召开的历次会议及议案等情况均由第二师范学校上报教育厅审查、备案①，因此第二师范学校不仅与全徽教育协进社关系密切，而且在该组织中居于领导的地位。

全徽教育协进社的成立吸引了徽州教育界众多人士，入社会员多达166人，成为科举停废之后徽州教育界最大规模的聚会，“尤可令人愉快者，徽属自科举停止之后，学界中人，颇不易于集合。此次六邑人士，或相距百数十里，或相距二三百里，皆不辞跋涉之劳……共谋进步。此会可谓极一时之盛，而于教育前途实有裨益。”②

全徽教育协进社“极一时之盛”，与徽州及安徽教育界面临的严峻形势有关。一是学校数量急剧下降，如表2所见，徽州六县民国四年至六年间，国民小学和初等小学数量减少近30%左右。二是经费的困难。据文献记载，安徽省教育经费被挪做军用，故而被削减53%，甚至民国五年五月六日，安徽巡抚使倪嗣冲通令各县官立学校一律停办，将办学经费移作地方办理团防之用③。安徽教育地位由此落居于全国倒数第二位。④ 在此形势下，教育界希望通过组建教育团体，成立联络机关，表达自己的诉求，解决教育发展环境问题。此外，地方办学过程中出现的各种具体问题，也需要有统一的协调、处理机构来帮助解决。据《全徽教育协进社议案》记载，各县、学校所提交的请求处理的议题，如教材选择、国语推广、女子教育、私塾取缔等问题，几乎涉及教育发展的所有方面，这是各级学校无力、无法解决，又与学校自身发展密切相关的问题。尽管民国初年县级教育行政设有劝学所机构，处理教育行政事宜。但劝学所独立性差，结构及人员组成也十分简单⑤，且权限仅于劝学、调查等事务，不可能协调、处理各级学校面临的问题。因此县级教育行政权力的缺位，为全徽教育协进社民间教育组织的活动提供了广阔的空间。

地方政府教育行政权力的缺位，也为全徽教育协进社从民间组织向行政权力扩张提供了可能。民国十一年五月婺源第四届会议决定，全徽教育协进社改称全徽教育联合会。理由是“协进社原属私人组织，以共同研究地方教育为职志，然其范围不能及于教育行政，故对于教育上仍不能圆满之效果，故建议改本社为全徽教育联合会，建设于各县法定机构之上，以便将来关于全徽教育行政上之一切提议，亦得有正当之解决。”⑥ 从全徽教育协进社到全徽教育联合会，显示出徽州民间教育组织向行政领域扩张的趋势。

---

① 民国八年八月《安徽省立第二师范学校杂志》第六期，“文牍”、“纪事”。

② 民国八年八月《安徽省立第二师范学校杂志》第六期，“公牍”。

③ 转引自王世杰主编：《安徽教育大事记》，安徽教育出版社1999年版，第28－29页。

④ 转引自王世杰主编：《安徽教育大事记》，安徽教育出版社1999年版，第24页。

⑤ 李国钧、王炳照主编：《中国教育制度通史》第七卷（民国时期），山东教育出版社2000年版，第17页。

⑥ 《全徽教育协进社议案》，“请本社为全徽联合会案”。

全徽教育协进社运作方式是由会员或学校提出议案，经会议讨论形成处理意见，最后交付处理。《全徽教育协进社议案》具体记载了民国十、十一、十二年歙县、婺源、休宁会议提案名称、内容和提案人，以及议案处理情况。如民国十一年五月婺源第四届会议议案四十一条，"关于社务改进案三，关于学校教育实施案十六，关于通俗教育案三，关于女子教育案三，关于教育经费案七，关于教育其他案九。"[①] 这些议案广泛涉及学校建设、女子教育、职业教育、乡土教材及职业和戏剧调查等方面，显示出全徽教育协进社对地方教育发展的高度关注。从档案记载看，全徽教育协进社议案的处理，均得到落实，能够发挥一定的作用，产生积极的影响，主要表现在：

其一，解决了小学建设中的具体问题。例如"请根据新定教育方针组织全徽小学校教材审查委员会以次审定适用之小学教材案"，事涉废除晚清教材之后的新教材选择问题，经审议后"议决：由本会函请第二师范联合各县教育界组织小学教材审查会。"[②] 又如"请各县教育机关组织不常见儿童特别学校案"、"劝各校兼收贫苦学生案"、"请推广女子教育案"等，均涉及徽州小学教育发展的诸多问题。这些议案基本得以落实，如"议决：如议实行。"或"议决：由本会函请各县劝学所设法奖励已改良之私塾以资激劝。"

其二，促进了小学经费补贴办法的修改。民国初年，小学教育制度尚处于初创阶段，小学经费补贴办法存在一定的缺陷。民国八年三月歙县教育会出台小学资质等级及经费补贴办法，在学校资质等级的认定上只是简单地列出"教授管理训练合法"、"曾办毕业一次者"等评判标准[③]。学校资质评判标准的粗糙，引起各校不满。经费补贴关系到学校发展，全徽教育协进社在民国八年五月十八日第一次会议上，提出"教育厅酌定视察学校评判等第之标准案"议案[④]，具休细化甲乙丙丁四级资质小学的教师、学生等标准，最后"申告各县教育会、劝学所"执行，改进了小学经费补贴办法。

其三，处理、解决了学校腐败案件。民国十一年五月婺源第四届会议，代理校长江慊提交《新安公立甲种商业学校学款经理员书案》议案，反映该校腐败问题。全徽教育联合会收到议案后，迅速做出反应，"议决：由本会另举经理员接理，当即全体公推江铁纯先生为新安公立甲种商业学校学款经理员，又由各县公推清理员清查前经理耿少安君账款。"要求公推的6名"清理员向耿经理追回各项证据、账款，交付接理。"[⑤] 着手该案件的调查。

会后，清理人员赴甲种商业学校核查经费问题，并将调查结果《清理新安公立

① 《全徽教育协进社议案》，"民国十一年五月全徽教育协进社在婺源开第四届常年会议"。

② 《全徽教育协进社议案》，"（乙）关于学校教育实施案"。

③ 《民国八年三月县教育会审查报告》。

④ 民国八年八月《安徽省立第二师范学校杂志》第六期，"公牍"。

⑤ 《全徽教育协进社议案》，"民国十一年五月全徽教育协进社在婺源开第四届常年会议"。

甲种商业学校学款之经过报告书》报告民国十二年五月全徽教育联合会。报告除文字叙述外，还编列《新安公立甲种商业学校学款经理员耿少安君交来紫阳资产契据卷宗清单》和《前任甲商校长江慊交来租息金征收誊清单》，详细介绍了贪腐案件的来龙去脉。随后该校校长沈鈺向全徽教育联合会提交《报告甲商学款收支状况并请议清理经理两案》，报告学校案件处理及财务收支的具体情况，表明案件调查和处理结束。从这起案件的调查和处理的过程看，全徽教育联合会发挥了主导作用，在清查人员的配备和调查权的使用上，一定程度上反映出该组织承担了部分教育行政的职能。

综上所述，民国初年徽州教育档案内容丰富，具体记载了民国社会转型条件下，徽州师范、小学教育和民间教育组织建设与发展的真实形态。民国徽州教育的发展历程，既呈现出民国教育制度在基层社会演进和变迁的历史，又表现出徽州教育发展的地域特性。第一，综观徽州不同类型的教育活动中，第二师范学校在民国初年徽州教育发展的进程中，发挥了主导作用。依据师范学区制的安排，第二师范学校不仅履行了为地方培养小学教师的职责，还积极组织了本学区的小学教育调查，筹办和领导了地方教育组织“全徽教育协进社”，在徽州教育近代化的过程中扮演了主要角色。第二，尽管民国社会制度的转型推动了徽州小学教育的总体发展，但县域、城乡教育发展的不平衡现象较为突出。徽州小学发展的案例表明，教育的发展始终离不开地方民众的支持。社会各界的支持和发展近代教育的热情，是决定基础教育发展的主要因素。第三，“全徽教育协进社”以民间教育组织的形式参与地方教育改革，推动了徽州教育的发展。地方教育行政权力的缺位，不仅为“全徽教育协进社”提供了活动的社会空间，也为其向行政权力扩张提供了可能。总之，民国徽州教育的发展，表明制度转型是教育发展的根本，社会各界的支持是教育进一步发展的动力。而政府对学校的严格控制、教育的不平衡发展，以及民间教育组织的行政化趋向，既揭示出民国教育发展的基本特点，也暴露出地方教育发展中存在的问题。

朱熹与严州理学的发展

周晓光　方　宁

（安徽师范大学教授）（安徽师范大学博士生）

朱熹字元晦，一字仲晦，号晦庵，徽州（旧称新安，治今安徽黄山市）婺源人。其父朱松曾为福建延平尤溪县尉，寓居在尤溪城外毓秀峰之郑氏草堂。朱熹生于闽，并长期在此生活，所以他的学说常被称为“闽学”。但据相关史料记载，朱熹实为徽州婺源朱氏九世孙，是宋代理学的集大成者，也是新安理学的开山宗师。[①] 其理学思想传播极广，影响深远。朱熹虽长年生活在福建，但他的踪迹却遍历当时两浙东西路、江南东西路、荆湖南北路、广南东西路等南方的大部分地区（大致在今浙江、江西、安徽、湖南、湖北、广东、广西等地）。他曾于南宋乾道、淳熙年间至严州的丽泽书院和遂安的瀛山书院讲学，在瀛山书院论道讲学时，还写下了著名的《题方塘诗》：“半亩方塘一鉴开，天光云影共徘徊。问渠那得清如许？为有源头活水来。”[②] 严州曾一度被称为“理学名邦”[③]，而该地理学的发展，朱熹之功莫大焉。

一、朱子之学在严州的流布

作为朱熹祖籍地的徽州，与严州毗邻。两地在地缘上相近，血缘上相连，朱熹在严州一直被认同为“乡人”。他的学术思想、精神乃至品格，在此具有很大影响力，其理学思想在该地扩散，成为当地学子乐于探讨与研习的学问；朱熹曾与吕祖谦讲学于严州的丽泽书院，还曾于遂安的瀛山书院与詹仪之论道和讲学，在当地形成了浓厚的朱学氛围，引领了当地的学术思潮，并影响其学术思想的发展；严州的知名理学家詹仪之、方逢辰、赵彦肃、喻仲可都是朱熹的及门或再传弟子，在他们

① 新安理学是朱子学流派之一，主要由徽州籍理学家组成，奉朱熹为开山宗师。该派形成于南宋、发展于元代、鼎盛于明初、衰落于清中叶，在其600多年的演变历程中，始终有一以贯之的学术宗旨、一脉相传的理学家群和鲜明的学派宗旨，并对中国传统社会后期中国学术思想史的发展演变，以及明清时期的徽州社会产生了重大影响。

② 民国《遂安县志》卷十《艺文》。

③ 北宋宣和三年（1121），改睦州为严州。南宋咸淳十年（1274）升为建德府，属浙西路。元代改为建德路，明代洪武八年（1375）改为严州府。清代因明制，设严州府，隶属浙江省金衢严道，辖建德、寿昌、淳安、遂安、桐庐、分水六县。宣统三年（1911）废府设严州军分府，民国元年（1912）严州军分府废。古严州及其所辖六县建德、寿昌、淳安、遂安、桐庐、分水现已划入浙江省杭州市。

的传承与传播之下，朱学在该地区渐趋隆盛，以致元、明、清三代严州地区的理学都深受其影响。明代王阳明心学曾风靡一时，至清代朴学又渐成主流，但严州地区很多学者仍祖述朱子之学，对程朱理学思想表现出了一种坚守不渝的执着。

而严州的淳安和遂安是朱学最为盛行的两个县邑。淳安县“本汉丹阳郡歙之东乡新定里”[①]，这里与新安地缘相近，血缘相连，风俗习惯与人文精神十分相似。朱熹在此被认同为“乡人”，深受当地士民的敬重。人们建祠堂、书院纪念朱熹，又通过书院讲学传播其学说。在淳安，书院讲学成为朱熹理学思想传播的一种重要形式。如淳安有石峡书院，是朱子学者方逢辰的讲学之所。方逢辰在此“抱周程之学以私淑其徒”[②]，阐扬朱熹学说。其后逢辰之弟逢振继之，讲道于石峡书院，也是朱学的得力宣传者。淳安县还有紫阳书院，“仿朱子白鹿洞规立之仪节，仿分年读书法予之课程”，书院的教学内容、方法与规程完全以朱熹的思想为准的。这些书院的建立，一方面是为了纪念朱熹，另一方面也是为了宣传朱熹的学术思想。由于淳安人对朱熹的尊崇，通过建祠堂来祭祀他，建书院来宣传他的学说，使得朱子之学成为淳安境内的显学，学者“莫不惟朱子为宗师”[③]。朱熹学说在淳安地区源远流长、绵延不绝的接受途径，主要是通过家学、师学的传承。如淳安著名儒士方镕为朱熹的再传弟子，方镕二子逢辰、逢振又将其父学说发扬光大。《宋元学案》将方镕列为《晦庵学案》之晦庵续传。光绪《淳安县志》载：“方镕，字伯冶。两魁郡试，后弃举子业，尽心圣贤之学。每曰：‘人与天地相立者，文艺云乎哉！’其训诸子务先穷理尽性，至应事接物则以持敬实践为功。二子逢辰、逢振前后及第。乃曰：‘此吾昔以为不足为者，尔曹勿谓足也。’历官奉直大夫、两淮制置司参谋官。”[④] 可见，方镕轻视举业，不喜文章之学，而专意于圣贤之学。而他的“务先穷理尽性，应事接物以持敬实践为功”的思想则是得朱学之真谛。在他的训诲教导下，他的两个儿子逢辰、逢振也是孜孜不疲地为宣扬朱子学说而尽心竭力。方逢辰的学说“会极周程朱子之学，以格物为穷理之本，笃行为修己之要”[⑤]。他与其弟逢振在石峡书院聚徒讲学，“以程朱之学私淑其徒”，传播朱熹学说。逢辰之后又有其孙方一夔，继承家学，“尝主石峡讲席”[⑥]。此外，桐庐人魏新之“受业方蛟峰（方逢辰）”[⑦]，传承师说；淳安人汪斗建“从蛟峰讲道石峡书院”[⑧]，传播朱氏之学。还有淳安人邵桂士也是师承方逢辰，为逢辰的弟子。正是在方氏父子及其弟子的传播宣扬下，朱子学说得以在淳安流行，在淳安形成了朱门一派，而朱子学说也成为淳安地区最盛行的学术思想之

① 万历《严州府志》卷一《方舆志·建置沿革》。
② 光绪《淳安县志》卷二《方舆志二·学校》。
③ 光绪《淳安县志》卷十三《艺文志二》，刘世宁《紫阳书院记》。
④ 光绪《淳安县志》卷十《人物志·儒林》。
⑤ 光绪《淳安县志》卷十《人物志·理学》。
⑥ 黄宗羲：《宋元学案》（第四册）卷八十二《北山四先生学案》，中华书局1986年版，第2749页。
⑦ 黄宗羲：《宋元学案》（第四册）卷八十二《北山四先生学案》，中华书局1986年版，第2761页。
⑧ 黄宗羲：《宋元学案》（第四册）卷八十二《北山四先生学案》，中华书局1986年版，第2762页。

一。朱熹理学在淳安的流传与发展，使得淳安许多学者都着力精研朱学，探寻理学之奥赜。如何日章“家教悉宗程朱”，童孝锡“积学力行，精研易理，所著《易义》能阐程朱之蕴”，方棨如“潜心于濂洛关闽之学”①。由此可见，以朱熹为开山宗师的新安理学在严州淳安县的传播，主要是朱熹在此地有信奉其学说的忠实弟子，弟子又通过家学、师承等，不断发扬朱子之学，对淳安学术产生了决定性的影响。

遂安原为歙县南乡安定里，“据两浙之上游，依万山为险”，“地限僻邑，路出通衢，为两浙之咽喉，系三安之要害”②，地理位置重要。它“介徽衢睦婺间，阻岭带溪”，“人文鼎盛，为浙中望邑，至今袭美无替”③，文风浓厚，理学兴盛。这里的理学同样深受朱熹的影响。遂安著名的理学家詹仪之，为朱熹弟子，学术思想秉承朱熹。两人往来密切，经常通过书信论辩学术和政事，介乎亦师亦友之间。詹仪之在淳熙十六年（1189）去世后，朱熹曾撰《祭詹侍郎文》以悼念他。在交往中，朱熹与詹仪之相互探讨、辩论学问，观点虽有同有异，而倾向基本一致。在朱熹的提携与影响下，詹仪之的理学思想日益成熟，并通过书院讲学、家学相承、师徒相传等方式，在遂安乃至整个严州地区传播开来。

朱熹能够对遂安地区的学术思想产生巨大影响，契机是他曾与詹仪之在遂安瀛山书院的讲论道学。据县志记载：

> 瀛山书院在县西北四十里。宋熙宁间邑人詹安闢建于山之冈，凿方塘于麓，其孙仪之与朱晦庵往来论学于此。岁久圮。明隆庆三年（1569），知县周恪访先贤遗迹，建书院二十四楹。龙溪王畿记：后为祠，祀晦庵、仪之二先生；绪山钱德洪记：祠后建大观亭，复方塘旧址，构一鉴亭。五年（1571），知县吴撝谦诣其堂，作《方塘解》。邑人方应时、方世义，邑民方□④□等共捐田四十余亩以供祭祀，并周令祀于祠，额曰：“三先生祠”，春秋以二仲月次丁日祭。⑤

朱熹与詹仪之在瀛山书院中论学，当地众多儒学之士前往聆听。通过书院讲学的方式，遂安的许多学者接受朱熹学说的洗礼，朱子之学由此流传开来，也使得瀛山书院成为遂安乃至整个严州地区的理学研习中心。

朱熹与詹仪之在瀛山书院讲论的理学思想，是遂安地区学术文化发展的一条精神纽带，它维系和牵连着当地理学的发展。朱子之学通过瀛山书院的传播，在遂安一地产生深远影响，后代的许多学者都奉朱学为正宗。至明时，遂安著名理学名儒方应时“锐志潜修，一宗紫阳之学，故在诸生，即力请邑侯复瀛山书院，建格致堂

① 光绪《续纂淳安县志》卷十《人物志·续纂儒林》。
② 万历《遂安县志》卷一《方舆志·县治图》。
③ 民国《遂安县志》卷十《艺文》。
④ “□”原缺，下同。
⑤ 民国《遂安县志》卷五《文治·书院》。

以祠文公；举孝廉，则延钱塘王先生汝止登格致堂，讲学不辍”，他不仅精心维护着瀛山书院这块传承朱熹学说的“圣地”，又极力宣扬着朱子的思想。后方应时出为长泰县令，“（长泰）故朱子所治邑也，旧有祠祀。会时宰议废宇内书院，是祠亦属毁中”，方氏尽力斡旋，“乃请当道特留，修祀不缺”①。可以说他一生都在孜孜不倦地研习、传播朱熹学说。学有渊源的鲍崇良“字遂甫，号杨峰，天资颖异，至性过人，弱冠饩郡庠，经史淹贯”。曾“携吴叔举读书兴谷寺，与罗洪先、湛若水往复辨晰，得考亭宗派”②。他的学说也可以说是渊源于朱熹的。到了清代，朴学日益兴盛，理学渐趋衰落，但在遂安地区理学仍然很昌盛，拥有一个研习理学的群体，而其中大多又以朱熹理学为宗。如郑禹畴“淡于仕进，潜心理学”。“先是，其父朝汉因王龙溪提倡‘良知’，贻误来秀，筑伊山精舍，祖祢程朱”。郑禹畴恪守廷训，以程朱为宗，甚至“年逾九十，仍讲明考亭宗旨”。其子郑士瑛“侍养之，暇注《孝经》性理，以广庭训”。另一子郑士瑜也是“恪宗紫阳正派”。朱熹理学就是通过这种家学相承在遂安流传下来的。遂安祖述朱学的学者，还有像姜应兼“治易经，多善悟，洞彻程朱之旨”；毛郁芳“居家恪遵朱子格言”；詹揆吉“晚年潜心理学，洞见程朱阃奥”；黄云五“生平宗朱子正心诚意之学”；郑谷“尤精易理，抉程朱奥旨为文，自成一家”；姜毓麒“为文遵程朱语类”③，等等。这些学者秉承朱子学说，在清代遂安地区掀起一股研习理学的热潮，使朱熹理学于此长久不衰。

朱子之学的流行并非局限于淳安与遂安两地，也延伸至严州的其他县邑。建德的赵彦肃曾造朱子之门，习得朱子之学；喻仲可，字可中，严陵人。《宋元学案》将其归为朱熹的门人，得朱熹真传。只不过这两人后来改换门庭，投入陆子门下，崇信陆学。桐庐县的魏新之被学者称为石川先生，他“受业于青溪方蛟峰，得程朱性理之学”；严侣“字君友，子陵三十五世孙，从学汉英贾公”，“贾之学源于朱子”④，所以他的学说也是宗奉朱熹的。寿昌县的翁恒吉“以穷理致知、躬行实践为先”，“学者称为正一先生”；洪公述“潜心理学，独穷濂洛关闽之奥”⑤。建德县的王衷纯“教授生徒，以敦行立品为先，尤潜心理学，得濂洛关闽之旨”⑥。这些学者的理学思想都渊源于朱熹。

由上可见，朱熹理学在严州有着广泛的流传和深远的影响。此亦可窥以朱熹为开山宗师的新安理学，在徽州境外传播的具体情形。

---

① 民国《遂安县志》卷七《人物·理学》。
② 民国《遂安县志》卷七《人物·儒林》。
③ 民国《遂安县志》卷七《人物·儒林》。
④ 乾隆《桐庐县志》卷十一《人物·儒林》。
⑤ 民国《寿昌县志》卷八《人物志·儒林》。
⑥ 民国《建德县志》卷十四《人物·孝友》。

二、朱熹理学在严州盛行的原因

那么，新安理学开山宗师朱熹的理学思想，何以在严州得到传播并兴盛呢？我们认为，有几个因素值得重视：

首先，地域上的优势是朱熹理学在严州盛行的原因之一。严州与徽州（新安）毗邻，两者之间有着千丝万缕的联系。严州的淳安、遂安、寿昌都曾隶属过新安。据弘治《徽州府志》记载：盖古歙地之在今者为休宁，为婺源，为绩溪，为严州之淳安、遂安。在历史上，新安的治所曾设于始新县（即严州的淳安县），“晋武帝太康元年（280）……改新都郡曰新安，治始新县，改新定县曰遂安”。严州的寿昌县也曾属新安管辖，“梁武帝普通三年（522），割吴郡之寿昌来属”，“梁割（寿昌）隶新安郡”①。“隋开皇九年（589），改郡为歙州，改始新曰新安县，又并遂安及梁所割吴郡寿昌未属者皆入新安县，以立婺州”，直到“仁寿三年（603），取婺州之新安，并复立遂安，以隶睦州。于是二县故地迄今不复，今严州淳安、遂安也”②。这时，两者才分成两个不同的行政辖区。“宣和三年（1121），睦寇方腊即平，改歙曰徽，为上州”③，同年，睦州改为严州。正因为两者在行政区划上有这样交错隶属的关系，所以新安（徽州）与严州两地血脉相连，语言相通，风俗相似。④

而淳安原为歙县东乡新定里，遂安原为歙县南乡安定里，与徽州更有割不断的联系。历来徽州人都将淳安视同“桑梓”。如元人方回“家于紫阳之下”，将淳安“视之若乡梓”⑤；明人程敏政对“本属歙之东乡”的淳安“犹怃然有桑梓眷眷之意”⑥。同样，淳安等地的士民亦将徽州人视为“乡人”。朱熹祖籍徽州，故严州的淳安、遂安等地视朱熹为“乡人”。这种“地缘”的情感因素，使得朱熹的学说更容易在此流传。严州的淳安县为“古歙之东乡，今虽属旁郡，然距新安不二百里”⑦。朱熹曾踏涉于此，“淳固朱子茇憩地也”⑧，朱熹在此留下过“青溪时过碧山头，空水澄鲜一色秋。隔断红尘三十里，白云黄叶两悠悠”等诗篇。方志言：“（朱熹）其先出于新安，淳之西境也，先生不忘为新安人，则淳犹乡国。”⑨ 还有记载称，“朱子产于婺，淳为歙之东乡，去新安不二百里，其后裔分居于淳”⑩。由于

---

① 万历《严州府志》卷一《方舆志·建置沿革》。

② 淳熙《新安志》卷一《州郡·沿革》。

③ 弘治《徽州府志》卷一《地理一·建置沿革》。

④ 据现代学者研究发现：新安的许多大姓散居于徽州、严州等地。严州的淳安、遂安、建德、寿昌等地方言属徽语严州片。

⑤ 光绪《淳安县志》卷十五《艺文志·赋》。

⑥ 光绪《续纂淳安县志》卷二《方舆志·学校》。

⑦ 光绪《淳安县志》卷十三《艺文志二》，王仪《新建朱文公祠堂记》。

⑧ 光绪《淳安县志》卷十《人物志·理学》。

⑨ 光绪《淳安县志》卷十三《艺文志二》，姚鸣鸾《新修三祠堂记》。

⑩ 光绪《淳安县志》卷十三《艺文志二》，刘世宁《紫阳书院记》。

“地缘”和“血缘”的关系，朱熹在淳安民众心中更具亲近感，受到了人们的极度尊崇。淳安建有祠堂、书院等纪念朱熹，并依托书院广泛传播朱子之学。从地方文献记载来看，朱熹的品格仪范、学术成就在淳安地区具有相当深远的影响力。也正是在他的影响下，淳安号称“理学名邦”、“文教之盛甲于两浙”①。长久以来，淳安当地官员乐施其教，学者乐从其学，百姓乐受其仪。其“风俗之厚，人才之出，挺拔东南”。朱子之学在严州得以代代相传，源远流长，与这种地域联系有密切的关联。

其次，朱熹自身的人格魅力和深厚的学识是其学说在严州广为流传的又一重要因素。朱熹一生“仕于外者仅九考，立于朝者四十日”，可谓仕途坎坷。但他始终没有放弃自己的社会责任，早在18岁参加“乡贡”考试时，“三篇策皆欲为朝廷措置大事”，视国家要务为己任。入仕后，对朝廷吏治、经济、和战等事，都提出过积极建议，并在官场上不屈权贵，洁身自好，坚守信念，体现了自身的人格魅力。同时他勤于讲学、长于思考、精于著述，以传承传统儒学为己任，在集北宋理学思想大成的基础上，创立了内容博大而又自成体系的“朱子之学”。朱熹的人格魅力和深厚学识，深受世人的敬重和严州当地民众的景仰。元代，淳安县建有朱文公祠，当时王仪为新建的朱文公祠作记，对朱熹及其学说表达了由衷的敬意：

> 文公朱夫子当宋乾道、淳熙之间，集关洛诸儒之大成，以兴起斯道为己任。其为学也，自夫无极太极之奥，阴阳五行之运，天叙天秩之纪，万事万物之赜，往来穷通之变，废兴存亡之几，无不究其源而发挥其趣；其为教也，必自夫洒扫应对进退之节，入孝出弟之方，以至于穷理、正心、修身，而达之家、国、天下，而极于天地位、万物育，可谓盛矣！而其身不安于朝廷之上，退而与其弟子呻吟讲习，俛焉寓微旨于遗编，殆与孔孟之不遭一揆，可为当时惜也。②

至明嘉靖时，因年久废圮，知县姚鸣鸾于故址上重修该祠，并作《新修三祠堂记》。其中记载道：“予惟紫阳夫子集濂洛之大成，续孔孟之正统，注释群经，折衷众论，统宗会元，洙泗以还，一人而已。”③ 也对朱熹给予高度的评价。明隆庆三年(1569)，遂安知县周恪“访先贤遗迹，建书院二十四楹”④，重建瀛山书院，书院后为祠，用于祭祀朱熹和詹仪之，称为二先生祠。后世许多学者都曾作记或赋诗缅怀这位理学硕儒。将朱熹作为圣贤来崇祀，不仅表示人们对他精神品格的称颂，也说明对其学术思想的认同。祠堂是崇奉、祭祀和纪念朱熹的场所，这些建筑的创建与修葺表明严州士民对朱熹人格精神的一种敬仰，而这种敬仰有助于人们对其学术思

① 光绪《严州府志》卷二十九《艺文》，方元亮《鼎新大成殿记》。
② 光绪《淳安县志》卷十三《艺文志二》，王仪《新建朱文公祠堂记》。
③ 光绪《淳安县志》卷十三《艺文志二》，姚鸣鸾《新修三祠堂记》。
④ 民国《遂安县志》卷五《文治·书院》。

想的认同，进而会肩负起研究和推广其学说的责任。朱熹学说在严州得到广泛流传，与严州士民对朱熹及其学说的敬重与敬仰是分不开的。

再次，学术传播方式的多样化，也是严州朱熹理学盛行的重要原因。据史料记载，严州朱熹理学的传播，包括了书院讲学、家学相承以及师徒相传等多种学术传播方式。书院是中国传统社会中特有的一种教育组织和学术研究机构，一般为学者私人创建和主持。书院最早出现在唐代，北宋时，书院普遍兴起；南宋时，书院有了很大发展，书院制度也正式确立。书院与理学有着密不可分的联系，作为学者自由讲学的场所，宋代理学产生后，书院讲学成为理学传播的一条重要的途径。宋代的书院有许多是由理学家创建的，即使至明清时期，书院渐趋官学化、举业化，理学仍是书院讲学中的重要内容，故书院是理学宣扬与传播的重要阵地。书院讲学是朱熹理学在严州传播和流行的重要方式之一。遂安的瀛山书院是詹仪之与朱熹论道、讲学之所，它成为当时和后世一个十分重要的理学研习场所，在接受过瀛山书院教育的士人学子中，有许多人后来都接受了理学思想，在遂安乃至严州一地形成了一个理学研究群体。瀛山书院成为了严州地区理学宣扬和研究的中心，它影响着不同时期严州理学的发展大势。由于朱熹曾在瀛山书院讲学，故依托瀛山书院所传之理学，主要就是朱子之学。

淳安的石峡书院是另一个朱熹理学的传播场所。作为朱学后续的淳安著名理学家方逢辰讲道于石峡书院，以程朱理学私淑其徒。在逢辰去世后，其弟“嗣主石峡书院讲席，申明蛟峰之学”[①]。其后逢辰弟子汪斗建、逢辰孙方一夔又先后在石峡书院中讲学，宣扬朱熹理学。朱熹曾与吕祖谦在严州的丽泽书院中讲学论道，宣扬其学说，丽泽书院也是朱熹理学的传播阵地。朱熹弟子陈淳于南宋宁宗嘉定九年(1216）受时任严陵太守的郑之悌邀请，到严州郡庠中讲学，宣讲了著名的《严陵讲义》。严州的士人在聆听陈淳宣讲后，纷纷接受陈氏思想，重入朱子之学一途。这次讲学在一定程度上改变了当地陆学一度盛行，“此间学者，皆江西之流”的景象，维护了朱熹在严州的学术地位。

家学相承、师徒相传也是学术传播的重要方式，通过这种方式的传播，朱熹的理学在严州地区得以衍流不息。如淳安的方镕属朱熹续传，秉持朱氏之学，其子逢辰、逢振恪守庭训，亦主程朱理学。逢辰孙方一夔“幼承家训”，“退隐富山，授徒讲学”[②]。淳安人邵桂士、汪斗建亦为方氏弟子，他们都谨遵师训，坚守朱子学说。遂安的詹仪之为朱熹门人，他是严州地区朱熹理学的重要继承者和传播者。其后世子孙詹铨吉“家世承仪之理学”，传承祖宗学说，詹氏子孙是朱熹理学坚定的信仰者。遂安的郑朝汉“筑伊山精舍，祖祢程朱”，其子禹畴“淡于仕进，潜心理学”，“守廷训，讲学青溪，携宪副方菉猗阐蛟峰绪论”。禹畴子士瑜“恪宗紫阳正派”[③]。

---

① （清）黄宗羲：《宋元学案》（第四册）卷八十二《北山四先生学案》，中华书局1986年版，第2749页。

② 光绪《严州府志》卷十九《人物·儒林》。

③ 民国《遂安县志》卷七《人物·儒林》。

祖孙三代皆恪守朱熹理学思想。严州的朱门弟子利用书院自由讲学的场所来宣扬朱熹理学，又通过授徒立说和家学传承来传播和继承朱熹的理学思想。如此导致朱熹的理学思想在严州一地广为盛行，衍流不息。

总之，朱熹理学在严州广为流传，是由多种因素所致。从中可见朱熹对严州理学的影响十分深远，朱熹的学术思想是严州理学思想的主要来源之一。

三、朱熹对严州理学发展的贡献

朱熹在严州的讲学和朱子之学在严州的广泛传播，促成了严州地区理学流派和理学研习群体的形成。在朱熹个人魅力的影响和严州士人的尽心宣扬下，朱熹理学在严州各地广为流传。严州各地在接受朱熹理学思想长期熏染之后，经历数代传承，形成了以研习朱熹理学为主的理学流派和理学群体。如淳安的方氏一门，学派开创者为朱子续传方镕及其二子逢辰、逢振，门下弟子有方一夔、魏新之、邵桂士、汪斗建等人，此派以“格物为穷理之本，笃行为修己之要”作为学问宗旨，而这一学问宗旨是本于朱熹的。这一理学流派以淳安的石峡书院为基地，传播朱熹理学。改派学者都很重视讲学授徒，后世弟子又能恪守廷训和师说，所以此派思想在严州流传甚久。朱熹弟子陈淳曾于嘉定九年（1216）在严州郡庠中宣讲著名的《严陵讲义》，严州的诸多士人在聆听他的宣讲后，接受其学说，成为门下弟子。严州的陈门弟子包括郑闻、张应霆、朱右、邵甲、王震等人，陈氏严陵派弟子以朱熹为宗师，奉朱学为正宗。正是在这些严陵派弟子的竭力维护下，“种圣学于一方”①，才使当地的朱学在与陆学争锋中不分轩轾。明代中后期王阳明的心学思想风靡大江南北，其流风亦延及严州地区。但随着明朝的灭亡，王学渐趋衰微。清初，清廷确立了程朱理学的学术正宗地位，其时“姚江焰已熄，晦翁道亦振”②，朱子之学重新振作。严州的遂安以瀛山书院为依托，形成了一个庞大的理学研习群体，他们以研究朱熹理学为主，如郑士瑜“恪宗紫阳正派”，姜应兼“治《易经》多善悟，洞彻程朱之旨”，黄云五“生平宗朱子，为正心诚意之学”，姜毓麒“为文恪遵程朱语类”③等。这一理学群体的形成，也说明了朱熹理学思想对严州理学发展所产生的深远影响。这些理学流派和理学研习群体的形成，便是在朱熹理学思想长期陶镕和习染下所产生的学术效应。

朱熹对严州理学发展的贡献，还体现在推动了严州“习理”之风的形成。在朱熹的影响下，严州士人热衷于钻研理学，宣传理学，授徒讲学，著书立说，形成了一股浓厚的“习理”之风。这股风潮从宋代到清代，长久不衰。如淳安理学家方逢辰“天禀卓绝，无书不读而会极于周程朱子之学”，他“居官所至以教化为先务，以

---

① （清）黄宗羲：《宋元学案》（第三册）卷六十八《北溪学案》，中华书局1986年版，第2237页。

② 民国《遂安县志》卷十《艺文》，陈学孔《瀛山书院》。

③ 民国《遂安县志》卷七《人物·儒林》。

继往开来为己任，家居讲学授徒常数百人"，又"著有《孝经解》、《易外传》、《尚书释传》、《大学、中庸注释》、《格物入门》诸书"。淳安人胡应巩"讲明性理之学，隐居教授，不求仕进"，"著《理髓》三卷"，"学者宗之"①。寿昌人洪瓀"精研理学，贯通六经，妙契一中"②。遂安人余致中"殚心理学，注《太极图说》"③。分水人缪冕"与诸生以理学相勉，邻邑士多从之游"④。建德人王纳表"尤潜心理学，日与生徒发明性命宗旨"⑤。特别是淳安、遂安两地，理学极为发达，精研理学者人数众多，理学名儒辈出，号称"理学名邦"。"崇尚理学"之风的形成，也促成了当地文风的日趋兴盛。在"彬彬文风"的影响下，民风亦渐趋淳朴，整个严州形成了"家诗书而户弦诵"，"俗阜人和，内外辑睦"的景象。

当然，朱熹对严州地区的影响不仅体现在理学思想上，他对严州当地的礼仪制度与风俗习惯等其他方面也具有重大的影响力。宋代桐庐人方慤"领乡荐，表进《礼记解》于朝"，皇帝诏"颁其书于天下"，"学者宗之"，影响很大。而他的《礼记解》其实深得朱熹之旨，所以得到朱熹的赞赏。朱熹曾说："方氏《礼记解》尽有说得好处，不可以其新学而黜之"⑥。此外，严州各地的婚丧嫁娶等风俗礼仪，大多尊《文公家礼》，与徽州本土如出一辙。

总之，朱熹曾以讲学者的身份来到严州，严州的士人学者有幸聆听到这位学识渊博的名儒对理学深奥微妙处的精辟论解，也可以近距离的接受他的谆谆教诲。这种亲身的经历与接触在严州士人心中深深地播下了理学思想的种子。朱熹的理学思想成为维系着严州当地学术文化发展的一条重要的精神纽带，经过漫长时间的演绎，严州的精神文化里积淀着丰富的朱熹理学思想的成分。

---

① 光绪《严州府志》卷十九《人物·儒林》。
② 民国《寿昌县志》卷八《人物志·儒林》。
③ 民国《遂安县志》卷七《人物·儒林》。
④ 光绪《分水县志》卷之八《人物志·统传》。
⑤ 光绪《严州府志》卷十九《人物·儒林》。
⑥ 光绪《严州府志》卷十九《人物·儒林》。

明清时期徽州的宗族与保甲推行*

陈　瑞

（安徽省社会科学院历史研究所研究员）

保甲制度正式创立于北宋王安石变法时期，是宋以降由官方自上而下推行的一种按照户籍编制来统治人民的基层行政组织制度和社会管理控制制度。明清时期，保甲制度得到官府的大力推行，然全国各地推行保甲的举措有别，在徽州境内，由于当地宗族组织发达、宗族势力强固，保甲制的推行在许多方面打上了宗族的烙印。然而，既有研究对于明清时期徽州境内的宗族与保甲推行之关系关注不多，至今未见专论①。本文拟对此作一初步探讨，并求教于方家。

一、明清徽州宗族对保甲的认识

明清时期的保甲制度，是由封建官府自上而下推行的，封建官府的权威和官方背景，使得保甲制的推行在总体上得到了徽州境内宗族组织的支持和配合。明万历年间，休宁范氏认为："上司设立保甲，只为地方……吾族……须依奉上司条约，严谨施行。"② 该族是站在官方的立场上考虑问题的，认为官府设立保甲组织、推行保甲制度完全是为了地方社会的利益，要求族人"依奉上司条约"予以积极配合，切实推行。

---

* 基金项目：国家社科基金项目《明清徽州宗族与乡村社会控制研究》（07CZS009）阶段性成果。

① 关于明清徽州保甲的研究，学界取得了一些成果。专题论文主要有［韩］洪性鸠：《清代徽州的保甲与里甲及宗族》，《中国史学》第13卷，朋友书店2003年版；栾成显：《〈康熙休宁县保甲烟户册〉研究》，《西南师范大学学报》2006年第6期；孙华莹、刘道胜：《明清徽州保甲探微》，安徽省徽学学会二届二次理事会暨学术研讨会论文，安徽省徽学学会编印，2007年；刘道胜：《明清徽州的都保与保甲》，《历史地理》第23辑，2008年。部分涉及明清徽州保甲的论文主要有王振忠：《一个徽州山村社会的生活世界——新近发现的"歙县里东山罗氏文书"研究》，《中国社会历史评论》第2卷，天津古籍出版社2000年版；王振忠：《清代前期徽州民间的日常生活——以婺源民间日用类书〈目录十六条〉为例》，陈锋主编：《明清以来长江流域社会发展史论》，武汉大学出版社2006年版；谢宏维：《生态环境的恶化与乡村社会控制——以清代徽州的棚民活动为中心》，《中国农史》2003年第2期；廖华生：《清代蚺城的约保》，《安徽史学》2006年第5期；赵赟：《强势与话语：清代棚民历史地位之反思》，《中国农史》2007年第3期；郑小春：《明清徽州诉讼文书研究》，安徽大学博士学位论文，2007年；汪庆元：《清初徽州的"均图"鱼鳞册研究》，《清史研究》2009年第2期，等。但上述研究对明清时期徽州宗族与保甲推行之关系涉及较少，或偶有提及，亦多语焉未详。

② 万历《休宁范氏族谱》之六《谱祠·宗规·统宗祠规·守望当严》，明万历二十八年刻本，安徽省图书馆藏。

清乾隆年间，休宁古林黄氏认为："荆公新法之设，概不能无弊，识者讥之。惟保甲、雇役二条，自元明以至于本朝，相沿勿替，盖以弭贼盗，缉奸宄，责甚重也。"① "上官严立保甲，专为我地方百姓也。……凡聚族而居者，乡邻同井，须遵明禁，一一施行，互稽出入，递相救援，有不遵条约者，即时察出公罚。邻族内若果有为非实迹，随即会众核明，送官治罪，亦预防之急务也，所系匪细。"② 该族认为，推行保甲，责任重大，可以"弭贼盗，缉奸宄"，这是王安石变法留下的积极成果，符合地方百姓的利益；要求族人"须遵明禁"，积极配合官府，切实推行。

清道光年间，歙县西沙溪汪氏认为："地方设立保长，司一图公务，其责甚重。"③ 认为保长担任地方公务，参与地方社会的运作，责任重大。

对于保甲组织的首领保长等，由于他们必须应付各种差事，服役劳苦，有时，所在宗族对他们也给予一定的物质或精神奖励。如清代，歙县潭渡孝里黄氏大宗祠祀产规条规定："保正、保长或因讨租效力，听头首于次日邀饮。"④ 该族尊重保甲组织的首领保正、保长等付出的辛劳。

不过，由于"保长原系贱役"⑤，一些徽州宗族认为族人担任保长等保甲组织首领，有伤风化，有失宗族脸面，在族规家法中予以禁止。如清嘉庆年间，黟县南屏叶氏规定："族内不收义子，婚嫁不结细民，子弟不为优隶，不充当地保，违者斥逐。"⑥ 然就笔者管见所及，在明清徽州宗族中，像黟县南屏叶氏"不充当地保，违者斥逐"这类规定似不多见。

二、明清徽州宗族与保甲的推行

对于推行保甲，明清时期，徽州宗族多强调"须依奉上司条约，严谨施行"⑦，"须遵明禁，一一施行"⑧，总的来看，态度是较为积极的。那么，面对保甲这一繁重的差役，徽州宗族是如何应对的呢？根据现有资料分析，主要有以下一些举措：

（1）在宗族内部各门房支派、家户、家丁等不同层级的组织或人群共同协商后，通过实行门房支派、家户、家丁等轮流承管制度，以分担保甲差役。

明末崇祯年间，歙县西沙溪汪氏"恐遇大差彼此推委，因集众派定日期挨次承充"保甲之役。崇祯三年（1630），该族众议保长逐门轮流承管事项如下：

---

① 乾隆《休宁古林黄氏重修族谱》卷首下《祠规·饬保甲》，清乾隆十八年刻本，安徽省图书馆藏。

② 乾隆《休宁古林黄氏重修族谱》卷首下《祠规·守望当严》。

③ 道光《新安歙西沙溪汪氏族谱》卷12《崇祯三年众议保长逐门轮流承管》，清道光五年刻本，南京图书馆藏。

④ 雍正《歙县潭渡孝里黄氏族谱》卷6《祠祀》附《公议规条》，清雍正九年刻本，安徽省图书馆藏。

⑤ 《清乾隆休宁县状词和批示汇抄》，1册，抄本，安徽省图书馆藏。

⑥ 嘉庆《黟县南屏叶氏族谱》卷1《祖训家风·饬风化》，清嘉庆十七年木活字本，安徽省图书馆藏。

⑦ 万历《休宁范氏族谱》之六《谱祠·宗规·统宗祠规·守望当严》。

⑧ 乾隆《休宁古林黄氏重修族谱》卷首下《祠规·守望当严》。

正月	上半月	长房	下半月	中门
二月	上半月	三善堂初一至初五	下半月	二房
		族长门初六至初十		
		积善堂十一至十五		
三月	上半月	上门	下半月	中门
四月	上半月	三善堂初一至初五	下半月	三房
		族长门初六到至初十		
		积善堂十一至十五		
五月	上半月	四房	下半月	中门
六月	上半月	五房	下半月	上门
七月	上半月	三善堂初一至初五	下半月	长房
		族长门初六至初十		
		积善堂十一至十五		
八月	上半月	中门	下半月	上门
九月	上半月	二房	下半月	三善堂十六至二十
				族长门二十一至二十五
				积善堂二十六至三十
十月	上半月	三房	下半月	上门
十一月	上半月	四房	下半月	中门
十二月	上半月	五房	下半月	三善堂十六至二十
				族长门二十一至二十五
				积善堂二十六至三十

闰月众管①

由上可见，该族内部商定由长房、二房、三房、四房、五房、上门、中门、族长门、三善堂、积善堂等门房支派分担保甲之役。为确保保甲差役的按时顺利承充，上述各承役门派协商确定了具体的服役时间。对于服役时间，该族特别给予了细化，如将二月分为上、下两个半月，上半月又细分为初一至初五（三善堂）、初六至初十（族长门）、十一至十五（积善堂）；将九月分为上、下两个半月，下半月又细分为十六至二十（三善堂）、二十一至二十五（族长门）、二十六至三十（积善堂）；在遇到闰月时，实行集体“众管”制度。上述分配，有利于均衡各门派之间的负担，避免出现“寒薄轮值之苦”② 等畸轻畸重的情况。

明代，在休宁古林黄氏族内，保甲承充“挨门轮当”，也是实行房派轮流承管制

① 道光《新安歙西沙溪汪氏族谱》卷12《崇祯三年众议保长逐门轮流承管》。

② 道光《新安歙西沙溪汪氏族谱》卷12《崇祯三年众议保长逐门轮流承管》。

度："往例挨门轮当，延及妇女老幼，多致误公。"①

清康熙三十三年（1694），歙县石门朱氏族人朱明先等为了完成保甲之役，通过集体商议，订立了轮充保长合同：

立议约人朱明先、朱圣源、朱鳞长、朱子射、朱端卿，今议轮当保长，甲下支丁众议，照股拈阄轮管月为定。

一、议倘有官府下乡、兵丁住扎等项大事，管月之人会众商量料理。

一、议保内倘有人命盗贼大事，众人齐出力料理，不得累及管月人。

一、议过山轿礼，管月人讨来，存众收账，提防保内飞差使用，不得入己。

一、议各村帮贴旧规礼，管月人讨来，收众账，公支公用。

一、议保内倘有是非具投小事，管月人公处，大事会众商量。

一、议打发四季补上过图飞差小费，则管月之人抄牌支帐，大费会众人发。以上数行事务，悉宜同心合智当役，不可违乱。倘有负约者，会众公罚。

朱明先十二月、正月（押）

朱圣源八月、十月（押）

朱鳞长二三月、四五月（押）

朱子射十一月、七月（押）

朱端卿六月、九月（押）

朱熙生（押）

朱梦兆（押）

朱怀珍（押）

康熙三十三年十一月初一日　　　立

众当一年捐良乙两二钱，与端卿买锣一面②

由上述实行"照股拈阄轮管月"可知，该族是按照家户股份制的运作方式，轮流承充保甲差役，具体的承役人是各股举荐的所谓"管月人"，由他们完成各种保甲杂役。

清康熙四十九年（1710），徽州某县胡光德户丁胡应浩等订立了轮充保役合同：

立议合墨人胡光德户丁应浩等，今本甲轮充保役，众议照丁均管。倘有重务并阄摄事务，俱是照丁齐出，如有不出者，每工派银一钱众用。其有事务，管月之人出身料理，不得推辞。倘有使费，尽是照丁均斗。执拗不出者，众论罚银三钱众用。倘有投词，亦是在众料理。立此合同一样二张，各执一张存照。

其三房观福、添德二丁在外，倘有所费，照丁均斗。

康熙四十九年二月初一日立合同人胡光德

承役人丁列于后，每丁管廿三日：

① 乾隆《休宁古林黄氏重修族谱》卷首下《祠规·饬保甲》。

② 《康熙三十三年十一月初一日歙县石门朱氏族众朱明先等立轮充保长合同》，南京大学历史系资料室藏。

永生七月十四起至又七月初六周（押）
永寿四月初十起至五月初三周（押）
三郎八月廿四起至九月十七周（押）
永象三月十七起至四月初九周（押）
永夏六月廿起至七月十三周（押）
正旺五月初四起至廿六周（押）
永圣二月廿四起至三月十六周（押）
永四五月廿七起至六月十九周（押）
正男八月初一起至廿六周（押）
永高又七月初七起至廿九周（押）
思洪十一月初五起至廿七周（押）
观福在外九月十八起至十月初十周
永志管二月初一起至廿三周（押）
思焰十月十一起至十一月初四周（押）
添德在外十一月廿八起至十二月廿一周
拈阄管甲列后：

十甲永高、君行共管	四甲永圣、永象共管
一甲思洪、正旺共管	五甲永志、永夏共管
二甲永生、正男共管	六甲思焰一人管，众议社会内贴九色钱五钱
三甲永四、永寿共管	七甲观福、添德共管①

由上述“轮充保役”、“照丁均管”可知，在胡光德户族内部，按照家丁轮流承充保甲之役，具体“承役人丁”是公众举荐的“管月之人”。该合同还详细规定了每位承役人丁的具体承役时间：“每丁管廿三日”。

清乾隆六年（1741），祁门石溪康氏族人康大周等为响应知县吴老爷加增保甲的倡议，订立了承充保甲之役合同文约：

立合同文约石溪康大周同弟侄庄仆人等，为奉县主吴老爷遵奉各宪，票唤加增保甲事。原本都只有保长壹名，现年举报甲户，本都只有捌排，本族一排。今本族加增三排，共有四排。各排人名俱以眼同拈阄某月为定，轮流挨次经管。凡遇排内有事，共排之人管理，毋得退缩，不得拖累别排之人。仍有数十余灶无名承充甲长，凡遇排内有事，其费用与共屋共排一体出办。又奉县主佥点保长一名，族内康大梁今官中票唤，各事俱系大梁承充经管，是以族内眼同公议，日后递年编点，其保长换别名，官中票唤各事，亦要承充经理。再，恐有命盗

① 《康熙四十九年二月初一日徽州某县胡光德户丁立轮充保役合同》，南京大学历史系资料室藏。

之案及无头公事，今众议其费用俱系照灶出办朋贴，不得独累有名出身之人。倘族内有事票唤保甲长，是其股之事，亦系本股自承在官。保长的名早为调理，不得混扯别股或本户公事。另议一人出身，择能言者入官答应。自立合同文约之后，各宜凛遵奉行，如违执约鸣官理治，仍遵此文为准。今欲有凭，立此合同文约一样二纸，各收一纸存照。

乾隆六年八月初四日立合同约康大周

同弟康大梁

同侄康士俊（以下从略）①

由上述“各排人名俱以眼同拈阄某月为定，轮流挨次经管”，“倘族内有事票唤保甲长，是其股之事，亦系本股自承在官”可知，该族内部按股轮流承充保甲差役，其保甲长人选由各股集体举荐。由于保长任务繁重，该族要求：“保长的名早为调理，不得混扯别股或本户公事。”

（2）在宗族内部，通过对承充保甲之役的相关人员实行津贴制度，以确保顺利完成官府下派的各项差事。

明清时期，徽州宗族往往通过摊派或捐助的方式，在族内设立“保甲银”等名目的固定基金，以津贴保甲差役等开销。如在婺源县庆源詹氏宗族内部，就有专供保甲开销的“保甲银”：“（康熙四十年十月）十三，天晴。祠中收家头保甲银，众封拜匣身处。”②“（康熙四十二年正月）十八，天晴。本门春醮，村中敷家头保甲银演戏。”③“（康熙四十二年十一月）二十二，天晴。至本房振甲会移出租银九三色五钱八分，天平，央细女弟担下城付曰旦叔保甲册费用。其银祠中认还。”④

清初，休宁古林黄氏鉴于保甲之役繁重，“挨门轮当，延及妇女老幼，多致误公”的弊端，“兹议各门捐赀生息，另倩老成”承充。然而，在实行“另倩老成”的雇役制时，又遇到了“门第有人丁多寡之不同，致难定议”的难题，最后集体商定：“今宜于人丁稀少之门，众劝村中有素封乐善者捐赀贴补生息，后不为例，如此则嘉议可成而美举无扞格矣。至小甲尤为下役，虽在绅衿亦不免于轮充。今议于贮赀生息之中拨给雇当，一洗向来积习，并令所雇人役写立认票，包管一切。”⑤通过号召宗族中“素封乐善者”即发财致富的商人等“捐赀贴补生息”、“贮赀生息”，设立固定的基金，用以补贴“所雇人役”，最终完成官府下达的各项保甲差役。

清乾隆年间，祁门石溪康氏在族人承充保甲差役费用方面规定：“今众议其费用

---

① 《祁门十三都康氏文书》，安徽大学徽学研究中心藏。
② （清）詹元相：《畏斋日记》，《清史资料》第4辑，中华书局1983年版，第226页。
③ （清）詹元相：《畏斋日记》，《清史资料》第4辑，中华书局1983年版，第242页。
④ （清）詹元相：《畏斋日记》，《清史资料》第4辑，中华书局1983年版，第251页。
⑤ 乾隆《休宁古林黄氏重修族谱》卷首下《祠规·饬保甲》。

俱系照灶出办朋贴，不得独累有名出身之人。”① 该族实行“照灶出办朋贴”制度，即由各户共同筹措费用津贴保甲承役之人。

晚清时期，歙县虹梁村程氏规定：“支下轮值公事，俱有津贴定规。即排年保长亦有贴办定例，俱定有日期。司匣支发，不得因身值办，借端勒掯各租。”② 该族对“轮值公事”的保长，按照“贴办定例”实行津贴制度。

（3）在宗族内部，针对一些族人因经商外地，难以及时承充保甲之役，徽州宗族积极应对，实行灵活的雇人代役制，即所谓“姑置情别，设有在外贸易者，雇人可抵”③。而商人等相关责任人，为了换取经商所必要的时间和精力，需承担相应的费用，支付一定的银钱，以尽自己服役的义务。

清康熙四十六年（1707），休宁藤溪王氏宗族内部次房王之瑛子王肇复，因“向居客外”，长期在外经商，导致“门户里役排年、保长、钱粮各项差徭”等难以措办。宗族将其部分产业出卖，以收入所得雇人代役：

立议墨传房枝下兄弟王永贞等，今因门户里役排年、保长、钱粮各项差徭繁重，次房之瑛子肇复向居客外，屡年所该钱粮各项无措。将祖遗石鼓门住屋一所，内右边该身一角并基地，出卖与廷望居住。当得时值价银贰拾壹两，其银议入拾两承裕会生息，户众代充各役、祭拜祖宗、标挂之费。嗣后，前项门户不涉肇复之事。恐后无凭，立此议墨一样三张，各执一张存照。

合同议墨：永贞一张，民悦一张，日升一张。

三面议定屋内前后客堂、前后楼梯、前后砖门、客房左边水巷，俱系两半。再批。

康熙四十六年二月　　　日立议墨王永贞　王廷望

王锡蕃　王天行

王民悦　王尚玉

从议王日升④

由上可见，由于商人王肇复出卖产业，雇人代役，其应承充的各项杂役得以免除，“户众代充各役、祭拜祖宗、标挂之费。嗣后，前项门户不涉肇复之事。”而王肇复通过出卖产业，雇人代役，避免亲自承充保长等“各项差徭”，则为自己换取了经商所必需的时间和精力。

① 《祁门十三都康氏文书》，安徽大学徽学研究中心藏。

② 《歙县虹梁村程氏德卿公匣规条》，清后期抄本，安徽大学程自信教授藏。

③ 《道光二十二年三月徽州某县和化里二十八都十图十排里甲立保护山林合同》，南京大学历史系资料室藏。

④ 《日升捐资免役合同》，《元至正二年至乾隆二十八年（休宁藤溪）王氏文约契誊录簿》，南京大学历史系资料室藏。

清乾隆十九年（1754），徽州某县朱肇周“因生意累身，不及充当”“承祖挨值保长之役”，而立津贴保长浼约：

立浼约人朱肇周，今因承祖挨值保长之役，身因生意累身，不及充当，自愿央中烦朱则五尊叔代为承当料理。三面议定贴银叁两整，其银贰节付清，不致短少。所有本保各户贴役之资，尽是代行取讨，以应使用。其衙门书房催粮杂项并一切飞差往来等事，俱是代为照应经管，并不节外生枝，贻累来年。十一月初一日满日期，凭中将此面缴。今欲有凭，立此浼约为照。

乾隆十九年十月 日立浼约人朱肇周（押）

中见朱大千（押）①

由上可见，朱肇周因经商在外，自身难以承充保长之役，贴银雇其叔朱则五“代为承当料理”，商人和宗族在官府下派的保甲之役承充方面，各图己便，获得“双赢”。

（4）在宗族内部，一些族人特别是商人，或因急公好义，或在宗族规劝之下，在人力或经费方面资助保甲之役的承充。

明末崇祯年间，在保甲之役承充方面，歙县西沙溪汪氏“子原公支下居通族八分之一，概认五个月”，即属于“一时急公”的义行之举。这种义行，“虽一时急公，未虑久远盛衰互异”②，由于受宗族内部各房门支派势力消长、变迁的影响，而未必得以持久，属于一种权宜之计。

清康熙四十六年（1707），在休宁县二十七都五图保役承充过程中，“一甲王茂有上门、巷门，乃自愿克己趋义，认作两门……王茂本一甲而出两门津贴，此乃急公趋义之举。”③ 王氏宗族内部王茂户的行为，也属于临时性的义行之举。

在保甲之役承充方面，一些徽州宗族还规劝本族商人提供经费资助。明末，歙县西沙溪汪氏族人汪琦“居乡最久，历睹寒薄轮值之苦，往往恻然。适在吴门，向宅生、克俭二公鼓其倡首，置产公当，侄元震公亦愿襄助。”④ 号召在苏州一带经商的族人宅生、克俭、元震等为保甲之役承充提供经费支持。

（5）在宗族内部，有时还要为来本族办差或与本族打交道的保甲长支付抽丰之类的开销，以一种扭曲的形式协助地方社会中保甲制的推行。

现今遗留下来的一些相关文书，揭示了明清时期徽州宗族在应付来本族办差或与本族打交道的保甲长方面的开销情况。如清乾隆四十九年（1784）二月二十九日，

① 《乾隆十九年十月徽州某县朱肇周立津贴保长浼约》，南京大学历史系资料室藏。

② 道光《新安歙西沙溪汪氏族谱》卷12《崇祯三年众议保长逐门轮流承管》。

③ 《本图保长议墨附约议》，《元至正二年至乾隆二十八年（休宁藤溪）王氏文约契誊录簿》，南京大学历史系资料室藏。

④ 道光《新安歙西沙溪汪氏族谱》卷12《崇祯三年众议保长逐门轮流承管》。

祁门三四都凌氏宗族管理“契匣众墨”之家发生火灾，“所有契匣农器家伙等项焚毁一光，族内人往田报知，奔救不熄，迫托保甲地邻保长黄圣云、甲长胡孔玉、地邻黄圣旺、胡伯茂等验明。”[①] 为了请帖保产，该族在保甲地邻身上就有不少的花费：“支钱乙百八十四文，托保甲地邻”；“支钱壹百九十文亥酒子，请保甲地邻四位上祁”；“支钱乙千贰百文，出户四位保甲地邻”[②]。

清同治四年（1865），徽州吴氏：“二月廿一日，粮差二人仝保长来说贴费，吃酒乙斤，面乙斤六两，不能落典。三月初五日，又来粮差二人、地保、册里，四人仝吃说，酒半斤，亦不能落典。十六日，又来粮差二人、地保、册里，四人仝说无吃，面言说定银洋陆元，每元扣钱夕百文，管付乙元，扣钱九百文。”[③] 该族为保长等人开支了不少招待费用。

清光绪年间，徽州叶氏在保长身上也有抽丰、年节、喜钱、节礼、上任粮费等各种名头的花费：光绪二年（1876），保长抽风（丰）[④]，支钱270文。光绪三年（1877），县官亲催钱粮保长丰，支钱200文；保长喜钱，支钱270文。光绪四年（1878），保长抽风，支钱270文。光绪五年（1879），保长抽风，支钱270文。光绪六年（1880），保长新官上任粮费，支钱200文。光绪七年（1881），地保年节，支钱270文。光绪八年（1882），保长节礼，支钱270文。光绪九年（1883），保长下乡催粮，支钱200文；保长年节，支钱270文。光绪十年（1884），保长，支钱270文[⑤]。该族在应付保长方面几乎每年都有相对固定的花费，长年累积，这对宗族来说也是一笔不小的经济负担。

清光绪年间，黟县胡氏为保长支付的花费则主要体现在工食[⑥]、还上忙粮、收庙等方面：光绪七年（1881），支洋1元：付地保工食。光绪十二年（1886），支洋2元：保长工食。光绪十四年（1888），支本洋1元、支英洋1元：交地保还上忙粮。光绪十八年（1892），支本洋1元、英洋1元：保长丁。光绪十九年（1893），支钱700文：介手与保长收庙。光绪廿四年（1898），支英洋1元、钱553文：与保甲工食。光绪三十一年（1905），支英洋2元、钱138文：付观成保长工食。宣统元年

---

① 《嘉庆祁门凌氏誊契簿》之《大俊、记鸾润［闰］三月初七日上县报状递词请帖》，王钰欣、周绍泉主编：《徽州千年契约文书》（清民国编）卷11，花山文艺出版社1991年版，第490页。

② 《嘉庆祁门凌氏誊契簿》之《记鸾乙并经管使开后》，王钰欣、周绍泉主编：《徽州千年契约文书》（清民国编）卷11，花山文艺出版社1991年版，第500页。

③ 《光绪二十年吴留耕堂合钱粮会账》，南京大学历史系资料室藏。

④ 此处抽丰或抽风：亦作“秋风”。意同分肥。指利用各种关系向人索取财物。翟灏《通俗编·货财》：“《野获编》载都城俗事对偶，以‘打秋风’对‘撞太岁’，盖俗以自远干求，曰‘打秋风’，以依托官府，赚人财物，曰‘撞太岁’也。《暖姝由笔》载靖江郭令辞谒客诗，有‘秋风切莫过江来’之句。《七修类稿》米芾札中有‘抽丰’二字，即世云秋风之义，盖彼处丰稔，往抽分之耳。”参见徐复等编：《古汉语大词典》，上海辞书出版社2000年版。该词典第764页：打秋风：假借各种名义，利用各种关系向人索取财物赠与。

⑤ 《同治拾壹年季春月立叶尊德堂祀簿》，南京大学历史系资料室藏。

⑥ 在南京大学历史系资料室藏另一份徽州文书《同治八年二月徽州某县十八都十图八排公议合同字据》中有这样的记载：“届临同治八年，又值八甲，甲经故绝，地保一役、粮差事宜无实着落。”为了不影响保甲之役的承充，在八排公议的“所有事宜”中有一条：“议雇倩地保工食钱拾千文无异。”

(1909) 七月初一，支洋1元、钱1140文：垫观成保长费①。

(6) 在保甲之役承充方面，徽州境内异姓宗族之间也进行着有效的合作，往往根据各自的人口、钱粮实力等因素，实行朋充或轮充制度，以分担保甲之役。在合作中，异姓宗族之间往往有较为细致明确的分工。他们的合作方式，有时比较灵活，例如采用徽州民间较为流行的“会”的形式，等等。

清顺治十七年（1660），歙县石门陈、程、朱三姓为合作承充保长之役而订立了合同：

> 歙县廿五都一图石门地方立议约合同人乡约程如龙、朱时修、排年陈士鼎、程和美、程乐善、朱同庆、程同福等，今因保长重务，陈、程、朱三姓议立朋当。每周年十二个月，每姓阄管四月。一阄得者即为正管，二姓轮流副之。其甲丁每月出艮二钱，付众收贮。凡遇府县差快海行等事，俱系三姓眼同公议，随手入账。其账目以上手开支付正管轮流收执，倘有余剩艮两□②付乡约收贮。如寓［遇］官府下乡勾摄重务等事，俱系三姓眼同料理，不得推委。如遇闰月，三姓共管。其官府下乡飞差等费，不在二月之内。其呈田、汊口、岭石旧例津贴艮两，亦照前议收贮公用。如有动呈公举等事，三姓公议，毋得私行。倘有假济私者，会同公罚白米五石公用。如有执拗者，鸣公理论。恐后无凭，立此合同一样三纸，各执一纸，永远存照。
>
> 排年陈士鼎　保　长
>
> 顺治十七年三月日立合同乡约程如龙　程和美　陈承祖
>
> 朱时修　程乐善　程衍忠
>
> 朱同庆　朱隆隐
>
> 程同福
>
> 后仍有三姓阄定管月未开③

由上可见，陈、程、朱三姓“议立朋当”，即通过实行朋充来完成“保长重务”：一年12个月中，每姓阄管4个月。“一阄得者即为正管，二姓轮流副之。”即以一姓负主要责任，为正管，其他二姓为副手，协助管理。如遇到闰月，三姓共管。

清康熙四十六年（1707），休宁县二十七都五图王氏与金氏二宗族，为“津贴保役，以苏困累”而订立了承充保甲之役合同：

① 《光绪十四年—民国十二年（黟县胡氏）崇德堂收支簿》，南京大学历史系资料室藏。按，该收支簿内夹有光绪年间《下忙执照》一张：“江南徽州府黟县为征收钱粮事。今据八都三图花户胡孙猷输纳完光绪拾叁年分丁地等银五钱壹厘。除银自封投柜外，合给印票执照。须至申者。光绪　年　月　日纳。崇德。”由上可知，该《崇德堂收支簿》的主人为黟县胡氏宗族。

② “□”原缺，下同。

③ 《顺治十七年三月歙县廿五都一图石门陈、程、朱三姓议立朋充保长合同》，南京大学历史系资料室藏。

廿七都五图立合同议墨王茂、金正茂、王正芳、王永昌，为公议轮流津贴保役，以苏困累事。本村一、五两图向系分充保役，后因烟户寥寥，乃两图合为一保。近缘人心不一，且一图所辖地方辽阔窎远，设恐奸宄窃发，安能觉察周详，祸累匪轻。于是折议各管各保。但五图半保，共止四甲，烟户稀少，且甲丁贫窭凋残，不足以供衙门差费。若照古例概取给于甲丁，则穷丁不堪复古；若委坐于轮役，则轮役苦累难支。于是四甲公议，而一甲王茂有上门、巷门，乃自愿克己趋义，认作两门，今合共作五门。议得各门每年出银壹两，津贴本年当役之人。一门当役，四门共贴，周而复始，永远遵行。如是则公费有办，困累少苏。但王茂本一甲而出两门津贴，此乃急公趋义之举。至于当役，仍止照甲四甲轮当，上门、巷门共当一甲，日后不得反生异说。恐后无凭，立此合同议墨，各执存照。

再，议得本图乡约公报总名王道明，轮流随保充任，各无推委。但十甲金正茂坐当木铎，不能并充。充约如值金正茂保长，其年乡约王茂、王正芳、王永昌、金正茂四股朋当。再批。

康熙四十六年八月　　　　　　　　日立合同议墨

王翰周　王楚玉　　　　　　　　金尔成

王茂经议王公佩　王克圣　　　　金正茂经议金君三

王公遇　王公执　　　　　　　　金良璧

王又勋　王恭度

王永贞　　　　　　　　　　　　王汝洁　王养先

王正芳经议王子厚　　　　　　　王永昌经议王谷臣　王衍贡

王汉臣　　　　　　　　　　　　王庭玉

王天行　　　　　　　　　　　　王若薇[①]

由上可见，王、金两族居住村落中的“一、五两图向系分充保役，后因烟户寥寥，乃两图合为一保”，即王、金两族原先各自分充保役，因户口减少，才合并为一保，联合承充保役，走上了在保甲之役承充方面进行合作的道路。然而，并保之后，又出现了因地理距离远近、管辖范围大小、经济贫富差距等导致的负担不均问题。针对出现的问题，两族又共同商讨出了一图内“各管各保”、五图内四甲轮充保役等较为灵活、实用的应对之策：“一图所辖地方辽阔窎远，设恐奸宄窃发，安能觉察周详，祸累匪轻。于是折议各管各保。”“五图半保，共止四甲，烟户稀少，且甲丁贫窭凋残，不足以供衙门差费。……于是四甲公议……各门每年出银壹两，津贴本年当役之人。一门当役，四门共贴，周而复始，永远遵行。如是则公费有办，困累少

---

① 《本图保长议墨附约议》，《元至正二年至乾隆二十八年（休宁藤溪）王氏文约契誊录簿》，南京大学历史系资料室藏。

苏。……至于当役，仍止照甲四甲轮当，上门、巷门共当一甲。”

清乾隆十九年（1754），徽州某县十八都四图吴德嗣等众姓因“本图地方保甲长，今值事务繁重，难以承充”而订立轮充保甲合同：

十八都四图立议约合同人吴德嗣、戴才志、范吉振及众姓等，本图地方保甲长，今值事务繁重，难以承充。众等齐集各姓公同酌议，置有产业及图内居住，公同轮充均役，料理照管，鉴察争竞斗殴，及毋藉［无籍?］匪类，不许容留居住。稽查安辑，宁静地方，此系公务，对神阄定月日，轮者充当。凡遇一应在公及图内事，本人承值，毋得推委。此本地方臂指相连、同舟共济之意。今恐人心反复无凭，立此合同壹样两张，各执壹张，永远存据。此照。

众议，如遇临月所办珠兰花事，原照旧时日期承值备办，与乾隆十九年分新当役者永远无涉。所派散户贴役之项，另登银数在簿，尽行交付，照旧日期补贴，办珠兰花事用。再批。内加永远二字。又批。押。今将阄定月日轮者充当甲长开列于后，如遇闰月，吴、戴、范公派。

正月　吴德嗣　　　　　　　　　　　　二月　戴才志

三月　三月初一日起至十五日止蔡思至，十六日起至廿五日止钱正杰

四月　三月廿六日起至四月初十叶汉章

五月　　　　　　　　　　　　　　　　六月

七月　初一日起至三十日止方皞如承认　八月

九月　初一日起至初十日止程文岸承认，十一日起至十月初五日止

十月

十一月　　　　　　　　　　　　　　　十二月

乾隆拾九年闰四月　　　　日立合同人吴德嗣　　朱允公（押）

戴才志　　蔡思志

范吉振　　叶在田（押）

吴廷彩（押）汪禹功（押）

叶汉章（押）钱雪生（押）

王紫书　　钱正杰（押）

许衡若（押）

傅御卿　　汪道五

乡约叶维美（押）　江源立

保长叶圣宠（押）　钱运宝（押）①

由上可见，宗族社区内吴、戴、范、王、许、傅、朱、蔡、叶、汪、钱等各姓，出于“臂指相连、同舟共济”考虑，在保甲之役承充方面进行合作，“公同轮充均

---

① 《乾隆十九年闰四月徽州某县十八都四图吴德嗣等众姓立轮充保甲合同》，南京大学历史系资料室藏。

役，料理照管”，实行轮充制。

清道光二十八年（1848）三月，徽州某县五保何、汪、张众姓人等为合作承充保甲之役而订立了同心合文：

> 立议同心合文约据，今有五保众姓人等，原因本保各处地方，向系种作为谋，不但春祈秋报，而且夏冬四季无闲，将来本处地保无人肯等，人人畏法，个个偷闲。其人虽众，指实无名。今于道光念捌年间，是以众姓嘀议，官有正条，民有私约，只得请出众姓有名者公议聚义会壹首。倘有地方公差，迭年在五保之内查名点保，任伊可选。若点者，本保之人毋得躲，虽是奉官所点，众叹亏乎。倘有日久年深，茶干水尽，众议贴补些微茶水之需，日后众姓毋得异说。再者，等保之人劳者些微风尘之苦，吃者些微之亏，亦不得累及此会。倘有风波不吉，会内之人亦不待等保之人倍虑。自立合文之后，愿在会之人人人遵据，个个同心。再，愿合保家家乐业，户户欢欣。《书》云，当思父母之劬劳，谨守朝廷之法度。立此合文四纸，以作天、地、仁、和四号，焚香告神，各拈壹纸，永远为据。
>
> 一、议本保之长经催钱粮以免宪虑。
>
> 一、议来往路毙无名等姓一切鸣报。
>
> 一、议乞丐在保内讹诈一切不能容情。
>
> 一、议丐食之人将物在本保贷卖，毋得私自收买。
>
> 一、议本保家家户户滋事生端，违者鸣众理治。
>
> 合保公议以上五条。
>
> 大清道光贰拾捌年叁月　　拾陆日立议合文五保众姓人等
>
> 何其盛（押）　何造之（押）
>
> 汪镇廷（押）　张其盛（押）
>
> 张荣茂（押）　张占魁（押）
>
> 汪怡兴（押）
>
> 依口代笔　方有成（押）①

由上可见，何、汪、张众姓人等为确保保甲之役的顺利承充，“公议聚义会壹首”，即通过徽州民间社会中普遍存在的“会”的形式运行保甲制：“倘有地方公差，迭年在五保之内查名点保，任伊可选。若点者，本保之人毋得躲。”“等保之人，劳者些微风尘之苦，吃者些微之亏，亦不得累及此会。倘有风波不吉，会内之人亦不待等保之人倍虑。”在聚义会的组织框架内，推举保长人选，并对承充保役之人提供一定的经费支持。徽州境内异姓宗族之间通过“会”这一形式合作运行保甲制的

① 《道光二十八年三月十六日徽州某县五保众姓人等立议同心合文》，南京大学历史系资料室藏。

事例，似乎并不多见。

清道光二十九年（1849），祁门三四都六保谢、方、黄、陈、江、胡、叶等九姓为合作承充保甲之役而订立了轮充保长的合同文约：

立议合同约人三四都六保谢、方、黄、陈、江、胡、叶人等，情因保内保长一事，俱系图差（佥）点忠厚懦弱之家充当。是懦弱之辈，不谙事理，何能充当，多有误公。奉前任李主晓谕公同举保，必择能干晓事者可以充当。今九门人等商议，各门挨换轮流充当，以免图差任意点佥。倘有不能充当者，即转托能干晓事之人管理。凡有保内路死乞丐，合保公同办理，不得累及保长一人。再有远处逃荒饥民来到保内求食，但保内贫苦甚多，无从给发，是以各姓捐输钱共肆拾仟文整，生息给发，以备不虞。为先充当保长者，恐邻里有口角微嫌，必须照理公言，排解消除弥合，原系保内安居乐业无讼为贵，务宜同心之至。于是立此合文一样九纸，各门各收一纸，永远存照。

道光贰拾九年七月初十日立议合文约人　九姓人等地保叶行三……①

由上可见，原先宗族社区内承充保长者多为“忠厚懦弱之家充当”，“懦弱之辈，不谙事理”，经常影响、耽误公事。有鉴于此，谢、方、黄、陈、江、胡、叶等九姓重新订立了轮充保长合同，约定“各门挨换轮流充当”，实行轮管轮充制。

值得注意的是，明清时期徽州异姓宗族之间就保甲之役承充进行的合作，有的持续的时间较长，是一种长期的相对固定化了的合作，他们往往通过订立合同条约等形式，对各方的保甲差役分担进行规范和约定，特别是对相关的权利和义务进行了较为细致的规范和约定。

遗留下来的清代徽州某县和化里二十八都十图②李、陈等姓在保甲之役分担方面形成的一系列文书，为我们揭示了当地宗族合作承充保甲之役的一些实态。这也是徽州异姓宗族之间就保甲之役承充进行相互协调和长期合作的一个较为典型的案例。

就李、陈两姓而言，目前笔者所见关于两姓就保甲之役进行合作的最早的一份合同文书，是清康熙三十六年（1697）十二月订立的：

立合墨人李静之等、陈世富等，今值轮充柒甲里役，有前康熙三十年合同，遵奉县主钤印，李、陈两姓粮丁朋役是凭。亲友公议里役值柜各项杂费，李、

① 《歙县九姓轮充保长文约》，安徽省博物馆编：《明清徽州社会经济资料丛编》第1集，中国社会科学出版社1988年版，第574页。按，根据文书中“三四都”地名判断，此处合约名称中“歙县”疑为“祁门”之误，即这应是一份祁门境内三四都六保九姓轮充保长合同文约。

② 南京大学历史系资料室所藏文书《道光二十二年三月徽州某县和化里二十八都十图十排里甲立保护山林合同》中提及“七甲李陈茂”属于“和化里二十八都十图”：“立合同议墨和化里二十八都十图一甲程子进、二甲吴元茂、三甲程正大、四甲程正旺、五甲胡永兴、六甲胡黄福、七甲李陈茂、八甲胡光德、九甲陈汝兴、十甲胡永泰等，原由自于唐宋季间屡略遗，迁居里璜川，更名黄茅，集叙成局……”

陈两半均认。其保长亦系两半充当。再，管甲值日拈阄为定。正月、拾二月存众，两姓料理，毋得推诿。日后管年钱粮，各姓自管自纳。所有甲下汪元理、汪声远、湛然、庵、吴什、三宝会、张高、张祀祖等户帖［贴］费，一并存李取收，毋异。今欲有凭，立此合同壹样贰张，各执存照。

管月拈阄列后正月　存众　　柒月　李　又柒月李

贰月　陈　　捌月　李

叁月　陈　　玖月　陈

肆月　陈　　拾月　李下半月，陈上半月

伍月　陈　　拾壹月　陈

陆月　李　　拾贰月　存众

康熙三十六年十二月　日立合墨人李静之（押）　李子□（押）

李大昌（押）　李大兆（押）

陈世富（押）　陈光仕（押）

陈继义（押）　陈光达（押）

凭约　程子烈（押）

亲友　胡文一（押）　程予□（押）

程子魁（押）　程季初

陈□好（押）　陈又抚（押）

胡维烈（押）

书人　胡仁周（押）

内扣拾叁字，又改陈字壹个

君成批。（押）①

由上述文书中提及的"今值轮充柒甲里役，有前康熙三十年合同，遵奉县主钤印，李、陈两姓粮丁朋役是凭"可知，实际上，李、陈两姓早在6年前的康熙三十年间，就围绕保甲等役订立过朋充合同。6年后，双方订立的里役合同则规定："其保长亦系两半充当。"表明李、陈两姓在七甲的保甲差役承充方面各承担一半的义务。

笔者所见关于李、陈两姓保甲之役合作的第二份合同文书，是31年后的雍正六年（1728）二月订立的：

立合墨人李陈茂户丁李四宝、李宪章、李桂喜、陈得先、陈继理、陈继欢等，今因雍正六年七甲现役以及次年保长，向系李、陈两姓照粮计丁，拈阄管月，笃义认充，于兹有年矣。近为丁粮不一，里保两役□绪旧规，致两姓争竞，蒙诸亲友从公劝谕，参差□力，两姓乐从。今议内里役以正月粮务稍宽，存众

① 《康熙三十六年十二月徽州某县李、陈两姓立里役合同》，南京大学历史系资料室藏。

不计，仍有十一个月，该李姓管四个半月，陈姓管六个半月，凭阄拈定，照月督理，不得紊乱。所有寄户汪元理等并李振起之粮，照旧李姓催纳，不涉陈姓之中。再，议保役自正月起至十二月止，该李姓三个半月，该陈姓八个半月。所有保长唤认退呈使费，李姓认四股，陈姓认六股。如飞差勾摄，缺限临卯，俱照轮月承值，不得推捱误公，此属两姓情愿，毋得生端反悔。下轮里保，另行公议。今欲有凭，立此合墨两张，各执一张存照。

雍正六年二月　　　　日立合墨人李陈茂户丁李四宝　李宪章　李桂喜

陈得光　陈继理　陈继欢

见议　李宪章　陈大彬　郑永忠

书人　胡维敏

其里长、保长倘有飞差各务，俱照县主出硃笔票日期，俱在管月者承值□理。

其李大成所输之田租叁拾壹秤，久已失业，李、陈并未收租，日后查出，李、陈公用。

今轮陈姓烧和合，写李姓名字敬神，并请铺司酒，李姓贴陈姓银捌钱。

下轮李姓烧和合，写陈姓名字敬神，并请铺司酒，陈姓贴李姓银捌钱。

其管甲分，陈姓管二甲、三甲、四甲、六甲、九甲；

其管甲分，李姓管一甲、五甲、八甲、十甲。

里长陈姓阄得二月、四月、六月、七月、九月、十月、十二月后半月；

李姓阄得三月、五月、八月、十一月、十二月前半月。

陈姓保长阄得正月、二月、三月、四月、五月、八月、十月、十一月、十二月前半月；

李姓保长阄得六月、七月、九月、十二月后半月。倘遇闰月存众①。

在雍正六年二月订立的里保应役合同中，第一次出现了“李陈茂户”的字样，这应是李、陈两姓在合作承充里保等差役过程中形成的一个约定俗成的、相对固定的服役户头。自此开始，在以下几份相关文书中都提到了“李陈茂户”。

在保甲之役承充方面，“李、陈两姓照粮计丁，拈阄管月，笃义认充，于兹有年矣”，说明在雍正六年二月订立应役合同之前，双方进行了多年愉快平稳的合作。后因“丁粮不一，里保两役□绪旧规，致两姓争竞”②，双方在服役方面产生了矛盾和

---

① 《雍正六年二月徽州某县李陈茂户丁李四宝等立里保应役合同》，南京大学历史系资料室藏。

② 据南京大学历史系资料室藏《光绪十年二月徽州某县李陈茂户丁李宝等立里保应役合同》云：“缘七甲轮值保约二役之年，原系李姓充当，嗣因人丁式微，难以支持公事，是以蒙陈姓愿入身甲分，承保约二役。比时李姓乐从，业立合据。历久弊生，至于雍正六年两姓争竞，当凭公劝谕。又凭十排与陈姓立议合墨，阄分管月，每轮七甲里长之年，则李姓充管叁月、五月、八月、十一月、十二月前半月，陈姓充管贰月、四月、六月、七月、九、拾月、十二月后半月。每轮保役之年，李姓充管六、七、九月、十贰月后半月，陈姓充管正、贰、叁、四、五、八、拾、拾壹、拾贰月前半月。”于此可见，在李姓“人丁式微”，力量衰退，“难以支持公事”的情况下，陈姓相应地多承担了一些差役。但“历久弊生”，可能是陈姓提出异议，导致雍正六年两姓争竞，发生了较为严重的分歧。

不愉快。此后又在诸亲友劝谕调解之下，重新恢复了里保两役的合作。就保甲差役而言，双方商定：“保役自正月起至十二月止，该李姓三个半月，该陈姓八个半月。所有保长唤认退呈使费，李姓认四股，陈姓认六股。如飞差勾摄，缺限临卯，俱照轮月承值，不得推捱误公，此属两姓情愿，毋得生端反悔。”“陈姓保长阄得正月、二月、三月、四月、五月、八月、十月、十一月、十二月前半月；李姓保长阄得六月、七月、九月、十二月后半月。倘遇闰月存众。”保役的分配：李姓3.5个月，占3/10，陈姓8.5个月，占7/10。保长唤认退呈使费的分配：李姓认4股，占4/10，陈姓认6股，占6/10。从中可见，徽州异姓宗族之间在保甲之役等方面的合作并非一帆风顺，而是随着丁粮多寡不一等人口和经济实力因素的变化，会出现一定的分歧和波折。但是，为了完成保甲之役等官府交办的任务，徽州异姓宗族之间会作出部分妥协、调整，并理智地从矛盾分歧走向新的合作。

在保甲之役承充方面，异姓宗族之间有时还会因为分工或执行不力等原因而发生分歧和矛盾，如南京大学历史系资料室藏《康熙廿八年七月徽州某县十八都九图邵起圣等立津贴保长合同》提及，徽州某地邵姓保长因对鲍姓甲长“误留匪类”不满，而“分甲，各管各地，两不相涉”：

> 十八都九图立合同人保长邵起圣等，今有茅山鲍姓人户，向寄本保当差，因先年误留匪类，已经分甲，各管各地，两不相涉。现今奉县主信牌清编保甲人户，保长要练达之人充当，一年一换。今议定茅山地方，每周年津贴保长工食银一两二钱，四季付完，不致短少。所有海涵牌票，俱系邵姓料理。倘茅山地方容留匪类，及人命盗情，俱系鲍姓甲长承值，不涉保长之事。今恐无凭，立此合同一样二张，各执一张存照。
>
> 康熙廿八年七月　　日立议合同人邵起圣（押）
>
> 甲长鲍佰振（押）
>
> 中见邵美干（押）
>
> 代书鲍惟正（押）

在这份文书中，还明确透露出明清时期徽州宗族社区中保甲制与里甲制相互之间存在着的一种关系状态，即在有的时候，里保两役的承充是紧密捆绑在一起的，保甲之役的承充是在里甲制的框架内进行运转的。倘若里甲制发生欠缺，运转不灵时，保甲之役的承充就会受到干扰。关于这一点，也得到了另一份徽州文书中相关记载的佐证：“届临同治八年，又值八甲，甲经故绝，地保一役、粮差事宜无实着落。”① 表明随着里甲制中的某些甲的消亡，保甲之役的承充，已经变得没有着落，无法完成。

① 《同治八年二月徽州某县十八都十图八排公议合同字据》，南京大学历史系资料室藏。

笔者所见关于李、陈两姓（后扩大为李、陈、汪三姓）保甲之役合作的第三份合同文书，是光绪十年（1884）二月订立的，这离雍正六年（1728）已有156年的时间：

立议合墨七甲李陈茂户丁李宝、汪福庆、汪三庆等，缘七甲轮值保约二役之年，原系李姓充当，嗣因人丁式微，难以支持公事，是以蒙陈姓愿入身甲分，承保约二役。比时李姓乐从，业立合据。历久弊生，至于雍正六年两姓争竞，当凭公劝谕。又凭十排与陈姓立议合墨，阄分管月，每轮七甲里长之年，则李姓充管叁月、五月、八月、十一月、十二月前半月，陈姓充管贰月、四月、六月、七月、九、拾月、十二月后半月。每轮保役之年，李姓充管六、七、九月、十贰月后半月，陈姓充管正、贰、叁、四、五、八、拾、拾壹、拾贰月前半月，循据至今。近因李姓丁粮更寡，诚恐将来疲误公事，是以今承汪福庆等愿入身甲，身亦甘愿，当日央同十千面议，其保约二役拈阄为定。汪姓阄得九月管保役事务，阄得捌月管里役事务，永远无异。其余月份照雍正六年李、陈两姓议墨管月办理，不涉汪姓之事。自今议定之后，内外人等不得生情异议，此系两愿，恐口无凭，立此议墨存据。

一、议其钱粮各收各姓，收齐交甲催完纳，不得误公。

一、议十年一轮，挨七甲里役之年，汪姓贴出大钱壹千文正，交李姓办理烧和合、十排酒、铺司酒等项费用，李姓不得生端，汪姓亦不得短少。但烧和合之夜，汪姓亦着壹人相帮照应。

一、议十年一轮，汪姓垫出银洋壹员，交甲催带进城垫领红单礼、比平礼、差礼等项，甲催回家之日，即将洋壹员还汪姓收回。如汪姓到城，即城归还。

一、议轮本甲里役之年，正月存众，三姓公办。其余月照议凭管月办理。

一、议轮本甲保役之年，如遇有闰月，汪姓管初壹、初贰、初叁日，余者李、陈管办。

一、议轮保役之年，经收图内客姓贴费，李、陈、汪三姓同收。再，十排贴保长大钱叁千九百廿文，除唤用保长及盘缠用度，或有余钱，即贴甲催，如不敷支用，即照管月日脚派出。

一、议十排利市酒，李、汪两姓同吃，所领之亥、鱼，叁股挨领，李姓领两轮，汪姓领壹轮，毋得紊乱。

一、议里长拜年上，保长丁齐办。

一、议按年汪姓贴出钱五拾文，会十排日上十排利，不得延误。

一、议迎官接送、人命贼盗各大件，出场即日脚承理，如用银钱即照叁姓当役管月，众共公派，不得拖累一人。

一、议飞差勾摄，即遵县主信票硃批日期，是该姓日脚充役，即该姓承理，不得推诿。

一、议李桐户户丁德树，系身己户。其户原有田税叁分八厘五毛六丝，地税壹分贰厘八毛八丝六忽，山税六厘五毛七丝，当立扒单将以上田地山税尽行扒入身李一兰户内办纳。其李桐户丁德树，身情愿立凭出卖与汪福庆兄弟名下，任凭汪姓收税装入户内。当日面议价英银洋捌员正，其洋是身李姓收足，其户任凭汪姓管业，如改丁分丁，一切均凭汪姓主裁，如汪姓日后兴隆或另添立新户，亦听其便，毋得难阻。

一、议汪福庆自置有田壹号，土名岩后土裴，计田租佃九秤，情愿输入李姓三宝神会名下，按年任凭李姓收谷，以作三年一轮迎神演戏等项费用，日后李姓不得生枝科派汪姓钱文。当日议定按轮演戏，接箱搭台，一切不涉汪姓之事。其所输租之税粮，即推入李富保户内收藉办纳。

一、议轮保役之年，汪姓管九月事，其六月、七月、拾贰月后半月李姓充管。

一、议轮约役之年，汪姓管捌月事务，其叁月、五月、拾壹月、拾贰月前半月李姓充管，永远不得生情异议，立此合墨为据。

光绪拾年二月日立议合墨七甲李　宝（押）

李金开（押）　一甲程子进（押）

六甲胡黄福（押）

汪福庆（押）中　二甲吴元茂（押）

七甲李陈茂（押）

汪三庆（押）　三甲程正大（押）

八甲胡光德（押）

陈启盈（押）　四甲程正旺（押）

九甲陈汝兴（押）

陈金源（押）　五甲胡永兴（押）

十甲胡永泰（押）

依议书人陈东皋（押）①

在雍正六年李、陈两姓为承充里保等差役发生争执并经亲友劝谕后，双方重新订立了一份合同。该合同对两姓承充里保等差役有明确的权利和义务界定，并“循据至今”，即一直延续至光绪十年（1884）二月。可见，在这100多年间，双方于雍正六年订立的合同，长期得到了遵守。到了光绪十年二月，“李姓丁粮更寡”，因担心“疲误公事”，邀请汪福庆等协同承充里保等差役：“汪姓阄得九月管保役事务，阄得捌月管里役事务”，“其余月份照雍正六年李、陈两姓议墨管月办理，不涉汪姓之事。”“轮本甲保役之年，如遇有闰月，汪姓管初壹、初贰、初叁日，余者李、陈管办。”“轮保役之年，经收图内客姓贴费，李、陈、汪三姓同收。”“轮保役之年，汪姓管九月事，其六月、七月、拾贰月后半月李姓充管。”七甲中的保甲之役，由原

① 《光绪十年二月徽州某县李陈茂户丁李宝等立里保应役合同》，南京大学历史系资料室藏。

先的李、陈二姓管办改为由李、陈、汪三姓协同料理，即由二姓合作变为三姓合作。

而在光绪二十年（1894）三月程子进等立里役合同中，合同押署时，七甲户名已由“李陈茂”直接改为“李陈汪”，李、陈、汪三姓宗族已经结成为一个服役的“共同体”：

立合同议墨拾图拾甲一甲程子进、二甲吴元茂、三甲程正大、四甲程正旺、五甲胡永兴、六甲胡黄福、七甲李陈汪、八甲胡光德、玖甲陈汝兴、拾甲胡永泰等，缘因李□家昔年承充铺司之役，自昔至今，是伊子孙承充。今奈李金开因人力不固，与众再三推辞。所有拾排内赐伊工食田地产业，金开自情愿立据交出，任拾排内执管充办，以十排挨次轮收承办。遇有官差重务，十排酌议公同承办。再，李□家具有名字禀帖在县，内倘遇追究，以前是金开承值，从今之后，是十排内承办，惟工食田产归公轮收。今值二甲充保，其田租各归二甲收，内扣谷二秤正，交一甲收谷。按甲均照此例，俟十甲挨满，再从一甲收起，至十甲为止，轮流收办承充。阄满之期，阄而复始，永远传流。各甲不得藉言擅收之谷。自议之后，如有强收谷者，公议重罚。各甲不得徇情，为愿始终如一，毋怀己竟［意］，勿违众议也。恐口无凭，立此合同议墨一样拾一张，各甲收执一张，余存众拾排匣内一张，永远存照。

再批，拾排内所存田租并佃皮土名开列于后：

一、存大保圩，计田租并佃皮捌秤正，每年火禾收硬谷捌秤正。

一、存土名俞家段，计田租并拾贰秤正，每年火禾收硬谷拾贰秤正。

一、存官铺街脚烟墩屋基地一片，归众出租，轮流挨收。

四甲程正旺（押）

二甲吴元茂（押）

光绪贰拾年叁月　　日立合同议墨拾图拾甲一甲程子进（押）

三甲程正大（押）

五甲胡永兴（押）

六甲胡黄福（押）

七甲李陈汪（押）

八甲胡光德（押）

九甲陈汝兴（押）

十甲胡永泰（押）①

上述分析表明，明清时期徽州异姓宗族之间在保甲之役承充方面的合作始终是动态的，也是灵活应变的，富有弹性。

值得指出的是，在保甲之役承充方面，徽州异姓宗族的个体成员之间有时也进

① 《光绪二十年三月徽州某县十图十甲程子进等立里役合同》，南京大学历史系资料室藏。

行着有效的合作。如清康熙二十五年（1686）八月，徽州某县吴腾彩、吴之灿、程黑、朱惟健等4人，“因县主靳老爷票唤身等四人充点保长”而订立承充保长合同，规范了相互之间的义务：

立议合同人吴腾彩、吴之灿、程黑、朱惟健，今因县主靳老爷票唤身等四人充点保长。今四人共议，听点一名承管，勾摄等事，俱系四人均管。其使费亦系四人均出，并无违拗。倘有推委者，罚银五两公用，仍依此合同为据。今立合同四纸，各执（一）纸存照。

康熙廿五年八月　　　　　　　日立议合同人吴腾彩（押）

吴之灿（押）

程　黑（押）

朱惟健（押）

居间　黄君杰（押）[1]

以上分析表明，明清时期徽州境内保甲的推行，与当地宗族和族人的密切配合是分不开的。甚至到了清末，徽州知府刘汝骥在倡行地方自治时，仍然对当地的宗族组织寄予厚望，并特别提到了保甲施行与徽州宗族的关系：

独我徽之民，聚族而居，家有祠，宗有谱，其乡社名目，多沿袭晋唐宋之旧称，此海内所独也，今稍稍陵夷矣。强宗豪族，或时有结党纠讼之事，然不数见也。乾隆中叶，江西巡抚辅德致有毁祠追谱之疏，此可谓因噎而废食。就徽言徽，因势而利导之，此其时也。由一族而推之各族，公举贵且贤者以为族正，由地方官照会札付以责成之，户口以告，田谷以告，学童及学龄而不入学者以告，好讼好赌及非理之行为以告，一切争讼械斗之事，固可消弭于无形。即保甲、社仓、团练各善政，皆可由此逐渐施行。地方自治，此其初哉！[2]

于此可见，刘汝骥认为，徽州境内保甲、社仓、团练等善政的推行，必须要充分考虑和利用当地固有的宗族资源，“因势而利导之”[3]。这也正如唐力行、张翔凤

① 《康熙廿五年八月徽州某县吴腾彩等立承充保长合同》，南京大学历史系资料室藏。

② 刘汝骥：《陶甓公牍》卷3《批判·户科·黟县胡令汝霖禀批》，《官箴书集成》第10册，黄山书社1997年版，第477页。

③ 在刘汝骥之前，清人冯桂芬（1809—1874）即曾提出过利用宗法、宗族资源推行保甲、社仓、团练的设想，并提出：保甲等制度实施效果的好坏，与宗法、宗族密切相关；在实行社会治理时，应“以保甲为经，宗法为纬，一经一纬，参稽互考”。他认为：“宗法行而保甲、社仓、团练一切之事可行。宗法以人人有所隶为主，是亿万户固已若网在纲，条分缕析，于是以保甲为经，宗法为纬，一经一纬，参稽互考，常则社仓易于醵资，变则团练易于合力。论者谓三代以上之民聚，三代以下之民散。散者聚之，必先聚之于家，然后可聚之于国。宗法为先者，聚之于家也；保甲为后者，聚之于国也。……今保甲诸法之不行者，以无宗法为之先也。”参见冯桂芬：《校邠庐抗议·复宗法议》，上海书店出版社2002年版，第85页。

先生所言，在徽州，“国家所认可的保甲组织离开了宗族是一事无成的”①。这一精辟的见解，对于我们理解明清时期徽州宗族推行保甲的实践以及宗族与保甲二者之间的关系是极富启发意义的。

三、余　论

根据笔者的研究，明清时期徽州境内保甲组织发挥的职能，涉及政治、社会、经济等诸多领域，主要发挥治安管理、户口统计、信息传递、踏勘查验、迎官接送、飞差勾摄、钱粮催征、经济干预、接收投状、民间调处、居间中证、民间教化、社会救济、强制执行等各类职能②。徽州境内保甲组织上述职能发挥的好坏，关系到明清时期徽州境内社会、经济秩序的维护与否，而这一切又在很大程度上与当地宗族组织的重视与配合密切相关。徽州境内各宗族的重视与配合程度如何，对于当地保甲的推行及其效果有着重要的影响。总体而言，明清时期徽州宗族对于保甲的推行，是持一种较为积极的配合的姿态，在宗族内部，或通过耐心规劝，或通过宗族法的形式，要求族人重视保甲、认真完成保甲之役。如明万历《休宁范氏族谱》云：“上司设立保甲，只为地方，而百姓却乃欺瞒官府，虚应故事，以致防盗无术，束手待寇，小则窃，大则强。及至告官，得不偿失，即能获盗，牵累无时，抛废本业，是百姓之自为计疏也。”③ 清乾隆《休宁古林黄氏重修族谱》云：“上官严立保甲，专为我地方百姓也。近皆虚应故事，欺瞒官府，以致疏虞失事，风鹤时惊，破家丧命，皆自家忽略故也。”④ 上述两个徽州宗族，通过陈述道理、耐心规劝，从反面提醒族人：倘若“欺瞒官府，虚应故事”，不重视保甲组织建设和保甲的推行，就会导致“防盗无术”、“破家丧命”等惨剧的发生。

除了耐心规劝或警醒族人外，明清时期徽州宗族往往还会主动配合地方官府的倡导，并结合本族的实际情况，制定推行保甲的措施，并予以认真施行。如明万历年间，休宁范氏就曾积极主动地提出自己推行保甲的举措：“吾族虽散居，然多者千烟，少者百室，又少者数十户，兼有乡邻同井，相友相助，须依奉上司条约，严谨施行。平居互讥出入，有事递为应援，或合或分，随便邀截。若约中有义男不遵防范、踪迹可疑者，即时察之。若果有实迹可据，即鸣诸宗祠，会呈送官。若其人自知所犯难掩、畏罪自尽者，本主备具实情一纸投祠、约，各房长证明，即为画知存照。倘有内外棍徒诈索，即以此照经官究治。”⑤ 于此可见，休宁范氏主张“须依奉

① 唐力行、张翔凤：《国家民众间的徽州乡绅与基层社会控制》，《上海师范大学学报》2002 年第 6 期。

② 参见陈瑞：《明清徽州保甲组织与地方社会》，第 75－135 页，复旦大学博士后研究工作报告，2011 年 5 月。

③ 万历《休宁范氏族谱》之六《谱祠·宗规·统宗祠规·守望当严》。

④ 乾隆《休宁古林黄氏重修族谱》卷首下《祠规·守望当严》。

⑤ 万历《休宁范氏族谱》之六《谱祠·宗规·统宗祠规·守望当严》。

上司条约，严谨施行”，表明其推行保甲的态度较为积极，提出“平居互讥出入，有事递为应援，或合或分，随便邀截”等，则表明其推行保甲的举措具有灵活应变的特性。

综上所述，明清时期徽州境内宗族与保甲组织之间的关系状态，实际上是一种相得益彰的良性互动的关系，由于保甲制度的推行和保甲组织的运作具有十分浓厚的官方色彩和官方背景，因而，宗族组织与保甲组织之间的良性互动，实质上是徽州族权与封建政权之间良性互动关系的一种反映。

清代徽商胡学梓的家产

王裕明

（江苏省社会科学院历史研究所副研究员）

有关明清大商人资本量，据文献所载，明代万历年间达银百万两，清代乾隆年间达银千万两。不过，有关明清大商人资本量皆缺乏具体例证。乾隆年间黟县西递胡学梓是清代著名徽商之一。有关胡学梓的家产，传说甚多。有的认为，胡学梓在江西、景德镇、九江，安徽休宁万安等地号称有“三十六典”、“七条半街”，为当时江南六大首富之一，家财“五百万金”。曾首捐重金助建碧阳书院，独造齐云山脚“登封桥”，以及黟县永济桥、霭冈桥等，并倡建西递“明经祠”，修建黟歙祁休大路九处。据族谱载，胡贯三（即胡学梓）“善举用银计八万两”。① 有的认为，“据调查，清乾隆年间，大富商胡学梓有 36 个当铺，好几个钱庄，资金有白银 600 万两（一说 800 万两）。在休宁县占有大量土地，兴隆店铺和佃户住房占了隆阜半条街。传说他富比王侯，是当时江南六大富豪之一。”② 无疑，胡学梓是明清大资本商人之一，胡学梓的家产可以作为明清大商人资本量的一个例证。

胡学梓家产究竟有多大，是否如传说所言。现存的《乾隆五十八年正月立资本盘单》、《乾隆六十年胡氏分家书》、《嘉庆十一年天字号豆租阄书》和《道光五年十一月立天字阄书》③ 记录了胡学梓财产种类和数量，从中可以窥视胡学梓的主要家产总量。其中，《乾隆五十八年正月立资本盘单》记录胡学梓乾隆五十八年、五十九年和乾隆六十年等资本总量，以及乾隆六十年资本分割过程。《乾隆六十年胡氏分家书》记录乾隆六十年胡学梓三子分割家产状况，《嘉庆十一年天字号豆租阄书》记录嘉庆十一年胡学梓三子分割乾隆六十年未分豆租状况，《道光五年十一月立天字阄书》记录道光五年胡学梓三子分割乾隆六十年未分存款状况。所以，《乾隆五十八年正月立资本盘单》完整记录胡学梓生前所有商业资本的种类和数量，《乾隆六十年胡氏分家书》、《嘉庆十一年天字号豆租阄书》和《道光五年十一月立天字阄书》不仅记录胡学梓生前商业资本的种类和数量，而且还记录胡学梓生前的土地种类和数量。除商业资本和土地产业外，胡学梓的家产还应包括房宅、家具和收藏品等产业。而有关胡学梓的房宅，虽无具体记载，可根据相关记述进行推测。现从商业资产、土

---

① 胡时滨、胡育玲：《西递》，黄山书社 1993 年版，第 5、92 页。

② 赵华富：《徽州宗族研究》，安徽大学出版社 2004 年版，第 583 页。

③ 均藏于中国社会科学院经济研究所。

地资产和房产等方面对胡学梓家产作一说明。

商业资产

胡学梓商业资产主要记录于《乾隆五十八年正月立资本盘单》、《乾隆六十年胡氏分家书》和《道光五年十一月立天字阄书》等3册账簿。

《乾隆五十八年正月立资本盘单》记录胡学梓乾隆五十八年、五十九年和乾隆六十年等资本总量。胡学梓虽卒于乾隆五十九年，但其分家于乾隆六十年，故其家产应为乾隆六十年为准。盘单对该年胡学梓资本分为3部分进行，首记各项商铺资本、借出资本和市房租金，并加以汇总，次记各项附本和借入资本数量并加以汇总，复记存入其他商家资本，并加以汇总。其中，各项商铺资本、借出资本和市房租金具体如下：

郑村恒升典本七万四千二百八十八两六钱五分九厘
岩镇恒裕典本六万八千一百六十三两七钱九分五厘
屯溪恒兴典本四万三千七百九十五两八钱八分三厘
屯溪隆泰典本四万一千六百七十八两七钱五分七厘
屯溪恒源典本三万九千九百三十一两一钱六分二厘
万安街裕丰典本四万七千六百二十七两四钱八分二厘
渔镇恒隆典本一万二千八百四十三两六钱三分九厘
龙湾彩丰典本二万二千八百七十九两六钱七分一厘
外受替万和典存本扣实九五平银三百六十五两六钱三分七厘
外受替泰丰典存本扣实九五平银七千一百二十七两四钱一分六厘
外受替和生典存本扣实九五平银四千八百九十九两三钱四分八厘
存屯溪各店欠屋租银一百二十六两五钱一分三厘
存休城各店欠屋租银四十九两二钱七分一厘
存屯典恒丰薄银二百五十六两六钱四分八厘
存同附列会票银五千八百一十二两五钱
存岩簿银七百零四两零四分一厘
存致和店欠布饰银一千零二十九两七钱三分一厘
存叶芳号票欠三千两，外加利银六百两
存同折欠银二百九十六两九钱七分二厘
存尚姚聘礼等用银四千六百两
存积（土贡）五十九年支岩典庄镜记簿共银二百零一两四钱六分一厘
存聚和庄本一万零三百四十两八钱九分一厘
又聚和庄该典价四千零四十五两二钱八分

存裕成烟店正本四百四十七两二钱六分三厘

又裕成烟店会银二千四百四十五两七钱九分一厘

上二项出平一百三十五两九钱七分三厘

存裕泰号本银六千九百三十三两二钱二分七厘，同出平六十九两三钱三分

存恒源油店本八百一十六两三钱五分三厘，同出平三十六两七钱三分六厘

存银四百二十二两三钱五分，文蔚存银

存建中叔银一千四百两

存舒中村舅公会银三百两

存河口利生店银四百两

存永源店作本银一千两

存景镇利元店银三百七十七两四钱九分

存饶协裕店银五百两

存聚源烟店银三百五十两

存渔镇正兴布店银九百零一两三钱五分四厘，欠平七十七两零六分六厘

存蓝田永丰店本六百两

存银三百两，典下九都朱于苍亲翁住屋

存银一百两，左丞借

胡学梓商铺资本和借出资本共43项，计银425241.685两。不过，胡学梓商铺资本和借出资本尚包括他人附本以及临时向他人的借款。各项附本和借款数量具体如下：

扣汪宅会票本银一万一千两，该五十八年利银三百三十九两三钱三分三厘、五十九年利银一千零三两八钱二分八厘。上项合九五砝每百出一钱六分，共计出平十九两七钱四分九厘。

扣程宅会票本银六千六百九十两，该五十八年利银九十一两一钱五分八厘、五十九年利银七百三十六两七钱四分五厘。上项合九五砝每百出三两四钱四分，共计出平二百五十八两六钱一分六厘。

扣郑光达布店会票本银五百两，九五平。该利银四十八两三钱九分八厘。

扣程仞冈翁会票本银八百两，九五平。该利银六十六两三钱九分七厘。

扣黄经斯翁会票本银一千两，九五平。该利银六十九两六钱六分七厘。

扣遽若侄会票本银六百两，九五平，该利银三十二两三钱九分六厘。

扣约山和生典价银一千七百五十两，九五平，该利五十八年十月起至五十九年止共三百五十两。

胡学梓商业资本中，共有附本或借款7项，计银25311.287两。据此可知，上

述胡学梓实际个人资本为银 399920.398 两。此外，胡学梓还有另存他处资本，具体为：

又存叶康民翁当全生店屋四百四十两

又存潘友光、潘日华兄当万茂店屋银三百六十八两

又存潘汉璧兄当李源盛祠屋银三百六十八两

又存潘汉璧兄当孙试记麦店屋银四百四十两

又存韩庭彩兄当怡顺、汇川成衣店屋银九十二两

又存韩庭彩兄当汇川成衣店屋银四十六两

又存潘斯京、潘日华兄等当郑义盛店屋银三百二十二两

又存舒丽荣兄欠本利银六十八两，恒源典平

又存李毓文兄会票银一千三百两，九五平

又存韩维珍兄会票银四十九两，恒源典平

又存邱于天老当住屋银五十两，九五平

又存李振绍兄旧欠利银一百两

又存渔镇各店欠租银八十八两六钱九分

胡学梓另存他处商业资本 13 项，计银 3705.69 两。由此可知，胡学梓乾隆六十年共有资产为银 403626.088 两。

《乾隆六十年胡氏分家书》记录了乾隆六十年胡元熙兄弟 3 人分得财产种类和数量。据其所载，乾隆六十年，胡元熙兄弟 3 人将胡学梓商业资本、市房租金和田产 3 部分进行分割。商业财产方面，除共存和未收回放贷外，其余由 3 子均分，立有天、地、人 3 号。天字号由学梓长子尚熷阄得，地字号由学梓三子元熙阄得，人字号由学梓次子尚焘阄得。其中，胡尚熷共分得恒兴、彩丰和恒升 3 座典铺及银 88936.449 两，元熙共分得隆泰、泰丰、和生、恒隆和恒裕等 5 座典铺及银 88936.449 两，尚焘共分得恒源、裕丰和汪万和等 3 座典铺及银 88936.449 两。3 子共分得典铺 11 座及资本银 266809.347 两。市房租金方面，除共存部分外，其余由 3 子均分，立有天、地、人 3 号。天字号由尚熷阄得，地字号由元熙阄得，人字号由尚焘阄得。其中，尚熷分得黟城、渔镇、休城、万安街、屯溪、江西景德镇和饶州府等地市房租金银 1617.235 两和钱 1900 文。元熙共分得渔镇、休城、万安街、屯溪、江西景德镇和饶州府等地市房租金银 1661.182 两。尚焘共分得渔镇、休城、万安街、屯溪、江西饶州府等地市房租金银 1678.407 两。3 子共分得市房租金为银 4956.824 两和钱 1900 文。另，至少共存市房租金银 616.6 两和钱 3600 文。胡学梓市房租金至少为银 5573.424 两和钱 5500 文。合计，乾隆六十年 3 子共分得胡学梓商业资产银 271766.171 两和钱 1900 文，胡学梓商业资产至少为银 272382.771 两和钱 5500 文。

《道光五年天字号阄书》记录了道光五年胡元熙兄侄 3 人借出资本数量。据其所

载，道光五年，胡元熙兄侄3人将胡学梓借出资本进行分割，立有天、地、人3号。天字号由元熙阄得，地字号阄由积城阄得，人字阄由尚熷阄得。其中，元熙分得银2385.5两，积城分得银2386.6两，尚熷分得银2385.4两，道光五年，胡学梓三子房下共分得银7157.5两，另共存银697两。该年，胡学梓尚遗存资本7854.5两。据这2份阄书所载，胡学梓的商业资产至少为银280237.271两和钱5500文。

《乾隆六十年胡氏分家书》和《道光五年十一月立天字阄书》所记录的商业资产并非胡学梓全部商业资产，仅是其中部分而已。《乾隆五十八年正月立资本盘单》所记录的商业资产则是胡学梓全部的商业资产。据其所载，胡学梓全部商业资产达银40余万两。

土地资产

胡学梓土地资产主要记录于《乾隆六十年胡氏分家书》和《嘉庆十一年天字号豆租阄书》账簿中。《乾隆六十年胡氏分家书》和《嘉庆十一年天字号豆租阄书》虽没有记录胡学梓土地种类、数量和资产，却记录各种租额和数量。根据租额大致可以推断出土地数量，进而估算出资产总量。其中，《乾隆六十年胡氏分家书》分为天、地、人3阄，天字号由学梓长子尚熷阄得，地字号由学梓三子元熙阄得，人字号由学梓次子尚焘阄得。《嘉庆十一年天字号豆租阄书》也分为天、地、人3阄，天字号由元熙阄得，地字号由积城阄得，人字号由尚熷阄得。其中《乾隆六十年胡氏分家书》所载胡元熙分得的地产为：

渔亭

土名塘坑，田租五砠半，佃程永富

土名后力，田租十砠，佃韩如保

土名欧村店，田租三砠三斤半，佃……

土名九亩坵，田租六砠，佃欧阳兴

土名下屋岭，田租五砠八斤，佃欧以存

土名择塘，田租七砠，佃王秋得

土名江坞，田租三砠半，佃天木

土名黄畔坞，田租十二砠，佃胡乎

土名王家林，田租三砠，佃黄兆侯

土名王家林，田租十五砠，佃吴远侯

土名叶塌，田租四十二砠半，佃朱明岐

土名水坞口，田租十砠半，佃李贵先

土名玛川口，田租九砠，佃许长福

土名汪山后坵，田租十二砠，佃许寿

土名张坞，田租一砠，佃许天祥
土名汪山，田租七砠，佃傅风生
土名下湖，田租二砠十六斤，佃许寿
土名庄上，田租二砠半，佃汪永元
土名瓦古坵，田租四砠二十斤，佃宜仂
土名黄土坪，田租五砠，佃献公
土名玛川坞，田租二砠十五斤，佃陈永龙
土名下抗坑，田租七砠半，佃余公亮
土名塘坞，田租三砠，佃杨玉章
土名小坞口，田租五砠，佃杨腊八
土名上段，田租七砠半，佃吴子文
土名庙干塝，田租十砠，佃胡永龙
土名郑家（土充），田租四砠，佃郭汉五
土名石桐苦珠，田租八砠，佃韩七保
土名塘坞，田租四砠半，佃白就
土名十亩坵，田租六砠，佃李世礼
土名渔山，田租五砠，佃李季福
土名大元庇下，田租十三砠，佃胡天次
土名谢家田，田租四砠，佃江有先
土名前山坞，田租三砠半，佃白就
土名何家坞，田租十砠，佃胡良
土名十亩坵，田租二砠半，佃白就
土名塘坞，田租六砠半，佃韩殿祥
土名巴掌坵，田租一砠十七斤十两，佃谢金双
土名后底坞，田租四砠半，佃程三得
土名前溪，田租十四砠，佃程国祥
土名渔山脚，田租四砠，佃周宇
土名段心，田租五砠，佃道章
土名青山，田租十四砠，佃汪松年
土名石榴田，田租三砠，佃程启胜
土名黄塘田，田租三砠，佃程喜寿
土名荷村，田租八砠半，佃欧元九
……

以上渔亭田租共二百四十五宗，计租共计田租一千六百十一砠零八斤
……

以上隅坑田租共一百七十六宗，计租六百八十九砠二十一斤十五两

……

以上八都豆租共六十宗计租九十一砠十八斤十二两

……

以上八都豆租共计九宗九砠一斤五两

八都当豆租

土名插坞，豆租二砠，佃吴三元

土名插坞，豆租一砠，佃吴佛有

土名下坦园，豆租四砠，佃自种

……

以上五处共计田租二千三百砠二十九斤十五两、白黄豆租一百砠十九斤十七两

据其所载，乾隆六十年，元熙分得渔亭田租245宗计租1611砠8斤，隅坑田租176宗计租689砠21斤15两，八都豆租60宗计租91砠18斤12两，八都荒豆租9宗计租9砠1斤5两。合计分得田租2300砠29斤15两，豆租100砠19斤17两。同样，乾隆六十年，尚熷分得八都田租250宗计租1504砠15斤6两，荒田租12宗计60砠5斤15两，八都豆租136宗计租184砠11斤4两，八都荒豆租16宗计租18砠10斤6两。合计分得田租1564砠20斤21两，豆租202砠21斤10两。尚焘分得八都田租267宗计租1512砠16斤12两，八都荒田租12宗计租60砠13.5斤，八都豆租122宗计租186砠19斤3两，八都荒豆租17宗计租18砠3斤。合计分得田租1572砠29.5斤12两，豆租204砠22斤3两。由此可知，三人共分得胡学梓田租5436砠78.5斤48两，豆租506砠62斤18两。

又据嘉庆十一年元熙分得土地及其租额为：

土名黄竹坞坦培白，豆租一砠，重字一千三百三十八号，山税一亩五分整，佃吴本。

土名锄头坞黄豆租十二斤八两，重字一千二百五十四号，山税一亩零九厘六毛，佃吴社郎。

土名猪腰山黄豆租三砠，圆得一砠，方得二砠，菜字……山税六分整，佃吴黑铁。

土名岭下坞，白豆租，一砠十斤，重字三十七号，地税四分七毫三毛，佃黄三好。

……

土名出水莲垄，白豆租一砠十五斤，皇字……号，地税五分六厘，佃胡爵。

土名望降，白豆租二砠，皇字……号，地税六分五厘，佃余鉴亭。

土名毛家坞，黄豆租一砠十斤，减硬租一砠四斤，制字一千三十二号，地

税六分五厘，佃余三德。

土名社屋园黄豆租一砠十斤，制字……号，地税六分三厘，佃王金生。

土名横膝头，黄豆租十斤，制字二千七十号，地税二分八毛，佃江太。

土名小坞后山、徐家坮，黄豆租一砠，芥字三百七十号，山税二分整，佃王宗。

嘉庆十一年，元熙共分得各类土地58号，白豆租58砠2斤5两，黄豆租9砠7斤8两，两者合计67砠9斤13两。同样，尚熷和积城也分别分得豆租67砠9斤13两。嘉庆十一年共分得胡学梓豆租201砠27斤39两。

两次共分得胡学梓田租5436砠78.5斤48两和豆租707砠89斤57两。胡氏租额计量单位为10两折合1斤，20斤折合1砠。则胡学梓田租为5440砠3斤3两，豆租为711砠14斤7两，合计田豆租6151.9砠。章有义曾按照25斤折合1砠计算得，胡学梓共有田租976宗租额5564.54砠，豆租378宗545.08砠，合计6109.62砠。并认为田租5564.54砠估计田为668亩，豆租545.08砠估计山地202亩。按此推算，田额1砠相当于0.12亩，豆租1砠相当于0.037亩。则田租5440砠3斤3两相当于田652.8亩，豆租豆租为711砠14斤7两相当山地263.1亩，合为土地915.9亩。

据刘和惠、汪庆元研究，徽州田价，清初比明末略有下降，亩价约为6—10两白银之间。从顺治元年至康熙中期，田价较为稳定，亩价约为白银8两左右。从康熙四十二年至乾隆十年，田价缓慢上升，一般在10—15两白银之间，平均亩价约13两。乾隆十一年至道光七年，田价上涨势头转强，逐岁升至20余两一亩，少数达到30余两，平均亩价约22两，其中乾隆三十二年曾有亩价达32两，乾隆四十三年达36两。道光八年至咸丰十年，田价逐步下滑，咸丰初年跌在10两上下，平均亩价约14两。咸丰十一年至宣统三年，平均亩价约8两，其中同治年间，田价最低，亩价仅为白银三至五两。光绪年间，田价略有回升，然亦止于七八两而已。[①] 胡学梓为乾隆年间人，土地价值当按乾隆时价计算，若按田价亩30两计算，则胡学梓总田价约为银20000两。至于地价、山价，则比田价低，按山地价相当于田价一半计算，则胡学梓山地总价约为银4000两。两项合计，胡学梓的土地资产价值银24000两。

房　产

胡学梓的房产，尚无账簿具体记录。根据有关文献记载，胡学梓祖孙三代，前后历经雍正、乾隆、嘉庆、道光、咸丰五朝，约130多年，经商四方，为官多任，不仅为西递胡氏家族增添了荣耀，而且为西递村落留下了多幢古民居建筑。这些建筑主要有追慕堂、惇仁堂、迪吉堂、履福堂、膺福堂、笃敬堂、敬爱堂、走马楼和

---

① 刘和惠、汪庆元：《徽州土地关系》，安徽人民出版社2004年版，第202、203页。

万印轩等。

追慕堂。乾隆五十九年胡学梓所建，以追思慕念祖父丙培公、父亲应海公一生崇文尚义、乐善好施，实为应海公支祠。堂分三进，首进为门楼，次进为祠堂，里进为享堂，是一台式三间建筑，高1.4米，供奉祖先灵牌。屋顶飞檐翘角，八字型大门楼，檐下三元门外设有木栏，八字墙用整块打磨光滑的黟县大理石制成，风格独特，极为精美壮观。

惇仁堂。建于康熙末年，位于大夫第后弄的前边溪畔，为胡学梓与其父胡应海两代故居。惇仁堂古朴典雅，房屋是五间两厢二楼结构，一个厅堂四个厢房、左右各两间。厅堂宽敞明亮、气宇轩昂，前半部以卷拱为顶，后半部为平顶天花板。匾额由清乾隆年间军机大臣、吏部尚书休宁溪口汪由敦之子汪承霈所题写。

迪吉堂。建于清康熙年间，三进宅第，气度端庄、古朴典雅。前厅两侧没有厢房，二进、三进则为客人歇息的厅堂，两侧均设有卧室。

膺福堂。建于清康熙年间，为胡贯三长子胡尚熷住宅。膺福堂是典型徽派四合院，三进三楼，屋内隔扇门皆雕成莲花状，精致典雅。

敬爱堂。位于西递前边溪东岸，是西递村现存最大的祠堂。敬爱堂原为西递胡氏14世祖仕亨公住宅，始建于明代万历年间，后被毁于火灾，乾隆年间胡学梓重建为宗祠。敬爱堂面积达1800平方米，是典型徽派砖木结构建筑，门前飞檐翘角，气势恢宏，中门为祭祠大厅，大厅分上下庭，中间有大型天井。

万印轩。乾隆年间胡学梓出资兴建，为族人读书习文、修身养性和子弟肄业场所。书屋厅堂高敞，楼阁玲珑，景色宜人，环境优雅。

本始堂。为胡氏宗族宗祠，始建于乾隆戊申年，至己酉年落成。九月朔，进木主致祭，计经费六千九百余金。除各支祠回合输百金外，例以捐百金者得祔祀，于是有后嗣为其支祖者，有孙为其祖者，有子为其父者，凡三十六人。其中，胡学梓“独以三千金总其成”。

胡学梓生前购置、自建和承继的住宅、宗祠和书院约10座。至于胡学梓个人房产总价如何，皆未见具体记载。现根据徽州宗族宗祠造价略作估算。徽州宗族宗祠造价多寡不一，有的数千银两，有的数万银两，多为银万两左右。如歙县昉溪许邦伯门修建祠堂，工费浩大，“用款逾万缗”。又清代康乾年间歙县桂溪项氏宗族修建宗祠，用银达9800余两。又康熙年间歙县潭渡黄氏建造享妣专祠，“计白金之费三万两”。又乾隆年间休宁竹林汪氏修建宗词，总计用银38230.054两。其中，大厅木料用银2576.52两，木司工账用银3805.7两，石司工账用银3109两。又乾隆二年歙县江村江氏宗族修建歙州公祠，“除旧祠木石陶冶外，共用费二万九千一百九十两零。”又乾隆年间绩溪城西周氏重建宗祠，“计银一万六千八百两有奇”。[①]

若按每座房产银万两计算，胡学梓个人房产价值银10万两。

① 均转引赵华富：《徽州宗族研究》，安徽大学出版社2004年版，第155、156页。

综上3项胡学梓财产，总价值约为银52万余两。由此可知，胡学梓生前个人财产约银50万两。所谓家资“银600万两”、“银800万两”，显属传说而非事实。同样，胡学梓个人生前拥有典铺12座，所谓“36个当铺”，亦是传说而非事实。

试论俞正燮女性人物考据方法和特点*

余敏辉　孙建美

（淮北师范大学教授）（淮北师范大学硕士生）

生活在嘉、道年间的俞正燮（1775—1840），字理初，安徽黟县人，是一位“承戴震之绪而扩充之”① 的清代著名考据学家。② 不过，俞正燮虽以“长于局部考证”③ 而著称于世，却有别于他的前辈学者，不仅所考问题，特别留意军国大事、关注现实社会，有着强烈的经世旨趣，而且能在浩瀚的文献资料中，抽丝剥茧，探求真意，酝酿涵育出自己的独到观点。俞正燮对女性人物的考据就是如此。正如有学者指出那样，他“一反文人卫道的说教面孔，而以考据的形式，借古说今，批评了封建礼教贞节观念的陋俗对妇女的摧残，为妇女所受的压迫和痛苦鸣不平”④。笔者在对俞正燮女性人物考论成就述评的基础上，⑤ 对他的女性人物考据方法和特点再做进一步探讨。

一

俞正燮“博古通今，世罕其匹”⑥，一生佣书为业，萃力经史，著述等身，《癸巳类稿》、《癸巳存稿》是其代表作。还要强调指出的是，俞正燮“读书过目不忘，书无不览”⑦，学求其是，尤其擅长通过对文献的对读、排比、归纳、演绎等，以求得事实之真相。因此，他在对女性人物进行考据时，凡论断必析之有理，言之有据，考之有法，不仅娴熟地运用逻辑论证，而且能立足文本，做到客观证明与情理推断相互支持。

---

* 基金项目：安徽省哲学社会科学规划项目《俞正燮考据学研究》（AHSKF09—10D96）；安徽省教育厅人文社会科学重点研究基地项目《俞正燮文献学研究》（2011sk762）。

① 许苏民：《朴学与长江文化》，湖北教育出版社 2004 年版，第 258 页。

② 参见余敏辉：《俞正燮生平学行述论》，《黄山学院学报》2009 年第 6 期。

③ 梁启超：《近代学风之地理的分布》，《清华学报》一卷一期，1924 年。

④ 李长莉：《近代中国社会文化变迁录》（第一卷），浙江人民出版社 1998 年版，第 10 页。

⑤ 参见余敏辉、孙建美：《俞正燮女性人物考论成就述评》，《淮北煤炭师范学院学报》2010 年第 6 期。

⑥ （清）俞正燮撰，于石、马君骅、诸伟奇校点：《俞正燮全集》（壹），黄山书社 2005 年版，第 217 页。下引同书，只注页码。

⑦ 《俞正燮全集》（壹），第 217 页。

（一）归纳演绎

俞正燮好友张穆说：“理初足迹半天下，得书即读，读即有所疏记，每一事为一题，矩册数十，鳞比行筐中。积岁月，证据周遍，断以己意，一文遂立。”[①] 指出俞正燮治学以归纳法为其优势和特色。为俞正燮编修年谱的王立中甚至认为，“此种归纳方法，用之于史，清儒仅先生一人。全部著述，均以此法治之”[②]。当今学者也指出，俞正燮是“站在更高的理性角度，运用传统的归纳考证之法”[③]。

通考《癸巳类稿》、《癸巳存稿》两部巨著，俞正燮对于女性人物考据，归纳法是运用得最为普遍、最富成效的。如他就是通过归纳法，得出“挟妓曰嫖，起于宋”的结论。[④] 又如他在对缠足陋习加以猛烈抨击的同时，又历举很多史料，力证缠足并非古来有之，也是用了归纳法。[⑤] 尤其是他在《易安居士事辑》文中，以五六千字的篇幅，“引书至数十百种，爬梳排比，钩稽年月，无一字无来历”[⑥]，详尽罗列事主的活动情形，证明李清照晚年并无改嫁之事，“综合归纳，而情实昭然，详与诬不待驾词雄辩”[⑦]。梁启超曾总结说：

> 近代俞正燮在他的《癸巳类稿》中有一篇《易安居士事辑》，将她所有的著作，皆按年月列出，证明她绝无改嫁之事，又搜罗各方证据，指出改嫁谣言的来历。……这类著述，主要工作全在辨别史料之真伪，而加以精确的判断。[⑧]

对于俞正燮的这种考据方法，顾颉刚大为赏识，指出“此与我为《国学览》之法相似，与梁启超《清代学术概论》第十七章论清儒札记一则可参看”[⑨]。

此外，俞正燮也偶尔会运用演绎法。如他特别反对未婚女子为未婚夫守节的做法，就是通过礼制自身逻辑一致性的分析，揭示后人提出这一要求是极为荒唐的。他说：

> 后世女子，不肯再受聘者，谓之贞女，其义实有难安。未同衾而同穴谓之无害，则又何必亲迎，何必庙见，何必为酒食以召乡党僚友，世又何必有男女

---

① （清）俞正燮撰，于石、马君骅、诸伟奇校点：《俞正燮全集》（叁），黄山书社2005年版，第230页。下引同书，只注页码。

② 《俞正燮全集》（叁），第288页。

③ 徐适端：《俞正燮的人权意识及其妇女观评述》，《西南师范大学学报》2006第6期。

④ （清）俞正燮撰，于石、马君骅、诸伟奇校点：《俞正燮全集》（贰），黄山书社2005年版，第621－622页。下引同书，只注页码。

⑤ 参见《俞正燮全集》（壹），第634－644页。

⑥ 《俞正燮全集》（叁），第288页。

⑦ 《俞正燮全集》（叁），第288页。

⑧ 梁启超：《中国历史研究法》，河北教育出版社2002年版，第208页。

⑨ 钱谷融：《顾颉刚书话》，浙江人民出版社1998年版，第189页。

之分乎？此盖贤者未思之过。[1]

同样，他反对妇人守节，“‘妇无二适之文’，固也，男亦无再娶之仪！”[2] 妇女如不能再嫁，男人也不能再娶，这样才算平等，可见“俞正燮用凡人对等的逻辑，阐述男女平等的意义，有一定的深度，而且在客观上，自然会起到批判封建等级制度的积极作用”[3]。

（二）文献佐证

俞正燮一生笃好读书，“博综九流”[4]，谙熟中国传统典籍，故往往能就所考问题，穷搜苦索，在浩瀚文献中辑录出相关资料，“所引之书，有经史子集、稗官小说、天文地舆、阴阳医卜、古文奇字、佛经道藏，几无所不及”[5]。如他在《除乐户丐户籍及女乐考附古事》这篇长文中，就“列古语琐事之实有关因革”[6]，详细叙述清朝解除乐户、丐户贱籍的历史，真可谓“读其书者，如入五都之市，百货俱陈，无不满之量也”[7]。

通读俞正燮对女性人物的考据文章，无一不涉览浩博，资料翔实，论从史出，如《女》文既说理通畅，见识明达，又广征博引，由经史诸子到诗赋小说谚语，竟多达十种之多。[8] 对此，周作人从写作角度，高度评价它“实在是一篇上乘的文字”[9]。

又如《河广·序》云：“宋襄公母归于卫，思而不止，故作是诗。”笺谓“襄公即位，夫人思宋，义不可往。”《诗》云：“谁谓河广，一苇杭之。”《正义》云：“宋襄当卫文时，卫已在河南，自卫适宋不渡河，假有渡者之辞耳。”对于这种说法，俞正燮认为“其思甚精”，并“寻此诗义，以假有渡者之言为正”。为了更好地理解《河广》诗，他又“以《泉水》诗合证之，愈可信矣”[10]。

俞正燮还就《史记·货殖列传》云：“女子则鼓鸣瑟，跕屣，游媚贵富。”又云：“设形容，楔鸣琴，揄长袂，蹑利屣，目挑心招，出不远千里，不择老少。”即《汉书·礼乐志》所谓“内则致病损寿，外则乱政伤民。巧伪因而饰之，以营乱富贵之耳目。庶人以求利，列国以相闻”。俞正燮指出，“说者谓始于管子女闾，实则天地间有此一事，非由人制创始也”，并广泛征引文献，“以远俗言之”[11]，以验证其说

---

① 《俞正燮全集》（壹），第631页。
② 《俞正燮全集》（壹），第629页。
③ 刘清阳：《俞正燮的社会思想》，《西北大学学报》1984年第4期。
④ 《俞正燮全集》（壹），第236页。
⑤ 于石：《俞正燮癸巳两稿引文解读》，《古籍研究》2003年第3期。
⑥ 《俞正燮全集》（壹），第604－620页。
⑦ 《俞正燮全集》（叁），第230页。
⑧ 参见《俞正燮全集》（贰），第148页。
⑨ 《俞正燮全集》（叁），第222－223页。
⑩ 《俞正燮全集》（贰），第23页。
⑪ 《俞正燮全集》（贰），第622－623页。

成立。

可见，俞正燮的“那些富于近代色彩的新思想”，并不是无中生有，而是“经过曲曲折折的引经据典，旁及小说、笔记、诗赋，然后从容道出”，“可以说是‘以传统反传统’”[①]。

（三）情理推断

俞正燮一生曾参加三次科考，两次会试名落孙山，[②] 以致终生都是一介布衣，因此他总能以平常人眼光，看待世上万物，人间百态。因为在俞正燮看来，古今情理无二，互融相通，故而他在女性人物的生平事迹考订上，时常据此评判是非，考辨正误，真正做到了“以平常人的态度，缘人情物理，公平求实的说话论事”[③]。蔡元培还特别指出，俞正燮“对于不近人情的记述，常用幽默的语调反对他们”[④]。

俞正燮明确反对一夫多妻制，他在《妒非女人恶德论》文中，开宗明义，指出“妒在士君子为恶德，谓女人妒为恶德者，非通论也”。他广引《汉书》、《魏书》、《旧唐书》、《新唐书》、《明会典》中准许诸侯、王公、贵族、官僚等可娶妻、妾、媵多达数十乃至数百人，“时无限制”这一事实，并因此为妇女“妒忌之心生”进行辩解，“妒者，妇人常情”，事出有因，是妇女对男子多妻的一种无言反抗。他又指出，“妒”其实还是维持“家道”，即“言致一”的夫妇之道的“上德”。他说：

> 夫妇之道，言致一也。夫买妾而妻不妒，则是恝也，恝则家道坏矣。天地细缊，万物化醇，男女媾精，万物化生。《易》曰：‘三人行则损一人，一人行则得其友’，言致一也。是夫妇之道也，依经史正义言之，妒非女人恶德，妒而不忌，斯上德矣。[⑤]

可见，俞正燮从“妒”是人之常情出发，认为男子可以妻妾成群，而又不准妇女有所嫉妒，这实在是有悖情理。

又如前文提到的李清照晚年再嫁之事，俞正燮力辩其非是，除了用文献佐证之外，还从情理上予以否认。他指出，“绍兴十一年五月十三日，綦崇礼婿阳夏谢伋寓家台州自序《四六谈麈》时，易安已六十，伋称为‘赵令人李’。若崇礼为处张汝舟婚事，伋其亲婿，不容不知。又下至淳祐元年，时及百年，张端义作《贵耳集》，亦称‘易安居士，赵明诚妻’。易安为嫠，行迹章章可据”。俞正燮还说：

---

① 高瑞泉：《天下何人还识君》，《读书》1994年第4期。

② 参见余敏辉：《俞正燮‘数困公车’考》，《史学史研究》2009年第4期。

③ 于石：《试论俞正燮的妇女观》，《江淮论坛》1995年第5期。

④ 中华书局编：《蔡元培选集》，中华书局1959年版，第325页。

⑤ 《俞正燮全集》（壹），第632页。

且《启》言："牛蚁不分，灰钉已具。弟既可欺，持官文书来辄信。身几欲死，非玉镜架亦安知。呻吟未定，强以同归。猥以桑榆之暮景，配兹驵侩之下材。"易安，老命妇也。何以改嫁复与官告？又言："视听才分，实难共处。惟求脱去，决欲杀之，遂肆欺凌，日加殴击。岂期末事，乃得上闻，取自宸衷，付之廷尉。"是又闺房鄙论，竟达阙廷，帝察隐私，诏之离异。夫南渡仓皇，海山奔窜，乃舟车戎马相接之时，为一驵侩之妇，从容再降玉音，宋之不君，未应若是。

指出李清照当时年岁已高，"以情度易安"，不可能去"改嫁复与官告"；再者南渡偏安朝廷，"海山奔窜，乃舟车戎马相接之时，为一驵侩之妇，从容再降玉音"[①]，也实在有违常理。

此外，俞正燮反对男子出妻，反对妇女守节、女子守贞，以及妇女缠足等，都是从情理出发的，正如有学者指出，"他的推己及人，是包括推男及女在内的，比孔孟程朱那般儒家的片面恕道高强多了！"[②] 由此也可见，俞正燮"治史仍不忘伦理问题，能以'人情'为衡史之具，这又是其超出王鸣盛和钱大昕之处"[③]。

还应该指出的是，对于上述几种考证方法，俞正燮往往还结合实际情况综合运用，如他对李清照生平事迹的考辨就是如此。

二

有学者认为，"持平的伟大思想家，应该是为男女两性而思想的，但中国的传统思想家，似乎只为男性一性而思想，而俞正燮是一位极不平凡的例外"[④]。作为近代崇尚女权思想的先驱者，俞正燮对女性人物的考据，不仅方法科学理性，而且其特点也十分明显，很值得做进一步归纳和总结。

（一）立意高远

自古以来，男尊女卑，社会地位极不平等。且不说所谓"红颜祸水"，把男人的失败归罪于女人，就是生活中也被种种精神枷锁束缚着，如男人可以多妻，女人却要遵守妇德；男人可以任意休妻，女人则必须从一而终；男人可以外出闯荡，四海为家，女人不得不裹着小脚，深锁绣楼，而这些都是几千年来封建礼教造成的。"俞

---

① 《俞正燮全集》（壹），第763－779页。

② 蔡尚思：《中国礼教思想史》，上海古籍出版社2006年版，第127页。

③ 葛飞：《周作人与清儒笔记》，《鲁迅研究月刊》2003年第11期。

④ 张妙清、叶汉明等：《性别学与妇女研究——华人社会的探索》，（台北）稻乡出版社1997年版，第215页。

正燮是著名考据学家中最表同情于不幸的妇女者”[①]，他非常鲜明地反对摧残、迫害、歧视妇女的言行，可见“在中国封建社会中，像俞正燮这样充分利用历史上留下来的思想资料，从各个方面不遗余力地宣传男女平等的理想，可以说是空前的”[②]。

女子缠足，是和宦官、科举并列的中国封建社会三大“遗产”之一，其特色最为显著，因为它在国外从未发生过。明清时期，缠足之风越演越烈，女子从四五岁时就开始缠足，且脚缠得越小越美。其实，“三寸金莲”的病态美，不仅对女子是一种人身摧残，即俗语所说“小脚一双，眼泪一缸”，而且由于缠了脚，行动极为不便，以致不能外出参加劳动生产，终身被禁锢于闺阁之中。基于此，俞正燮极力反对缠足，他在全面考察缠足历史后，深感忧虑地指出，“古有丁男丁女，裹足则失丁女，阴弱则两仪不完”[③]，认为古代男女都是劳动力，缠足会使中国社会丧失了二分之一的劳动力，还会危害全民族的身心健康。俞正燮从事关“国计民生”这样的高度去反对缠足，别有新意，呼出了他那个时代的强音。

封建礼教对女性的道德要求既伪善又悖情理，一方面要求为男子守贞节，另一方面又要求承认一夫多妻制，而且还不允许有任何怨恨，否则便是“妒”，这是封建社会千余年来强加给妇女的一大恶名。为此，俞正燮特地以诙谐的笔调撰写了《妒非女人恶德论》予以辩护，特别强调婚姻是以感情为基础的，而女人的“妒”正好说明了符合人性的婚姻制度，只能是实行一夫一妻制，而这也是去除女人之“妒”的根本。有学者还做了如下分析：

> 中国旧时代男子视女子为泄欲的工具和玩物，达官贵人妻妾成群，众妻妾争风吃醋，乌烟瘴气，这罪过当然是男子造成的；然而男子为了随心所欲，还不准女人妒，认为“女人妒为恶德”，连女人的这点不得已的用以反抗娶妾的“妒”的权利也从“道德”上予以彻底否定了。在这男性中心的社会里，谁要正正经经地劝男子不要买妾，那是无人听从的，所以俞正燮别出心裁地借着女人的“妒”来立论：“妒在士君子为恶德，谓女人妒为恶德者，非通论也。”“妒者，妇女常情”。“二妇同夫，志不相思，心怀不平，志常愁怨。”妇女之“妒”乃是实行多妻制的结果，多妻而女人不妒，那才奇怪呢！因此，要娶妾的人，就要容忍夫人的妒；夫人若不妒，那家道也就要败坏了。但如果任凭夫人发泄其妒，那男人的日子也就不好过了，所以说到底，还是实行一夫一妻制为好。[④]

此外，俞正燮在《并配义》文中，他还含蓄地批评中国皇室实行的多妻制度为

① 蔡尚思：《中国礼教思想史》，上海古籍出版社 2006 年版，第 127 页。
② 张承宗：《俞正燮男女平等思想述评》，《安徽史学》1990 年第 2 期。
③ 《俞正燮全集》（壹），第 643 页。
④ 许苏民等：《明清启蒙学术流变》，辽宁教育出版社 1995 年版，第 748 页。

不合理，要求坚持“一帝一后之说”，并指责“三代以下，议礼者徒为不诚也”①。

（二）胆识过人

俞正燮一生家境贫寒，迫于生活压力，不得不佣书为业，笔耕养家，穷困度日。不过，正是由于他来自社会下层，更多了解民众；虽不乐仕进，却笃好读书，博通古今；尤其是他个性鲜明，高介绝俗，为人处世，特立独行，因而能不苟流俗，对古今事物有自己的独立思考和见解。正如蔡元培所评价，“男女皆人也，而我国习惯，寝床寝地之诗，从夫从子之礼，男子不禁再娶，而寡妇以再醮为耻。种种不平，从未有出而纠正之者。俞先生从各方面为下公平之判断”②。

俞正燮读书治学，不迷信经典，更不惧怕权威，体现出尚真求实和大无畏精神，其果敢勇气极为可嘉。试举一例说明：

> 《礼·曾子问》云：“既纳币，有吉日，女之父母死，婿使人吊；婿之父母死，女之家亦使人吊；女死，婿齐衰而吊，既葬除之；夫死亦如之。”此言有吉日之后始有此吊。知者，《曲礼》云“女子许嫁，缨。非有大故，不入其门。”谓婿非大故不入女门，注言“女子有宫”，亦由命士以上女母家，男子不入女门。按“命士以上，父子异宫”，谓父子并命士以上，若父命士以上，子尚未为士，亦从父宫，盖物力止能如此。女在家从父，不闻女亦别有门，知其说非也。许嫁后有吉日，男女父母死，犹不入其门，仅使人吊；必女身死，始为“大故”。其身重于其父母者，未成昏则各亲其亲，礼如是也。女死，婿齐衰吊者，女死则无嫌入其门，齐衰以示恩。吊者，吊女家人。夫死亦如之者，言女家使人往吊，不须齐衰葬除，其所“如”，仅在吊耳。注谓“如其齐衰，而推之以斩”，则应如其“葬除”。古礼婿于女之父母礼简，婿吊女家可也；女于婿之父母礼重，又吊者吊生人，女未识男面，于其家人不能正名之，何以为吊？女弱非能成吊礼，其婿葬或缓溺，女斩焉丧服他行，匝月、三月而后归，曾不如死之为愈矣。郑君虽大儒，其说不可用也。或从而说之曰：“注言斩，则非吊服，经不言婿死，言夫死，则当斩而不除。”是强合记与注为一，且又不与其除。使经诚如此，非人情，虽经亦不可用也。③

可见，俞正燮从男女平权出发，明确反对未婚夫死，女子理应前往服孝吊丧的做法。对此，有学者大加赞叹：“大家知道，自汉代董仲舒黜百家尊儒术以来，历来对儒家经典无不顶礼膜拜，清代更是一片颂圣颂经之声，俞正燮竟喊出这般石破天惊的声音，这是何等勇气！大家还知道，清代的显学是朴学，又称汉学，以解经为中坚，

① 《俞正燮全集》（壹），第562页。

② 《俞正燮全集》（叁），第282页。

③ 《俞正燮全集》（壹），第116页。

以郑玄的注释为根基，俞正燮竟不以郑玄为然，又是何等见识！”①

贞节观是针对女性的一种特有的束缚，是传统中国社会两性不平等关系的一种典型体现。然而，俞正燮却公然宣称妇女再嫁合理，认为不准女子再嫁，“此非人情”，并强调单方面苛责“妇无二适”，乃是“无耻之论”②。其实，俞正燮所痛斥的“无耻之论”，正是直接针对北宋理学家程颐所提倡的“饿死事小，失节事大”贞节观来说的。不难看出，俞正燮当程朱理学“如日中天”之时，竟然敢于如此痛斥程颐，这是需要相当大的勇气的。

又如前文论及的，俞正燮明确反对女子缠足，有学者发表了如下看法：

> 当年朱熹在福建推广裹足是以“绝淫风”为理由的，似乎女子能走出家门就非“淫”不可，因而采用此种惨无人道的手段，道学家真善于以己之心揣度他人矣！……俞正燮在满清王朝大力表彰朱熹，不遗余力地推行道德礼教下移运动的时候，敢于批判朱熹推行的裹足，真是有胆识！③

需要指出的是，俞正燮维护女权，大多是借发挥经义、就事论事来表达，他不仅批判言辞激烈，而且观点进步新颖，大多是发前人之所未发，在当时可说得上是离经叛道，惊世骇俗。

当然，俞正燮的观点难免遭受非议，如李慈铭就曾抨击俞正燮“颇好为妇人出脱”，指责他的《节妇说》、《贞女说》、《妒非女人恶德论》“语皆偏谲，似谢夫人所谓生于周姥者”④，由此也可见他的言论之大胆。

（三）形式多样

总览《癸巳类稿》、《癸巳存稿》，不难发现“这两本书，洋洋八百余篇文章，都是考据性的”⑤。单就俞正燮对女性人物的考据文章而言，不仅学术性、规范性、可读性都很强，而且能免于落入俗套，因文制宜，体例灵活，如有的撰文专考，有的则论考结合、述中有考，甚至有的以辑代考，考据形式和内容结合紧密，相得益彰。而就具体的考证形式而言，主要有以下几种：

一是训诂。如俞正燮提倡夫妻相互平等，为了正本清源，他从训诂学角度对“妻”字做出新的解说：

> 《白虎通》云：“妻者，齐也，与夫齐体。”《郊特牲》云：“壹与之齐，终

---

① 于石：《试论俞正燮的妇女观》，《江淮论坛》1995年第5期。
② 《俞正燮全集》（壹），第629－630页。
③ 许苏民等：《明清启蒙学术流变》，辽宁教育出版社1995年版，第750页。
④ 《俞正燮全集》（叁），第236页。
⑤ 于石：《俞正燮癸巳两稿引文解读》，《古籍研究》2003年第3期。

身不改。”此后起义也。按，夫者，扶也，扶起为阳；妻者，栖也，栖定是阴。《昏义》云：“古者天子后、三夫人、九嫔、二十七世妇、八十一御妻。”《曲礼》云：“天子有后，有夫人，有嫔，有世妇，有妻，有妾。”又云：“公侯有夫人，有世妇，有妻，有妾。”则妻不为齐明也。[①]

俞正燮还指出：“《白虎通》云：‘女，如也，从如人也。’《释名》云：‘女，如也。青、徐州曰婟。婟，忤也，始生时，人意不喜，忤忤然也。’”[②] 应该指出的是，俞正燮对文字训诂，并不是纯学术性的，他往往还要揭示其言外之意。如他对“姬姨”称谓考辨后，进一步阐释：

或曰：今姨娘是姬娘。此却不然。母之姊妹曰从母，今曰姨，贵妾呼姨，若以为主母之姊妹也者，即古之娣媵，又以明女君不妒忌，其意美矣。[③]

二是订误。俞正燮在《大象传后义》文中，指出孔颖达《周易正义》所说“称后者，兼诸侯也”为谬误，“实为周之王后也”[④]。他认为，“阿嬭之称又为尊矣，非乳母之名也”[⑤]；“《左传》言赵衰取叔隗，文公反国，又以季隗女妻之，生同、括、婴。《史记·赵世家》亦删之，而谓文公未出亡时衰已生三子，不合事实”[⑥]。

至于《史记索隐》以吴娃为惠文后，俞正燮予以辩驳，指出“吴娃为惠文之母”[⑦]；而“娣姒”之称，“是据妇年大小，不以夫年为大小”[⑧]，仅表明在家庭中长幼关系而已。他又针对“儒言古妇人嫁后归宁，此外无至父母家者”[⑨]，力证此说谬误，与事实不合。

此外，他在《观世音菩萨传略跋》、《观世音菩萨名义考》等篇中，广征佛教典籍，就观世音菩萨出身、名号、行事等，加以详实考辨，以证明管夫人所说“为妙庄王第三女，名妙善”[⑩]，有根有据。

三是辩诬。俞正燮还以散考形式，为历史上一些才女名媛鸣冤叫屈。除了极力为李清照改嫁辩解外，他还在《鲁二女》文中指出，《春秋·僖公十四年》“季姬及鄫子遇于防”，《公羊传》、《谷梁传》都解释为“淫通”，这是诬告之词。他据《左传》所载史实予以驳斥，并感慨地说：“季姬盖老矣，遭家不造，为古贵妇人之失势

① 《俞正燮全集》（贰），第149页。
② 《俞正燮全集》（贰），第148页。
③ 《俞正燮全集》（贰），第177页。
④ 《俞正燮全集》（壹），第2–3页。
⑤ 《俞正燮全集》（贰），第179页。
⑥ 《俞正燮全集》（贰），第263页。
⑦ 《俞正燮全集》（贰），第266页。
⑧ 《俞正燮全集》（壹），第118页。
⑨ 《俞正燮全集》（贰），第150页。
⑩ 《俞正燮全集》（壹），第729页。

者，不料汉人恕己度人，好言古女淫佚也。”[①] 此类辩诬的内容很多，可参看拙文《俞正燮女性人物考论成就述评》有关论列，不再赘述。

四是考异。如昭君出塞、远嫁漠北匈奴和亲之事，为历代文人所咏叹，俞正燮则在《昭君》文中，不仅详列其名字、家世的异说，而且对她的亲属、婚姻以及子女情况做了详细考证。[②] 此外，他还在《题昭君图三首》中，对王昭君的身世以及有关传说做了进一步辨析。[③]

总之，考据是朴学通儒俞正燮一生读书治学的重要方法和手段，也是他学术成就最为显著的方面。一方面，俞正燮的考据方法极其科学，既重视“书证”，广征博引，又擅长“理证”，求情责实；另一方面，考据特点非常突出，以考据经世，忧国忧民，有胆有识，有理有据。正如诸伟奇评价那样，俞正燮“治学迎难而上，于前人未解决或聚讼纷纭的问题，更为着力；其考辨不囿陈说，力辟新径，屡有创获”[④]，俞正燮是清代一位称得上考据大师级的著名学者。

---

① 《俞正燮全集》（贰），第32页。

② 《俞正燮全集》（贰），第286页。

③ 参见《俞正燮全集》（叁），第38－39页。

④ 诸伟奇：《古籍整理研究丛稿》，黄山书社2008年版，第94页。

徽州家谱研究的学术审思

谈家胜

（池州学院教授）

徽州家谱以其存世数量大、善本多、价值高著称于世，是徽学研究所资的重要文献资源。上世纪80年代初，张海鹏先生编修《明清徽商资料选编》时，“涉猎各类书籍共二百三十余种，其中徽州各姓的族谱、家规近百种”①，占所涉书籍种类的近半数，可见张先生颇为看重家谱的资料价值。上世纪末，徽学研究受到学界高度关注的同时，中国的谱牒学研究也取得了长足的进展②，徽州家谱研究也因而纳入了学人的视野。可以说，徽州家谱研究既是中国谱牒学研究的重要领域，也是徽学研究的重要组成部分。1989年，汪琴鹤撰写《浅议谱牒学及家乘资料的利用》一文，以歙县、绩溪的许氏家族的《许氏宗谱》为例，分析谱牒的“牵强附会，漫补世数”的流弊，并简述了徽州家谱资料的学术利用价值③。该文可视为徽州家谱研究的发端。此后，有关徽州家谱的研究文章陆续问世。进入本世纪，徽州家谱的研究引起了学界的重视，论述也渐渐多了起来，不论在综合性研究方面，还是在理论研究与个案研究方面，都提出了一些值得关注的见解。本文试对此作一简要的述评，以便于学界同仁参考。

需要说明的是，历史上徽州谱牒名目繁多，为叙述方便，本文以通俗的称谓“家谱”统称；既然谓之“家谱”，当指具有血缘性质的谱牒。历史上徽州还编纂出非血缘性质的地域望族汇谱，如《新安名族志》、《休宁名族志》等，从名称上看，似属于“志”的范畴，这方面的研究情况不在本文述评范围之内。

一、徽州家谱文献的存世资源、特点及价值

存世的徽州家谱文献到底有多少，迄今尚难有一个准确的统计数据。大致说来，有以下几种统计：戴圣芳根据《中国古籍善本书目》、《中国家谱综合目录》、《上海图书馆馆藏家谱提要》，结合安徽大学图书馆、安徽大学徽学研究中心特藏室以及黄山学院徽州文化资料中心相关资料统计，海内外目前公藏机构收藏的徽州谱牒文献

---

① 张海鹏、王廷元：《明清徽商资料选编·前言》，黄山书社1985年版。

② 王泉根：《中国谱牒学及其八九十年代研究综述》，《文教资料》1999年第5期。

③ 汪琴鹤：《浅议谱牒学及家乘资料的利用》，《徽州社会科学》1989年第1期。

多达1342种[①]；当然，戴文的统计也只是一个参考的数字，因为它未能包含私家的藏谱，而1997年中华书局版《中国家谱综合目录》则“是在十多年前大多数图书馆尚未对馆藏家谱进行整理的基础上编成的不全面的联合目录”[②]，因此，不少徽州存世家谱尚未在戴文统计之内。薛贞芳在统计一些公藏单位的数据后，认为“除香港、台北外，国内27家单位共收藏的（徽州）谱牒约1700种”[③]。薛文的统计范围已大于戴文，但仍未包含私藏谱牒。胡益民在整理、撰写《徽州文献综录》过程中，辑索出“散藏于民间而未被《联合目录》即《中国家谱综合目录》著录者尚有近400种”[④]。徐学林对公私收藏的徽州家谱文献进行了统计和粗略的估算，认为“保守数目也逾2000种”[⑤]。从近年来仍有零星的谱牒文本发现来看，卞利认为“徽州族谱的总量大体不会低于2500种”[⑥]。结合学者已有的统计，我们可以认为2000余种的数目比较贴近徽州家谱的存世实况。

如此浩繁的家谱文献主要存藏于国内一些图书馆、文博收藏单位和有关科研机构，存藏较为分散。为便利学界了解、求索、利用馆藏资源，1997年中华书局出版了《中国家谱综合目录》、2009年上海古籍出版社出版《中国家谱总目》。从上述工具书的统计来看，上海图书馆、国家图书馆所藏徽州家谱数量较丰。上图收藏徽州家谱467种，王鹤鸣撰文统计、分析了该馆典藏徽州家谱文献的具体种类和特点，认为徽州家谱数量多、质量高、善本家谱超过半数，并选择汪、谢、程、张、洪、陈、项等姓氏的八种家谱文献作了介绍[⑦]；关于国图所藏徽州家谱的情况，笔者在《国家图书馆所藏徽州家谱的特点与价值》一文里，就其藏本质量、姓氏谱籍、稀见谱牒和学术价值等方面作了阐述[⑧]，并出版了一部专著，对国图收藏徽州家谱文献的概况、具体藏目以及部分稀见文献作了较为细致地研究[⑨]。黄山市博物馆馆藏家谱200余种，其中完帙家谱约占一半，善本家谱约20种，该馆研究人员翟屯建、姚昱波、倪清华等以系列文章在《徽州社会科学》上刊出《黄山市博物馆藏家谱提要》，就完帙家谱部分作了较详细的介绍[⑩]；此外，翟屯建在《文献》上撰文对该馆所藏20余种善本家谱作了述要，并对其价值作了简析[⑪]。这类揭示馆藏徽州家谱文献资

① 戴圣芳：《徽州望族的谱牒文献》，《寻根》2006年第3期。

② 徐建华：《中国的家谱》，百花文艺出版社2002年版，第158页。

③ 薛贞芳：《徽州谱牒述略》，《安徽大学学报》2000年第2期。

④ 胡益民：《〈徽州文献综录〉前言［附凡例］》，安徽大学徽学研究中心编：《徽学》（第3卷），安徽大学出版社2004年版，第152页。

⑤ 徐学林：《徽州存世谱牒及其开发利用》，《江淮论坛》2000年第4期。

⑥ 卞利：《明清时期徽州族谱的纂修及刊刻等相关问题研究》，安徽大学徽学研究中心编：《徽学》（第5卷），安徽大学出版社2008年版，第211页。

⑦ 王鹤鸣：《上海图书馆馆藏徽州家谱简介》，《安徽史学》2003年第1期。

⑧ 谈家胜：《国家图书馆所藏徽州家谱的特点与价值》，《历史档案》2009年第2期。

⑨ 谈家胜：《国家图书馆所藏徽谱资源研究》，安徽大学出版社2011年版。

⑩ 《徽州社会科学》（内刊，皖准印证第09－2001号）自1996年第3期至1998年第1期，每期一篇，连续刊发《黄山市博物馆藏家谱提要》，共七篇。

⑪ 翟屯建：《黄山市博物馆藏善本家谱述要》，《文献》1996年第3期。

源的论、著，提供了徽谱文献的存量、特征及重要家谱的有关资讯，便于研究者参考。当然，关于这方面的资源，仍有进一步揭示的必要。

关于存世徽州家谱文献的特点，学界有大致相同的认识，即善本多、数量大、类型丰富[①]。赵华富在《徽州族谱数量大和善本多的原因》[②]一文中，分析徽州谱牒种类特别多，数量特别大的原因，是由于徽州宗族的繁荣、仕宦和徽商的积极参与、“万山回环”的地理环境等三方面因素共同作用的结果。如此丰富珍贵的谱牒文献宝藏，必然蕴藏着极大的学术研究价值，这一学术价值在徽学实证研究之初就被学人看重。20世纪80年代初，张海鹏、王廷元主编的《明清徽商资料选编》，就从近百种徽州家谱文献中采摘了徽商活动的材料，认为“谱牒所载往往比史、志更翔实而具体，有不少是史、志所不载而家谱记述之……其史料价值则是必须肯定的”[③]，高度评价了徽州家谱在徽商研究中的重要史料价值。

从理论上研究、揭示徽州家谱的价值稍后于徽学的实证研究。徐学林在《徽州存世谱牒及其开发利用》一文中，分析徽州名谱，认为徽州的家乘族谱“对于研究宗法思想、家族制度、民族迁徙融合和经济、社会、政治史都有很大的文献价值”[④]；卢茂村的《谱牒与徽州谱学》一文认为“举凡社会、政治、经济、军事、文化艺术、（谱牒）几乎无不涉及，故对学术研究关系至巨”，谱文资料“往往可补正史甚至地方志的不足”[⑤]；周惊涛从移民史特别是商业移民史研究、民俗史研究、宗族制度的研究等三个方面，详细论述了徽州存世家谱的社会史资料价值[⑥]。赵华富针对胡适在《曹氏显承堂族谱序》中所论“中国的族谱虽然极多极繁，其实没有什么民族史料的价值”的观点，撰文从人丁繁衍、祠堂建设、族田设置、谱牒修纂、族规家法和文化典籍等六个方面，证明“徽州谱牒中有丰富、珍贵的汉民族社会史、经济史、文化史等资料”[⑦]。应该说，谱牒文献的学术价值是毋庸置疑的。梁启超在《中国近三百年学术史》中指出“（族姓之谱）实重要史料之一。例如欲考族制组织法、欲考各时代各地方婚姻平均年龄、平均寿数，欲考父母两系遗传，欲考男女产生比例，欲考出生率与死亡率比较……等等无数问题，恐除族谱家谱外，更无他途可以得资料。我国乡乡家家皆有谱，实可谓史界瑰宝”[⑧]。徽州谱牒因其存世数量大、善本多，不仅是徽学研究领域里一大宝藏，也是支撑中国谱牒之学研究的文献支柱之一。

关于徽州家谱的功能，历史上宗族统治者认识很明确，即奠世系、序昭穆，起

---

① 戴圣芳：《徽州望族的谱牒文献》，《寻根》2006年第3期。

② 该文原载于《中国谱牒研究——全国谱牒开发与利用学术研讨会论文集》，上海古籍出版社1999年版，第279-288页；也收录于作者的论文专集《两驿集》，黄山书社1999年版，第391-401页。

③ 张海鹏、王廷元：《明清徽商资料选编》，黄山书社1985年版，“前言”。

④ 徐学林：《徽州存世谱牒及其开发利用》，《江淮论坛》2000年第4期。

⑤ 卢茂村：《谱牒与徽州谱学》，《合肥教育学院学报》2000年第3期。

⑥ 周惊涛：《徽州存世家谱的社会史资料价值》，《安徽师范大学学报》2005年第1期。

⑦ 赵华富：《中国谱牒：始迁之祖、文化认同与民族史料》，《安徽大学学报》2008年第3期。

⑧ 梁启超：《中国近三百年学术史》，天津古籍出版社2003年版，第372页。

到"尊祖、敬宗、收族"的功效。今人在理论上进一步探析徽州家谱功能的专论性研究文章不多，陈瑞在《明清时期徽州族谱的控制功能》一文中，认为"明清时期，仕宦、乡绅、商人等徽州宗族精英分子之所以积极参与族谱的编纂活动，其主要目的之一即在于利用族谱加强族内控制"，族谱的功能由原先相对较为单纯的族史文献发展为过于突出"谱法劝惩"教化的功能①。

二、徽州家谱的编纂、内容与体例及谱法研究

谱牒的编纂和谱牒内容与体例的研究，是近年来徽州家谱研究的重点，研究的力度较深，成果较多。

赵华富先生在此方面关注较早，撰写出《宋元时期徽州族谱研究》②，对宋元时期保存的15种徽州族谱进行考察，论述了"宋元时期徽州宗族的修谱活动"、"宋元时期徽州族谱的体例和内容"和"宋元时期徽州修谱的宗旨"三个方面的内容，提出了"（宋元时期）徽州宗族'家自为谱'开始繁荣"、"徽州族谱体例与内容经历了一个由简到繁的历史发展过程"的结论，认为"宋元时期，徽州宗族纂修族谱的宗旨是奠世系、序昭穆、尊祖、敬宗、收族，主要目的是收族"。这是一篇论述全面、重点突出的文章。陈瑞在《元代皖人的史志编纂活动》一文里，就谱牒编纂方面重点研究徽州地区的族谱编纂活动，认为目前全国留存下来的元代族谱，以徽州地区为最多，编纂者大多为宗族的在任官员、致仕官僚和学者文人等知识精英，"因而，体例严谨、资料翔实"③；其另一篇文章《明代徽州家谱的编修及其内容与体例的发展》认为，明代是中国谱学发展史上一个崭新的时期，该时期徽州地区家谱编修较前代更为频繁，形成了全民重视修谱的传统④。翟屯建认为明中叶以后，"宗族设立谱局修谱成为纂修族谱的主要形式，但还存在个人撰写家谱的现象"，二者在纂修的规模、篇幅与流传形式，体例与内容，记载内容的真实性方面均存在着差异，"公修族谱反映的是文献历史，私撰家谱更接近于历史实态"⑤。就明清时期徽州家谱纂修、刊刻、印刷、避讳等家谱修撰和管理的一些基本问题，卞利有两篇论文值得一读。一是《明代徽州谱牒的纂修、管理及其家国互动关系研究》从纂修和管理的视角，对明代徽州谱牒纂修与管理制度及其家国互动关系进行系统的探索，认为明代徽州谱牒纂修、刊刻和管理中国家、地方官府和宗族之间互动是双向的，一方面"地方官府对当地宗族纂刻谱牒颁发牒文、告示予以认可和支持的做法行为，始

① 陈瑞：《明清时期徽州族谱的控制功能》，《安徽大学学报》2007年第1期。

② 该文原载于《元史论丛》（第七期），后收录于作者的论文集《两驿集》，黄山书社1999年版，第162－173页。另，2004年安徽大学出版社出版赵华富先生的《徽州宗族研究》，该书第四章专论徽州宗族的族谱，内容除沿袭其在《两驿集》中有关徽州家谱的文论外，还增添了"明清及民国时期的徽州谱牒"内容。

③ 陈瑞：《元代皖人的史志编纂活动》，《史学史研究》2008年第3期。

④ 陈瑞：《明代徽州家谱的编修及其内容与体例的发展》，《安徽史学》2000年第4期。

⑤ 翟屯建：《徽州私撰家谱与公修族谱的差异》，《安徽史学》2006年第6期。

终贯穿着对宗族开展编刻谱牒、强化家国一体观念的接受和认可”，另一方面“徽州宗族自身为了获得所纂刻谱牒的权威性，也往往借助国家和地方官府来伸展自己的意志，通过主动邀请国家和地方权力介入的办法，达成官府和民间行为的一致，维护自身组织和群体的利益”；[①] 另一篇是《明清时期徽州族谱的纂修及刊刻等相关问题研究》，该文深入分析并厘清了徽州族谱纂修的宗旨和谱例、组织和经费、征信和阙疑、纂修人员的报酬、族谱的刊刻印刷及避讳等问题，有益于读者更深刻地了解徽州宗族与徽州谱牒文化[②]。

徽州家谱内容与体例问题更为学界所关注。翟屯建的《略论家谱内容与体例的演变》一文，选取黄山市博物馆藏10种明代徽州家谱进行分析，认为明嘉靖时以前的家谱，其内容还带有早期谱牒的痕迹，体例上主要以苏、欧两种谱式为主；“明嘉靖时是家谱由单纯的世系向一族之全史式的氏族管理典籍制过渡阶段，内容和体例也还不够完备。隆庆和万历是近世家谱的定型期”[③]。陈瑞的《明代徽州家谱的编修及其内容与体例的发展》一文，认为“与宋元谱相比较，明谱新增加的内容主要体现为宗规家训、世德闺范、族产祠产等宗族制度的相关方面”，体例上“除沿袭欧苏谱例外，还增加了‘志’‘图’‘考’‘录’等项新内容”，而统宗谱、会通谱的大量出现是“徽州明修家谱内容丰富和体例渐趋完备的一个重要体现”[④]。赵华富在比较宋元和明清时期的徽州谱牒后，认为明中期以后，随着商品经济的繁荣和资本主义生产关系的萌芽，引起徽州宗族风俗的“浇漓”，“徽州谱牒都围绕宣传封建道德，厘正社会风俗，巩固宗族统治这一宗旨编纂”，因而谱牒体例和内容发生了变化，体例上“虽然基本上遵循欧、苏‘一图一传’的‘图传体’，但是，绝大多数谱图的人名之下都增加了生平简介”，内容上“增加了祠堂、祠产、族规、村图、像赞、祭祀、行辈联、余庆录、领谱编号等，有的谱牒还有书馆、庙宇、桥梁、山场水道等等”[⑤]，反映了随着社会的变化，谱牒的内容也发生了变化。宋杰在《徽州家谱与徽州方志》一文中，对徽州方志和家谱的体例与内容进行了比较，认为“徽州方志编撰的体例、内容等也直接影响到家谱的修纂，并使徽州家谱呈现出鲜明的地域特色”[⑥]。王鹤鸣在整理谱牒资料的过程中，较注重徽州谱牒的研究，认为“宋代欧阳修、苏洵创立的五世图式体例，构成了徽州谱牒的基本框架，可谓之徽州谱牒之体；南宋朱熹的理学思想，则成为徽州谱牒的精神支柱，渗透到徽州谱牒的方方面面，

① 卞利：《明代徽州谱牒的纂修、管理及其家国互动关系研究》，《江海学刊》2010年第1期。

② 卞利：《明清时期徽州族谱的纂修及刊刻等相关问题研究》，安徽大学徽学研究中心编：《徽学》（第5卷），安徽大学出版社2008年版，第209－239页。

③ 翟屯建：《略论家谱内容与体例的演变》，王鹤鸣主编：《中国谱牒研究—全国谱牒开发与利用学术研讨会论文集》，上海古籍出版社1999年版，第131－138页。

④ 陈瑞：《明代徽州家谱的编修及其内容与体例的发展》，《安徽史学》2000年第4期。

⑤ 赵华富：《徽州谱牒在明代中期的发展变化》，王鹤鸣主编：《中华谱牒研究》，上海科学技术出版社2000年版，第52－63页；另参见赵华富：《徽州宗族研究》，安徽大学出版社2004年版，第231－237页。

⑥ 宋杰：《徽州家谱与徽州方志》，《乐山师范学院学报》2010年第7期。

可谓之徽州谱牒之魂”①。族规家训是谱牒里重要内容，汪琴鹤的《绩溪宗谱中的家训》一文，从积极的层面分析徽州家谱中的家训具有重视教育、道德和勤俭持家的共性特征②。世系图是谱牒的主体部分，各种家乘族谱都详予载记，以明世系、叙昭穆，追本溯源，但明清时期徽州谱牒也存在着攀宗冒祖的现象，黄国信、温春来对比研究新安程氏的三部统宗谱（南宋程祁修《程氏世谱》、明代程孟修《新安程氏诸谱会通》和程敏政修《新安程氏统宗世谱》）的祖先谱系，认为“时间越往后，谱系越清晰，但这种越来越清晰的程氏谱系及其对远祖的追溯，可能与事实上的程氏传承历程，正产生着越来越大的距离”。这种祖先认知和祖先谱系重构的现象，在徽州谱牒里在在有之，“远祖”多追溯至黄帝、尧、舜等，以至于时人在编修谱乘时特立《谱辨》给予考证。产生这一现象的原因可能是唐宋时期北方维持着修撰谱牒的传统，并“已经修撰出诸多世系清楚的不同姓氏的谱牒，成为明清各地撰修族谱的依据”③。赵华富则认为这种现象“表面上看是修谱者将黄帝、尧、舜作为自己宗族的‘远祖’，实质上他们表述的仅仅是中华民族绝大多数人的一种历史文化认同观念”，并非如胡适所批评的那样是“源远流长的迷信”④。显然，赵华富的这种高屋建瓴的认识较之于胡适过分拘泥“考据”的观点，要高明得多。

谱法是指家谱纂修的书法及其评价理论，关系到谱乘内容的取舍和谱系的构建，指导着谱学自身的发展。如“书善不书恶”、“无征不信”、“传信传疑”等，历史上家谱修撰者素来重视。这方面的研究有下述的文章值得一读。徐道彬《论戴震对徽州族谱的看法》一文，认为戴震治谱“一本治史修志之法，溯源求实，阙所不知”，这种实事求是，无征不信的书法，是其考证求实的朴学特色在谱法上的运用⑤。林济《汪道昆的谱本宗与宗法收族理论》一文，详析嘉靖、万历年间徽州名宦汪道昆的谱本宗活动及其“亲亲收族”、“详所自出”的小宗谱法，并分析其谱法思想的社会根源是世家大族的独立性追求和以村落宗族为中心的社会现实的需求⑥。与小宗谱法相对应，徽州还流行大宗谱法（或称统宗谱法）。林济从剖析程敏政的《新安程氏统宗世谱》入手，揭示出程敏政的统宗谱法秉承了欧、苏谱法中的宗法收族主张，却摈弃欧、苏谱法“五世一图”的体例，“强调建立以百世不迁的别子为始祖的统宗谱系”，开创了会贯宗支世系的统宗谱例，引发了徽州士大夫文人的谱法讨论，形成了“以统宗收族为根本，以存疑存阙为史法的徽州谱法”⑦。族谱主要通过明世系、辨昭穆，达到尊祖、敬宗、收族的功能，重视的是对男性血缘世系的记录，女性是作

---

① 王鹤鸣：《试论徽州谱牒的体与魂》，《复旦学报》2006 年第 1 期。

② 汪琴鹤：《绩溪宗谱中的家训》，《档案工作》1991 年第 6 期。

③ 黄国信、温春来：《新安程氏统宗谱重构祖先谱系现象考》，《史学月刊》2006 年第 7 期。

④ 赵华富：《中国谱牒：始迁之祖、文化认同与民族史料—对胡适〈曹氏显承堂族谱序〉中几个问题的看法》，《安徽大学学报》2008 年第 3 期。

⑤ 徐道彬：《论戴震对徽州族谱的看法》，《黄山学院学报》2006 年第 2 期。

⑥ 林济：《汪道昆的谱本宗与宗法收族理论》，《史学月刊》2006 年第 7 期。

⑦ 林济：《程敏政统宗谱法与徽州谱法发展》，《安徽史学》2008 年第 4 期。

为男性的配偶而被记录下来的。胡中生《清代徽州族谱对女性上谱的规范》一文，对清代徽州女性上谱的书法作了详细考察，认为“女性上谱的书法遵循着夫为妻纲和母以子贵、重门第正名分、彰显封典节烈以及善于持家等原则”①。

家谱在其发展过程中之所以体例与内容日臻完备且有着严密的谱法，与时人对家谱的评价理论的形成以及史学理论对家谱的影响密切相关。关于这方面的探讨，徐彬有两篇文章值得一读。《论徽州家谱的评价理论》一文认为“去夸诬就简实”、“董狐直笔”是确立家谱书法的评价标准，“对社会、国家能起到厘定风俗的作用”是确立家谱功能的评价标准；据此，历史上徽州学者对家谱的纂修提出了诸如“知人论世”、“因其文而得其心”等具体评价方法。②《历史意识与历史编撰理论对明清徽州家谱的影响》一文对史学理论与徽州家谱的关系作了深入地揭示，认为“以稽先世，以贻将来”的历史传承思想是明清徽州家谱发展的动力，“大有关于家教者”的历史借鉴思想是明清徽州家谱努力的方向，正史的史表影响了家谱体例，信史原则对明清徽州家谱编修者的态度有直接影响。③ 正是评价理论的形成和史学理论的运用，指导并促进着徽州家谱的发展与繁荣。

通过上述文章的分析，我们能对宋代以降，尤其明清时期徽州家谱的纂修概况、家谱的内容与体例及谱法有一个基本的理性认知。其中“内容与体例”是我们认识徽州家谱的主要部分，也应是徽州家谱有别于其他地区谱牒的特色所在。学术界在此方面虽已作了一定程度的论析，似仍有进一步深化研究的余地。

三、徽州家谱的个案研究

从徽州家谱的整体研究来说，作综合性理论研究，提出一些带有普遍性的问题进行分析，是十分必要的。而从研究的基础看，个案研究因其研究对象单一、研究内容具体、能够真实反映历史实态的研究特征，也是十分重要的。近年来这方面的研究也颇受学界关注。从目前笔者所搜集到的资料来看，个案研究的文章大体上涉及以下四个方面的内容：家谱所录文献及其价值分析、家谱中所载人物研究、家谱的编纂及有关谱序的真伪考辨、宗族社会的相关问题等。

家谱所录文献及其价值分析。明清时期的徽州家谱不仅载有谱主的行状，也附录大量的家族文献材料，是我们研究宗族社会文化的重要资源。汪庆元对安徽省博物馆藏善本、元代徽州家谱《新安旌城汪氏家录》作了初步分析，认为该谱“不仅为我们提供了南宋时徽州一个家族繁衍裂变的情况，（谱录文献）还记录了当时乡村中诸如科举、书院、义庄、义学、乡社等基层社会诸相，有较高的史料价值”，进而

① 胡中生：《清代徽州族谱对女性上谱的规范》，《安徽大学学报》2007 年第 1 期。

② 徐彬：《论徽州家谱的评价理论》，《安徽师范大学学报》2009 年第 2 期。

③ 徐彬：《历史意识与历史编撰理论对明清徽州家谱的影响》，《安徽史学》2010 年第 3 期。

指出徽州家谱的体例是“以文献和世系为核心”，注重家族纪实①；据此论断，汪庆元又对安徽省博物馆藏、嘉庆刻本歙县吴氏《冲山家乘》的纂修和所录文献作了细致的研究，认为“家族文献为一家之典，主要记述本家族的人和事”，正如吴氏家乘一样，这些具有丰富社会内容的徽州家族文献，既为修谱者所资，也藉谱牒得以传世②。这种藉谱传世的家族文献因存留于民间，世所难见，它们或保留有真实的历史信息可起到冰释史疑的作用，或在续修时有所变动而失却其真实性需要澄清。马彬通过对安徽省博物馆藏、乾隆刊本《新安东关济阳江氏宗谱》的世系及卷19《新传》附录《方外友宏仁论》的解读，澄清了史载模糊的新安画僧渐江的族属问题，认为在文字祸狱肃杀的历史背景下，纂修者以曲笔的文献形式给族人“渐江留得一席地位”③。王振忠细致地研究了上海图书馆藏、民国铅印本《绩溪庙子山王氏谱》，认为该谱的编修受到民国间“新方志”编纂的影响，是族谱和乡土志的混合体，它除了一般族谱习见的体例外，还在卷9至卷11的“宅里略”中，详细载录了“风俗”、“方言”、“歌谣”、“谚语”等民俗史料，勾勒出晚清民国时期民间社会的风俗画面④。上述文章都是就一谱所录的文献展开分析，从整体角度论述徽州家谱的文献类型及其价值的文章不多见。因此，笔者专作一文《徽州族谱所录文献的类型与价值》，将徽州族谱所录的文献分为谱论、史实、制度、文学、民俗、图景等六大类，并逐一探讨了每类文献的价值⑤。

家谱中所载人物的研究。人物是家谱内容的主体，谱之世系、行状都详予记载。因此，徽谱是我们进行群体或个体人物研究的重要文献之一。刘尚恒的《〈虬川黄氏宗谱〉与虬村黄姓刻工》一文，对道光十二年（1832）黄开簇等纂修的《虬川黄氏宗谱》的风貌和内容作了较详细的介绍，除探讨该谱的文献价值外，重点对谱中所录的主要刻工的生平和作品作了介绍，是我们了解黄氏宗谱和历史上黄姓刻工的重要文章⑥。王振忠还对近年来婺源詹氏宗族自身刻录的族谱光盘给予了研究，以光盘中收录的清光绪戊戌（1898）环川《（璁公房修）詹氏支谱》为主，勾勒出婺源著名墨商詹彦文的相关事迹，描述了詹氏墨商的经营状况和经营网络⑦。

家谱的编纂及谱序真伪的考辨。族谱的编纂，从个案研究的角度看，因其内容具体而显得更有价值。陈琪、胡筱艳依据祁门县博物馆藏、清光绪二十三年（1897）纂修《竹溪陈氏宗谱》文书（复印件）资料，对祁门竹源陈氏宗族的源流、宗谱纂

① 汪庆元：《〈新安旌城汪氏家录〉初探》，《文献》2003年第4期。

② 汪庆元：《徽州的家族文献与宗族文化——以歙县吴氏〈冲山家乘〉为中心》，《安徽史学》2006年第1期。

③ 马彬：《从〈新安东关济阳江氏宗谱〉看僧渐江》，《东南文化》1991年第2期。

④ 王振忠：《一部徽州族谱的社会文化解读——〈绩溪庙子山王氏谱〉研究》，《社会科学战线》2001年第3期。

⑤ 谈家胜：《徽州族谱所录文献的类型与价值》，《安徽师范大学学报》2010年第5期。

⑥ 刘尚恒：《〈虬川黄氏宗谱〉与虬村黄姓刻工》，《江淮论坛》1999年第5期。

⑦ 王振忠：《从徽谱史料谈徽州墨商的几个问题——以光绪戊戌环川〈（璁公房修）詹氏支谱〉为中心》，《安徽史学》2008年第1期。

修的缘起与组织、宗谱纂修的要求、宗谱的内容与结构、宗谱的付梓与保管等，作了全面研究，据此可了解清末徽州家谱编修的具体情况[①]。戴圣芳对存藏绩溪县宅坦村、民国十年（1921）刊印的《胡氏龙井派族谱便览》作了分析，认为它是编纂者们精心类辑并经过认真系统加工而成的一部单行本的普及性族谱，“无论在内容还是形式上，《族谱便览》都堪称是当时徽州族谱编纂中的一大创新”[②]。

谱序是家谱的重要内容，也是我们研读家谱承续的主要材料，其真伪至关重要。俞乃华通过整理黄山学院徽州文化资料中心所征集的200余部徽州家谱，发现有多篇朱熹所作的谱序世人未曾著录，并整理、分析、考证出两部家谱的谱序，即道光二十九年（1849）补刊的《西溪汪氏家谱》和宣统三年（1911）编撰的《泉塘葛氏宗谱》中的序文为朱熹所撰，非后人的套用伪作[③]。2002年上海古籍出版社、安徽教育出版社出版《朱子全集》第二十六册《朱子佚文辑录》，辑录者依据民国二十年（1931）重修的《新安月潭朱氏族谱》序文“谱凡三修：一举于宋，再举于明，三举于清康熙中，迄今又二百余年矣”，将该谱卷一作为朱熹所作的《婺源茶院朱氏世谱》收录。对此，赵华富通过明清至民国多版本的朱氏族谱的比较研究，考论出“民国重修《新安月潭朱氏族谱》卷一，一世至六世‘一以夫子定本为正’，七世至十世为朱汝贤续编”，因而“民国重修《新安月潭朱氏族谱》卷一非朱熹佚文”，朱熹纂修的《婺源茶院朱氏世谱》大概已经亡佚[④]。

家谱与宗族社会问题研究。在徽州宗族发展的历程中，出现过异姓承继和冒宗附祖的现象，谱牒里也有载记。栾成显对安徽大学徽学研究中心伯山书屋藏婺源《腴川程氏宗谱》进行分析，发现从明万历八年（1580）到清同治七年（1868）的288年间，4460名入谱的程氏男子内，有477人为异姓承继而来，占总人数的10%，说明“宋代以后，特别是明清时期异姓承继的相当普遍，实则表明这时的宗族已有从内部开始瓦解的倾向了”[⑤]。韩宁平对黄山学院徽学资料中心藏、清乾隆刻本《星源甲道张氏宗谱》（复印件）中的拟血亲承继材料作了量化的分析，“说明在清代徽州的拟血亲承继中，宗法原则仍然占据主导地位，而异姓承继也日益普遍与合法化”[⑥]。在徽州宗族衍变的过程中，冒宗现象也出现，卜永坚依据上海图书馆藏康熙八年（1669）刻本《新安程氏家乘》，结合美国犹他家谱学会藏本《新安世宗程氏琼公之谱》资料，对程氏宗族内部因改动程元谭墓地而引发的重大纠纷事件，进行

① 陈琪、胡筱艳：《清末徽州民间宗谱纂修活动研究——以光绪二十三年竹源陈氏宗谱文书为例》，《安徽史学》2006年第6期。

② 戴圣芳：《民国绩溪宅坦〈胡氏龙井派族谱便览〉简述》，《大学图书情报学刊》2006年第5期。

③ 俞乃华：《徽州宗谱中的两篇朱熹序文》，《黄山学院学报》2005年第1期。

④ 赵华富：《〈新安月潭朱氏族谱〉卷一非朱熹佚文考——与〈朱子全集〉辑录者商榷》，《安徽大学学报》2007年第3期。

⑤ 栾成显：《明清徽州宗族的异姓承继》，《历史研究》2005年第3期。

⑥ 韩宁平：《清代徽州的拟血亲承继——以星源甲道〈张氏宗谱〉为中心》，《黄山学院学报》2007年第4期。

了研究，还原式地分析了原本为程氏看庙守墓的细民方氏，改姓冒宗为歙县荷花池程氏的具体过程，“细致地展现了徽州宗族的文化建构过程”①。宗族社会的婚姻问题是家谱必载的内容，沈昕主要依据光绪《祁门善和程氏宗谱》，结合嘉靖《祁门善和程氏宗谱》和《善和程氏仁山门支谱》等资料，整理出祁门善和程氏宗族联姻的基本情况，揭示出该族联姻圈的基本特征是“婚配对象多是名门望族、聚居祁门本县、多为官宦世家、多通诗书礼仪”② 等，反映出明清徽州地方社会宗族联姻的影响因素和主要特点。

上述的个案研究，或者揭示一谱文献资源，或者透过一谱解读社会文化、管窥社会问题，体现出徽州家谱研究的细化和深化的特征。就近年来刊布的文章而论，可以说徽州家谱的个案研究已经渐热起来，但相对于存世的2000余种徽州家谱而言，尚属微不足道。研究的范围相对狭窄，较之于学术界所认可的徽州家谱对于研究宗法思想、家族制度、民族迁徙融合和经济、社会、政治、文化等都有很大的文献价值来看，个案研究范围和空间还十分宽广。

四、徽州家谱研究有待深化的几个问题

通观学术界关于徽州家谱的研究，概括说来，在文献资源的揭示、综合性的理论研究和具体的个案研究等三个方面，都有不同程度的发掘，并有广阔的前景。此外，根据笔者的浅见，为了进一步推进徽州家谱的研究，使其更加深化，似可在以下几个方面加以拓展。

其一，关于家谱与宗族社会的研究。“家之有谱，犹国之有史也”。此种表述在徽州家谱序文里泛泛可见；章学诚也明确地指出，“家谱图牒与状述传志，相为经纬，盖亦史部支流，用备一家之书而已”③。家谱确是家族之史，记载着本家族的世系脉络、聚落村社、祖先墓茔、人物事迹、礼仪制度、风俗习惯、家族文献等。因之，学术界在研究徽州宗族社会问题时，多从谱牒中征引材料，此类文章、著作甚多难以全索④。因其不是专以徽州家谱为研究对象，故不在本述评范围之内，但也说明了家谱与宗族社会问题研究的内在联系十分紧密。因此，从徽州家谱的角度来探析宗族社会问题，如宗族的嬗变、宗族社区的民俗、宗族人物的活动等，都有很大的研究空间。从现有的研究来看，已有文章涉及，这是徽州家谱研究继续深化的一

---

① 卜永坚：《明清徽州程元谭墓地的纠纷：以〈新安程氏家乘〉为中心》，安徽大学徽学研究中心编：《徽学》（第5卷），安徽大学出版社2008年版，第82－97页。

② 沈昕：《宗族联姻与明清徽州地方社会——以祁门善和程氏为中心》，《安徽大学学报》2009年第6期。

③ （清）章学诚：《〈刘忠介公年谱〉叙》，仓修良编注：《文史通义新编新注》，浙江古籍出版社2005年版，第537页。

④ 参见唐力行：《徽州宗族研究概述》，《安徽史学》2003年第2期。该文对半个世纪以来学界关于徽州宗族研究作了学术回顾和学术总结，认为“学者们广泛利用族谱、方志、契约、文书、笔记以及文献资料，对徽州宗族进行了多层次、多角度的研究，已经取得了丰硕的成果”。

个领域所在；况且“传世明本谱牒，大都是徽州一带大族居多，徽州以外绝少”[①]，这对于具体研究明清时期的徽州宗族社会的面貌，有重要的和不可替代的价值和意义。

其二，关于家谱所载内容的专题研究。早在20世纪20年代，梁启超就指出了谱牒文献所载内容的巨大学术价值，强调“如将来有国立大图书馆能尽集天下之家谱，俾学者分科研究，实不朽之盛业”[②]。其所谓“分科研究”，我们似可理解为分专题研究。明清时期，徽州家谱记载的内容十分丰富，如其中历次修谱的序文和大量的家族文献，因被载入谱牒得以传世，有学者据之认为徽州家谱的体例是以“世系和文献”为中心，这方面的材料应值得我们珍视。谱序皆是族中学人亲撰，或请族外名人叙写；家族文献“必择其最著者收采，载诸谱末，以见一家文献之盛云”[③]。它们兼具史学和文学的双重价值，是徽州家谱所储存的一个宝藏，可作专题性研究。邢永川在《试论谱牒序跋的文献价值—兼谈中国谱学的若干问题》一文里，谈到“谱牒序跋保留着大量中国谱学的理论精华，它对中国谱学史的研究具有相当重要的作用”[④]。如若就明清至民国间的徽州家谱的谱序作纵向的梳理和研究，似可揭示出家族修谱的具体指导思想及其时代特点。诸如此类的专题性研究，应是徽州家谱研究深入发展的另一个方面。

其三，关于民国年间的徽州家谱研究。就已有的研究而言，学术界较多关注明清时期的徽州家谱，这无疑是正确的和必要的。同时也必须看到，民国间所修家谱的研究对于反映历史变迁对家谱编纂有何影响，而此时的家谱又在何种程度上折射出社会的变化，也有较高的学术价值。因此，关于民国时期徽州家谱的研究也是一个尚待关注的方面。正如有的研究者所指出的那样：晚清尤其民国时期，“中国社会基本上处于扰攘状态，自然在很大程度上影响谱牒的兴修”[⑤]。冯尔康先生在其论著《18世纪以来中国家族的现代转向》的“第七章 20世纪上半叶的家谱修纂和谱例改良”里作了宏观上的阐释，但援用民国年间的徽州家谱极少。该时期徽商雄盛不再，世事纷乱不宁，这一时移世易的历史局面对徽州宗族谱牒的纂修自会产生一定的影响。王振忠认为民国铅印本《绩溪庙子山王氏谱》的编修受到民国间“新方志”编纂的影响，是族谱和乡土志的混合体；戴圣芳认为民国十年刊印的《胡氏龙井派族谱便览》是编纂者们精心类辑并经过认真系统加工而成的一部单行本的普及性族谱，是当时徽州族谱编纂中的一大创新。这都说明，民国时期的徽州家谱仍有其时代的特点，从理论上加以研究应有比较高的学术价值。

---

① 裴雲：《从天一阁谈到东方图书馆》，1934年2月3日《大公报》，第11版“图书副刊”。

② 梁启超：《中国近三百年学术史》，天津古籍出版社2003年版，第372页。

③ （清）王祺纂修：《新安武口王氏统宗谱·凡例》，雍正四年（1726）刻本，安徽省博物馆藏。

④ 邢永川：《试论谱牒序跋的文献价值—兼谈中国谱学的若干问题》，《谱牒学研究》（第3辑），北京书目文献出版社1992年版，第285－294页。

⑤ 冯尔康：《18世纪以来中国家族的现代转向》，上海人民出版社2005年版，第289页。

其四，关于徽州家谱的叙录性研究。“叙录是我国古代三种解题形式（叙录、传录、辑录）中最基本最主要的一种……它的特点是以简明扼要的文字勾勒出文献的概略”①，多用之于文献编目。这种叙录体的古籍文献目录，在今天馆藏家谱资源的揭示上也被运用，即多以“提要”的形式编目。然而，“提要”字数最长者也仅有数百字，尚难全面地展示一谱之内容。因之，学界又以论、著的形式作详细地叙录，但涉及徽州家谱的详细“叙录”性成果不多，目前仅有十四篇文章（含内刊《徽州社会科学》连载的七篇）和一部专著，涉及徽州家谱近百部，相对于数千种徽州家谱而言，这种叙录性的成果可谓少之又少。因此，笔者在《试论“叙录”在徽州家谱文献资源揭示中的作用》一文里提出，“叙录”的作用体现在三个方面：能深度揭示馆藏徽谱资源、全面展示一谱文献的体例与内容、充分揭示徽谱文献的具体价值，② 期以引起学界同行的重视。可以说，这方面的研究既显得必要和迫切，也有着较大的研究空间。

五、结束语

徽州家谱研究不仅是徽学研究的一重要组成部分，也是中国谱牒学研究领域的一部分，它虽然已经走出了仅仅作史料供人们引用的早期阶段，走上了明清徽州社会研究和中国谱牒学研究的重要舞台。但随着徽州家谱研究的深入，其本身所蕴藏的巨大学术价值愈加被学术界所珍视，存世2000余种的徽州家谱尚有不少沉睡于馆库之中，其固有的文献资料价值尚没有得到充分的利用。可以说，徽州家谱研究的序幕已经拉开，高潮还在后面。这就是徽州家谱研究的现状和未来。

（注：本文原发于《安徽大学学报》2009年第6期，今作补充修订。限于能力和资料掌握的有限，学界关于徽州家谱的研究成果，本文或有遗漏，敬请谅解。）

① 高长青：《叙录体的创立对后世目录学的影响——兼论目录学的演变和发展》，《甘肃社会科学》2005年第1期。

② 谈家胜：《试论“叙录”在徽州家谱文献资源揭示中的作用》，《宿州学院学报》2010年第4期。

民国徽商、乡村工业与地方市场

——培本有限公司经营账簿研究

马勇虎

（黄山学院教授）

随着徽商研究的深入，近代徽商研究逐渐成为学术界关注的课题。不过，近代徽商研究成果中有关晚清徽商的论著相对较多，而民国徽商的史料发掘和研究至今仍是空白。遗存民国初年培本有限公司账簿数量多达26册，类型多样，内容丰富，详细地记录了民国初年该公司的经营实态，为民国初年徽州乡村工业与近代徽商研究提供了第一手珍贵史料。本文拟以培本有限公司账簿为对象，试对其作一初步考察分析，并就徽商与地方资本市场、商品流通和供求市场，以及劳动力要素市场等问题加以探讨，敬请批评指正。

一、培本有限公司及其账簿简介

培本有限公司创立于民国十二年（1923）[①]，为乡村织布企业。生产白布和花色布等产品，主要销售于屯溪和邻县，生产和销售两旺。1937年，抗日战争爆发，因纱源断绝而停产。1945年，抗战胜利，恢复生产，改名平民布厂，1947年，迁厂到屯溪。[②]

公司创办人为卢崇卿，徽州黟县十一都卢村人，少年时曾到上海经商学艺，后研究织布技术，于是回到家乡创办织布厂，租用宏村三座大祠堂为生产车间[③]。宏村与卢村为临近村落，分别为黟县十都和十一都，相隔只有2公里[④]。利用宏村闲置的

---

① 培本有限公司创立时间应为民国十二年（1923）。《培本有限公司民国甲子年立银钱总附乙丑年银钱草》账簿可见，账簿的第1页记有“民国甲子年膳癸亥年清账于下”类目。“甲子年”即民国十三年（1924），该年账簿在年初记账时，膳录了上一年度“癸亥年”即民国十二年（1923）的经营性银钱收支和结存情况。由此推断，培本有限公司至少在民国十二年已经成立，比方志记载的时间早二年。有关培本有限公司在民国十二年的经营活动，《培本有限公司甲子年立杂支货力》“甲子年膳癸亥杂支”、《培本有限公司甲子年立生财材料》“甲子年膳癸亥年账”类目的记载中，均可以见到该年度购买生产材料以及“杂支”等活动。账簿记载表明，民国十二年培本有限公司已经存在经营活动，培本有限公司有可能在这年创立。《黟县志》有关培本有限公司成立于民国十四年（1925）的记载似不准确。

② 黟县志编撰委员会编：《黟县志》，光明日报出版社1988年版，第222页。

③ 周光庭：《黟县第一个民营工业》，政协黟县文史委员会编《黟县文史》首辑，1997年内刊本，第126页。

④ 程必定等：《“江南第一雕楼”卢村》，《徽州五千村》黟县卷，黄山书社2004年版，第92页。

祠堂，不仅满足了设厂所需的厂房，而且空间距离较近，也容易得到卢氏家族的支持。由于黟县位于皖南山区，故而培本有限公司为典型的山区乡村工业。

培本有限公司设为总厂和第二厂两个生产实体。分厂与总厂每天开动机器20部，可织布15匹左右[①]。民国十九年（1930），培本有限公司雇佣“70人从业”[②]，可见其规模不小。其中第二厂存有账簿，记载24名织工织布数量以及开支的工钱，织工人数也有一定规模[③]，且第二厂的生产能力并不低于总厂[④]。

培本有限公司的机器设备主要由铁木织机（铁轮机）和木织机构成。铁轮机又叫铁木机，系铁木合制的机器，其主要传动部件是铁制机件，安装在木制机架上，通过织工的双脚踩动踏板驱动，生产效率比传统织机有很大提高。纺织业发达的江苏南通、海门等地1930年代才有使用铁木机的记载[⑤]。因此，木织机、铁木织机的混合使用，表明在机器设备和技术水平上，培本有限公司乃至于徽州乡村手工业尚处于过渡的时代。

培本有限公司遗存有大量的经营性账簿，凡26册，现藏于黄山学院图书馆。该系列账簿，时限始自民国十二年（1923），迄于民国十六年（1927），属于培本有限公司早期阶段的经营账簿。按账簿类型归类，共有银钱总簿3册，批发账簿5册，棉纱、色布和白布账簿4册，织工、绕纱工账簿6册，日生账簿2册，杂支账簿4册，各路进货账簿1册，各路往来账簿1册，合计26册。这些账簿详细记录了培本有限公司早期阶段的进货、销售、开支、结算等经营细节，展示出培本有限公司市场经营的具体形态，是研究民国初年徽州乡村工业的第一手资料。

本文即以这些账簿为基础，通过对培本有限公司股东、股本金和流通资金借贷的分析，研究培本有限公司的股东构成、投资回报率与借贷利率等内容，揭示出民国初年徽州金融市场融资与借贷的基本特点。根据培本有限公司进货和销售等市场经营环节的考察，研究培本有限公司经营地与货源市场、销售网络和销售市场的地理空间，进而揭示出公司市场经营的基本特点。依据账簿有关工人情况的记载，研究培本有限公司雇佣劳动关系，从中反映出民国初年徽州劳动力市场发育的基本情况。总之，以培本有限公司为切入点，试图研究民国初年徽商经营与地方市场的若干问题。

---

① 《培本有限公司甲子年正月立各路进货附开货》。

② 黟县志编撰委员会编：《黟县志》，光明日报出版社1988年版，第222页。

③ 《培本第二厂丙寅年立织工》。

④ 《培本有限公司丙寅年元月吉立白布总》记载，民国十五年（1926）二月，收进总厂12匹，二厂24匹。三月收进二厂130匹。说明第二厂的生产能力不低于总厂。

⑤ 史建云：《第一次世界大战后十年间中国手工业的转型》，中国社会科学院近代史研究所民国史研究室、四川师范大学历史文化学院编：《1920年代的中国》，社会科学文献出版社2005年版，第234页。

二、培本有限公司与近代地方市场

根据培本有限公司账簿资料，以下对培本有限公司的资本构成、进货、生产、销售等经营环节进行初步的考察，在此基础上，对培本有限公司与地方市场试作初步的分析。

（一）股本构成与地方资本市场

资本金是公司设立的首要条件。账簿记载了培本有限公司股东、股本金额，以及投资时间，较为具体地反映出培本公司股本的构成情况，从中可见徽州地方资本市场融资的基本状况。如：

> 收圣记股本洋五拾元正。癸三月底。
> 收胡仲记股本洋五拾元正。癸六月初十。
> 收俞玉记股本洋五拾元正。癸七月初二。
> 收卢映记股本洋五拾元正。癸腊月十八。
> 收卢子记股本洋五拾元正。癸腊月十八。
> 收卢继记股本洋叁拾元正。癸腊月十八。
> 收丁霭记股本洋五拾元正。甲二月初四。
> 收吴寿记股本洋五拾元正。甲二月十四。[①]
> 收崇记股本，洋贰佰元。(癸亥年)[②]

由上述股东构成看，民国十二（癸）年合计股本280元，此外还有卢象山200元股本[③]，合计480元，股东共8人。从股东构成看，卢姓6人[④]，约75%比例，俞姓和胡姓各1人，约25%比例。民国十三（甲）年初有丁霭记、吴寿记2名新股东入资培本有限公司，股本100元，此时外姓股东占股东人数的40%，比例略有增加。同时，年中又有新股东和股东增资的情况，该年《银钱总簿》记载：

> 三月初三，收卢静记股本洋五拾元正。
> 收沈志记股本洋贰拾元正。
> 收不列名记股本洋叁拾元正。

---

① 《培本有限公司民国甲子年立银钱总附乙丑年银钱草》，“民国十三年岁次甲子银洋总”。

② 《培本有限公司民国甲子年立银钱总附乙丑年银钱草》，“民国甲子年腊癸亥年清账于下”。

③ 《培本有限公司甲子年正月立各路往来附乙丑年》，“卢象记申庄”。

④ 卢姓股东5人中含“圣记”。“圣记”为卢子坚经营，事见《培本有限公司甲子年正月立各路进货附开货》所附书信底稿。

六月朔日，收卢继记股本洋七拾元正。①

因卢继记“六月朔日”为追加投资，故培本有限公司股东人数共13人，资本总额950元，其中卢姓股东7人，其他姓氏6人，分别为53%和47%的比例。从股本金额看，卢姓股本700元，为股本总额的74%，他姓股东250元，只是26%的比例。从股东及股本的比例构成中，可以清楚地看出，培本有限公司已经吸纳了一定比例的外姓股东，尽管比例不高，但却显示出民国初年徽商逐步摆脱传统徽商家族合资经营的模式。

股东资本的投入自然追求回报，账簿记载了培本有限公司偿还股本的时间、数额及回报的利息，例如：

270天，13元5角。	三月三十，付亦洋五拾元正。圣记过。
200天，10元。	六月初十，付亦洋五拾元正。仲记过。
178天，8元9角。	七月初二，付亦洋五拾元正。玉记过。
110天，5元4角3分9。	九月初九，付洋四拾元正。里过用。
	十二月十八，付洋四拾元正。宜过用。
12天，1元九角2分。	又，付亦洋壹佰元正。映子记过。
	又，付亦洋叁拾元正。继记过。②

文中“洋”、“亦洋”为墨西哥英洋的简称和别称。圣记、仲记、玉记等均为民国十二年（1923）入资的股东，其股本在使用270天、200天、178等天后按日息1厘收取回报，因此可知，股东资本的回报是以天数计算。若转换为月利率，则利率3分。这在其他股东的记载中得到印证，例如：

326天，16元3角。二月初四，付亦洋五拾元正，霱记过。
310天，24元8角。二月廿，付亦洋五拾元正，寿记过。
291天，29元7角。三月初三，付亦洋壹佰元正，静、志、不记过。
165天，8元2角5分。七月十日，付亦洋五拾元正，付里用。
130天，2元8角，八月，付亦洋五拾元正，宜记过。③

霱记、寿记、静记等均为民国十三年（1924）入资的股东，其资本的回报也是月利3分。从时间上看，资本使用时间最长326天，最短12天，表明公司对股东的约束力不强，股东可以随时抽回自己的资金。因此，培本有限公司并不是严格意义

---

① 《培本有限公司民国甲子年立银钱总附乙丑年银钱草》。
② 《培本有限公司甲子年正月立各路往来附乙丑年》，“卢象记申庄”。
③ 《培本有限公司甲子年正月立各路往来附乙丑年》，“卢象记申庄”。

上的“有限公司”，一定程度上却具有传统合伙制的特点。

培本有限公司在创建和经营中得到了卢象山的支持，如方志资料记载：

办厂初期因资金缺乏，只置了数十台木机，只是织些小白布……培本布厂经过数十年的经营，规模逐步扩大，同时得到外出经商的卢村人卢象山先生的投资帮助。①

卢象山生平情况不详，从上述方志资料中仅知其与卢崇卿同为黟县卢村人。培本有限公司的账簿中专门列出“卢象记申庄”② 类目，记载二者之间的经济往来，这些记载反映出卢象山向培本有限公司放贷时间、金额以及收回的利息，其债权人身份不言而喻。这些借贷的记载，为研究地方金融市场的利率提供了第一手资料。如民国十二、十三年的记载：

癸年六月初四，收亦洋七元（办元粉）。付息毛子，206 天，1 元 4 角 2 分。
五月初八，收亦洋壹元七角，办看布镜。232 天，3 角 9 分 4。
十二月初九，收洋贰拾元正，由义生汇来。21 天，4 角 2 分。
甲子年元月廿二日
收亦洋壹佰元正，又屯汇来。28 天，2 元 8 角。
二月十二，收亦洋拾五元，过付办货，318 天，4 元 7 角 7 分。
297 天，29 元 7 角。三月初三，付亦洋壹佰元正，静、志、不过。
三月初十，收亦洋拾元正，过付办庄，297 天，2 元 9 角。
四月十九，收亦洋壹佰拾五元七角一分，办纱庄，251 天，29 元 4 分 3。
七月初二，收亦洋肆拾八元叁分，纱庄，178 天，8 元 5 角 4 分 6。
165 天，8 元 2 角 5 分。七月十四日，付亦洋五拾元，付里用。
130 天，6 元 5 角。八月付亦洋五拾元，宜记过。
十月六，收洋二佰六拾五元六角一分八，付售庄，82 天，21 元 7 角 8。③
22 天，1 角。十一月二十九，付亦洋五拾元，里用。

在上述的记载中，借款金额、时间及利息十分清晰，从中可见其月利率 3 分。而同时期长江中下游乡村的高利贷利率，也只是 2 分左右。④ 显然，徽州的利率略高于长江中下游地区。

① 周光庭：《黟县第一个民营工业》，政协黟县文史委员会编《黟县文史》首辑，1997 年内刊本，第 126 页。

② 所谓“申庄”即是在上海开始的分号。

③ 《培本有限公司甲子年正月立各路往来附乙丑年》，“卢象记申庄”。

④ 郭爱民：《民国前期长江三角洲农村高利贷问题与土地的流转》，《安徽史学》2009 年第 2 期。

在上述的考察可见，培本有限公司在黟县地方资本市场进行了融资，由于企业具有良好的发展前景，故而能够吸纳950元的资本入股，成为经营资金的主要来源，股东也获得了月利率3分的投资回报。与此同时，因为周转和营运的需要，培本有限公司也有借贷。偏高的利率反映了地方金融市场借贷的部分特点。

（二）市场供求与市场空间结构

企业在进货市场与销售市场的经济行为，一定程度上反映出企业与市场联系程度，而市场空间的构成则又反映出企业的属性。培本有限公司市场空间的考察，可以从进货市场与销售市场两个方面入手。

从记载进货的《培本有限公司甲子年正月立各路进货附开货》账簿看，公司购进的商品主要是水月纱等织布所需的棉纱。进货是公司生产的第一个环节，但徽州地区并不出产棉纱，故而培本有限公司只能从外地市场求购棉纱。账簿记载了培本有限公司通过信件询问纱价、办纱、催办纱等情节，从中可见其与货源市场的紧密联系。《培本有限公司甲子年立杂支草发信底收料后附木工簿》内有“发信日期”类目，自正月初五至十二月初二，共发出29通信件，寄达地点分别是杭州、屯溪、芜湖、九江、蕲水、上海等地。其中将发给卢象山的信件编为壹号、贰号、叁号等，并简要注明信函内容，如“四月初四，六号申一封，问纱价。”《培本有限公司甲子年正月立各路进货附开货》账簿也有“各路发信日期”类目，自元月至十二月，共发出信件14通，每封信件编有号码，如“元号申信一函”、“贰号申信一函”等，寄送地点分别为上海、溪口等地，并有简短的说明，如“四月初一，三号申信一封。改办纱。”“八月二十六，六号申信一函。催办纱。”由上述地名来看，进货市场主要是上海、浙江等地，并与这些市场保持着密切的联系。

账簿的最后存有一封写给“子坚叔父”的书信底稿。由于棉纱是织布的基本原材料，故而卢崇卿信中主要讨论从何种途径购买棉纱。从信中内容可知，培本有限公司棉纱需求量较大，“每月用纱须要两件，极少要一件半。”正是因为棉纱的短缺，卢崇卿购买棉纱的心情十分迫切，希望在叔父们的帮助下，能够由南通或者杭州购买棉纱。从卢崇卿购买棉纱的信函中，我们可以发现，培本有限公司依靠的是浙江、江苏、上海等地的货源市场，货源市场与公司生产地完全分离。故而从货源市场的角度看，培本有限公司与区域外市场保持着紧密的联系，说明近代徽州乡村工业已经卷入到市场经济的大潮中，成为其中的一分子。

产品只有在市场完成销售，才能实现生产的价值。毫无疑问，培本有限公司生产的布匹也需要进行市场销售，而销售市场空间大小在一定程度上能够反映出培本有限公司的性质。培本有限公司在销售方式上，采取以批发为主，兼及零售的模式，《批发》账簿反映了这种销售方式。《培本有限公司民国甲子年立批发誊清》记载了永生号、和丰号等30家批发布匹的商号，也就是说，布匹销售采用批发销售的方式。《培本有限公司民国乙丑年批发誊清》在记载批发商号批售情况之外，还立有

"各乡誊清"类目，详细记载了德兴嫂、连寿嫂等46人购买布匹的时间和金额。显然，德兴嫂、连寿嫂等人都是黟县乡村市场的农户。《培本有限公司民国拾五年岁次丙寅年春王吉立批发誊清》在记载批发商号名称的同时，也详细记录了批发商所处的地理位置，如黟城德裕号、西山永茂号、际村光兴恒号、际村和丰号等。根据《黟县志》，这些地名均位于黟县境内。由此可知，培本有限公司的销售市场基本位于黟县境内，市场空间不大，是以本地市场为主体的企业。

尽管培本有限公司以本地市场为主体，但其销售业绩却呈现良好的态势。《日生》、《银钱总录》账簿记载了销售业绩的这一态势：

> （民国十三年）日生洋490元9角9分8①。钱64300，入洋33角5分。②
> （民国十四年）通年钱洋两总结共记日生壹千贰百零贰元八分。③
> （民国十五年）全年钱洋两共日生壹千七百零五元。④

民国十三年（1924）日生合计490元43角4分8厘。从三年的销售业绩看，培本有限公司的销售营业额逐步上升，民国十四年（1925）的日生销售额1202元8分，是上一年度的二倍多，增长幅度达到59%，民国十五年（1926）日生销售额1705元，其增长幅度高达41%。由此可见，培本有限公司早期阶段的生产、销售状态基本良好，保持着稳定的增长率，反映出黟县地方市场对工业产品存在较强的购买意愿，也折射出徽商只有实现近代转型才能获得新的生机。

（三）织工与劳动力要素市场

工人管理制度体现着企业的性质。账簿记载了培本有限公司织工管理制度，显示出该公司雇佣劳动关系的基本形态，揭示出培本有限公司与地方劳动力市场的关系。

首先，在雇佣工人的构成上，以村落周边的村民或外地人员为主。《织工》账簿具体记载了工人的姓名，如忠荫嫂、慎修嫂、祖同嫂、忠和娘等⑤，如上文所云，这些织工均为黟县卢村周围的村民。同时，也雇佣外地人员，如"细英，太邑人。"⑥"太邑"，即临近的太平县。从周边劳动力市场雇佣村民及外地人员从事工业生产，表明培本有限公司已经突破了传统徽商家庭、家族经营的局限。

其次，织工生产管理上，突出了质量和效率。由于布匹销售价格取决于布匹的

---

① 《培本有限公司民国甲子年立银钱总附乙丑年银钱草》，"民国十三年岁次甲子银洋总"。
② 《培本有限公司民国甲子年立银钱总附乙丑年银钱草》，"民国十三年岁次甲子钱总"。
③ 《培本有限公司民国乙丑年吉立银钱总》。
④ 《培本有限公司民国丙寅年春正月吉立银钱总》。
⑤ 《培本有限公司民国甲子年正月立织工》。
⑥ 《培本有限公司乙丑年立绕纱工元册》。

质量，因此布匹的质地决定企业的业绩。培本有限公司在织工生产管理上，将织工所织布匹分为甲、乙、丙、丁四个等级，如织工"老静"自五月初一至十一日共生产"甲等十八匹一丈五尺。计洋2元4分7。"① 同时期"老月女士"共生产"乙等五匹一尺，7角4厘。"②"老保""丙等十二匹一丈一尺，计洋1元4角5分4。"③而织工"老彩"则是"丁等。六匹四尺。"④ 公司则依据所织布匹等级计算工钱，对于提前完成的工人给予一定的奖励。

为生产更多的布匹，培本有限公司实现奖励，鼓励织工超时完成任务。账簿记载了奖励的办法：

> 五月廿八，甲等十九匹，计洋2元9分。
> 　　收奖励洋2分。
> 七月初八，甲等。收奖励洋4分。超先二天。
> 　　甲等共织十叁匹二丈一尺，并奖励洋1元5角6分4。
> 廿九，本月共织城布四匹，6角4分。
> 　　巴布十叁匹贰丈壹尺，1元5角2分4。
> 　　收奖励洋4分，共计2元2角4厘。
> 十月卅，本月共织布十六匹贰丈，2元3角1。
> 　　收奖励洋2角5分。
> 冬月卅，本月共织城布叁拾五匹半，4元9角7分。
> 　　收奖励洋1元。
> 腊月十一，共织布十八匹壹丈八尺，2元5角8分3。
> 　　收奖励洋2角5分。⑤

由上述记载可知，7月8日织工"老静"所织布匹仅为13匹2丈1尺，总数低于5月28日的19匹，但因为完成任务时间"超先二天"，故能获得"奖励洋4分"，高于5月28日2分的奖励洋。同样，12月11日所织布匹为18匹1丈8尺，数量多于10月30日的16匹2丈，但奖励洋均为2角5分，这就说明，虽然二次织布数量不同，但由于完成任务的时间相同，故而奖励金额相同。此外，账簿还有"老巧"等织工所得"奖励洋"的记载，其奖励办法与"老静"相同。显然，时间效率成为发放奖励的主要依据。

也有部分织工不能按时完成任务。对于延时织工，其工钱明显地低于普通织工。

---

① 《培本第二厂丙寅年立织工》，"老静"。
② 《培本第二厂丙寅年立织工》，"老月女士"。
③ 《培本第二厂丙寅年立织工》，"老保"。
④ 《培本第二厂丙寅年立织工》，"老彩"。
⑤ 《培本第二厂丙寅年立织工》，"老静"。

例如：

七月廿六，过期廿天，丙等。共织7匹3丈8尺。

计洋8角。[①]

六月廿四，过期一月三天，丁等。6匹4尺。

计洋6角1分。[②]

“珍眉”、“老彩”由于时间超过二十天、一月零三天，故其所织布匹为丙等和丁等，其工钱只是每匹洋钱1角，低于平均每匹1角4分的工资。由此可见，质量和效率原则在培本有限公司织工管理中反映的较为突出，也具体地说明了培本有限公司雇佣劳动的性质。

三、余论

从上述的考察中可以发现，培本有限公司在资本市场、销售市场，以及劳动力要素市场上表现出新的变化。这些变化反映出近代徽商与传统徽商的不同，显示出近代徽商转型之后的生产、经营的具体形态。因此，培本有限公司个案资料具有较高的研究价值，从中揭示出徽州乡村工业与近代徽商、地方市场等若干重大问题。

第一，发展路径。长期以来，学术界普遍认为，鸦片战争之前中国手工业内部已经孕育着资本主义萌芽，中国传统手工业和资本主义现代工业之间有着内在的、前后相承的关系。早在20世纪60年代，戴逸先生指出，“中国封建社会末期社会经济和手工业所达到的水平，是中国近代机器工业由以产生的出发点和内在根据。离开了这个出发点和内在根据，近代机器工业的出现就会成为不可理解的事情。”[③] 徽州为内地山区，经济欠发达，人们以外出经商为传统，几乎不存在类似资本主义萌芽形态的手工业。从培本有限公司创立的社会经济条件看，徽州地区没有任何工业基础和转型的社会条件，而是创办人卢崇卿在上海经商，并学习和掌握了织布技术之后，回到家乡创办的企业。因此，近代徽州乡村工业的创建并不是传统手工作坊近代转型的结果，而是在“振兴实业”热潮的影响下，拥有技术条件和社会阅历的“地方能人”发挥了关键作用。从这个角度看，徽州乡村工业的出现是外在因素作用的结果，这与江南和华北乡村工业的发展路径略有不同。

第二，市场结构。学术界认为乡村工厂大多设立于以集镇为中心的农村社区[④]，而培本有限公司的生产经营地点却是位于徽州黟县宏村偏僻的山村，不是“以集镇为中心的农村社区”，其经营生产模式比较独特。从销售市场看，培本有限公司只是

① 《培本第二厂丙寅年立织工》，“珍眉”。

② 《培本第二厂丙寅年立织工》，“老彩”。

③ 戴逸：《中国近代工业和旧式手工业的关系》，《人民日报》1965年8月20日。

④ 彭南生：《半工业化：近代中国乡村手工业的发展与社会变迁》，中华书局2007年版，第290页。

以县域地方市场为主，不仅市场结构单一，而且市场范围极小，反映出近代条件下徽商市场开拓能力的有限性。虽然培本有限公司每年的产量和销售额呈现逐年上涨的趋势，但其对货源市场的依赖性较强。这是由于徽州本是山区，更不是棉纱产地，所以无法提供培本有限公司扩大再生产的基本原材料，故而依赖江苏南通、浙江杭州等原材料产地。原材料的短缺，以及供应渠道的困难，说明培本有限公司对货源市场的依赖。从中不难看出，徽州本地没有棉纱供应，亦进一步说明近代以来的外国洋纱、洋布等洋货并没有进入徽州这样的内陆地区。而外国洋纱、洋布等洋货是否进入内地，则是学术界一直争议的帝国主义对华经济侵略的重要理论问题。①

第三，社会环境与企业变迁。前文已述，培本有限公司的经营与生产呈现出年年上升的势头。但好景不长，1937年抗日战争爆发，培本有限公司由于纱源市场断绝而被迫停产。1945年抗战胜利，公司恢复生产。因此，中国乡村工业的发展，不仅取决于内部因素，而且更大程度上取决于外部市场环境。培本有限公司从开工到停产、恢复生产过程体现着这样的环境变动，生动地反映了中国乡村工业发展与市场的历史变迁。

① 张思：《遭遇与机遇：20世纪初中国农村手工纺织业的遭遇和命运》，《史学月刊》2003年第11期。

万历《灵山院汪氏十六族谱》的编撰特点及其价值

徐　彬

（安徽师范大学教授）

汪道昆（1525—1593），徽州歙县人，是明代著名戏曲家、学者，抗倭名将，《明史》有传。《灵山院汪氏十六族谱》是他编修的一部重要的明代族谱，有重要的史料价值。通过对该谱的研究，可厘清汪道昆修谱的过程，了解该谱编修的特点及其价值，加深对明代徽州家谱的认识。

一、《灵山院汪氏十六族谱》的内容及编修过程

万历《灵山院汪氏十六族谱》题为“后裔司马道昆纂修”。全书由周本纪略、鲁世家略、越国世家、龙骧以下世表、本支世表、分支世表、世系小传、列传、丘墓志和典籍志十部分构成。在正文之外，篇首有李维桢写的《汪氏十六族谱序》和汪道昆写的《本宗谱序》和《小序》①，篇末有汪道晖撰写的《十六族谱跋》。

汪道昆修族谱是学界共认的事，今天可见最早提到汪道昆修十六族谱的是在其死后十年，俞均在所作的墓志铭中称“至其复始祖墓考，迁祖庙，修十六族之谱，凡以崇本始、广孝敬、联亲疏，靡不刳心焉。”② 另外，徐朔方在《汪道昆年谱》中记汪道昆在万历十九年修谱。

在这些记载中，只提到汪道昆修族谱一事，对其是否完成？是否为其独立完成则语焉不详。依据《灵山院汪氏十六族谱》记载，则可对该谱编撰时间和编修者有明确的认识——该族谱是汪道昆及其族弟汪道晖共同编修的。

该谱载万历壬辰年（1592）汪道昆开始着手编写《灵山院汪氏十六族谱》，但由于疾病发作，只是完成了部分内容。汪道晖称“岁在壬辰，始杜门首事，作大小序，略本纪世家，曰世表曰丘墓曰典籍仅启其端，若世系若列传未遑品陟，奈何疾

---

① 汪道昆：《太函集》卷26称《本宗十六族谱序》和《十六族谱小序》，黄山书社2004年版，第553、555页。

② 俞均：《山居文稿》卷7，明万历刻本，今藏台湾“国家图书馆”，见张剑《略谈〈汪道昆墓志铭〉的价值》，《河南教育学院学报》2008年第1期。

作，功用弗成”①。这段信息显示汪道昆只完成了族谱的体例设计和族谱序、本纪、世家部分，世表、丘墓、典籍志刚开了头，而世系、列传则因病发作没有动手。在《列传第八》汪道晖记载：“按余兄司马序列传，盖举质行较异者分类特书，今兹未遑，使后死者妄加评隲，是谓侵官，弗敢也”，进一步言明汪道昆未能完成列传的编集。

此外，从该谱《典籍志·叙》中亦可见“今是籍也，帝命王章畀首简，诸所论著类多海内宗工，若北地、若琼台、若历下弇州，斌斌著盛，而吾家司马又鼎足参之，郁郁乎文哉，虽百世可征已”，从文中称“吾家司马”，可见非汪道昆自撰。这一点在李维桢所撰的谱序中也得到了证明，李序称“故家谱牒信而有可征者，宜无如新安，新安右族宜无如汪氏，今汪氏之贤而显者宜无如司马伯玉昆季。司马伯玉昆季之谱其族也，其义数十，其凡有三”②，文中称“司马伯玉昆季”，亦可证该谱是汪道昆兄弟所为。

从汪道昆自己的记述中，也可看出该谱是由其族弟协助完成的。其在赠汪道晖的《寄园修谱似吉甫士能诗》中称“近属开盟府，名园作禹（寓）公。披襟斸溽暑，隐几卧薰风”，诗名直接使用“修谱”一词，而“吉甫”就是汪道晖的字，表明汪道晖是修谱的直接参加者。③

以上这些情况，在汪汝鹏的《十六族祭司马公文》中得到了更明确的说明，该文称：“合为十六，惟近与亲，考谱会盟，郊文宗鲁，勒成一家，用垂千古，胡功伊载，而公中瞑，龙门之义，未睹厥成”④，清楚地说明了汪道昆未能完成家谱的编修。

综上，《灵山院汪氏十六族谱》是汪道昆于万历二十年开始创修，因病未完成，由其族弟汪道晖协助续修的一部汪氏族谱。

二、《灵山院汪氏十六族谱》的编修特点

《灵山院汪氏十六族谱》的编修正处于家谱体例不断创新，不断走向成熟的阶段，不仅反映了徽州家谱编修的时代特点，也反映了汪道昆对家谱体例的认识。

（一）体例上继承《史记》并有所创新

上文提到“龙门之义，未睹厥成”，实指汪道昆对《史记》体例的继承，并将正史体例运用到族谱编修之中。而汪道昆心仪司马迁也时有表露，他说：“古人成一家言，必以名山为藏”⑤。他侄子汪康运也说他：“研阅取照，还凭寸心，逖稽龙门，

① 汪道晖：《灵山院汪氏十六族谱·十六族谱跋》。

② 李维桢：《大泌山房集》，《四库全书存目丛书》集部第150册，齐鲁书社1997年版，第661页。

③ 汪道昆：《太函集》卷112《寄园修谱似士能》，黄山书社2004年版，第353页。

④ 汪汝鹏：《十六族祭司马公文》，《灵山院汪氏十六族谱·祭文》。

⑤ 汪道昆：《太函副墨·自序》，万历二十七年刻本。

司马自叙其集以藏名山”①。

因此在修族谱时，汪道昆表现出对《史记》体例的继承。汪道昆在《十六族谱小序》中自称：“故略周本纪而举文王之概，始后稷而迄周公，作《本纪略》第一。略鲁世家而举周公之概，始鲁公而迄成公，作《鲁世家略》第二。颍川为受氏之祖，历十三世，迄龙骧将军令始新而启新都……唐宋元明，世爵世祀，足具世家，视异姓诸侯王侈矣，作《越国世家》第三。……龙骧而下，著代犹沿颍川。历十四世为长史公，则王祖父也。作《龙骧以下世表》第四。自王祖历十世，另祖思立公始迁唐模，历五世而始分，作《本支世表》第五。德昌、德暹二公以还，分为十六族……表凡五世一图，复以第五世标其上，准前法，自六世至十世为一图，以后仿此，作《分支世表》第六。沿世各为小传，著字爵、生殁、婚嫁、丘墓之概，不及誉言，是为小传第七。其有德善功烈、勳劳文章质行较著者，则各立传，表而出之，作《列传第八》。丘墓自周至汉可考者若而封，自汉末处唐，世守者什七八。别祖思立公而下，则有世墓户，庶几世世守之。迄於分支，则各为守。附之小传，作《丘墓志》第九。……内之表疏论著，外之赞述传志，择其雅驯者录之，则宗祏之典籍也，非核实者不预，溢美不预，芜不预，将以传信而示之法也，作《典籍志》第十”②。可见，《灵山院汪氏十六族谱》体例是由本纪、世家、世表、列传、小传和志六种构成，前四种直接承袭了《史记》的体例，表明了《史记》对家谱编修的影响。将《史记》的体例用于家谱编修并不多见，李维桢便称其是“此三者司马氏所独裁而特起者也”。汪道昆在承袭《史记》体例的同时，也依据家谱的特点作了创设，在本纪、世家后面撰有“志”以明其意图，又作丘墓、典籍二志以记载家族祖墓信息及宗族文献。

（二）重视家族文献资料的收集整理

《灵山院汪氏十六族谱》的另一特点是重视家族资料的保存。从全谱分量上看，《典籍志》占全谱三分之二。其中《敕》17 篇、《表疏》10 篇、《传》19 篇、《记》23 篇、《序》17 篇、《约》5 篇、《行状》15 篇、《志铭》17 篇、《墓碑》2 篇、《墓表》5 篇、《祭文》17 篇、《赞诔》6 篇、《诗》40 余首（按：因该部分有缺页，统计不全）。族谱保存了从唐到明万历年间，汪道昆近支家族“内之表疏论著，外之赞述传志”的宗族文献。这些文献有三个明显的特征：一是文献类型丰富，分类明确；二是文献时间跨度长，从唐初直至明万历年间；三是以汪道昆为中心，体现了他在家族文献整理中的主导作用。

（三）重视正史资料与家族史料的结合运用

直接将正史史料引入族谱是该谱编修的另一显著特点。族谱的《周本纪》主要

---

① 汪康运：《太函副墨·纪事》，万历二十七年刻本。

② 汪道昆：《太函集》卷26《十六族谱小序》，黄山书社2004年版，第555－556页。

依《史记·周本纪》节略而成，汪道昆也说：“吾汪文之昭也，食采于鲁本于姬，史迁故有本纪，余略之”。谱中《鲁世家略第二》则是依据《史记·鲁周公世家》节略而成。从《越国世家》以下，主要是汪氏家族史料。在徽州家谱中，将正史史料直接运用到家谱中，再与家族史料结合使用的，并不多见，反映了汪道昆对正史资料的重视，也体现了汪道昆以正史的公信力衬托家族史料可信度的用意。

三、《灵山院汪氏十六族谱》的价值

（一）《灵山院汪氏十六族谱》的编修丰富了家谱体例

自欧苏谱法问世以来，逐步成为修谱的主导，进入明代后，家谱内容不断丰富，体例也在不断创新。如成化年间，徽州程敏政修《新安程氏统宗世谱》时就进行了体例创新，被后人评为“古今修谱之例有三变，始如道统图体者；中如欧、苏谱体者；至程篁墩谓欧、苏谱体，一图一传，不见统宗之义，乃变为《汉书》年表、《唐书》相表体。”[①] 说的是程敏政将《汉书》年表和《唐书》宰相表结合运用到家谱的创新，这里说的创新，还主要是指世系表方面的。

汪道昆则更重视家谱体例的整体创新，他在家谱中运用了本纪、世家、世表、列传和志的形式，将正史体例直接运用到家谱编修中，这无疑是一种重要尝试，反映了家谱编修对正史的借鉴，也反映了家谱编修体例的丰富。汪道昆的这一做法，也被汪氏家族成员接受。如修于万历二十九年的《岩镇汪氏家谱》在体例上完全继承了《灵山院汪氏十六族谱》，特别是前三篇《周本纪略》、《鲁世家略》和《越国世家》完全相同。[②] 在乾隆十二年汪纯粹修《弘村汪氏家谱》时卷1即为《世家》，名为《周本纪》、《鲁世家》和《越国世家》，实际就是汪道昆撰写的三篇内容，不过将原文篇末的“志曰”改为“南溟志曰”，最后还特意以按语的形式解释道：“南溟名道昆，字伯玉，歙松明山裔”，[③] 即表明清代汪氏族人对其体例的认可。又如咸丰二年所修的《越国汪公祠墓志》将《越国世家》载入，[④] 同样表明汪氏家族对汪道昆所记内容的认可和对其体例的认同。

汪道昆的家谱体例不仅影响了汪氏家族成员，对徽州其他家族修谱时也产生了影响。如程一枝在万历二十六年修《程典》时就采用了这种体例，“乃取世本为系牒之目有三，取史诸表为年表、世表之目有四，取彰大记之事为志有七，诸为世家为列传为图为录，莫不本于史学”。[⑤] 尽管没有直接的证据证明程一枝是直接受到汪道

---

① 许象先：《新安许氏世谱》。

② 汪尚齐：《岩镇汪氏家谱》（残本），万历二十九年刻本。

③ 汪纯粹：《弘村汪氏家谱》卷1《世家》，乾隆十二年刻本。

④ 汪云：《越国汪公祠墓志》，咸丰二年刻本。

⑤ 吴子玉：《大鄣山人集》卷9《程典序》，《四库全书存目丛书》集部第141册，齐鲁书社1997年版，第366页。

昆的影响，但从历史记载看，汪道昆与他是有交往的，而且对其也很看重，《徽州府志》称他“博极群书，一意著述，王元美、汪道昆及海内名家，咸折节重之”。因此，他们之间相互影响也是有可能的。[①]

（二）《灵山院汪氏十六族谱》具有考辨与存佚的文献价值

一是可以证实一些看法。如《明史·文苑四》称李维桢“其文章宏肆有才气……然文多率意应酬，品格不能高也”，[②] 这一点从他写的《汪氏族谱序》中也可得到证明。序文称“思立（按：汪氏迁歙始祖）传五世有孙德昌德暹，而昌之裔为族有三，暹之裔为族十有二，实称近属”，[③] 将汪氏近属合为十五族。而汪道昆所谱的实际上是近属十六族，因此在《灵山院汪氏十六族谱》中将李维桢的序改称《汪氏十六族谱序》，上段文字也修改为“昌之裔为族有三，暹之裔为族十有三，实称近属”。以上虽是一个很小的事例，但确实可证其“文多率意应酬”。

二是可以纠正一些错误的认识。如徐朔方在《汪道昆年谱》中从反对复古主义思潮的角度论证了周亮工《书影》、沈德符《万历野获编》和钱谦益《列朝诗集小传》记载“伯玉举杯大言曰：蜀人如苏轼者，文章一字不通”的不可信。[④] 而在《灵山院汪氏十六族谱·典籍志》中记载了两首苏辙的诗文，更证实说汪道昆不知道苏轼是站不住脚的。一首是《题富山庙》：“石门南出众山巅，沃壤清溪自一川。老令旧谙田舍乐，春耕正及雨晴天。可怜鞭挞终无补，早向丛祠乞有年。归告仇梅省文字，麦苗含穗欲蚕眠”。在苏辙《栾城集》中此诗名为《题汪王庙》，只有“老令旧谙田舍乐”为“老令旧谙田事乐”之别。[⑤] 另一首是《谒王庙文》：“辙以不才，忝临民社，谨因旧礼，拜谒祠下，神仁爱民，恭率神意，不敢不勉，神亦时即风雨，驱除疠疫，以祐相我治，谨告。”这一内容在《栾城集》中被称作《绩溪谒城隍文》，文字除“辙以不才”为“某以不才”外全部相同，[⑥] 但从“忝临民社”、“拜谒祠下”句意看为拜谒汪王庙更合文意。因此，说重视家族文献的汪道昆只知道苏辙而不知道苏轼，显然是不可信的。

三是可以纠正今人著作中的不实之处。如徐朔方的《汪道昆年谱》是研究汪道昆的最重要的资料之一，但也有一些细小的不实之处。《年谱》载：万历十九年（1591）辛卯，修族谱。“本集卷二十六《本宗十六族谱序》云：‘顷之毁瘠当事，奄忽十年，疾少平，宗老程督日至。’道昆十三年前失母，十年前丧父。同卷《十六

---

① 赵吉士：康熙《徽州府志》，台北成文出版社1985年版，第2017页。

② 张廷玉：《明史》卷288，清乾隆武英殿刻本。

③ 李维桢：《大泌山房集》卷17《汪氏族谱序》，《四库全书存目丛书》集部第150册，齐鲁书社1997年版，第658页。

④ 徐朔方：《汪道昆年谱》，《晚明曲家年谱》第三卷《晚明曲家年谱·皖赣卷》，浙江古籍出版社1993年版，第67页。

⑤ 苏辙：《栾城集》卷13，文渊阁《四库全书》集部第1112册，第153页。

⑥ 苏辙：《栾城集》卷26，文渊阁《四库全书》集部第1112册，第282页。

族谱小序》当同时作。”① 而在《灵山院汪氏十六族谱·小序》中有确切时间为“万历壬辰四月”。谱末《十六族谱跋》也载：“司马哀毁递至，力谢不遑。乃今岁在壬辰，始杜门首事”。两者时间都说是“万历壬辰”，即万历二十年，也就是说汪道昆修族谱是在万历二十年，而非十九年。

四是补充了一些佚文。如族谱收录了程敏政七篇有关汪氏家族的文章，分别是《乌龙山忠烈庙记略》、《朝阳楼记》、《处安公墓志铭》、《本亨公墓志铭》、《处士庆生公墓志铭》、《汪祚公墓志铭》和《耕教翁墓表》。其中前六篇在《篁墩文集》中都有收录，但《耕教翁墓表》在文集中未见，是一篇程敏政的佚文。② 该文对于了解程敏政的有关家史思想和歙县西沙溪汪氏家族上行轨迹都有重要参考意义。又如《新安文献志》有汪若海撰写的《宋左朝请大夫司农少卿主管台州崇道观汪公行状》提到汪叔詹止谏涸丹阳湖一事，但语焉不详，在族谱中就收录了《涸丹阳湖奏》一文，③ 保留了汪叔詹为芜湖县事时谏宋徽宗停止“涸丹阳湖可得田数百万顷”的史实。此外，祝允明作的《敬思记》也未收入《怀星集》，当也是一篇佚文。

（三）社会史、经济史价值

一是该谱保存了明代关于墓户与墓税的资料。在“丘墓志”中详细记载了徽州汪氏对墓地税的分配情况。

据《丘墓志》载：处修公墓，“割税五分五厘五毫入汪世墓户，余归唐模”。然后是宪公，“割税一厘八毫入汪世墓户，余归唐模”。还有廷臣公，“割税八厘九毫入汪世墓户，余归唐模”。德昌公，“内税三厘一毫五丝入汪世墓户，余归唐模”。德暹公，“税九厘八毫推入汪世墓户，余归唐模”。德暹公安人，“坟地内松明山税四厘三毫、西沙溪税四厘三毫入汪世墓户”。延芳公，“坟地四步，系松明山，税一厘四毫入汪世墓户，余税存潜川上市本户”。承吉安人，“松明山支地税一厘一毫入汪世墓户”。瀚公，“内地税三厘六毫系松明山，入汪世墓户，余税归沙溪”。淮公，“山税一厘一毫入汪世墓户，余税存岩镇”。④

从这段史料可见，对墓地税的分割，第一类是入汪世墓户，这也是最主要的一类。第二类是入十六族的分支。如上文说的墓地税一部分入汪世墓户，还有部分归唐模，或者潜川上市，或者沙溪，或者岩镇等。当然另外还有全部入唐模的，如聪孺人；还有是全部入稠墅大里的，如仁忻公、延皓公孺人、承满孺人和聪公处士墓。在这两者之外，还有其他一些类型。

第三类是入汪龙骧户。这是万历二十一年新册的，只负责文和公墓。文和公墓

---

① 徐朔方：《汪道昆年谱》，《晚明曲家年谱》第三卷《晚明曲家年谱·皖赣卷》，浙江古籍出版社1993年版，第101页。

② 程敏政：《耕教翁墓表》，《灵山院汪氏十六族谱》卷10《典籍志·墓表》。

③ 汪叔詹：《涸丹阳湖奏》，《灵山院汪氏十六族谱》卷10《典籍志·奏疏》。

④ 汪道昆：《灵山院汪氏十六族谱》卷9《丘墓志》。

因时间久远经界或淆，万历九年奉诏，谒萧令君定经界，万历十三年请浙江严州府淳安县知县严贞庆立石，汪道昆记之碑阴。此地“税原在汪汝初汪铁泉二户，万历二十一年新册，俱入汪龙骧户，宇字一号，金山祠，署其额曰：越国开先。新册亦入汪龙骧户”。

第四类是入王祖庙祠户。汪叔举墓碑是明万历庚寅三月清明日直隶徽州府知府董石立，碑阴是汪道昆题，在碑阴中，汪道昆明确指出：（叔举）墓入先朝祀典，税归王祖庙祠户奉之，古碑不存，太守董石乃更立。

通过以上内容，可见汪道昆时期徽州汪氏的墓地税，首先流入汪世墓户，其次是唐模，然后是各分支，及汪龙骧户、王祖庙祠户。那时国家不对墓地征税（没有一处提到上缴国家），这样墓地的收入就可以让家族独立支配，墓地税的出现，可能是家族为了统一管理墓地所需用而自己收的，它的流向体现了以汪世墓户为重，又适当照顾了各分支的利益，可以说既有大局意识，又做到了统筹兼顾。由此更可以看出汪道昆时期宗族统治力的普遍加强，地方俨然形成了一个小集团，这个集团内分工明确，事情进行得有条不紊，且能够有章可循，这也是家族超强凝聚力的一种表现。

二是保存了有关墓祠、家祠约定的一手资料。在《典籍志·约》中保存了《建墓祠约》、《世墓户从约》、《建家祠约》、《家祠祀约》和《文会约》，其中前四篇是直接与墓祠、家祠相关的，五篇“约”文都由汪道昆亲撰。

在《建墓祠约》中，汪道昆记载了建墓祠的经过，“道昆既从诸宗辩茔域、勒丰碑，请之有司，给帖典守。今议祠事：始祖以王祖配之，就菴为祠，计工费五百缗足以……今就吾近属之稍优者，戮力成之，各输钱五万”。在《世墓户从约》中约定：“凡我近属永肩一心，敛财必以巳先人，经费必量入为出，诸所出入，受籍特书，质诸宗庙之灵，庶几无愧”。

在《建家祠约》中，汪道昆另外还记有建立汪氏宗盟的事情：“自吾宗迁里中，凡十有八世，迄今会食者，仅数十百指，祠事未遑，夫何子姓浸蕃，礼数浸废？甚或视奥祚若唐肆，弃期功若弁髦，藉令本始不忘其不泚颡几希矣。文学诸弟道晖等聚族而抵道昆，伯玉以礼起家，幸从卿大夫后，立社庙、立宗盟，则今日事也，伯兄岂有意乎？道昆举宗祏之灵，敢忘本始。是举也，毋敢慁诸长老，请与诸兄弟筹之，必稽度、必量力、必因时，经始有则，度则弗愆，程力有差，力则弗诎，三岁告成，时则弗亟，大小授事，其惟一心，毋植党，毋败群，毋侵官，毋避怨，奉此若折枝耳，夫复何难？凡我同盟，所不力此，举以亢吾宗者，非夫也。”而《家祠祀约》中记有建祠的经过：“礼莫重于祭，祭莫重于祠，道昆亦尝协舆情建祠事，第以人心不一，兼之人力不齐，迄今尚未落成，当事者之咎也。河清可待，人寿几何？乃属十八弟道晖酌议家祠祭礼，务在通众兼雅俗，而折其中，务在守常略烦苛而主其减，有不如约罚必及之。凡在同祠守而勿失，否则为绝物，为乱群，为蔑亲，为倍祖，非我族类，相与迸之。”①

① 汪道昆：《灵山院汪氏十六族谱》卷10《典籍志·约》。

上述四通族约中，其中《世墓户从约》在《太函集》有收，《建墓祠约》收录在《太函副墨》中，《建家祠约》和《建祠祀约》只在《灵山院汪氏十六族谱》中收录有，因此有重要的史料价值。从中可以看出即使是像汪道昆这样有功名地位的士绅，在家祠建立过程中也是十分不容易的。特别是提到家祠祭礼在现实中“务在通众兼雅俗，而折其中，务在守常略烦苛而主其减”，显示出在徽州地区人们虽重视朱子家礼，但也因时代变化作出了相应变通。

此外，《灵山院汪氏十六族谱》还为研究徽州士绅利用徽州家谱构建绅权，进行乡村社会治理，并得到地方社会认同问题提供了重要的史料。

总之，汪道昆《灵山院汪氏十六族谱》在体例上义仿龙门，这在家谱编修史上是一大变革，产生了重要影响。而在族谱中保留的史料，不仅起到考辨、存佚的作用，也为认识明代徽州社会、了解明代徽州社会的经济情况提供了重要的信息。

明代珍稀族谱《程典》考论

刘道胜

（安徽师范大学教授）

中国古代谱牒的修纂源远流长。降及有宋，随着宗法伦理的庶民化，地方宗族组织的发展，民间族谱纂修逐渐兴起，到了明清，私修族谱日趋普遍。宋元明清时期，徽州民间族谱之修尤为兴盛，迄今遗存各种族谱达2000余部。① 在丰富的徽州族谱中，明代万历间撰修的《程典》无论就其版本和体例，抑或其涉及的族群和内容而言，可谓徽州族谱文献中的上乘之作。② 迄今为止，这部族谱因馆藏珍稀而鲜有论及，尚未引起相关学者的关注。本文拟以《程典》为中心，试对其作一初步考察分析，敬请批评指正。

一、作者与版本

《程典》，万历木刻本，共6册，计32卷，55万余字，系明代万历间徽州休宁县程一枝所修的程氏统宗谱，今仅存残本于国家图书馆和安徽省图书馆。③

程一枝（1532—1582），初名彬，字仲木，又字巢父，号太宇，别号天鄣，休宁县泰塘人，郡诸生。④ 平生甘贫适志，博读《丘》、《坟》以下诸书，一意著述，有《青藜阁草》、《史铨》、《汉铨》、《鄣大事记》、《休宁县志补》、《程典》等数十百卷行于世。⑤

---

① 卞利：《明清时期徽州族谱的纂修及刊刻等相关问题研究》，安徽大学徽学研究中心编：《徽学》（第5卷），安徽大学出版社2008年版。

② 《中国古籍善本书目》卷9《史部·传记类二》著录。

③ 该谱于明万历九年（1581）始纂，次年成书。谱成，主纂程一枝因“殚精疾作，未几即世”，直至万历二十七年（1599）方在其弟程一极和长孙程斯文等主持下鸠工竣梓。据笔者调查，由程氏宗族分别庋藏的《程典》今仅存三部，分别藏于安徽省图书馆和国家图书馆。安徽省图书馆所藏《程典》两部，一部残缺较多，现存仅3册，系“公平房泾收，谱号为第24号”。另一部相对完整，全书仅缺卷3和卷4，系“文昌派高宁公房收，谱号为第79号”。国家图书馆所藏本亦有残缺，庋藏房派和谱号不详。本文征引《程典》均系安徽省图书馆藏本，下同。

④ 《程典》卷2《本宗系牒第二下·泰塘》。

⑤ 万历《休宁县志》卷6《人物志·文苑》。笔者按：据刘凤（子威）云：程一枝“潜心述作，欲著书数十种，已竟者传之，好事者人有之，未竟者方以次勒成，期假之数年可以遂所志矣。”可见，程氏著述宏富。参见《刘子威集》卷43《程巢父祠堂记》，载《四库全书存目丛书》集部，第120册。然揆诸《程典》，其所撰尚有《诸谱通证》、《佘麓山祠录》、《世忠流风》、《休阳史》等著。

程一枝治学勤谨，心无旁骛，"与阁中鸡鸣俱兴以为常"，"家之田益减，不一开问"。[①] 一生无意于博取功名，"蕴其才无所表"[②]，然而，其从学交游者多系当时徽州乃至江浙著名学宦。尝从学于歙县汪道昆、休宁吴子玉，自谓："不佞所师者二人，汪司马伯玉，吴季子瑞穀。"[③] 时人长州刘凤（子威）亦称："程子盖学于汪司马。"[④] 且与徽州地方时贤之士诸如许国、方弘静、詹东图、方信、邵正魁、郑鲁文、程子虚、程巨源等相与砥砺，交游甚密。[⑤] 程氏好游学，尝"著述既竣，乃挟而走吴中，问业刘观察子威、王廷尉元美、徐方伯子与"诸人。[⑥] 实际上，程氏著述中亦多见吴中人士诸如刘凤（子威）、王世贞（元美）等人所赐书序和诗文。论其著述，其成就主要体现于以下三个方面：

第一，考订正史。曾在总结前人对《史记》、《汉书》注疏的基础上，阐隐发幽，"亦欲以究古今，成一家之言"[⑦]。万历七年（1579）成《史铨》，"专释《史记》字句，校考诸本，颇有发明"[⑧]。清人杭世骏《史记考证》颇多引证。万历八年（1580）著《汉铨》。[⑨] 清人王先谦《汉书补正》多有采录。

第二，采摭郡邑故实。程氏积极从事乡邦志书的修纂。万历二年（1574）增补《海阳志》，程巨源为其序。[⑩] 万历六年（1578）撰《休阳史》，刘凤、吴子玉为其序。[⑪]《休阳史》实乃以史笔修邑志，故名。刘凤谓其"记之休阳，文殆数万，取裁《春秋》，首事建安作邑，而时运迁革，佚兴佚废，是非得失，无不燦然列者"。[⑫] 吴子玉序亦称"程生好古甚力，罗网散失，为十四篇，具载事之。"[⑬] 可见，《休阳史》概取《春秋》编年之例，而经纬休宁县地方之史事，凡十四篇，数万言，实为一部休宁地方史。程氏所纂《程典》中的"大事表"多涉休宁社会记载，当与取材其《休阳史》有关。万历八年（1580）又著《鄣大事记》，刘凤（子威）、王世贞、郭子章为其序，《明史·艺文志》著录。[⑭] 据吴子玉称，该著系"采鄣遗事，是郡邑之

---

① 吴子玉：《大鄣山人集》卷46《程巢父墓志铭》，《四库存目丛书》集部，第141册。

② 《程典》卷末《冯梦祯序》。

③ 《程典》卷首《自序》。

④ 刘凤：《刘子威集》卷43《休阳史后序》，《四库存目丛书》集部，第120册。

⑤ 据程氏自云：其"兄事者三人"，"所友者七人"，均为徽州本籍人。参见《程典》卷首，《自序》。

⑥ 《程典》卷首《自序》。

⑦ 《程典》卷首《自序》。

⑧ 王圻：《续文献通考》卷161《经籍考》，文渊阁四库全书本。按：该著五卷，杜大绶为其序，原书今佚，黄虞稷《千顷堂书目》卷5著录。另，今尚存刘凤、吴子玉二序。参见刘凤：《刘子威集》卷37，《四库全书存目丛书》集部，第120册；吴子玉：《大鄣山人集》卷7，《四库全书存目丛书》集部，第141册。

⑨ 许国为其作序，原书今佚。

⑩ 今佚。按：海阳，休宁县古称，该志在道光《徽州府志·艺文志·史部·地理类》中著录为《休宁县志补》。

⑪ 今佚。按：休阳，亦休宁县古称。

⑫ 刘凤：《刘子威集》卷43《休阳史后序》，《四库全书存目丛书》集部，第120册。

⑬ 吴子玉：《大鄣山人集》卷8《休阳史序》，《四库全书存目丛书》集部，第141册。

⑭ 鄣，徽州古称，秦汉隶属古鄣郡，境陲有大鄣山，故名。《鄣大事记》2卷，今佚，《明史·艺文志·史部·地理类》以及道光《徽州府志·艺文志·史部·地理类》著录。

谱也”，吴氏且谓《程典》中的《志》“多取《鄣大记》之事”。[①] 笔者参稽《程典》中“志目”所载，可以看出，《鄣大事记》亦多涉徽州府之故实。

第三，留意家族文献编纂。在纂修《程典》之前，程一枝即积极从事家族文献的整理与考证。隆庆二年（1568）撰《诸谱通证》，即考证本族宋明诸谱，“著《谱证》一卷”。[②] 隆庆五年（1571）纂《佘麓山祠录》，歙县方信为其序。隆庆六年（1572）编《世忠流风》，亦系方信作序。

综上，程氏著述侧重于史。长州刘凤（子威）曾誉之“太史氏复出”、“良史才乎”[③]，可见，其精擅史学，深具史才，尤力于徽州谱志等地方文献的撰修。

万历九年（1581）正月，程一枝延请吴子玉（瑞榖）、程涓（巨源）“相与订旧章，定新例”[④]，开始倡修并主纂《程典》，于万历十年成书。早在西周，程氏远祖“为周日正，始有土社，作《程典》，令追述之”，本次所修程氏族谱故袭其名亦曰《程典》。[⑤] 就在“《典》成授梓”之际，程氏“以殚精疾作，未几即世”。[⑥] 嗣后，程氏长子梦鲤“志在亟行父书，欲遂布扬”[⑦]，然未竟而卒。最终在程氏之弟程一极与长孙程斯文的共同努力下，于万历二十六年（1598）鸠工付梓，次年梓竣。[⑧] 因程氏生前读书之阁曰“青藜”，死后葬于“青藜”附近的佘山之麓，其子又于青藜阁之地建祠祭之，并刻藏其著述。吴子玉（瑞榖）为其撰《墓志铭》，刘凤（子威）为之撰《祠记》。[⑨]

二、编修特色

（一）谱系上：“合诸谱而折衷之，以成一家之典”

据程氏诸谱之载，程氏远祖最早可溯源于西周。西周宣王时大司马休父有功而被封程伯国，后裔遂以国为氏。历秦汉而下，至西晋末永嘉之乱，程元谭佐琅琊王司马睿定鼎江南，曾任新安太守，卒后晋元帝赐子孙田宅于新安，元谭遂成为新安

---

① 吴子玉：《大鄣山人集》卷9《程典序》，《四库全书存目丛书》集部，第141册。

② 《程典》卷末《程一极后序》。

③ 刘凤：《刘子威集》卷43《休阳史后序》，《四库全书存目丛书》集部，第120册。

④ 吴子玉：《大鄣山人集》卷9《程典序》，《四库全书存目丛书》集部，第141册。另，参见《程典》卷首《程涓序》。

⑤ 《程典》卷首《刘子威序》。另，题名春秋晋人程本所著《子华子》亦云：“昔吾之宗君，為周日正。是以吾之宗君始有蒲璧以朝，作《程典》，令其显庸，书在故府。”参见《四库全书》文渊阁本子部，《杂家类·子华子》。

⑥ 《程典》卷末《程一极后序》。

⑦ 《程典》卷末《程一极后序》。

⑧ 《程典》卷末《程一极后序》。按：《中国古籍善本书目》等著录为万历二十六年刊本，揆诸此序，当系万历二十七年刊本。

⑨ 参见吴子玉：《大鄣山人集》卷46《程巢父墓志铭》，《四库存目丛书》集部，第141册；刘凤：《刘子威集》卷43《程巢父祠堂记》，《四库存目丛书》集部，第120册。

（"徽州" 古称）程氏始迁祖。嗣后子孙繁衍，迁徙频繁，范围涉及徽州一府六县乃至散居徽州以外地区。① 明清时期，程氏俨然成为徽州之名族大姓。所谓新安"号多旧族，汪、程两姓尤为著"②，"视鄣之生齿程居十五"③。

揆诸新安程氏修谱源流，最早者系唐末程淘"漫辑世次之序"而撰修的《程氏世录》。④ 宋代以后至于明代《程典》编修之前，程氏诸族或纂修统宗，或编撰支乘，好事者代不乏人，明代徽州康功曾云："谱学之传旧矣，视海内则新安为最盛，视新安则程氏为最著。"这一时期，新安程氏所修谱牒种类颇丰⑤，仅程一枝于《程典·自序》中胪列宋明之间宗人所修族谱即达二十余种。⑥ 然而，因胄远支繁，撰修程氏族谱，尤其是谱系叙述显得尤为不易，所谓"谱一家之事在新安则难，尤难于程，以其胄远而枝繁也，胄远而承系之难，枝繁而联类之难"。⑦ 因此，在宋明间新安程氏诸谱中，可为诸谱资鉴者主要有以下三部：

（1）南宋间程祁修《程氏世谱》，今佚。⑧

（2）明程孟修《新安程氏诸谱会通》，今存景泰二年刊本。⑨

（3）明程敏政修《新安程氏统宗世谱》20 卷，《谱辨》1 卷，今存成化十八年刊本。

以上所列均为统宗谱。宋明时期，新安程氏诸族所修族谱对这三部统宗谱多有取法，对此，程一枝曾云：

> 有宋都官忠彦，据摭载籍，网罗放失旧闻，整齐世次，以为之谱。上溯开国，下迄五季。本支百世，燦然可述，诸程言谱者多宗之。由宋而元，若黟南山森、祁门善和复、婺源龙坡舜俞、龙山仲文及古城道懋，会里象贤和陪郭和卿，各往往述都官之旧以成书，不可胜记。
>
> 明兴，槐塘文实会通谱，本都官而推广之，又记太守忠壮事实，名曰《世忠录》，家牒兹多于是矣。学士克勤则以都官为未信，纠合诸程，勒成统宗。其世系率托之陈留谱，不相与同，盖有意乎矫正之也。又搜纂先宗以来金石遗文，

① 关于唐宋以来程氏谱系构建，参见黄国信、温春来：《新安程氏统宗谱重构祖先谱系现象考》，《史学月刊》2006 年第 7 期；林济：《程敏政"冒祖附族"说考辨》，《安徽史学》2007 年第 2 期；章毅：《宋明时代徽州的程灵洗崇拜》，《安徽史学》2009 年第 4 期。

② 程敏政：《篁墩文集》卷 38《四库全书》文渊阁本。

③ 吴子玉：《大鄣山人集》卷 9《程典序》，《四库全书存目丛书》集部，第 141 册。

④ 程淘：《程都使澐世录》，载程敏政：《新安文献志》卷 96（上），《四库全书》文渊阁本。程淘，字南金，唐末起乡兵拒黄巢，保全州里，累官至国子监祭酒兼侍御史、上柱国。

⑤ 《程典》卷末《康功后序》。另据明景泰间程孟所修《新安程氏诸谱会通》载，仅宋代程氏所修族谱即不下二十种。

⑥ 《程典》卷首《程一枝自序》。

⑦ 《程典》卷末《冯梦祯后序》。

⑧ 程祁，字忠彦，南宋浮梁人，官至都官员外郎。曾侍父程节抵歙，始修《程氏世谱》。

⑨ 程孟，字文实，明代歙县槐塘人。

名曰《贻范集》。由是都官之谱遂阁而学士之谱独章。诸程以谱名字者靡然乡风，于汊口则志坚，于率口则师鲁，于山斗则汝顺，于婺源高安则子文，绩溪仁里则佐时，无不本之学士矣。①

从以上材料可以看出：第一，宋元时期程氏族谱撰修多取材效法南宋程祁（字忠彦）之《程氏世谱》，所谓“诸程言谱者多宗之”，“述都官之旧以成书，不可胜记”。第二，明代景泰间程孟（字文实）所修《新安程氏诸谱会通》，又“本都官而推广之”，“家牒兹多于是矣”，即程孟是明代前期继承程祁《世谱》的集大成者，藉此，南宋程祁的《程氏世谱》一直影响到明代前期程氏族谱之修。对此，程孟的《新安程氏诸谱会通》亦云：“今所编总谱凡十四卷，前八卷标以程氏世谱。盖依祁公所立之名也。”② 第三，明成化间，徽州著名学宦程敏政“以都官为未信”，考辨并勒成《新安程氏统宗世谱》，自此，新安程氏又“无不本之学士”，造成“都官之谱遂阁而学士之谱独章”的格局。要而言之，在私修谱牒兴盛的明代，新安程氏纂修族谱尤为频繁，或取法南宋程祁《世谱》，或一宗明代程敏政《统宗世谱》，这种取法和论争主要体现在远祖谱系的构建方面。程一枝的《程典》正是在此背景下勒编成书的。

那么，《程典》又是如何叙述谱系的呢？如众所知，宋代以降，“别子为宗”，“五世而迁”的小宗宗法日益成为民间族谱谱系叙述的主流，即以特定的始迁祖为中心，别立为一宗，宗系按照“欧苏谱例”，五世为图，第五世则为下图的第一世，依次类推。《程典》关于谱系记载亦大体如此。然而，程一枝在编修《程典》之前，曾考证诸谱，并著有《诸谱通证》③，从而在会通诸谱基础上，为考镜谱系，辨章源流做了大量预修工作。在编撰《程典》中，程氏又注重“信以传信，疑以传疑”之宗旨，而将谱系区分为“先宗”、“本宗”、“同宗”、“别宗”。

先宗者何？先我泰塘而宗，宗黄墩也。从都官世谱也。系自太守公始，始新安也，系以五世，宗五世也。宗五世，五世之宗也。

本宗者何？本我泰塘之宗也，从泰塘本谱也，系自军谋公始，始泰塘也。军谋公为先宗世三十四，为本家世一者何，一泰塘也。

曷为同宗？同我泰塘之宗，宗临溪也。从率会谱也。临溪迁自黄墩，异其地不异其世者何？自新安以来，宗以百世，宗不迁，世亦不迁也。

宗曷为别？由我泰塘而别，从黄村支谱也。别为宗，不别为世，何彼属之我也，名别而实不别也。④

---

① 《程典》卷首《程一枝自序》。

② 程孟：《新安程氏诸谱会通·编修凡例》，国家图书馆藏清抄本。

③ 《程典》卷末《程一极后序》。

④ 《程典》卷首《叙例》。

可见，《程典》在谱系叙述上体现为以始迁祖为标志，别为诸宗。即以新安始迁祖“程元谭”为标志，撰“先宗”谱系；以“泰塘”始迁祖“军谋公”为标志，撰“本宗”谱系；为同迁异地的共祖房支撰“同宗”谱系；为迁出泰塘的房支撰“别宗”谱系。各谱系具体叙述又遵循“系以五世”之原则。在撰修诸宗时，参稽新安程氏各种族谱达24种之多。① 最终“合诸谱而折衷之，以成一家之典”。

（二）体例上：“莫不原本于史学”

宋代以降，自“欧苏谱系一出，遂为千古矜式”，② 民间族谱修纂普遍遵循“欧苏谱例”，内容上亦侧重繁琐谱系之记载。而程一枝精擅史学，他在厘定《程典》体例方面，颇具史识。即在参稽《世本》、《史记》、《汉书》之体基础上，援史例入谱，分系谍、表、世家、列传、图、志、录等，章法得体，结构严整。这使得《程典》超越一般家谱记载狃于谱系，患漫不经之囿，既世系精严，又援史例以赅人事，俨然一部家史实录。具体说来：

第一，谱系之例精当。《程典》谱系叙述主要采取“系谍”之例，如上所述，“系谍”之下，又有“先宗”、“本宗”、“同宗”、“别宗”之分。特别强调的是，《程典》“系谍”一目关于诸宗世袭的叙述“要而不烦”，为了弥补“系谍”的阙略，而借鉴正史，另立“表”体。关于“表”，程一枝云：

> 诸谱率不表，独表之者何？谱盖家之史也。表者，明也，下言之上也。表其事而著明之，旁行斜上，并效之国表也。先宗本宗，经以年，纬以世，诸宗经以世，纬以地。外戚经以氏，纬以属。以年者详，以地者略，以氏者外，示不相袭也。③

《程典》“表”分“先宗年表”、“本宗年表”、“诸宗世表”、“外戚属表”四类。其中，关于“宗以地分”的诸宗，则根据其自“篁墩”另徙各地的始迁祖为中心，叙述世袭，并按照“先休宁，别县以次”之序标注地籍。而对于迁出徽州以外者“不表列郡诸宗”。这种对于诸宗“详近略远”，且“尽书宗世，不尽书世人，一世一书”的表列世袭之法。相比于不少谱牒滥书世系，宗支患漫而言，《程典》的谱系叙述精严赅备，真正体现“谱盖家之史，并效之国表”的深刻史识。④

第二，重视郡邑记载。在编修族谱之前，程一枝曾私纂《海阳志补》、《休阳史》、《鄣大事记》等，谙悉徽州故实。在撰修《程典》中，又本着“郡邑事亦吾姓之事”之意旨，而摭采乡邦文献中的郡邑大事载入《程典》。体现在：（1）于“本

① 参见《程典》卷首《书目征引》。
② 《槐溪王氏支谱》，咸丰六年。
③ 《程典》卷首《叙例》。
④ 《程典》卷首《叙例》。

宗年表”中，编年记载徽州大事，上起唐高祖武德四年（621）“汪华”之事。下迄明万历十年（1582）（休宁）“县籍户口”，以明代记载尤为翔实。（2）设“外戚属表”等，藉以记载异姓姻戚，“以示广宗”。（3）为了“成其史於谱”，而设立“志”目，分姓氏、地理、宗法、风俗、户籍、田赋、食货、祭祀、杂志等九志，其记载亦超越程氏范畴而多涉徽州地方社会记载。

第三，慎择人物传记。《程典》列传分“先宗列传”、“本宗列传”、“同宗列传”、“别宗列传”以及“外宗列传”、“赘婿列传”。择选入传的标准为“宦业则传，文学则传，材武则传，孝友则传，行义则传，有劳勚於族则传，方技则传，贞烈则传”。[①] 且专辟“外宗列传”、“赘婿列传”，这与传统族谱普遍排斥异姓入谱来说，特色鲜明。据笔者统计，该谱列传涉及东晋至明万历时期共163人，其中，程氏有传记者仅40人，仅占列传人物数量的四分之一。[②] 从某种意义上说，《程典》具有明显的地方史书写之倾向，这使得它在明代徽州族谱中更具典型意义。

第四，征引文献丰富。首先，该谱纂修所依据的资料颇为丰富，共征引书目116种，其中，有历代遗留的谱牒41种，有关家族事迹的各种记录13种，郡邑方志24种，以及其他经史子集文献数十种。[③] 丰富的文献为《程典》的记载“事必有征，实录有据”奠定了重要基础。揆诸所征书目，不少今佚文献至少于明代万历年间尚存，并被《程典》所采用。如唐程淘的《程氏世录》、南宋程祁的《程氏世谱》、元程塏《上程家谱》、元程常的《程氏会谱》以及《歙州图经》、南宋李以申的《新安续志》、元洪炎祖的《新安后续志》、明永乐朱同的《徽州府志》和《海宁志》、明程曈的《休宁后志》，此外，尚有程一枝本人所纂的《海阳志补》、《休阳史》、《鄣大事记》，等等。其次，《程典》中的“录”相当于史志中的“艺文志”。“录”分“谱录”、“集录”、“附录”。“谱录”收集各种谱序、谱辨、谱考、谱证等。“集录”收集各种文集之序。“附录”收集各种艺文，即“本宗所论著录，异姓所赠贻录，俱附也”[④] 诸录涉及谱序、集序；会序、传记序、诗文、竹枝词等，其中不乏汪道昆、王世贞、刘子威、郭子章等时贤之作。

另外，《程典》中具体子目前均有“一枝曰”，以抒陈己识，寓论其中，与《史记》“太史公曰”、《汉书》“赞曰”有异曲同工之妙。总之，《程典》借鉴国史之例编纂家乘特色鲜明，并取得了很高成就。时人吴子玉云：

> 取《世本》而为系牒之目，取史诸表而为年表、世表之目，取《鄣大记》之事而为志，诸为世家、为列传、为图、为录，莫不原本于史学。

---

① 《程典》卷首，《叙例》。
② 参见《程典》卷首。
③ 参见《程典》卷首。
④ 《程典》卷首《叙例》。

（三）刻藏上：“顺生逆卒”，“散藏诸族”

今存万历刊本《程典》的版口书有“黄锦”等刻工姓名，可见，该谱乃当时徽州著名的黄氏刻工所刻。据该谱卷末“领谱字号”云：凡“玖佰肆拾贰版，计字伍拾伍万有奇”，刊刻如此卷帙浩繁的族谱本属不易，但该谱对世系还采用了“顺生逆卒”的独特刻法。即“生者顺书，卒者逆书”。体现于家谱的世系表中，对在世的族人按照从上到下的顺序刊刻姓名及事迹，对于本族过世者的姓名、字号、生辰、卒葬、嫁娶等则倒置刊刻，此法在现存家谱中实属罕见。这种刊刻之法，其难度之高，可以从一个侧面反映明代中后期徽州刻工不凡的刻技以及该区域发达的刻书业。

万历二十七年（1599），《程典》梓行告竣，所刻家谱“散藏诸族”者共83部，以房为单位颁发收藏，涉及休宁县及其他区域的房支计27派，房派之下再依据规模大小，大者诸如“公平房”领谱多达33部，小者仅1部。另外，卷末“领谱字号”又云：“援欧苏谱例贻赠者，不在编号之列”，可见本次所刻《程典》尚有另外一种侧重世袭，内容不同的馈赠版本，笔者迄今尚未发现。

综上，明代万历间程一枝撰修的《程典》无论就其版本和体例，抑或其涉及的族群和内容而言，可谓徽州族谱文献中的典范之作。

三、余论

揆诸现存的明代徽州地方文献，可以看出，明代嘉万年间，徽州典籍文献撰述，乃至民间文书的产生因时兴盛，庋藏至今者颇为丰富，实为徽州地方文献产生之一典型和鼎盛时期。具体体现在：其一，经济活跃，社会富庶，宗族发展，由此产生并遗存的这一时期的民间文书在明代徽州文书中占据重要地位。其二，文化郁盛，人文鹊起，地方文贤之士大多热衷于著述之能事，均积极投身于方志、家谱、笔记、文集等的撰修，有关这一时期的地方典籍文献亦颇为丰富，并具有很高的成就。明人李维桢曾云：“新安人故善贾，至于今冠带衣履天下，而因以贾名。名美者莫如立言于时，立言之士竞起矣。”① 时贤休宁吴子玉亦谓：“嘉隆以来，文章粲然”。②

正是在“人文郁盛”的明代嘉万时期，加之宗族组织化的不断进行，徽州出现“盛世修谱”的热潮。地方文贤或赓续，或踵事，或草创，好事者蜂起。正如时人刘凤（子威）所云：“夫在今能重其宗，莫鄣人，然而鄣之能以姓达于四方者，以多君子，且藉典策以传。”③ 明代中后期，《新安名族志》的成书当系这一时期徽州谱事兴盛的产物和集中体现。

然而，一部谱牒佳作的出现，既要适逢其时，尚需得其人。程一枝毕生专意著

① 李维桢：《大泌山房集》卷13《荪堂集序》，《四库存目丛书》集部，第150册。

② 吴子玉：《大鄣山人集》卷8《四库全书存目丛书》集部，第141册。

③ 《程典》卷首《刘子威序》。

述，侧重史学，并取得了很高成就，正是明代中后期徽州“立言之士”、“文章灿然”的典型代表。他的才识在当时徽州地方文人学士中即产生了很大影响。其挚友吴子玉曾誉称“郡之文艳益雄者，巢父为有力也……巢父於所辈中，极其推与，人以是称巢父长者”。① 从这个意义上说，《程典》问世，可谓既得其时，亦得其人。

本文对这部修纂于万历年间、遗存珍稀的族谱《程典》作考察，不仅仅只限于个案研究价值，尚俟相关学者对其作进一步利用和深入研究。

① 吴子玉：《程巢父墓志铭》，《大鄣山人集》卷46，《四库存目丛书》集部，第141册。

明清图书版权问题探微：以徽州书坊为中心

秦宗财

（安徽师范大学副教授）

近代图书评论家叶德辉说："明人刻书有一种恶习，往往刻一书而改头换面，节删易名。"① 这表明明代图书市场上出现了盗版图书的风气。明人郎瑛《七修类稿》云："我朝太平日久，旧书多出，此大幸也，亦惜为福建书坊所坏。盖闽专以货利为计，凡遇各省所刻好书，闻价高即便翻刻，卷数、目录相同而篇中多所减去，使人不知，故一部止货半部之价，人争购之。"② 明小说家、书坊主凌濛初对盗版更是义愤填膺："自赝本盛行，览之每为发指，恨不起九原而问之。"③ 清人袁宏道记载："往见牟利之夫，原板未行，翻刻踵布。"明清图书盗版风气严重损害了正当书商的经济利益。于是一些书商便掀起了版权保护行动。我国古代的版权保护意识滥觞于隋唐五代、形成于两宋、发展于明清、成熟于近代。明清时期，作者的版权意识，已由萌芽趋于成熟，他们要求享受应有的精神及经济权利，请求政府用法律加以保护，但收效甚微。

由于缺乏相应的政治气势，缺乏法律保障，作者的版权并没有得到真正的保护，一书畅销则翻刻蜂起。而且任意删改，造成一书有多种版本。有的作品在这里还是稿本、抄本的时候，书商认为有利可图，就不管作者意愿，将它付之雕版。随着图书市场的繁荣，传统书商的盗版与反盗版的活动亦达到了极致。明清徽州书坊在这股盗版与反盗版洪流中亦不能幸免，他们有的为维护自己的利益而采取各种措施反盗版；也有的为了谋利而采取各种手段进行盗版。研究徽州书坊的盗版与反盗版行为，对研究明清图书版权问题具有典型意义。

一、徽州书坊的反盗版

相较而言，明清徽州书坊以刊刻精良著称于世，故而其优良刻本往往成为盗版的对象。正如郑振铎所言："明代所刊书，往往被后人攘窃，作为己有，而于新安所刊者为尤甚。盖徽地产良材，所镌书版，坚致异常，易代而后，每完好如初。版片

① 叶德辉：《书林清话》卷7，北京燕山出版社1999年版，第185页。

② 郎瑛：《七修类稿》卷45《事物类·书册》，上海书店2001年版，第478页。

③ 王实甫：《西厢记》凡例，明天启凌氏刻本。

售去后，得者略易数字，便成‘新刊’。”① 因而徽州书坊被盗版的现象非常突出，如吴继仕的书版往往被人挖去“新都吴继仕考校”、“熙春堂藏版”等字样，或替补上其它坊刻堂号；吴勉学师古斋、吴琯西爽堂等所刻之书版也往往被人挖去堂号刊号，被人冒充宋版书出售；黄尚文编印的《古今女范》，插图原为程伯阳所绘，黄应泰、黄应瑞昆仲所刊，后为建阳坊贾所盗版，程伯阳及黄氏昆仲之署名，皆被挖去，而补入刘金煌、刘玉成、刘振之、刘汝性诸名，类似案例不胜枚举。在明清盗版之风面前，徽州书坊经济损失很严重，徽州书坊反盗版的愿望也就非常强烈。明清徽州坊刻图书反盗版行为主要有以下几种。

途径之一：附刻刻主堂号、印记。徽州书坊一般在图书的书口下方或天头、地脚或其它书页空白处刻印堂号或印记。如汪廷讷“环翠堂”所刻印之书往往在图书扉页、正文卷首落款处或白口等多处刊印堂号（见“汪廷讷环翠堂刊本扉页堂号、正文卷首落款堂号、白口堂号”），这无疑具有很强的版权意识。万历年间吴继仕“七经堂”编印《七经图》7卷，为防盗印，在卷前叶上印有古玉花纹，并附上“棉纸双印，恐有赝本，用古双雕玉为记”印记。② 明万历丙申胡文焕“文会堂”编印《文会堂琴谱》6卷，为防止盗版，也刊印堂号，卷首自序云：“谱多不同，琴师炫新，改换名目，欺弊非一。然琴独尚浙操者，犹曲之有海盐也。今余此谱，皆新传之浙操，其间首自创制，末附鄙见，以‘文会堂’别之，恐滥厕于丛恶间也。”③ 万历二十六年（1598）歙县程子美“九我堂”刊印《出像牡丹亭还魂记》，这是《牡丹亭》的第一次刊行本，颇为可贵。其版本扉页有“出像牡丹亭还魂记槐塘九我堂发行”牌记，作者汤显祖书写了牌记并作了题辞，题辞之后还有刻印者程子美的刊记。这在防盗版方面起到了一定的作用。

環翠堂精訂陳
大聲草堂餘意
高士里藏板
全一

汪廷讷环翠堂刊本扉页堂号

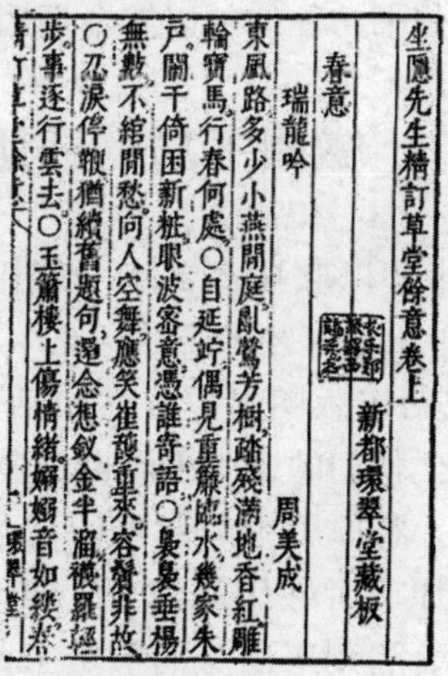
坐隱先生精訂草堂餘意卷上
新都環翠堂藏板
春意
瑞龍吟　周美成

正文卷首落款堂号

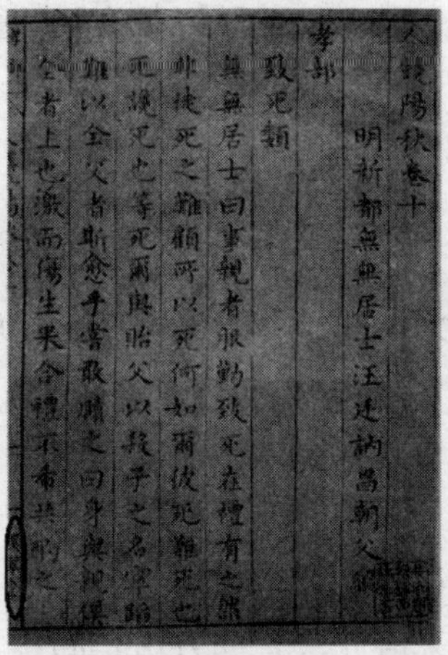
人鏡陽秋卷十
明新都無無居士汪廷訥昌朝父

白口堂号

① 郑振铎：《西谛书话》，《宝古堂宣和博古图录·重修宣和博古图录》，三联书店1998年版，第154页。

② 丁丙：《善本书室藏书志》卷4《经部七“七经图”》，清光绪刻本。

③ 《四库全书总目提要》卷114《子部二十四、艺术类存目》，《四库全书》文渊阁本。

途径之二：发表反盗版声明。如吴继仕在其刻印的《六经图》扉页上发表声明：“夙遇是书，如获和璧，不忍私藏。今公海内。第图像俱精，字纸兼美，一照宋板，校刻无讹。视夫妄意增改者，奚啻悬殊，博雅君子当自鉴之。如有翻刻，虽远必究！”“虽远必究”足见刻主的反盗版决心。

途径之三：重新编辑刊印。明万历二十年（1592），程大位编印《算法统宗》，因刻印精良和实用，受到普遍欢迎，问世之后，“一时纸价腾贵，坊间市利，竞相翻刻”。程大位鉴于坊刻本“讹舛相乘，豕鱼莫辨”，“书坊射利，将版翻刻。图象字义均讹，致误后学”，程大位在发现有盗版后，重新编辑，“复就《统宗》中去繁摘要，正讹黜谬，编为《纂要》四卷，付之剞劂”（范时春《跋算法纂要后》），并发表反盗版声明：“买者须从本铺原版，方不差谬……买者亦须认本铺原版，勿使鱼目混珍。”（程大位《算法统宗识语》）[①]

途径之四：向官府寻求保护。徽州书坊向官府寻求反盗版保护在历史早已有之，宋嘉熙二年（1238）歙县书商祝穆即请求有司进行书版保护，祝穆将有司保护榜文附于所刻《新编四六必用方舆胜览》书后。榜文明令：“本宅见刊《方舆胜览》及《四六宝苑》、《事文类聚》等书……窃恐书市嗜利之徒，辄将上件书版翻开，或改换名目，或以节略《舆地纪胜》等书为名，翻开搀夺……使台申明，乞行约束，庶绝翻版之患……如有此色，容本宅陈告，乞追人毁版，断治施行。”该榜文是我国最早的版权保护文件。[②] 可见，徽州书商已开始重视版权的经济权力，明清时期徽商同官府关系密切，他们更多程度地依赖官府的保护。虽然当时版权保护尚未制度化，仅是个别刻书者的申请，但是这种自我版权保护、自我利益维护的意识已得到较大的发展。

以上种种反盗版途径，徽州书坊往往加以综合运用。

二、徽州书坊的盗版

《万历野获编》言：伪作半印以欺耳食之徒，皆出苏人与徽人伎俩，赝迹百出，又不可问矣。[③] 说的是徽州人善于制作艺术赝品，充斥了艺术品市场，其作旧技巧几与真品相混。制作书籍赝品包括盗版图书也自然包括其中。在市场利润的诱惑下，一些徽州书坊也加入盗版行列。他们的盗版手段也是多种多样。

手段之一：直接购买书版，将原版中的堂号印记进行剜改。明刊书籍，其版片往往辗转贩卖。得之者每挖去原刊者姓氏及斋名，即作为自刻之书。不少徽州书坊亦采取此法。如万历年间歙县著名刻工出身的书坊主黄之寀，善于刻印经史子集书目，其刻印的子目达40余种200余卷，所刻图书版本大都很精善。不过，黄之寀也

---

① 程大位著，李培业校释：《算法统宗校释》，安徽教育出版社1986年版，第246－247页。

② 王永顺：《中国最早的版权保护文件》，《文史杂志》2000年第2期。

③ 沈德符：《万历野获编》卷8《籍没古玩》，中华书局1959年版。

盗印其它书贾的精美书版，如将吴勉学原刻的《二十子》20种143卷原版中的“吴勉学校刊”剜改为“黄之寀校刊”牌记。不过，百密一疏，其盗印的《庄子》、《楚辞》篇末，竟还漏剜“吴勉学校刊”字样。又如吴琯的《古今逸史》中不少书版转入吴中珩手中，吴中珩将吴琯之名改为己名，王重民《中国善本书提要》“《增订古今逸史》五十五种”下云：“此本多剜改吴琯为吴中珩。……而吴琯与吴中珩之关系，亦至今未能考证明白，余将另撰专文以论之。兹以影印本与此本相较，影印本自序题吴琯名，此本改为吴中珩。又合志十三种之内，《白虎通》、《小尔雅》、《古今注》三种，影印本均题吴琯，此本均改为吴中珩。殆中珩曾助吴琯增定是书，故影印本内已有题吴中珩名者。吴琯下世，中珩遂多窜入己名……今所愿知者，二十二种、二十六种两本，均无吴中珩名；四十种与四十二种本，不知已有中珩名否？愿他日见该两本时，特别留意。”① 清歙县朱元镇尝得万历刊本《牡丹亭还魂记》版片，删去原版中石林居士序，并于题下增补“歙县玉亭朱元镇校”字样，重加刷印，让人误以为是朱元镇重刊本。此本印刷较模糊，但市场需求很大，流传颇广。

手段之二：将原版内容进行删改增益。如胡文焕编辑刻印的《格致丛书》就采取这种伎俩。黄丕烈《士礼居题跋记》校元本《宋提刑洗冤录》云：“胡文焕覆本，文理略同，殊多脱误，且改易卷第。”又云：“明人喜刻书而又不肯守其旧，故所刻往往戾于古，即如此书，能翻刻之，可谓善矣。而必欲改其卷第，添设条目，何耶？”叶德辉也说：“胡文焕《格致丛书》、陈继儒《秘籍新书》尤为陋劣……胡文焕一坊估，无知妄作……”② 言辞虽激烈，却表达了对胡文焕的盗印窜改行为的厌恶之情。又如清代张潮编印的《昭代丛书》，《四库全书总目提要》指出：“《昭代丛书》一百五十卷……是编凡甲、乙、丙三集，每集各五十卷，每卷为书一种，皆国初人杂著。或从文集中摘录一篇，或从全书中割取数页，亦有偶书数纸，并非著述，而亦强以书名者。中亦时有窜改。如徐怀祖之《海赋》，去其赋而存其自注，改名《台湾随笔》。黄百家之《征南先生传》，芟其首尾，改名《内家拳法》。犹是明季书贾改头换面之积习，不足采也。”③ 在重视版本和校勘质量的明清时代，徽州书坊的这种促销的市场手段难免遭到批评的。

手段之三：将别人作品据为己有。为世人所闻名的汪廷讷刊刻的《环翠堂乐府》含杂剧9种、传奇16种。然而，据周晖《续金陵琐事》卷下言：“陈荩卿所闻，工乐府，《濠上斋乐府》外，尚有八种传奇：《狮吼》、《长生》、《青梅》、《威凤》、《同昇》、《飞鱼》、《彩舟》、《种玉》，今书坊汪廷讷皆刻为己作。余怜陈之苦心，特为拈出。”若其言属实的话，《环翠堂乐府》中有8种传奇的作者并非汪廷讷自己，而是盗自陈荩卿，其作伪手段令周晖为之不平。

手段之四：冒充宋元旧刻。明中叶以后，随着商品流通的便利、出版技术的进

① 王重民：《中国善本书提要》，《子部丛书类》，上海古籍出版社1993年版，第417页。

② 叶德辉：《书林清话》，北京燕山出版社1999年版，第186页。

③ 《四库全书总目提要》卷134《子部四四、杂家类存目十一》，《四库全书》文渊阁本。

步，图书出版出现了泛滥的态势，图书质量也是与日俱下。在这种背景下，重视校勘质量、雕刻质量并精挑细选纸墨的宋元版图书便得到人们的青睐，“宋人近古，分行数墨扰仍旧式。有明之代，传刻日多，臆改错讹，妄删旧注，读者苦之，遂宝宋本。近百余年，并元板而重之，并影宋本而重之。”① 其市场价格也是颇为昂贵，于是冒充宋版图书出售获利颇丰。自明中叶始，书贾纷纷“明代仿宋元之本有仍其面目而不著岁月并佚其摹刻姓氏者，有为坊贾刻割序跋者”，称其“传本既稀，后遂无征核其精雅，实推善本”②。图书市场上冒充宋版图书之风盛行。徽州书坊为提高自身身价和谋取厚利，也加入此行列。如明初《武威石氏源流世家朝代忠良报功图》（今藏安徽省博物馆），署为“宋初太平兴国元年四月”刻，但据有关专家鉴定，从该书绘画、雕刻风格来看，其与明刻本《新编目莲救母劝善戏文》类似，该书应为明初作品，系绩溪石氏族人伪托宋太宗御赐刊刻，实则抬高自家身价。万历四十三年吴继仕“熙春堂”于金陵《六经图》六卷，以充宋版，图本俱佳。崇祯十三年程衍道“经余居”刻《外台秘要》四十卷，与宋版无异。吴勉学之子吴中珩，万历间于徽州刻《资治通鉴》294卷（附《释文辩误》12卷）、《史记集解索隐正义》130卷、《汉书注》100卷、《后汉书注》120卷、《古今注》3卷、《世说新语》6卷、《李何二先生诗集》48卷、《广弘明集》30卷等，皆充宋版。

手段之五：盗用其它名版中的部分。如盗版插图，万历年间徽州玩虎轩刻本《元本出相北西厢记》卷首的插图《莺莺小像》，盗版的是隆庆三年（1569）苏州何钤刻本《西厢记杂录》中的插图。

手段之六：伪造伪钤名家藏书印鉴以抬高版本身价。藏书印记既表示书的递藏关系、流传程序，有时也表示书的身份价值。凡书一经名家收藏，钤盖上名家的藏书印记，往往如鱼跃龙门，身价十倍。一些徽州书坊常常盗用学界名人如项元汴、毛晋、钱谦益、徐乾学、黄丕烈、陈仲鱼、汪士钟、张蓉镜、张金吾、鲍廷博等诸藏书名家名钤。以次充好，提高书价，牟取厚利。

手段之七：直接冒充名家手订。名士名家独具眼光，其亲自精心编辑的图书，内容上乘，往往深得读者信赖。因而，冒充名家编辑的图书，也易于抢占图书市场。此法在徽州书坊中也较常见。如明代有“南司马”之称的歙县人汪道昆，就常为徽州书坊所冒名的对象。如某徽州书坊刊印明吴昭明撰的《五车霏玉》34卷，署名“汪道昆增订”，然而“是编于诸类书中掇拾残剩，割裂饾饤，又皆不著其出典。盖兔园册子之最陋者”。所以四库全书馆臣认为“道昆虽陋，尚未必至是，疑坊刻托名也”③。

当然，徽州书坊为追逐市场利润，抢占图书市场，在竞争中立足，其盗版的名堂五花八门，上列六种方式仅是常见方式。

---

① 瞿镛：《铁琴铜剑楼藏书目录》序，上海古籍出版社2000年版。

② 潘承弼、顾廷龙：《明代版本图录初编》，民国丛书第五编，上海书店1989年版，第4页。

③《四库全书总目提要》卷137《子部四七、类书类存目一》，《四库全书》文渊阁本。

三、结　语

无论是盗版还是反盗版，均是书坊为追逐市场利润或保护自身利益，抢占图书市场，在竞争中立足而做出的反应。形式多样的反盗版手段，不仅表明明清书坊主已具有明确的版权保护意识，同时还产生了两种效果。其一，具有明显的广告宣传作用，如吴勉学“师古斋”、吴养春“泊如斋”、吴继仕“熙春楼”、程大约“滋兰堂”等，这些书铺堂号一旦形成品牌后，无疑具有广告效应，起到宣传推销作用。其二，具有“正讹黜谬”的文化传播意识，如吴继仕《六经图》扉页版权声明、胡文焕《文会堂琴谱》序文、程大位《算法统宗》识语中所言及“恐滥厕于丛恶间”、“致误后学”，故“正讹黜谬”，惠及后人。这对于文化的保护与传承无疑具有重要意义。

明清徽州的绅商

——兼谈明清绅商和近代绅商之不同

梁仁志

（安徽师范大学副教授）

绅商是中国近代史研究中的一个热门话题，然而其涵义学术界至今却无共识。如谢放认为："晚清以来虽然出现了绅与商的合流，形成了一个亦绅亦商的阶层，但在当时公私文献中的'绅商'一词基本上是分指'绅'与'商'，并未融合成为一个单指性的混合词。"[①] 马敏认为："晚清历史文献中的'绅商'存在分指性和单指性两种情况。在分指性意义上，系'绅士和商人'的合称；在单指性意义上，则反映着绅士和商人之间的融合，以至结合为一体。"[②] 费正清认为："绅商……一般来说，若将这个名称用于一个集团，那就是泛指参与商业的官吏和文士、拥有功名和官衔的商人，以及同他们有联系的纯粹文人和商人，如果这个名称用之于个人，那仅指前面两类。"[③] "绅商"一词究竟是分指绅与商，还是合指"亦绅亦商"之人，抑或两者都有，大家还是莫衷一是。但"绅商"并称所体现出的绅商合流趋势和进而形成"亦绅亦商"的阶层的现象，大家却一致认可。"绅商"一词的出现及成为一种较为流行的说法是在19世纪中叶，因此，相关研究者自然而然的认为绅商合流的历史变动也是在晚清"才刚刚展开"[④]。此观点正确与否暂且不论，但有两个问题却需要反思：一是将"绅商"一词的出现作为绅商合流趋势出现的标志是否妥当？二是将绅商仅仅限定在"近代"这一时段进行探讨是否科学？鉴于此，本文将从绅商角度探讨明清徽商，不当之处，敬请方家指正。

一、"亦绅亦商"的徽商的出现

尽管目前学界对绅商涵义的理解有所不同，但有两点却是共识：一是绅商既具有绅的身份，又从事商业经营，即亦绅亦商；二是绅商指的是一个社会群体，如指个体，显然没有讨论的价值。如徐鼎新认为，绅商是一个"介于官、商两界之间的

---

① 谢放：《"绅商"词义考析》，《历史研究》2001年第2期，第124页。

② 马敏：《"绅商"词义及其内涵的几点讨论》，《历史研究》2001年第2期，第132页。

③ （美）费正清：《剑桥中国晚清史》（下册），北京：中国社会科学出版社，1985年，第620页。

④ 马敏：《官商之间——社会剧变中的近代绅商》，天津：天津人民出版社，1995年，第216页。

特殊社会阶层”[1]；马敏认为：绅商阶层“以科举功名和职衔、顶戴为标识，附骥于官场，又同时广泛涉足工商经营活动，孜孜牟利”[2]；郑卫荣认为：“绅商即指具有绅士身份（以科举或者捐纳功名为身份特征）的商人。作为一个群体或阶层，绅商指的是由官僚、士绅、商人相互趋近、结合而成的一个独特的社会群体或阶层。”[3]若按上述两点共识作为衡量标准，则绅商的出现在明清时期徽州已是较为普遍的现象。徽州人许承尧曾说：

> 商居四民之末，徽殊不然。歙之业鹾于淮南北者，多缙绅巨族。其以急公议叙入仕者固多，而读书登第，入词垣跻朊仕者，更未易仆数。且名贤才士往往出于其间，则固商而兼士矣。[4]

“商而兼士”表明两淮徽州盐商具有“商”和“绅”的双重身份，即“亦绅亦商”；“多”则表明他们是以群体的面貌出现的。值得一提的是，清雍正七年（1729），歙县因“水旱不登、山场荒废”，导致旧粮“积逋十有三万”，“为长吏者宽之则废上之供，急之则毙民之命”，在这种情况下，“淮南鹾业诸君谊关桑梓，共倡义举，愿于四年之内公派捐输。”[5] 为此，时任歙县知县汪文胆亲撰《雍正七年歙绅士公输旧粮碑记》，对这些徽州盐商进行表彰。知县大人亲自称徽州盐商为“绅”，表明这些徽商“绅”的身份是得到了官方明确认可的。

不仅盐商如此，揆诸史料，通过“急公议叙”获得“绅”身份的徽商从明初开始即已遍布其他各个行业，且人数众多，还呈现出家族化的特点。如明万历间，“师征关酋”，歙县吴养春上疏，愿输纳饷银三十万两，“诏赐其家中书舍人凡六”。[6] 养春及其家人乃当时极为有名的大商人，经营典、盐、钱庄、珠宝、绸缎、木材等业，几富可敌国。据嘉庆《两淮盐法志》及民国《歙县志》的统计，清乾隆三十六年（1771）至道光元年（1821）的50年间，仅歙县江村江氏一族通过捐输获取“绅”身份的商人就达数十位之多。故而唐力行认为：“16世纪以后，随着天下大势的变迁，出现了士商合流的趋势，一个绅商阶层开始兴起。绅商贾而好儒，或是兼有功名，或是有较高学识，或是与皇室官宦关系密切。绅士风度不再为士所专有，贾而好儒的绅商在表现这些文化符号时有时更胜于穷酸书生。这在徽州商人的身上表现

---

① 徐鼎新：《从绅商时代走向企业家时代——近代化进程中的上海总商会》，《近代史研究》1991年4期，第52页。

② 马敏：《官商之间——社会剧变中的近代绅商》，天津：天津人民出版社，1995年，第1页。

③ 郑卫荣：《绅商与近代区域社会的变迁——以清末民初南浔绅商群体为例》，硕士学位论文，上海师范大学人文与传播学院，2005年，第2页。

④ （近）许承尧：《歙事闲谭》卷18《歙风俗礼教考》，合肥：黄山书社，2001年，第603页。

⑤ 民国《歙县志》卷3《恤政志·仓储》，民国铅印本。

⑥ 民国《歙县志》卷5《选举志·仓储》，民国铅印本。

得最为明显。”①

明清徽州绅商群体的出现表明，早在近代以前绅商合流的趋势就已经较为明显。因此，将近代“绅商”一词的出现作为绅商合流趋势出现的标志显然有纠正的必要。但问题在于，既然“亦绅亦商”的绅商阶层在明清时期即已出现，为何“绅商”一词的出现和流行却是在近代以后呢？其原因在于近代以前商人地位低下，直称其为“商”往往带有轻视之意。前揭歙县知县汪文胆称徽商盐商为“绅”而不直呼其“商”，显然是为了表达对这些盐商的尊重。与之相对应，对于商人自己来说，即使他们拥有各种功名或虚衔，也不便自称为“绅”，而只能谦称为“商”或“职商”等，在晚清商会档案中，自称“职商”者就俯拾即是。因此，在“商”没有取得与“绅”大体平等的地位的时候，“绅商”并称显然是不太可能出现的。从这个意义上说，“绅商”一词的出现更应理解为近代商人地位凸显的标志。

二、明清绅商与近代绅商之不同

因明清及近代商人所处社会环境及地位之不同，使得明清及近代“亦绅亦商”的绅商阶层呈现出较大的差异性，突出表现在两个方面：

一是其形成的途径不同。明清徽州绅商往往是由商向绅的单向流动，他们“绅商”身份的获得主要遵循这样的途径：先是经商牟利，以获取“商”的身份和利益，再以所获利益进行捐纳或捐输②，以获取“绅”的身份，从而实现由“商”向“绅商”身份的转化。前引许承尧所谓“急公议叙”之语即指徽商的捐输和捐纳之事。尽管明清儒家提出了“治生”论和新四民论为商人辩护，甚至在徽商中还有一些“弃儒就贾”的例子，但真正放弃实实在在的官职去从事商业经营的例子却几乎找不到。所谓“弃儒就贾”往往是由于家贫或“屡试不售”等原因而不得不放弃科举考试，改而从商，如歙县人吴荣运因其父“殁后家贫”乃“弃儒就贾”③；程国光因“五举不售，遂儒而兼贾”④。婺源人潘覲光“年十八，念父经营劳瘁，弃儒就贾”⑤；戴联镳“少读书，屡试不售。投笔就商。”⑥ 近代绅商则不同，一方面，由商而绅的流动仍是其产生的重要途径，马敏就指出：“道咸同光之际广泛流行的捐纳和捐输，乃是商人跻身于绅士群体的主要途径”⑦；但另一方面，由于商人地位的提高，还出

① 唐力行：《徽州商人的绅士风度》，《史学月刊》2003年第11期，第38页。

② 罗玉东认为捐输是捐纳的一种，许大龄则认为“捐输系士民之报效，捐纳则系买官之行为”。分别参见罗玉东：《中国厘金史》（上），北京：商务印书馆，1936年，第3页；许大龄：《清代捐纳制度》，燕京大学哈佛燕京学社：《燕京学报》专号第23期，1950年，第1页。

③ 民国《歙县志》卷9《人物·义行》。

④ 民国《歙县志》卷15《艺文志·新修箬岭道记》。

⑤ 光绪《婺源县志》卷30《人物·孝友》。

⑥ 光绪《婺源县志》卷33《人物·义行》。

⑦ 马敏：《官商之间——社会剧变中的近代绅商》，天津：天津人民出版社，1995年，第217页。

现了由绅向商的流动,[①] 如徽商子弟尤先甲在光绪二年（1876）中举人并授职侍读内阁中书后，却并未赴京任职，而是留在苏州从事商业活动，并先后担任五届苏州商会的总理，成为苏州工商界的代表人物。徽商子弟潘祖谦于同治十二年（1873）拔为优贡生后授职三品衔分省补用道，但他并未赴任，乃留苏城经商办学，为潘万成酱坊店东，并开有典当铺，历任数届商会会董，民国元年（1912）还被推举为苏州商团公会会长。[②] 1913 年 10 月—1918 年 1 月担任清华大学校长的休宁人周诒春辞职后与同学创办了仁立实业公司，后又接任北京中孚银行经理之职。[③] 歙县人郑鹧鸪毕业于江南随营学校后任职军界，在辛亥革命后则离开军界在上海创办了大江东剧社。[④]

二是其权威的来源不同。在中国的封建社会，官绅虽常常并称，但其实天隔。绅士并不拥有实际的政治权力。由于“政治权力是用暴力得到的，并且是征服者与被征服者的关系；而社会威权是建立在个人一致和共同理解的基础上的社会规则。”[⑤] 对于士绅来说，“绅权”的获得与地方民众的认可关系甚大。因此，对于明清徽州绅商来说，通过捐纳或捐输，他们仅仅获得了“绅”的名头，此外他们还必须积极参与地方公益，以树立自己的权威。

先以荒政为例，乾隆十六年（1751），歙县大饥，扬州徽商吴禧祖、马曰琯等 19 人参与捐输，共捐银三万两进行平粜。[⑥] 时任徽州知府何达善又以平粜所剩银两为仓本建立了惠济仓，惠济仓资本雄厚，其存典所得利息除供平籴、赈济外，还给惠济堂等其它荒政慈善设施提供经费支持，对歙县的救荒和平粜起到了非常重要的作用，“全境赖以生活，至今惠济仓之设皆其流惠也。”[⑦]

再以教育为例，据《两淮盐政全德记》载：“歙在山谷间，垦田盖寡，处者以学，行者以商。学之地自府县学外，多聚于书院。书院凡数十，以紫阳为大。商之地海内无不至，以业盐于两淮为最著，其人较也。紫阳书院祀宋太师徽国文公，始在城中，继迁城外，师儒弦诵，常数百人。乡士大夫黾勉有无，以给其用，岁积而政迁，人日以多，财日以少，则其道将废。歙人之在两淮者曰封内阁中书舍人鲍志道思假手以振其绪，而物力方敝，无由旁及。是时余再奉使，复临两淮，舍人精心佐计，完物争时，张弛万变，期年而转输通利，藏积饶溢。遂合同人，请诸官，于杂项之隶淮南者，岁支银三千七百二十两为之助。”[⑧] 书院的经费来源既然不能靠

---

① 马敏先生将“由商而绅”称为“逆向社会流动”，“由绅而商”称为顺向社会流动。参见马敏：《官商之间——社会剧变中的近代绅商》，天津：天津人民出版社 1995 年版，第 226－227 页。

② 马敏、朱英：《传统与近代的二重变奏：晚清苏州商会个案研究》，巴蜀书社 1993 年版，第 48－49 页。

③ 孙锡三：《周诒春先生事迹点滴》，全国政协文史资料委员会编：《文史资料存稿选编 24 教育》，北京：中国文史出版社 2002 年版，第 966 页。

④ 歙县地方志编纂委员会编纂：《歙县志》，中华书局 1995 年版，第 688 页。

⑤ 费孝通：《绅士和技术知识》，《中国绅士》，北京：中国社会科学出版社 2006 年版，第 39－40 页。

⑥ （近）吴吉祜纂：《丰南志》第 10 册，民国抄本。

⑦ 民国《歙县志》卷 3《恤政志·振济》。

⑧ 道光《徽州府志》卷 3《营建志》。

“力耕”得来，那只有依赖“以贾代耕”的徽商的资助了。其中业盐于两淮的内阁中书舍人鲍志道等无疑均是徽州绅商。再据道光《徽州府志》的材料统计，清乾隆至嘉庆的数十年间，徽州绅商为修复歙县的山间书院和紫阳书院，共捐输银计七万余两。其中两淮总商鲍肯园（志道）更两次独捐银一万一千两，以致纪晓岚在《鲍肯园先生小传》中称赞道：“肯园捐金三千复紫阳书院，捐金八千复山间书院，功在名教”。[①] 歙县的西畴书院，也是由徽州绅商鲍漱芳于嘉庆八年（1803）重修的。[②]

徽州绅商参与徽州修桥、铺路、扶困济贫等的义举更比比皆是。由于徽州绅商在地方公益中的突出表现，其在徽州本土的权威也随之提高，正因为如此，雍正七年（1729）时歙县知县汪文胆与乾隆十七年（1752）时徽州知府何达善都亲撰碑文对徽州绅商的义举进行集体表彰。地方官员为商人撰碑文“歌功颂德”，虽赞的是其“义举”，但却反映出商人的“义举”对地方建设的重要作用。至于当地官员对个别徽州绅商义行的表彰就更是不胜枚举。如乾隆十四、十五年，歙县“岁荐饥，逋赋者追呼相望”，徽商鲍起正“辄代输得无扰。县令王鸣颜其居曰‘惠及乡间’。”[③] 这些表彰表明徽州绅商的义举赢得了地方政府的认可，这必然会大大提升了他们在徽州地方民众中间的权威。清歙县绅士吴殿麟在《重修古紫阳书院记》一文中称扬州徽商为“歙绅士之在扬州者”[④]，则表明徽州绅商的义举也为其在一般绅士中间赢得了威信。

近代以后，随着封建关系的改变，绅权也发生了巨大的变化。商会的建立使“绅商阶层得以在合法形式下迅速团聚，开始突破同乡、同业的狭隘范围，进而联袂组合到一个区域性的商界共同体中。”[⑤] 凭借商会这个平台，绅商的权威得到了极大的提升；“由绅而商”则使部分绅商的实际影响力来自于官场。这些都使得近代绅商的权威已不再完全构建于地方民众的认可之上，绅商与地方民众的关系遂渐行渐远。

三、明清徽州绅商形成的影响

明清徽州绅商群体的形成对徽商自身乃至徽州地方社会均产生了重要的影响，其具体表现在三个方面：

一是推动了徽州士绅社会的建构。“士绅社会”这一概念，最早由费正清提出[⑥]，他认为：“在过去1000年，士绅越来越多地主宰了中国人的生活，以致一些社会学家称中国为士绅之国，甚至普通老百姓谈起‘士大夫’时也把他们当做一个阶

① 歙县《棠樾鲍氏宣忠堂支谱》卷21。
② 道光《徽州府志》卷3《营建志》。
③ 民国《歙县志》卷4《人物》。
④ 道光《徽州府志》卷15《艺文志》。
⑤ 马敏：《官商之间——社会剧变中的近代绅商》，天津：天津人民出版社，1995年，第228－229页。
⑥ （美）费正清：《费正清论中国》，台北：正中书局，1995年，第104－106页。

级来看待。”[①] 卜正民认为，“士绅社会”是一个由获得功名的精英主宰的社会，它处于由地方行政官代表的公共事务领域与个人及其家族的私人领域之间。[②] 由于传统中国的政治权力只达到县一级，在地方权力与乡村社会之间，有很大的权力真空，这一权力真空正是由地方士绅们所填补，形成一个具有自治性质的士绅社会。在这样的社会里，士绅必须履行一系列的社会职责，费正清将这些职责归纳为：“诸如运河、堤堰、水坝、道路、桥梁、渡船之类的灌溉和交通设施进行筹款和主持修建。……创办和维持学校、圣祠和当地孔庙，出版图书、特别是地方史籍或地方志，并给平民大众分发道德说教册子和劝世歌谣。在承平时期……给公众生活定下调子。在动乱时期……组织并统率民兵的防守力量……日复一日非正式地仲裁纠纷……还创办慈善事业并运用所托管的经费救济乡间疾苦……在官方请求下向政府捐款，特别是在战争、水灾和饥荒的时期。”[③] 张仲礼则归纳为：开河筑堤和兴修水利等公共工程；负责修建和主管常平仓；地方福利事务；作为仲裁人调节地方纠纷；卫护传统的纲常伦纪；负责地方团练的组织和筹款等六项。[④] 通过检阅徽州的方志、家谱等文献，我们发现这些士绅所必须履行的职责在明清的徽州几乎全部由徽州的绅商主持或参与完成，这在前文已有所述。这表明徽州的绅商阶层已经凭借商业经济实力，在一定程度上取代了传统士绅对地方社会的全方位的干预。

二是“绅”的角色有助于徽商商业经营活动的开展。徽商通过捐赀得官，“俨然列于缙绅”[⑤]，尽管所捐职衔多为虚衔，但盐政与盐运使官员见到他们时，都要“假以礼貌，款以上宾，或尊为顾问。”[⑥] 这显然有助于提高徽商调解商业纠纷、抗衡官吏敲诈的能力。如歙县绅商汪士明，“人推为祭酒。即有积怨深怒，片言立解。”[⑦] 黟县绅商汤永懿，“监生，议叙八品”，经商祁门时，“浮梁船户争埠头，聚众到湖，将斗，永懿访其谋主，动以利害，晓以大义，事解。”道光壬辰（1832），“江西遏籴，黟、祁市断米。永懿诣府陈状，持文书告籴饶州，米乃通。”[⑧]

三是“绅”的身份也阻碍了徽商的近代转型。徽州绅商的特殊身份使其“与封建势力非但不存在根本性矛盾，反而需要紧紧依附于封建机体之上”[⑨]，从而严重阻碍了其近代转型。与此同时，徽商商业利润的封建化不利于徽商资本规模的进一步

---

① （美）费正清：《美国与中国》，北京：世界知识出版社，2003 年第 4 版，第 32 页。

② （加）卜正民：《为权力祈祷：佛教与晚明中国士绅社会的形成》，张华译，南京：江苏人民出版社，2005 年，第 21 页。

③ （美）费正清：《美国与中国》，北京：世界知识出版社，2003 年第 4 版，第 37 页。

④ 张仲礼：《中国绅士——关于其在 19 世纪中国社会中作用的研究》，李荣昌译，上海：上海社会科学院出版社，1991 年，第 54 – 74 页。

⑤ （清）陆陇其：《三鱼堂外集》卷 1。

⑥ （近）许指严：《骨董祸》，《清代野史》第 5 辑，成都：巴蜀书社，1987 年，第 279 页。

⑦ （明）李维桢：《大泌山房集》卷 69《汪内史家传》。

⑧ 同治《黟县三志》卷 7《人物 · 尚义》。

⑨ 栾成显：《经济与文化互动——徽商兴衰的一个重要启示》，《安徽师范大学学报》（人文社会科学版）2005 年第 4 期，第 409 页。

扩大，从而阻碍了徽商事业的进一步发展。为了跻身于绅衿行列，徽商不得不付出一笔商业利润，一些徽人就感慨过："捐监援职，计费匪轻"。[①] 同时，"'输粟入监'与'官衔买卖'的推行，使一部分商人通过身份买卖的方式得以进入更高的等级，既维持了旧的身份等级体系，又削弱了社会反抗的势力，增强了商人与官僚、封建国家间的相互依赖关系。"[②] 阻碍了徽商向近代商人的过渡，为徽商的衰落埋下了必然的种子。当然，徽商热衷于牟取"绅"的身份也给徽州带来了不良的社会风气。如捐纳之风就败坏了徽州良好的学风，使得许多徽商子弟乃至其他徽州人往往钟情于捐纳，不复勤勉读书，如清人徐珂在《清稗类钞》中说："徽州之汪氏、吴氏，桐城之姚氏、张氏、左氏、马氏，皆大姓也。恒买仆或使营运，或使耕凿。久之，积有资，即不与家僮共执贱役。其子弟读书进取，或纳资入官，主不之禁。"[③] 说明捐纳在徽州社会已成为"入官"的一种重要途径，甚至连一些出身低微的下人也纷纷报捐，如清康熙年间严州遂安的寄庄户中就"有徽民张永登者，出身微贱，违禁捐纳"，于是官府将之"成案勒之石"以示惩戒。[④]

四、结 论

通过以上研究我们可以得出以下的认识：一是将"绅商"一词的出现作为绅商合流趋势出现标志的观点应该予以纠正。二是明清时期即已出现绅商群体，且通过对明清徽州绅商的研究可以加深我们对于近代绅商的认识，因此，将绅商仅仅限定在"近代"这一时段进行探讨显然是不够的。三是明清徽州绅商阶层已经凭借其雄厚的经济实力，在一定程度上取代了传统士绅在徽州地方社会中的职责。他们对荒政、教育等等一系列公益事业的积极支持和参与，既推动了徽州士绅社会的建构，也使其通过捐纳、捐输等非正途而获得的"绅"的身份更具合法性。四是绅商角色的形成既是封建时代的产物，同时也与徽州特殊的人文环境密不可分。而"绅"化无疑也加剧了徽商群体的封建化，埋下了徽商衰落的必然种子。

① 徽州《阄书契底》，藏中国社会科学院历史研究所，编号：1000461。

② 赵毅等：《传统向现代的萌动》，《东北师范大学学报》（哲学社会科学版）1999 年第 1 期，第 4 页。

③ （清）徐珂：《清稗类钞 · 奴婢类》。

④ （清）毛升芳：《冒籍纪实》，乾隆《遂安县志》卷 10《艺文》。

近代徽州茶商与社会变迁：基于祁门县的个案研究

康　健

（中国社会科学院研究生院博士生）

鸦片战争之后，中国开放了一系列通商口岸，外国经济势力进一步渗透到中国内地各个地区。在这种形势下，中国的茶叶外销兴盛，徽州作为重要产茶区域，其茶叶出口在整个中国茶叶出口贸易中占有重要地位。近代徽商此时也迎合了世界市场的需要，创立了“祁红”、“屯绿”等新的茶叶品牌，从而为徽州茶业的发展提供了新的契机。而光绪年间创立的新型茶叶品种——祁门红茶作为华茶出口的大宗贸易，也获得很大发展，长期在世界红茶市场中占有举足轻重的地位。晚清民国时期，祁门商人普遍经营茶叶贸易，茶业经济盛况空前。由祁门茶叶外销兴盛，茶业成为祁门县的经济支柱，祁门茶商活跃于汉口、上海等全国重要茶叶商埠，在当时的茶叶行业中占有一定的地位。茶商们在将家乡茶叶源源不断的运送到通商口岸销售的同时，又将那些大城市新兴的思想、文化、习俗和洋货等带到故里，引起了祁门乡村社会风貌的变迁，使得穷乡僻壤的祁门乡村社会也积极进入了近代社会转型时期。同时，茶商们也将一部分利润投向家乡的教育事业，促进了祁门近代新式教育事业的发展。本文以祁门县为个案，试图从社会史的角度来阐述徽州茶商与社会变迁的关系，进而深化人们对近代徽商的认识，对了解徽商的近代转型问题也有重要意义，而且通过对近代祁门茶业的个案研究，还能够透视近代中国整个茶业近代化的曲折历程。不当之处，请专家指正。

一、茶商推动了祁门村镇的兴起

光绪年间创立的新型茶叶品种——祁门红茶作为华茶出口的大宗贸易商品，长期在世界红茶市场中占有举足轻重的地位。晚清民国时期，祁门商人普遍经营茶叶贸易，茶业经济盛况空前。茶业经济带动了祁门乡村社会的变迁。祁门县城的三里街位于阊江河畔，在以水运为主的年代里，三里街不仅是祁门茶叶运往九江等地的重要码头，也是徽州绿茶“漂广东”的重要中转站，成为茶叶重要集散地，茶商多在此雇船将茶叶运往各大商埠。那时三里街商业盛极一时，其经济地位后来随着水运的衰落而下降，在公路运输兴起之后，茶叶外运不再经过此地集散。

祁门四乡的茶叶产地，由于茶叶贸易的兴起，在各自的范围内形成了各具规模的茶叶集散地，促进了一些村落的兴起。西南两乡是祁门茶叶主产区，因此，因茶叶而兴起的村落多集中在这两乡。南乡芦溪、溶口和平里是祁红的主要出产地，且都位于阊江上，因而成为南乡各地茶叶的集散地，每到茶季茶商多在此三地开设茶号收购毛茶，并精制秤精茶，然后顺江而下运往各大商埠销售。店铺滩则是安茶的主要产地，安茶茶号多集中于此，安茶第一品牌孙义顺茶号就处于此地。南乡的倒湖“当大洪水与大北水合流处，与浮梁接壤，为水道出境之咽喉，厘卡亦驻在此”①，故商业因之而盛，成为祁门最大的市镇之一。“西乡红茶出产甚丰，皆运售浔、汉、沪港等处”②。西乡的历口、闪里和高塘也是红茶的主要产地，三地分别位于文闪河、新安河和大北河上，可通过便利的水运直下江西，因此成为周边茶叶的重要集散地，茶叶贸易盛极一时。此外，祁门县茶号的分布也主要集中于以上各地，也说明这些村落有较大的产业凝聚力。

茶叶贸易的兴盛还带动了相关服务行业的发展。茶叶包装需要大量的竹篾，而祁门“安茶之篓、红茶之箱，亦取资境内”③，因此促进了篾篓业的发展。茶叶制成后需要装箱，“红茶箱名曰二五箱，全系枫木制造”④，而“祁门一带，山地甚多，枫香于山麓间见之，山腰多杉，山顶多松”⑤，这就极大地满足了茶叶木箱的需要，因而促进了祁门箱栈业的发展。此外，南乡栗树坦、董家湾、溶口、芦溪等处利用靠近阊江水运的区位优势，小船和竹排，以转运茶叶⑥，进而也促进了航运业的发展，同时，这也解决了南乡阊江沿岸众多农民的就业问题。

二、茶商促进了祁门社会生活的变迁

祁门茶商足迹遍及各大商埠，在长年的奔波中，他们开阔了眼界，将大城市的各种新思想、习俗、服饰、洋货等带回故里，使得祁门县人们的风俗民情发生了新的变化。同时，因邮局等现代通讯的开办，使穷乡僻壤的祁门与外界的联系日益密切，加快了祁门社会生活各个方面的社会变迁。清末徽州知府刘汝骥在《陶甓公牍》一书中对祁门县相关社会生活的变迁，有着详细的描述。

1. 报刊、邮局

晚清时期，由于茶叶对外贸易的兴盛，祁门人外出贩茶的风气日盛，上海是祁

① 李家骧：《祁门县乡土地理志稿本》第一章《疆域》第十一节《孝上乡》。

② 《陶甓公牍》卷12《法制科·祁门民情之习惯》，《官箴书集成》第10册，黄山书社1997年版，第601页。

③ 李家骧：《祁门县乡土地理志稿本》第七章《物产·植物之制造物》。

④ 张维：《祁红茶产制运销改进意见书》，《经济旬刊》第7卷第13、14期，1936年11月15日，第103页。

⑤ 张宗成、严赓雪：《祁门红茶区近况》，《实业部月刊》第1卷第8期，1936年11月10日，第134页。

⑥ 《陶甓公牍》卷12《法制科·祁门民情之习惯·制造之品类》，《官箴书集成》第10册，黄山书社1997年版，第602页。

门人麇集之区，故上海的新闻界对祁门的影响也较大。对此，《祁门民情之习惯》记载：祁虽山邑，向喜阅京报阁钞，自沪上报馆接踵而起，购阅者亦渐多，就所查悉者，除县学两署及城乡各学堂外，城内销报14家：东乡浒溪销报2家，南乡平里鳙等处销报6家，西乡历口、闪里等处销报4家，北乡善和等处销报2家。[①] 商业信息的传递对商人来说有着特别重要的意义，晚清由于商人的推动，使得地处山区的祁门也出现了邮局，对此，《祁门县乡土地理志》指出："祁门向无信局，欲寄信件货物等，需雇人专信，或托各店铺代寄，人多苦之。光绪丙午（1906）始设邮局于城内，与各属之邮局交通。凡信件各物，粘票投局，任寄何地，均照投递，至便也。"[②] 邮局这一现代通讯媒体的出现，在加强商业通讯的同时，也极大的加快了祁门与外界的联系。随着邮局的开办，祁门人通过邮局订阅报刊的现象日益增多。在近代报刊、邮局等外来传媒的冲击下，外来洋货的倾销力度不断加大。加上，祁门当地土货未能改良，传统工艺的日趋没落，更为洋货的大量涌入创造了机会。而洋货的引入，使得质朴的民风发生变化，人们的生活日趋浮华。祁门前代的县志对当地人家的生活记载多为，"家居务俭啬，茹淡操作，日再食，食惟饘粥，客至不为黍，不蓄乘马，不蓄鹅鹜，贫窭数月不见鱼肉，此昔日之俭约也"。而到了晚清时期，则"民风稍奢，喜用洋货，惟城一都为最，西南两乡茶业最盛；北乡无大宗出产，而好尚亦喜新奇"[③]。洋货的冲击，使得祁门的衣食住行都发生了重大的变化。

2. 服 饰

祁门虽处万山之中，但由于商人来往奔波，他们将外来新式服饰带入了家乡，从而使得传统服饰受到了洋货的巨大冲击。祁门绅士方振均在《祁门风俗之习惯》中，对祁门男女服饰之嬗变有着具体的描述："祁俗向称俭朴，男子长衫多客布，棉袍多灰色，马褂外套多以青布、天青呢、布呢为之。"但是到了晚清，则是："渐见繁华，各色客布、洋布销售颇多，宁绸线、关官纱间亦用之。"但是不同阶层的服饰变化程度存在着很大差异。"乡村农民只知用本地土布而已，妇女衣服纯用布制，冬裘、夏葛不多见"，而"缙绅之家较为华丽"[④]。由此可见，贫苦的乡村妇女的服饰几乎没有多大变化，而家庭殷实的缙绅之家的服饰则日趋华丽。祁门乡俗的变化于此可见一斑。祁门男女服饰的变迁，很大程度上是受到商人和学生的影响。尤其是由茶商捐资兴办的新式学堂中的学生，他们多接受新式学问，学习外国知识。晚清时期，祁门风气渐开，"官宦子弟，好学英文、英语，亦有习东洋语言文字者"[⑤]。

---

① 《陶甓公牍》卷12《法制科·祁门民情之习惯·报纸之销数》，《官箴书集成》第10册，黄山书社1997年版，第601页。

② 李家骥：《祁门县乡土地理志稿本》第四章《交通》第十四节《邮局》。

③ 《陶甓公牍》卷12《法制科·祁门民情之习惯·食用好尚之方针》，《官箴书集成》第10册，黄山书社1997年版，第601页。

④ 《陶甓公牍》卷12《法制科·祁门风俗之习惯·服饰》，《官箴书集成》第10册，黄山书社1997年版，第604页。

⑤ 《陶甓公牍》卷12《法制科·祁门风俗之习惯·方言》，《官箴书集成》第10册，黄山书社1997年版，第605页。

这些接受新学问的学生更为推崇新服饰，从而对服饰的变化起着推波助澜的作用。

3. 村落建筑

徽州民居是中国古代最有特色的民居样式之一。其主要以粉墙、黛瓦和跌宕起伏的马头墙为主要标志，形成了与当地自然环境相和谐的靓丽风景。然而到了晚清时期，由于中国社会大环境的变化，徽州民居的建筑形式发生了不同程度的变化。具体到祁门，由于茶业经济的兴起，民居建筑形式有着重要变化。近代以前，祁门四乡楼房：

> 厚以垣墉，高以梁栋，不事雕饰，间有油漆以壮观者。民房多三间，亦有四会，各式门前筑园院，出入通行皆石板……旧建民房天井狭窄，光线黑暗。

晚清时期，房屋建筑则发生了重大变化：

> 士大夫之家，未有不高大门闾，明窗净几者。东乡双溪诸村，多名家大族居处，与城关相似，家藏器具有留传至数百年者。南乡厚潭地近江右，舟楫易通，第宅相连，大有广厦万间之象。西乡历口近日业茶获利者，屋宇亦多壮丽。其余农家者流开门见山，终日荷锄田亩，有客问津此地水尽山穷，又有柳暗花明之处。①

从以上的记载中，我们可以看到，晚清祁门茶业经济的兴盛促使了祁门乡村民居建筑形式的变化，其变化的趋势则是从过去那种光线黑暗的不适合居住的建筑形式，向更为实用的形式转变。

以上我们介绍了近代茶商贸易的兴盛，给祁门乡村社会带来的社会生活在服饰、民居建筑等方面的变迁。然而，祁门四乡民众在职业趋向上的不同，大体言之：“祁门进城一都，大半经商赣、浙、沪、汉诸地。东乡向分内外，类营商在外，又游宦者多。南乡、西乡民情最古。北乡农家者流只知稼穑，不务诗书，近有不避险阻，远游万里之外者。”② 加上祁门境内茶叶分布的不平衡，四乡茶业经济的发展状况各异，这就造成了祁门乡民生活方式的变迁存在地理上的差异。“祁田高亢快牛剡不得用，入甚薄，岁祲粉蕨葛佐食，故乡民趋重在农，天将曙举家爨火，致力于山场。此外，植茶为大宗，东乡绿茶得利最厚，西乡红茶出产甚丰，皆运售浔、汉、沪港等处。”③ 而西南两乡务农者，约占十分之七，士、工、商仅占十分之三，多藉茶为

---

① 《陶甓公牍》卷12《法制科·祁门风俗之习惯·居处》，《官箴书集成》第10册，黄山书社1997年版，第603页。

② 《陶甓公牍》卷12《法制科·祁门民情之习惯·住居之流动固定》，《官箴书集成》第10册，黄山书社1997年版，第601页。

③ 《陶甓公牍》卷12《法制科·祁门民情之习惯·职业趋重之点》，《官箴书集成》第10册，黄山书社1997年版，第601页。

生活，营商远地者，除茶商而外，寥寥无几。东北城三区，则农居十分之四，商居十分之四，士、工仅占十分之二。五乡比较，生计西南较胜。[①] 西南两乡因为茶业最盛，其社会变迁最为显著。如西乡历口，"近日业茶获利者，屋宇亦多壮丽"[②]。

三、茶商推动了近代祁门教育事业的变迁

1. 茶商推动了职业教育的发展

光绪中叶以后，随着印度等国茶叶的兴起，中国的茶叶对外贸易遭受沉重打击。为了挽救日益衰败的茶叶贸易，当时一些有识之士，纷纷提出了复兴茶叶的计划，主张出洋考察，学习西方先进制茶技术，兴办茶业讲习所，改良茶业。光绪三十一年（1905），两江总督周馥命道员郑世璜，率技师工人往印度、锡兰等处调查茶业。次年返国，准备在南京开创茶山，为试验场，仿印锡新法栽植茶树，成立江南商务局植茶公所。[③] 后来虽未能维持下去，但这却揭开了近代中国茶业改良的序幕。到了宣统元年（1909）12月13日，农商部向清廷上呈《奏请产茶省份设立茶务讲习所折》的奏折中，以法令的形式要求产茶省份设立茶务讲习所。[④]

此后，一些地方官员积极响应中央的号召，在各个产茶省份设立茶务讲习所或者茶务学堂，以推进茶业改良事业。但据徽州地方文献记载，徽州茶业改良事业较此稍早。1908年，徽州知府刘汝骥为推进清末新政事业，迎接南洋劝业会，特地在徽州曾经举办过一次物产会。他在给祁门县孔令庆的文牍中宣称，本次物产会的宗旨是：

> 纯以人民生计为宗旨，并非必求精美，应查照天产、工艺、美术、教育各种类，就该县所有者分别部居，详细解说，不论精粗良枯，皆可运会出陈列，以供实业家研究之用。[⑤]

他在《详报物产开会文》的批文中曰：

> 伏思徽州为皖南望郡，图书之富，甲于东南，天产之饶，数难更仆，单简言之，茶木两大宗，实阖属人民命脉所寄，他如胡开文之墨，方秀水之罗经，水力之磨碓，石雕之牌坊，皆独出心裁，跨绝寰瀛，不可谓徽属之无良工也。

---

① 《安徽省立第二师范学校杂志·祁门全境乡土地理调查报告》第4期，1914年7月，第6页。

② 《陶甓公牍》卷12《法制科·祁门风俗之习惯·居处》，《官箴书集成》第10册，黄山书社1997年版，第603页。

③ 刘锦藻：《清续文献通考》卷385《实业考·工务》。

④ 具体内容可参见：《公牍·本部具奏请产茶省份设立茶务讲习所折》，《官务商报》，1910年，第1册，第3页。

⑤ 《陶甓公牍》卷3《批判·户科·祁门县孔令庆尧申送物产表批》，《官箴书集成》第10册，黄山书社1997年版，第485页。

自唐宋以来，便号富州，今何忽贫瘠若此，当务之急，莫要于讲树艺之事，研究制茶、造纸之方法，其急须扩充者，如祁门之瓷土岁可供全国陶业之用，歙县之煤矿，绩溪之五金各矿，倘得大化学家、大矿学家、大资本家赓续而合作之，更足开万世无穷之利。利必归农。本富，此其基础。地不爱宝，新学亟待发明。知府区区之见，实在于此除刊刻告示，晓谕合属商民，并饬由会员公推评议员外，应乞宪台遴委博通科学之员莅会审查。①

从此批文中，我们知道徽州知府刘汝骥对此次物产会十分看重。茶叶作为徽州最具特色特产，当是本次物产会的主要陈品。祁门红茶在此次物产会中获得了较好的成绩：

计开　祁门县出品人品名等级奖牌

王兰馨　红茶　三等铜牌

王成义　红茶　三等铜牌

公顺昌　红茶　三等铜牌

胡元龙　红茶　三等铜牌

汪广洲　红茶　三等铜牌

胡邦达　红茶　三等铜牌②

获奖名单中，共有7家祁红品牌获得三等铜牌，祁红鼻祖胡元龙也名列获奖名单之中。这次物产会推动了徽州实业的发展，对后来祁红在南洋劝业会上获奖起到了预演的作用。

此后，刘汝骥为“造就茶商子弟，自系力图改良，振兴实业”③，在屯溪筹建农业学堂，开启了徽州各县茶业实业教育发展的先河。进入民国后，徽州各地的实业获得很大发展。1918年，徽州茶商俞燮在屯溪设立茶务讲习所，教以新法推广改良茶叶。④ 此后，徽州各地茶业改良运动蓬勃开展起来。祁门茶业改良场是国内唯一茶业技术改进机关，历史悠久，规模宏大，在推广茶业改良和培养茶叶技术人才方面的成绩最为显著。

1935年12月17日，《大公报》登载有关祁门县开办冬季合作制茶训练班的消息，具体内容如下：

---

① 《陶甓公牍》卷10《禀详·详报物产会文》，《官箴书集成》第10册，黄山书社1997年版，第563页。

② 《陶甓公牍》卷1《示谕》，《官箴书集成》第10册，黄山书社1997年版，第471页。

③ 《陶甓公牍》卷10《禀详·徽州府详办初等农业学堂文》，《官箴书集成》第10册，黄山书社1997年版，第564－565页。

④ 《纪闻·本省纪闻·茶务讲习所新发制茶之品评》，《安徽实业杂志》1918年第13期。

> 农暇之时，将在安徽祁门县开办冬季合作制茶训练班，招收祁门附近茶农，施以简浅训练，请转饬贵池、石埭两县，各保送学生2名，至另保送5名，祁门每保各保送1名，并指明须由红茶区域居民中选派，务于25年1月2日以前，迳赴祁门方家祠堂报到，省府已准如所请，分令贵、石、至、祁等县府，一体遵照办理云云。[①]

于是，当年年底和1936年，祁门茶业改良场在平里举办茶业合作训练班，培训茶叶合作社职员。抗战时期受安徽省茶叶管理处的委托，于1939年至1941年举办过两期高级技术人员训练班和技工训练班。共培训学员43人，技工61人。高级班设茶树栽培、土壤肥料、品种改良、病虫害防除、茶叶制造、茶叶品评、茶叶化学、茶叶历史、茶叶政策、茶叶贸易等课程。除教学外，还进行田间和工厂实习。先后招收练习生10多人，学习3—5年，接受省内外茶业部门派来的实习人员也很多，以1939—1941年为多。[②] 祁门茶业改良场通过举办茶叶培训班等形式，促进了茶叶技术人才的培养，如程世瑞、汪瑞琦等人就是其中的杰出代表。

2. 茶商推动了近代学校教育事业的兴起

茶业经济是祁门近代的经济支柱，祁门茶税局的茶捐中有一项教育税捐，是专门用来投资教育事业的费用，“祁门教育经费，几全视茶业兴衰为转移。”[③]《祁门之茶业》中对茶捐的征收方法及其具体数额有着这样的记载：“祁门教育经费来源，以茶捐收入为大宗。其征收方法，如西南乡私立小学，则于当地园户买茶，每斤认茶捐二厘，并由各茶号代收。红茶每箱洋一角五分，安茶每件洋一角二分五厘。惟各乡茶捐，概由地方自行征收，应本区学校之用。县教育局复收捐一次，即红茶每箱、安茶每篓收洋二分五厘，以供县教育经费之需。”因此，茶叶交易行情的好坏直接关系到祁门县教育经费的多寡。另外，茶商个人对教育的投资也是祁门教育经费的一项重要来源。祁门教育文化的发展正是在茶业经济的影响下，才逐渐发展起来的。

1905年，清政府宣布废除科举制，兴办新学。祁门在此种背景下，也积极筹办新式学校。茶业经济是近代祁门的经济支柱，因此，祁门城乡各处新式学校兴建与茶业经济有着密切关系。1905年，祁门著名茶商康达、胡云龙、李训诰、谢庆余等人，在南乡平里首创祁门县第一所新式学堂——梅南高等小学，从而开启了祁门近代教育的先声。当时校舍由康达捐献的“会同康”茶号改建，经费报请县政府附征茶厘，按每元3厘，由学校向各茶号征收。经过认真筹办，当年秋季招生开学，首任校长即为谢庆余，开设学生三班，60多人，其生源多来自南乡各村。由于有着充足的教育经费，该校办学规模不断扩大，培养了大批新式人才。

徽州聚族而居，宗族势力历来强固，宗族教育颇为发达，清末徽州知府刘汝骥

① 《大公报》，1935年12月17日，(129) 628。

② 汪瑞琦：《祁门茶业改良场历史概况》，倪群主编：《祁门文史》第5辑《茶业专辑》，第123－124页。

③ 洪素野：《皖南旅行记》，中国旅行社1944年版，第143页。

看到传统旧式族学盛行，而祁门的官立新式学堂教育则是“招之不来，无额满之日，甚至各都私贴钱文，始勉强来学”①。面对这种局面，他认为族学是推行新政，兴办新学的主要障碍。因此，他上任后，多次下令劝学章程等批文，鼓励茶商认捐，不遗余力地推行新学教育。因此，当时祁门县的新式学堂日益增多。光绪二十二年(1906)，祁门县城在东山书院旧址建成“祁门县高等学堂”。光绪三十四年(1908)，在西乡历口成立了“西乡立高等小学”。到了宣统年间，祁门乡村各学堂的学务经费更为充足，“官立高等小学为最，岁入墨银3千余元；西乡学堂抽园户茶捐岁墨银2千余元；南乡学堂岁墨银1800余元；东乡初等小学4所，约共墨银600元。”② 当时，祁门四乡新式学堂分别为：县城1所，南乡1所、西乡2所，东乡4所，共计8所。进入民国以后，祁门新式教育获得了新的发展。1913年，在西乡闪里成立了“西乡第六区公立小学，校舍租用私人茶号，教师3人，1915年冬第一班学生毕业。③ 1915年7月，据《安徽省立第二师范学校》对祁门县的调查统计，祁门共有小学19所，学生407人。到1919年，全县共有小学30所，教员72人，学生920人。现将1919年全县小学的分布情况全录如下：

学校名称	地址	校长	教员数	学生数	经费		备考
					公私费数	学费数	
县令高等小学校	城内	汪振书	5	72	2000	——	
祁西高等小学	历口	郑鸿烈	5	73	2000	——	
梅南高等小学	平里	李同光	4	57	1400	——	
县立模范小学校	城内	方兴锦	1	50	200	——	
县立第一国民学校	城内	王用霖	2	54	200	——	校长系知事兼任
石谷私立培玉国民学校	石谷里	汪昌寅	3	28	——	12	
店铺滩私立国民学校	店铺滩	汪德宜	1	14	——	60	
芦溪私立国民学校	芦溪	汪立元	3	28	100	100	
溶溪私立日新国民学校	陈田坑	郑赞达	2	26	20	90	
庾岭私立梅林国民学校	庾岭	方朝琼	1	24	35	90	
善和私立国民学校	六都村	程际隆	3	37	160	40	
溶头私立国民学校	溶头	江朴臣	2	15	60		
区立内东乡第六国民学校	黄畲山	汪逢源	2	28	70	84	
区立内东乡第一国民学校	凫溪口	汪逢源	2	19	70		

① 《陶甓公牍》卷5《批判·学科》，《官箴书集成》第10册，黄山书社1997年版，第503页。

② 《陶甓公牍》卷12《法制科·祁门绅士办事之习惯·经费》，《官箴书集成》第10册，黄山书社1997年版，第607页。

③ 郑郁予：《清末民初祁门教育概况》，《祁门文史》第1辑，第105页。

续表

学校名称	地址	校长	教员数	学生数	经费		备考
					公私费数	学费数	
区立内东乡第三国民学校	赤桥	汪逢源	2	21	70		
区立内东乡第五国民学校	庄坑	汪逢源	2	12	70	30	
区立内东乡第八国民学校	枋家头	汪逢源	2	15	70	60	
区立翔宝国民学校	愚口	胡尚文	3	59	200	60	
渚口私立带经国民学校	渚口	倪麟	3	34	60	134	
许村私立集成国民学校	许村	倪国华	3	28		110	
下汪村私立博爱国民学校	下汪村	汪思祖	2	20		60	
南溪私立愈愚国民学校	伦坑	汪绎清	3	26	30	100	
查家私立国民学校	查家	倪永昇	1	20	40	40	
严潭私立国民学校	严潭	王嘉瑞	2	24		60	
查湾私立国民学校	余坑口	周昱	2	20		120	
景石私立国民学校	景石	李训典	2	16		100	
平里私立国民学校	平里	章斐然	2	19	120		
正冲私立国民学校	正冲	陈宗汉	2	25		140	
黄泥坑私立国民学校	黄泥坑	正立本	2	21		40	
巴家岭私立国民学校	巴家岭	李绍尧	2	32		40	

资料来源：《安徽省立第二师范学校杂志》，第5期，第10-12页。

我们看出：第一，30所新式小学在全县的分布不平衡，主要集中在西南两乡，这与西南两乡茶业经济的兴盛有着密切联系。第二，全县小学以私立学校为主，大多分布在各个产茶村落，这与各自村落的茶商的捐资助学大有关系。如东乡即有私立小学5所，这些小学分布的村落凫溪口、赤桥等村落皆为“祁门四大名家”绿茶的集中产地；四乡的历口、渚口等是红茶的主产村落，学校也多集中在这些村落；南乡的景石、店铺滩、严潭等皆为安茶的主产区，学校也多集中在这些村落周边。这些学校的分布与祁门境内茶号的分布区域存在地理位置上的一致性。

茶商的善举也是祁门教育发展的重要资金来源之一。茶商胡元龙和谢步梯就是其中的杰出代表，他们将经商所得的大量资金投入祁门的教育事业，相当程度上推动了祁门近代教育文化事业的发展。胡元龙在光绪元年（1875）创制祁门红茶后，由于外销兴盛，他不断扩大茶树种植规模，开辟茶山200亩，培育茶树10万株，在贵溪村中建厂，取牌号“胡日顺”，运售汉口，此举成功，销路日广。英美法等国茶商都来采购，销售量逐渐扩大，茶价日高，逐渐走上发家致富的道路。胡元龙在经商致富后，热心于地方教育事业，尝告诉子孙曰：“书可读，官不可做。”他曾撰写

“做一等人忠臣孝子，为两件事读书耕田”的楹联贴写在大厅内。① 1905 年，创立的祁门梅南高等小学，胡元龙出资尤多，并报准官府附征茶厘按每元 3 厘，由学校向其茶号征收使用，使得梅南小学的教育经费有了可靠的保障，推动了教育事业的发展。胡元龙的“贾而好儒”的义举，受到了清政府的奖赏，他获得了“谏议大夫领四品同知衔晋封三代”的殊荣。②

教师是学校教育得以发展的重要保障，因此，师范教育显得格外重要。近代徽州乡土学者许承尧在徽州师范学校成立时的发言中，对师范教育的重要性有着这样的认识：“教育普及安始？始于蒙、小学，则急设、多设蒙、小学为要。然无师范生，蒙、小学无由兴，则师范为尤要。此人人所熟知。然吾愿诸生注意！诸生今日为本校之受学者，他日即各县、各乡蒙、各小学之创造者。”③ 从中，我们可以看到许承尧十分看重师范教育在普及教育方面的作用。祁门茶商除了以捐资助学的方式，来推进祁门新式教育的发展外，还将其子弟送到中高等师范学校去接受更高的教育，当时位于徽州本土的安徽省立第二师范学校就是他们的主要求学之地。西南两乡茶叶最丰，因此，茶商子弟去往安徽省立第二师范求学的人数最多。笔者通过对安徽省立第二师范学校前八次毕业生状况的统计，祁门县共有 18 人在此毕业。具体如下表：

姓名	籍贯	服务状况	备注
汪鹤翔	祁南店铺滩	祁南梅南高级小学教员	
程　达	祁北善和里	休东湖边初级小学教员	
李家駬	祁南景石	祁南梅南高级小学教员	
郑　文	祁城西街	本校第二次三年师范讲习所舍监兼修身教员	
王敏志	祁西高塘	祁西乡立高级小学教员	
汪绎炘	祁西伦坑	祁西历口高级小学教员	
汪殿华	祁南查湾	歙西敬宗初级小学教员	
汪殿英	祁南查湾	绩溪南观明城初级小学教员	
胡彩云	祁南贵溪		病故
章善机	祁南平里		上海专门商业学校毕业
倪启后	祁西渚口	本校附属小学教员	
王韶藻	祁南下箬坑		病故
倪启基	祁西渚口		

① 胡益坚：《胡元龙二三事》，《祁门文史》第 2 辑，第 22 页。

② 胡元龙受封捷报原件，请参见故纸堆编委会编：《故纸堆》（丙集），北京图书馆出版社 2003 年版，第 72 页。

③ 许承尧：《徽州府师范学校成立日告诸生文》，《疑庵诗》附录二，黄山书社 1990 年版，第 11－12 页。

续表

姓名	籍贯	服务状况	备注
方继业	祁城北街		
王亲民	祁南下箬坑	祁西历口高级小学教员	
胡承祚	祁南贵溪		预备升学
倪永怀	祁西渚口		
倪启鉴	祁西渚口		预备升学

资料来源:《黄山钟》,第 6、7 期合刊,第 321 - 333 页。

从上表中,我们得出以下几点认识:第一,毕业生主要分布在西南两乡。具体的是南乡 9 人,占毕业生的一半;西乡 6 人;城内 2 人;北乡 1 人。毕业生在地理上存在这样地方差异,与祁门西乡茶业经济不平衡分布密切相关。而南乡的店铺滩、景石、贵溪、平里和查湾,西乡的渚口、高塘和箬坑均是产茶最丰之村落,茶业经济发达,使得这两乡茶商子弟获得了良好的教育。第二,在服务状况可考的毕业生中,有 10 人从事教育行业,其中,回到祁门境内担任小学教员的就有 6 人,占 60%,在徽州其他县份担任教员的 4 人,占 40%。从高等师范学校毕业,回到祁门各乡担任小学教员,这又进一步促进了祁门初级教育的发展,形成了良性发展。这也印证了上述许承尧的话语:“今日为本校之受学者,他日即各县、各乡蒙、各小学之创造者”的正确性。

然而,祁门近代教育的发展很大程度上依赖于茶业经济的发展,茶业的兴衰直接影响到祁门教育事业的发展。20 世纪 40 年代中期之后,由于各种原因,祁门茶叶贸易日趋衰落,祁门的教育事业就失去了必要的教育经费,而衰败下去。1944 年,洪素野在《皖南旅行记》一书中指出:“祁门教育经费,几全视茶业兴衰为转移,以前每年可收茶捐 9 千元,近年来已不到 6 千元,故各小学多有提前放假,以节开支者。”[①] 从他的描述中,我们知道抗战期间,祁红外销受阻,茶叶贸易衰败,沉重影响到教育经费的供给,从而致使一些小学提前放假,以节约费用。在这种情形下,祁门的教育事业也不可避免的衰落下去。

结　语

鸦片战争以降,由于西方对华茶的需求量不断增加,使得华茶出口贸易获得黄金时期,祁门红茶作为华茶出口的大宗贸易,也获得很大发展。晚清民国时期,祁门商人普遍经营茶叶贸易,茶业经济盛况空前。由祁门茶叶外销兴盛,茶业成为祁门县的经济支柱,祁门茶商在将家乡茶叶源源不断地运送到通商口岸销售的同时,又将那些大城市新兴的思想、文化、习俗和洋货等带到故里,引起了祁门乡村社会

① 洪素野:《皖南旅行记》,中国旅行社 1944 年版,第 142 - 143 页。

风貌的变迁，使得穷乡僻壤的祁门乡村社会也积极进入了近代社会转型时期。茶叶利润源源不断地流入祁门乡村，使得民众的生活方式发生新的变化，服饰日趋奢华，民居建筑向实用化演变。祁门近代教育也因茶兴，茶叶改良运动促使茶叶职业教育的兴起，培养了大批茶叶技术人才，茶捐和茶商捐资推动了祁门新式学堂、学校的兴建，促进了祁门近代新式教育的发展。祁门近代社会的变迁过多的依赖于茶业经济的发展，因而在20世纪40年代以后，随着茶叶贸易的衰落，祁门民众的社会在生活和教育事业等方面变迁的步伐缓慢下来，以致趋于停滞。在某种程度上说，茶业经济是研究近代祁门社会变迁的一把钥匙。

第四编

中国史研究

关于治史的一些思考

——近年来的几次讲演提纲

瞿林东

（北京师范大学教授）

引　言

最近十多年来，我应兄弟院校和研究机构之约，有幸到过一些地方，分别作了治史方面或有关史学问题的学术报告，和同行们尤其是青年朋友进行交流，这是我提高自己、砥砺自己的极好机会。每念及此，我总是满怀感激之情并一次次激发起许多美好的回忆。

有些学术报告的内容，经过整理已经发表，如《关于历史撰述的几个问题》（《学术研究》1999 年第 1 期）、《关于影响 21 世纪中国史学发展的几个问题》（《史学月刊》2001 年第 6 期）、《与青年朋友谈治学》（《宿州师专学报》2002 年第 1 期）、《中国史学的遗产、传统和当前发展趋势》（《当代中国史研究》2004 年第 1 期）、《历史撰述的叙事与议论》（《安徽史学》2004 年第 4 期）、《史学——我们的一个精神家园》（《安徽师范大学学报》2006 年第 5 期）、《尹达和中国马克思主义史学的理论研究》（《中国史研究》2007 年第 1 期）、《范文澜史学风格的几个特点》（《安徽师范大学学报》2010 年第 3 期）、《谈谈历史研究中的几个关系》（《人民日报》2011 年 1 月 20 日第 7 版）、《中国史学与文化建设》（《长安大学学报》2012 年第 4 期）等。有的学术报告内容，或缺乏录音，或有录音而未经整理，但至今仍保存着讲演提纲。

这里选出四篇讲演提纲和在一次座谈会上的发言提纲予以发表，一则可向同行们请教，二则也可供青年朋友参考。不当之处，尚望大家批评指正。

一　历史 · 史学 · 史学功用

（2003 年 9 月 26 日为北京师范大学一年级文科学生讲）

（一）历史是什么？

1. 历史是什么？

几种不同的说法（克罗齐，柯林武德，卡尔，李大钊和白寿彝）

2. 区别两种不同的历史（客观存在的历史和史学家等人们撰写的历史，认识二者之间的关系）

3. 人们能够超越历史吗？

回答是否定的。时间、空间、民族、国家、文化传统、心理、习俗等等这些历史的内容，是无法超越的。退而言之，即便人们能够"超越"以往的历史，终究还未能"超越"当前的历史。人们都是历史的"亲历"者。

人们常说：要与社会协调，与自然相协调，其实人们还应与历史相协调。这是因为，人们只有正确看待历史，才能正确看待现实，进而正确观察未来。

（二）历史学是什么？

1. 历史学是什么？

历史学是研究和认识历史的学问。具体说来，是认识和研究人类社会发展过程及其规律的学问（或曰科学）。

2. 历史学研究的主要内容是什么？

——历史理论（观点和方法，都离不开一定的理论。唯物史观的重要性）

——史料学（文献、考古、调查、口述材料等等）

——历史编纂学

——历史文学（史文表述的审美要求）

——史学方法论（历史与逻辑的一致，归纳与比较，考古学方法，社会学方法，人类学方法等等）

——相关学科的关系（哲学、考古学、社会学、人类学、地理学等等）

（三）历史学有什么社会功用？

——认识历史的主要途径。一个民族，一个人，如果不想忘记自己的历史的话，就不能没有历史学，不能不重视历史学。不重视历史，因而也不重视历史学，不是一个民族的光荣（白寿彝先生语）。这是历史学最重要的社会功用，也是历史学最重要的社会价值。

——彰往察来。了解历史，更好地认识现实，进而有助于观察未来，看清历史前途。

——治国安邦的历史经验。

——与自然相处的历史经验。

——文化积累的主要载体。

——文明延续的重要纽带。

——启迪人生的永恒的教师（志向的确定，修身的标准，行为的选择。司马迁论“不令已失时，立功名于天下”）。刘知几论“见贤思齐”。

综括说来，民族精神、历史智慧、人生准则是历史学给予社会的宝贵的财富、突出的贡献。

（四）怎样提高史学修养?

1. 史学自觉对于人生的修养和事业的重要意义（王夫之《读通鉴论·叙论》。李大钊论史学与人生。什么是史学自觉？顺便谈谈历史上一个政治家唐太宗的史学自觉）。

2. 史学就在你身边，并与你终生相伴。（怎样做人？怎样追求事业的成功？怎样培养科学精神？怎样做一个有社会责任感的人？等等，都离不开史学的启迪。）

3. 怎样提高史学修养？

——首先要确立关于史学的正确观念，即史学是严肃的和有益的事业。

——其次从阅读史学名著做起。中国史学名著如《史记》等，西方名著如希罗多德《历史》等，还有李约瑟的《中国科学技术史》等。

——再次，要逐步培养起历史地观察和分析问题的方法论即辩证地、历史地看问题的理论和方法。

二　治史方法和文章之道

（2006年9月6日在东北师范大学讲）

（一）树立正确的史学观

1. 历史学是一门什么样的学科？

历史学是一门重要的、有意义的学科。应当正确认识它的学科属性和社会价值。

我们选择治史，对个人来说，是有意义的抉择；对社会来说，这是应当受到称赞的崇高职业。

2. 治史要把握几个重要环节，这就是：理论、资料、方法、文章。今天着重讲讲治史方法和文章之道。

（二）关于治史方法

大致说来有两种治史方法，即传统治史方法和时尚治史方法：传统方法是

“源”，时尚方法是“流”。“源”是根本，“流”是发展。我们应正确看待二者的关系：时尚当为根本所用，根本应随发展而出新。

在治史方法上要抓住几个根本问题：

关于学术定向问题

1. 是兴趣所在；
2. 有开拓创新的空间；
3. 可望产生丰富的成果；
4. 可供较长时间进行研究。

关于学术积累问题

1. 要认真读书（精读、选读、泛读、浏览等多种读书的要求和方法）；
2. 要作札记（凡心得、见解、疑问皆札而记之）；
3. 要作资料长编（这是为纵向的会通作准备）；
4. 要作资料分类（这是为横向的会通作准备）。

关于学术创新问题

1. 要有学术史意识（尊重学术史的发展，尊重前人和今人的成果，为自身的研究对象准确定位）；
2. 要有问题意识（这是在积累过程中要特别关注的方面）；
3. 要有创新程度的分寸意识（不要过于夸张，更不要轻言前无古人）。

（三）关于文章之道

1. 文章当有益于天下；
2. 文章讲求平实、流畅；
3. 文章要有自身的风格；
4. 文章水准的提高，不妨从写札记、短论、书评做起。

三　问题意识与学术创新

（2006年10月24日在安徽大学讲）

这是一个老生常谈的问题，但也是我们读研究生阶段不能回避的问题，甚至是每一个科学工作者都应关注的问题。

今天，我结合自己的治史经历，并联系当前史学界的现状，讲讲我的认识，同同学们一起讨论。

（一）什么是“问题意识”

这似乎没有一个规范的定义，按我的理解，“问题意识”就是具有自觉的发现和提出问题的思想准备与实际能力。

那么，什么是“问题”呢？简要说来，就是事物之间的某种联系，如相互抵触的，相互补充的，彼此近似的等等，都可以成为“问题”。

（二）从哪里获得“问题”

——从阅读中获得。这是最直接的，而前人的启发至关重要。

——从资料积累中获得。这要经过思考和比较才能获得。

——从理论与实践的联系中获得。这要具有关注现实的素养。

——从史学与社会的关系中获得。这要对史学的社会功能有深刻的理解。

——从历史与现实的关系中获得。这主要是关注揭示规律性的现象，不是简单的比附和附会。

（三）哪些“问题”具有创新的意义

一是前人不曾提到过，且具有一定的学术意义和社会意义。

二是前人提到过，但论说不够全面、不够深刻，进而进行新的研究并提出新的见解。

三是前人虽然涉及过，但结论却是错误的，起而为之纠正。

四是发现了新的材料并用以重新证实旧有的结论。

五是采用新的方法论述某个问题，使人有耳目一新之感，从而推进了某一问题或某一领域研究的进程。

六是有分量的商榷文章，虽不能推翻旧说，但却提出了一种新说，等等。

一言以蔽之，人们谓之提出新观点、新材料、新方法者，即可称之为“有新意”，或者说“创新”。

（四）怎样看待“创新”

“创新”是相对的、有条件的，创新离不开继承，而又会被新的创新所代替，但其在学术史上的功绩是不应被忽视、被抹杀的。

（五）学术创新的主客观条件

问题意识和创新精神是推动学术发展的主观动因，但任何创新都不可能脱离一定的历史条件和社会环境。这是辩证的关系，科学工作者对此应有清醒的、客观的认识。

四　专精与通识——谈在治学境界上的追求

（2006年12月18日在南开大学讲）

（一）世风、学风和文风

中国史学家历来重视风俗的考察和记载，自《史记》以下，史不绝书。顾炎武引用他人的话说：“风俗者，天下之大事也。”在讲到治学这个问题时，我们首先也应当环顾一下当前的“风俗”。

——世风、学风、文风的关系

当前，在经济快速发展的同时，浮躁的世风逐渐蔓延开来，影响到社会的各个领域、各个层面。这自然也影响到学校，于是学风也日渐浮躁起来。其具体表现是：急于求成，避难求易，甚至不惜采取抄袭、剽窃的错误手段。此种极坏的学风，目前还在滋长、泛滥。

不良的世风和学风，必然有不良的文风与之相伴。其特点是夸张、媚俗，不准确、不规范，语言贫乏而缺少创造。诸如“打造”、“出炉”、“浮出水面”、“拭目以待”等用语满天飞，好像中国语言已经简单到如此地步了。更有甚者，用外国人的腔调来说中国人的学术，显得不伦不类。

——关于学风的几个突出问题

第一，关于“教条主义”。“中教条”和“洋教条”，都应当反对。

第二，关于历史观的重要性。孔子的“义”，章学诚的“史意”，李大钊、郭沫若、顾颉刚等讲的历史观，都至关重要。

第三，历史是否可以被认识，史学究竟有何用处？这是本学科的核心问题。

第四，怎样看待继承、发展和创新的关系？善待前人的成果和当代人的研究。正确看待和评价自己的研究所得。

——关于文风上的几个问题

第一，表述不准确。如“几千年封建社会”、“一直以来”等等。

第二，立意不辩证。在对某事、某人作判断和评价时，要顾及各个方面，不要只看一个方面；在论述某一问题时，要考虑它的前提：在涉及重要论述（如作前言或结论）时，要格外慎于遣词造句，不要不及，也不要太过，等等。

第三，用字、用词不严谨，缺乏讲究和分寸，甚至出现一般性错误，如“其间”不应写成“期间”，“既然”不应写成“即然”，“即使”不应写成“既使”，“作出贡献”不应写成“做出贡献”等等。

以上，我对当前的学风和文风中存在的问题作了极简要的概括。在此基础上，我们来说说治学中的专精与通识问题。

（二）“专”与“专精”的路径

专精与通识是辩证的统一：在“专”的基础上走向“通”，在“通”的指导下进一步发展和提高“专”，循环往复，以至无穷，努力向“专精”与“通识”结合的目标前进。这是治学者在治学道路上永远追求的目标。

这里先说“专”与“专精”。

章学诚说：“学贵博而能约，未有不博而能约者也”。又说：“然亦未有不约而能博者也”，“未有不专而能成学者也”。这里说的“博”与“约”，同“通”与“专”有相近之处。换言之，没有一定的“通识”，便无法判定什么是“专”，更谈不上如何走向“专精”。反之亦然。从逻辑上讲应当如此。但在具体的治学过程中，从较高的要求来看，还是首先着力于“专”和“专精”。那么，通向“专精”的路径何在？

首先，要选择、确定一个相对稳定的研究领域。其具体做法是：作学术史调查，向有关先进请教。

其次，确定研究领域的几个条件：

一是个人的学术兴趣；

二是能否产生研究成果；

三是是否有创新的可能；

四是要看开掘空间的广狭。

再次，制定一个走向“专”和“专精”的计划。

一是围绕这一领域制订一个读书计划（包括原始资料，前人研究成果，目前研究状况）；

二是在读书的基础上做一个资料长编或学术问题编年；

三是在做长编或编年的同时，梳理并积累问题；

四是以这些问题为切入点，撰写札记并有计划地撰写专题研究论文；

五是在上述基础上，经过若干年的努力，写出专著。

这一过程的完成，可以说已经走上“专”的路径了。而对于这个过程中某个具体环节的再一次重复，都可能把这种“专”不断推向“专精”。当然，“专精”又是与“通识”相关联的。

（三）向“通识”的境界攀登

——明确“专”与“通”的辩证统一

前面讲到，“专精”与“通识”是辩证的统一。“通”与“专”或“博”与“约”的关系，一方面是知识总量上的界定，另一方面更是学术见解上的对应。由博返约，表面看是论述问题由一般走向具体，但从见识上看，是由泛泛而论走向深入阐述了。由“专”到“通”，表面上看是从具体走向一般，好像深度不够了。但是“通”的过程所带来的积极效果，却是“专”本身所达不到的。这是因为：第一，由于“通”，可以使“专”的定位更准确；第二，由于“通”，可产生连带效应，推动“专”走向更“精”的境界；第三，由于“通”，可以发现原本存在于“专”的范围内的重要问题，进而扩大了“专”的范围。这都有助于“专精”的发展。

——努力攀登“通识”的学术境界

中国学者历来重视“会通”、“通变”，“通识”，这是学人永远要追求的目标。尽管我们的努力总是不足以达到理想的境界，但这种努力终究会起着积极的作用。

那么怎样攀登呢？我结合中国史学史的研究讲一点粗浅认识，供大家参考。

第一，中国史学史是一门专史，对它的认识必须做到“通”（当然，“通”是相对的）。因此，不论研究其中任何一段，都应置于“通”的长河中考察，故必须通读中国史学史的有关著作。

第二，史学是意识形态的一部分，它同当时的社会尤其是当时的政治有密切的关系，故研究某一时期的史学，必须关注这一时期的社会尤其是这一时期的政治，以揭示史学同政治的关系。

第三，史学的发展总是以一定的历史发展为基础，只有深入认识了历史的发展，才有可能正确地认识史学的发展。因此，中国史学史研究者必须通读一两种中国通史，使自己具备一定的通史知识，以求对中国史学的更准确地把握。

第四，当今的史学工作者，不论是“专精”还是“通识”，都应有正确的历史观为指导。因此，必须在理论方面有一定的修养。选读马克思主义的基本著作，是提高这种修养的正确途径。

第五，以外国史学为参照，也是走向“通识”所必需的。

在当前世风、学风和文风都存在不少问题的情况下，我同大家一起探讨治学上“专精”与“通识”问题，总还是有一点意义的。我愿以此同大家共勉！

讲得不对的地方，请大家批评、指正。

五　学术创新贵在传承与坚持

（在六卷本《西方史学通史》出版座谈会上的
发言提纲，2012年3月17日在复旦大学）

（一）六卷本《西方史学通史》出版，是史学史学科的一件大事

十分钦佩复旦大学出版社的眼光和气度，为史学理论与史学专业出版了这样一部好书，一部力作。相信这部书对推动史学史研究，尤其是西方史学史研究乃至外国史学史研究，必将产生积极的作用。

（二）我们要重视“垦荒者”的思想遗产

当我们祝贺六卷本《西方史学通史》面世的时候，我们带着崇敬的心情，对西

方史学史研究的老一辈史学家、一位真正的“垦荒者”耿淡如先生，真诚地表示缅怀之情和崇高敬意。我们都记得，耿淡如先生于1961年在《学术月刊》发表了一篇重要文章《什么是史学史?》。这篇文章明确地指出：史学史不是历史哲学史，也不是社会思想史，史学史有自己的研究对象，有自身的理论和方法等。显然，这是强调了史学史这门学科有自身的特点。五十多年过去了，史学史（包括中国史学史和西方史学史）的研究历程和多方面成就，证明耿淡如先生的这份史学史思想遗产是十分重要的。这就是说，史学史研究要突出自身的特点，要遵循史学发展的规律，才能使其卓然自立，成为有别于其他学科的独立的学科。这就是为什么在今天这样的一个日子里，我们会想起耿淡如先生，对他表示缅怀和敬意。

（三）赋予“垦荒者”的哲言以时代的价值

张广智教授带领他的学生们，用八年的时间完成并出版了六卷本《西方史学通史》这部皇皇巨著，是这个学术团队对史学史学科的重要贡献，也是这个团队坚守“垦荒者”的哲言，继承并发展了耿淡如先生的“家学”传统，使这一传统在新的历史条件下焕发出新的生命力和创造力。近三十多年来，我深深感到，一个学术群体要有所作为，要在学术上延续并扩大它的学术影响力，不断对学术发展作出新的贡献，“家学”的传承和创新是一个非常重要的条件。现在学术界提倡“原创性”，这当然很重要，但是大家知道，任何“原创”都离不开继承，尤其是对“家学”传统的继承，在继承传统的基础上创新，这是学术发展的辩证法。张广智教授和他的弟子们在这方面作出了令人羡慕的成绩。我们祝贺六卷本《西方史学通史》的出版，也祝贺这个学术团体在“家学”传承方面作出了榜样。

史学史学科建设是一个艰苦的过程，但中国史学工作者所作出的努力，表明我们是有开拓创新的勇气和能力的。我们的这种自信和努力，必将进一步加强中国学者的中外史学史研究，使其在国际史学中拥有自己的地位和话语权。

作者补记：安徽师范大学张海鹏教授是我十分敬重的一位学者，他生前在徽商研究以至徽学研究方面，是一位“垦荒者”，也是一位建设者，他关于“徽学”的思考和阐述，正是他关于这一学术领域的哲言。2006年，我写过一篇题为《二十年的功力——评一个徽商研究的学术群体》（刊于《中华读书报》2006年1月6日），就是受到这位学术“垦荒者”和他所带领的学术团队之创新精神的感召力而为。这个团队目前所进行的研究同样可以证明，学术创新贵在传承与坚持。

“龙眠三李”考

杨国宜

（安徽师范大学教授）

我自1958年，从上海华东师范大学历史系调来安徽高校工作，是与张海鹏先生在一个教研室共事了四十多年的老朋友。我们年岁相当，专业相同，很快就成为无话不谈的好朋友，特别是他的人格魅力，品德高尚，学识渊博，态度和蔼，说话亲切，联系群众，与人为善，善于团结人，人们都乐意与他交往。我虽然是从名牌大学来的，是研究生学历，但在他面前自愧弗如，愿意与他交朋友。在他身上有一股十分吸引人的凝聚力，自然而然地形成了以他为核心的工作群体。他当时担任历史系秘书，师生员工有什么事情需要，不必惊动总支书记和系主任，只要向他反映，都能很快得到合理解决，俨然是一个单位的小“当家人”。总支书记和系主任都很信任他，大小事情都放手让他去办，上上下下的人都很喜欢他。我与他因为搞的都是中国古代史，更是气味相投，共同在一起连名发表了不少文章，共同主编了不少图书，在学术界颇获好评，甚感欣慰，此处无须多说。先生最后主编的一部大书是《安徽文化史》，我协助他工作，是办公室的编委。此书在2000年12月出版后，荣获安徽省第五届社会科学优秀成果一等奖。但此书字数超过200万，学科众多，集体编写，出版时先生已逝世，未能最后寓目。出版后发现个别地方有所失误，责任不在先生，我等编委办公室人员则难辞其咎。本着先生一贯倡导的“求真求实”、“认真负责”精神，特对书中“龙眠三李”问题作一小考。“有错必改”，避免以讹传讹，以示对读者负责。

“龙眠三李”为谁？顾名思义，应该是居住在龙眠山的三个姓李的人。

可是，《安徽文化史》795页却说：李公择、李公寅（李公麟之从弟）与李公麟号称“龙眠三李”。令人十分怀疑。

因为，舒城人李公麟（1040—1106），字伯时，是北宋著名的书画家，归隐家乡的龙眠山，号龙眠居士。而李公择是大诗人黄庭坚的舅父，是江西人，怎么可能加入到舒城“龙眠三李”的行列呢。

于是，遍查历史文献，搜得资料不少。先看宋代的七部：

王明清《挥麈录》三录卷2，“元祐中，舒州有李亮工者，以文鸣缙绅间，与苏黄游，两集中有与其唱和。而李伯时（公麟）以善丹青妙绝冠世。且好古博雅，多收三代以来鼎彝之类为《考古图》。又有李元中，字画之工追踪钟王，时号龙眠三李”。稍后的，谢维新《事类备要》前集卷39，祝穆《事文类聚》前集卷29，与之相同。

李廷忠《橘山四六》卷1：“龙眠山，在舒城县西南，形若卧龙，宋李公麟字伯时肆意此山，作龙眠山庄图，与二弟号龙眠三李”。

值得特别注意的是与三李交往密切的以下三人：陆佃《陶山集》卷3有《依韵和李元中兼寄伯时二首》：“龙眠三李晦声尘，长望淮壖与海滨，自古市朝成底事，即今猿鹤伴他人，细思南陌东阡月，大胜千门万户春，可惜欲归归未得，不知家酿为谁醇”。

苏轼《东坡编年诗》卷44有“会见四山朝鹤驾，更看三李跨鲸鱼”。（注：四山，《皖山图序》云：潜山一名皖伯台，有四峰，曰飞来、石榴、狮子、三台，在潜山县西北二十里。元祐中舒州有李亮公者，以文鸣缙绅间，与兄伯时、元中，号龙眠三李）。

黄庭坚《山谷别集》卷12《跋净照禅师真赞》说，“龙眠，盖庐江李伯时，顷与其弟德素、同郡李元中，求志于龙眠山。淮南号为龙眠三李者也”。他们的记载是不会错的。

再看元人的记载有两部：

《氏族大全》卷13：李公麟字伯时，宋元祐中登第，工草书图画，时以比顾陆。元符中归老，肆意泉石间，作龙眠山庄图，自号龙眠居士，又与二弟公权、公寅，号龙眠三李。

袁桷《清容居士集》卷47《题李伯时马性图》：“仁庙赐郝参政此图，为龙眠李元中作，龙眠三李，元中厕伯时，岂浅浅哉”。

明人的记载有七部：

《山堂肆考》卷85：宋元祐中舒州有一李亮工者，以文鸣缙绅间，与苏黄游，两集中有与其倡和诗。又有李伯时，以善丹青妙绝一世，且好古博雅，多收三代以来鼎彝之类。又有李元中，字画之工追踪钟王，时号龙眠三李。

卷103：宋李公麟自号龙眠居士，又与二弟公庚、元中。号龙眠三李。

《清和书画舫》卷6上：李伯时人品如晋宋间人物，世居庐州之舒城县，中熙宁丙科，即隐龙眠山，十年不求仕，自号龙眠山人。又曰龙眠三李。

《明一统志》卷14：李元中，舒州人，举进士，工书翰，追踪钟王，与李公麟、李亮工同时登第，号龙眠三李。

《万姓统谱》卷72：李元中舒州人举进士，工书翰，追踪钟王。与李公麟、李亮工同时登第，号龙眠三李。

《广舆记》卷2：李元中，怀宁人，书翰仿钟王。与李公麟、李亮工同第，号龙眠三李。

《文宪集》卷13，三李，即伯时、公庚、元中。

《东里续集》卷22：伯时与弟公庚、元中极友爱，时号龙眠三李。

清人的记载“龙眠三李”的有下列17部：《御制诗集》四集卷17，（乾隆）《江南通志》卷196，嘉庆《大清一统志》卷111，光绪《重修安徽通志》卷222，卞永誉撰《式古堂书画汇考》卷31，宫梦仁编《读书纪数略》卷20，华希闵辑《广事类赋》卷9、13。蒋超伯撰《南漘楛语》卷3，倪涛撰《六艺之一录》卷345，孙承泽撰《砚山斋杂记》卷1，孙岳颁撰《佩文斋书画谱》卷34、83，檀萃撰《草堂外集》卷2，王士祯撰《居易录》卷7，吴运焜辑《补续群辅录》卷6，萧穆撰《敬孚类稿》卷2，赵吉士辑《寄园寄所寄》卷7，朱书撰《杜溪文稿》卷3。

直到民国初年，著名文化人马其昶撰写的《桐城耆旧传》，还在卷5中写道：“宋李公麟字伯时，弟公寅字仲谟，一字亮工，从弟元中字冲元，兄弟同时举进士，号龙眠三李。与苏、黄诸公游好。宋史公麟列文苑传，无公寅、元中。而陆农师、王介甫及苏、黄集，于三李并有题咏”。

从以上列举的文献可知，从北宋到民初的八百年间，记载“龙眠三李”书籍共有34部，全都认为是李公麟（伯时）、李公寅（棨、德素，亮功）和李元中（冲元，符中）。绝无他人混入其中。

把李公择拉入“龙眠三李”，可说是近年才出现的新鲜事儿。其根据何在呢？其所列出的“根据”是：方以智云：“公择白石庵，东坡为作记，甥舅与兄弟，一时拔其萃”。并自注：“李公择，山谷甥也。李公常、李公莘皆同隐”。仔细推敲方以智的这首“诗”和“注”，寻根究底，大意是说李公择名常，江西建昌人，少读书庐山白石僧舍，曰李氏山房。苏东坡有《书李公择白石山房》、《李氏山房藏书记》，称道其事。黄庭坚是他的外甥，李公莘是他的弟弟。方以智无非是说，李公择、李公莘和黄庭坚，都是出类拔萃的人物。他们都是江西人，与舒城的龙眠山，根本没有关系。把李公择列入“龙眠三李”是毫无道理的。所谓“根据”，真不过是牵强附会、捕风捉影的儿戏。

至于，作伪者在后面还煞有介事的注明：“事见《续修庐州府志》、《桐城县志》、《桐城书画家略录》等。”想让读者相信确有其事，也可能是个虚假的花招。我既然已经发现其“根据”的虚妄，限于时间与条件，我就不想再继续跟踪了。

最后需要说明的是，本文重点在于论证“龙眠三李”究竟是谁？至于三李各人的生平事迹，则需另文详论。我的《黄庭坚与安徽的缘分》可以参看。

明清时期欧洲天文历算知识的东传

张国刚

（清华大学教授）

公元16—18世纪是一个中西文化交流相互影响的历史时期，一方面中国文化在文艺复兴和启蒙时代的欧洲广泛传播，另一方面，从万历到乾隆，中国人对于西方物质文明和精神文化也有了初步的认识。天文历算就是一个重要方面。

中国古代天文学并非现代意义上的天文学，而更接近“星占学”这个概念。上古时代起天学与王权就密不可分，天文机构、天文仪器、颁布历法往往都是政权的象征，所以天学必须由皇家垄断，严禁民间私习天文的禁令比比可见。到明朝乃至整个清朝，天学都是国家政治生活中的头等大事。正因为如此，在耶稣会士预备的诸多作为叩门工具的科学知识中，首先是历算之学引起中国官绅阶层和统治者的注意。也因为如此，中国士人及统治者在传教士输入的各种科技知识中，基本上是围绕天文历法来选择吸收有关内容，重视程度也是视其与天文历法的关系疏密而定。本文在前人讨论基础上，纠集有关史料，对天文历算在中国的传播作一概述。

一、耶稣会士的天文学著作与任职钦天监的耶稣会士

明末清初，在华耶稣会士撰写并在中国出版、或供中国人使用的天文历法著作有五十多种，这些著作有的印行于北京，有的只有抄本在宫廷流传，接触者优先，传播范围窄。这些书绝大多数是历算类著作（包括图、表、测量技术、实测结果、历狱的辩论等），介绍天文仪器的不过4种左右，有关天文学理论的著作大概也仅《崇祯历书》、《浑盖通宪图说》、《天问略》、《乾坤体义》，这就已经大致可见中国人对天文学中哪一部分最感兴趣，也已经可以说明官方在接受和运用西方天文学时有着强烈的务实倾向。中国古代天文学虽包括天象观察和历法推步两部分，实际上却是以历法为中心，而运用天文仪器观察天象和探求天文学理论都是作为制订历法的辅助，基本上止于历法能满足实际需要。

官方的另一个务实性表现是清朝钦天监大量任用西方传教士。这一点通常被认为是清政府的开明之举和传教士赢得统治者信任这一策略的成功，并经常作为中西

交流史上一段美谈。这种看法当然有道理，但不可忽视这一做法也包含消极性因素，“中国官方过于看重实际目标，决定采用西法后就长期依赖传教士操办天文工作，满足于他们制订的历法和观象台的仪器。总的来说，朝廷和钦天监没有着意培养通晓欧洲科学理论和仪器技术的人才。钟表制造的情况也大致如此。大概朝廷把西洋科技专家当成了召之即来的臣民，不需要培养制造仪器的本国技术专家”①。

清朝于顺治元年设钦天监，隶于礼部，监正、监副及下属诸官“并汉人为之”②，同年仲秋因汤若望推算日食正确而令其领监务并修时宪，是为西方人入主钦天监之始。康熙三年（1663）满员入监，四年更定监正为满、汉各一人，此时汤若望已被革职。康熙八年历狱平息后，“以南怀仁充汉监正，更名监修，用西法如初”③。此后很长时间里名义上是满、汉监正各一名，但实际上多以传教士充汉监正，尽管很多传教士不接受监正之衔而是挂“监修”之名以修历法的身份供职。雍正之后西洋人监正成为实授之职，“雍正三年，实授西人戴进贤监正，去监修名”④。所以，从顺治初年汤若望（1645—1664 年任职）到乾嘉之际的汤士选（1787—1804）共 150 多年间，钦天监历任监正实际上都是传教士，而且都是耶稣会士，所谓监修事实上即行监正之职。

监副一职，顺康时期很少实授传教士，南怀仁在任监正之前曾任短期监副⑤，安多则在南怀仁晚年被其推荐为监副以协理钦天监⑥。直到雍正八年（1730）特地“增置西洋监副一人”⑦，此后西洋人监副成为正式编制，乾隆十年（1745）进一步规定“监副以满、汉、西洋分用”⑧。不过乾隆年间还出现了同一时期有两位西洋监副的情况，鲍友管、高慎思、索德超、罗广祥在时间上恰好前后相继，而同一时期内傅作霖、安国宁与汤士选又构成另一个接替序列。原因在于乾隆十八年（1753）再次调整监副职位，“省满、汉各一人，增西洋二人，分左、右”⑨。

监正、监副人选变化的总趋势是，西方传教士在钦天监的地位日高、势力渐大。同时钦天监还有一批不接受职衔而参与工作的传教士，如利类思、安文思帮助创建清钦天监，苏纳在 1659—1660 年、白乃心在 1659—1661 年协助汤若望，恩理格在

---

① 张柏春：《明清测天仪器之欧化》，辽宁出版社 2000 年版，页 342－343。下引同书，只注著者、著作和页码。

② 《清史稿》，卷 115，“职官志二·钦天监条”，页 03324。

③ 同注②。

④ 同注②。

⑤ 大概是 1669 年 4 月至 12 月间，徐海松《清初士人与西学》（东方出版社 2002 年）页 87 称康熙八年（1669）三月南怀仁获授监副，费赖之《在华耶稣会士列传及书目》（中华书局 1995 年）页 343 称 1669 年 12 月（康熙八年十一月）康熙欲南怀仁继汤若望监正职。

⑥ 费赖之：《在华耶稣会士列传及书目》（中华书局 1995 年），页 406。

⑦ 同注②。

⑧ 同注②。

⑨ 同注②。

1673—1675 年间协助南怀仁，李西满 1679—1682 年左右供职钦天监①。19 世纪初清廷仍依旧例聘西方传教士执掌钦天监，直到道光六年（1826），最后几任传教士监正和监副福文高、高拱宸、高守谦、毕学源等或归或没，从此不再雇佣外国人②。

二、《崇祯历书》的影响与引进西方天文学理论

明代，官方天文机构不图创新，民间天文活动因遭禁止而陷于沉寂，万历年间天文学理论和技术已衰落到影响历书编制和天文观测精确度的程度。利玛窦到北京时，正逢朝廷已因《大统历》预报天象屡次失误而持续多年议论改历。另一方面，自弘治年间就逐渐放开“私习天文”之禁。朝廷的困境和实学之风兴起同时为外来技术提供了立足机会。利玛窦了解到朝廷的改历呼声后曾自荐修历，虽未被理会，但因为他已知晓天文学在中国政治和文化中的特殊地位，所以并不灰心而是强烈要求罗马派遣精通天文学的耶稣会士来中国，阳玛诺（Manuel Dias Junior）、熊三拔（Sabatino de Ursis）、邓玉函等都可能是因此而来到中国。这样，来华耶稣会士成为一个天文学造诣很高的群体，令与他们接触的不少中国官员倾倒，以致主动上书推荐耶稣会士参与修历，如 1610 年钦天监五官正周子愚荐庞迪我（Diego de Pantoja）、熊三拔，1613 年李之藻又荐庞迪我、熊三拔、阳玛诺、龙华民（Nicolo Longobardo）。1629 年钦天监官员用传统方法推算日食又一次失误，而徐光启用西方天文学方法推算却与实测完全吻合，崇祯因此终于下令设“历局”，由徐光启领修撰新历。除李之藻参与外，徐光启先后召请龙华民、邓玉函、汤若望和罗雅谷（Jacobus Rho）参与历局工作，在 1629—1634 年间编撰成《崇祯历书》。

《崇祯历书》修成后，又经过 10 年努力，与保守派进行 8 次实测较量，方才使崇祯确信西方天文学方法的优越而决定颁行，不幸此时又遭鼎革之变，终于未能颁行。清军进京后，汤若望选择与清政权合作，而《崇祯历书》“成为汤若望献给迫切需要一部新历法来表征天命转移、乾坤再造的清政权的一份进见厚礼”③。汤若望将《崇祯历书》作了删改、补充和修订后献给清廷，顺治题名为《西洋新法历书》即刻颁行于世。《崇祯历书》原有 44 种、137 卷，明末虽未颁行却已有刊本，分为十一个部分，其中基本五目为法原、法数、法算、法器、会通，分涉西方天文学理论，

---

① 费赖之称苏纳入钦天监而不受官职（《在华耶稣会士列传及书目》，中华书局 1995 年，页 319），荣振华则以为苏纳可能为三品官（《在华耶稣会士列传及书目补编》，中华书局 1995 年，页 771），按苏纳供职时钦天监监正尚未达三品级别，若其为三品官，当是接受了其它职衔。曹增友（《传教士与中国科学》，宗教文化出版社 1999 年版，页 46）称恩理格 1659 年即入钦天监，实则恩理格 1660 年才到中国。李西满字受谦或守谦，见费赖之《在华耶稣会士列传及书目》，页 385。曹增友称白晋和张诚被聘为历政顾问（《传教士与中国科学》，宗教文化出版社 1999 年，页 46），但费赖之、方豪的传记都只提到二人被康熙留用后长期充任宫廷教师，并担负一些特别使命，但不见有“历政顾问”一说。

② 这几人都是遣使会士，高拱宸之名见《清史稿》，卷 115，“职官志二 · 钦天监条”，页 03324，曹增友书中则引为李拱辰（《传教士与中国科学》，页 46）。

③ 江晓原：《天学外史》，上海人民出版社 1995 年，页 199。下引同书，只注著者、著作和页码。

行星运行观测和计算的数据表格、必备的天文数学知识、天文仪器的制造与使用、中西度量单位的换算。此外有节次六目：日躔、恒星、月离、日月交会、纬星、五星交会，包括有关的图、术、考、表、论。此书与中国传统天文学相比，在解释天体运行、日月食测算及其他测算、度量制方面的先进之处当然不一而足。《西洋新法历书》顺治本仅 28 种、103 卷，康熙本又减少为 27 种、90 卷。删减主要是针对各种天文表进行，原书的天文学理论部分几乎只字未改。《西洋新法历书》中又增进 13 种新撰的小篇幅作品，多数为汤若望自撰（近十种）[①]。

《崇祯历书》中，理论部分"法原"有 40 卷，占总篇幅三分之一，系统介绍西方古典天文学理论和方法，包括日、月、五星、恒星的运行规律，球面天文学原理，着重阐述托勒密、哥白尼、第谷三人的工作，大体未超出开普勒行星运动三定律之前的水平，但也有少数更先进的内容。具体计算和大量天文表都以第谷体系为基础。《崇祯历书》所参考的天文学著作，已明确考证出的有第谷、托勒密、哥白尼、开普勒、伽利略、朗高蒙田纳斯（Longomontanus）、普尔巴赫（Purbach）与雷吉奥蒙田纳斯（Regiomontanus）诸人的 13 部作品，以 17 世纪初期的作品居多，而最晚的出版日期是 1622 年[②]。西方历史上先后出现的几种主要宇宙模式都于明末传入中国，而其发生影响的主要渠道就是《崇祯历书》及改订后的《西洋新法历书》，下面一一来看。

（1）亚里士多德的"水晶球"体系：谓宇宙为一同心迭套的球层体系，地球在其中心静止不动。该模式最初由利玛窦在《乾坤体义》中介绍，后又有阳玛诺的《天问略》。此模式传入中国虽较早，对此后中国学者的影响却最小，原因之一是利玛窦和阳玛诺的介绍仅限于谈西方认识宇宙的一种模式，未用于解决具体天文学问题，故不为一般天文学家所注意；原因之二是《崇祯历书》明确否定亚里士多德模式而支持第谷模式，而该书对明清之际中国天文学界的影响远超过利玛窦和阳玛诺上书。至于李约瑟那种影响广泛的说法——"耶稣会传教士带去的世界图式是托勒密—亚里士多德的封闭的地心说；这种学说认为，宇宙是由许多以地球为中心的同心固体水晶球构成的"，"在宇宙结构问题上，传教士们硬要把一种基本上错误的图式（固体水晶球说）强加给一种基本上正确的图式（这种图式来自古宣夜说，认为星辰浮于无限的太空）"[③] ——其实不很确切，首先是水晶球模型与托勒密无关，其次是李约瑟完全忽略水晶球学说在中国的实际影响微不足道，再者是水晶球说并非一无是处。已有学者详细论述过这个问题[④]。

① 《崇祯历书》的内容和先进之处参见《中国天文学史》，科学出版社 1981 年，页 222 - 223 页。转自曹增友：《传教士与中国科学》，宗教文化出版社 1999 年，页 39 - 40。《西洋新法历书》的变动情况见江晓原：《天学外史》，页 201 - 202。

② 这 17 种作品名目见江晓原：《天学外史》，页 195 - 196。

③ 李约瑟：《中国科学技术史》，第四卷第二分册，科学出版社 1975 年，页 643、646。下引同书，只注著者、著作和页码。

④ 江晓原：《天学外史》，页 214 - 216；曹增友：《传教士与中国科学》，页 60 - 62。

（2）托勒密的行星系说：《崇祯历书》在行星运动理论部分介绍了托勒密的宇宙模型，该模型虽也以地球为静止中心，其日月五星及恒星的远近次序也与亚里士多德模型相同，但其中无实体天球，只是天体运行轨迹的几何表示。以地为球形、地与天相比非常小为核心内容的地圆说也正是通过《崇祯历书》介绍来的托勒密学说内容。[①]

（3）第谷宇宙模型：该模型可视为托勒密地心体系与哥白尼日心体系的折中，被《崇祯历书》用作理论基础，如有关天体运动的原因和诸天体运行的理论。以第谷模型为基础测算天象的实例在《崇祯历书》中比比皆是。《崇祯历书》被修订为《西洋新法历书》颁行后，成为清代官方天文学，这也就意味着第谷体系具有“钦定”地位，1722年撰成的“御制”《历象考成》仍采用第谷体系，1742年戴进贤与徐懋德奉敕撰成的《历象考成后编》改用开普勒的第一、第二定律处理太阳和月球运动，按理这意味着与第谷模型的决裂，但该书却将开普勒定律中太阳与地球的位置颠倒而仍维持地心体系。这种颠倒并不影响对日月及交蚀运动的数学计算结果，但若运用于行星运动必然会露破绽，然而《历象考成后编》全不涉及行星，这使第谷模型至少在理论上继续保持“钦定”地位。[②]

（4）哥白尼的日心地动说：通常认为直到1760年耶稣会士蒋友仁（P. Michel Benoist）向乾隆进献《坤舆全图》，哥白尼学说才算进入中国。蒋友仁在《坤舆全图》的介绍文字中明确宣布托勒密体系是错误的，第谷的理论虽有可取之处却不如哥白尼的正确。但实际上蒋友仁之前的耶稣会士并未对哥白尼学说完全封锁，而是有所引用和介绍。《崇祯历书》引用了哥白尼《天体运行论》中27项观测记录中的17项，基本上直接译用了《天体运行论》中的11章。对其日心地动说的重要内容也有所披露，但持否定态度，理由是哥白尼用来论证地动的理由不具说服力。事实上在撰写《崇祯历书》的年代，关于地球周年运动的确切证据一个也没发现[③]。1712—1719年间在康熙宫廷服务的傅圣泽还曾试图向皇帝引进哥白尼学说，不过不是关于宇宙模型而是限于观测计算问题[④]。

而且不应该以今人的眼光来衡量哥白尼学说在当时的实际效用。哥白尼1543年发表《天体运行论》，这一宇宙体系当然比第谷后于他提出的体系先进，但直到17世纪哥白尼体系还没有取得令人信服的优势。特别是哥白尼在仪器制造、观测技术和精度方面并不出众，他的日心说对历法制订影响不大，对于以满足中国人历法需要为第一要务的来华传教士，哥白尼学说与达到空前观测精度的第谷学说相比，谁

---

① 江晓原：《天学外史》，页216－217；曹增友：《传教士与中国科学》，页63。

② 江晓原：《天学外史》，页217－218；曹增友：《传教士与中国科学》，页64－65。

③ 江晓原：《天学外史》，页196－197；曹增友：《传教士与中国科学》，页65、66、67－68，及页65注释2。

④ John W. Witek, *Controversial Ideas in China and in Europe: A Biograph of Jean François Foucquet, S. J.* (1665—1741) (Roma, 1982), pp. 181－189。

更切合实用就不言而喻。以哥白尼体系为基础的近代天文学到牛顿时代才取得绝对优势，但绝大多数来华传教士不可能参与这一进程，修历的中国学者恐怕更难以关心这一进程。事实上，哥白尼学说经蒋友仁之手在中国正式公开后对中国的影响很小，重要而又直接的原因是为蒋友仁润色文字的钱大昕和作序的阮元对哥白尼学说持否定态度，使《坤舆全图》长期不能在外流传。[①] 钱、阮二人的态度恐怕与维持官学地位的第谷体系的长期影响有关，也从侧面反映出要中国学者将天文学活动从修历转向探索自然奥秘并非易事，因此也更不能一味苛责耶稣会士没有及时传入西方新理论。

清初传教士能使欧洲天文学在钦天监占据主导地位，除了传教士所带来的知识实用价值高而能满足朝廷对应用科学的要求外，在很大程度上还因为康熙的个人因素。他的开明和对追求新知识的态度不仅直接为传教士和欧洲知识提供了保护，也在一定范围内带动了周围人的兴趣，“当天文学进入中国人中甚至被皇帝接受之后，几何学、大地测量学、静力学、日晷原理、透视绘画法、水力学、音乐和所有欧洲科学都穿上了精心织成的珍贵外衣，作为漂亮的陪伴者进入了宫廷”[②]。

三、历算需要与西方算学的兴盛

明末中国天文历法的落后，一个原因就是当时中国数学的落后，传教士帮助中国修历的同时也引进了西方先进的数学，比如《崇祯历书》中就有介绍天文数学的“法算”一章，而法原部分也有大量数学方面的内容，如罗雅谷的《测量全义》主要是关于三角术和阿基米德几何学，邓玉函的《测天约说》涉及较多椭圆内容。《崇祯历书》中其他如《恒星历指》、《交食历指》、《日食历指》亦涉及圆、椭圆、三角的面积和球体积方面的几何知识。另外如南怀仁的《灵台仪象志》和戴进贤主编的《历象考成后编》都介绍了关于椭圆的知识。传教士除了在与历法有关的著作中介绍数学，还有不少数学专著，而数学与天文学密不可分的关系使中国学者在接受西方天文学的同时也开始关注并研究西方数学，并经他们之手对清代数学的发展产生了重大影响。

明末清初传教士介绍的数学知识包括笔算、代数学、对数术、几何学、割圆术、平面、球面三角术、三角函数表、部分圆锥曲线说。中国的珠算比较先进，但算盘携带不便，而唐时传入的印度笔算法程序繁琐，不敷实用。不过印度笔算法于13世纪传入欧洲后却得到欧洲人的多次改进，到16世纪除除法之外，欧洲笔算已接近现代水平。这些成为欧洲笔算传入中国并被接受的背景。介绍欧洲笔算的第一部著作是利玛窦、李之藻合译的《同文算指》，1613年刊行。该书据克拉维斯《实用算术

---

① 有关论述参见张柏春：《明清测天仪器之欧化》，页347；江晓原：《天学外史》，页221－222；曹增友：《传教士与中国科学》，页68。

② 张柏春：《明清测天仪器之欧化》，页341。

概论》和程大位《算法统宗》编译[1]，共10卷，分前编、通编和别编三部分。前编2卷，讲整数、分数和四则运算，所介绍的加减乘法和现代运算方法基本一致，惟除法采用15世纪末意大利数学家发明的“帆船法”。通编为全书重点，讲述比例、比例分配、级数求和、盈不足、方程、开方等内容，是《实用算术概论》和中国传统数学的融合之作，并收录中国古代一些数学难题。别编未译完亦未正式刊刻，仅“测圆诸术”。《同文算指》刊行后因其内容浅显方法简便而引起普遍重视，又经清代数学家不断改进后推广普及，著名数学家梅文鼎就对算式形式作过不少改进。此外《欧罗巴西镜录》亦是介绍西方笔算之书，晚于《同文算指》而较其内容更全面，作者尚不可考，但也应是传教士与中国学者合译之作。[2]

17世纪，欧洲数学有对数、解析几何和微积分三大发明，但惟有对数在明末清初传入中国，解析几何与微积分直到晚清才被引进，而对数在天文学上有重要应用，于此可见与中国当时天文历算需求无直接关系的数学知识难免会滞后引进，亦是中国人与传教士双方局限性的体现之一。对数首先由1644年来华的穆尼阁传入，他所著的《比例对数表》，收于薛凤祚帮其编译的《天步真原》。此表摘选自佛拉哥（van Vlacq）1628年编辑出版的*Rudolphine Tables*，实据纳白尔1614年首次发明、又经巴理知创新的《巴理知对数表》。穆尼阁还有《比例四线新表》，是关于三角函数的六位对数表。佛拉哥1628年出版的对数表也曾被傅圣泽使用，并集中体现在他1713年一份有关对数的未竟论文中，此文属于1711年之后奉康熙之命撰写的解释对数的系列文章，可见康熙在1711年之前已接触过对数[3]。代数学初传中国时被称为借根法，传教士著有《借根方比例》讲解数学方程解法，所涉为17世纪欧洲代数学成就。1712年，傅圣泽向康熙进呈《阿尔热巴拉新法》两卷，第一卷以问答形式比较新旧算法不同，强调新代数的一般性和实用性，第二卷介绍以代数法解一次方程。当代法国著名清代科技史专家詹嘉玲（Catherine Jami）认为这是第一次在中国介绍符号代数[4]。但此书只传授康熙一人，而康熙又对符号代数的意义不甚理解，故符号代数并未就此流传，而直到1859年伟烈亚力和李善兰合译英国数学家迪么甘《代数学》后才真正播扬[5]。

三角术方面，首先是服务于《崇祯历书》的邓玉函的《大测》、《割圆八线表》和罗雅谷的《测量全义》。《大测》于1631年编译，主要内容是用于天象观测的三角形测量法，重点在于平面三角学知识和三角函数表的造法和用法，《割圆八线表》则就是三角函数表。罗雅谷撰《测量全义》的重点就在三角学，较《大测》更为详细

---

① 《算法统宗》是一部风行明清的珠算书，对该书及程大位的简介见张承友等：《明末清初中外科技交流研究》，学苑出版社2000年，页139－140。

② 曹增友：《传教士与中国科学》，页96－100。

③ Witek，*Controversial Ideas*，p. 188。

④ 詹嘉玲：《欧洲数学在康熙年间的传播情况》，载《数学史研究论文集》，内蒙古大学出版社，第一辑。转引自曹增友：《传教士与中国科学》，页126。

⑤ 曹增友：《传教士与中国科学》，页127。

系统，包括平面三角学公式和球面三角学公式。与历书无关的三角学专著还有穆尼阁、薛凤祚合译的《三角算法》（当在1651—1653年间成书），因不必受历书的实用目的限制，得以更系统地介绍平面三角和球面三角，球面三角法除正弦、余弦定理外，还介绍半角公式、半弧公式、德氏比例式（Delambrès analogies）、纳氏比例式。另外，穆氏《比例四线新表》和汤若望《割圆勾股八线表》便是此类著作。1701年来华的法国耶稣会士杜德美撰《周经密率》和《求正弦正矢捷法》，将“圆率解析法”的三个无穷级数展开式传入中国，但未说明其理论依据。清代数学家明安图据此三式，运用中国古法推演出六个有关三角函数的展开式。这九个展开式被乾嘉学者称为“杜氏九术”，同属乾嘉的常州董佑诚则设法证明了杜氏三个展开式的可成立性。①

《几何原本》是最早传入中国的西方数学著作，其前6卷1607年即译成刊行，主要靠利玛窦、徐光启之力，并有庞迪我、熊三拔参与。此书后9卷中译本直到晚清才问世。《几何原本》是古希腊数学家欧几里德所著西方数学经典之作，讲述数学的基本原理，用演绎推理的方法把古希腊的几何知识组合而建成数学的原始体系，原书13卷，但中译本所据为利玛窦老师克拉维斯的注释本15卷。明末刊行的前6卷主要讲平面几何，虽不完整但自成体系，已能显现欧氏几何学的基础与核心，如定义、定理的确立及依据定义、定理证明直线、角、圆、多边形和并行线等各种命题。《几何原本》译本屡经刊刻，流传甚广，其深远影响首先在于创造了一套中文几何名词，有许多沿用至今，如点、线、直线、曲线、并行线、对角线、垂线、直角、钝角、平面、三边形、四边形、多边形等，还有一些名词与现今名词只略有异同。影响之二表现在中国数学思想和数学方法的发展上，之后学习算术者皆以此书为教本，依其公设和公理演算、释义和著述。明末孙元化因研习《几何原本》而著三本几何学著作，清代的几何学著作就更多且不同程度地受《几何原本》影响，如方中通《几何约》、李子金《几何易简录》、杜知耕《几何约论》、梅文鼎《几何图解》。② 其他有关几何学的著作如利玛窦和李之藻合译、1614年刊行的《圜容较义》，是一篇比较三角形、圆、球体的表面和实体等图形关系的几何学短论；又如艾儒略和瞿式谷合译、1631年刊行的《几何要法》；还有白晋和张诚合编、作为康熙皇帝教本的《几何原理》，底本为法国数学家巴蒂《实用和理论几何学》，合欧氏几何与阿基米德几何而成，后收入《数理精蕴》，亦名《几何原本》③。传教士所译介的几

① 曹增友：《传教士与中国科学》，页105－110。汤若望《割圆勾股八线表》大概就是费赖之《列传》中的《共译各图八线表》（页184、1108）。《三角算法》和《比例四线新表》并为《历学会通》中的内容，《历学会通》为薛凤祚在穆尼阁死后合辑其《天步真原》和《天学会通》两书而成，1664年刊行（曹增友：《传教士与中国科学》，页124）。而《三角算法》大概最初就在《天步真原》中，费赖之《列传》称三角法输入似以《天步真原》为始（页269），此说固忽略了《崇祯历书》中的三角学内容，但却可据以判断《三角算法》的出处。

② 曹增友：《传教士与中国科学》，页111－114；张承友等：《明末清初中外科技交流研究》，学苑出版社2000年，页141。

③ 白晋、张诚的《几何原理》，见费赖之《列传》，页437、450；曹增友：《传教士与中国科学》，页115。

何学除上述基础理论之外，当然不能忘记关涉天文历法实用的那部分，上文已论，不再赘述。

康熙命梅瑴成、何国宗、方苞等人编辑的《数理精蕴》为明末清初传教士数学译著集大成之作，自1690年至1721年，历31年乃成，1723年刊行。《数理精蕴》后又与《历象考成》、《律吕正义》同被汇为《律历渊源》一书，至1730年最终刻成[①]。《数理精蕴》共53卷，上编5卷，下编40卷，表8卷。上编为基础理论，主要收入白晋、张诚为康熙编写的教材《几何原本》和《算法原本》[②]；下编为实际运用，是全书重点，包括度量衡、记数法、整数四则运算、方程、开方、圆和三角函数，还有各种面、体的面、体积求法，对数知识等众多内容；数学用表中有素数表、对数表、三角函数表和三角函数对数表。书中还首次介绍了西方的运算工具——计算尺。

《数理精蕴》修编期间，康熙在1713年下令于畅春园设临时性修书机构蒙养斋，专事《历象考成》、《数理精蕴》和音律书籍之编修，并征访召集许多有历算、音乐才能的人入馆，“凡有一技之能者，往往召直蒙养斋”[③]。所以《数理精蕴》的编撰过程本就极大鼓励和刺激了中国知识界研究数学的兴趣，对其后数学名家成批涌现有直接推动作用。这部总结西方数学在中国传播成果的巨著刊行后，对随后兴起的数学研究热，包括乾嘉时期对中国古代数学典籍的发掘整理，都有不可忽视的影响。据说入清后至18世纪末，中国“约有五百多名数学家共编撰千种以上的算学书籍”[④]，这其中有接受西方数学并糅合中西的，也有受西方数学刺激而力图整理中国古学以示对抗的，但其实都是西方数学传入后对中国知识界重大影响的表现。西方数学被接受之初虽与西方天文学的钦定地位分不开，但与天文学基本上囿于深宫不同，它在民间得到较为广泛的传播和研习，概与从事两种学问所需的物质条件难易悬殊不无关系。清初历算家中影响较大者如王锡阐、梅文鼎、方中通、薛凤祚。

四、天文仪器

明末清初由中国官方支持、传教士主持设计制造的天文仪器主要是为修历提供合用的观测工具。利玛窦在韶州、南昌、南京等地时就向当地官员赠送或制作小型

① 康熙六十一年（1722）并蒙养斋所编律吕、算法书共为《律历渊源》一百卷，见《清史稿》卷45，“时宪志一·推步因革条”，页01669。费赖之《列传》称《律历渊源》为雍正汇编（页658），实为诚亲王胤祉遵康熙之命汇编，只是雍正元年（1723）御制序文。胤祉在康熙五十三年（1714）即奉旨着手这项汇编，当时康熙已定名为《律历渊源》，见《清史稿》，卷八，“圣祖本纪三”，页00286。费赖之称所汇《律历渊源》共105卷，亦与《清史稿》不符。

② 据洪若翰1703年致拉雪兹神父书信，安多、张诚和白晋奉旨为康熙编写了算术、欧几里德几何基础、实用几何学著作各一本，算术著作大概就是这里的《算术原本》，见杜赫德编、郑德第等译：《耶稣会士书简集》，卷1，大象出版社2001年，页280。

③ 《清史稿》，卷502，“艺术传一·序”，页13866。

④ 张承友等：《明末清初中外科技交流》，页143。

天文仪器，在他的影响下，李之藻还为自己制作了天球仪、地球仪和星盘。利玛窦扩大欧洲天文学影响的耐心终于获得回报，1629年朝廷成立历局以西法修历的同时，主持历局工作的徐光启也提出修整观象台的中国旧式仪器并制造新仪器，理由是北京观象台的旧仪器年久失修且刻度和结构设计与西法不够协调，而传教士带来的小型仪器难以满足修历的精度需要。徐光启接着提出《急用仪象十事》，列举需制造的10种27架（具）西式仪器，该计划参考了邓玉函、龙华民的建议。传教士在参与修历的同时也担负起制造仪器的重任，先后由邓玉函、罗雅谷、汤若望带领中方人员如陈于阶、邬明着从事仪器的设计制造。1637年底李天经的总结中提到已制造新式仪器十几种，但还并未完成徐光启最初的计划。仪器制造进展缓慢的原因是人们的主要精力在中西法推算的优劣争论与实测较量上，且制造工作资金投入不足。明末制造的装置多为小型仪器，或便于搬运安装的中型仪器，甚至是简易仪器，很可能没有制成过大型全金属观测仪器，可以说尚在描述和试制阶段，钦天监在实际使用中仍是中式仪器和欧式仪器兼用。明亡时汤若望等人保存了多件测量天象的仪器，但以从西洋带来者居多，这其中的不少仪器被汤若望进献给顺治并被留在皇宫中使用。①

南怀仁入主钦天监后开始新一轮的仪器设计制造。1668年前后，南怀仁正在设计天文仪器，1669年8月底，礼部获旨同意撤换观象台的旧仪，9月10日，康熙批准按南怀仁设计的式样制造新仪。南怀仁主持设计制造，工部官员和钦天监官员30人参与，1670年8月下旬时已完成一半工作，但全部工作到1673年底或1674年初才完成。新制仪器共6架，包括黄道经纬仪、赤道经纬仪、地平经仪、地平纬仪（象限仪）、纪限仪和天体仪，1674年即被安装到观象台，而原有的其他中国式仪器从此不再作为正式观测工具，这意味着西方仪器取代中国传统仪器成为皇家观测工具，也标志着继颁行西洋历法之后，西方天文学进一步确立其在朝廷的钦定地位。据载随后朝廷又命造内廷备用测天诸器，但似乎都是些尺寸较小、精度不高的仪器。② 南怀仁在清廷总计制造仪器55件，其中几件供皇帝专用③。

继南怀仁之后，法国“国王数学家”们来华时携带了30箱比较先进的仪器，但一则洪若翰等人主要是利用这些仪器为法国皇家科学院从事天文观测与研究，再则这些仪器“游离于清朝以历法为中心的天文工作之外”④ 而不会令多数中国官员感兴趣，比如康熙皇帝参观过仪器后只留下了两架有助于观测日月食和行星运动的仪器，所以这些仪器并没能刺激钦天监增造先进仪器，其中的技术内涵也不被中国人掌握。1713—1715年间，纪理安奉命制造地平经纬仪，弥补南怀仁将地平经仪和地

---

① 张柏春：《明末欧洲式天文仪器的试制与使用》，载《中国科技史料》，2001年1期，页75－79；亦可见张柏春：《明清测天仪器之欧化》，页154－160。

② 张柏春：《明清测天仪器之欧化》，页164－167。

③ 费赖之：《列传》，页346。曹增友书中引费赖之原书称为53件（《传教士与中国科学》，页50），不知是中译本有误还是曹书引用有误。

④ 张柏春：《明清测天仪器之欧化》，页177。

平纬仪分开所造成的使用不便[①]。康熙晚年，传教士还为皇宫制造了日晷、星晷仪、象限仪等器具。1744年11月，乾隆视察观象台仪器后流露了将西方仪器的刻度优势与中国传统仪器的构造融为一体的意向，后有大臣迎合此意，并与钦天监的传教士商议计划，最终在1754年初由刘松龄负责制造出一架名为“玑衡抚辰仪”的赤道浑仪，此仪外观上有复杂华丽的装饰和均衡的结构，进一步迎合了中国人的鉴赏口味[②]。

传教士在制造天文仪器的同时也留下一些对各种仪器和技术的描述文字，早期如利玛窦的《浑天仪说》和汤若望的《远镜说》，最典型的则是南怀仁的《新制灵台仪象志》和戴进贤等人合编的《仪象考成》。南怀仁的作品初名《仪象志》，后经阮元定名为《新制灵台仪象志》，共16卷，讲述仪器的用途、安装和使用方法、制造工艺、理论依据，亦涉及历法内容，各种换算表占了10卷，最后2卷为仪象图。《仪象志》是在观象台仪器制作安装完毕之后所作，而《仪象图》应是在制造之前设计绘制。经研究，《灵台仪象志》承袭和发展了罗雅谷、汤若望在《崇祯历书》中关于仪器的讨论，并主要是参考第谷《机械学重建的天文学》[③]。《仪象志》和《仪象图》1673年刊刻后长期为钦天监天文科推测星象的常用书籍，直到1744年戴进贤提出重修。这一点值得注意，因为《仪象志》主要是为了让人了解有关天文仪器的制造使用知识，但钦天监却大力倚重其中各种换算表来推测天象，1744年戴进贤请求增修《仪象志》的原因也是发现南怀仁的星表使用已久而与天的运度不符，奏请时所欲增修的内容也仅限于表[④]。这也许又一次反映了钦天监的实用主义态度，前人所制仪器既已敷用，便不思钻研资料以图改进，而与历法有关的观测总是第一位的。增修《仪象志》所成即为《仪象考成》，虽由戴进贤首倡，但他1746年就去世，大量工作是由刘松龄、鲍友管、傅作霖完成。书成于1752年，共30卷，为各种星表。1754年增录《玑衡抚辰仪说》为起首2卷并刊刻，则此刊本有32卷，1757年刻本则有35卷[⑤]。此书被评为“中国仪器史上对技术内容作文字描述最详尽的专书”[⑥]。

---

① 关于制造地平经纬仪的这一解释见曹增友：《传教士与中国科学》，页50。张柏春则认为纪理安在南怀仁的地平经仪和地平纬仪还能发挥作用的情况下又造兼具两者功能的地平经纬仪之原因尚不能断定，见《明清测天仪器之欧化》，页178。

② 玑衡抚辰仪的介绍见曹增友：《传教士与中国科学》，页59；张柏春：《明清测天仪器之欧化》，页179－181、页349。

③ 张柏春：《明清测天仪器之欧化》，页170－171。曹增友书中称该书共18卷（《传教士与中国科学》，页51），费赖之介绍《仪象志》初刻为14卷，同时单独刊刻两卷《仪象图》，阮元《畴人传》中收录时分16卷（《在华耶稣会士列传及书目》，页351），则阮元是将《仪象志》与《仪象图》合为16卷，曹书中多出的两卷或许是在阮元16卷的基础上又重复计算两卷仪象图。

④ 《清史稿》，卷45，“时宪志一·推步因革条”载：乾隆“九年十月，监正戴进贤等言：‘《灵台仪象志》原载星辰约七十年差一度，为时已久，宜改定。康熙十三年修志之时，黄赤大距与今测不同，所列诸表，当逐一增修。三垣二十八宿以及诸星，今昔多寡不同，亦应厘订’”，页01671。

⑤ 刊刻情况及各卷内容见费赖之：《明清间在华耶稣会士列传（1552—1773）》（以下简称《列传》），天主教上海教区光启社1997年，页780。《清史稿》卷147“艺文志三·子部条·天文算法条”所收为32卷的《仪象考成》，1756年的35卷本仅见费赖之说，而张柏春则言是1757年刊印（《明清测天仪器之欧化》，页181）。

⑥ 张柏春：《明清测天仪器之欧化》，页181。

据统计，17 - 18 世纪由传教士传入中国的欧洲天文仪器技术有 36 种，除各项欧洲古典仪器技术之外还包括新发明不久的望远镜。在制造和描述这些天文仪器过程中也相应地引进了不少机械技术和力学知识，计有 23 种，包括了工业革命前欧洲机械技术的大部分，特别是切削加工工艺和零件设计技术也被引进。但这些天文仪器技术和机械制造技术有不少仅停留在书本描述阶段，没有用来制造实用装置和模型，推广到社会上的就更少了。[①] 技术得不到推广的根本原因在于欧洲科技的传播方与接受方都没有足够的主动性，中方只要求对历法满意，传教士的主要目的则是取得中国官方的信任，当双方同时实现了各自目的后，传教士也好，中国官方也好，都没有必要进一步追求和推广新知识、新技术。一个典型例子是望远镜的应用。1609 年伽利略制成世界上第一架望远镜，1613 年毕方济即在北京上疏介绍"千里眼"的用法和制造原理，阳玛诺 1615 年的《天问略》也介绍了望远镜，汤若望在 1626 年出版的《远镜说》则是最早向中国介绍西方望远镜的专著[②]，明末传教士带来的望远镜曾令中国人很感兴趣，南怀仁在《灵台仪象志》中还讲到光的折射和散射。但南怀仁却没有另外制造望远镜，更没有像他同时代的欧洲人那样在方位观测仪器上试装望远镜。这并非南怀仁有意隐瞒比裸眼照准仪先进的望远镜，或中国缺乏制造望远镜的条件，而首先是因为当时的望远镜技术因球面相差和色差还不能胜任精确的方位天文观测，也就是说新技术需要一个成熟过程；另一个原因则正是中方的有限需求决定了南怀仁没必要这样做，望远镜在中国的天文学用途仅限于观察日食和月食，而明末带来的望远镜还能满足这种需求，对于仅以科学为敲门砖的南怀仁而言，当然不必多此一举[③]。

钦天监的这种工作态度连并不主要参与其中工作的巴多明都开始抱怨，他在 1730 年的信中说钦天监的氛围不鼓励学者追求科学研究和竞争，人们坚持按部就班地做事，以至观象台无人再用望远镜去发现肉眼看不到的东西。望远镜和座钟得不到充分的利用，皇帝不知道它们在准确观测方面的价值，墨守成规的人极力反对这类发明[④]。其实这种消极情况不仅发生在天文仪器的使用制造上，而是整个西方科技在当时中国的境况，对中国人来说，"欧洲科技的功劳在于它既解决了中国的历法问题，又使人耳目消遣与感到愉悦"[⑤]。钦天监的主要任务直到清末仍限于推算历法和观察日月食与异常天象，中国社会对欧洲天文学这种小范围浅层次的需求限制了西学的传播和发展，考虑到这一点，我们就不能单纯以某一年刊刻了介绍某种西学知识的传教士译著来衡量西学东传的规模与效果。至于采用了西洋历法与天文仪器的

① 这些技术的详细列举见张柏春：《明清测天仪器之欧化》，页 329 - 331。

② 徐宗泽的《明清间耶稣会士译著提要》页 474 记此书 1626 年刊刻，费赖之《列传》页 183 则记 1630 年刊刻。

③ 张柏春：《明清测天仪器之欧化》，页 345 - 346。

④ 转自张柏春：《明清测天仪器之欧化》，页 343 - 344。

⑤ 张柏春：《明清测天仪器之欧化》，页 345。

钦天监的工作，有学者评价说："除了为法国皇家科学院和其他欧洲科学机构做天文观测的传教士以外，钦天监的传教士和他们的中国伙伴几乎没有在观象台做出对近代科学有重要意义的发现"①。

五、地圆说与舆地测绘技术的运用

地圆说、天文学和舆地测绘，这三者之间有着从理论到应用、从观念到技术、从抽象思考到实地测验的过渡关系，但在接受者身上，观念和技术之间常存在着不那么容易澄清先后的影响关系。前面已经介绍过明末入华的地圆说属托勒密学说的内容，包括两大要义：1. 地为球形；2. 地与天相比非常小。地圆观念为宇宙模型中不可或缺的重要部分，接受这种观念是接受西方天文学的一个前提，接受这种观念也就意味着改变中国人传统的"天圆地方"的宇宙观念。明末中国人对地圆学说呈现出接受和排斥两种比较极端的态度。接受这一学说的理由有两种，一是将地圆学说作为全新理论全盘接受，另一种则以之盲目比附上古文献，这种理由可能是因为对地圆学说不了解，也可能是出于折衷调和中西思想的初衷，宣扬地圆学说"古已有之"。排斥地圆学说的态度则固守中国传统知识结构，难以与西方理论有效对话。与此有关的争论暂且不论，这里先要说的是，世界地图的传播并不仅仅是帮助中国人认识华夏以外的土地风俗，还与西方地圆说的传播关系密切。

利玛窦初入肇庆即行展示的世界地图引起知识界很大兴趣，1584—1608 年间，中国各地出现 12 种版本的利玛窦世界地图②，其最著名的版本《坤舆万国全图》上有九重天图、天地仪图、日月食图、南北半球图等天文—地理学图表③。利玛窦之后的传教士陆续通过绘制更精确的地图和撰写图说向中国人介绍西方地理和地学观念，其中毕方济绘制的《坤舆全图》，图上方有"地本圆体"的说明，今梵蒂冈图书馆所藏为刻本④，可见当时已有流传。汤若望在崇祯时制《坤舆全图》12 幅，在说明中介绍了地与海合为一球、地球居天球之中的观念⑤。南怀仁 1674 年在北京刊刻《坤舆全图》，图四周的十四节说明文字中有关于四元行、地球南北极、地圆之研究、论地体之圆和万有引力的文字各一节⑥。除了对地圆观念的进一步介绍，南怀仁还将利玛窦世界地图所采用的椭圆形等积投影绘图法改为 16 世纪末至 17 世纪初欧洲流

---

① 同注④。

② 各版本名称、刊布地点与时间见江晓原：《天学外史》，页 212。

③ 王冰：《勤敏之士——南怀仁》，科学出版社 2000 年，页 78。

④ 方豪：《中国天主教史人物传》（上），宗教文化出版社 2007 年，页 207。下引同书，只注著者、著作和页码。

⑤ 曹增友：《传教士与中国科学》，页 210。费赖之《列传》中的汤若望作品目录中未见有此图，但传文中提到他接替邓玉函进入历局后制浑天球和平面地图各一（页 169），对该地图的描述与曹增友的介绍比较接近。

⑥ 其它各节内容见曹增友：《传教士与中国科学》，页 209；王冰：《勤敏之士》，科学出版社 2000 年，页 77。

行的球极平面投影法①，所以图上所画各地更接近实际形状，该图也因而代表17世纪欧洲半球投影制图学和天体学说对中国的影响。前文提过的蒋友仁《坤舆全图》不仅正式介绍哥白尼学说，也介绍了地圆学说的最新内容，即法国大地测量家证实了地球是椭圆②。这些地图对部分中国人改变宇宙观念建立起“地球”、“世界”和“五大洲”的常识不可谓无功，正是从实物影响上升至观念影响的一个例子。

当康熙命人以西方的天文观测法和大地三角测量术进行全国范围的舆地测绘时，不管他被什么原因所说服而开始这项工作，总归是表现出对西方天文观测和测量技术的信任，这种信任也许来自于传教士以西法推历测天时的屡试不爽，也许来自于他先知先觉地认可西方宇宙观念，先后虽然难断，却不应否认对西方天文学测算法的接受与对西方天文学观念的接受会混杂在一起，因为方法并不如人们经常认为的那样能够真正跨越边界而具有彻底的普遍性，方法实则还是某种观念体系下的方法。

张诚在1688年参加尼布楚谈判之后，有感于地理知识缺乏而无法绘制中国东北部地图，故在1689、1690年两度向康熙建议组织一次全国大地测量。巴多明来北京后（1699年后）曾纠正康熙以沈阳与北京同纬度之误，康熙因而怀疑诸省地图中也存在类似错误，至此决心绘一总图，并命巴多明挑选擅长绘图的传教士往各省测绘③。作为前期试测，康熙在1704年冬派安多、白晋、雷孝思、巴多明测绘北京附近两河泛滥之地，仅用70天就绘制出一幅“人们可能在欧洲见过的最大的地图”④。真正的全国测绘工作开始于1708年春，第一期测绘工作由白晋、雷孝思、杜德美测绘长城位置及附近河道，随后又陆续有其他传教士加入，赴全国各地测绘，1718年由杜德美将各地测绘结果汇总，全图至此告成。1719年（康熙五十八年）初此图上呈御览，“二月……己卯，学士蒋廷锡表进《皇舆全览图》，颁赐廷臣”⑤，“为全图一，离合凡三十二帧，别为分省图，省各一帧”⑥。

在这11年里参加各省测绘的传教士据冯秉正记载为9人，中有法国耶稣会士白晋、雷孝思、杜德美、汤尚贤、德玛诺、冯秉正等6人，奥地利耶稣会士费隐，葡萄牙耶稣会士麦大成和法国奥古斯丁会士山遥瞻（Bonjour Fabri）⑦。方豪则将张诚

---

① 王冰：《勤敏之士》，页76、78。

② 曹增友：《传教士与中国科学》，页210。

③ 费赖之：《列传》，页516。

④ 张诚1705年北京书信，见杜赫德编、郑德第译：《耶稣会士书简集》，卷2，大象出版社2001年，页27。参与测绘人员见该书页26，费赖之《列传》页407。关于这次测绘的时间，费赖之书中称是1705年，概据张诚写信时间而定，但据其书信内容，测绘时间在隆冬（页28），写信时图已测绘完毕并是在“从容不迫地予以完善”（页27）并施以铜版雕刻法之后，想必冬天已过，信既写于1705年（未注月份），测绘恐怕是在1704年冬。至于曹增友书中页223－224称这次试测在1707年冬进行，并有张诚参与其中，看来有些误差。

⑤《清史稿》，卷八“圣祖本纪三”，页00296。费赖之《列传》“杜德美传”称总图在杜德美逝世后一年始进呈御览（页595），则为1721年，与清史记录不符。

⑥《清史稿》，卷283“何国宗传”，页10185－10186。

⑦ 冯秉正1715年8月致德科洛尼亚神父书信，见杜赫德编、郑德第译：《耶稣会士书简集》，卷2，大象出版社2001年，页158。

也算在内，计为10人[①]，大概是考虑到张诚在参与中俄谈判期间对东北及中俄边境的勘测工作。其实巴多明对此次测绘除有倡议组织之功，也曾参与部分实测[②]。当然参与这项工作的不只是传教士，还有许多中国官员和技术人员，包括康熙本人。

此次测绘一改中国传统的计里画方作图法或形象“对景图”画法，而主要采用结合天文测量的三角测量法进行经纬度定位，在地面上选择一系列点构成许多相互连接的三角形，先用天文观测法测得一些地方的经纬度作为基本点，在已知点用望远镜观察各方向间的水平角，确定起始边长作为基线，然后用三角测量法推算其他各点的经纬度[③]。传教士们用这种方法测定630处经纬度点，而其中绝大多数是用三角测量法推算。本次测绘，范围超过1000万平方公里，就规模和广度而言为中外历史上前所未有，法国汉学家雷慕沙曾言：“此种广大测地事业前此在欧洲从未有人尝试”[④]。其精确度和详尽程度亦列于当时所有亚洲地图甚至欧洲地图之首。此次测量对世界地理学发展所作的重要贡献是，雷孝思与杜德美通过实地测量为牛顿的“地球扁圆说”提供了最早的证据[⑤]，但“地球扁圆说”的证明是由法国学者完成的，其间或许利用了雷、杜二人的证据。前面已经说过，这一学说几十年后才由蒋友仁介绍到中国。测量过程中对中国地图测绘史上的一大贡献是，在全国统一了丈量尺度，固定了里的长度单位，并沿用至后世。而这是康熙的创造，他将长度单位与经线度数的弧长联系起来，“以天度定准望，一度当二百里”[⑥]，亦是以地球形体来确定尺度的最早尝试。

康熙堪称是开眼接受西学有创建的人物，可惜他“并未致力于凭借帝王之尊的有利条件去打开更多中国人的眼界”[⑦]。就这幅图而论，制成后“乃镌以铜版，藏内府”[⑧]，不为大多中国人所知。反而是在欧洲，样图寄到欧洲后长期成为出版中国地图的参照，有关资料经常被地理学家转载附录。事实上测绘尚在进行中时，人们已经“在欧洲急切地期待着这一工作的成果”[⑨]。不过样图虽在图成后不久就寄回法国，却直到1730—1734年间才以《中国全图》之名刊刻，这一滞后恐怕也与康熙的禁令有关。传教士们寄图之时，康熙曾明确要求，若无新的指示，不得刊行此图[⑩]。

---

① 方豪：《中国天主教史人物传》（中），页302。对《皇舆全览图》测绘全过程的详细介绍亦见方豪此书页298－301。

② 费赖之：《列传》，页516－517。

③ 曹增友：《传教士与中国科学》，页241－242；方豪：《中国天主教史人物传》（中），页300。

④ 雷慕沙：《亚洲新杂纂》，页237，转自费赖之：《列传》，页540。

⑤ 具体说明见曹增友：《传教士与中国科学》，页234。

⑥ 《清史稿》，卷283“何国宗传”，页10185。康熙规定丈量时使用中国工部尺，定一度为200华里，每华里180丈，每丈十尺。法国的一大哩恰合10华里。见费赖之：《列传》，页540。

⑦ 江晓原：《天学外史》，214。

⑧ 《清史稿》，卷283“何国宗传”，页10186。

⑨ 冯秉正1715年8月致德科洛尼亚神父书信，见杜赫德编、郑德弟译：《耶稣会士中国书简集》，卷2，页158。

⑩ 费赖之：《列传》，页538。

康熙此举应该说涉及对国家安全的考虑，测绘过程中就禁止传教士逼近俄国边境和东海沿岸测量，可见康熙无论怎么宠眷优容传教士，对外人的防范之心片时无缓。

康熙年间因新疆常发生叛乱致传教士不能前往实测，故《皇舆全览图》缺哈密以西的新疆部分，直到乾隆时戡平新疆，才得以着手这项补充工作。1755年平定准噶尔叛乱，随后乾隆便安排人赴新疆测量准噶尔各部，由何国宗、明安图、富德董其事，耶稣会士傅作霖和高慎思作为重要技术人员参与。1757年平定喀尔木克部，1759—1760年明安图率傅作霖、高慎思再赴新疆[①]，重新测量校正前次绘好之图。1761年绘成《西域图志》，此后经过20年整理充实，直到1782年才编成《钦定皇舆西域图志》52卷[②]。而新疆的测绘结果由蒋友仁奉帝命补充进康熙《皇舆全览图》，编成《乾隆内府地图》，此为两半球坤舆图，面积比《皇舆全览图》多一倍以上[③]。新图虽刻成铜版，但似乎也未印行，直到清末这一测绘成果才传布开来[④]。

六、天文历法领域的“西学中源”说

明末中西的思想碰撞直接体现在儒家思想和天主教义在哲学与伦理层面的交锋，虽也涉及历法之争，但主要是围绕历法的政治含义而进行，是天儒之争的延伸，杨光先“历狱”亦属此类。清初中西思想冲突的主战场其实转移到了以天文历算为核心的科学领域，不过严格意义上来说冲突并没有发生，因为一种“西学中源”的理论适时诞生并得到大力鼓吹，最终还成为官方指导思想，从而回避了因西方天文学在中国社会占据一定地位所可能引发的又一轮“夷夏之辨”。然而回避冲突其实是自欺欺人，比起明末求同存异的主张不啻是一种倒退。“西学中源”说与同一时期欧洲流传的“中国人西来说”有着本质上的相似性，都反映出一种专制性文化欲维护其绝对权威的努力。不同的是，18世纪中期以后欧洲人通过自己的证明否定了“中国人西来说”并打破了圣经的绝对权威，“西学中源”说在中国则超出历算领域，被及有清一代整个学术界和思想界，成为中国人封闭排外的重要口实。

---

① 曹增友书中称此次刘松龄亦随往（页238），实则刘松龄自云初时欲命其前往，但他推辞，而举傅作霖、高慎思以自代，见费赖之：《列传》，页784、809。

② 见曹增友：《传教士与中国科学》，页238。但《清史稿·艺文志二·史部条·地理类条》记“《西域图志》五十二卷。乾隆二十一年，刘统勋等奉敕撰”（卷146，页04299），则成于1756年第一次新疆测绘之后。

③ 曹增友：《传教士与中国科学》，页239－240。按费赖之《列传》，蒋友仁所作图名《一统舆图》（页852、854－855）。此图的绘制时间，曹增友称1761年，费赖之仅提供制成铜版的时间1769年。《清史稿》则记乾隆二十八年（1763）“上以诸回部悉定，复遣尚书明安图等往测天度绘图，是为《乾隆内府皇舆图》”（卷283“何国宗传”，页10186）。

④ 费赖之记1863年湖广总督于武昌刻《皇朝中外一统舆图》31卷，似本蒋友仁原图（《列传》，页1013）。但《清史稿·艺文志二·史部条·地理类条》仅录胡林翼撰《大清一统舆图》30卷（卷146，页04288）。不知二者是否一图，若是，则此图定非胡林翼本人刊刻，因其1861年即逝。胡林翼自咸丰五年（1855）至去世时一直任湖北巡抚，死后诏赠总督（《清史稿》卷406“胡林翼传”），而咸丰五年至同治五年（1855—1866）的湖广总督为官文，见《清史稿·疆臣年表四》（卷200，页07388、07455）。

“西学中源”说不同于明末常见的中西“拟同”论。自徐光启以来对中学西学相似性的论述比比皆是，这只是寻找两种学术中的相似性因素作为接受的理由与理解的起点，并未涉及这种相似性的起因，甚至于“心同理同”一说就暗含着承认二者有独立的起源与传承。中西“拟同”论“是一种文化传播的策略和方式，它在中西文化相遇的初期，确实起到了沟通差异、促进交流的作用”①。“西学中源”说的动机“显然不是为了沟通中西差异，而是要为遭受西方科学强烈冲击而明显处于下风的中国传统科学寻找恢复自信的理由。他们通过搜罗一些似是而非的证据，甚至不惜附会、臆断，建立起一套西学源出中国、中学流传西方的理论，其目的是为了有意识地贬低西学而维护中学”②。

“西学中源”说的首倡者是明末遗民群体，最早表达这种思想的大概是熊明遇，他认为重黎子孙避乱西域时把天文历算学传入西域。继熊明遇之后，先后提出这一思想的是方以智、王锡阐、黄宗羲，但以王锡阐的论述最为全面且最有影响③。方以智在谈论西洋历法之东来时有“天子失官，学在四夷”④之说。黄宗羲则指出西洋数学是西人拾取的中国早先失传的勾股之学，并列举出具体证据，这被全祖望概括为“中学西窃”说⑤。王锡阐列举了西洋历法为中国古已有之的五条证据，涉及日月运动、行星运动、交食、定节气和授时这些方面，结论是西人窃取了中法的“法意”，但既然是窃取，西法终究不能超越中法的范围而自命为创始之说。他还进一步考证出西法的确切来源是唐代《九执历》。事实上，王锡阐的五条例证只能表明中国传统天文学的常用代数方法也能达到与西法同样的功能，并不表明两者在方法上的相同，更不能证明它们具有源流上的必然联系⑥。

应该注意，黄宗羲、方以智、王锡阐都是从会通中西之学走向“西学中源”之说。有学者总结明清之际遗民学人的治学特点是“学尚‘渊综’、‘会通’，追求阔大的学术以至人生境界，学而经世，学而事功，学而待后王，鄙‘僻固狭陋’，鄙‘腐’，鄙‘封己守残’之‘纤儿细士’”⑦。应该说这种评价大体不错，而且其“渊综”与“会通”不仅表现在贯通经史、学以致用，也表现在科学方面的糅合中西，这尤以黄宗羲、方以智和王锡阐的天文历算之学为代表⑧。但与此同时，支持他们追

① 徐海松：《清初士人与西学》，东方出版社 2000 年，页 370。下引同书只注著者、著作和页码。

② 徐海松：《清初士人与西学》，页 370。

③ 遗民学者提出“西学中源”说的时间顺序，见徐海松：《清初士人与西学》，页 367－369、371。

④ 方以智：《浮山文集后编》卷 2，转自江晓原：《天学外史》，页 227。

⑤ 江晓原：《天学外史》，页 227；徐海松：《清初士人与西学》，页 303－304。

⑥ 关于王锡阐“西学中源”说的论述见江晓原：《天学外史》，页 228－229；徐海松：《清初士人与西学》，页 331－332。

⑦ 赵园：《明清之际士大夫研究》，北京大学出版社 1999 年，页 423。

⑧ 黄宗羲有关西洋历算学的著述至少有 7 种，但仅存《公历假如》1 卷。方以智的《通雅》、《物理小识》是反映西学影响的代表作。王锡阐堪称精通西方历算学，《历策》、《历说》阐述其会通中西的思想，《晓庵新法》、《五星行度解》、《圜解》体现他会通中西科学的成就。《五星行度解》中还试图改造第谷模型。详细论述见徐海松：《清初士人与西学》，页 226－273，292－297，325－331；江晓原：《天学外史》，页 219。

求会通的那种“民胞物与的儒者情怀，与救民水火的使命承当”① 却也阻止了他们在中西会通之路上进一步前行，并终于使他们的会通之途归止于“西学中源”的陷阱。

深厚的儒家文化土壤所培养出的儒者情节使他们的会通终究是立足于儒家本位的会通，以黄宗羲为例，尽管他能大量接受西方文化，但他坚持“华夏中心”和“夏夷之辨”，所以“他依然抱着对民族文化的强烈优越感和自信心去审视西学。在他心目中，吸收西学、会通中西……其出发点与最终归宿都是以我为主，就是想借鉴西学以恢复中国历算学昔日的辉煌”②。认识到西方历算之学的高明，而又力图为民族文化谋求自尊，这种心态驱使黄宗羲提出“中学西窃”说以为他所追求的中西会通目标作出理论上的合理解释。清人入关在遗民学者中刺激出的强烈民族情绪也反映到他们对中西会通的态度上，“黄、方、王等人，都是中国几千年传统文化养育出来的学者，又是大明的忠臣。他们目睹‘东夷’入主华夏，又在天学历法这种最神圣的事情上全盘引用西夷之人和西夷之法，心里无疑有着双重的不满”③，他们因不愿与清廷合作而不能通过实际行动来改变朝廷偏用西洋历法的状况，“只能通过提倡‘西学中源’说来缓解理论上的困境——传统文化的熏陶使他们坚持‘用夏变夷’的理想，而严峻的现实则是‘用夷变夏’，如果论证了‘夷源于夏’，就能够回避两者之间的冲突”④。

如果说遗民学者在面临西洋实学的强烈冲击下提出“西学中源”主要是一种为传统文化寻找自尊与自信的行为，是一种化解思想矛盾的出路，那么梅文鼎（1633—1721）与康熙帝对“西学中源”的进一步阐发与上下呼应则是学术权威与政治权威相结合，来解决一个因引进外来文化所可能发生的政治问题。

早期的梅文鼎继承薛凤祚与王锡阐的会通之学，并将清初的会通之学推向一个高峰，实不愧“历算第一名家”之称。梅文鼎会通中西论的一个重要观点是“法有可采，何论东西；理所当明，何分新旧”⑤，这说明梅文鼎看到中公历算学中有着内在逻辑与原理的共性，同时他也反对门户之见和偏执一端。他还在会通中西数学的过程中提出一个可视为其会通思想理论基石的观点，“数学者征之于实，实则不易，不易则庸，庸则中，中则放之四海九州岛而准”⑥。总结梅文鼎吸收西方科学所作的贡献，在天文学方面，他提出一种意图调和托勒密和第谷模型的“围日圆象”说并系统地整理和介绍了西方星表，不过梅文鼎的“围日圆象”说具有形式上的巧妙却不及第谷模型客观；在数学方面，梅文鼎创造性地介绍了西方的笔算法和计算工具，

---

① 赵园：《明清之际士大夫研究》，北京大学出版社1999年，页423。

② 徐海松：《清初士人与西学》，页303。

③ 江晓原：《天学外史》，页237。

④ 同注②。

⑤《梅氏丛书辑要》卷40《堑堵测量（四）·郭太史本法》，乾隆承学堂刊本，转自徐海松：《清初士人与西学》，页345。

⑥《绩学堂文钞》卷2“中西算学通自序”，转自徐海松：《清初士人与西学》，页349。

即对《同文算指》中的算式作出一些适合中国人习惯的改进，他还撰写了一套介绍三角学的教科书，其中包含他的一些独创性成就，如创造性地利用投影原理，把球面三角问题转化成平面问题加以解决①。

1689 年梅文鼎首次进京，不仅获得学界推崇，也使康熙对其学术略有所闻，该年成为其学术得以名噪学界的转折点。1705 年，康熙亲自召见梅文鼎，并与其交谈天文历学达 3 天，这被视为梅文鼎学术生涯的顶峰。但也就是从他首次进京之后，会通思想开始发生明显转变。梅应李光地之请在 1691—1692 年间完成并在 1698 年刊刻的《历学疑问》，在论证中公历学的源流问题时已隐含着西学源出中国的逻辑结论，同时梅氏在 1692 年就开始向人公布“西学中源”的观点，这都在士人中引起了反响。1702 年，李光地将《历学疑问》呈康熙御览，康熙竟对之着实研读一番，随后不久公布《御制三角形推算法论》，明确提出公历源出中国。梅文鼎很可能是在获召对的 1705 年读到《三角形论》，并立刻对康熙的“西学中源”说热烈响应，不仅称此说为康熙初创，并一再称颂。1711 年，康熙又开始宣扬西方代数学源于中国②。梅文鼎在晚年写成的《历学疑问补》中则不惜倾尽余力来论定“西学中源”说：其一，论证《浑盖通宪图说》中原为借称的“浑盖通宪”和《简平仪说》中的天文仪器即来源于古时周髀之学；其二，论证中法西传的途径和原因，即借《尚书·尧典》中尧命羲仲、羲叔、和仲、和叔“分宅四方”的传说推断说，东、南、北皆因地理气候条件的阻隔而使中国历法难以到达，惟有西方无碍，故和仲可以一路西行一路传授，并为西方杰出人士所接纳；其三，论证西法与“回回历”的亲缘关系，看到这一点不失为卓识，但他认为西法起源于回历，而且这一点对论证“西学中源”关系不大③。

一国之君康熙帝的提倡和学术至尊梅文鼎的阐发，使“西学中源”说在形态上更加完备，影响也愈加广泛。1721 年完成的御制《数理精蕴》中于“《周髀》经解”一节明确主张西方历算源出中国，至此，“西学中源”说又具有了官方指导思想的地位，这一来更受朝野上下广泛回应，1739 年的《明史·历志》、1789 年的《四库全书总目》均沿袭此说，乾嘉主帅戴震、钱大昕、阮元之流无不宗述，虽偶有明智持异议之士亦绝无回天之力④，此说主导中国思想界竟至晚清，遗留于文化意识中的残骸则绵延更久。

梅文鼎最初提出“西学中源”应该说是继承了遗民学者尤其是王锡阐的思路，旨在寻找可以支持中西会通的理由以平息中公历法之争，《历学疑问》就是为此目的而写。就实际效果而言，梅文鼎的努力似乎的确平息了中法派与西法派之间的纷纭

---

① 江晓原：《天学外史》，页 220－221；徐海松：《清初士人与西学》，页 348－349。

② 对于梅氏“西学中源”说的流传和康熙提出“西学中源”的先后关系的论证，见徐海松：《清初士人与西学》，页 353－359。

③ 江晓原：《天学外史》，页 231－233；徐海松：《清初士人与西学》，页 359－361。

④ 如江永、赵翼，见江晓原：《天学外史》，页 243－244。

聚讼，并成为中国士人维持其文化自尊心的一剂良药，但这种平息是建立在穿凿附会的解说和无视事实的自我陶醉之上，就学术而言毫无积极意义可言。康熙之青睐并运用“西学中源”说则是出于现实政治的需要。清朝统治者一方面需要西学的实际效用，一方面又需要塑造“华夏正统”的形象以使自己的统治扎根于中国，但在作为王权象征的历法问题上“用夷变夏”，这实在是他们扮演中国传统文化继承者过程中的一大障碍，“西学中源”之出无疑是适时良方，雄才大略如康熙岂能不善加利用。

但是这是一种根本上错误的看法，因为西学源于中学的逻辑导向的是不必再钻研与吸收西学，更谈不上从深层次考虑中西两种文化的异同与发展。而这样一种认识在思想界长期盘踞，其恶果可想而知。就王、梅二人本人而论，虽有一流的科学识见，却“浪费了宝贵的科学创造力”[①] 去编造荒谬之论，并因为他们的影响力而助长了谬种流传。梅文鼎对康熙言论的附会乃至逢迎很有些“政治上凑趣之人”[②] 的姿态，这一凑趣使得一种学说演变为一种具有意识形态色彩的官方理论，“钦定”一词推波助澜的能力不言而喻，御用学说求稳定的本性不可避免地导致对思想的禁锢，学术演变为政治之附庸对学风的恶劣影响亦于此毕现。尽管把乾隆以来清朝文化在整体上呈现出的封闭状态归结为一种思想的影响显得太片面，但支持“西学中源”说的文化思维与政治思维对造成这样一种局面实在是重责难逃。

七、结　语

本文回顾了16至18世纪西学天文历算知识输入中国的主要历史，尽管其内容繁复，但是其传播的范围和影响的深度却是有限的。虽然它们也曾给中国的学术带来了近代化的气息，但是并没有真正把中国领进世界近代化的潮流中。因为在这场中西文化交流过程中，真正称得上媒介的只有欧洲的耶稣会传教士。传教士介绍给中国的科学知识，只是教会所承认的那一部分。其范围也只是停留在上层少数有机会接触到传教士的士大夫中间。即使是技能方面的吸纳，也是受到皇帝兴趣的左右，往往局限于皇帝周围的一个小圈子里，其学习成果也多半是“藏在深宫人未识”，未能形成风气和潮流。显然，作为传播主体的耶稣会士并不是为了要把中国推向近代化的潮流才介绍西方文明的。他们的初衷只是为了传播上帝的福音，使中国人更加信服天主教，皈依天主教。加上中国的社会还没有发展到提出突破当时社会体制、进入近代化的历史要求。在传统的农业文明基础上，中国还保持着“康雍乾”的盛世繁荣。总之，明清时期西方文化包括天文历算知识的东来，虽然在思想文化上也有很重要的意义，但是中国人真正对西方文明的广泛接触和了解，还要等到19世纪以后的漫长岁月。

---

① 徐海松：《清初士人与西学》，页365。

② 江晓原：《天学外史》，页230。

三十年来中国大陆的宋史研究（1977—2008）

张其凡

（暨南大学教授）

一、引 言

2008年，中国的改革开放走过了三十周年的历程。报纸、电视等传媒，不断有三十周年纪念的报道、活动及学术研讨，十分热闹。当此之际，回顾三十年来的中国大陆宋史研究的进展，是具有特殊意义的。

早在20世纪50年代，由大陆去台湾的著名学者、台湾大学教授方豪先生，就曾对20世纪前50年的宋史研究状况进行过总结和介绍，但较为简略。台湾著名学者、中国文化大学教授宋晞先生，自20世纪60年代，即注意及宋史研究的回顾与总结：1966年，在台北第20次“宋史座谈会”上做了《宋史研究论文与书籍目录》的发言，谈到各国研究宋史的状况；1981年，在台北第80次“宋史座谈会”上，又做了《世界各国研究宋史近况简述》的报告；1988年5月，他又在《华冈文科学报》第16期刊布《宋史研究的发展》一文，自元代谈到20世纪80年代末；1992年，再刊布《民国以来我国学者研究宋史的成果之评估与展望》。宋晞先生的这一系列论文，对20世纪90年代以前的宋史研究状况，作了介绍与评估，功不可没。

20世纪90年代初，台湾又有两位学者20世纪以来的宋史研究及教学情况进行总结。1992年3月出版的台北《新史学》第3卷第1期上，台湾中央研究院历史语言研究所研究员黄宽重先生刊布《海峡两岸宋史研究动向》一文，系统总结20世纪以来的宋史研究状况。此文1993年载于大陆的《历史研究》第3期上，在大陆的影响较大。1992年6月，台湾举办了“大学人文教育的回顾与展望”，台湾大学教授王德毅先生在会上做了《宋史教学的回顾》的报告，后收入会议论文集中。文中对20世纪以来中国的大学中有关宋史的教学情况做了大致介绍。

天津教育出版社，曾组织编写出版了“学术研究指南”丛书，惜乎中途而辍，但已出版《宋辽金史研究概述》，1995年10月出版，大32开本，1册，39万字，署名“李天召、陈振编著”，其所叙内容，截止于1990年。1997年的《历史研究》第4期上，为迎接21世纪的到来，中国社会科学院历史研究所研究员王曾瑜先生发表了《宋史研究的回顾与展望》一文，比较系统、全面地回顾了20世纪宋史研究的状况。此文略加修正、补充后，刊于《宋史研究通讯》1997年第2期。

2004年，台湾的“国家科学委员会”，出版了由高明士主编的《战后台湾历史学研究（1945—2000）》丛书，其第4册为《宋辽金元史》，由韩桂华、王明荪编著，大32开本，1册，共246页。

同年，福建人民出版社组织了“20世纪中国人文学科学术研究史丛书”，其中的“史学专辑”由陈祖武、杨泓主编，《宋史研究》则由上海师大的朱瑞熙、程郁编写，2006年1月出版，大32开本，1册，约38万字。其所叙内容，截止于2000年。

三十年间，笔者也曾两次总结宋史研究情况。

1988年，中国历史学会主办的《史学情报》杂志，开辟了“回顾与展望”专栏。在第3期的专栏中，刊布了笔者以笔名“郑飞”撰写的《宋史研究：面临开拓与深入》一文，对1978—1988年10年间的宋史研究作了简略回顾。

1998年，笔者又在王曾瑜、宋晞、黄宽重、王德毅诸先生大作的基础上，加以综合、补充，撰成《20世纪中国宋史研究的回顾》（以下简称《回顾》）一文，约5万余言，提交1998年在宁夏银川举行的中国宋史研究会第8届年会。嗣后，曾寄呈台湾中国文化大学宋晞教授斧正，再略加修订，刊布于暨南大学中国文化史籍研究所编的《历史文献与传统文化》第9、10集（江西教育出版社2001年7月、南方出版社2002年7月）。其后，全文收入笔者《两宋历史文化概论》一书，由广东人民出版社2002年出版。《回顾》所述内容，截止于1997年。

如今，又是10年过去了，笔者不揣冒昧，第3次撰文，回顾改革开放30年来宋史研究的情况。综合前两文所述，补以近10年来的情况，以为此文。不当之处，尚希指正为盼。

二、宋史研究的进展与研究队伍的分布

（一）概　说

改革开放以来三十年中国大陆的宋史研究，可以10年为1期，分为前、中、后三期。1977年至1987年为前期，1988年至1997年为中期，1998年至2008年为后期。

前期可谓“文革”后的过渡与恢复时期，宋史研究的队伍以五六十年代人员为主，课题也多可窥见“文革”之阴影。自1978年开始大规模招收研究生后，1981年第一批硕士研究生毕业，宋史研究队伍不断注入新鲜血液，研究课题也在改革开放的时代浪潮中彻底摆脱“文革”阴影，开始其科学的历程。1982年，大陆第1次授予18人博士学位，其中有历史学两名，即复旦大学历史地理专业的葛剑雄与周振鹤。自此，大陆开始了培养博士生的工作。中期，经历1989年事变的波折后，宋史

研究开始向深度和广度迅猛扩展，博士研究生开始成批加入宋史研究队伍。后期，大规模招收博士生，加快了队伍建设，扩大了课题范围，随着市场经济的建立，思想开始解放，禁区不断被冲破，宋史研究开始其蓬勃发展的历程。

20世纪90年代以后，文革前后毕业的研究生成长起来，开始出版著作，于是，好几所院校都有“宋史研究丛书”的编撰出版。

河南大学出版社，从1992年开始出版“宋代研究丛书”共3批，15本。书目如下：程民生著《宋代地域经济》、苗春德主编《宋代教育》、王云海主编《宋代司法制度》、姚瀛艇主编《宋代文化史》、周宝珠著《宋代东京研究》为第1批；贾玉英著《宋代监察制度》、苗书梅著《宋代官员选任和管理制度》、周宝珠著《清明上河图与清明上河学》、程民生《宋代地域文化》、王水照主编《宋代文学通论》为第2批；曹家齐《宋代交通管理制度研究》、杨庆存《黄庭坚与宋代文化》、沈冬梅《茶与宋代社会生活》、王曾瑜《岳飞和南宋前期政治与军事研究》、温伟耀《成圣之道——北宋二程修养功夫之研究》为第3批。据悉，他们正在征集稿件，准备再推出一批。2008年，“宋代研究丛书”又推出“日本学者系列”，已见到平田茂树、远藤隆俊、冈元司编《宋代社会的空间与交流》。

河北大学推出了“宋史研究丛书”，已见出版者有：漆侠《知困集》、《探知集》，邓小南《宋代文官选任诸层面》，姜锡东《宋代商业信用研究》，王曾瑜《宋朝阶级结构》、《金朝军制》，李华瑞《宋代酒的生产和征榷》，杨倩描《吴家将》、《王安石〈易〉学研究》，郭东旭《宋代法制研究》，梁太济《两宋阶级关系的若干问题》，裴汝诚《半粟集》，高聪明《宋代货币与货币流通研究》，王菱菱《宋代矿冶业研究》，杨渭生《宋代文化新观察》等。

云南大学也推出了“宋史研究丛书”，已见出版者有：林文勋《宋代商品经济史研究》，龙登高《宋代东南市场研究》，吴晓亮主编《宋代经济史研究》，王文成《宋代白银货币化研究》，缪坤和《宋代信用票据研究》，黄纯艳《宋代茶法研究》，张锦鹏《宋代商品供给研究》，林文勋、谷更有《唐宋乡村社会力量与基层控制》等。

四川大学古籍研究所编辑了“宋代文化丛书”，由巴蜀书社出版，第1辑有7本：祝尚书《北宋古文运动发展史》，刁忠民《两宋御史中丞考》，王晓波《寇准年谱》，舒大刚《三苏后代研究》，王智勇《南宋吴氏家族的兴亡》，向以鲜《超越江湖的诗人》。该所还长年编有《宋代文化研究》（论文集），已出到第15集。

吉林文史出版社在20世纪90年代组织编写了“宋帝列传”，1997年出版，共12本：毛元佑、雷家宏《宋太祖》，张其凡《宋太宗》，汪圣铎《宋真宗》，黄燕生《宋仁宗、宋英宗》，仲伟民《宋神宗》，王菡《宋哲宗》，任崇岳《宋徽宗、宋钦宗》，王曾瑜《宋高宗》，方如金、陈国灿《宋孝宗》，虞云国《宋光宗、宋宁宗》，胡昭曦、蔡东洲《宋理宗、宋度宗》，曾庆瑛、刘耕荒《南宋末三帝》。张希清等《宋朝典制》。2004年11月重版，删去了图片，更简陋了。

暨南大学中国文化史籍研究所编有论文集《历史文献与传统文化》，已出13集，每集皆有宋史文章。他们还编有《宋代历史文化研究》及《宋代历史文化研究（续编）》各1册，人民出版社出版。《宋代历史文化研究（续编）》为纪念陈乐素先生百年诞辰的论文集。

2004年，杭州市为弘扬南宋文化，在杭州市社会科学院设立南宋史研究中心，特聘已退休的浙江大学教授何忠礼为主任，方建新教授、徐吉军研究员为副主任，拨出数百万元，组织编写“南宋史丛书”50册。2005年与2006年、2008年，已召开过三次“南宋史研讨会”，2008年的会议还是国际研讨会。“南宋史丛书”已交稿一半以上，预计近两年内将由人民出版社与上海古籍出版社出齐。这是南宋史乃至宋史的一大盛事，也是迄今仅见的地方政府大手笔。2008年12月29日，为已出版的25部书籍，举行了“南宋史丛书”首发仪式。这25部书是：何忠礼《南宋政治史》(46万字)，粟品孝《南宋军事史》(47.3万字)，何俊、范立舟《南宋思想史》(46.6万字)，苗春德、赵国权《南宋教育史》(39.6万字)，葛金芳《南宋手工业史》(45.1万字)，张锦鹏《南宋交通史》(40.7万字)，吴松弟《南宋人口史》(36.7万字)，杨倩描《南宋宗教史》(40万字)，罗炳良《南宋史学史》(40万字)，龚延明《岳飞研究》(38万字)，韩酉山《秦桧研究》(40万字)，姜青青《马扩研究》(35万字)，邹志方《陆游研究》(40万字)，束景南《朱熹研究》(35万字)，邢舒绪《陆九渊研究》(25万字)，辛更儒《辛弃疾研究》(38万字)，周梦江、陈凡男《叶適研究》(30万字)，张金岭《宋理宗研究》(30万字)，俞兆鹏、俞晖《文天祥研究》(30万字)，徐吉军《南宋都城临安》(53.2万字)，唐俊杰、杜正贤《南宋临安城考古》(16.5万字)，顾志兴《南宋临安典籍文化》(29.3万字)，邓禾颖、唐俊杰《南宋官窑》(21万字)，以上共843万字；杭州市社会科学院南宋史研究中心编《南宋史研究论丛》（上、下)，上册33篇，下册34篇，共101万字。

上述这些丛书的出版，大大推进了宋史研究的发展，其功甚伟。

下面分三个时期，介绍一下宋史研究的进展情况与研究队伍的分布。

（二）前期（1977—1987年），第一个10年

1. 总说

第一个10年，大陆的宋史研究大致还在恢复与积聚阶段，其最大事件便是中国宋史研究会的成立和《宋史研究通讯》的编纂发行，使大陆宋史学者有了自己的组织，有了交流与交锋的平台。但1987年年会以后，曾有5年间未能举行年会，《宋史研究通讯》也惨淡经营，举步维艰，在一定程度上反映出宋史研究会的窘境。

据不完全统计，这10年间大陆已出版的有关宋史的专著达70部以上，总字数超过1000万。在报刊上发表的宋史研究论文逐年增多，从1978年的80余篇，到1987年的400篇以上，总计超过3000篇，字数超过1500万。宋史研究会编行的年会论文集《宋史研究论文集》，这一阶段出版3本，中州书画社出版了《宋史论

集》，中华书局出版了《宋辽金史论丛》第1辑，浙江古籍出版社出版了《宋史研究集刊》，浙江人民出版社出版了《沈括研究》，河南人民出版社出版了《资治通鉴丛论》，共约167万字。从这些数字看，与文革前17年对比，宋史研究可说是空前的繁荣。

断代史著作也出版了几部，如周宝珠、陈振《简明宋史》、洪焕椿《宋辽夏金史话》、杨树森、穆鸿利《辽宋夏金元史》、吴泰《宋朝史话》，如果再加上《中国通史》第5至7册和《中国史稿》第5册，则已有6部宋史或宋辽夏金元史专著，还有《中国历史大辞典》宋史卷。此外，还有一批宋代的专史著作问世，如《宋明理学史》、《宋代社会研究》、《宋元时期的海外贸易》、《宋代说书史》、《宋元佛教》、《唐宋词通论》、《宋词散论》、《宋朝兵制初探》、《宋代经济史》、《宋代四川经济述论》等。

宋代史籍的整理出版工作，也有很大进展。李焘《续资治通鉴长编》点校本陆续出版，《通志》、《文献通考》等大部头史籍也已影印出版。中华书局与上海古籍出版社编行的《唐宋史料笔记丛刊》、《宋元笔记丛书》，也已出版了10多种。不少宋人文集和其他宋代史籍如《宋宰辅编年录》、《元丰九域志》等书也已整理出版，为治宋史者提供了便利，促进了宋史研究工作。专题史料汇编，近年来则有胡昭曦等人的《宋末四川战争史料选编》（57.2万字）、汤开建、刘建丽的《宋代吐蕃史料集（一）》（55.4万字）等出版。

这一时期，宋史研究虽然有了长足的进步，但是现状尚不能令人满意，有很多缺陷与不足，面临着开拓与深入的艰巨任务。从宏观来说，多卷本《宋史》的编纂工作，迄今尚未提上议事日程；从微观来说，宋代的专门史研究不足，还有很多空白点，即或是热点问题，也还需深入。

宋史研究中，有几个热点：一是经济，包括户等和阶级构成、客户问题、租佃制、地租、差役、户口等问题，每次年会中，总有半数已上是这方面的论文；二是王安石变法与熙丰、元祐党争，包括王安石、司马光、苏轼等人物，可称年年有论文，专著不断出；三是两宋之交的和战问题，岳飞、张浚、秦桧、辛弃疾等人物；四是宋初的改革与统一，包括太祖、太宗、赵普、杨家将等人物；五是三次农民起义：王小波、李顺，宋江、方腊，钟相、杨幺，但近年来已趋向冷落；六是宋蒙战争，包括文天祥等人物。这六方面的论著，占已刊行宋史研究论著的大半。除此而外的两宋历史，则研究不多，甚或空白。如北宋仁宗朝的历史，除庆历新政外，尚少研究；北宋中期的重要政治人物韩琦、富弼，几乎还没有什么研究；北宋后40年的政治与经济状况，也少有人涉足；南宋除一头一尾外，其余时期的研究也不多。又如两宋政治史、军事史、文化史、科技史等专史著作，仍付阙如。如果没有对北宋初年到南宋末年的分段详尽研究，没有从政治、军事、经济、文化、科技等方面的专门研究，是很难把握两宋历史全貌的，从而也就不可能有多卷本《宋史》的问世。因此，不把目光局限于热点问题研究，多做些“垦荒”工作，多进行一些专题的或专门史的微观或中观研究，是非常必要的，由此，宋史研究也许能有突破性进展。

在众多的宋史研究论文中，炒冷饭的重复之作时有所见，不认真读书而故作惊人之语的亦大有人在。因此，重视研究信息，提倡严谨的学风，是非常有必要的。宋史研究中，有不少传统的流行观点，如理学统治论、相权削弱论、对土地政策的非议、对某些人物的评论等，占据统治地位长达数十年，仔细考查起来，却都不尽然，甚至南辕北辙。不循于旧说，不慑于权威，实事求是地考察研究，才能比较真实地反映历史全貌。为此，应当提倡学术争辩，提倡观点交锋，才能越辩越明。20世纪80年代初，在讨论宋江问题时，曾各抒己见、激烈争论。遗憾的是，这种现象还不多见。

宋代史籍，虽然在长时期中历经战火、天灾及人为的毁损，但存留至今者仍可谓汗牛充栋，不胜其览。也正因此，对宋代史籍还没有足够的重视。现存的宋代文集、笔记、小说等著作到底有多少，迄今仍是未知数，无法确知。这些著作已整理或印行者，还只是一小部分。编辑宋人著作书目提要，整理、介绍、出版宋人著作，势在当行，尚需努力。这是宋史研究进一步开拓和深入的需要。

“宋代是一个值得重视的朝代。从政治制度、学术思想、民族文化心理等方面讲，对近代乃至现代中国的影响，宋代恐怕是其他朝代所不能比拟的。因此，研究并弄清宋代制度、思想、文化等方面的历史状况，不仅可以提供历史的借鉴，而且有助于我们理解和认识近、现代的中国。从这点上讲，以往宋史研究的成果还不够深入，还没有能起到应有的作用。与其他断代史的研究比较，宋史研究略显沉闷，不大活跃，甚至可以说比较刻板，思维方式比较陈旧，因而阻碍了宋史研究的发展，迄今尚未出现大的突破。这些问题，是值得宋史学界深思的。”笔者在1988年写下的这段话，今天看来，仍是有针对性的。

1988年以前的10年间，宋史研究论著的出版数量还不多，其作者也主要是文革前的老中青作者，20世纪80年代后毕业的研究生尚在积蓄力量，晋升职称，争取住房。出版的著作中，也是以个人文集或旧作修订为主，如陈乐素先生的《求是集》，聂崇岐先生的《宋史丛考》，漆侠先生的《求实集》，华山先生的《宋史论集》，关履权先生的《两宋史论》，邓广铭先生的《岳飞传》。徐规先生《王禹偁事迹著作编年》，关履权先生《宋代广州的海外贸易》，吴泰、陈高华先生的《宋元时期的海外贸易》等书，则是作者积多年之力而为的力作。而朱瑞熙先生的《宋代社会研究》，涉及面广，论点新颖，但分量较小，今天看来，也显单薄，更像是论纲。

2. 第一阶段：1977—1982年

第一个10年，又可分为前后两个阶段，自1977年至1982年为第一个阶段。

1976年10月粉碎“四人帮”，1977年宣告“文革”结束。饱受摧残的宋史研究，从浩劫中复苏，慢慢地开始恢复元气，1978年开始招收研究生。当时，招收宋史方向研究生的导师有：北京大学邓广铭，中国社会科学院历史研究所陈乐素，杭州大学陈乐素、徐规，开封师院张秉仁，上海师院程应镠等5处，成为“文革”后最早培养宋史研究人才的地方。1979年秋天，在开封师院召开了“《简明宋史》审稿会”，宋史学界的隽彦，一时齐聚开封。这是一次重要的学术会议，不仅直接促成了大陆1949年以后第一部断代宋史《简明宋史》的出版，更重要的是，完成了宋史研究会的准备工作，确定于1980年在上海师院举行“中国宋史研究会成立大会”。

1980年10月，“中国宋史研究会成立大会暨第1届年会”在上海师院（今上海师大）举行，与会代表60多人。在会上，正式成立了中国宋史研究会，选举邓广铭为会长，陈乐素为副会长，程应镠为秘书长，理事13人。秘书处设在上海师院。这种组织形式，反映了当时宋史研究的格局。从此，大陆宋史学者有了自己的学术组织，开始了正常的学术活动。会后，由上海古籍出版社出版了会议论文集。

1982年10月，在郑州举行了第2届年会，由河南省社科院承办，与会者达80多人。会后，由河南人民出版社出版了论文集。

1984年10月，在杭州举行了第3届年会，由杭州大学历史系承办，100多人参加了会议。会后，由浙江人民出版社出版了论文集。

1987年9月，在石家庄举行了第4届年会。由河北大学承办，与会代表107人，会后，由河北人民出版社出版了论文集。此次会议上，对宋史研究会理事会进行了增补，由于程序的不当，引发了争议。此次会后，宋史研究会的正副会长如下：会长：邓广铭，副会长：陈乐素、徐规、郦家驹、漆侠、乔幼梅、朱瑞熙、王曾瑜，秘书长仍为程应镠，理事共15人。会后，由河北人民出版社出版了论文集。

邓广铭先生1949年以后一直在北京大学执掌教席，此时任北京大学历史系主任，中国史学会主席团五主席之一。他发表了一系列有关王安石、岳飞及其他方面的论文，并最终修订出版了《王安石》、《岳飞传》两书。北京大学又是大陆在“文革”后最早招收宋史博士生的单位。邓广铭还与程应镠一道，在此时主持编纂了第一部大型工具书《中国历史大辞典·宋史卷》，并在20世纪80年代完成出版。邓广铭先生于1979年招收了宋史研究生张希清等人。1982年开始招收博士生。

陈乐素先生于1975年被强迫退休后，一直寓居杭州，进行《宋史艺文志考证》的修订工作。1978年，他在杭州大学复职，出任历史系教授，被推选为浙江省历史学会会长，同时，又被中国社会科学院历史研究所聘为兼任研究员，故同时在中国社会科学院历史研究所与杭州大学两处招收研究生。在历史研究所招收的研究生是张其凡，在杭州大学招收了何忠礼、周生春、孙云清、翁福清等4人。他在杭州大学建立了宋史研究室，当时成员主要有：徐规、倪士毅、梁太济、龚延明等人。1979年，陈乐素南下广州，在暨南大学建立宋史研究室，徐规继任杭州大学宋史研究室主任。徐规先生是张荫麟、陈乐素先生的及门高弟，他在20世纪五六十年代经历坎坷，发文不多。“文革”后，接连刊出《陈亮永嘉之行及其与永嘉事功学派的关系》、《沈括生卒年问题的再探索》（1977年）、《朱仙镇之役与岳飞班师考辨》、《南宋绍兴十年前后“内外大军”人数考》（1978年）、《沈括“官于宛丘”献疑》

(1979年）等文，1982年，更出版《王禹偁事迹著作编年》，获日本宋史权威周藤吉之的高度赞扬，从此奠定其在宋史学界的地位。他主持下的杭州大学宋史研究室成为大陆宋史研究的重要基地之一。

程应镠（1916—1994年），江西新建人，早年从事魏晋南北朝史研究，有一段坎坷的经历，“哀乐中年感逝川”。“文革”后，他在上海师院任职，1979年，出任恢复后的中国史学会副秘书长。当时，上海师院与华东师大共同承担点校整理李焘《续资治通鉴长编》一书的任务，由裴汝诚负责，程应镠复出后，由程负责。1978年，以裴汝诚为首的上海师院历史系和古籍研究所招收了宋史研究生，包括：吕友仁、李伟国、萧鲁阳、俞宗宪、朱杰人、王松龄等人；聚集起一批从事宋代文史研究的学者，主要有：裴汝诚、郑世刚、许沛藻、金圆、孙菊园等人。程复出后，遂由程主持研究生培养工作，他是《宋史》和《续资治通鉴长编》两部大型史籍校点整理的主要组织者和定稿人，他与邓广铭共同担任主编，自20世纪70年代末开始编纂《中国历史大辞典·宋史卷》。他担任宋史研究会秘书长后，为研究会的发展壮大呕心沥血，付出了大量劳动。继张家驹先生之后，程应镠发展壮大了上海师院的宋史研究队伍，使其成为大陆宋史研究的重要基地之一。裴汝诚后调往华东师大，成为华东师大宋史研究的领军人物。

开封师院历史系，是“文革”后大陆最早招收宋史研究生的院校之一。张秉仁先生（1910—1994年）主持的宋史研究室，有王云海、姚瀛艇、周宝珠等人。加上《史学月刊》杂志与河南省社科院历史研究所（陈振）当时都设在开封师院，这里也成为宋史研究的基地之一。1978年，以张秉仁先生的名义，招收了宋史研究生，有穆朝庆、魏天安、刘坤太、张德宗等人。在发起十院校共同编写《中国古代史》教材后，开封师院历史系与河南社科院历史所又在此时开始共同编写《简明宋史》一书，以填补大陆宋代断代史之空缺。此书于1985年由人民出版社出版，署名：周宝珠、陈振主编，约46万字。

在这一时期，发表论文的，除邓广铭、陈乐素、徐规、漆侠、吴天墀、朱瑞熙、周宝珠、关履权、陈守忠、李蔚、柯昌基、胡昭曦、万绳楠、杨国宜、王云海、程溯洛、苏金源、李春圃、张邦炜、赵俪生、裴汝诚、杨德泉、汪槐龄、沈起炜等20世纪五六十年代已刊发论文者外，也有少数新人出现，其中最引人注目的，乃是同毕业于北京大学、同服务于中国社会科学院历史研究所的吴泰、王曾瑜二人。吴泰大学时受教于邓广铭先生，毕业后又成为陈乐素先生的研究生，他在这一时期成为宋史研究的风云人物，在这一时期的几个热门话题上，他都发表过重要意见。关于宋江问题的争论，他是首先挑起论战的一方主将，他又较早地提出为岳飞恢复名誉。惜乎他英年早逝于20世纪80年代中期，连副研究员也未评上，不免令人扼腕。王曾瑜在“文革”中苦读《宋会要》而出名，在这一时期，他发表了一系列水平较高的论文。还有，与朱瑞熙是同学的蒙文通高足贾大泉，也在此时开始刊发论文。1980年中国宋史研究会成立，最年轻的与会者，是41岁的王曾瑜。这一时期宋史研究队伍的年龄，可见一斑。

这一时期的宋史研究，从批判“四人帮”谬论开始，逐步扩及宋史研究的多个领域。其热门课题，主要有四个：①宋江问题，②岳飞问题，③农民起义，④王安石变法，论文也大多集中于这四个课题。

1978 年 6 月 8 日，吴泰在《光明日报》发表了《历史上的宋江是不是投降派》一文。接着，邓广铭、李培浩在 6 月 29 日的《光明日报》上发表《历史上宋江的面貌》一文，在当年《社会科学战线》第 2 期发表《历史上的宋江不是投降派》一文。有关宋江问题的大论战由此展开，历时约 4 年之久，成为大陆宋史学界 20 世纪 70 年代末 80 年代初的一道风景线。吴泰毕业于北京大学，曾受教于邓广铭先生，故而这场论战被有些人称为“学生与老师的论战”，引人注目，得到当时整个史学界的关注。

有关宋江问题的争论由来已久，20 世纪 40 年代，余嘉锡先生撰《宋江三十六人考》，认为宋江投降了宋廷；50 年代，张政烺撰《宋江考》，以 1939 年出土的《折可存墓志铭》为据，认为宋江之降是诈降，并且未征方腊。但是，客观地讲，70 年代末的论战并非余、张之争的继续，而是“文革”后期评《水浒》运动的余音，所以争论的问题“历史上的宋江是不是投降派?”“历史上的宋江是否征方腊?”也带有浓厚的“文革”中评《水浒》运动的风格。

吴泰继《历史上的宋江是不是投降派》之后，在 1979 年第 2 期《中国史研究》上又发表《再论宋江的几个问题》一文，坚持认为历史上的宋江是投降派，打过方腊。北郭在 1979 年第 4 期《北方论丛》发表《历史上的宋江是投降派》一文，观点与吴泰一致。邓广铭等人则在 1978 年 8 月 29 日《光明日报》上发表《再论历史上的宋江不是投降派》，在 1980 年第 1 期《社会科学战线》发表《就有关宋江是否投降、是否打方腊的一些史料的使用和鉴定问题答张国光君》，坚持认为历史上的宋江不是投降派，没有打过方腊。这两种截然不同的意见，针锋相对，引发了史学界的极大兴趣，很多人撰文参加讨论，但是双方各执一词，互不相服，虽然发表了几十篇文章，但仍未解决问题。1981 年第 1 期《中华文史论丛》，发表了马泰来《从李若水的〈捕盗偶成〉诗论历史上的宋江》一文，该文据李若水的《捕盗偶成》诗(《忠愍集》卷 2)，认为这是当时人记载，铁证如山，证明宋江确曾投降。邓广铭先生看到马泰来之文后，于 1982 年第 4 期《中华文史论丛》发表《关于宋江的投降与征方腊问题》一文，承认宋江确曾投降，但仍否认宋江打过方腊。至此，大论战暂告结束，宋江投降，遂成定论，但宋江是否打过方腊，则仍无定论。时过境迁，此后这个问题日渐淡出人们视野，不见有人提起了。

在 20 世纪 70 年代末 80 年代初，岳飞是宋史研究中的另一个热门话题。1978 年 6 月，杭州大学在陈乐素主持下，召开学术讨论会，座谈岳飞的评价问题。这是针对“评法批儒”中对岳飞的贬低和攻击而进行的拨乱反正。一时间，有关岳飞的论文充斥报刊，其中主要有：倪士毅等《论岳飞》(1978 年)，吴泰《应该恢复岳飞的历史地位》(1979年),徐渭平《论民族英雄岳飞》(1979年),史平《略论民族英雄岳飞》(1979年),周宝珠《岳飞冤狱及其平反昭雪前后的斗争》(1979年),汪槐龄《论岳飞的爱国主义》(1979年),邓广铭《“黄龙痛饮”考释》(1979年)、《〈鄂王行实编年〉所记朱仙镇之捷及有关岳飞奉诏班师诸事考辨》(1980年)、《岳飞的〈满江红〉词不是伪作》(1981年)、《论秦桧是杀害岳飞的元凶》(1981年)、《关于岳飞的几个问题》(1981年)、《再论岳飞的〈满江红〉词不是伪作》(1982年)、《八百四十年前的一桩大冤案〈岳飞惨遭杀害始末〉》(1982年)、《绍兴八九年内秦桧的卖国降敌和岳飞的坚决反抗》(1982年),王曾瑜《岳飞之死》、《岳飞几次北伐的考证》(均1979年)、《关于岳飞的家世》(1980年)、《岳家军的兵力和编制》(1981年)、《岳飞第一次北伐的考证》(1981年),王继烈《评岳飞的忠君思想》(1980年),蔡栋《〈岳氏宗谱〉和岳飞后代》(1980年),王瑞来《历史上的岳飞与小说中的岳飞》(1981年),豫嵩《关于岳飞的评价问题》(1981年),龚延明《也评岳飞的忠君思想》(1981年),张云霄《岳飞与赵构的斗争》(1982年),刘大有《吴玠与岳飞》(1982年)等。龚延明出版了专著《岳飞》(1980年),邓广铭出版了增订本《岳飞传》(1982年),王曾瑜出版了《岳飞新传》(1982年)。这时的岳飞研究,主要还是着眼于为岳飞恢复名誉,拨“文革”之乱而反之正。由于岳飞的地位和影响,此问题以后一直有人从事研究,还在杭州成立了由徐规先生担任会长的中国岳飞研究会,召开过多次国内与国际研讨会。

在这一时期,有关宋代农民起义的研究仍是热点。著作有白钢《〈钟相杨幺佚事〉及其史料价值》(1978年),四川人民出版社出版的《王小波李顺起义考述》(1978年),四川大学历史系编《王小波李顺起义史料汇编》(1978年),杨渭生《方腊起义》(1980年),安徽师大历史系《方腊起义研究》(1980年),白钢、向祥海《钟相杨幺起义始末》(1980年)等。《中国农民战争史论丛》也应运而出,1979年至1982年间共出了4辑,其中有关宋代的文章有16篇之多。论文则有:邱鸣皋《略论方腊起义的社会背景》(1977年)、《方腊起义大事记略》(1977年),雒飞《谈谈方腊起义的口号问题》(1978年),吴泰《关于方腊评价的若干问题》(1979年),陈振《方腊起义研究中的几个问题》(1979年),杨渭生《〈容斋逸史〉献疑》(1979年),朱瑞熙《论方腊起义与摩尼教的关系》(1979年),陈得芝《关于方腊的所谓“漆园誓师”》(1979年),朱瑞熙《“三面保义”辨》(1980年),吴泰《方腊出身问题考辨》(1980年),李祖德《曾敏行的〈独醒杂志〉与方腊起义》(1980年),李裕民《方腊起义新考》(1980年),杨渭生《关于方腊起义若干问题的再探索》(1980年),张海鹏、杨国宜《方腊研究中几个问题的商榷》(1980年),朱瑞熙《关于〈容斋逸史〉的作者》(1981年),王冠倬《方腊起义军攻占州县考》(1981年),白钢《“圣公”考》(1981年),邱鸣皋《有关方腊的一则资料的辨正》(1981年)。朱瑞熙《北宋王小波、李顺起义的几个问题》(1979年),吴天墀《王小波李顺起义为什么在川西地区发生》(1979年),周子云《王小波、李顺里贯起义发祥地考辨》（1979年），阎邦本《关于王小波李顺起义的几个问题》（1980年），鲁阳《王小波李顺起义的起因是“贩茶失职”吗》（1980年），杨继忠《〈老学庵笔记〉中王小波“自言”的两个问题》（1981年）。郑从周《谈钟相杨幺起义的特点》（1979年），李文彬《“车船”、“拍竿”及“木老鸦”考》（1981年），曹典礼《钟相起义事略》（1981年）。三大起义之外的有关文章有：陈守忠《试论北宋初年四川地区的士兵暴动和农民起义》（1978年），关履权《宋代的茶禁和茶户、茶贩的反抗斗争》（1978年），张明福《试论北宋庆历年间的兵变》（1980年），向祥海《范汝为起义简论》（1980年），裴汝诚《关于李金起义的几个问题》（1980年），温岭（陈高华）《南宋末年江西建昌的佃户暴动》（1981年），李文彬《南宋李接起义》（1981年）等。在这几年间，农民起义的研究承接解放后的研究余绪，热闹非凡，争论颇多，形成一个高潮，并且成立了中国农民起义研究会。但进入20世纪80年代后，日渐衰微，研究者也日逐减少，中国农民起义研究会的活动，也最终停止了。

在“文革”时的“评法批儒”中，被认定为“法家”的王安石，风光热闹地被讨论研究着，有关文章十分之多。邓广铭的《王安石》一书，也有幸在1975年改写后出版。“文革”结束后，王安石问题在一段时间内仍是热门。《文史哲》1977年第4期发表了吴泰《关于王安石变法的几个问题——驳“四人帮”及其喉舌散布的一些谬论》、朱瑞熙《四人帮歪曲王安石变法历史的险恶用心》两文，1977年12月8日《光明日报》，发表了吴泰《王安石的历史遭遇和四人帮的罪恶用心》一文，由此揭开了在王安石问题上拨乱反正的一页。其后，谷霁光有《王安石变法与商品经济》（1978年），裴汝诚有《关于〈王安石变法与商品经济〉的通信》（1978年），邓广铭有《从一篇黑文看罗思鼎们对宋史和王安石变法的懵懂无知——对〈从王安石变法看儒法论战的演变〉的批判》（1978年），颜中其《王安石变法同北宋封建社会各阶级的利害关系》（1979年）、任奇正《吏治改革的妥协性是王安石变法失败的一个重要原因》（1979年）等文相继刊发。1980年，王曾瑜在《中国社会科学》第3期刊出《王安石变法简论》一文，洋洋数万言，全面否定了王安石变法，引人注目。1980年发表的有关王安石的论文还有：姜国柱《论王安石》，陈守忠《王安石变法与熙河之役》，李之勤《熙宁年间宋辽河东边界交涉研究——王安石弃地数百里说质疑》、《最早诬蔑王安石弃地的不是邵伯温而是苏辙》，杨渭生《王安石在鄞县的事迹考略》，谷霁光、谷远峰《王安石经济思想若干问题试析》，林岑《略论沈括与王安石的关系》等。其后，有关王安石的研究转入了正常轨道，仍然是宋史研究的热门课题，以此为硕士课题者不少。但是，角度、深度与评价都有了较大变化，更加贴近历史实际。

除上述四大热门课题外，发表的论文有研究宋代社会经济特别是租佃制的发展的，有研究宋代人物如宋太祖、赵普、韩侂胄、司马光、朱熹、范仲淹、曲端、余玠、杨家将等人的，还有研究宋金战争的，但比起四大热门来说，还显得薄弱与不足。

总起来说，这一阶段，虽只有四五年时间，但论文数量与研究者数量相比的话，是相当惊人的，这是对文革时期“万马齐喑”局面的一种反动，对重获学术研究权力的一种兴奋。这一时期的学术活动，是其后学术发展的先声，是我们应当记住的。

3. 第二阶段：1982—1987 年

第二阶段自 1982 年至 1987 年。

第一个 10 年中，宋史研究最重大的事件，莫过于宋史人才的培养与中国宋史研究会的成立壮大。

1981 年，“文革”后第一批招收的研究生毕业，开始进入宋史研究队伍。这一批人后来大多成为宋史研究的骨干力量，如兰州大学的葛金芳，杭州大学的何忠礼、周生春，中国社科院的张其凡，上海师院的萧鲁阳、李伟国、吕友仁、朱杰人、俞宗宪，开封师院的魏天安、穆朝庆、刘坤太、张德宗等人。自此以后，每年都有研究生毕业，宋史研究队伍不断有新鲜血液输入，使宋史研究的队伍日益扩大。

据国务院学位办公室的统计，1987 年，历史学分为 14 个专业，全国有权授予博士的学科、专业点共计 67 个，导师 115 人。其中，中国古代史中有博士点 17 个，为各专业之首（其他专业均不到 10 个），导师 37 人（其他专业最多 15 人）。专门史有博士点 8 个，导师 9 人。这些博士点和导师中，招收宋史方向博士生的导师有中国古代史的北京大学邓广铭，河北大学漆侠，杭州大学徐规，专门史（唐宋经济史）的云南大学的李埏。共计 4 个点 4 名导师而已。这 10 年间，宋史的博士点基本没有增加。

在这 10 年间，大陆宋史研究的队伍已增多达几百人之多，宋史研究的基地分布南北各省市。

北京大学的邓广铭先生，在 20 世纪 80 年代创建了北大中国中古史研究中心，成为宋史研究的重要基地。邓广铭在 1982 年率先招收了宋史的博士生，其后又招收了 5 届，培养出周生春（1982 级）、杨若薇（1983 级）、陈植锷（1984 级）、包伟民（1985 级）、罗家祥（1986 级）等 5 位博士。他治史强调基本训练，将“年代、地理、职官、目录”作为研究中国古代史的“四把钥匙”。邓广铭治史勇于创新，敢于以精微的论证，推翻前人的定论，无论是他对岳飞、辛弃疾、陈亮等的研究，还是对《宋史》的《职官志》和《刑法志》的考证，都反映了这种特点，他对辛弃疾的研究，更是实现了传记、年谱、词与诗文的完整组合。他校点增订了《陈亮集》（1987 年），与张希清合作校点了《涑水记闻》（1989 年），还著有《陈龙川传》、《韩世忠年谱》、《辛稼轩年谱》、《辛弃疾（稼轩）传》、《稼轩词编年笺注》、《稼轩诗文抄存》、《岳飞传》（增订本，1983 年）。邓广铭不愧是 20 世纪八九十年代宋史学界的领袖人物。

暨南大学的陈乐素先生，在南下广州后，研究方向转移到宋元明清文化史和岭南地方史上，先后发表了《流放岭南的元祐党人》（1982 年）、《珠玑巷史事》（1982 年）、《袁本与衢本〈郡斋读书志〉》（1983 年）、《桂林石刻〈元祐党籍〉》

(1983年)、《略论〈直斋书录解题〉》(1984年)、《北宋国家的古籍整理印行事业及其历史意义》(1988年)等论文。他平生的论著，大半都汇编为《求是集》第一、二集(1986年、1984年)。1984年，陈乐素在宋史研究室的基础上，为暨南大学创办了古籍研究所(又名中国文化史籍研究所)，先后招收了三批宋史研究生。陈乐素治史，从目录学入手，以文献学、校勘学、避讳学、史料学、年代学等为基础，强调版本目录与考据，主张"脑、手、笔、腿四勤"，以"时、地、人、事"为"治史四要"。他每有著述，必先搜集大量史料，进行考订、分析、取舍，然后据以成文；继而又以文稿广事商榷，征求意见，几经删改，方肯刊布，因此，其论著考订精审，言而有据，素称严谨。他对《三朝北盟会编》及其作者徐梦莘的研究，对宋代著名目录学家晁公武、陈振孙及其著作《郡斋读书志》、《直斋书录解题》的研究，尤其是对《宋史艺文志》五十年的考证研究，都获得了极有价值的成果。暨南大学古籍研究所研究宋史的还有常绍温、杨芷华、张其凡等人。

广州地区从事宋史研究的，还有华南师大的关履权、王棣、高美玲等人，中山大学的曾琼碧等人，广东省社科院历史所的袁征等。关履权(1918—1997年)招收过几届宋史研究生，王棣是他的第一个弟子，1980年入学。关履权出版了《两宋史论》(1983年)一书，还发表了不少论文。曾碧琼出版了《千古罪人秦桧》一书(1984年)，发表了经济史论文十多篇，她也招收过宋史研究生。

上海师大(上海师院改名)的程应镠先生，出版了《司马光新传》、《范仲淹新传》等宋史方面的专著。20世纪80年代后期，朱瑞熙调入上海师大。这一阶段，由于程应镠先生是秘书长，故宋史研究会设在上海师大，具体工作由范荧负责。上海师大从事宋史研究的，还有郑世刚、许沛藻、虞云国、戴建国、顾吉辰、范荧、汤勤福等人。

杭州大学(原为浙江大学文理学院，1998年又并回浙大)的徐规先生，后来担任了宋史研究会副会长、中国岳飞研究会会长。徐规，浙江平阳人，生于1920年，1946年以《宋代妇女的地位》获文学硕士学位。他于1986年被批准为博士生导师，但在头一个十年中尚未招生。杭州大学也成为培养宋史研究人才的重要基地之一，其成员有：杨渭生、梁太济、何忠礼、龚延明、包伟民等人。1985年，杭州大学宋史研究室编辑出版了《沈括研究》一书，汇集了相关论文18篇。徐规还主编了两集由杭州大学宋史研究室编的《宋史研究集刊》，分别在1986年和1988年出版。他还发表了有关宋代文献订误的论文19篇，有关宋代人物、史事考评的论文约20篇。

杭州与浙江从事宋史研究的还有：浙江大学的周生春，杭州师院的林正秋，浙江师大的方如金、陈国灿，温州师院的周梦江等人。

河北大学的漆侠先生(1923—2001年)，1979年定为教授。他创建了河北大学历史研究所，其成员有郭东旭、高树林等人。1983年被批准为中国古代史专业的博士点，是河北省第一个博士点。1985年，他开始招收宋史博士生袁征，1987年，程民生、李华瑞来攻读博士学位。这一阶段，漆侠先生处毕业的博士生仅1988年的袁征1人。漆侠的研究领域一度以农民战争史为重点，曾担任过中国农民战争史研究会理事长。20世纪80年代中期以后，他的研究以宋史为重点，主要集中于宋代经济史的研究。作为国家重点课题“中国古代经济史断代研究”之五的《宋代经济史》上下册，于1987年和1988年由上海人民出版社出版，全书合共90余万字，是迄今为止份量最大的宋代经济史研究专著。

李埏先生（1914—2008年），云南路南人，生于1914年，1940年毕业于西南联大。曾入北京大学文科研究所，师从向达、姚从吾，攻读宋史。1943年起，即在云南大学历史系教学。他是张荫麟先生最为赏识的学生之一，长期从事中国经济史的研究与教学工作。1982年，他在云南大学建立了全国第一个封建经济史研究室，1983年，成为中国经济史的博士生导师。李埏的研究，以唐宋经济为主。1986年，他出版了自选论文集《中国封建经济史论集》。

四川大学也是大陆宋史研究的重要基地之一，亦是培养宋史博士生的单位之一。吴天墀先生是宋史研究的前辈之一，他生于1913年，别名浦帆，四川万县人。1938年毕业于四川大学历史系。20世纪三四十年代即有《宋儒之风操与理性主义》（1939年）、《王安石性格及变法是非》（1939年）、《张诒治蜀事辑》（1940年）、《烛影斧声传疑》（1941年）等文发表。1980年，四川人民出版社出版了他的《西夏史稿》一书，并于1983年出版了增订本。20世纪80年代时，他与徐中舒先生共同指导宋史博士生，1985年，招收了蔡崇榜、刘复生为博士生，蔡于1988年毕业，刘于1990年毕业。

自20世纪80年代以来，胡昭曦及其硕士生们，即集中精力于晚宋史、宋蒙（元）关系史的研究，出版了《宋蒙（元）关系研究》与《宋蒙（元）关系史》两部书稿，成为晚宋史研究的中心。四川大学的古籍整理研究所，在曾枣庄和刘琳的主持下，从事《全宋文》的编纂整理，并于20世纪90年代完成。曾枣庄有《苏轼评传》（1982年）、《苏洵评传》（1983年）等著作。四川省社会科学院历史研究所的贾大泉，乃蒙文通高足，有专著《宋代四川经济述论》等。这样，成都便成为雄居西南的大陆宋史研究的重镇。

中国社会科学院历史研究所的宋辽金元研究室，一度十分兴盛，20世纪80年代时，有郦家驹、朱家源、王曾瑜、陈智超、吴泰、郭正忠等专攻宋史者。郦家驹在20世纪40年代与50年代先后在成都、北京受业于蒙文通先生，20世纪80年代任中国社会科学院历史所副所长，他发表了《试论韩侂胄评价的若干问题》（1981年）、《北宋时期的弊政和改革》（1983年）、《两宋时期土地所有权的转移》（1988年）等文，又是《中国史稿》第五册的主要作者之一。虽然由于担任行政工作，发表的论文不多，但他在中国宋史研究会成立与发展过程中发挥了积极的重要作用。吴泰掀起了关于宋江、岳飞等方面的大讨论，名震一时。惜乎在20世纪80年代即英年早逝。王曾瑜关于政治、军事、经济方面的论文，朱家源关于经济方面的论文，陈高华、吴泰《宋元时期的海外贸易》、郭正忠关于盐业与经济方面的论文，都有举足轻重之份量。

河南是北宋首都开封所在省份，也是宋史研究的重要基地之一。河南大学（前身是开封师院，改河南师大，再改今名）在文革后是第一批招收宋史硕士生的单位之一。由河南地区学者周宝珠、陈振主编的《简明宋史》（1985年）一书，是大陆第一部断代宋史专著。这一阶段，河南地区的宋史研究者主要集中于两处：河南大学与河南省社科院历史所。河南大学宋史研究室，由张秉仁先生创建，后发展为历史研究所，其成员，老一辈的有王云海、姚瀛艇，中青年多为河北大学的博士，如苗书梅、贾玉英等人，还有张德宗等人；该校历史系研究宋史者有周宝珠、程民生、刘坤太等人。在郑州的河南社科院，则有任崇岳、魏天安、穆朝庆、萧鲁阳等人。

武汉地区高校云集，也有不少宋史研究者。华中师大较早招收宋史研究生，由王瑞明先生指导。其高足罗家祥，硕士学业毕业后，又师从邓广铭先生攻读博士三年。华中师大从事宋史研究的还有张全明等人。武汉大学李涵女士（1922—2008年），江苏江阴人，生于北京，1947年毕业于燕京大学历史系，1954年到武汉大学任教，是著名宋辽金元史学家。在20世纪70年代末即招收了宋史硕士生。她与刘经华合著了《范仲淹传》，并发表了不少论文。其研究生杨果女士，研究宋代官制颇有成就，硕士论文是研究宋代翰林学士的。毕业于武汉大学的韩茂莉，现在北京大学工作，著有《宋代农业地理》一书。湖北大学的葛金芳，是赵俪生的弟子，以研究宋代经济史为主，著有《宋辽夏金经济研析》等书。

辽宁大学的陈光崇先生，乃陈乐素先生弟子，从事史学史研究，发表了《欧阳修的史学》、《资治通鉴述论》等有关宋代史学的文章。他在20世纪80年代初招收的学生杨若薇、赵俊等人，后来都去攻读博士，小有成就。杨若薇是北大的博士，出自邓广铭门下，以《契丹王朝政治军事制度研究》一书获博士学位，现在香港工作。赵俊是华东师大的博士，出自吴泽门下，现在中国社会科学院研究生院学报编辑部从事编辑工作，同时进行史学史研究。

（三）中期（1988—1997年），第二个10年

第二个10年中，先是经过了1989年“北京事件”，有几年的沉寂时期，无论是研究生的招生数量还是史学著作的出版情况，史学论文的发表情况，都有停滞甚或衰微现象。中国社会科学院历史研究所的宋辽金元史研究室，与隋唐五代研究室合并，虽有博士授予权，但这10年内未曾招收过1名宋史博士。即可看做是这10年衰微的一大表现。

1992年春天，邓小平南方视察，发表了重要讲话。1993年“十四届三中全会”提出“市场经济”概念，中国大陆掀起了新一轮的改革开放热潮。1993年，台湾学者10余人。在宋晞先生带领下，参加在杭州举行的“纪念岳飞诞辰890周年国际学术研讨会”。1995年，以徐规先生为首，大陆十位宋史学者，赴台北参加“第二届宋史学术研讨会”。宋史研究也在两岸交流的频繁中开始其繁荣的历程，进入下一个

新的10年。

1. 宋史研究会的发展

1992年4月，在开封举行了第5届年会，由河南大学承办，与会代表85人。此次会上，邓广铭先生因年事已高，提出辞职，陈乐素先生已于1990年去世。宋史研究会理事会进行了换届选举，并规定以后每4年改选1次。改选后，宋史研究会理事有17人，会长：漆侠，副会长：徐规、郦家驹、程应镠、朱瑞熙、陈振、胡昭曦、王曾瑜。此次会后，秘书处迁至河北保定的河北大学，《宋史研究通讯》也随秘书处迁至保定出版。大会论文集由河南大学出版社出版。

1994年6月，在成都举行了第6届年会，由四川大学承办，与会代表90余人。会后，由河北大学出版社出版了论文集。

1996年9月，在昆明市举办了第7届年会，由云南大学承办，与会者90多人。在此次年会上，改选了理事会，共选出理事21人，会长仍由漆侠担任，副会长：徐规、李埏、朱瑞熙、胡昭曦、乔幼梅、王曾瑜。会后，由云南民族出版社出版了论文集。

创建中国宋史研究会的三大巨头，邓广铭于1998年去世，陈乐素于1990年去世，程应镠于1994年去世。活跃于1949年以前的宋史学者，至此已基本退出历史舞台。从1992年宋史研究会理事会改选后，改革开放后毕业的研究生开始进入理事会。1996年的理事会中，已有50后进入。而研究者中，已有60后开始崭露头角。

2. 宋史研究的基地

这一时期的大陆宋史研究的基地主要有：

北京大学有中国中古史研究中心，邓广铭任主任，成员有张希清、邓小南等人。1987年以后，邓广铭先生未再招收博士生。他与张希清合作校点了《涑水记闻》(1989年)，还著有《北宋政治改革家王安石》（增订本）（1997年)、《岳飞传》(增订本）（1983年)，他的单篇论文，在其晚年编为《邓广铭学术论著自选集》(1994年）与《邓广铭治史丛稿》（1997年)。他还有《邓广铭学术文化随笔》(1998年）一书。1997年，在他90寿诞时，为他编辑出版了纪念文集《仰止集》(1999年)。邓广铭不愧是20世纪八九十年代宋史学界的领袖人物。1998年，邓广铭先生去世。2006年，出版了《邓广铭全集》，凡10册。

河北大学有历史研究所，漆侠任所长，成员有：高树林、郭东旭等人。漆侠先生在这一时期培养的博士生有：程民生、李华瑞（1990年毕业，下同)、贾玉英、苗书梅、胡建华（1991年)、高聪明（1993年)、袁一堂（1995年)、刘秋根（1997年)、王菱菱、姜锡东（1998年）等人。1994年，漆侠与乔幼梅合作，完成并出版了“中国古代经济史断代研究”之六《辽夏金经济史》，共38万字。漆侠的已刊论文，大部分编入了《求实集》和《知困集》中。1992年，他出任中国宋史研究会会长。1992年以来，河北大学编辑的“宋史研究丛书”，连续出版了李华瑞的《宋代酒的生产和征榷》、高树林的《元代赋役制度研究》、梁太济的《两宋阶级关系的若干问题》、王曾瑜的《金朝军制》、裴汝诚的《半粟集》等著作，兴旺一时。1998年9月，河北人民出版社还出版了李华瑞的《宋夏关系史》，约36万字。

杭州大学（原为浙江大学文理学院，1998年又并回浙江大学），有宋史研究室，徐规任主任，杨渭生任副主任，成员有梁太济、何忠礼、包伟民等人。徐规先后担任了宋史研究会副会长、中国岳飞研究会会长。他自1989年开始招收宋史博士生，至1997年，已有9人毕业，他们是王云裳、安国楼（1992年）、刘伟文（1993年）、祖慧、刘连开、李勇先（1995年）、史继刚、唐代剑（1996年）、范立舟、曹家齐（1997年）等。除唐代剑由梁太济指导外，其他均由徐规指导。杭州大学已成为培养宋史研究人才的重要基地之一。10年来，徐规先生先后完成了《全宋诗·王禹偁诗》、《全宋诗·李焘诗》的点校与辑佚工作，《建炎以来朝野杂记》的校勘与辑佚工作（此书已由中华书局出版），与梁太济等合作完成了《建炎以来系年要录》的整理工作。徐规主持的《宋史补正》工作，被列为浙江省哲学社会科学“七五”规划重点课题，已出版龚延明的《宋史职官志补正》、何忠礼的《宋史选举志补正》、梁太济、包伟民的《宋史食货志补正》三种。1995年，杭州大学宋史研究室编辑了《徐规教授从事教学科研工作五十周年纪念文集》，由杭州大学出版社出版。他的个人全集，命名为《仰素集》，以怀念恩师素痴（张荫麟）、乐素（陈乐素），全书90万字，杭州大学出版社1999年5月出版。杭州大学古籍研究所的龚延明、方建新、祖慧，浙江大学人文学院的周生春，也研究宋史。

杭州与浙江省从事宋史研究的还有：杭州师范学院的林正秋、浙江师范大学的方如金、陈国灿、温州师范学院（现温州大学）的周梦江等人。这一阶段，周梦江出版了《叶适与永嘉学派》（1992年）、《叶适年谱》（1996年）等书。林正秋出版了《宋代生活风俗研究》（1997年）等书。著有《北宋文化史述论》（1992年）的陈植锷，也在杭州大学工作，惜于1994年英年早逝，年方47岁。

云南大学，有中国经济史研究室，李埏任主任，治宋史的成员有：林文勋、吴晓亮等人。李埏先生培养出博士生14人，治宋史的有林文勋（1991年毕业）、李槐（1992年毕业）、龙登高（1993年毕业）、李桂英（1994年毕业）、黄纯艳（1996年毕业）、吴松（1998年毕业）、孙洪升（1998年毕业）、王文成（2000年毕业）等8人。20世纪90年代以来，云南大学出版社连续出版了林文勋的《宋代四川商品经济史研究》与吴晓亮、林文勋主编的《宋代经济史研究》及龙登高的《宋代东南市场研究》等书。因此，云南大学也是培养宋史研究者的重要基地之一。1996年第7届年会即在云南大学召开，李埏先生也于此年被推选为中国宋史研究会副会长。1992年，云南大学历史系编辑出版了《纪念李埏教授从事学术活动五十周年史学论文集》。

上海师范大学（上海师范学院改名）历史系和古籍所均有宋史学者，程应镠先生是其带头人。1993年，他执教50周年时，其学生将其论文汇编为《流金集》，上海古籍出版社1995年出版。1994年，程先生去世。1987年，朱瑞熙自中国社会科学院近代史所调入上海师大古籍所，1997年被四川大学聘为兼职博士生导师，1998

年开始招收博士生。虽然，1992 年时中国宋史研究会秘书处迁往保定市河北大学，但上海师大仍是宋史研究的重要基地之一。其成员还有：郑世刚、许沛藻、顾吉辰、戴建国、虞云国、汤勤福、范荧、程郁等人。上海治宋史者还有上海大学的来可泓，复旦大学的吴松弟，华东师大的裴汝诚、严文儒等人。裴汝诚有《半粟集》（论文集，2000 年）。

四川大学也是大陆宋史研究的重要基地之一，亦是培养宋史博士生的单位之一。1998 年 9 月，四川大学出版社出版了吴天墀的文集《吴天墀文史存稿》，42 万字。蔡崇榜的博士论文《宋代修史制度研究》与刘复生的博士论文《北宋中期的儒学复兴运动》两书，均已在台湾出版。1993 年，胡昭曦成为博士生导师。胡昭曦，四川自贡人，生于 1933 年，1994 年开始招收宋史博士生，至 1999 年，共招收宋史博士生 7 人：粟品孝（1997 年毕业）、陈廷湘（1997 年毕业）、勾承益（1997 年毕业）、张金岭（1998 年毕业）、张文（2000 年毕业）、喻学忠（2002 年毕业）、熊瑜（2003 年毕业）。蔡崇榜，1996 年成为博士生导师，1997 年开始招收宋史博士生两人：邹志峰、史江。胡昭曦、刘复生、粟品孝合著了《宋代蜀学研究》一书，1998 年 4 月西南师大出版社出版了《胡昭曦宋史论集》，36.4 万字，收文 25 篇。四川大学在 1994 年主办了第 6 届年会。

四川大学的古籍整理研究所，在曾枣庄的主持下，从事《全宋文》编纂整理的同时，出版了一批宋史研究著作，主要有《现存宋人别集版本目录》、《宋人传记资料索引补编》、《中国地方志宋代人物资料索引》、《现存宋人著述总录》、《宋人年谱集目·宋编宋人年谱选刊》等工具书，刁忠民《两宋御史中丞考》、王晓波《寇准年谱》、王智勇《南宋吴氏家族的兴亡》、舒大刚《三苏后代研究》、祝尚书《北宋古文运动发展史》、向以鲜《超越江湖的诗人——后村研究》、李勇先的《〈舆地纪胜〉研究》等专著。四川师范大学的张邦炜，先后出版了《婚姻与社会（宋代）》（1989 年）、《宋代皇亲与政治》（1993 年）、《中国封建社会兴亡史·两宋卷》（1996 年）等著作，着力于宋代社会生活的研究。这样，成都便继续是雄踞西南的大陆宋史研究的重镇。

河南大学仍是宋史研究的重要基地之一。河南大学在这 10 年中第一个主办宋史年会——1992 年的第 5 届年会。近年来，该校出版社出版了“宋代研究丛书”两批：第一批有五本，程民生著《宋代地域经济》、苗春德主编《宋代教育》、王云海主编《宋代司法制度》、姚瀛艇主编《宋代文化史》、周宝珠著《宋代东京研究》；第二批亦有五本，贾玉英著《宋代监察制度》，苗书梅著《宋代官员选任和管理制度》、周宝珠著《清明上河图与清明上河学》、程民生《宋代地域文化》，王水照主编《宋代文学通论》。在郑州的河南社会科学院历史研究所，则有任崇岳、魏天安、穆朝庆、萧鲁阳等人，陈振原来也在此所工作，后调至南京师大。任崇岳是中国社会科学院 1981 届毕业的研究生，兼治宋元史和民族史，著述颇丰。魏天安是河南大学 1981 届毕业的研究生，研究宋代经济，有《宋代行会制度史》（1997 年）一书。

穆朝庆是河南大学1981届毕业的研究生，他在《历史研究》与《中国史研究》等杂志发表过多篇有关人口与经济的论文。萧鲁阳是上海师大1981届毕业的研究生，对宋代文献、思想颇有研究。郑州大学则有徐规先生的博士安国楼，他著有《宋朝周边民族政策研究》一书。

中国社会科学院历史研究所的宋辽金元研究室，一度十分兴盛，进入20世纪90年代后，却日渐衰微，连研究室也和隋唐研究室合二为一了，从事宋史研究的名家，仅余王曾瑜、陈智超两人而已。历史研究所也是招收宋史博士生的单位之一，但1997年以前，未招收过1名宋史博士生。虽然如此，郦家驹《韩西山〈秦桧传〉序》（1999年）、王曾瑜《宋朝阶级结构》（1996年）、陈智超《解开“宋会要”之谜》（1995年）和《宋会要辑稿续编》、郭正忠《宋代盐业经济史》和《宋盐管窥》及《三至十四世纪的中国度量衡》等著作，仍有举足轻重之分量，保持着较高的水平，令海内外宋史学界不敢轻视。

暨南大学的陈乐素先生，发表了《岭南学者梁廷楠》（1990年）等论文，主编了《宋元文史研究》与《历史文献与传统文化》第1集。晚年，他倾注了大半精力，去完成自20世纪40年代即已开始的《宋史艺文志考证》的工作，终成初稿。其论著考证精审，言而有据，素称严谨。他对《三朝北盟会编》及其对宋代著名目录学家晁公武、陈振孙及其著作《郡斋读书志》、《直斋书录解题》的研究，尤其是对《宋史艺文志》50年的考证研究，都获得了极有价值的成果。1990年陈乐素先生去世后，暨南大学中国文化史籍研究所于1992年编辑出版了《陈乐素教授（九十）诞辰纪念文集》。暨南大学中国文化史籍研究所还从1990年开始编辑出版《传统历史文献与传统文化》，至1998年，已出版6集，内中多有宋史研究文章。

常绍温先生（1923—2005年），1923年生，在四川的武汉大学本科毕业，1950年中央大学（今南京大学）研究生毕业，到广州后主要从事宋代文化史的研究，发表了《北宋诗风士风与政治》、《略谈南宋女诗人王清惠及其诗词》等文。1987年她出任古籍所所长至1993年，并招收宋史研究生1批2人，1990年毕业。

暨大从事宋史研究的还有张其凡、杨芷华等人。近8年，张其凡连续出版了《赵普评传》（1991年）、《五代禁军初探》（1993年）、《宋初政治探研》（1995年）、《宋太宗》（1997年）等专著，发表了有关政治、军事的多篇论文。1996年开始招收研究生。杨芷华则完成了关于李昴英的系列研究文章，点校出版了李昴英的《文溪存稿》（1994年）。1997年，暨南大学召开了“宋元文化国际学术研讨会”。

广州地区从事宋史研究的，还有华南师范大学的关履权、王棣、高美玲等，中山大学的曾琼碧等。关履权出版了《宋代广州的海外贸易》（1994年）一书，于1997年去世。曾琼碧也退休了。王棣有关于经济史等方面的论文。

山东大学在20世纪90年代后期，也成为培养宋史博士生的基地。山东大学的中国古代史博士点是1981年国务院审批的第一批博士点之一，1984年开始招生，1994年，乔幼梅成为博士生导师，1996年开始招生，1996年和1997年各招收博士生 1 人。乔幼梅在 1996 年出任中国宋史研究会副会长。她在中青年时曾有过艰辛而坎坷的经历，20 世纪 80 年代后重拾旧业，先后到南京大学与河北大学进修元史和宋史，其研究重点是宋辽夏金经济史，与其师漆侠先生相近。她曾与漆侠先生合著《辽夏金经济史》，又出版了论文集《宋辽夏金经济史研究》。山东大学还有王育济，是宋史学界的后起之秀，在宋代政治史的研究方面常有惊人之语。除一系列宋代政治史的论文外，他出版了《理学·实学·朴学》与《天理与人欲》两书，写作了《宋太祖传》。1996 年王育济成为山东大学的博士生导师，1998 年开始招收博士生。同在济南的山东师范大学，有赵继颜先生，也以研究宋史为主。1991 年，出版了他写的《中国农民战争史·宋辽金元卷》。

武汉地区高校云集，也有不少宋史的研究者。华中师范大学王瑞明先生有《宋代政治史概论》（1989 年）、《宋儒风采》（1997 年）等专著，主编了《文献通考研究》（1994 年）。华中师大从事宋史研究的还有罗家祥、张全明等人。武汉大学的李涵女士（1922—2008 年），江苏江阴人，1947 年毕业于燕京大学，1954 年到武汉大学历史系任教。她与刘经华合著了《范仲淹传》，并发表了不少论文。她于 1988 年退休。其弟子杨果女士，研究宋代官制颇有成就，著有《中国翰林制度研究》（1996 年）一书。杨果 1994 年从石泉先生攻读博士学位，以《宋代两湖平原地理研究》为题，获博士学位。毕业于武汉大学的韩茂莉，在陕西师大获博士学位后，到北京大学做博士后，遂留校工作，有《宋代农业地理》（1993 年）与《辽金农业地理》（1999 年）等书。湖北大学的葛金芳，是赵俪生的弟子，以研究宋代经济史为主，著有《宋辽夏金经济研析》（1991 年）一书，他的思辨与分析能力，在宋史学界是独步一时的。

根据《宋史研究通讯》统计：1988 年发表宋史论文 658 篇，1989 年发表 494 篇，1990 年 503 篇，1991 年 434 篇，1992 年 453 篇，1993 年 501 篇，1994 年 500 篇，1995 年 482 篇，1996 年 413 篇，1997 年 442 篇。10 年间共发表论文约 4880 篇。

（四）后期（1998—2008 年），第三个 10 年

1997 年，开始申报一级学科硕士点、博士点。1998 年与 2000 年，历史学先后批准了 13 个一级学科博士点：北京大学、北京师范大学、南开大学、武汉大学、复旦大学、中山大学、厦门大学、吉林大学、四川大学、中国社会科学院、中国人民大学、南京大学、华东师范大学。2003 年，国家又批准了东北师范大学、首都师范大学、山东大学、陕西师范大学、华中师范大学、云南大学 6 所大学为历史学一级学科博士点。2005 年，再批准天津师范大学、郑州大学、上海师范大学、福建师范大学、暨南大学、西北大学 6 校的历史学一级学科博士点。至 2007 年，至少有 25 所高校有历史学一级学科博士点。

据招生目录与实地调查，至 2008 年，大陆培养宋史博士生的单位有 18 个，具体情况如下：

北京大学中国古代史研究中心，有张希清（2000—2007 年）、邓小南（2000 年始）招收宋史博士生。刘浦江治辽金史，2005 年开始招博士生，有《二十世纪辽金史论著目录》（2003 年）等。这个中心是教育部人文社会科学重点研究基地，张希清担任主任至 2007 年。他领衔主编了《10—13 世纪中国文化的碰撞与融合》（2006 年）、《澶渊之盟新论》（2007 年）等书，主办了“邓广铭教授百年诞辰纪念大会”，会后出版了论文集。邓小南则出版了《祖宗之法——北宋前期政治述略》（2006 年）一书。此中心拥有一个四合院，藏书甚为可观，工作条件也较好。历史系还有赵冬梅等人也治宋史。

北京师范大学历史学院，游彪招收博士生。他是在中国社会科学院历史所读的博士，导师王曾瑜，2000 年毕业后到北师大工作，有《宋代荫补制度研究》（2001 年）、《宋代寺院经济史稿》（2003 年）、《正说宋朝十八帝》（2005 年）、《宋代特殊群体研究》（2006 年）等著作。北师大研究宋史的还有罗炳良、汝企和等人。罗炳良有《南宋史学史》（2008 年）等著作，汝企和点校了《续编两朝纲目备要》（1995 年）。

首都师范大学唐宋史研究中心，2006 年，李华瑞成为博士生导师，开始招收博士生。李华瑞原在河北大学宋史研究中心，2003 年调至首都师大。2008 年，首都师大成立唐宋史研究中心。李华瑞有《宋夏关系史》（1998 年）、《王安石变法研究史》（2004 年）、《宋夏史研究》（2006 年）等书。

河北大学宋史研究中心：2000 年，李华瑞、郭东旭开始招收博士生，直到 2005 年李华瑞调走，郭东旭退休。2001 年，姜锡东、刘秋根开始招收博士生。2004 年汪圣铎开始招收博士生。2005 年王善军、王菱菱开始招收博士生。2006—2008 年，王曾瑜在河北大学招收了博士生。漆侠有《宋学发展与演变》（2002 年）、姜锡东有《宋代商业信用研究》（1993 年）、《中国经济发展史·宋辽夏金》（1999 年）、《宋代商人和商业资本》（2002 年）等著作，郭东旭有《宋代法制研究》（1997 年）、《宋朝法律史论》（2001 年）、《宋代法律与社会》（2008 年），汪圣铎有《两宋财政史》（上下册，1995 年）、《宋真宗》（1996 年）、《两宋货币史》（2003 年）、《宋代社会生活研究》（2003 年）等著作。王菱菱有《宋代矿冶史研究》（2005 年）。王善军有《宋代宗族与宗族制度》（2000 年）。其他宋史学者还有刘冬春、王青松、刘金柱、肖爱民、丁建军、阎孟祥、王茂华、贾文龙、王晓薇等人。这个中心是教育部省属高校人文社会科学重点研究基地，中国宋史研究会秘书处设此，负责编辑出版《宋史研究通讯》。这个中心，承办过 2000 年第 9 届年会。2005 年 7 月，又举办了“中韩宋辽夏金元史学术研讨会”。漆侠先生共招收了 26 名博士生，他 2001 年去世时，尚有博士生 10 人未毕业。此后，河北大学宋史研究中心在 2002 年招收博士生 6 人。2003 年招收博士生 9 人，2004 年招收博士生 10 人，2005 年招收博士生 9 人，2006 年招收 9 人，2007 年招收 7 人，2008 年招收 7 人。全国各高校的宋史博士生队伍，以河北大学最为庞大了。宋史研究人员的队伍，也以河北大学最多了。2008 年，出版了《漆侠全集》，凡 12 册。

河南大学历史文化学院，有程民生（2004 年始）、贾玉英（2005 年始）、苗书梅（2005 年始）等人招收博士生。2007 年 8 月，承办过宋史研究会理事会，举办过宋史研究生讲习班。该院治宋史者还有刘坤太、马玉臣、张明华、孔学、祁琛云、张显云等人。程民生是一位多产的学者，其著作有《宋代地域经济》（1992 年）、《宋代地域文化》（1997 年）、《神人同居的世界》（1993 年）、《中国北方经济史》（2004 年）、《宋代物价研究》（2008 年）等。贾玉英有《中国监察制度发展史》（2004 年），张明华有《〈新五代史〉研究》（2007 年），马玉臣有《〈中书备对〉辑佚校注》（2007 年）。

山东大学历史文化学院，乔幼梅招收宋史博士生 2 人，李晓于 2000 年毕业，仝路闽 2003 年毕业。乔幼梅于 2001 年退休，不再招收博士生。王育济于 1996 年为博士生导师，1998 年开始招收博士生，至 2007 年共招收 13 人。其中宋史博士生有姚兆余、范学辉（2001 年毕业，下同）、高良荃、葛焕礼（2002 年）、杨加深（2004 年）、徐红（2007 年）等 6 人。此外，山东大学秦汉史的博士生导师马新在 2002 年招收了一名博士生谭景玉，从事宋史研究，其博士论文为《宋代乡村行政组织及其运转研究》。这个学校从事宋史研究的，还有张熙惟、范学辉等人。

在山东大学获博士学位的徐红，是湖南科技大学（在株洲）的副教授，有《北宋初年进士研究》（2009 年）。

陕西师范大学历史学院，李裕民，浙江崇德人，1940 年生，1963 年毕业于杭州大学历史系，旋即考入北京大学，师从邓广铭做研究生。毕业后分配到山西大学工作。李裕民于 1996 年调入陕西师范大学。2001 年与 2002 年招收宋史博士生，现已退休不招。2007 年，李裕民在神木主持召开“全国杨家将学术研讨会”。他发表过 200 多篇论文，有《〈司马光日记〉校注》（1994 年），《宋史新探》（1999 年），《宋史考论》（2009 年）等著作，是邓广铭、陈乐素等人之后第二代有影响有成就的学者。2004 年，陈峰增列为陕西师大中国古代史专业博士生导师，并于当年招收博士生 1 人。王青松 2005 年招生 2 人：张小平与刘缙。

西北大学文博学院，陈峰 2003 年成为博士生导师。每年同时为陕西师大和西北大学各招收博士生 1 人。陈峰有《武士的悲哀：北宋崇文抑武现象透析》（2000 年）、《北宋武将群体与相关问题研究》（2004 年）、《宋史论稿》（2004 年）等，他曾在 2005 年举办过“朱熹与宋代历史学术研讨会”和宋史研究生讲习班（2007 年）。此校研究宋史的还有张明、景新强等人。

四川大学历史文化学院，蔡崇榜是博士生导师，2000 年招收杨世文，2001 年招收林平，2003 年招收杨建宏，加上 2000 年与 2002 年毕业的邹志峰与史江，蔡崇榜共培养博士生 5 人。刘复生 2001 年成为博士生导师，2002 年开始招收宋史博士生：2002 年，官性根、方燕；2003 年，韦兵、何玉红；2005 年，祁琛云、石坚军，共计 6 人。其他还有粟品孝副教授、韦兵副教授等人治宋史，古籍所也有不少人从事宋代文化研究，但不参加宋史研究会活动。川大还有段玉明等人治宋史。2008 年进站的博士后王化雨，有可能留校。刘复生有《僰国与泸夷——民族迁徙、冲突与融合》（2000 年）、《中国古代思想史·宋辽西夏金元卷》（2006 年），段玉明有《大理国史》（2003 年），粟品孝有《朱熹与宋代蜀学》（1998 年）、《南宋军事史》（2008 年）等。

四川研究宋代哲学思想的还有四川师范大学政教学院的蔡方鹿，他先后出版了《一代学者宗师：张栻及其哲学》（1991 年）、《魏了翁评传》（1993 年）与《宋代四川理学研究》（2003 年）等专著。

四川师范大学，则有张邦炜、张金岭、魏华仙、成荫、方燕等人。张金岭近年调出。张邦炜有《宋代婚姻家族史论》（2004 年）和《宋代政治文化史论》（2005 年）等书。张金岭有《晚宋时期财政危机研究》（2001 年）、《宋理宗研究》（2008 年），魏华仙有《宋代四类物品的生产和消费研究》（2006 年），方燕有《巫文化视域下的宋代女性》（2008 年）。

云南大学历史系，林文勋于 2000 年、吴松于 2001 年、吴晓亮于 2004 年开始招收博士生。其他宋史学者还有：张锦鹏、刘欣、奎建荣等人。云南大学承办了 2008 年第 13 届年会。林文勋与黄纯艳合著了《中国古代专卖制度与商品经济》（2003 年），与谷更有合著了《唐宋乡村社会力量与基层控制》（2005 年）；张锦鹏著有《宋代商品供给研究》（2003 年）、《南宋交通史》（2008 年）等。

武汉大学历史学院，杨果 2001 年成为博士生导师，于 2002 年开始招生。已毕业 5 人：廖寅（2005 年）、铁爱华（2006 年）、陈曦（2007 年）、田雁（2008 年）、刘广丰（2009 年）；2007 年招生 1 人，2008 年招生 1 人，2009 年招生 2 人。杨果有《宋代两湖平原地理研究》（2001 年），此外有陈曦等人治宋史。杨果、陈曦有《经济开发与环境变迁研究——宋元明清时期的江汉平原》（2008 年）。

华中师范大学历史文化学院，有王瑞明、张全明等人。王瑞明有《宋代政治史概要》（1989 年）、《马端临评传》（2001 年）、《中国古代史考论》（2007 年）等著作，2009 年去世。张全明则有《宋太祖的人生哲学》、《中国历史地理论纲》等书，还与人合作撰写了《朱熹集导读》、《中华五千年生态文化》等书。

华中科技大学历史研究所，有罗家祥、雷家宏等人。罗家祥有《朋党之争与北宋政治》（2002 年）、《宋代政治与学术论稿》（2008 年）等论著，雷家宏则有《宋代社会与文化管窥》（2008 年）。

湖北大学，有葛金芳、曾育荣等人。葛金芳已于 2007 年退休。葛金芳著有《中华文化通志》第四典《土地赋役志》（1998 年）、《中国经济通史》第五卷《宋辽夏金》（2002 年）、《宋代经济史讲演录》（2008 年）、《南宋手工业史》（2008 年），主编《中国传统社会探研》（2005 年）。曾育荣合著有《中国历史·五代》（2009 年）。

武汉地区，将承办 2010 年的第 14 届宋史年会。

南京大学历史学系，李昌宪 1999 年成为博士生导师，并于同年开始招收宋史博士生。至2007年，李昌宪共招收博士生14人，内以宋史为题有10人：宋炯（2002年毕业，下同），吴晓萍、郭文佳、张明（2004年），于海平、史云贵（2005年），常志刚、薛政超（2006年），朱奎泽（2007年），邢东升（2009年），邹锦良（2010年）。魏良弢先生1993年成为博士生导师，他招收的博士生中，有3人做过宋史方面的论文：贾海涛（1998年毕业）、路育松（2000年毕业）、程遂营（2001年毕业）。此外有：尤东进、贵和平等人治宋史。李昌宪著有《宋代安抚使考》（1997年）、《司马光评传》（1998年）、《中国行政区划通史·宋西夏卷》（2007年），发表宋代行政区划的论文多篇。

上海师大历史系虞云国、黄纯艳于2007年，古籍所戴建国于2004年、汤勤福于2007年招收博士生。其他还有：范荧、程郁、燕永成、赵龙等人治宋史。上海师大承办了2006年第12届年会。虞云国、戴建国、汤勤福、黄纯艳均在中国古代史专业招收博士生。虞云国著有《宋代台谏制度研究》（2001年）、《细说宋朝》（2002年）、《学史帚稿》（2009年）等，朱瑞熙有《疁城集》（2001年），戴建国有《宋代法制初探》（2000年）、《宋代刑法史研究》（2008年），汤勤福有《朱熹的史学思想》（2000年），范荧有《上海的民间信仰研究》（2006年），黄纯艳有《宋代茶法研究》（2002年）、《宋代海外贸易》（2003年）等、点校《宋代经济谱录》（2008年），朱瑞熙等人著《辽宋西夏金社会生活史》（1998年）、朱瑞熙、程郁有《（二十世纪）宋史研究》（2006年），燕永成有《南宋史学研究》（2007年）、点校《宋太宗实录》（2005年）。

浙江大学历史系是包伟民、何忠礼，古籍所有龚延明、祖慧、方建新，经济学院有周生春。何忠礼在2000—2005年、龚延明在2000—2004年招收宋史博士生，如今，何、龚已退休。周生春从2001年开始招收博士生，他在经济学与历史学两个学科招生。包伟民2001年开始招收博士生，已宣布不招研究生。包伟民曾在2000年主办了第一届宋史研究生讲习班，开了个好头。方建新在2004—2009年招收博士生，祖慧则于2008年开始招收博士生。在2009年浙江大学的招生目录上，中国古代史招收博士生的有：方建新，宋史、中国古代社会文化史；周生春，江南区域史；包伟民，宋辽金史、中国古代经济史。中国古典文献学专业招收博士生的有：方建新，宋代文献学研究、浙江古代地方文献整理与研究；祖慧，中国古代职官科举文献。政治经济学专业招收博士生有：周生春，制度经济学。何俊在哲学专业招收博士生，2003年开始招收博士生，他也研究宋史，致力于宋代思想史的研究。包伟民在2009年实际未招博士生，他已去中国人民大学报到。包伟民有《宋代地方财政史研究》（2001年）、《传统国家与社会（960—1279年）》（2009年），选编《（浙江大学）史学文存（1936—2000）》（2001年），主编《江南市镇及其近代命运（1840—1949）》（1998年）。何忠礼有《中国古代史史料学》（2004年）、《宋代政治史》（2007年）、《南宋政治史》（2008年），点校《朱熹年谱》等。龚延明有《宋代官制辞典》（1997年）、《岳飞评传》（2001年）、《中国古代职官科举研究》（2006年）、

《中国历代职官别名大辞典》(2006 年)。祖慧有《沈括评传》(2004 年),方建新有《二十世纪宋史研究论著目录》(2006 年)。何俊有《南宋儒学的建构》(2004 年),主编《宋学研究集刊》(2008 年出版第 1 辑),与范立舟合著《南宋思想史》(2008 年)。此外,还有杨渭生《宋丽关系史研究》(1997 年)、《两宋文化史研究》(1998 年)、《宋代文化新观察》(2008 年),梁太济有《唐宋历史文献研究丛稿》(2004 年),倪士毅有《中国古代目录学史》(1998 年),吴铮强有《科举理学化》(2007 年)。

厦门大学治宋史者不少,也招收宋史方向的博士生,导师是傅宗文、陈明光,其他还有:郑学檬、杨际平、徐东升、陈衍德、刁培俊等人。

中山大学历史学系,曹家齐招收博士生。2009 年他的第一届博士生毕业。曹家齐有《宋代交通管理制度研究》(2002 年)、《唐宋时期南方地区交通研究》(2005 年)、《宋史研究丛稿》(2006 年) 等书。

华南师大历史文化学院,王棣 2004 年开始招收博士生,已有博士生毕业。王棣有《宋代经济史稿》(2001 年) 一书。

暨南大学中国文化史籍研究所,张其凡、范立舟招收博士生。张其凡于 1998 年成为博士生导师,1999 年开始招收博士生,已毕业博士生 13 人,如李贵录《三槐王氏家族研究》(2004 年),郎国华《从蛮夷到神州:宋代广东经济发展研究》(2006 年),金强《宋代岭南谪官研究》(2009 年),韦祖松《帝国生存环境的诠释——北宋国家安全问题研究》(2008 年),均为其博士论文。范立舟于 2006 年成为博士生导师,自 2007 年开始招收宋史博士生。张其凡有《两宋历史文化概论》(2002 年)、《宋代史》(上下册,2004 年)、《宋代典籍研究》(2005 年) 等著作出版,还整理了《张乖崖集》(2000 年) 和《崔清献公全录》(2008 年) 两部古籍,范立舟则有《理学的产生及其历史命运》(2001 年)、《宋代理学与中国传统历史观念》(2003 年)、《宋代思想学术论稿》(2004 年) 等著作,与何俊合著《南宋思想史》(2008 年)。杨芷华有《李昴英》(2006 年,24.5 万字)。2002 年,暨南大学主办了"纪念陈乐素教授百年诞辰国际学术研讨会",出版了由陈智超完成的陈乐素遗著《〈宋史·艺文志〉考证》一书,并出版了《宋代历史文化研究续集》,收录研讨会论文。暨南大学郭声波、吴宏岐、王元林等人,虽是历史地理专业的博士生导师,也有许多宋史方面的论著。

中国社会科学院历史研究所,有王曾瑜为导师,招收过两名博士生:游彪(2000 年毕业)、关树东(2003 年毕业);他还有两名博士后:沈冬梅、李晓。现在历史研究所治宋史者有 4 人,沈冬梅、江小涛、关树东 3 人是副研究员,邓小南的博士梁建国为助理研究员。《中国史研究》的张彤副编审也治宋史。自关树东毕业后,历史研究所尚未招收过宋辽金史的博士生。王曾瑜有《荒淫无道宋高宗》(1999 年)、《尽忠报国:岳飞新传》(2001 年)、《岳飞和南宋前期政治与军事研究》(2002 年)、《凝意斋集》、《涓埃集》、《丝毫集》、《王曾瑜说辽宋夏金史》等著作,陈智超有《陈智超自选集》(2003 年),沈冬梅有《茶与宋代社会生活》(2007 年)

一书。

其他从事宋史研究的人员主要还有：

北京国家图书馆善本部的王菡，中国政法大学商学院的李晓，中国人民大学历史学院的诸葛忆兵、李全德、皮庆生。王菡有《宋哲宗》（1997年）一书，诸葛忆兵有《宋朝宰辅制度研究》（2000年）与《宋代文史考论》（2002年）等书，李全德有《唐宋变革期的枢密院研究》（2009年），皮庆生有《宋代民众信仰》（2008年），李晓有《宋代工商业经济与政府干预研究》（2000年）、《宋朝政府购买制度研究》（2007年）、《宋代茶叶经济》（2008年）等书。

上海复旦大学历史地理研究所的吴松弟，他招收历史地理的博士生。吴松弟撰写了《中国人口史》、《中国移民史》的宋代部分，还有《南宋人口史》（2008年）。复旦大学历史系的姜鹏、余蔚等。华东师大古籍所的顾宏义、戴扬本、方笑一、严文儒等。上海人民出版社的李伟国。顾宏义有《天裂》（2000年）、《天平》（2007年）等著作，戴扬本有《北宋转运使考述》（2007年），方笑一有《北宋新学与文学：以王安石为中心》（2008年）。

兰州市西北师大有陈守忠、李清凌、刘建丽、胡小鹏、何玉红等人治宋史学承办过2002年第10届宋史年会。陈守忠有《宋史论略》（2001年，23万字），胡小鹏有《中国手工业经济通史·宋元卷》（2004年，65万字）、李清凌有《西北经济史》（1997年）、刘建丽有《宋代西北吐蕃研究》（1998年）。

重庆西南大学的张文，重庆师大的喻学忠，均为四川大学宋史方向的博士生。张文有《宋朝社会救济研究》（2001年）。

沈阳辽宁大学唐宋史研究所的王美华、耿元骊、赵旭等人治宋史。

长春市吉林大学的武玉环、程妮娜、赵永春等人治辽金史，偶及宋史。武玉环2003年、程妮娜2005年开始均招收博士生。东北师大的穆鸿利、杨树森等人，也研究宋辽金史。穆鸿利有《河朔集（宋夏元史论）》（2005年）与《松漠集（辽金史论）》（2005年），杨树森有《辽宋金史》（2001年），赵永春有《金宋关系史研究》（1999年）、《辽宋金元史论》（2004年）、《金宋关系史》（2005年）等著作。

郑州市河南社会科学院历史所的魏天安、穆朝庆、杨世利等。

芜湖市安徽师大的杨国宜、肖建新、吴晓萍。杨国宜有《包拯集校补》（1989年），肖建新有《宋代法制文明研究》（2008年）、《〈新安集〉整理与研究》（2008年），吴晓萍有《宋代外交制度研究》（2006年）。合肥市安徽省社科院韩酉山，出版过《张孝祥年谱》（1993年）、《秦桧传》（1999年）、《韩南涧（元吉）年谱》（2005年）、《秦桧研究》（2008年）等著作。

南充市西华师大的蔡东洲、胡宁，他们合著过《安丙研究》（2004年）。西华师大还承办过2004年第11届宋史年会。蔡东洲招收宋史的硕士生。

南昌市的俞兆鹏、许怀林、俞晖等人。俞兆鹏与朱瑞熙是大学同学，论文甚多，有《谢叠山大传》（1996年）、《求真集》（2004年）、《史林杂俎》（2009年）等著作。

业余治宋史者，当以苏州市的方健最有成就。有《范仲淹评传》，列入南京大学的“中国思想家评传”中，于2001年出版，凡37万字。

金华市浙江师大的方如金、陈国灿。他们合著过《陈亮与浙东学派研究》等书。陈国灿有《浙江古代城镇史研究》（2000年）与《南宋江南城镇研究》等书。

温州大学的周梦江，有《叶适研究》（2008年）等著作，还整理了《陈傅良先生文集》（1999年）、《周行己集》（2002年）、《薛季宣集》（2003年）等宋人文集。

银川市宁夏大学的王天顺、杜建录等人，以研究西夏史为主，兼治宋史。

由此可以推知，每年毕业的宋史的博士生至少都有十几名，几年下来，数目十分可观。这使大陆宋史研究不仅后继有人，而且队伍持续扩大，成果大量涌现。由于体制所限，首先必须有博士点才能招收博士生，有些颇有成就的先生因此未能指导博士生，有些遗憾。

有些大学，如吉林大学、东北师大、中国人民大学、南开大学、福建师大、华东师大、复旦大学、华中师大、郑州大学等学校，虽有历史学一级学科点，但似未招收中国古代史的宋史方向的博士生。

1998年8月，在银川市举行了第8届年会，由宁夏大学承办，与会者128人。此次会上，香港会员第1次出席了年会，并增补时在香港中文大学任教的陈学霖先生为宋史研究会理事。同时，还有美国及台湾学者列席会议。自此以后，每1届年会，同时都冠以“国际学术研讨会”名义，以容纳台湾及国外学者。会后，由宁夏人民出版社出版了论文集。

2000年8月，在保定举行了第9届年会，由河北大学承办，与会者67人。会后由河北大学出版社出版了论文集。

2002年8月，在兰州市举行了第10届年会，由兰州大学承办，与会者160多人。漆侠先生已于2001年去世。此次年会上，理事会换届，选出理事25人，实行双会长制，由朱瑞熙、王曾瑜任会长，副会长则有龚延明、张邦炜、杨果、李华瑞、张希清、程民生。香港的理事仍由陈学霖先生担任。会后，由兰州大学出版社出版了论文集。此次年会前，为理事会换届，有些人私下活动，拉帮结派，产生了不良影响，带来了副作用。

2004年8月，在华蓥山市举行了第11届年会，由西华师大（原南充师院）承办，与会者100多人。会后，由巴蜀书社出版了论文集。

2006年8月，在上海举行了第12届年会，由上海师大承办，与会者160多人。此次年会上，为理事会的换届选举问题发生了激烈争论，最终产生了27人组成的理事会，邓小南出任会长，副会长有11名：副会长兼秘书长姜锡东，副会长李华瑞、程民生、陈峰、刘复生、杨果、葛金芳、戴建国、包伟民、林文勋、张其凡。香港的理事，由在香港理工大学任教的何冠环先生担任。会后，由上海人民出版社出版了论文集。

2008 年 8 月，在昆明市举行了第 13 届年会，由云南大学承办，与会者 100 多人。这次年会，首次采用事先出题，召集人员参加讨论的分组形式，收效甚好。会后，将由云南大学出版社出版论文集。

自 1992 年以后，固定每两年举行一次年会，有力地促进了大陆宋史学者交流与促进。自 1998 年以后，更成为海内外宋史学者的大聚会，在世界上影响越来越大。中国已成为世界宋史研究的中心，中国的宋史研究队伍，也成为世界宋史学界的核心与最重要力量。

中国宋史研究会主办的《宋史研究通讯》，自 1992 年以后，基本上每年出版两期，成为海内外宋史学界了解大陆及海外宋史研究情况的一个窗口，影响也日益扩大，迄今已经出版了 51 期。

中国宋史研究会曾于 2000 年在杭州，2005 年在西安，2007 年在开封，2009 年在北京举办宋史研究生讲习班。这种讲习班，可以让研究生听到名师讲座，互相交流，对研究生学习，大有裨益。

这十年间，发表的宋史研究论文的数量：1998 年，286 篇；1999 年，375 篇；2000 年，364 篇；2001 年，1050 篇；2002 年，830 篇；2003 年，986 篇；2004 年，1094 篇；2005 年，695 篇；2006 年，552 篇；2007 年，424 篇。共计约 6660 篇。

三、总结与思考

（一）三十年宋史研究的总结

回顾改革开放三十年的中国大陆的宋史研究的进展，可以看到，有如下三个显著特点：

第一，研究人员尤其是专职研究人员，队伍日益扩大。在现有体制下。这一成果，应归功于两点：一是博士点的增多；二是研究基地的确立与增加，试看河北大学与河南大学的例子便可知其重要性。杭州的“南宋史研究中心”，更彰显政府实力。其直接后果是，论著数量大幅度提高。

第二，研究范围扩大，研究深度增加。从主要着眼于经济、政治，扩大到文化、科技，再扩展至其他领域。如史继刚《宋代军用物资保障研究》（2000 年）、张金岭《晚宋时期财政危机研究》（2001 年）、游彪《宋代特殊群体研究》（2006 年）、陈志英《宋代物权关系研究》（2006 年）、魏华仙《宋代四类物品的生产和消费研究》（2006 年）、程龙《北宋西北战区粮食补给地理》（2006 年）、贾二强《唐宋民间信仰》（2002 年）、刘黎明《宋代民间巫术》（2004 年）、吴晓萍《宋代外交制度研究》（2006 年）、韦祖松《帝国生存环境的诠释—北宋国家安全问题研究》（2008 年）等书的研究视角与内容，都颇有新意。

第三，加强了学术交流。一是宋史学者之间的交流加强了，各种小型研讨会，如“澶渊之盟研讨会”（2004 年）、“朱熹与宋代历史”（2005 年）、“范仲淹学术研讨会”（2008 年）、“永嘉学派学术研讨会”（2007 年）等，频繁举办，令人难以兼顾。二是与其他断代史的交流增加了，如 1997 年在广州召开的“宋元文化史研讨会”，2005 年在南开大学举办的“中国传统社会基本问题研讨会”等，都提供了很好的交流平台。三是与港台及海外人员的交流频密了。每次的年会，都是一次机会，还有其他国际会议。学者个人出国或造访港台，已司空见惯。互邀讲学，也已常见。中国的宋史研究，正在走向世界，成为世界宋史研究的有机组成部分了。

（二）三十年宋史研究之反思

反思三十年的宋史研究，下述问题值得注意。

第一，民主气氛不足。中国宋史研究会是一个民间学术团体，会员都是高级知识分子，本应在学术活动中，张扬民主气氛，达成陈寅恪先生一生倡导的“独立之精神，自由之思想”。然而有些高倡“民主”者，却深受官场影响，以“权威人士”自居，企图操控学术团体，玩弄官场手段，大大加强了学术团体的“官僚味”。在宋史研究会的几次换届中出现的问题，究其原因，首先是不民主的作风所致，引官场习气入学术界而导致矛盾百出，争讦不已。这个教训，是应该总结和吸取了。很希望年青一代的宋史学者，能在更加民主的氛围中，团结起来，为宋史学的繁荣而共同奋斗。

第二，正常的学术批评缺乏，争论和批评的氛围不足，严重影响了学术进展。笔者 20 年前即已指出此一问题。然而，20 年来，这种风气不仅没有改进，甚而还有加剧。与此相映成趣的是，有些人自觉不自觉地运用了文革手腕、文革语言来进行学术批评，加以人身攻击，上纲上线，甚至株连十族，引起学者们的反感，败坏了学术风气。在此影响下，研究生与博士生以致年青教师的问题意识不足，讨论时提不出问题，更遑论批评，这对学术发展是极为不利的，对年青学者水平的提高更为不利。

第三，学术规范不足。一方面，仍有不少论著，不注意新的研究成果，不能严格遵守学术规范，不尊重知识产权，引用他人成果方面不愿注出。近些年来，引用海外学者并注明者日益多了，但引用大陆学者的不仅少而且注明出处者更少，并且恬以为然。另一方面，又有人打着“学术规范”的幌子，行其攻击他人之实，专从他人论著的注释中寻找“抄袭证据”，造谣诬蔑，无事生非，败坏他人声誉，企图制他人于死地而后快！这种人实际根本不懂“学术规范”。这两种倾向都应反对！

第四，史学理论的匮乏甚或缺失。日本人的“唐宋变革论”，刘子健的“包容政治论”，虽然可以商讨，但其在理论上的建树，不可忽略！

第五，有计划的多方位的中观与微观研究，仍感缺乏。而代表宋史学最高水平的多卷本断代史的编写，仍尚待时日。当然，这也有个时机成熟与否的问题，有待宋史研究的发展形势决定，是不可强为之的。

附录：

二十世纪以来香港地区宋史研究概述

香港是一个自由港，经济发达，商业活动占据主要地位。由于香港的大学教师待遇优厚，故能够吸引欧美学者前往任教，有利于教学科研保持在高水平上。香港史学人才的培养，主要在香港大学与香港中文大学。

香港大学中文系，始建于1927年，是香港地区中国历史文化教学与研究的最早的基地。近20年来，赵令扬先生主持中文系，培养了不少中国历史方面的人才，各个断代均有博士教其学，研其事。近年来，宋史是许振兴博士主持。在香港大学攻读博士学位且治宋史者还有不少，如黄富荣博士即是。

香港中文大学历史系，自20世纪70年代开始培养硕士，毕业硕士中，治宋史的主要有何冠环、赵雨乐、杨炎廷、伍伯常、曾瑞龙、白智刚、王章伟、张志义等，指导教师是罗球庆先生。罗球庆早年受教于钱穆、牟润孙等人，后赴美国哈佛大学，师从杨联陞教授（1914—1990年）治宋史，1966年起执教于香港中文大学，至1994年退休，长达28年之久。他主要从事宋代军事史和制度史的研究，发表了《北宋兵制研究》等文。他培养的硕士，不少赴国外攻读博士，如何冠环、曾瑞龙、伍伯常在美国亚利桑那大学获博士学位，赵雨乐在日本京都大学获博士学位。罗球庆的弟子，构成了香港宋史研究队伍的骨干与支架。1994年他退休时，他的弟子们专门编辑了《宋史论文集·罗球庆老师荣休纪念专辑》，由香港中国史研究会出版。

1992年，陈学霖自美国来港，就任中文大学历史系讲座教授，旋兼系主任。陈学霖，1938年生于香港，自香港大学毕业后赴美国，在普林斯顿大学获哲学博士学位，曾任教于美国西雅图华盛顿大学18年。兼治宋元明史，1993年，台湾东大图书公司出版了他的《宋史论集》，收其宋史论文9篇。他来后，成为香港宋史学界的领袖人物。2001年，北京的中国友谊出版公司出版了他的著作《史学漫识》，分为上、下编，收元、明史论文12篇，附录3篇，凡460页，约32万字。2003年，香港中文大学出版社出版其著作《金宋史论丛》，收文10篇，凡276页，内宋史论文4篇。陈氏在1998年当选为中国宋史研究会香港区理事，成为内地宋史界与香港宋史界交往的桥梁，香港地区宋史研究的领军人物。

陈氏在中文大学担任博士生导师经年，所指导的宋元史博士研究生有来自四川的邹重华与胡务，邹重华的博士论文题目为《士族与学术：宋代四川学术文化发达原因探讨》（1998年），胡务的博士论文题目为《元代庙学：无法割舍的儒学教育链》（2000年）。二人毕业后，邹重华留在香港工作，任职京港学术交流中心，业余继续从事宋史研究，已发表论文多篇，并与粟品孝合编《宋代四川家族与学术论集》

(2005年)；胡务毕业后任教于西南财经大学，他的博士论文于2005年由成都巴蜀书社出版。

陈氏除执掌中文大学历史系外，还一直担任香港学术水平最高的学报《中国文化研究所学报》的主编，2006年自中文大学历史系讲座教授兼系主任退下后，他仍然担任该学报的主编，每年仍往来美国、港台与内地，仍活跃于宋史界，发挥元老的作用。

在中文大学历史系讲授宋史者，前些年是澳大利亚国立大学的博士苏基朗，1997年美国亚利桑那大学的曾瑞龙博士接任。曾博士于2003年夏离世后，该教席长期搁置，宋史课程亦没有重开，直至2008年秋，才聘得台湾大学宋史名家梁庚尧教授以客座身份重开此一课程。梁庚尧教授在当年12月结束教学，返回台湾。

陈学霖教授在中文大学的教席退下不久，他的普林斯顿大学（Princeton University）学弟，原美国布朗大学（Brown University）教授戴仁柱（Professor Richard Davis）博士在2006年8月应聘出任香港岭南大学历史系讲座教授兼系主任。戴仁柱的代表作是《宋代宫廷与家族：明州史氏研究》(1986年)。他较为国内学者所知的著作是《十三世纪中国政治与文化危机》（刘晓译，2003年)，他最近期的著作，除了《新五代史英译》（2006年）外，还有负责撰写2008年出版的《剑桥中国史》第五卷《宋史卷·第一部分》的光宗、宁宗及理宗章节。岭南大学虽没有专门的宋史课程，但戴氏亦指导宋史博士研究生，假以时日，岭南大学历史系会在香港的宋史教研方面增添新力量。戴氏近年多次应邀出席国内多个宋史会议，他逐渐成为香港宋史界领军人物。

梁天锡教授是香港私立大专院校治宋史的前辈学者，他长期担任香港能仁书院的宋史教席，著作等身，惜于2006年遽归道山，他晚年著作有《北宋传法院及其译经制度》(2003年)。香港新亚研究所亦有青年学人从事宋史研究，不过多数研究成果没有公开发表。

香港珠海学院（在台湾“教育部”立案称“珠海大学”)，设有中国文化研究所，初由香港大学退休教授罗香林（1906—1978年）任所长，有硕士班与博士班。1978年罗香林先生去世后，延聘宋晞教授为所长迄2007年。珠海书院出版《珠海学报》多期，水平颇高。毕业于该学院的博士有：梁天锡教授，以《宋枢密院制度》获博士学位，他以研究官制为主，著作有《宋枢密院制度》、《宋代祠禄制度考实》、《宋宰相年表新编》、《宋宰辅研究论集》等。此外，博士论文还有区静飞的《西夏建国初期与北宋关系》，邓炽安的《南宋权相政治》等。香港珠海学院是香港私立大专中最有宋史教研传统的，2008年9月又聘得刚从北京大学退休的张希清教授讲授宋史课程半年。珠海学院即将升格为香港珠海大学，它将是香港宋史教研的另一生力军。

不久前升格为大学的树仁大学，一直设有历史系，是众多香港私立大专院校最有规模的，它一直开设有宋史研读的本科课程。伍伯常博士曾以客座身份任教数年。

去年伍博士转职理工大学，没有再任树仁大学兼课，该科暂由别的教员暂代。倘树仁大学能聘得专治宋史的学者专任此一课程，并在将来开办宋史研究生课程，它将会是香港宋史研究的另一支生力军。

香港地区学者，到内地、台湾与世界各地，比较容易，因此，他们和内地、台湾及欧、美、日本的学者联系比较密切，信息通畅，极利于从事研究。但是，20世纪五六十年代，除从内地去的几位前辈学人外，鲜有从事宋史研究者。盖因其时香港经济尚未起飞，谋生不易也。20世纪70年代后，香港经济起飞，生活水准迅速上升，学术研究亦随之而起。1981年5月9日，香港珠海学院中国文化研究所所长宋晞与新亚研究所所长孙国栋合作举办了“宋史研讨会”，为香港研究宋史而举行会议之始。1984年12月，香港中文大学历史系主任张春树教授发起召开了“国际宋史研讨会”，为海峡两岸的宋史学者创造了共同研讨的机会。这是1949年以后海峡两岸宋史学界的第一次聚会，故到会人数虽只有20余人，但影响颇大，与会的除两岸学者外，还有美国、德国与澳大利亚的学者。香港大学亚洲研究中心于1985年7月举办了“中国中古史国际研讨会”，出席者有美国、日本、韩国及台湾地区学者，但无内地学者与会。

现据所知，将香港地区的宋史研究者简介如下：

香港中文大学历史系，除前述罗球庆与陈学霖外，还有苏基朗。苏基朗在香港中文大学历史系读完本科与硕士学位，赴澳大利亚深造，毕业于国立澳大利亚大学，博士论文为《福建南部的经济发展（946—1276）》，曾任教于新加坡大学，20世纪90年代以来在香港中文大学历史系任教。他著有《唐宋时代闽南泉州史地论稿》（1991年）与《唐宋法制史研究》（1996年）等书。他近年转向中国古代法制史，他最近期的著作是 *Prosperity*, *Region*, *and Institutions in Maritime China*: *the South Fukien pattern*, 946－1368（Cambridge: Harvard University Asia Centre, 2000）。1997年，苏基朗转授隋唐史，宋史教席由曾瑞龙接任。曾瑞龙1997年于美国亚利桑那大学获博士学位，乃陶晋生之高足。他热衷于研究军事，从军事学角度来研究宋代战争，令人耳目一新。他撰有《向战略防御的过渡：宋辽陈家谷与君子馆战役（986A. D）》、《北宋初年战略决策研究：以宋太宗第二次经略幽燕（986）为例》、《北宋中叶拓边活动的开端——庆历朝水洛城事件发微》等文。在他任职的五年，在教研方面极有成绩，2003年夏，将他历年研究宋辽战争的成果写为专著《经略幽燕——宋辽战争军事灾难的战略分析》，由香港中文大学出版社出版。不幸在2003年夏“非典”期间，染急病辞世，上述一书竟成遗作。他的逝世是香港宋史学界近年最大的损失。2006年他的夫人及同门师兄弟，再将他生前编定的宋夏战争研究手稿，加上数篇未刊文稿，以《拓边西北——北宋中后期对夏战争研究》（香港中华书局，2006年）为书名出版。此二书是香港宋史研究近年最有代表性的杰作。他的家人及同门师兄弟在2009年初将他在中文大学的硕士论文《北宋种氏将门的形成》整理出版。曾瑞龙在中文大学指导的硕士研究生有多人，计有陈伟基、郭芳杰、杨军等人。

毕业后继续宋史研究而成绩斐然的，首推长期在香港中华书局担任责任编辑的梁伟基，他是中文大学宋史研究后起之秀的代表者，他是曾瑞龙与苏基朗共同指导的研究生，他的硕士论文题目是《南宋高宗初年（1127—1142）财经官僚与权力结构的关系》，他除了在中华书局编辑数种宋史专刊外，近年还在《中国文化研究所学报》及《新史学》等一级学报发表多篇论文，包括有：《先南征，后北伐：宋初统一全国的唯一战略（969—976）?》、《南宋政权之建立与财经官僚：高宗初年的知临安府（1127—1142）》、《从“帝姬和亲”到“废立异姓”：北宋靖康之难新探》、《南宋高宗朝吕颐浩执政下的官僚群体构造特质》。

香港大学的许振兴，以研究杨亿而获博士学位，他以研究宋代史学史与帝王学为主，有《〈古今源流至论〉的宋朝〈宝训〉资料》、《〈三朝宝训〉与〈经幄管见〉——论宋代帝王学的法祖思想》等文，他还对石介进行过研究。2005年，香港瑞荣企业出版了他对宋初斧声烛影悬案考证的著作《宋纪受终考研究》，凡201页。香港大学中文学院是香港所有大专院校开设有完整的宋史本科课程及硕士及博士宋史研究生课程者。近年来出自许振兴门下的博士研究生多人，其中研究成绩最受学界激赏的，是原受业于中文大学罗球庆及陶晋生的王章伟，他研究兴趣为宋代社会史，他在中文大学的硕士论文是《河南吕氏家族研究》（1991年），他的博士论文是《在国家与社会之间——宋代巫觋信仰研究》（2003年），并于2005年由香港中华书局出版，该书的普及本亦由台湾三民书店于2006年以《文明世界的魔法师——宋代的巫觋与巫术》之书名出版。同样出身中文大学的张志义，亦在香港大学攻读宋史博士学位，他的博士论文是《南宋福建路下四州佛教寺院与地区发展之研究》(2003年)。

许振兴指导的博士生，研究成绩不俗的还有周莲弟，她的硕士论文是《宋仁宗朝台谏制度研究》（1997年），她的博士论文是《周必大（1126—1183）研究》(2002年)。其他还有现任职香港理工大学中文及双语学系的邹陈惠仪，她的博士论文为《曾巩（1019—1083）经世思想研究》(2003年)；稍后的，有罗荣贵，他的博士论文题目是《陈傅良研究》(2004年)。另外，先任职香港岭南大学专业及进修学院的邱逸，他的博士论文是《宋代的〈孙子兵法〉研究》（2005年）。另有吴锦龙，他的博士论文题目是《元代对宋诗评价之研究》(2008年)，而曾震宇亦继续以金史作为他的博士论文题目，他现任职于香港公开大学专业及进修学院。

许振兴指导的宋史硕士生有多人，计有佘慧婷（《王洙〈宋史质〉研究》，2008年），黄慧娴（《〈皇朝大事记〉与南宋科举》，2008年）、谢炜珞（《歌妓与唐宋词》，2007年）、曾震宇（《〈大金国志〉研究》，2003年）、朱国源（《章颖〈宋朝南渡十将传〉研究》，2002年）、朱芳（《南宋咏梅词研究》，1999年）、潘正松（《五代至宋初外戚与军事关系研究》，1998年）。另有研究李焘史学的蔡崇禧。

此外，1984年在香港大学获硕士学位的黄珮玉，其硕士论文《张元幹研究》，于1986年11月出版。

冯锦荣曾在京都大学求学7载，返港后任教于香港大学中文系，以研究中国科技史为主，曾与赵令扬合编《亚洲科技与文明》一书，有《北宋仁宗景祐朝的星历与五行书》等文。

香港理工大学的何冠环，在香港中文大学获学士、硕士后，负笈美国亚利桑那大学，师从陶晋生先生，1990 年获博士学位。其博士论文是 *Politics and Factionalism*：*K' ou Chun and his T' ung-nein*《政治与朋党：寇准及其同年进士》。曾先后任教于香港浸会学院、香港公开进修学院、新加坡理工大学、香港教育学院，现任教于香港理工大学，同时还在香港中文大学历史系讲授东南亚史。何冠环的硕士论文是《论太宗朝的赵普》。他以研究宋初政治尤其是党争为主，著有《宋初朋党与太平兴国三年进士》(1994 年)，发表了《司马光通鉴与金帝王学》、《宋初三朝武将的量化分析》、《宋太宗箭疾新考》、《金匮之盟真伪新考》、《论靖康之难中的种师道与种师中》、《论宋太宗朝武将之党争》、《论宋太祖朝武将之党争》、《败军之将刘平》等论文。2003 年 6 月，香港中华书局出版了他的论文集《北宋武将研究》，收文 12 篇，590 页，是其近年代表作之集大成。近年他除了继续研究北宋武将外，还开始对北宋内臣进行研究。2006 年，何冠环以高票当选为中国宋史研究会理事，得票数名列第一。他过去几年一直担任香港理工大学通识教育中心的行政职务，2008 年底，他调往该校新近成立的中国文化学系，会增加一点宋史教研工作。陈学霖先生离开香港中文大学返回美国以后，何氏已成为香港宋史学界的领军人物。

何冠环的同门学弟伍伯常博士，从美国学成回港后，一直在香港城市大学任教，至 2007 年夏转职香港理工大学通识教育中心。他的研究范围是唐、五代、北宋时期的政治、社会、军事和边区民族之间的互动关系。他在香港中文大学的硕士论文题目是《中唐迄五代的军事传统与北宋的统一战略》，他在亚利桑那大学的博士论文题目为 *The Continuity of China's Cultural Heritage During the Tang-Song Era*：*The Social-Political Significance and Cultural Impact of the Civil Administration of the Southern Tang*《南宋吏治对宋代社会及政治的影响》。他近年发表的计有《北宋初年的文士与豪侠：以柳开的作风形象为中心》、《北宋选任陪臣的原则：论猜防政策下的南唐陪臣》、《唐德宗的建藩政策：论中唐以来制御叛藩战略格局的形成》等多篇论文。连同上面提到的邹陈惠仪，香港理工大学现时共有三人研究宋史。

香港公开大学的赵雨乐，1988 年在香港中文大学毕业获硕士学位后，负笈日本京都大学，师从竺沙雅章教授，1993 年获博士学位。返港后，曾先后任教于香港中文大学历史系、浸会学院历史系。他深受京都学派的熏陶，致力于研究唐宋之际的重大变化，著有《唐宋变革期军政制度史研究（一）——三班官制之演变》(1991 年)、《唐宋变革期之军政制度——官僚机构与等级之编成》(1994 年，此为其博士论文)，在 2007 年由香港中华书局出版他的唐宋史研究论集《从宫廷到战场：中国中古与近世诸考察》，他的研究范围广泛，发表了《唐宋变革期内诸司使之等级问题初探》、《试析宋代改武德司为皇城司的因由——唐宋之际武德使活动的初步探索》等文。除宋史外，兼治唐五代史，现为中国唐史研究会理事，他亦研究香港史，已出版专著数种。值得一提的是，国内辽史学者杨若薇数年前转任香港公开大学，连同前面介绍的曾震宇博士，香港公开大学现在宋辽金史学者各一。

香港城市大学的黄富荣，是香港大学的博士，以研究宋代哲学为主，尤其对“宋初三先生”有较深研究，有《从近年对宋初三先生的研究谈到三先生对宋代理学的影响》、《狂士道学家——石介思想述评》、《孙复生平探索》、《试论胡瑗之改经——胡瑗经学特色之一》、《试论胡瑗的分斋教学法》等论文刊行。近期的著作有《略论胡瑗的分斋教学法及其历史命运》，继续宋代思想史研究。

香港科技大学虽没有历史系的开设，但它设有人文学部，负责通识教育，而且有研究生点。年前来自哈佛大学的钱立方博士曾任教一段时间。钱博士研究宋代盐政，她的博士论文（1994 年）译注《宋史·食货志》有关盐的卷帙，修改后已于 2004 年出版。*Cecilia Lee-fang Chien*，*Salt and State*：*An Annotated Translation of the Songshi Salt Monopoly Treatise*（Ann Arbor：Center for Chinese Studies，University of Michigan，2004）她离任后，在 2006 年 9 月，她的学弟、出身北京大学历史系的刘光临博士接替其缺至今。刘博士出身包弼德（Peter Bol）门下，研究宋代财政史，他的博士论文是 *Wrestling for Power*：*The State and the Economy in Later Imperial China* 1000 – 1770。他是香港宋史教研队伍另一支生力军。顺便一提，多年前任职香港科技大学吴家玮校长特别助理的秦家德博士（她是秦家懿之妹），亦曾是研究宋史的学者，她的博士论文由西方著名的学报《通报》出版，书名为《北宋的后妃研究》*Palace Women in the Northern Sung* 960 – 1126）（1981 年）。她与钱立方博十一样，甚少与香港及国内宋史界交往，故不大为人所知。

香港中文大学的《中国文化研究所学报》，常刊出宋史研究的论文。香港大学亚洲研究中心刊行的《东方文化》与《香港大学中文系集刊》，也刊出宋史研究的论文。因为香港的学术刊物较少，不少香港学者常在台湾的刊物上发文，在台湾出版学术著作，故常被视为台湾学者。如梁天锡即是一例。20 世纪 90 年代以来，香港学者在大陆的杂志刊文者增加，还有在大陆出书的，如何冠环《宋初朋党与太平兴国三年进士》一书即由北京中华书局出版。1997 年 12 月，在香港大学中文系 70 周年纪念国际学术研讨会上，香港学者有关宋代的论文有 9 篇，具体如下：香港大学中文系李家树《宋程大昌〈诗论〉对〈毛诗序〉的态度》，香港理工大学中文及双语学系李学铭《“至道三年避宋真宗讳”考》，香港教育学院社会科学系何冠环《败军之将刘平》，香港大学中文系许振兴《〈古今源流至论〉的宋朝〈宝训〉资料》，香港教育学院中文系潘铭燊《宋代教育与印书》，香港城市大学语文学部黄富荣《试论胡瑗的分斋教学法》，香港大学中文系河沛雄的《宋代古文家的“尊韩”》，香港大学中文系周莲弟《论宋仁宗嘉祐时期富弼推行的政策》，香港公开大学邹陈惠仪《曾巩与王安石关系剖析》等，这已是香港泰半的宋史研究队伍了。

香港的宋史研究者，有两大长处，一是信息灵通，尤其对海峡两岸的研究状况十分清楚；二是学汇中西，往往在接受传统中国文化的教育基础上，又深受欧美文化熏陶，因而其治史往往有过人之处。但研究队伍偏少，且多为业余从事宋史研究，本地区学者之间的专业研讨机会少，是其短处。

香港的宋史学者，因学校的要求，除了需间以英语讲授宋史外，不少人需要以英文发表宋史著作，好像陈学霖、苏基朗、曾瑞龙、钱立方均曾以英文发表过其宋史研究成果，因此，在欧美颇有影响。

21 世纪后，随着香港与内地关系的密切，香港学者参加内地学术活动者日增，研究宋史的学者，以何冠环与内地学术联系最多，其成就也最为引人注目。内地的论文集中，也常收录香港学者的文章。

近十年来，越来越多宋史学者，从海外或国内到来香港，短时期或长时期加入香港的宋史研究队伍。宋史研究生的培养方面，暂时仍以香港大学较有条件。

至于出版宋史研究书刊方面，香港中文大学出版社和香港中华书局是出版这方面书籍的最主要出版机构。学报方面，香港中文大学的《中国文化研究所学报》（陈学霖主编），是水平最高、出版最稳定的一级学报。香港大学的《东方学报》，最大问题是常常脱期，论文水平不稳定。本来由岭南大学马幼垣主编的《岭南学报》水准甚高，但因经费问题，出版三期，却无以为继。香港城市大学与复旦大学合编的《九州学林》，近年成为新兴的香港文史学报，香港及海外的宋史学者，均有文章刊载于该学报。

本概述得到何冠环先生大力协助，谨致深切谢意！

2009 年 7 月于广州

题记：张海鹏先生生前在史学战线奋斗五十年，除了在人才培养、徽学研究方面做出了重要贡献外，在中国考试制度研究方面也做出了重要贡献。他主编的《中国考试制度史资料选编》，黄山书社1992年出版，《中国考试史文献集成·先秦至南北朝卷》，高等教育出版社2003年出版。我有幸在张海鹏老师的指导下，参加了“中国考试制度史研究”课题组，从事这方面的资料收集和学术研究工作，并取得成果。今年是中国明史学会原副会长、中国商业史学会原副会长、安徽师范大学前校长、安徽省历史学会前会长张海鹏先生诞辰八十周年，谨撰写《论抗日根据地的干部选任制度》一文，以为纪念。

论抗日根据地的干部选任制度

房列曙

（安徽师范大学教授）

抗日根据地民主政府的干部选拔任用制度，是对我国古代优秀的选官制度的继承和发展，是对孙中山的文官选拔任用思想的继承和发展，是对土地革命期间革命根据地干部选拔任用制度的继承和发展，是对中共干部选拔任用制度的理论创新。

一、干部选拔任用的原则

抗日战争时期，中国共产党和抗日民主政府彻底摒弃了土地革命战争时期“左”倾错误的执行者在选拔使用人才方面实行的“任人唯亲”的错误路线，坚持“任人唯贤”的方针，尊重知识、尊重人才，根据抗日民主政权的性质，按照“三三制”的原则选拔任用干部。

（一）坚持“任人唯贤”的方针

“任人唯贤”是指用人只以德才为标准，而不管他跟自己关系如何。但是，德才的涵义在不同的历史时代有着不同的解释。在中国封建社会，“德”的价值取向是“三纲五常”和封建伦理道德；“才”的价值标准是维护封建秩序和统治阶级利益的本领，主要是指对语言文字和封建主义意识形态的掌握程度。

马克思主义又是怎样定义“德才”的呢？毛泽东根据多年培养干部的经验，借鉴古今中外的选官制度，赋予“德才”新的内涵。1937年，他提出我们党所需要的群众领袖和干部必须“懂得马克思主义，有政治远见，有工作能力，富于牺牲精神，能独立解决问题，在困难中不动摇，忠心耿耿为民族、为阶级、为党而工作。”① 1938年，他使用了“才德兼备”的概念。他说：“中国共产党是在一个几万万人的大民族中领导伟大革命斗争的党，没有多数才德兼备的领导干部，是不能完成其历史任务的。”② 他作了如下具体解释：“共产党的干部政策，应是以能否坚决地执行党的路线，服从党的纪律，和群众有密切的联系，有独立的工作能力，积极肯干，不谋私利为标准，这就是‘任人唯贤’的路线。”③ 在“才”和“德”之间，毛泽东认为“才”是首位的，因为做一件事情，不具备做好该项工作的知识和能力是不会做好那件事情的，在这种情况下，“德”再好也是空架子。但是“德”也是不可缺少的重要条件，因为“德”是政治方向，它为“才”的发挥和实现起导航作用。“才”和“德”两者在实践中是缺一不可地联系在一起，不可偏废。

1940年5月10日，《拂晓报》发表了《我们的干部政策》的社论，阐述了淮北抗日根据地的干部政策。其中使用干部的标准是“任人唯贤”，而不是“任人唯亲”，所谓“贤”，是“才德兼备”，“要求我们的干部忠实于党，忠实于阶级，忠实于职守，忠实于民族解放与社会解放的事业”④ 等相关表述，与毛泽东的提法完全一样。

1941年6月，华中局和新四军军分会就对党和军队的干部任用提出了要求，并规定选拔干部应具备的条件：“（1）绝对服从党，原则上的坚定明确；（2）学习的模范；（3）艰苦生活；（4）完成职务并协助其他同志；（5）有斗争精神和民主工作方式；（6）有独立领导工作的能力。这六条作为我们选拔干部与同志自我检讨的标准，我们要求干部同志都向才德兼备方向去修养，提高党性（即党德），更为目前要务，但不是主张可以不要才能。”⑤ 这里的表述，也是“才德兼备”。

1941年9月以后，中央将“才德兼备”的提法改为“德才资兼顾”，后来又将“资”字去掉，事实上就改为“德才兼备”了。同年9月，中央军委规定：“今后提拔干部，必须以德（对革命忠实）、才（工作能力）、资（资望与斗争历史）兼顾，不以斗争历史为唯一或第一的标准。”⑥ 同年11月29日，陈云在延安起草的一份讲话提纲中，论及选拔干部的四条标准：忠实于无产阶级革命事业，忠实于党；与群众有密切联系；能独立决定工作方向并负起责任；守纪律。⑦ 1943年，毛泽东在论及领导骨干的标准时，阐述了季米特洛夫论干部政策中所举的四条标准：无限忠心，联系群众，有独立工作能力，遵守纪律。这些，就是“德才兼备”的具体内涵。

---

① 《毛泽东选集》第1卷，人民出版社1991年版，第277页。

② 《毛泽东选集》第2卷，人民出版社1991年版，第526页。

③ 《毛泽东选集》第2卷，人民出版社1991年版，第527页。

④ 《拂晓报》社论：《我们的干部政策》（1940年5月10日），《拂晓报》第146期，豫皖苏鲁边区党史办公室、安徽省档案馆：《淮北抗日根据地史料选辑》第4辑，1985年8月印刷，无出版项，第14－16页。

⑤ 陈毅：《陈毅军事文选》，解放军出版社1996年版，第131页。

⑥ 《中央军委对军队老干部工作的指示》（1941年9月16日），中央档案馆编：《中共中央文件选集》（11），中共中央党校出版社1986年版，第741页。

⑦ 陈云：《关于干部工作的若干问题》（1940年11月29日），《陈云文选》（1926—1949年），人民出版社1984年版，第145－146页。

此后，各抗日根据地认真贯彻落实中央关于选拔任用的原则，在提法上使用了“德才兼备”的概念，和中央保持一致。1943 年 4 月 25 日公布的《陕甘宁边区各级政府干部任免暂行条例》规定：“各级政府干部之任用，以适合下列标准者为合格：一、拥护并忠实于边区施政纲领；二、德才资望与其所负职务相称；三、关心群众利益；四、积极负责，廉洁奉公。”“有下列情事之一者，不得任用为政府干部：一、有汉奸行为者；二、有反对边区施政纲领或破坏抗日政府、抗日军队、抗日人民与抗日政党之行为者；三、有破坏政府法令，危害群众利益以及贪污、腐化、营私、舞弊、处罪有案，未能改过自新者；四、褫夺公权尚未恢复者；五、患神经病者。”“现在政府干部如有前条所列各款情事之一者，应停止任用，或付惩戒。”①

在淮北抗日根据地，淮北区党委于 1943 年作出《关于提拔与培养地方干部的决定》，强调了提拔地方干部的重要性和基本条件。其基本条件是：“（一）政治上有坚强党性与正确的群众观念；（二）工作积极，生活朴素，不贪污，不腐化；（三）对人对事能实事求是，大公无私；（四）在当地有相当群众信仰；（五）在斗争中，特别是在反扫荡斗争中，表示沉着勇敢者。”②

其他抗日民主政府干部任免的标准也大致相同。

（二）大量吸收知识分子

重视知识，发挥知识分子的作用是革命事业的需要和人民利益的根本所在。为适应新形势发展的需要，在抗日战争进入相持阶段以后，党中央采取了许多重大措施，大量吸收和培养知识分子。

1939 年 6 月，八路军总政治部发布了《关于吸收革命知识分子参加军队工作问题的训令》，要求教育老干部抛弃对知识分子的歧视和偏见，大胆地吸收和耐心地带领知识分子干部。1939 年 12 月 1 日，中共中央作出了大量吸收知识分子的重大决定，明确指出：“没有知识分子的参加，革命的胜利是不可能的。”把知识分子的作用看成是革命能否胜利的一个决定因素。它表明中国共产党在知识分子问题上的认识，实现了一次飞跃。决定提出，在长期的残酷的民族解放战争中，在建立新中国的伟大斗争中，共产党必须善于吸收知识分子，才能组织伟大的抗日力量，组织千百万农民群众，发展革命的文化运动和发展革命的统一战线。中共中央在决定中要求全党：一切战区的党和党的军队，应该大量吸收知识分子加入我们的军队、学校、政府工作，创造其为革命服务的条件，并按照具体情况将具备了入党条件的一部分知识分子吸收入党；在进行必要的审查时，不要因此而怀疑那些比较忠实的知识分子，要严防反革命分子陷害好人；应通过实际工作，带领知识分子在长期斗争中逐

---

① 甘肃省社会科学院历史研究室编：《陕甘宁革命根据地史料选辑》（第 1 辑），甘肃人民出版社 1981 年版，第 304 页。

② 《淮北区党委关于提拔与培养地方干部的决定》（1943 年 2 月 23），豫皖苏鲁边区党史办公室、安徽省档案馆：《淮北抗日根据地史料选辑》第 4 辑，1985 年 8 月印刷，无出版项，第 99 – 100 页。

步克服他们的弱点，使他们革命化和群众化；对于反对知识分子参加工作的一部分干部，要切实地进行说服工作，同时要努力实现工农干部的知识分子化和知识分子的工农群众化；在国民党统治区和日寇占领区，党也要同广大的知识分子建立适当的联系，把他们组织到抗日和民主的伟大斗争中去，组织到文化运动中去，组织到统一战线的工作中去。

为了提高党和军队的科学文化水平，党中央领导人在吸收与培养知识分子方面做了一系列工作。毛泽东为中共中央起草了大量吸收知识分子的决定，并发表《五四运动》、《青年运动的方向》等文章，强调“在中国的民主革命运动中，知识分子是首先觉悟的成份。”并号召知识分子走与工农相结合的道路，把自己“变为工农民众的宣传者和组织者”。在国统区，周恩来同爱国知识分子建立了广泛而亲密的联系，把党的温暖送到爱国知识分子的心坎里，并引导大量爱国知识分子奔赴抗日圣地延安。

中国共产党不仅注意广泛吸收知识分子，同时也十分注重对知识分子的培养工作。半殖民地半封建社会的知识分子，从他们的家庭出身、生活条件和政治立场看，“多数是可以归入小资产阶级范畴的。”他们自身存在着很多弱点，如缺乏实际工作的经验，看不起工农群众，好高骛远，自命不凡，有自由主义、个人主义倾向等。对知识分子的培养，其目的就在于教育和帮助他们改正自身的缺点，改造其世界观，使他们思想意识、阶级立场、文化知识水平和实际工作能力得到不断提高，成为革命队伍中的优秀分子。

抗日战争时期，中国共产党在培养知识分子方面采取一系列措施。一是创办各类干部学校和短期培训班，使大批知识分子尤其是知识青年比较系统地接受马列主义的理论、党的历史和党的基本知识以及党的方针、路线、政策等方面的教育，树立正确的思想观念、组织观念，掌握为抗战服务的本领。二是在实际工作中锻炼和改造知识分子。其具体做法是把从学校或从各类训练班毕业出来的知识分子的大部分分配到基层，分配到艰苦的工作环境中，进行实际斗争的锻炼，使他们同工农群众融合在一起，积累实际斗争的经验和知识，增长实际斗争的能力和才干。三是从组织上加强培养教育工作。主要方法是通过党、政府、军队中的老干部以自己的模范带头作用去影响知识分子，以诚恳的态度和满腔的热情去帮助知识分子；在工作中尊重知识分子的意见，发挥知识分子的特长和才能；对知识分子的缺点，进行耐心地说服和善意地批评；在生活上尽可能地予以关心和照顾。

在任用知识分子时，采取不拘一格用人才的态度，充分发挥知识分子的技长，做到人尽其才。抗战时期，一大批知识分子被党、政、军各机关任命为干部。在党、政部门中，至1940年底止，中下级干部，85%是新干部；在中级干部中，有85%是知识分子。[①] 在军队方面，1939年12月，八路军总部指示各部队要重视对知识分子

① 陈云：《关于干部工作的若干问题》（1940年11月29日），《陈云文选》（1926—1949），人民出版社1984年版，第144-152页。

的提拔，对各种专家要一律以他们的专业学识为标准，给予充分的负责工作。后来又规定在技术兵种和技术部门要从专家和技术人员抽调优秀者担任政治工作；对于经过考验的有能力的有前途的知识分子应当分配负责工作。有不少知识分子被提拔到军队中担任了领导职务。

（三）抗日民主政权实行“三三制”的原则

抗日根据地各级政府干部之任用应依三三制精神行之。毛泽东在 1939 年 12 月所写的《中国革命和中国共产党》一文中指出：“在抗日战争中，在中国共产党领导的各个抗日根据地内建立起来的抗日民主政权，乃是抗日民族统一战线的政权，它既不是资产阶级一个阶级的专政，也不是无产阶级一个阶级的专政，而是在无产阶级领导之下的几个革命阶级联合起来的专政。只要是赞成抗日又赞成民主的人们，不论属于何党何派，都有参加这个政权的资格。”① 1940 年 3 月 6 日，中共中央《关于抗日根据地政权问题的指示》明确提出各抗日民主政权普遍实行“三三制”。所谓“三三制”，即“根据抗日民族统一战线政权的原则，在人员分配上，应规定为共产党员占三分之一，非党的左派进步分子占三分之一，不左不右的中间派占三分之一。”② 中共中央同时强调：“必须保证共产党员在政权中占领导地位，因此，必须使占三分之一的共产党员在质量上具有优越的条件。只要有了这个条件，就可以保证党的领导权，不必有更多的人数。”“必须使党外进步分子占三分之一，因为他们联系着广大的小资产阶级群众。我们这样做，对于争取小资产阶级将有很大的影响”。而“给中间派以三分之一的位置，目的在于争取中等资产阶级和开明绅士。这些阶层的争取，是孤立顽固派的一个重要的步骤。”③

为了落实“三三制”的原则，陕甘宁边区中央局于 1941 年 1 月 30 日发出了《关于彻底实行“三三制”的选举运动给各级党委的指示》，要求“三三制”不仅在民意机关要实行，在政府机关中也要实行，要“仔细的有步骤的大胆的选举非党进步人士到政府机关为行政人员”；除了组织上要贯彻“三三制”，在社会的立法和各项政策上也要符合“三三制”原则。

为保证“三三制”这一原则的落实，各抗日根据地在自己的施政纲领中，以法律形式规定之。1941 年 2 月《津浦路东各县联防办事处抗战时期施政纲领》、1941 年 5 月《陕甘宁边区施政纲要》、1941 年 9 月《淮北行署施政纲领》、1942 年 5 月《皖鄂赣边区党委关于抗日民主根据地的政策讲授提纲》、1943 年 3 月《中共苏皖区委苏南施政纲领》④ 等先后公布施行。这些纲领规定：实行普遍、平等、无记名投票

---

① 《毛泽东选集》第 2 卷，人民出版社 1991 年版，第 648 页。

② 《毛泽东选集》第 2 卷，人民出版社 1991 年版，第 742 页。

③ 《毛泽东选集》第 2 卷，人民出版社 1991 年版，第 742 页。

④ 中共江苏省委党史工作委员会、江苏省档案馆编：《苏南抗日根据地》，中共党史资料出版社 1987 年版，第 244 页。

的选举制度，保证一切抗日人民的选举权和被选举权；抗日民族统一战线政权实行“三三制”原则，在人员分配上，共产党占1/3，非党派人士占2/3，共产党员应与这些党外人士实行民主合作，不得把持包办。

1941年初，抗日边区普遍开展了边区、县、区和乡四级参议会、代表会以及各级政权的民主选举。此后，各抗日根据地，基本上实现了“三三制”的原则。陕甘宁边区第二届参议会选出的18名政府委员中，共产党员占6名；9名参议会常驻议员中，共产党员占3名；乡参议员中，共产党员平均占1/3左右。县参议会情况大致相同。

在淮南抗日根据地，“据路东1942年2月统计，各县政府的干部，共产党员占33.9%，进步人士占19.4%，中间人士占28.9%，其他人士占17.8%；各区政府的干部，共产党员占33.7%，进步人士占20.7%，中间人士占24.9%，其他人士占20.7%；各乡公所干部，共产党员占23.7%，进步人士占17.6%，中间人士40.2%，其他人士占18.5%。”①

淮北抗日根据地中心区5个县参议会，“共有驻会委员43人，其中党员14人占32%；非党员29人占68%；以中心区8个县行政委员会为例，共有委员86人，其中党员30人占35%，非党员56人占65%；据38个乡的统计，行政委员会委员共347人，其中党员133人占38%，非党员214人占62%。”② 以泗南75个参议员为例，党员只占了27人，占36%。③

在皖江抗日根据地，参议会人员的构成，共产党员占44%，进步人士占21%，中间分子占35%。④

有时某一地区共产党员当选人数高于1/3，一些当选议员和政府委员的共产党员即用辞职的办法，主动减少所占比例，以保证“三三制”原则的大体实现。1942年3月20日通过的《豫鄂边区施政纲领》规定：“为保证共产党员参加各级竞选之候选人名单中及政府机关中不超过三分之一起见，同意共产党员如超过三分之一时，其超过者自行退出，俾各党各派及无党无派之一切人民，只要不投敌者，均可参加政府工作及民意之活动。”⑤ 1942年5月，皖江区党委要求各级政府的人员分配，务必符合“三三制”的原则，县、区二级政府共产党员占绝对优势的，“多多设法争取党外人士参加工作，逐步改造各级政府机构［人员］组成分配，向‘三三制’方向

① 汪道涵、周原冰：《淮南抗日根据地的政权建设》，龚意农主编：《淮南抗日根据地财经史》，安徽人民出版社1991年版，第323页。

② 欧远方、童天星：《淮北抗日根据地史》，中央文献出版社1994年版，第185页。

③ 刘瑞龙：《一九四三年淮北政权工作总结》（1943年12月25日），中国共产党历史资料丛书：《淮北抗日根据地》，中共党史出版社1991年版，第243页。

④ 《皖鄂赣边区党委关于抗日民主根据地的政策讲授提纲》（1942年5月），中国共产党历史资料丛书：《皖江抗日根据地》，中共党史出版社1990年版，第72页。

⑤ 鄂豫边区财经史编委会等编：《华中抗日根据地财经史料选编》（鄂豫边区新四军五师部分），湖北人民出版社1989年版，第301页。

走去。”①

抗日根据地选拔干部，遵循“三三制”的原则，既能团结大多数人与日寇、汉奸、亲日派进行斗争，又能保证由共产党员与进步势力结合起来的优势，因而从组织上保证了抗日民主政权的民族统一战线的性质。这对于增强各抗日阶级、阶层、党派之间的团结，调动广大人民群众的抗日积极性，巩固和发展抗日根据地，坚持持久抗战，发挥了极其重要的作用。

“三三制”的原则，赢得各阶层人士的广泛赞誉和衷心拥护。一些原来对抗日民主政权持怀疑态度的党外人士态度发生变化，盛赞边区“选政三三行伟制，名扬何让古唐虞”，认为“边区的章程越来越好”，“虽尧舜之世不如也”。

二、干部选拔任用制度

抗日根据地干部选拔任用制度，主要有委任制度、选举制度和考试制度。

（一）委任制度

委任制度，是抗日根据地干部选拔任用制度之一。陕甘宁边区政府颁布的干部任免条例，对干部任免的权限和程序规定如下：（1）边区政府各厅处院长官、各行政督察专员、大学校长，均由政府主席任命，由民政厅办理任用、登记、备案等手续。（2）由议会选举之县（市）长，县（市）政府委员，于选出后由边区政府主席加以任命，其手续与第一项同。（3）各厅处院之秘书、科长及主要直属机关（中等学校、重要公营事业机关、保卫团等）之主管人，得由各主管长官提交民政厅审查合格后，呈请政府主席委任。各厅处院股长科员以下人员，各厅处院直属机关之秘书、科长、股长及其附属机关之负责人员，均由各厅处院主管长官遴选委任，但须先由民政厅审查。各厅处院直属机关之科员以下人员及其附属机关之人员，得由该直属机关负责人遴选合格人员委任之，报由主管机关转民政厅备案。（4）各专署之政务秘书、科长，由边区政府委派或由专员提请民政厅审查合格，由政府主任委任；科员以下人员由专员遴选合格人员委任，报请民政厅备案。（5）县（市）政府之政务秘书、科长、区公署之区长，由边区政府民政厅委派，或由县政府提交县政府委员会讨论，请民政厅委任。县（市）政府科员以下人员及区助理员，由县长遴选合格人员委任，报请民政厅备案。（6）乡（市）长在选出后，由县长加委；乡（市）政府文书，由县长遴选委任，呈报民政厅备案。各级政府对所属干部的免职或者调动，同上述各条规定办理。

在晋冀鲁豫边区，各级政权干部的任免权限和程序与陕甘宁边区有所区别，其

① 《皖鄂赣边区党委关于抗日民主根据地的政策讲授提纲》（1942年5月），中国共产党历史资料丛书：《皖江抗日根据地》，中共党史出版社1990年版，第72页。

中规定：由边区政府任免的干部有：（1）边府本身（各厅处）科员级以上干部；（2）各专管局（公安、工商、交通、农林局）总局科长级以上干部；（3）各行署处长及行署区范围内之专员级干部，公安、交通分局局长，工商办事处正副主任及监委；（4）太行区专员，县长专署科长，公安交通监察长，工商分局局长与各级监委。由行署任免的干部有：（1）行署本身（各处）科长科员级干部；（2）行署区范围内之县长（任免后须呈报边区政府备案）及专署科长级干部；（3）公安交通分局工商办事处科长级以上干部与行署区范围内的公安交通督察长、工商分局长及监委。由专署任免的干部有：（1）专署本身科员级干部；（2）专署内之县府科长与区长级干部（任免后须分别呈报边区政府或行署备案）。由县府任命的干部包括：（1）县府本身科员级干部和县范围内区助理员级干部（任免后须报专署备案）；（2）未经村选村庄的村长。此外，凡不属各该级任免权限但属于其领导范围内的干部（各专管局在内），在紧急情况下，急于调动补充时，各级可暂行派人代行职务，但须从速呈请原任免机关，审核决定；在公安、司法及各专管局（工商、交通、农林），凡不属于边府行署任免范围的干部，均由各该院局自行任免。

华中局建立了关于认识干部了解干部的制度和经常性工作制度，对干部的工作调动、任免、提升或降职也作出了规定，即要经过党的委员会或军政委员会的讨论，经过上级机关的批准。

1945年6月30日，淮北区党委组织工作会议通过了《淮北各级党委组织工作条例草案》。《条例草案》关于“干部提拔配备和调动”的规定主要有四点：

1. 各级党委及其所辖各级干部的提拔和配备

（1）支部委员会经选举产生后，由党委批准并报告县委备查，其中分支书及乡支行政委员必须经县委最后批准。（2）区委委员及其各部长以及区级各非党组织的党团书记，由县委讨论决定，并转地委组织部批准，其中区政府党团书记、党委书记须经地委会批准。（3）县委委员及其各部长以及县级各非党组织中的党团书记，由地委讨论决定，报告区党委组织部批准。其中县委书记、县府党团书记、县委社会部长必须经区党委批准。（4）地委以上干部由区党委讨论决定，呈报华中局批准。

2. 行政干部的提拔配备和调动

（1）乡长、区政府各区员、区财务局长等干部，由区署党团提出意见，交区委批准后，由区署党团通过，区政府向县政府呈请报告，然后由县府党团提出意见，交县委会讨论决定。（2）区长、县政府各科长、县交通局长、县公安局各股长，由县府党团提出意见，交县委批准后，通过党团交县府向专署报告呈请，然后交专署党团提出意见后，交地委讨论决定。（3）县长、县府秘书、县公安局长、县财务局长以及专署各局长、中学校长由专署党团提出意见，通过党团交专署呈报行署批准，其中县长、县公安局长、专署公安、财务局长，须由行署党团交区党委讨论决定。（4）专员以上干部由行署党团提出意见，交区党委批准后，呈报军政治部批准。

3. 群众团体的干部提拔配备和调动

各级群众团体领导机关的人选，由各该级党委讨论提出意见（讨论时可吸收同级群众团体之党团参加），报告上级党委，经上级党委讨论同意后（讨论时可吸收同级群众团体之党团参加），交还各该级党委布置，经群众团体选举。

4. 武装委员会及民兵干部的提拔配备和调动

（1）各级武委会主任、副主任及其他各委员的人选，由各该级党委讨论提出意见（讨论时可吸收同级武委会党团参加），报告上级党委，经上级党委讨论同意后（讨论时吸收同级武委会党团参加），交还各该级党委布置选举之。（2）各级民兵干部由各该级党委提出意见（讨论时可吸收同级武委会党团参加），报告上级党委，经上级党委吸收同级武委会党团讨论同意后，由武委会党团通过其民兵指挥部，报告其上级民兵指挥部批准之。[①]《条例草案》还对淮北区党委、地委、县委、区委、乡总支等各级党委组织部机构的设置及其职能，组织工作中的会议制度、汇报制度、统计工作制度、组织发展和组织工作业务的研究与定期的教育制度、转移组织关系制度、党费制度均作了明确规定。

上述《条例草案》虽然是淮北抗日根据地的，但是它有一定的代表性。其他抗日根据地也有类似的规定。关于抗日根据地干部的选拔、任用，根据中共中央、华中局和有关区党委的规定和有关材料，我们可以作出以下概括：

第一，中央局与中央分局为中央代表机关，其干部由中央指定和管理。区党委、地委的人选，由军队与地方党组织的统一的代表大会选出，经上级批准。县委及县以下的党的干部，都经该上级党的机关批准，并由其管理。党对政权系统干部的管理，包括对党员干部和非党干部的管理两个方面。由于各抗日根据地普遍建立了“三三制”政权，党对政权系统的领导只是原则的、政策的、大政方针的领导，而不是具体的包办代替。党对参议会及政府工作的领导，只能经过自己的党员和团员来进行，党委及党的机关无权直接命令参议会及政府机关。在政权系统中工作的党员及党员干部，必须服从党组织的决议、决定与纪律，由其进行管理，不得利用在政权中的地位而自由行动。党对政权中非党干部的管理，主要体现在：重视非党干部的作用，在政治上信任他们；坚持用人唯贤的方针，充分发挥他们的才干；尊重他们的思想自由和生活习惯，不以党员标准苛求他们；在政治上、工作上、物质上给以帮助等方面。

第二，政府系统还通过人事部门来管理干部。各抗日根据地因情况有所差异，对政权系统干部的管理机构的设置、管理范围等具体规定不尽相同，但总体原则是一致的。

第三，军队干部的管理由各级军事首长、政治机关和军政委员会联合进行。根据1940年11月7日总政治部关于干部工作的指示规定：对连、排、班干部的提升，

---

① 《淮北各级党委组织工作条例草案》（1945年6月30淮北区党委组织工作会议通过），豫皖苏鲁边区党史办公室、安徽省档案馆：《淮北抗日根据地史料选辑》第4辑，1985年8月印刷，无出版项，第283页。

先由支部提出意见，经旅、团级军政委员会讨论，由旅、团级首长命令委任之；对营、团级干部，由政治机关提供政治方面材料，由旅、师军政委员会讨论，由师级首长命令委任之，其团级首长之任免，须报告总部及军委追认。旅师级纵队干部由前总、军委批准之。关于干部的审查，由政治部和组织部收集提供材料，对干部处理的决定权属于各级军政首长，其重要者，应交军政委员会讨论决定。

（二）选举制度

选举制度，是抗日根据地干部选拔任用的又一制度。共产党人在根据地农村首先推行民选制度。最初的民主选举，主要是为了合法地选掉国民党政府系统的乡村政权的人员，和平地实现取而代之。各抗日根据地根据中共中央的指示和选举的方针政策，都制定了关于选举的具体办法。

各地乡选活动，先进行深入的宣传教育，再成立乡选委员会，负责乡选的具体工作；然后在村选基础上，召开全乡代表大会选出乡行政委员会委员和正副乡长；最后还讨论通过各种提案和决议。

选举采取无记名投票的方式，有票选法、画圈法、画点法、画杠法、投豆法、投纸团法、烧洞法等。投票选举法是全世界通用的选举方式，在抗日根据地，这种方式也在用，不过多用在非基层的选举中。乡村选举用此法时，由于大多数人不识字，往往会加上一些变通措施，比如在候选人名单上编号，甚至用通行的外号代替大名写在票上。比较普遍的农村选举方式一般采用了以下办法：

一是丢豆子，就是在候选人名字下面放一个碗，主持人喊名字，投票人做个手势，丢不丢豆子别人不知道；

二是香烧洞，就是候选人名单发给选举人，每人给一支点着的线香，愿意选谁就在谁名字上烧个洞；

三是红芦秫选票法，具体施行是这样的：“候选人单编一个组，坐在最前排，不准回头看，以便大家随意选。”“各组推出一个端碗收票的，一个监碗的。票子原用普通大芦秫，临时改用特备的红大芦秫（这样可以防止捣乱，因为从前曾有少数坏的地主士绅，自己或收买别人口袋里装了许多豆子，大把的扔入碗内的事情。至于各村用的，也最好能互不雷同，并且事先不宣布，以防弊端）。候选名单是十四人，应选的代表是七人，所以每人发了七粒红芦秫。发时特别关照赞同哪个就选举哪个，但赞同的人也只能丢一票（因从前曾有地主士绅买通选民，将所有票子一次全丢在他的名下，所以要特别关照，特别监视）。”①

在陕甘宁边区安塞、绥德、吴堡、米脂、合水、镇原、环县、新宁等8县中，共产党员在乡（市）参议会中分别占18.4%、13.8%、29.1%、18.2%、29.4%、

① 刘顺元、冯定：《安乐、殿发两乡乡选经过的调查》（1943年），中国共产党历史资料丛书：《淮南抗日根据地》，中共党史资料出版社1987年版，第272-273页。

15.4%、27%、25.1%。“关于乡政府委员会的情形，一般与乡参议会差不多。至于乡长人选，各县都有一部分非共产党员，在土地未经分配区域，还有若干国民党员当了乡长。”①

在晋察冀，国民党驻边区的联合办事处主任郭飞天被选进了参议会。参议会真实地实现了“三三制”的精神与实质。在1940年参议员选举时，由于尚未深刻了解“三三制”的精神，以致当选参议员中，共产党员占绝大多数。中共北方分局“为补救这个缺点，决定聘请非党人士百余人为参议员，基本上补救了这个缺憾。”②

在淮南抗日根据地，各县各区按照“三三制”的原则建立了临时参议会，一切重大工作和单行法规的制订，都要经过参议会通过。1942年5月，津浦路西参议会通过乡选条例之后，在中心地区约80个乡进行了民主选举。以津浦路东的安乐、殿发两乡的乡选经过为例，从1942年11月21日至12月10日，仅用20天就完成乡选任务。首先成立乡选委员会，然后公布公民资格，对公民资格进行讨论、登记和总结，最后提出候选人，进行讨论。选出的代表的成分，安乐乡的28名代表中，工人2名、贫农2名、中农12名、富农10名、地主2名；积极分子和劳动英雄，占了代表的大部分；从性别的角度看，女的7人，男的21人，“女的恰占全数四分之一”③。殿发乡8个行政村共有人口1930人，其中选民有1240人，划为8个选区。在选举时，实到选民968人，最后选出了9名乡行政委员。④

在淮北抗日根据地，到1943年，全边区14个县已经有8个县进行了县选，正式成立了各县参议会和行政委员会，基本区520个乡，已完成乡选的共计202个乡，占39%，1944年春季预计可以完成176个乡，共378个乡，占全部基本乡的73%。其中以泗南乡选最普遍，全县72个乡已有58个乡进行了乡选，全县共58625户，实行代表制的占47542户，全县总人口298249人，实行代表制的238090人。其中泗阳县共47个乡，进行乡选的有24个乡；淮泗县共88个乡，进行乡选的有39个乡；其他的县都或多或少的进行了乡选。虽然没有完成普选，“但在淮北人民的政治生活中已经大体上建立起一套新的和国民党反动派一党专政基本上不同的政权系统，这个政权系统按三三制的原则建立起来，在许多方面，都充分表明了它的统一战线的群众的性质。”⑤

抗日根据地实施选举制度，注意到党团对选举的监控。曾任苏北抗日根据地淮

---

① 林伯渠：《陕甘宁边区三三制的选举》（1944年3月25日），《延安民主模式研究》课题组编：《延安民主模式研究资料选编》，西北大学出版社2004年版，第125页。

② 《中共中央北方分局关于晋察冀边区第一届参议会的总结》（1943年1月24日），《中共中央北方局》资料丛书编审委员会编：《中共中央北方局：抗日战争时期卷》（上、下册），中共党史出版社1999年版，第488页。

③ 刘顺元、冯定：《安乐、殿发两乡乡选经过的调查》（1943年），中国共产党历史资料丛书：《淮南抗日根据地》，中共党史资料出版社1987年版，第273页。

④ 中共滁州市委党史研究室著：《淮南抗日根据地史》，安徽人民出版社2001年版，第119页。

⑤ 刘瑞龙：《一九四三年淮北政权工作总结》（1943年12月25日），中国共产党历史资料丛书：《淮北抗日根据地》，中共党史出版社1991年版，第242－243页。

海区行政公署主任的李一氓认为，在民主选举中，“特别重要的是党团意见要一致”①。在淮海区第二届参议会中，党团对选举的监控进行了四方面的运作：

一是提候选名单时为了达到名单平均分配于各阶层和各县的目的，党团决定在士绅提出候选名单后，再提出自己的名单，以便分配自己的票源。

二是因为工、农、妇参议员文化程度较低，“不认识字怎么圈呢？只有事先教育，在两个委员会中，谁当选最好，因此在圈的时候，可以分为几组，某组以某人为准，大家依照他的圈法来圈。”②

三是采取措施，保证中共方面的选票不能过于集中。“假如我们希望选出某某等19人，我们的全部选举票都投这19人，就会有这样的毛病，支配的显然了，完全都是一模一样的。同时，我们还不能占绝对多数，譬如某些士绅，估计到别人也会投他的票的，我们就少投些，而有些又是别人不会（或仅少数）投他的票的，我们就多投些。或者，我们只指定我们自己定要投那15个人（以19人为例）而其余4人就让他去自由选择。这就会把我们投的票变为无数形式，而不会完全清一色了。同时，也保证我们希望被选的人，定会选出了。同时，也保证我们自己的票会得最多数，而不会过甚的集中某某士绅的票，而使他胜过我们了。”③

四是在选举中遵守三三制的原则，但不能在选举时就这样。“因为这是没有把握的。假如选举结果我们有一二人少一二票，落了选，就不能保证三三制了。所以在布置选举时，我们宁肯多于1/3，在选举结果之后，看究竟我们多几人，谁须要退出，那时再宣告退出好了。”“特别在保证三三制这一点上，我们在驻会委员会的选举上，宣告退出一人，在行政委员会的选举上，宣告退出两人。这博得整个参议会的赞许，认为我们是真民主，真实行党的政策。在这个问题上，我们完全成功了。”④

虽然在抗日根据地中，仍然存在着不按照边区选举条例规定甚至违背选举法规而行事的事例，但是在边区各级政权机关和边区人民的广泛参与下，根据地的选举法规在实践中得到了良好的执行。

抗日根据地的民主选举制度，加强了各阶层人民的团结。不仅是一般的抗日地主、雇主有权参政，即广大的从来被压迫被奴役的工农劳动人民，也选举了自己的代表，参加了政权机关，直接管理国家大事。男女在选举问题上是完全平等的，只要合乎条件，一样有公民权，一样有选举与被选举权，已出现了不少优秀的女代表、女行政委员、女村长、女乡长等。大多数人民参加政权管理，改变了人民对政府的观点，人民可以选举政府人员，做事公道，大家便帮忙，选出的人不公道，大家便

---

① 李一氓：《淮海区第二届参议会工作的总结》（1942年6月27日），中共江苏省委党史工作委员会、江苏省档案馆编：《苏北抗日根据地》，中共党史资料出版社1989年版，第232页。

② 李一氓：《淮海区第二届参议会工作的总结》（1942年6月27日），中共江苏省委党史工作委员会、江苏省档案馆编：《苏北抗日根据地》，中共党史资料出版社1989年版，第229－230页。

③ 同②。

④ 同②。

"反映"他、批评他、斗争他，最后改造他。许多老百姓从此感到政府是自己的，政府好坏和自己有切身利害关系，不能像从前站在一旁看了。许多地方群众敢于和那些不称职的乡长算账，敢于在大会上提出撤换自己所选出来的违法渎职的参议员和行政人员，敢于和农村中的黑暗压迫作斗争，各阶层人民能运用自己的权力来保护自己的利益，这就大大提高了各阶层人民抗战的积极性。

抗日根据地的民主选举制度，加强了政府的力量。通过居民组、代表组、代表大会、行政委员会、各种工作委员会等等形式，根据"三三制"、民主集中制的原则，不仅使各阶层人民的优秀分子都来参加政府工作成为可能，也使政府本身的成份上发生大变化。它吸收了各方面的人才参加工作，这样便使抗日民主政府与人民建立了密切联系，有了坚实的依靠。没有这种群众性的政权，任何新的建设任务是无法完成的。因为政府由人民选举产生，也改变了政府人员对人民的观点，这些被人民选出的政府人员，逐渐了解自己对人民的责任，部分地建立起向人民报告工作及征求"反映"的制度。参议会也和开始时期不同，已大大提高了权力，政府中许多基本的政策和法令，必须经过参议会的通过才付之实行。这样便在边区内部造成一种新情况：人民和干部的民主思想、自由平等思想有了提高，人民知道了自己的权利，干部也认识了群众的力量。政权民主改造的经验，证明了这种"三三制"、代表制、民主集中制的政权，是最便于中国大多数人民参加管理的政权，人民能掌握它管理它。人民能够运用这种政权，一切借口中国人民水平太低，不能实行民主的论调，已被事实所打破，而人民一旦参加政权，便立即提高了抗战的积极性，证明争取抗战胜利与实行民主是不能分离的。①

（三）考试制度

考试制度，适用于抗日根据地的学校。抗日根据地的学校是培养干部的摇篮，所以它是抗日根据地干部选拔任用的又一制度。

1. 学校招生考试对干部的选拔和培养

抗日战争时期，中国共产党为了领导人民取得反法西斯侵略战争的胜利和发展根据地的各项建设事业，造就大批的各种干部和建设人才，以陕北为中心，兴办了大批学校，以培养革命和建设所需要的人才。

中国人民抗日军事政治大学，简称"抗大"，是抗日战争时期中国共产党在延安创办的一所闻名中外的军事学府。抗大是为了适应抗日民族战争的需要创办的，办学的宗旨"是以培养抗日战争中军事政治的领导干部为目的的。"② 在《抗日军政大学招生简章》中明文规定入学资格"不分党派，不分信仰，不分性别，以抗日高于

① 刘瑞龙：《一九四三年淮北政权工作总结》（1943年12月25日），中国共产党历史资料丛书：《淮北抗日根据地》，中共党史出版社1991年8月版，第242－243页。

② 《抗日军政大学招生简单》（1938年刊行）。《陕甘宁边区教育资料（高等教育和干部教育部分）》上册，教育科学出版社1981年版。

一切，坚决献身于民族解放事业者”，年龄在18至30岁之间，身体强健，无不良嗜好和传染病者，均可报名投考。对投考者的文化程度，《简章》规定，一般是“大学、高中或初中毕业，或具有同等学力”，但“工人成份不受此限制”。投考者只需要携带过去学历证明书或其他证明文件、书信并附本人半身照片，均可到各地报名处或来校投考。但现在军队中服务的人员欲投考抗大，必须取得该主管机关和负责人正式介绍或其他正当手续。为方便全国有志之士报考“抗大”，当时在武汉、西安、兰州、南昌、成都、广州等地八路军办事处或通信处，新四军驻浙赣办事处以及延安都设有报名处。对于投考时间，一般不加限制，只要合乎有关规定条件的，即予录取，有各地抗日救国团体的介绍，可优先录取。考试的科目有：政治常识、历史、地理、时事、数学等。考试分初试和复试两项。初试在各报名处进行，复试在延安本校举行。此种入学考试主要是作为以后编队授课的参考。学员入校后修业期满，基本上是由学校分配到抗日前线工作，但学校对学员自已觅得工作，亦不加限制。

“抗大”学员的来源主要有两个方面：一是党政军干部。他们是通过组织系统从各条战线上抽调来培训深造的。二是爱国的青年知识分子。他们大多数是为寻求革命真理和有志于献身民族解放事业而来“抗大”学习的。从“抗大”总校共培训的八期共29072名学员来看，第一期学员共1063人均来自红军。他们当中有很多人是经过长期革命斗争锻炼的干部和老战士，大部分是经过二万五千里长征到达陕北后的部队骨干，其中有不少是红军的高级干部。如罗荣桓、杨成武、张爱萍、苏振华等都是第一期的学员。第二期招收学员2762人（包括所属步校），大多也是红军的各级干部和指挥员，还有大约1/3是边区以外来投考的知识青年。第三期学员1279人，大多数亦来自红军。第四期，因大批知识分子涌入延安投考“抗大”，学员猛增，多达5562人，他们来自除青海和西藏以外的全国各省市，还有国外华侨、国际友人。年龄从13岁到四五十岁都有。他们中既有学生、工人、农民，也有科学家、文学家、艺术家、资本家和商人等。其文化程度很不一致，既有文盲，也有大学生，甚至留学生。第五期学员共4962人，主要是来自陕甘宁边区和华北各抗日根据地的知识青年。第六期4900人，招收的多是八路军、新四军、各根据地民主政权和群众团体的基层干部。第七期928人，主要来自部队，他们具有实际斗争经验，共产党员约占80%。第八期共6000余人，主要招收的是来自部队和解放区的干部，同时也有部分学员是来源于各根据地的知识青年。

从1938年12月至1945年春，“抗大”在其他根据地先后开办了12所分校。在八年抗战中，“抗大”总校培养了1万多名党政军干部，加上各分校共为国家培养了20多万优秀的抗日军政干部。

陕北公学是一所培养行政、民主和文化工作干部的学校，从1937年8月开始接受学生。全面抗战爆发后，由于实现了国共合作，全国各地来延安求学的知识分子日益增多，“几乎每天都有几十甚至上百人涌到陕北公学来，几天就可以编起一个队

（每队平均120人左右）。”[①] 1937年9月，《新华日报》曾刊登了陕北公学的《招生启事》，规定凡18岁以上，有志参加抗战的青年，身体健康，不拘文化程度，不分性别、出身、职业、信仰和党派，皆可报考。陕公的学员主要是青年知识分子，他们大部分是来自全国20多个省市的大中学生，也有海外归来的华侨青年。陕公为抗战培养了6000多名各类干部。

中国女子大学是“以养成具有斗争理论的基础，革命工作方法，妇女运动专业和相当职业技能等，抗战建国知识的妇女干部为目的。”[②] 在抗日战争中，占全国人口半数的二亿二千五百万妇女，是一支不可忽视的力量。由于历史的原因，广大妇女社会地位低下，当时“妇女运动的范畴，还是限之于各大城市中的少数知识妇女和上层的家庭妇女之动员。”[③] 为适应抗日战争的时代要求，组织广大妇女群众参加抗战，必须培养和锻炼大批懂得马列主义和热心妇女运动的女干部，通过她们到基层去做组织群众的工作，实现全国妇女的总动员。因为“中国没有占半数妇女的觉醒，中国抗战是不会胜利的。”[④] 延安女子大学就是为了有计划、大批训练培养妇女干部而设立的。女大的学员来自全国21个省区，总数达千余人。其中有参加过工人运动的青年女工，有从敌人监狱中出来投奔革命的女革命者，还有红军中的女战士、干部和出身不同家庭的青年女知识分子。她们来自五湖四海，为了一个共同的目标——抗战，走到一起来了。女大从1939年7月创办到1941年8月底结束，虽仅存在两年多的时间，但在抗战中发挥了巨大作用，在中国妇女运动史和教育史上也有着重要的地位，为抗日战争和中国革命事业培养了大批妇女干部。

抗日根据地的学校，是中共干部的摇篮。苏中公学以实施新民主主义教育，贯彻学用一致精神，谋取青年出路，培养抗战建国专门人材为宗旨。入学考试分为初试和复试。考试科目为国文、政治常识、各系专门知识、口试、体格检查等。“毕业后出路：由本公学按照学习成绩，分发当地各部队各机关服务。”[⑤]

浙东抗日军政干部学校，以培养有志青年提高其抗战学术，使其真能为国家民族服务，增强抗战力量为宗旨。其入学考试科目：（1）体格检查；（2）口试；（3）笔试：自然科学常识，社会科学常识（包括历史、地理、时事、政治常识）及算术。考试及格入学后，一切服装、行李、文具、日用品兼膳宿、零用等费用，“皆由本校按新四军排级干部待遇供给之。”[⑥]

浙东鲁迅学院，以培养为实现新民主主义政治的区乡级干部为宗旨。其入学考试科目为国文、政治常识、口试、体格检查。毕业出路：“由本院按学习成绩，介绍

---

① 成仿吾：《战火中的大学》，人民教育出版社1982年版。

② 海棱：《从女大的怀抱里将抚育出千百万妇女解放的先锋》，《新华日报》1938年9月27日。

③ 邓颖超：《纪念三八节开展妇女运动》，《新华日报》1939年3月8日。

④《中国女子大学开学典礼》，《新中华报》1939年7月25日。

⑤ 杨学为主编：《中国考试文献集成》第7卷，高等教育出版社2003年版，第609页。

⑥《浙东抗日军政干部学校招生》，《浙东抗战与敌后抗日根据地史料丛书》第6卷（根据地的各项建设），中共党史出版社2001年版，第65页。

至浙东行政公署分配工作。”[①]

各根据地根据当时的客观条件和现实需要，创办学校，采取抽派选拔与自愿投考相结合的方法，大量招收和培养各方面的人才。在教学过程中，大胆改革和创新，本着学以致用、理论与实际相结合的原则，打破旧的传统考试模式，创造出一套新的考试方法，考试的形式多种多样，不拘一格，考试的目的不在考倒人，而在于追求教育向更深层次发展，反对“锦标主义”，尤其重视理论应用于实际能力的提高与培养，有力地促进了教学的改革与创新，为培养根据地所需要的各种人才做出了突出贡献。

2. 在职干部的培训和考试

抗战时期，中共中央和各抗日根据地对在职干部的教育尤为重视。在“一面工作，一面学习”的原则下，对在职干部通过选拔与考试，实行轮训制度，有计划地将干部分批调出，加以短期训练，再调回担任原来的职务。1939 年 3 月，中共中央干部教育部公布了《延安在职干部教育暂行计划》。《暂行计划》把参加学习的在职干部分为甲、乙、丙三类。甲类主要是担任负责工作的老干部，他们以联共（布）党史为必修课；乙类主要是文化水平较高而党龄较短的新干部，他们以党的建设为必修课；丙类是政治、文化水平低的干部，他们同时学习文化课和党的建设。

在职干部因为边学习边工作，其修业期限一般来说较短。学习方式主要是以自学为主，教授和指导方法为辅。所以，它的考试方式也同一般正常学校有所不同。在职干部学习期间的成绩考察主要有四个方面。第一，日常考查。日常考查的方式多种多样，如口头回答；写日记或读书笔记；写调查研究报告和工作报告；召开讨论会等。针对不同的课程和对象采取不同的方式，及时了解学习情况，督促学员学习。第二，临时测验。临时测验由各科教员或指导员在教学时间内举行，其方式有二。其一，事先通知，要求学员注意日常学习；其二，事先不通知，随时测验。教员出一些可以发展思考能力的问题，让学员回去温习，把学过的东西加以整理和综合，使测验和学习有机结合起来。第三，学期考试。即在学期终了时，举行本学期所学课程考试。第四，毕业考试。在学习期满时，就所学全部课程举行考试。

除了常规的考试以外，还采用学习竞赛的方法进行考察和激励。竞赛的形式多种多样，有班级组织的，学校组织的，也有边区政府组织的。竞赛是鼓励与加强个人与个人之间、单位与单位之间的竞争。竞赛的双方是互相帮助，互相交流经验，谁也不愿意对方落后。每次竞赛，以一定的学习计划或工作计划为目标，竞赛的总结，不单要考查谁完成了计划，谁超过了计划，谁没有完成计划；同时，还要考查谁帮助了并且怎样帮助了别人，能够完成计划超过计划又切实的帮助了别人的人，才是真正的胜利者。这样的胜利者，能够真正起到互相帮助共同提高的作用。[②]

---

① 《浙东鲁迅学院第三期招生简章》，《浙东抗战与敌后抗日根据地史料丛书》第 6 卷（根据地的各项建设），中共党史出版社 2001 年版，第 68 页。

② 中央教育科学研究所编：《老解放区教育资料》2（抗日战争时期上），教育科学出版社 1986 年版，第 349 页。

为了鼓励和鞭策学员努力学习，根据地许多单位还规定了奖惩制度，对在职干部在学习期间的情况，根据学期考试和结业考试成绩的优劣分别给以奖励或处理。

抗日根据地的干部训练班在某种程度上来说，实际上是在职干部教育的继续。各抗日根据地为了完成某次大的战斗和工作任务，常常利用战斗和工作的间隙，举办各种类型的训练班。其目的主要是提高干部的认识，统一思想，使干部更好地掌握方针政策，较好完成各项任务。

抗战时期，抗日根据地训练班，类型很多，名称各异，主要有以下几类：政治理论训练班；业务技术训练班；布置工作训练班；整顿思想作风训练班等。这些训练班的学员均是各部门选派不同类型的干部参加学习。他们的文化程度参差不齐，学习时限较短。训练班的学习常常是和自己从事的工作密切结合的。参加训练班学习的干部，一般是从哪里来还回哪里去，不存在重新分配或调离工作的问题。

值得一提的是，这种类型的训练班，不仅仅局限于根据地里，就是在国民党统治区，也有共产党直接领导或是统一战线方式办的训练班。如在国民党统治区，由中国共产党领导，以西北青年救国联合会 1937 年创办的战时青年训练班就是其中的一个。它前后共办了 9 期，培养了大批抗战干部。

在八年抗战期间，各抗日根据地许多机关和部门，运用在职培训等形式，抽调和选送了大批各级各类的干部，加以培训，为抗日根据地及以后的建设做出巨大贡献。

三、历史贡献

（一）干部选拔任用制度的创新

抗日根据地的干部选拔任用制度，是新型的，是在抗日战争时期中国共产党人的创造。

1. 干部选拔任用的标准的创新

“任人惟贤”，出自《尚书·咸有一德》：“任官惟贤才，左右惟其人。”意思是只任用有德有才的人做官吏。我国的察举征辟制度、九品中正制度、科举制度、文官制度，都以“任人惟贤”作为选官的标准，但不同的时代，“贤”的内涵有不同的内容。在察举征辟制度、九品中正制度、科举制度时代，“贤”的内涵无非是“三纲五常”，无非是符合封建帝王意识形态的德，和为封建帝王服务的才。在文官制度时代，“贤”的内涵无非是资产阶级的民主共和，是符合大地主大资产阶级意识形态的德，以及为大地主大资产阶级服务的才。毛泽东曾用生动的语言，把党的干部路线概括为“任人惟贤”四个字，并赋予“贤”以新的内涵。实行“任人惟贤”，就是坚持“德才兼备”的干部选拔和使用标准。“德”，不再是“三纲五常”、民主共和，而是指干部忠实于无产阶级革命事业，忠实于中国共产党的政治态度、思想品德，与群众有密切联系的工作作风，“才”主要指干部能独立决定工作方向并负起责任的能力，守纪律。“德才兼备”顾名思义就是要求我们的干部既要有德，又要有才，并且“德”是首位的。中国共产党人尊重知识，尊重人才，政权中实行“三三制”原则，男女在参政问题上完全平等，都是中国共产党人划时代的理论创新。

2. 考试制度的创新

抗日根据地的考试制度，在实践中不断创新。在苏中抗日根据地，“把旧的定期的消极性的考试制度，转变为新的经常性的积极性的调查研究制度，必须经常设法了解学生的学习条件，学习状况，学习情绪，而且要用大力去掌握它。”① 在陕甘宁边区，延安大学积极探索，形成了自己的一整套考试制度。特别是延安大学教育系，在对考试进行研究的基础上，探索了一种新的考试方法。大体分为以下几个步骤：

第一，教师出题。这次教师出了二十八个题，十八个题包括了全部过程的内容，带有复习性质，但同时是启发小组讨论。所以不仅仅是问问某件事的内容，而且问为什么是这样。另外两个题，一题是要学生发表他的教育见解，另一题是要学生写心得与对教师提意见。

第二，小组讨论。教师发出考题以后，说明学生以小组为单位，进行复习与讨论考题（只限于讨论前十八题，后二题不讨论）。

第三，个人解答。复习与讨论完了，把题目分成两类，前十八题为第一类，后二题为第二类。第一类又因小组人数的多寡，配合考题的难易，分为若干小类，把考题号码写在纸片上，每人抽一条，抽到哪一小类考题就解答哪一小类的考题，另外再加上解答第二类的两个题。这次每人解答的考题，最多的解答了六题，最少的三题，大多数人都解答了四题。

第四，几条纪律。有几条纪律：（1）在讨论时每人必须参加，而且每人必须发言，每题可以在小组上求得一个初步结论。（2）先进行复习还是先进行讨论考题，还是复习与讨论同时进行，由各小组自己决定。但不得先分配考题给各人，然后进行讨论，换句话说，十八个问题，每人都要参加讨论。（3）在讨论与复习阶段，除讲义外可以找参考书来做根据，在解答时也可以再找参考书做证据。（4）分题以后，每人绝对负责自己解答，不找第二个人商讨，这是自觉的纪律，也是集体互相遵守的纪律。（5）教师可以参加任何一组的讨论会，可以代学生找参考书，但对于讨论考题内容，不得参加意见。（6）考试时间定为四天，每天是五小时或六小时，但不得超过六小时。

第五，教师评阅。教师评阅试卷只打记号，如有答错的加“?”，有答得不完全的加“……”，有写错原文等打“×”号。评阅以后，把考卷依照考题分为二十个单位，每单位订成一本。

第六，传看考卷。教师在考试后讨论会上指出某题某组某人解答得比较详尽，

① 《苏中教育》1944年第1期。

然后把所有考卷陈列在全系公共场所，给全系学生自由去看（注意：教师在讨论会上也指出某题解答不充分或答错了，但不直接指出某人的姓名，以免当场批评的流弊）。

第七，教师对本门功课的自我批评。教师极虚心地接受了学生对这门功课提出来的意见，说明某某几点是应该接受而改进的，但有某某几点是值得大家再加考虑的。这两方面都说明了理由，对于提得不正确意见的学生，绝对不指出姓名，同时也不说明以后要怎样提意见的方法，以免当场打击学生，阻碍以后学生提意见的勇气。

延安大学教育系一致认为：这个考试方法比旧的考试方法收效大，在中学以上甚至小学高年级，一般的科目都可以采用这个考试办法。①

3. 选举制度的创新

抗日根据地通过最广泛的民主选举制度，成立民选政府，真正实现地方自治。抗日根据地的民主选举制度产生的干部，他的权力是人民给的，他必然要对人民负责。国民党政权有些官吏是从上而下的委派制度，连保甲长都要经上级委派，这些委派的官员，必将对国民党政权负责。南京国民政府为实行新县制和参议会制度，也曾推进选举制度。1941 年 8 月 9 日，南京国民政府公布的《乡镇组织暂行条例》中规定了保长、副保长的选举资格：“一、师范学校或初级中学毕业，或有同等学力者。二、曾任公务人员或在教育文化机关服务一年以上，著有成绩者。三、曾经训练及格者。四、曾办地方公益事务。”同时还规定：“在未办理选举以前，保长、副保长由乡镇公所推定，呈请县政府委任。”② 以上选举资格的规定，比抗日根据地选举资格的规定要严格得多，实际上是限制了其他各阶层人民的选举资格。

限于文化水平，抗日根据地的选举方法，一是丢豆子、二是香烧洞、三是红芦秫选票法，这种上得掉渣的选举法当然比不得欧美发达国家的选举办法完善，执行的时候常常会出现许多问题，但是，在当时落后闭塞的农村，面对一群识字不多甚至大多数不识字的农民（包括妇女和老人），这是所能采取的最适宜的选举方式了。胡适面对国民党借口民智不开，不肯推行民主的说法，曾经提出过“幼稚园民主”论，然而，真正将这种理论付诸实现的，还就是抗战时期的共产党人。这是共产党人的创造。

抗日根据地的人民对民主选举制度之所以积极参与，因为它和惠民措施紧密相连。民主选举是广大人民有权参加的民主斗争，但是，只有民主与人民生活相联系时，人民才会把民主当成自己的事而热烈地参加，基层政权才能收到民主改造的真正效果。抗日根据地的民主选举与减租减息、增加工资、保障佃权、公粮征收、公

---

① 《考试为着什么？——报道一种新的考试方法》，《解放日报》1945 年 7 月 8 日。杨学为、朱仇美、张海鹏：《中国考试制度史资料选编》，黄山书社 1992 年版，第 889－890 页。

② 《乡镇组织暂行条例》（1941 年 8 月 9 日），冉绵惠、李慧宇：《民国时期保甲制度研究·附录五》，四川大学出版社 2005 年版，第 240 页。

益事业等与人民切身利益相关的民生问题联系在一起。“公民会议，乡选代表会议的内容不应是单纯的选举，而应当发动人民把当时当地的要求提到会议上，进行民主讨论，得出解决的办法。新当选的行政委员第一任务，即是将这些民主讨论的决议付诸实现。”① “并以民选来检查干部执行改善民生法令情形，检查乡政募捐摊派粮款收支情形，坚决洗刷贪污腐化分子及违反改善民生法令的分子，大量吸收群众运动中的积极分子参加基层政权，彻底改造基层人员的成份。”② 抗日根据地的选举，不是为选举而选举，而是把选举作为手段，追求的是为民办事，达到培养民主风气的目的。抗日根据地创造的选举方法、民主选举和民生关系的密切联系，这是南京国民政府不能也不可能做到的。

（二）推动了边区民主政治建设

由于抗日边区多处偏远的农村，人民文化水平低下，并且长期受封建专制制度的压迫，民主的精神和传统非常缺乏。针对这种情况，中共在抗日根据地十分重视从政治上提高人民的民主意识，牢牢地把握住民主与抗战的关系，把民主政治建设和争取抗战胜利联系起来，重视抗战人才的发现和选拔。在抗日边区，由广大人民群众经过普选成立了各级参议会，有权选举代表自身利益的人来担任干部，人民不但享有充分而广泛的民主权利，而且还获得了对政府工作人员的监督权和批评权。“在各种民众团体中，民众学会了开会、发言，投票选举，受了民主精神的锻炼，学习着而且逐渐了解如何运用民主，这对于使政权进一步的民主化，是有很大帮助的。”③ 在中共的领导下，边区各阶层的人士积极参加各级议员、代表的选举，就连受封建压榨最重的广大边区妇女也积极参政议政，真正实现了孙中山“主权在民”的宪政思想。新型用人制度在抗日边区实施的成功，在政治上团结了边区内的各阶级、各阶层人民，调动起一切抗日的积极因素，巩固和发展了抗日民族统一战线，推动了边区民主政治建设的发展。

抗日根据地政府的宪政运动不仅是进行宪政宣传，而且把宪政运动落实在民主政治的实践上。抗战初期，国民党在政治上开放了一点民主，蒋介石甚至在1939年11月国民党五届六中全会上，表示接受国民参政会一届四次会议的决议，决定于1940年11月12日召开国民大会，制定宪法。但实际上是想用假宪政欺骗人民，借宪政之名，行一党专政之实。这一时期，毛泽东和中共创造性地把“三三制”建政原则和抗日边区的民主宪政实践结合起来，制定了《陕甘宁边区施政纲领》。该纲领

---

① 安明：《乡选中民主民生怎样联系》（1943年9月30日），豫皖苏鲁边区党史办公室、安徽省档案馆：《淮北抗日根据地史料选辑》第2辑第2册，1985年7月印刷，无出版项，第20页。

② 《淮北苏皖边区行政公署训令——关于继续开展民主运动、改造基层行政的指示》（1943年8月16日），豫皖苏鲁边区党史办公室、安徽省档案馆：《淮北抗日根据地史料选辑》第2辑第2册，1985年7月印刷，无出版项，第7页。

③ 《淮南抗日根据地》编审委员会编：《淮南抗日根据地》，中共党史出版社1987年版，第91页。

的制定和实施，从实践上完善了新民主主义的民主宪政思想，它以宪法的形式防止了一党专权，开创了共产党领导下的多党合作与政治协商制度，使共产党与各民主党派、无党派人士在抗日的目标下通力合作，避免了党派纷争，有利于团结抗战。边区“五一”施政纲领的实施和边区地方性民主联合政府的建立，表明边区的民主宪政运动取得了巨大的成功，也确立了与国民党不同的人才选拔标准。国统区和抗日边区的宪政运动两种截然不同的结局，使中间派别的各阶层人士看清了国民党顽固派坚持一党专政的反民主本质，用事实揭露了国民党的政治欺骗，全国人民开始把民主宪政实施的希望寄托在共产党身上，边区成为全国人民争取民主宪政的模范区。总之，由于民主宪政的实施，中国共产党在抗日边区内建立了各党派各阶级民主合作的民主政体，确立了各革命阶级联合专政的民主国体，保障了人民的民主自由权利，使民主走上了法制化的轨道，为争取抗战胜利奠定了坚实的政治基础。

（三）选拔了大批优秀的干部

抗日根据地民主政府的干部选拔任用制度，为敌后抗战和抗日根据地各项建设事业培养和选拔数十万名优秀的干部。例如：中国人民抗日军事政治大学和抗大12所分校，在八年抗战中，培养了20多万优秀的抗日军政干部。陕公为抗战培养了6000多名各类干部。大批德才兼备的干部在军队和政府中施展才华，发挥作用，同时培养和团结了大批知识分子为抗战贡献力量，也吸引了一些有爱国心、有影响力的开明士绅参加民主政府的工作。“1941年1月9日，淮南津浦路东与路西，分别召开了第一届临时参议会，选举了正副议长，路东参议长邓子恢，民主人士朱雨江、赵坚为副参议长；路西参议长魏文伯，民主人士刘子谷、梅子明先后为副参议长。”①“在南方诸省从事文艺运动的作家、艺术家和文艺青年，如丘东平、陈辛人以及从延安来的聂绀弩和青年戏剧家李增援、青年美术家吕蒙、沈柔坚、涂克等，先后到达南昌、岩寺或皖南泾县参军抗日。”②充分利用了根据地的人力资源。苏南根据地“茅山地区各县政府的科长，多为地方上的中上层人员，区一级的股长也都是中上层的人多。至于乡保，在政府未成立前，都推三推四地不肯做，政府成立后，肯帮助我们工作，现在不仅不推诿，并且争做我们的保乡长。一般人都想做点事，不能扛枪打敌人，为抗日民主做点事也是好的。”③抗日根据地民主政府选拔任用的数十万名干部，是中国共产党的宝贵财富，是国家的栋梁之才，他们为抗日战争、解放战争的胜利，为新中国的建设作出了重大贡献。

---

① 中国人民解放军历史资料丛书编审委员会编：《新四军回忆史料》1，解放军出版社1990年版，第564页。

② 中国人民解放军文艺史料编辑部编：《中国人民解放军文艺史料选编》（抗日战争时期第4册），解放军出版社1988年版，第16页。

③ 中共江苏省委党史工作委员会、江苏省档案馆编：《苏南抗日根据地》，中共党史资料出版社1987年版，第255页。

结 语

抗日根据地民主政府在干部选拔任用上所作的种种探索，对于当今的干部制度建设方面仍然具有现实的借鉴意义。如“任人唯贤”的原则，尊重知识、尊重文化的方针。“三三制”原则对于当前共产党领导的多党合作和政治协商制度还有一定的启示。对民众民主意识的培养，男女平等，“男女在参政问题上完全平等的，只要合乎条件，一样有公民权，一样有选举权与被选举权，一年中已出现了不少优秀的女代表，女行政委员，女村长，女乡长等。”① 在选举过程中的监督机制，在选拔干部过程中对公平性的关注等，都对当前的政治体制改革和民主进程有很大的参考价值。

① 《新四军和华中抗日根据地史料选》第6辑，上海人民出版社1984年版，第527页。

浅析地域特点与民众群体暴动的关系

——以刘六、刘七起义为中心

李小林

（南开大学教授）

刘六、刘七起义是明武宗正德年间规模较大、持续时间较长、影响较大的一次民众群体暴动事件。该事件的方方面面都受到其爆发地区的地域特殊性即地域特点的影响，非常值得注意，应予以特别加以研究。

一、地域特点与起义的原因

刘六、刘七起义的爆发地区为“京师之南固安、永清、霸州、文安地方”①。北距京师不过百余里，属近畿之地。境内为平原，属华北平原的一部分，除拒马河、沙河、易水等河及得胜、火烧等淀外，没有山岭、丘陵等其他复杂的地形地貌。②

上述的地理位置和地质地形影响了这一地区的生态环境。居住在京城的皇室、贵族和宦官，由于与这里近在咫尺，其掠夺的魔爪因而经常伸展到这里，从而加重了当地民众的负担。皇室、贵族为了自己的利益，掠夺民地，设置庄田。如嘉靖《霸州志》记载，霸州负担的清宁宫庄田子粒银有841两、安仁伯庄田子粒银有677两。③ 为皇室服务的宦官有许多人出身于此地，如正德时的著名宦官“谷大用、马永成、张忠等皆霸州、文安诸处人”④，他们往往就近大肆作恶，如文安“大盗张茂”为官府擒获，“余贼”至京师活动营救，张忠、马永成即开价“必献银二万乃赦之”，另一太监刘瑾的家人“梁洪亦索万金”。⑤

历代统治者为了“居重驭轻”，皆在京师驻有大量军队，明代也不例外。而其时的军队，以骑兵为最精锐，因而驻在京师的军队同时配备有大量的马匹。这些马匹，有的直接与操练的军士在一起相处，有的则作为预备而寄养在京师周围的州县农户中，而畿南地区地势平坦、水草丰美的固安、永清、霸州、文安等地的农户自然要

---

① 谷应泰：《明史纪事本末》卷45。

② 张廷玉：《明史》卷40。

③ 嘉靖《霸州志》卷5《食货志·赋税》。

④ 陈洪谟：《继世纪闻》卷4。

⑤ 谷应泰：《明史纪事本末》卷45。

承担这一任务。如嘉靖《霸州志》记载：霸州被分配寄养的马匹有1862匹①。又据光绪《顺天府志》记载，明代霸州养马1862匹，后有所减少，变为1107匹，固安则原养2422匹，后减至1320匹，永清原养1716匹，后减至450匹，文安原养2693匹，后减至1200匹②，这无疑亦加重了当地民众的负担。

以上种种无不使明代这一地区的民众负担格外沉重。民国《固安县志》载有一通碑文，称明代"在畿与在外，其势各殊，在外之邑，静躁有时，其在畿者，通于辇毂，百务俱集，纷若蝟毛，是非达于政体而加以勤慎者，不能办也。"③ 这段文字说明了其时这一地区地方官之不易应付有关需索，也反映了其时这一地区民众之负担确实远超其他地方。言念及此，这一地区在正德年间之所以发生刘六、刘七起义这一规模较大、持续时间较长的民众暴动，就昭然若揭了——京畿地区的特殊生态环境，即其地域特点是其基本的原因所在。正德年间吏部尚书杨一清称："北直隶附近州县有皇庄及功臣田土去处，管庄人员生事害人，多收加斗及争夺军民田地，往复奏勘丈量……诸如此类，不可枚举，皆足以召军民之怨，为资贼之驱。"④《明武宗实录》记载："逆瑾家人梁洪索货于晨（晨，指刘七——引者注）等，不得，遂诬为贼，奏遣御史宁杲、柳尚义调兵捕之，连系妻孥，尽破其家，晨等穷蹙愤恚，乃相聚劫略。"⑤ 嘉靖《霸州志》的作者评论："国之大事在戎，戎之重寄唯马。国初率自十五丁以下养马一匹，免其田租之半。逮至孝庙，易以丁田相兼，贻谋甚善。厥后丁役不知寝于何时。今惟计亩领马，而上田沃埌多沦入于兼并之家，小民承养马匹，类皆荒硵瘠土，甚则亡立锥之地，且因年祀绵远，图籍漫漶，无可稽查，民之累害未可殚言，频年贫弱流移，户口凋减，岂无故哉！"这些称说、记载和评论，无不直接或间接地说明了京畿地区的特殊生态环境即地域特点是造成刘六、刘七起义发生的原因所在。

明代固安、永清、霸州、文安地区另一特殊生态环境，还在于军民杂处。明代军队实行屯田制，即军队中的士兵一部分操练、守御，一部分屯田种地，驻守京师的部队同样如此。于是接近京师的固安、永清、霸州、文安地区除普通农民外，还有许多屯军在此居住。这一方面有时造成军民矛盾，如宣德时，固安知县刘敬，就在"有屯军肆暴时"，曾站在普通民户的立场上"以法绳之"⑥，而更值得重视的是另一方面影响当地的社会风气，使之尚武之风甚浓。这种社会风气特点显然使这里易于发生群体暴动。史称："武宗正德四年秋九月，畿南盗起。时刘瑾用事，专恣骄横，京师之南固安、永清、霸州、文安地方，京卫屯军杂居其地，人性骄悍，好骑

---

① 嘉靖《霸州志》卷5《马政》。
② 光绪《顺天府志》卷52《食货志四》。
③ 民国《固安县志》卷4《故实志·金石·邑侯李公政绩碑》。
④ 杨一清：《杨一清集》，中华书局2001年版，第733页。
⑤ 《明武宗实录》卷68正德五年十月乙巳条。
⑥ 咸丰《固安县志》卷5《官师》。

射。往往邀路劫掠，号响马盗。至是，聚党益炽。”① 这一记载更为清晰地表明，刘六、刘七起义发生的原因与固安等地的特殊生态即地域特点关系十分密切。

二、地域特点与起义的特色

刘六、刘七起义的一个显著特点是与中央政权关系密切，多所涉及，如其目标直指明朝朝廷。曾“置金旗二，大书‘虎贲三千，直抵幽燕之地；龙飞九五，重开溷沌之天’”。② 并曾数次进军京师附近，迫使京城戒严。如了解朝中大臣的状况，爱憎分明。声称：“群奸在朝，浊乱海内，诛杀谏臣，屏斥元老。乞皇上独断枭雄之首以谢天下，斩臣之首以谢群奸。”③ 当起义军攻破深结宦官的奸臣焦芳之家乡泌阳后，“尽掘其（指焦芳——引者注）先人塚墓”，“求（焦）芳父子不得，取（焦）芳衣冠被庭树，拔剑斫其首”④，并称：“吾手诛此贼，以谢天下。”⑤ 而当起义军至钧州，因正直的原吏部尚书马文升之家在此，乃“舍之去”而不攻。⑥ 又如当需要了解朝廷的真实意图而决定对策时，能注意探求朝中真正掌握权力者的主张。在起义刚爆发时，右都御史马中锡受命统京营兵前往镇压，他主张招抚，“刘六欲降，刘七曰：‘今内臣主事，马老爷岂能自践其言乎?’潜使人至京师，探诸中贵无招降意，又以山东所劫金银輂载赴京，馈权倖求赦，不得。遂大肆劫掠，众至数万。”⑦ 为什么刘六、刘七起义军与中央政权的关系如此密切呢?这显然与其地域特点有关。起义者本来生活在距京师甚近的畿南地区，对朝廷的情形十分了解，中央政权对他们也并不陌生。

刘六、刘七起义的又一个重要特色是屯田军士在其中发挥了重要作用。其重要表现为屯田军士充当了主要领导者，刘六、刘七弟兄二人，即为“金吾右卫屯军”。⑧ 这一特色显然又与起义的地域特点密不可分。起义爆发的固安等地既然是军民杂处之地，军士又是擅长武装斗争的人员，起义的领导者由军士来充当，岂不是十分自然之事吗!

刘六、刘七起义的第三个重要特色是起义者行军主要靠骑马，因而行动迅速，对官军常常处于优势地位，并发挥这一优势，进行流动作战，其爆发之地虽在畿南之地，但活动范围除畿南地区外，还涉及了河南、湖北、山东、江苏、安徽等地，

---

① 谷应泰:《明史纪事本末》卷45。

② 谷应泰:《明史纪事本末》卷45。或记作“贴张二旗，上书‘虎贲三千，直捣幽燕之境；龙飞九五，重兴汤武之师’”见该书卷4。

③ 谷应泰:《明史纪事本末》卷45。

④ 张廷玉:《明史》卷306。

⑤ 谷应泰:《明史纪事本末》卷45。

⑥ 张廷玉:《明史》卷182。

⑦ 陈洪谟:《继世纪闻》卷4。

⑧ 嘉靖《霸州志》卷9《杂志·灾异》。

几乎遍及北方各省区。史称：“贼所得皆民间马，一昼夜数百里驰，而官军马少，无以追敌”；“恃马力倏忽驰骤，栖野不占城郭，蹈虚不立方所。”[①] 这一特色无疑既跟起义者中不乏军士有关，又跟起义者原生活的地区许多农户承担养马任务、日与马匹相习有关，即与起义的地域特点相关联。

三、地域特点与起义的失败

刘六、刘七起义军之失败原因，主要有二：一为官方之大力镇压；二为一味流动作战具有致命的弱点。对于刘六、刘七起义，一开始，明朝政府即超乎寻常地大力镇压，既动用了京营军士，又派出了有“伯”级地位的高级贵族惠安伯张伟担任总兵官之职；又调动最强悍的辽东、大同、宣府等边兵，“聚天下之全力”，投入对刘六、刘七起义的作战。[②] 这种强力镇压，给起义造成的压力很大，起义之失败在所难免。刘六、刘七起义一直采用流动作战的方式，这使之在一定时期内可以对官方居于有利的地位，但也由之不能建立根据地，以给起义提供有力的物质和人力的支撑，当遇到不利于己方的状况时，难免一蹶不振，甚至亡于一旦。史载正德七年八月“刘七等既泊狼山，其党以失地利相尤，多溃去”。[③] 这正是其最后失败的直接导火线，而这一导火线的出现，无疑是他们采取流动作战方式造成的。

导致刘六、刘七起义失败的两个主要原因，亦无不与其地域特点有关联。其采用具有一定弱点的流动作战方式，如前所述，跟起义爆发地区的军民杂处而军士甚多以及农民承担养马任务而日与马匹相习有关；其爆发后，明朝官府之所以百倍重视、大力镇压，岂不是与其爆发于京师附近、且目标直指朝廷、对明朝中央政权的安危威胁甚大有关！

综上所述可知，刘六、刘七起义之爆发原因、起义特色以及失败主因，都与其爆发地区的地域特点有关，也反映了地域特点与民众群体暴动的密切关系。其实一切民众暴动都与其发生的地域之特点有关，受其制约和影响。由此看来，在研究任何民众群体暴动事件时，一定要联系其地域特点进行考察。也只有这样，才能得到深刻的认识和真切的把握。

---

① 谷应泰：《明史纪事本末》卷45。

② 谷应泰：《明史纪事本末》卷45。

③ 谷应泰：《明史纪事本末》卷45。

曹操史料探源

张子侠

（安徽大学教授）

魏武帝曹操生活于乱世，生前是风云人物，死后更是备受争议的历史人物。自古及今，之所以对曹操存有争议，一是评价标准不一，于是就有忠奸功过之争；二是史料有问题，记述不一，甚至截然相反。论者各取所需，或褒或贬。学术界虽然对曹操的某些史实作过一些考辨，但对史料本身却缺乏深入的探讨，结果依然是各是其所是而非其所非。笔者认为，要正确地认识和评价曹操，首先要对有关史料进行梳理和辨析，弄清这些史料是怎样产生和演变的，其真实性和可信度如何。这无疑是一项艰难的研究工作，一项大的学术工程，本文无力承担这样的任务，只是作一点点尝试而已。

关于曹操史料的形成过程，始于汉末，讫于南朝刘宋，大致可以分为三个阶段。

第一阶段：汉魏时期关于曹操的所见所闻，主要有王沈《魏书》、鱼豢《魏略》及《典略》、《曹瞒传》、刘艾《汉灵献二帝纪》、王粲《汉末英雄记》、韦昭《吴书》、谢承《后汉书》、傅玄《傅子》、《汉献帝起居注》、《汉献帝传》等。这些史书虽早已失传，但却曾是陈寿《三国志》和裴松之《三国志注》的重要参考资料。就作者而言，《魏书》、《魏略》、《汉灵献二帝纪》、《汉末英雄记》、《傅子》等出自曹魏一方，而韦昭《吴书》、谢承《后汉书》和《曹瞒传》则出自吴人之手。就书的内容和感情倾向而言，也存在两种不同的倾向，曹操臣下和魏人对曹操称颂较多，甚至有誉美不实之辞，而吴人笔下的曹操负面的东西较多，甚至极力加以丑化。

例如，王沈的《魏书》。曹操时期曾先后命卫凯、缪袭、韦诞、应璩、王沉、阮籍、孙该、傅玄等官修国史，最后由秘书监王沈就其业，勒成《魏书》44卷。《太平御览》卷233引王隐《晋书》评该书“多为时讳，而善序事”。刘知几《史通·古今正史》也认为“其书多为时讳，殊非实录”。该书虽佚，但裴松之为《三国志·武帝纪》作注时征引了近40条，其内容几乎全是正面记录，有褒无贬。至于述曹操先世，称“其先出于皇帝”；总评曹操时，称其用兵“变化如神”，“每战必克，军无幸胜”；“知人善察，难眩以伪”，显然是溢美不实之辞。

《曹瞒传》正好相反，代表着另一极端。该书作者不详，裴松之说是吴人作，已佚，《三国志注》、《世说新语注》、《水经注》、《后汉书注》多有引用。或称《曹瞒传》，或称《曹操别传》，或称《魏武别传》，一书而异名耳。侯康《补三国艺文志》

称：“书出敌人之口，故于曹操奸恶备载无遗。世所传操为夏侯氏之子及破壁收后等事皆出此书。其中筑沙城渡渭一事，司马建公举操为北部尉一事，裴松之颇有疑辞，而终不敢斥为非。盖其书纪事多实也。”章宗源《隋书经籍志考证》案：“《传》名曹瞒，又系吴人所作，其言操少时飞鹰走狗，游荡无度。又佻易无威重，好音乐，及遣华歆入宫收伏后事，语皆质直，不为魏讳。”《曹瞒传》“不为魏讳”是事实，但说“其书纪事多实”则不然。例如陈寿于《三国志·武帝纪》明言曹腾为宦官，曹嵩是其养子，“莫能审其生出本末”。既然是养子，曹家对其“出生本中”自然是讳莫如深，他人和后人甚至连陈寿都弄不清楚是很自然的事。《曹瞒传》却说：“夏侯氏之子，夏侯惇之叔父，太祖于惇为从父兄弟。”我国早就有同姓不婚的习俗，汉末亦如此。广陵人陈矫本姓刘，因出继给舅父而改姓陈，后来他又娶本族女子为妻，结果“徐宣每非之，庭议其阙”。曹操虽然因爱惜人才而袒护陈矫，但也不得不承认陈矫的行为是“风教凋薄”所致。[①] 曹操生前，曹氏与夏侯氏多次通婚。倘若曹嵩出自夏侯氏，此事难以理解。何焯《义门读书记》卷26辩驳说：“夏侯惇之子楙，尚清河公主，渊子衡，亦娶曹氏。则谓嵩为夏侯氏之子者，敌国传闻，盖不足信。”《曹瞒传》“不足信”还不止这一端，吕思勉先生对《曹瞒传》所记入宫收伏后连及伏完及宗族事加以考辨，斥之为“野言”，“其不足信，概可知矣。”对于该书所言曹操“佻易无威重”及“酷虐变诈”诸事，吕思勉先生或认为“不足信”，或认为“不尽实”，并特意指出：“《曹瞒传》为吴人所作，其传闻不审，而又有意造谤，自更无论矣。”[②]

汉魏之际，曹操是一位叱咤风云的人物，在受人关注的同时传闻自然不少。建安十六年，曹操西征关中韩遂、马超，“贼将见公，悉于马上拜，秦、胡观者，前后重沓。公笑谓贼曰：‘汝欲观曹公邪？亦犹人也，非有四目两口，但多智耳！’胡前后大观。”[③] 这说明当时曹操威名远播，连敌方将士对他也充满好奇。曹操初建魏国，“时有传刘备死者，群臣皆贺”[④]。建安十七年，曹操南征孙权。荀彧因劝阻九锡而引起曹操的不快，又赶上生病，被留于寿春，结果“以忧薨”。当时，“有寿春亡者告孙权，言太祖使彧杀伏后，彧不从，故自杀。权以露布于蜀，刘备闻之，曰：‘老贼不死，祸乱未已。’”[⑤] “建安二十五年，魏文帝称尊号，改年曰黄初。或传闻汉帝见害，先主乃发丧制服，追谥曰孝愍皇帝。”[⑥] 战乱时期本多传闻，加上政治上的对立，风传往往变成误传，甚至会“有意造谤”，这是我们阅读汉魏时期有关曹操的史料时应当特别警惕的一点。

---

① 裴松之：《三国志·陈矫传注》引《魏氏春秋》。

② 吕思勉：《秦汉史》第十二章《三国始末》，上海古籍出版社1983年版。

③ 《三国志·武帝纪注》引《魏书》。

④ 陈寿：《三国志·袁涣传》。

⑤ 陈寿：《三国志·荀彧传》及裴松之《注》引《献帝春秋》。

⑥ 陈寿《三国志·先主传》。

第二阶段：西晋时期有关曹操史料的汇集和整理，主要有：陈寿《三国志》、袁晔《汉献帝春秋》、乐资《山阳公载记》、郭颁《魏晋世语》、虞溥《江表传》、王崇《蜀书》、司马彪《续汉书》及《九州春秋》、华峤《汉后书》、阴澹《魏纪》、张璠《后汉纪》等。除陈寿《三国志》外，其他史书均已亡佚，不过裴松之注《三国志》时多有征引，且有评议。如在《高贵乡公纪注》中，裴松之案："张璠、虞溥、郭颁皆晋之令史，璠、颁出为官长，溥，鄱阳内史。璠撰《后汉纪》，虽似未成，辞藻可观。溥著《江表传》，亦粗有条贯。惟颁撰《魏晋世语》，蹇乏全无宫商，最为鄙劣，以时有异事，故颇行于世。干宝、孙盛等多采其言以为《晋书》，其中虚错如此者，往往有之。"刘孝标《世说新语注》也屡引郭颁《世语》，但与裴松之评价相反。他在《世说新语·方正篇》注云："郭颁，西晋人。时世相近，为《晋魏世语》，事多详核，孙盛之徒皆采之以著书。"《魏晋世语》共10卷，杂记魏晋时事。郭颁西晋人，记耳闻目见之事较为"详核"，采录汉魏传闻则可能多有"虚错"，所以引起裴松之和刘孝标不同的评价。裴松之对袁晔的《献帝春秋》和乐资《山阳公载记》也多有讥评，如在《袁绍传注》中裴松之引《献帝春秋》曰：董卓告袁绍称欲废少帝，袁绍不赞成。董卓大骂袁绍"竖子"，并加以威胁。袁绍答称："天下健者，岂唯董公?"然后"引佩刀横揖而出。"裴松之根据当时的情势认为这段记录不合情理，并说："此语，妄之甚矣。"后来谈到曹操破邺城，守将审配被俘，不屈而死。裴松之注云："乐资《山阳公载记》及袁暐《献帝春秋》并云'太祖兵入城，审配战于门中，既败，逃于井中，于井获之。'臣松之以为配一代之烈士，袁氏之死臣，岂当数穷之日，方逃身于井，此之难信，诚为易了。不知资、暐之徒竟为何人，未能识别然否，而轻弃翰墨，妄生异端，以行其书。如此之类，正足以诬罔视听，疑误后生矣。实史籍之罪人，达学之不取者也。"在《荀彧传注》中，裴松之先引《献帝春秋》曰荀彧求使至邺想就伏后之事向曹操作些解释，结果弄巧成拙，引起曹操的忌恨。然后裴松之评论说："案《献帝春秋》云彧欲发伏后事而求使至邺，而方诬太祖云'昔已尝言'。言既无征，迴托以官渡之虞，俯仰之间，辞情顿屈，虽在庸人，犹不至此，何以玷累贤哲哉！凡诸云云，皆出自鄙俚，可谓以吾侪之言而厚诬君子者矣。袁暐虚罔之类，此最为甚。"

综合考察西晋时期有关曹操的历史文献，有几点值得注意。

其一，很多史著是在前人历史记述和有关传说的基础上汇集史料、加工整理而成的，大体上讲陈寿《三国志》取材审慎，内容可信，其他史书则稍逊一筹。

关于陈寿的《三国志》历史上曾褒贬不一，有不少人批评他曲笔回护，但就研究曹操的史料价值而言，我们认为该书价值最高。首先，陈寿，仕蜀为观阁令史。及蜀平，举为孝廉，除佐著作郎、著作郎。《三国志》撰于西晋统一之后，汇聚各地三国史料成为可能，而陈寿的经历和入晋后的职掌又为他搜集和运用三国史料提供了方便。《三国志》究竟有哪些史料来源现在已难以确考，一般认为是以魏、吴官修史书为主，然后是私人撰述以及他个人寻访的资料。可靠的史料来源，再加上取舍审慎，使其内容较为可信。对此，前人有过高度评价。裴松之《上三国志注表》称"寿书铨叙可观，事多审正。"钱大昕称"吾所以重承祚者，又在乎叙事之可信。盖史臣载笔，事久则议论易公，世近则见闻必确。三国介汉晋之间，首尾相涉，垂及百年，两史有违失者，往往赖此书正之。"（钱大昕《潜研堂文集》卷24《三国考辨疑序》）赵翼也说："《三国志》虽多回护，而其翦裁斟酌处，亦自有下笔不苟者，参订他书，而后知其矜慎也。"①

其次，陈寿并没有有意为曹氏隐恶彰美。赵翼及四库馆臣均认为陈寿仕宦于晋，不得不为魏争正统，也不得不为曹氏和司马氏隐恶彰美。陈寿修史为司马氏隐恶扬善或许有之，为曹氏曲笔回护则未必。关于曹氏胤绪，《曹腾碑文》云："曹氏出于邾"，曹操作《家传》自云："曹叔振铎之后。"曹植《武帝诔》曰："於穆武皇，胄稷胤周。"至景初，魏明帝谓魏为舜后，后来《禅晋文》也说"昔我皇祖有虞。"陈寿写《武帝纪》时将上述说法统统抛开，只说曹操"汉相国参之后。"讲到曹操的出身，陈寿直言"曹腾为中常侍"，曹嵩为"养子"，"莫能审其出生本末，"丝毫没有为之讳饰。在《后妃传》，陈寿直言不讳：武宣卞皇后"本倡家"，文德郭皇后"早失二亲，丧乱流离没在铜鞮侯家，"并且借明帝之妃虞氏之口称："曹氏自好立贱，未有能以义举者也。"王沈《魏书》记载了许多卞皇后和甄皇后的嘉言善行，陈寿多删而不录。裴松之认为"其称卞、甄诸后言行之善，皆难以实论。陈氏删略，良有以也。"此外，在《武帝纪》中，陈寿直书曹操征陶谦，"所过多所残戮"。破雍丘，"夷邈三族"。《袁绍传》讲官渡之战，绍众大溃，"余众伪降，尽坑之"。在《崔琰传》，陈寿不仅叙述了曹操以腹诽心谤之罪"赐琰死"的经过，而且特意加了一段评语："初，太祖性忌，有所不堪者，鲁国孔融、南阳许攸、娄圭，皆以恃旧不虔见诛。而琰最为世所痛惜，至今冤之。"可见，陈寿并不讳言曹操的猜忌和残暴。

其二，西晋时期已开始出现对曹操政治上的非议和否定。如张辅曾有《名士优劣论》，称："世人见魏武皇帝处有中土，莫不谓胜刘玄德也。余以玄德为胜。夫拨乱之主，先以能收相获将为本，一身之善战，不足恃也。世人以玄德为吕布所袭，为武帝所走，举军东下，而为陆逊所覆。虽曰为吕布所袭，未若武帝为徐荣所败，失马被创之危也。玄德还据徐州，形势未合，在荆州，刘景升父子不能用其计，举州降魏，手下步骑，不满数千，为武帝大众所走，未若武帝为吕布北骑所禽勒突火之急也。玄德为陆逊所覆，未若武帝为张绣所困挺身逃遁以丧二子也。若令高祖死于彭城，世人方之，不及项羽远矣。武帝死于宛下，将复谓不及张绣矣。而其忌克，安忍无亲，董公仁贾文和恒以佯愚自免，荀文若杨德祖之徒多见贼害，孔文举桓文林等以宿恨见杀，良将不能任，行兵三十余年，无不亲征，功臣谋士，曾无列土之封，仁爱不加亲戚，惠泽不流百姓，岂若玄德威而有恩，勇而有义，宽宏而大略乎?"②

---

① 《廿二史札记》卷6"三国志书事得实处"条。
② 严可均：《全晋文》卷105。

这里不仅列举了曹操用兵的几次惨败，而且批评其“忌克、安忍无亲”，用兵和用人均不及刘备。陆机对曹操有褒有贬，他虽然在《吊魏武帝文》中称其“济元功于九有，固举世之所推”，但在《辨亡论》中又指出：“曹氏虽功济诸华，虐亦深矣，其民怨矣。”

第三阶段，东晋至刘宋时期有关曹操史料的进一步加工整理，主要有王隐的《蜀记》、孔衍《汉魏春秋》、谢沈《后汉书》、孙盛《魏氏春秋》、裴启《语林》、习凿齿《汉晋春秋》、袁宏《后汉纪》、裴松之《三国志注》、范晔《后汉书》、刘义庆《世说新语》等。

这一时期有关曹操的记述有三点值得注意：

其一，受时代风气的影响，不少史书好奇求博，杂采旧史成书，因而内容显得繁杂而又失于考订。如王隐作《晋书》和《蜀记》，《晋书》本传说他“博学多闻，受父遗业”。然而“隐虽好著述，而文辞鄙拙，芜舛不伦。其书次第可观者，皆其父所撰；文体混漫义不可解者，隐之作也。”孔衍，《晋书》本传称“衍虽不以文才著称，而博览过于贺循，凡所撰述，百余万言。”其所撰《汉魏春秋》9卷，后人视为杂史。孙盛著《魏氏春秋》、《晋阳秋》、《异同杂语》等，虽然《晋书》本传称“《晋阳秋》词直而理正，咸称良史焉。”但对于《魏氏春秋》，裴松之多次批评其采择不当，而且批评其“好奇”，虚妄“不实”。如在《夏侯玄传》中，裴松之考证《魏氏春秋》所载夏侯玄事失实，称“斯过妄不实”。在《崔琰传注》中，对《魏氏春秋》关于孔融被收斩而幼子弈棋如故的记述大为不满，认为不合情理，说“盛以此为美谈，无乃贼夫人之子舆！盖由好奇情多，而不知言之伤理。”习凿齿也是以“博学洽闻，以文笔著称”。[①] 但对其所著《汉晋春秋》前人颇有讥评。如据《汉晋春秋》记载，王凌欲废齐王而迎立楚王彪，其子王广以为不可，有一段长长的谏语。裴松之“以为如此言之类，皆前史所不载，而犹出习氏。且制言法体不似于昔，疑习凿齿所自造者也”。刘知几在《史通·采撰篇》谈到“讹言难信，传闻多失”，举的例子之一就是“诸葛犹存”。此事见于《三国志·诸葛亮传注》所引《汉晋春秋》，刘知几以为“此皆得之于行路，传之于众口，傥无明白，其谁曰然。”

其二，这一时期丑化和否定曹操的倾向越来越明显。晋皇南渡，朝野上下由帝魏转向帝蜀，加上江南地区一直对曹操缺乏好感，而敌对的北朝又奉曹魏为正统，因此在东晋南朝时期丑化和非议曹操的现象越来越多。如袁山松不仅在其《后汉书·五行志》认为“曹操专政”引起“大水，淯水溢”，而且在《献帝纪》中直斥曹操是“窃国”“盗贼”，称“曹氏始于勤王，终至滔天，遂力制群雄，负鼎而趋。然因其利器，假而不返，迴山倒海，遂移天日。昔田常假汤、武而杀君，操因尧、舜而窃国，所乘不同济，其盗贼之身一也。”[②] 习凿齿贬斥曹魏的倾向更明显，其

---

① 《晋书》卷82《习凿齿传》。

② 周天游：《八家〈后汉书辑注·袁山松后汉书〉》。

《汉晋春秋》“起汉光武，终于晋愍帝。于三国之时，蜀以宗室为正，魏虽受汉禅晋，尚为篡逆，至文帝平蜀，乃为汉亡而晋始兴焉。”他临终之前还上疏朝廷，强调“皇晋宜越魏继汉，不应以魏后为三恪”，责骂“魏武超越，志在倾主，德不素积，义险冰薄。”① 至于刘义庆的《世说新语》，直接写曹操的条目多达十七、八个，几乎都是通过一个个小故事或显其“形陋”，或言其好色，或言其奸诈，或论其凶残，完全是一个反面人物。

其三，与曹操有关的传世文献主要是陈寿的《三国志》、裴松之的《三国志注》、袁宏的《后汉纪》、范晔的《后汉书》和刘义庆的《世说新语》。除《三国志》外，其余几部均成书于东晋和刘宋时期。比较而言，《三国志》的史料本来最原始，比较为可信，但因有“曲笔回护”的误解和帝魏与帝蜀之争而重视不够。范晔《后汉书》和袁宏的《后汉纪》虽没有过分贬斥曹操，但程度不同的带有尊汉贬曹的倾向。裴松之本来对曹操的评价颇高，但由于他是“奉旨寻详，务在周悉，”② 所以征引繁富，博采异闻，其中保存了大量丑化和非议曹操的材料。《四库全书总目提要》认为由于该书网罗繁富，首尾完具，“故考证之家，取材不竭，转相引据者，反多于陈寿本书焉。”事实上，后人在正统史观的影响下从裴松之《三国志注》采取的史料往往都是有关曹操的反面记载。此外，《世说新语》和《昭明文选》在古代影响深广，《世语》意在贬曹，《昭明文选》又收录了陈琳的《檄州郡文》，这对后人对于曹操的认识产生了很大的消极影响。

① 《晋书·习凿齿传》。
② 裴松之：《上三国志注表》。

点校本《明史》校勘记举正

刘渝龙

（湖南师范大学副教授）

二十余年前，我有幸投入先师张海鹏先生的门下攻读研究生。当时随先生学习的情景，至今犹历历在目。张先生以他渊博的学识，严谨的思维，启发和引导我步入学术研究的圣殿。我参加工作以后，多年得到先生多方面的教诲与关怀，直到他因病仙逝。先生的恩情，令我永世铭感。今值先生诞辰八十周年之际，谨献拙文，以资纪念。

《明史》是我国古代二十四史中的最后一部，自清乾隆初书成之后，又经不断刊刻，迄今为止，已出现多种通行版本。其中，以中华书局于一九七四年出版的点校本为最佳。该版本主要采用了《明实录》、《明史稿》、万历《明会典》、《寰宇通志》、《明经世文编》、《国榷》等书进行校勘，并将其成果以校勘记的形式附载于原文之后，对明史研究者具有重要的参考价值。但多少令人遗憾的是，校勘记内尚存在一些疏误，如漏校、误书、误改、文字脱漏、校勘未尽等。为此，本文掇其数例，先条录原文或原文要义，后以按语形式作出举正。不当之处，敬祈方家赐教。

（1）卷一六《武宗纪》："五年……三月……乙酉……刑部尚书洪锺总制川、陕、河南、郧阳军务兼振恤湖广。"校勘记："洪锺，原作'洪鐘'，据本书卷一一一《七卿年表》、又卷一八七《何鉴传》和《洪锺传》……《武宗实录》卷七九，《国榷》卷四八页二九六七改。"

按：校勘记以《武宗实录》卷七九为据不甚妥，因该书该卷所记为正德六年九月事，且仅称洪锺为尚书，未明言其执掌何部；而该书卷六一正德五年三月乙酉条载："命太子少保、刑部尚书兼左都御史洪锺总制湖广郧阳及陕西、河南、四川等处军务，并总理武昌等府赈济事宜。"不论在时间上，还是在史事上，后者所述都与纪文相合，故宜在校勘记内"《武宗实录》"后补入"卷六一"三字。

（2）卷二二《熹宗纪》："丁巳，大清兵取西平堡，副将罗一贵死之。"校勘记："罗一贵，《熹宗实录》卷一三、《国榷》卷八五页五二〇〇同。本书卷二七一、《明史稿》传一二九都有《罗一贯传》，疑作'罗一贯'是。"

按："罗一贯"误。检《熹宗实录》卷一八天启二年正月丁巳条、卷一九天启二年二月乙亥条、卷二〇天启二年三月丁未条、卷三三天启三年四月庚午条、卷三五天启三年六月己卯条、卷四二天启三年十二月乙酉条，《国榷》卷八五页五二〇〇，《罪惟录》列传九上《张铨传》，《明季北略》卷二《罗一贵自刎》及卷一一《方震孺守寿州》，《清太祖实录》卷八天命七年正月丁巳条，《玉光剑气集》卷六《忠节》，《读史方舆纪要》卷三七《山东八》“镇武堡”条，俱作“罗一贵”。虽本书卷二七一有《罗一贯传》，且卷二四八《方震孺传》及卷二五九《熊廷弼传》作“罗一贯”，但依史源学方法而言，当以《熹宗实录》所作“罗一贵”为准，况且以上所列举的绝大部分史料都作“罗一贵”，由此可定“罗一贯”乃系“罗一贵”之讹，校勘记称“疑作‘罗一贯’是”误也。

(3) 卷一五〇《陈寿传》：“洪武中，由国子生授户部主事。”校勘记云：“洪武中，《仁宗实录》卷八上洪熙元年甲戌条作‘永乐初’。”

按：“洪熙元年甲戌”误，“洪熙元年”与“甲戌”之间脱月份，宜据《仁宗实录》卷八上补上“三月”二字。

(4) 卷一五〇《刘季篪传》：“刘季篪，名韶”。校勘记云：“篪，《四库全书总目》卷一三七《永乐大典》条作‘箎’。按《诗小雅何人斯》‘仲氏吹箎’，作‘箎’与名‘韶’相应，疑是。”

按：“篪”不误。《太祖实录》卷二五四洪武三十年七月丙辰条、卷二五六洪武三十一年三月辛亥条，《太宗实录》卷三六永乐二年十一月丁巳条、卷一〇九永乐八年十月戊戌条、卷一一五永乐九年四月乙未条，《国榷》卷一三页九四五、卷一五页一〇五二及页一〇六一，《东里文集》卷二〇《故工部营缮司主事刘君墓志铭》，《明进士题名碑录》洪武二十七年甲戌科，《殿阁词林记》卷一七《监修》，《弇山堂别集》卷五八《卿贰表》，《明名臣琬琰录》卷二〇所载严直《工部主事刘公言行录》，《今献备遗》卷九《刘季篪》，《国朝献征录》卷四六《刑部侍郎刘公季篪传》，《万姓统谱》卷六〇，《明史纪事本末》卷一六《燕王起兵》俱作“篪”，而且《故工部营缮司主事刘君墓志铭》、《工部主事刘公言行录》均称刘氏“讳韶，字季篪，以字行”，与传文合。凡此可证，校勘记倾向于认为作“箎”不误的看法是错的。

(5) 卷一五三《陈瑄传》附《陈豫传》：“七年卒。”校勘记：“原作‘三年卒’，据本书卷一〇六《功臣世表》、《明史稿》传三七《陈瑄传》、《英宗实录》卷三五七天顺九月甲申条改。”

按：“天顺九月”误，“天顺”年号后漏具体年份，当据《英宗实录》卷三五七于“天顺”与“九月”之间补上“七年”二字。

(6) 卷一八二《王恕传》：“论功，进左副都御史，稍迁南京刑部右侍郎。”校勘记：“原脱‘南京’，据《武宗实录》卷三七正德三年四月己卯条补”。

按：“右侍郎”，《宪宗实录》卷五一成化四年二月丁未条、卷六一成化四年十二月丁未条、卷六五成化五年三月戊戌条、卷九七成化七年十月乙亥条，《国榷》卷三五页二二四六、页二二六九俱作“左侍郎”，《国朝献征录》卷二四所录王世贞

《吏部尚书王公恕传》亦作“左侍郎”，可见本书传文有误，宜改作“左侍郎”，而校勘记对此未著一字，当属校勘者不慎漏校。

(7) 卷一八八《许天锡传》：“十二年，建安书林火。”校勘记：“十二年，原作‘十三年’，据本书卷二九《五行志》、《明史稿》传六八《许天锡传》、《孝宗实录》卷一五七弘治十二年十二月己巳条改。”

按：“己巳”系“乙巳”之讹，当改。又，据本书卷二九《五行志》、《孝宗实录》卷一五七弘治十二年十二月乙巳条，传文“建安”当改作“建阳”。对此，黄云眉《明史考证》册五页一五二八已予指出，但校勘记未述及，当缘于校勘者失察漏校。

(8) 卷一九一《朱希周传》：“令协律郎崔元初习乐舞生于大内。”校勘记：“崔元初，《世宗实录》卷四〇嘉靖三年六月辛丑条作‘崔元祁’。”

按：“崔元初”、“崔元祁”俱误。检《世宗实录》卷四〇嘉靖三年六月辛丑条，有“崔元祈”而无“崔元初”、“崔元祁”诸名，故传文讹“崔元祈”为“崔元初”，校勘记则讹“崔元祈”为“崔元祁”，当一并改正。

(9) 卷二〇〇《蔡天祐传》：“（代）王急携二郡王走宣府。”校勘记：“郡王，原作‘郡主’。《明史稿》传八一《蔡天祐传》作‘郡王’。按《世宗实录》卷四六嘉靖三年十二月庚子条称代王‘及大顺王充燿、河西王充爔夜亡走宣府以避之’。作‘郡主’误，今改。”

按：“河西王”误，当作“河内王”。检《武宗实录》卷六二，充爔于正德五年四月癸丑受封为“河内王”，又《世宗实录》卷一四五嘉靖十一年十二月壬午条、《国榷》卷四八页二九七二亦称之为“河内王”，故当以“河内王”称呼充爔为是。校勘记引《世宗实录》卷四六嘉靖三年十二月庚子条称“河西王充爔夜亡走宣府”为按语，说明校勘者未发现此史料存在讹“河内王”为“河西王”之误，因而应予以纠正。

(10) 卷二〇四《翟鹏传》：“是年九月，蓟州巡抚朱方请撤诸路防秋兵，兵部尚书毛伯温因并撤宣、大、三关客兵。”校勘记：“蓟州巡抚，本书卷一九八及《明史稿》传七四《毛伯温传》作‘顺天巡抚’。明代未设蓟州巡抚，设有顺天巡抚一员兼整饬蓟州等处边备。”

按：“蓟州巡抚”不误。查《明实录》，“蓟州巡抚”之官称于其书中俯拾即是，如《孝宗实录》卷一二七弘治十年七月己酉条、《武宗实录》卷一一六正德九年九月辛巳条、《世宗实录》卷二三四嘉靖十九年二月丁卯条及卷四六八嘉靖三十八年正月癸酉条、《神宗实录》卷四七万历四年二月己丑条均载之。《今言》卷四、《殊域周咨录》卷二四《北狄》、《国榷》卷三四页二二一七及卷五九页三七五三亦涉及此官称。而且，本书卷九五《刑法志三》有嘉靖“中年刑法益峻……蓟州巡抚朱方撤防早……逮杖之”语，与本传俱称朱方为“蓟州巡抚”。又，《明实录》中常见这样一种记载，即交替称呼某人为“蓟州巡抚”或“顺天巡抚”。如：王倬，《武宗实录》卷一一四正德九年七月甲申条称之为“巡抚顺天都御史”，卷一一六正德九年九月辛巳条则称之为“蓟州巡抚都御史”；王汝孝，《世宗实录》卷三六四嘉靖二十九年八月癸酉条称之为“顺天巡抚”，卷三六五嘉靖二十九年九月癸巳条则称之为“蓟州巡抚”。由上可知，在明代，“蓟州巡抚”与“顺天巡抚”实为同一职官的不同称谓。据本书卷七三《职官志二》、《国榷》卷五九页三七五五，“顺天巡抚”当属正式官名的简称，因任其职者的驻地在蓟州，故俗称为“蓟州巡抚”。由此，本书卷一九八及《明史稿》传七四《毛伯温传》称朱方为“顺天巡抚”，虽与本传称朱方为“蓟州巡抚”互异，但不误。

(11) 卷二〇五《曹邦辅传》：“检校董纶率民兵巷战”。校勘记：“董纶，《世宗实录》卷四〇一嘉靖三十二年八月乙亥条作‘董伦’，而卷四〇七嘉靖三十三年二月乙亥条及卷四一二嘉靖三十三年七月戊申条又作‘董纶’。《国榷》卷六一页三八二七作‘董伦’。本书卷二九〇《陈闻诗传》附有《董伦传》，事迹与此传文合，疑作‘董伦’是。”

按：“八月乙亥条”误，当作“八月丙戌条”。又，“董纶”不误。检《世宗实录》，其广本及阁本卷四〇一、卷四〇七、卷四一二与馆本卷四〇七、四一二俱作“董纶”，唯馆本卷四〇一作“董伦”，且当为本书《董伦传》、《国榷》所本。因此，“董伦”实系“董纶”之讹，而校勘记却疑作“董伦”是，谬矣。

(12) 卷二〇六《刘世扬传》：“大学士石珤贞介，殁未易名。”校勘记将“珤”写作“碚”，云：“石碚”，原作“石瑶”，据本书卷一一〇《宰辅年表》、卷一九〇《石碚传》，《明史稿》传八五《刘世扬》改。

按：校勘记不仅所作“石碚”与本传所作“石珤”相异，而且所言也与本书卷一一〇、卷一九〇所载实情不符。本书卷一一〇《宰辅年表》中并无“石碚”，但有“石珤”；卷一九〇亦无《石碚传》，却有《石珤传》。又检本书卷一七《世宗纪一》、卷二〇三《郑岳传》、卷二〇七《杨言传》、卷二〇八《余珊传》，《世宗实录》卷四二嘉靖三年八月丁酉条、卷六六嘉靖五年七月癸未条、卷一〇七嘉靖八年十一月庚子条，《穆宗实录》卷七隆庆元年四月甲寅条，《弇山堂别集》卷三《皇明盛事述三》“一榜四相”条、卷四五《内阁辅臣年表》，《国榷》卷五四页三四一二、卷六五页四〇五四，《殿阁词林记》卷五《恩赉》、《万历野获编》卷一三“改谥”条，俱作“石珤”。又《今献备遗》卷四、《礼部志稿》卷五六、《万姓统谱》卷一二一均有“石珤”小传。由上可见，校勘者改本传原文“石瑶”为“石珤”不误，但在作校勘记时不慎将“石珤”误写成了“石碚”，宜更正。

(13) 卷二一二《戚继光传》：“所著《纪效新书》、《练兵纪实》，谈兵者遵用焉。”校勘记：“《练兵纪实》原作《练兵事实》，据本书卷九八《艺文志》、《千顷堂书目》卷一三、《四库全书总目》卷一〇〇改。”

按：“《练兵纪实》”误，当作“《练兵实纪》”。《国朝献征录》卷一〇六载汪道昆《左都督孟诸戚公墓志铭》云：“少保在浙有《纪效新书》，在蓟门有《练兵实纪》，凿凿见诸行事，非徒托诸空言。”《戚少保年谱耆编》卷一二、本书卷九八《艺文志》、《千顷堂书目》卷一三、《罪惟录》传卷一九《戚继光传》、《四库全书总目》卷一〇〇统作“《练兵实纪》”。校勘记以本书《艺文志》、《千顷堂书目》、《四库全书总目》为据，改“《练兵事实》”为“《练兵纪实》”，当系笔误。对此兵书的取名用意，《四库全书总目》卷一〇〇有所说明：“继光初到镇，疏有云：‘教兵之法，美观则不实用，实用则不美观。’此书标曰‘实纪’，征实用也。”《练兵实纪》有多种版本，如万历刻本、天启刻本、四库全书本、墨海金壶本、守山阁丛书本、光霁堂本、京都琉璃厂摆板本、丛书集成初编本、中华书局本等。

(14) 卷二一七《沈鲤传》：“郑贵妃父成宪为父请恤，援后父永年伯例，鲤力驳之。”校勘记：“成宪，原作‘承宪’，据本书卷三〇〇及《明史稿》传一七六《郑成宪传》改。”

按：“成宪”误。检《神宗实录》卷一四〇万历十一年八月戊午条、卷一五二万历十二年八月辛亥条、卷一七四万历十四年五月庚申条、卷一七六万历十四年七月戊申条、卷一九八万历十六年五月己酉条、卷一九九万历十六年六月庚申条，本书卷二三〇《姜士昌传》、卷二三三《陈登云传》，《枣林杂俎·义集》，《罪惟录》列传卷二《郑贵妃传》，《明史纪事本末》卷六七《争国本》，均记作“承宪”，本书卷三〇〇有《郑承宪传》，而非《郑成宪传》，故本书本传原作“承宪”不误，宜更正校勘记作者所改。

(15) 卷二二九《吴中行传》：“子亮、元，从子宗达。……元，江西布政使。”校勘记：“《明史稿》传一〇八《吴中行传》作‘元，江西参政。宗达，少师、中极殿大学士’。”

按：“元，江西布政使”，万斯同《明史》卷三二五《吴中行传》作“玄，江西参政”。虞振新、朱力工《明代造园大师计成与常州东第园》指出，这里的“元”即吴玄，“玄”写作“元”当是避康熙帝“玄烨”之讳而改，吴中行《赐余堂集》卷五有《儿子雍、亮、玄赴试金陵诗以送之》诗，可证“元”即是“玄”。笔者从《明进士题名碑录》中查悉，内有“吴玄”，但无“吴元”，前者系万历二十六年戊戌科进士，与隆庆五年辛未科进士吴中行同隶籍武进。据康熙《常州府志》卷二四《人物》载云：“吴玄，字又于，武进人，万历进士。改授湖州府学教授，历任湖广布政。……所著有《率道人集》。”又乾隆《武进县志》卷九《宦绩》记“吴元生平”之文与此引文几乎一致。所谓《率道人集》，即《率道人素草》，明末刻本，现存七卷八册，藏中国国家图书馆。《率道人素草》之《自叙》文末落款为“延陵吴玄又于甫草”，其卷一、卷三及卷五均题“延陵吴玄又于甫撰”，“延陵”即武进在春秋战国时之邑名。由该书可知，作者曾任江西参政。检雍正《江西通志》卷四七《秩官二·明》，有“吴伭”而无“吴元”，且言前者系武进人，进士出身，为江西右参政。“伭”是“伭”的缺笔字，“伭”古通“玄”。综上所举诸例，不仅可补证“吴元”即是“吴玄”，同时可证“吴玄”、“吴伭”亦皆系“吴玄”。而“玄”写作

“玄”、“伭”，与写作“元”一样，都是清人回避康熙帝的名讳之举。又，由上述《率道人素草》及雍正《江西通志》可定，吴玄在江西时的职衔为参政，而非布政使。对此，本书本传校勘记未予指出，当属校勘者失察，故传文宜删去“元”字，恢复“玄”字，并改“布政使”为“参政”。

（16）卷二四八《徐从治传》：“以卓异迁兖东副使，驻沂州。”校勘记：“按本书卷七五《职官志》按察司副使所司诸道中有兖州道，驻沂州，无‘兖东道’。”

按：“无‘兖东道’”误。据《明实录》，最迟至万历中，明朝始有兖西道、兖东道，如《神宗实录》卷二五八载，万历二十一年三月丙辰，以安庆知府赵寿祖为山东副使，分巡兖西道；又同书卷四二四载，万历三十四年八月癸亥，河道总督曹时聘奏准加管兖东道河务。此后，“兖东道”一词在实录中频繁出现，如《神宗实录》卷五七〇载，万历四十六年五月癸卯，升湖广参政李右谏为山东兖东道参政；《熹宗实录》卷八载，天启元年三月壬戌，升户部郎中祝可仕为山东布政司右参议，分守兖东道；同书卷一三载，天启元年八月丁亥，升济南知府徐从治兖东道副使；又同书卷八〇载，天启七年正月己卯，加山东布政使司右参政曹文衡为按察使，照旧管东兖道事。“兖东道”一词还见于其它史籍，如《石匮书后集》卷一九《陆梦龙列传》称传主“庚午（崇祯三年），丁内艰。服阕，起兖东道，署东平篆”。同书卷三八《黄得功列传附刘泽清传》有“抚院恐有变，急檄兖东道陆梦龙往曹州料理”语。《明季南略》卷二《八月甲乙总略》云：甲申八月“十六辛未，袁枢、郭正中为兖东、西道兵备。”《崇祯长编》卷六载，崇祯元年二月庚戌，升四川布政使管兖东道刘荣嗣为山东左布政使。《偏安排日事迹》卷七称陈之伸于“癸未（崇祯十六年）迁兖东道”。凡此可证，校勘记称明代按察司副使所司诸道“无‘兖东道’”是错误的。

（17）卷二五三《蔡国用传》：“十一年六月……特旨擢礼部尚书，入阁办事。累加少保，改吏部尚书、武英殿。”校勘记：改吏部尚书、武英殿，本书卷一一〇《宰辅年表》、《怀宗实录》卷一二崇祯十二年六月己丑条、《国榷》卷九七页五八四三都作“户部尚书、文渊阁大学士”。

按：本书卷一一〇《宰辅年表》、《国榷》卷九七页五八四三除均记蔡国用于崇祯十二年六月晋“户部尚书、文渊阁大学士”之外，还都记其同时晋“太子太保”。又《国榷》卷九七页五八五六记云：崇祯十三年二月“癸丑，少保兼太子太保吏部尚书武英殿大学士薛国观、蔡国用主礼闱。”是年六月，蔡国用卒。《国榷》卷九七页五八六八对其生平有简短介绍，其中曰：“戊寅（崇祯十一年）六月，进礼部尚书兼东阁大学士。己卯（崇祯十二年）五月，叙边功，进太子太保、户部尚书、文渊阁。十一月，叙城守，进少保、吏部尚书、武英殿。”由上可见，“少保、吏部尚书、武英殿（大学士）”乃系蔡国用临终前已获的加官职衔，《明史》本传记载无误，而校勘记却将蔡氏稍早些时日之晋“户部尚书、文渊阁大学士”官衔事列出，以作为与传文“改吏部尚书、武英殿”的互异材料，显然不恰当，而且实属赘言。这种失误是因校勘记作者不明蔡氏仕途轨迹真相所致。因此，本条校勘记应予以取消。

（18）卷二五六《黄克缵传》："姜昇、郑稳山、刘尚理不持一物"。校勘记："刘尚理，《明史稿》传一二三《黄克缵传》、《光宗实录》泰昌元年九月己酉条、《国榷》卷八四页五一七九都作'刘尚礼'。"

按："《光宗实录》泰昌元年九月己酉条"误。检《光宗实录》，凡八卷，无泰昌元年九月己酉条，也不见载有"刘尚礼"。事实上，泰昌元年九月本无己酉，但有乙酉，系于《熹宗实录》卷一，该卷同时载有"刘尚礼"，且泰昌元年九月戊子条、丁酉条及卷三泰昌元年十一月戊寅条俱载有"刘尚礼"，与《明史稿》传一二三《黄克缵传》、《国榷》卷八四同，由此可定，校勘记作"《光宗实录》泰昌元年九月己酉条"系"《熹宗实录》泰昌元年九月乙酉条"之误，本书传文作"刘尚理"则系"刘尚礼"之误。

（19）卷二九六《孝义传一》："正统间，则有……兰州吴仕坤。"校勘记："兰州，原作'南州'，按《地理志》无'南州'，吴仕坤兰州人，据《明史考证捃逸》卷三四改。"

按："兰州"误。据《英宗实录》卷六七正统五年五月丁卯条载："旌表孝子刘镛等三人。……吴仕坤，四川南川县人。父任济宁州闸官，卒，迎丧归葬庐墓，卧苫枕魂。俱旌其门曰'孝行'。"本书传文原作"南州"，实系"南川"之讹，《明史考证捃逸》撰者、本传校勘记作者不明此因，误以为"南州"系"兰州"之讹，故传文"兰州"当改为"南川"。

（20）卷三〇九《张献忠传》："诸将往复追逐，献忠乃悉众攻楚兵于土地岭，副将汪之凤战死。"校勘记："汪之凤，原作'潘之凤'，据卷二六九《张令传》附《汪之凤传》、《怀陵流寇始终录》卷一三改。《国榷》卷九七页五八七四作'汪云凤'。"

按："汪之凤"误。《杨嗣昌集》卷四一《备陈调度机宜疏》、《国榷》卷九七页五八七四、《明史纪事本末》卷七七《张献忠之乱》、《罪惟录》列传卷三一《王嘉胤高迎祥传》及《罗汝才传》俱作"汪云凤"，故本书本传及《张令传》附《汪之凤传》、《怀陵流寇始终录》卷一三作"汪之凤"皆误，当据以上四书改作"汪云凤"为宜。

（21）卷三二七《鞑靼传》："总督三边李昄檄参将达云"。校勘记："李昄，原作'李收'。本传下文及《明史稿》传二〇一《鞑靼传》统作'李昄'，今据改。本书卷二二八《魏学曾传》、《神宗实录》卷二八四万历二十三年四月己未条都作'李汶'。"

按："李昄"误。检《明实录》，未见有名为"李收"者，而名为"李昄"者仅见于《世宗实录》卷九七嘉靖八年正月己未条，其为当时礼部侍郎李时之堂弟，系当年参加会试的举人。至于"李汶"其人，在《神宗实录》中则屡见不鲜，如该书卷二八四万历二十三年四月己未条、卷二八七万历二十三年七月丁酉条称其为总督陕西（三边）右都御史，卷二九四万历二十四年二月己酉、卷二九六万历二十四年四月乙巳条、卷三〇一万历二十四年闰八月丁卯条、卷三〇四万历二十四年十一月壬寅条、卷三二二万历二十六年五月癸卯条、卷三二七万历二十六年十月癸酉条、卷三三四万历二十七年闰四月庚寅条又称其为陕西总督或三边总督，卷四六四万历三十七年十一月乙未条写有其生平小传，而且所叙事迹与本书《鞑靼传》及《魏学曾传》合。《国榷》卷七七页四七九七、卷八一页五〇一二，《明史纪事本末》卷六七《争国本》，《明通鉴》卷七一页一九九一、页二〇一二亦俱作“李汶”。又《明进士题名碑录》嘉靖四十一年壬戌科有“李汶”，记其籍贯为“直隶任丘”，而乾隆《任邱县志》卷九《人物志上》载有“李汶”传，亦称其为嘉靖壬戌进士，所叙事迹均与本书《鞑靼传》及《魏学曾传》合。综上可证，校勘记作者改本书《鞑靼传》之“李收”为“李旼”误矣，宜改作“李汶”为是。

参考文献：

1. （清）张廷玉：《明史》，中华书局，1974 年。

2. （明）费宏：《明武宗实录》，台北中央研究院历史语言研究所，1962 年。

3. （清）王鸿绪：《横云山人明史稿》，敬慎堂板，雍正元年。

4. （明）温体仁：《明熹宗实录》，台北中央研究院历史语言研究所，1962 年。

5. （清）谈迁：《国榷》，中华书局，1958 年。

6. （清）查继佐：《罪惟录》，浙江古籍出版社，1986 年。

7. （清）计六奇：《明季北略》，中华书局，1984 年。

8. （清）觉罗勒德洪：《清太祖实录》，中华书局，1986 年。

9. （清）张怡：《玉光剑气集》，中华书局，2006 年。

10. （清）顾祖禹：《读史方舆纪要》，中华书局，2005 年。

11. （明）杨士奇：《明仁宗实录》，台北中央研究院历史语言研究所，1962 年。

12. （明）胡广：《明太祖实录》，台北中央研究院历史语言研究所，1962 年。

13. （明）杨士奇：《明太宗实录》，台北中央研究院历史语言研究所，1962 年。

14. （明）杨士奇：《东里文集》，中华书局，1998 年。

15. 朱保炯，谢沛霖：《明清进士题名碑录索引》，上海古籍出版社，1980 年。

16. （明）黄佐、廖道南：《殿阁词林记》，文渊阁四库全书影印本，上海古籍出版社，1987 年。

17. （明）王世贞：《弇山堂别集》，中华书局，1985 年。

18. （明）徐纮：《明名臣琬琰录》，文渊阁四库全书影印本，上海古籍出版社，1987 年。

19. （明）项笃寿：《今献备遗》，文渊阁四库全书影印本，上海古籍出版社，1987 年。

20. （明）焦竑：《国朝献征录》，续修四库全书影印本，上海古籍出版社 2002 年。

21. （明）凌迪知：《万姓统谱》，文渊阁四库全书影印本，上海古籍出版社，1987 年。

22.（清）谷应泰：《明史纪事本末》，中华书局，1977 年。

23.（明）陈文：《明英宗实录》，台北中央研究院历史语言研究所，1962 年。

24.（明）刘吉：《明宪宗实录》，台北中央研究院历史语言研究所，1962 年。

25.（明）李东阳：《明孝宗实录》，台北中央研究院历史语言研究所，1962 年。

26. 黄云眉：《明史考证》，第 5 册，中华书局，1985 年。

27.（明）张居正：《明世宗实录》，台北中央研究院历史语言研究所，1962 年。

28.（明）温体仁：《明神宗实录》，台北中央研究院历史语言研究所，1962 年。

29.（明）郑晓：《今言》，中华书局，1984 年。

30.（明）严从简：《殊域周咨录》，中华书局，1993 年。

31.（明）张居正：《明穆宗实录》，台北中央研究院历史语言研究所，1962 年。

32.（明）沈德符：《万历野获编》，中华书局，1958 年。

33.（明）俞汝楫：《礼部志稿》，文渊阁四库全书影印本，上海古籍出版社，1987 年。

34.（明）戚祚国：《戚少保年谱耆编》，中华书局，2003 年。

35.（清）黄虞稷：《千顷堂书目》，上海古籍出版社，1990 年。

36.（清）永瑢：《四库全书总目》，中华书局，1965 年。

37.（明）戚继光：《练兵实纪》，中华书局，2001 年。

38.（清）谈迁：《枣林杂俎》，中华书局，2006 年。

39.（清）万斯同：《明史》，续修四库全书影印本，上海古籍出版社 2002 年。

40. 虞振新、朱力工：《明代造园大师计成与常州东第园》，《常州日报》，2009 年 5 月 10 日。

41.（明）吴中行：《赐余堂集》，四库全书存目丛书影印本，齐鲁书社，1997 年。

42.（清）于琨、陈玉璂：康熙《常州府志》，中国地方志集成本，江苏古籍出版社，1991 年。

43.（清）王祖肃：乾隆《武进县志》，故宫珍本丛刊本，海南出版社，2001 年。

44.（明）吴玄：《率道人素草》，明末刻本，北京国家图书馆藏。

45.（清）高其倬：雍正《江西通志》，文渊阁四库全书影印本，上海古籍出版社，1987 年。

46.（明）温体仁：《明熹宗实录》，台北中央研究院历史语言研究所，1962 年。

47.（清）张岱：《石匮书后集》，中华书局，1959 年。

48.（清）计六奇：《明季南略》，中华书局，1984 年。

49.（清）汪楫：《崇祯长编》，台北中央研究院历史语言研究所，1962 年。

50.（清）无名氏：《偏安排日事迹》，台湾文献史料丛刊影印本，人民日报出版社，2009 年。

51.（明）叶向高：《明光宗实录》，台北中央研究院历史语言研究所，1962 年。

52.（清）王颂蔚：《明史考证捃逸》，嘉业堂丛书本。

53.（明）杨嗣昌：《杨嗣昌集》，岳麓书社，2005年。

54.（清）戴笠：《怀陵流寇始终录》，辽沈书社，1993年。

55.（清）夏燮：《明通鉴》，中华书局，1959年。

56.（清）刘统：乾隆《任邱县志》，中国方志丛书影印本，台北成文出版社，1976年。

北宋江、淮两浙引种占城稻考实

肖建新

（安徽师范大学教授）

占城稻，又名占稻、占禾、早占等，是一种旱稻。因原产于占城（今越南中部）而名。宋代周去非《岭外代答》卷二《安南国》尝曰："其境土多占禾"。至于占城稻何时开始引入我国，有的认为唐太宗时，有的认为五代后周，有的认为宋真宗时，直到现在仍存分歧。这些观点姑且不论，但北宋真宗大中祥符五年（1112）在江、淮、两浙路引种占城稻，则是推广种植占城稻以及物种传播史上的重要事件，对战胜自然灾害，以及北宋前期恢复发展农业生产发挥了一定的作用。史料有所记载，但详略不一，有的地方还含糊不清，有必要钩沉考辨，将这次引种占城稻的时间、区域、方法及相关问题搞清楚。这对农史、科技史、经济史研究都有益处。

关于大中祥符年间江、淮、两浙引种占城稻，《宋史》分别在卷八《真宗本纪》和卷一百七十三《食货志》有记载：

> （大中祥符五年）五月辛未，江、淮、两浙旱，给占城稻种，教民种之。
>
> 大中祥符四年，诏曰："火田之禁，著在《礼经》……"帝以江、淮、两浙稍旱，即水田不登，遣使就福建取占城稻三万斛，分给三路为种，择民田高仰者莳之。盖旱稻也。内出种法，命转运使揭榜示民。后又种于玉宸殿，帝与近臣同观；毕刈，又遣内侍持于朝堂示百官。稻比中国者，穗长而无芒，粒差小，不择地而生。

可见，两者系年、详略有所不同，《真宗本纪》所载简明扼要，包括推广的时间、区域、原因，而《食货志》较为丰富具体，此外还言及稻种来源、数量，以及适应的土壤、播种方法、稻的品质等。综合以上两处记载，可以推知这次江、淮、两浙引种占城稻的大致情况：大中祥符五年五月辛未，遣使福建，取占城稻种三万斛，在江、淮、两浙三路推广，并让转运使揭榜告示种植方法。如此推论引种概况，估计与史实不会有太大出入，但细致深究，则又发现以下问题值得澄清：

一是引种的具体时间。《真宗本纪》较为明确，江、淮、两浙种植占城稻在大中祥符五年五月辛未，而《食货志》系在大中祥符四年之后，也就不免产生疑问，甚至引起误解，《宋代文化大辞典·占城稻》就把江、淮、两浙种植占城稻定在大中祥符四年。到底在何年何月？从宋代的文献记载来看，高承《事物纪原》卷十、罗愿《新安志》卷二和《尔雅翼》卷一、《宋史全文》卷六，以及马端临《文献通考》卷四所载江、淮、两浙引种占城稻，仅述至大中祥符五年，未及月份；而《宋会要辑稿·食货》一之一七、六三之一六四皆言大中祥符五年五月，《续资治通鉴长编》卷七十七则系在大中祥符五年五月戊辰朔之后，但给种不应在戊辰（初一）下，而是此后的辛未（初四）。综合以上记载可见，江、淮、两浙推广占城稻当在大中祥符五年，不在四年；并且，具体的月份应在五年的五月，这与占城稻的种植时间相吻合。至于辛未日，是给种还是取种的日期?《宋史》本纪所云为“给种”，而《续资治通鉴长编》说“遣使取种”及“给种”，还有其它材料也是同时讲遣使取种和给种，如《玉海》卷七十七云:“祥符五年五月辛未（一本二月），遣使福建州，取占城稻三万斛，分给江、淮、西（两）浙三路转运。”若是五月辛未给种，那么，必在此前取种，故《玉海》在“五月辛未”后注明“一本二月”，似有一定的道理。毕竟江淮与福建之间非数日可以往返，何况要在福建征集“三万斛”占城稻种子，并运到江、淮、两浙。为此，合理的解释是，五月之前已经遣使福建取种，辛未（初四）下诏给种和种植，故一些史料记载此事仅云年份，不书具体月日，如《尔雅翼》卷一、《新安志》卷二皆云:“大中祥符五年，诏遣使福建取三万斛，并出种法，而布之江、淮、浙之间”。因农事紧急，不能耽误，五月给种，也是理所当然。这由时令节气决定，否则，占城稻就不是早稻了。

二是推广的区域。以上叙述大中祥符五年旱灾或给种的地区时，一般说江、淮、两浙，如:《宋史》卷八、一百七十三，《宋会要辑稿》一之一七、六三之一六四，《文献通考》卷四；还有其它表达方式，如《尔雅翼》卷一、《事物纪原》卷十说:“江、淮、两浙漕”，《新安志》卷一说:“江、淮、浙”，意思同上，但是，《宋史全文》卷六说:“淮南、两浙路”，就不够准确了。在北宋前期，江、淮、两浙地区，应是一个联系比较密切的地区，有时灾害相连，如《续资治通鉴长编》卷三十四，淳化四年“二月，上以江、淮、两浙、陕西比岁旱灾，民多转徙……”。宋政府也在此设有发运使，《宋史》卷五说:淳化五年七月“癸亥，置江、淮、两浙发运使”。故宋代将江、淮、两浙作为占城稻的推广种植的区域，当有地理、气候以及行政设置的考虑。而江、淮、两浙又是三路的简称，在当时理解时不会迟疑，但后人就有些困惑了，三路的全称为何?大中祥符五年推广占城稻的文献没有明确回答。这需要考察一下北宋前期的行政地理，才能找到答案，《宋史》卷八十六《地理志》提供了参考:“两浙路。熙宁七年，分为两路，寻合为一。”“淮南路。旧为一路，熙宁五年，分为东西两路。”至于江南路，《地理志》没有北宋的沿革，只述及南宋建炎四年“合江东、西为江南路”。北宋前期的江南路情况较为复杂，《元丰九域志》卷六说:“江南路。太平兴国元年，无东、西路，后并一路，天禧四年后分二路。”其中，“无东、西路”，此为四库全书文渊阁本所载，而武英殿聚珍版作“分东、西路”。这种差异很大，需要考证，但是，我们又可以肯定，太平兴国至天禧之间有相当一段时间内当为一路，其间，大中祥符五年，无论分合，江南皆有路级机构，很可能是江南路。为此，大中祥符时，江、淮、两浙即指江南、淮南、两浙三路，这在目前出版的历史地图上是不易分别出来的。同时，将江、淮、两浙三路称为江淮、两浙地区尚可，但认为江、淮、两浙三路就是江淮、两浙，也就不太准确了。

此外，宋代福建种植占城稻肯定早些，也在真宗时有过一次推广。《福建通志》卷六十五："宋真宗以福建田多高仰，闻占城稻耐旱，遣使求其种，得一十石以遗其民，使莳之。今八郡皆有占城稻。语本《湘山野录》。"（四库全书本《湘山野录》无此内容）到元代，福建仍然种植，如王祯《王氏农书》卷二十七："今闽中有得占城稻种，高仰处皆宜种之，谓之旱占。"当然，北宋江、淮、两浙种植的占城稻种就是来自福建，但是，《宋会要辑稿·食货》一之一七、六三之一六四以及《玉海》卷七十七皆作："遣使福建州取占城稻三万"。若将句标点成"遣使福、建州，取占城稻三万"，则所取稻种来自福建路的具体州，北宋前期确有福州、建州，似乎能够解释得通，但从学理上讲，"福建"之后的"州"又似衍字。

三是推广的方法。一般史料都说"择民田高仰者莳之"，这只是讲种植占城稻的土地，表明其"不择地而生"的生长优势，或者如《湘山野录》卷下直接说"占城稻耐旱"，也就是说，占城稻能够适应较为恶劣的土壤和气候条件。比如，当时江南路新安的农作物生长条件就比较差，《新安志》卷二说："新安之谷，大率宜籼，而不甚宜秔。"占城稻属于籼稻，又耐旱，故新安也成了江南路种植占城稻的一个区域，《新安志》有所记载。至于转运使"揭榜示民"的播种方法，大多史料没有明确的交代。唯有《宋会要辑稿·食货》一之一七留下了珍贵的记载，"其法曰：南方地暖，二月中下旬至三月上旬，用好竹笼，周以稻稗，置此稻于中外，及五斗以上，又以稻稗覆之，入池浸三日，出置宇下。伺其微熟如甲坼状，则布于净地，俟其萌与谷等，即用宽竹器贮之。于耕了平细田停水，深二寸许，布之，经三日，决其水。至五日，视苗长二寸许，即复引水浸之一日，乃可种莳。如淮南地稍寒，则酌其节候下种，至八月熟。是稻即旱稻也。真宗以三路微旱，则稻悉不登，故以为赐，仍揭榜示民。"此法包括治田、浸种、育秧、莳种以及管理等，较为清楚。也有人以此认为，"占城稻是水稻而决非旱稻"（黄桂：《关于占城稻若干问题探析》，《中国社会经济史研究》1998 年第 4 期），可能误读这段史料所云播种方法的本意，也没有真正理解占城稻耐旱特点及其得名的缘由。

四是江、淮、两浙三路与玉宸殿种植占城稻的先后。从其性质上讲，前者主要反映推广占城稻的区域，后者主要反映统治者的重视。两者有一定关系，说明真宗朝占城稻种植和推广的状况。其中，玉宸殿占城稻（史料主要记载收获相关之事），史料不同，记载也有所差异，《宋史》卷八《真宗本纪》、《玉海》卷七十七《祥符玉宸殿占城稻》所载基本相同，大中祥符六年九月"丁酉，出玉宸殿种占城稻示百官"，"祥符六年九月丁酉，内出玉宸殿所种占城稻示辅臣"。显然，在三路引种占城稻的次年九月，宫中收获占城稻，也与占城稻的生长周期基本吻合。如《会稽志》

卷七十提及的占城稻周期有六十、八十日等，南方八月份收获，而北方开封可能气候原因推迟一些。然而，《续资治通鉴长编》卷七十七云：“其后又取种于玉宸殿，上与近臣同观，作歌毕和，又遣内侍持稻示百官于都堂。”《宋史全文》卷六：“又取种于玉宸殿。”这与《宋史》、《玉海》所载略有差别，仅说玉宸殿的种植和收获在江、淮、两浙推广之后，但并未给具体时间。还有一类记载，差别特别大，几乎把宋真宗遣使求种和植于后苑视为我国引种占城稻的开始，此说的始作俑者可能是北宋释文莹，《湘山野录》卷下：“真宗深念稼穑，闻占城稻耐旱，西天绿豆子多而粒大，各遣使以珍货求其种。占城得种二十石，至今在处播之。西天中印土得绿豆种二石，不知今之绿豆是否。始植于后苑，秋成日宣近臣尝之，仍赐占城稻及西天绿豆御诗。”据此，占城稻与绿豆，应是真宗遣使引种的，其中，得占城稻种子二十石，最初植于后苑，然后各地播种。《事物纪原》直接引用此说，卷十曰：“僧文莹《湘山野录》曰：真宗闻占城稻耐旱，遣使以珍货求其种播之，始植于后苑也。”《尔雅翼》当受《湘山野录》的影响，卷一亦说：“云始自占城国有此种，真宗闻其耐旱，遣以珍宝求其种，始植于后苑，后在处播之。”而清代《苏诗补注》卷二十三更直引《尔雅翼》之说。可见，真宗于后苑种植占城稻几乎成了宋代引种占城稻的开始。其实，《尔雅翼》同时表示怀疑，指出此前大中祥符五年遣使福建取占城稻种，分给江、淮、两浙播种。至于玉宸殿占城稻问题，《玉海》卷七十七所载甚详，并给出了两个时间，大中祥符六年九月丁酉和五年十月，但没有下宋代引种占城稻之始的结论，其它相关内容在此不赘引。总之，大中祥符五年，江、淮、两浙推广占城稻当是宋代扩大种植占城稻的标志性事件，而后苑的种植似乎不可能是宋代引种占城稻的开始。

经以上钩沉考证，关于大中祥符五年江、淮、两浙路推广占城稻的相关重要史实，可以表述如下：五年五月之前已经遣使福建，取种三万斛，辛未分给三路，并告示播种方法；推广的区域在江、淮、两浙三路，即真宗时期的江南路、淮南路和两浙路；播种的方法，主要包括治田、浸种、育秧、莳种以及管理等方面内容；在江、淮、两浙推广占城稻之时，或少后，真宗也在后苑玉宸殿种植。后苑种植的象征意义较大，但不大可能是宋代引种占城稻的开始。事实上，江、淮、两浙路种植占城稻的实际作用以及引种占城稻的历史意义，显然要比后苑的种植大得多。这是宋代农业发展一个重要表征，并且，无论是遣使引种还是揭榜方法，都是地方官吏的农业责任，在生产和税收考课中也有一定的影响。

清末安徽私塾改良与新式小学堂的创办*

张晓婧　李琳琦

（安徽师范大学博士生）（安徽师范大学教授）

私塾是我国传统教育的重要组成部分，所谓“古之教者，家有塾，党有庠”。私塾属于“私学”范畴，原称“家塾”、“馆”或“书房”①。其类型主要包括塾师自设的“散馆”，官绅、商贾等延聘塾师设立的“专馆”，以及私人捐款或是庙宇、祠堂的地租收入开设的“义塾”等。至明清时期私塾已形成一种制度，在民间广泛设立。② 封建时代，私塾承担着普及初等教育的社会责任，并且成为乡村文化活动的中心。但是延至近代，由于私塾的教学内容和教学方式不适应时代发展的需要，在近代化的过程中更为需要的是“能担任外交政治，农工商业，交通，教育事业的专门人才”③，私塾面临取缔或者改革。而私塾本身教学特色的存在和国家兴学经费的缺乏，使其改良成为可能。近代化初期，国家采用强有力的手段推行新式教育，打破了千年以来以私塾为中心的传统教育模式。代表新文化的新式学校以政府为后盾，不断地向乡村社会渗入，而代表传统旧文化的私塾在百姓的支持下挣扎生存，并回击来自新学的“挑战”，两者激烈的竞争，使乡村教育格局呈现新旧交织、“二元”并存的模式。

在清末安徽近代化的浪潮中，私塾改良和兴办新式学堂也成为安徽乡村教育转型的一个重要组成部分。通过对清末安徽私塾改良和新式小学堂的研究，可以使我们了解到清末安徽初等教育的发展概况及安徽乡村教育早期近代化的特点，从而深化安徽教育史的研究，丰富中国教育史的研究领域。

一、清末安徽私塾改良的推行及效果

（一）私塾改良的推行

清末中央政府对私塾改良重要性的认识，是一个逐渐深入的过程。1902 年清廷

---

* 基金项目：国家社会科学基金项目（10BZS039）；安徽省哲学社会科学规划项目（AHSK11－12D25）。

① 关于“私塾”的词源考义，参见俞允海：《乡学至私塾：“塾”义变迁考》，《湖州师范学院学报》，2005 年第 5 期。

② 陈学恂：《中国教育史研究·明清分卷》，华东师范大学出版社，1995 年，第 188－189 页。

③ 陈翊林：《最近三十年中国教育史》，上海太平洋书店，1930 年，第 28 页。

颁布《钦定蒙学堂章程》，规定各类私塾均应遵照蒙学堂课程一律核实改办。但这仅仅是停留在书面上的要求，并无确保切实执行私塾课程改良的监管机制和责任者。1904年6月，江苏学务处委员沈戟仪在川沙龚镇设立了私塾改良会，招考各塾学生，着手私塾改良，拉开了全国私塾改良的序幕。随后上海开明绅士开会商议“私塾改良”之事，并本着“化新旧于无形，免官私之交哄”的宗旨，正式立案改良私塾，且制定《私塾改良会章程》数条①。之后学部开始着手北京地区私塾改良事宜，全国性私塾改良运动的大幕正式拉开。

清末安徽的私塾改良紧跟全国先进地区的步伐。据现有资料显示，安徽最早成立私塾改良会的地方是芜湖。1906年《申报》的报道中称：“芜湖私塾改良会刻已成立，于本月十六日开特别会，到会者三百余人。先由会长吴君松亭发明开会宗旨，次汪君孟寿恭祝颂词，次来宾演说。然后分送私塾改良章程十二条。是日，邑尊沈益斋大令亦乘兴到会，捐助龙洋一百元，以作开办经费。”② 1908年，安徽省首任提学使司沈曾植③强调“教育普及须先改良私塾”，委任官员赴江西调查私塾改良的情形，汲取经验以为效仿。④ 同年，省城安庆私塾改良会成立，并且拟定章程，决定以“和平劝导、循序渐进”的方法对私塾进行改良。⑤ 清末安徽的私塾改良运动推进中，强调在确切掌握私塾的师资、管理和教授书籍、教授方法等内容之后，重点对传统塾师进行劝导和培训。例如，芜湖地区的私塾改良规定，“拟首先责任塾师，次责任学生之父兄。凡入私塾肄业，须在改良会报名以便调查课程。如私塾收徒在三十人以上者，教授合法，每学期受劝学员之检查，倘能合格者即认为初等小学并筹百金以资清贴”⑥。

安徽省私塾改良会对塾师的培训，或举办观摩会，或举行展览会，或采用新式教科书，如“（皖省私塾改良会）1908年经会长吴季白君、庶务郑子惠君热心创办，设立县学明伦堂内，担任教科诸员全系义务。肄业各蒙师现届一年期满，客腊分别考试。经会长禀请学察颁发文凭，刻于三月初六日在清节堂内育正学堂发给各生祗领矣。”⑦ 由上海地区发起的私塾改良观摩会成果显著，并在安徽推广经验，此后，寿州⑧、徽州⑨等地相继开始推行私塾改良。

---

① 舒新城：《中国近代教育史资料》上册，人民教育出版社，1981年，第103页。

② 《芜湖私塾改良会纪事》，《申报》，1906年2月19日。

③ 沈曾植：字子培，浙江嘉兴人，光绪六年进士，历任刑事主事郎中、江西广信府知府、安徽首任提学使司，曾赴日本考察，倡导新学。（事迹见赵尔巽《清史稿》列传二百五十九，民国十七年铅印本）。

④ 《安徽私塾改良》，《申报》，1908年1月24日。

⑤ 《安庆私塾改良会简章》，《四川教育官报》，1908年第4期，第3-5页。

⑥ 《筹议私塾改良之苦心》，《申报》，1910年7月17日。

⑦ 《皖省私塾改良》，《申报》，1909年4月30日。

⑧ 《寿州之学务谈》，《大公报》，1910年8月22日。

⑨ 《条陈私塾改良规则》，《时报》，1908年1月5日。

（二）私塾改良效果甚微

尽管清末教育改革不断推进，但是其脚步在乡村显得尤为困难，乡村旧式私塾在数量上远超新式学堂。金陵大学农业经济系的一份调查证明了私塾在乡村教育领域内的霸主地位：直到抗日战争前，我国农村教育属于旧式的占65.1%，属于新式的仅占29.7%，属于新旧式学校即改良私塾的占5.2%；华北旧式教育占53.9%，新式教育占44.0%，改良教育占2.1%；华南农村私塾发达，旧式教育占75.6%，新式教育占19.1%，改良私塾占5.3%。[①] 虽然清末安徽地区就启动了私塾改良运动，但直到1930年后，私塾仍在安徽乡村普遍存在。据1935年中央农业实验所调查，安徽全省私塾14 388所，塾师14 422名，塾生188 935人，在农村教育中所占比例高达73.1%，位居全国第二位。[②] 据此可以想见，清末时期安徽私塾数量之多、塾师人数之众。

清末安徽乡村间除存在大量旧式私塾外，塾师的教学也仍沿袭以往的教育方式和教学内容，根本达不到新式教育的要求。清末一位教育研究者如是说："余观近日之教初学者，多仍私塾之旧，与生徒作文时，所命之题率为抽象的论说体，不问生徒之程度及适用与否，总以为不若是即不能谓之文题矣。默写之法，向日私塾即用之。特其默写者，仅字句而已，与私塾无异。近日教国文者，莫不用还讲法，所还讲者，亦不过词句而已，与向日私塾之旧法无异。"[③] 绝大多数塾师拒绝新学，并不配合。还有些地区虽表面配合，实则阳奉阴违，例如合肥县塾师为了应付学务检查让"每个学生备两套课本。督学一到，他们就翻开新课本，督学一走，一切又照旧。过了一段时间，教育局认为'改良'业已告成，公文上报，督学业懒于再下来，这个运动昙花一现，就夭折了"[④]。

二、清末安徽新式小学堂的兴办及成效

（一）兴办新式小学堂的措施

筹款是办学的基础，是兴办新式教育的第一要务。清末安徽新式小学堂的经费来源主要为地方官款和个人捐建两种方式。清末安徽利用官款建立的初等学堂共有86所，其中宁国府15所、池州府4所、庐州府11所、凤阳府13所、颍州府12所、广德州1所、滁州11所、和州8所、泗州11所。官立学堂的经费来源也是多种多样，以地方税收、高等小学堂拨款、书院旧有款项和学费为主。但是，乡村教育变

① 乔启明：《中国农村社会学》，商务印书馆，1946年，第292页。
② 郝锦花：《新旧学制更易与乡村社会变迁》，人民出版社，2009年，第35页。
③ 《教育实验心得》，《教育杂志》，商务印书馆，1911年第2期。
④ 董光升：《抗战前合肥城区私塾概况》，《合肥文史资料》，安徽出版总社，1984年，第169页。

革期间，政府处在内忧外患之中，兴学经费捉襟见肘，正如1903年的一份上谕称：“现在国步艰虞，百废待举，而库储一空如洗，无米何能为炊？”① 因此，为了解决乡村教育经费问题，1904年由张百熙等奏定颁行全国的《奏定学堂章程》中明确规定：“绅董能捐设或劝设公立小学堂及私立小学堂者，地方官奖之，或花红，或扁额；其学堂规模较大者，禀请督抚奖励给扁额；一人捐资较巨者，禀请督抚奏明给奖。”② 在政府的激励下，安徽出现私人捐资兴建新式小学堂的热潮。从1901年至1908年私立小学堂的创设数目分别为：徽州府18所，庐州府16所，颍州府10所，安庆府9所，宁国府6所，凤阳府5所，广德州2所，池州府和直隶和州各1所，共计68处。其中合族公办13所；监生、廪生、附生等创办9处；师范生创建3所；其余43处均为绅士个人创办。③ 从数量中可见，徽州府和庐州府延续了以往民间兴学的传统，私立小学堂数目排在全省前列。从创办者的身份而言，绅士最多。这是乡绅以往地方精英角色延续的表现，也是新时期绅士仕进之路被阻之后他们对新教育的无奈选择。

教育经费的有无决定学堂可否创建，而教育发展的一个关键要素就是师资状况。伴随着教育改革的推进，小学堂成为儿童教育诉求的重点，社会对教师的需求急剧升温。为了适应形势的变换，安徽各地开始创设师范学堂，为新式小学堂发展提供必要的师资力量。1906年至1908年，安徽省创办的师范学堂和师范传习所可查详细资料记载的为16所，皖南和皖中的师范学堂较皖北为多。④ 小学堂师资力量的缺乏和教师素质的低下是当时全国初等教育中普遍存在的现象，为此，1909年学部颁布小学教员资格检定章程，“现在各处小学渐次设立，需用教员至为急切，而师范学堂设立无几，毕业者更属寥寥，势不得不通融聘用以资教授，惟察之不严，则学术浅陋者不免滥竽充数。”⑤ 检定教员的目的是为了留用人才，剔除不合格者，提高小学堂教学质量。检定章程颁布后，安徽省各地相继展开检定活动，优化小学堂教员组成，使教员逐渐向专业化方向发展。

（二）兴办新式小学堂的成效

清末安徽各地区虽然启动了教育近代化的步伐，但是乡村新式学堂推行的效果却不尽如人意。关于清末安徽乡村新教育的质量优劣，我们可以从学部的调查报告中透视大概。1907年《学部官报》连载视学官调查安徽新式学堂的情况，调查意见显示，安徽省小学教育不甚发达，各地区初等学堂质量参差不齐，其中以桐城、寿

---

① 朱寿朋：《光绪东华录》（五），中华书局，1985年，第5117页。

② 张百熙等：《奏定学堂章程》，湖北学务处本，1903年，第3页。

③ 以上清末安徽初等学堂数量及私立小学堂数据资料根据《皖政辑要·学科》、《中国地方志集成》（安徽府县志辑）、《民国安徽通志稿·教育考》等统计获得。

④ （清）冯煦主修；（清）陈师礼纂：《皖政辑要·学科》卷五十二《普通》，光绪三十四年抄本。

⑤ 《学部奏遵拟检定小学教员及优待小学教员章程折并单》，《大公报》，1910年1月15日。

州较优，芜湖尚可。省城除有个别官立小学堂基本合格外，其余新式小学堂的质量都不尽如人意。① 与同时期全国的其他省份相比，安徽新式初等教育数量和质量远远落后。这种落后的状况在民国初年黄炎培先生的教育考察日记中有如实反映。黄先生描述安徽教育十分落伍，甚至一县无一学校，虽有学校而多不谙编制，建筑不良，座次杂乱，官气十足，缺乏各科合格之教员，除安庆、芜湖两处均无足观之状况。②

除了新式小学堂的数量、质量之外，教师素质低下也令人堪忧。清末安徽新式小学堂教员中充斥着大量非师范生。相对于全国而言，安徽省师范毕业者占教员总数百分比远远低于全国平均水平 53.5%，也与周边省份，如江苏宁属（47.72%）、苏属（37.64%）差距较大。③ 清末安徽新式小学堂的师资来源调查显示，其中高等小学教员 732 人，有 388 人未受过新教育；初等小学堂及蒙养院教员有 1031 人，非师范学校毕业者 743 人。④ 学部在对全国各省学务的调查报告中，特别提出对安徽新式小学堂师资状况的批评。报告中称，即使是省城师资力量较强的公立尚志两等小学堂和民立务实两等小学堂，师范生都不占教员的主体地位。省城尚且如此，何况其他府县！很多学堂"教员不谙教授之法，大率将教课写黑板上令学生移录"。某些学堂"教习教授国文，将教员用书中之参考习问各条写黑板上，令学生移写，学生照录既毕。下堂钟已动矣。"而且很多学堂的教员教授各科都是"循文敷衍"，学生很难对问题了解清楚。⑤

三、新旧教育二元格局并存的原因分析

（一）私塾在乡村的生命力顽强

1. 私塾仍是乡村文化霸主

作为传统社会最基层的教育机构，私塾长期以来承担着知识传播、文化传承和士阶层再生产的社会功能，其在乡村社会有着牢固的根基和影响力。私塾先生一般为当地的秀才、贡生，甚至为举人。在当地乡民的眼里，他们是读书人，是文化的化身。乡民对文化知识的天然尊崇，使塾师在农村中多得到尊重。如平日"有人做生，请先生做寿联；有人死去，请先生做挽联或祭文悼词"；"甚至于下葬看风水，出门做屋看日子，小病看脉开方子，都来请先生"；"在当年的农村里，先生是博古通今的人物，应受到尊敬"。⑥ 乡间塾师还扮演着其他重要角色，诸如"包揽"诉

---

① 《安徽学务调查总说》，《学部官报》，学部图书局，第 39 期。

② 《二十年前考察安徽教育笔记》，《学风》，安徽省立图书馆，1935 年第 5 卷第 2 期。

③ 陈学恂：《中国近代教育史教学参考资料》（下），人民教育出版社，1987 年，第 308－309 页、326－327 页、342－343 页。

④ 《清末安徽的新教育》下，《学风》，安徽省立图书馆，1932 年第 2 卷第 10 期。

⑤ 《安徽学务调查总说》，《学部官报》，学部图书局，第 39 期。

⑥ 王楷元：《辛亥革命前后的私塾生活》，《中华文史资料文库》第 17 卷，中国文史出版社，1996 年，第 22－24 页。

讼、对付县府和上官、商议和决策村中大事，甚至可以说，“在地方上，有以塾师、塾址为中心而形成一个近乎参议院雏形的说法，并不是言过其实，一个私塾或许不是直接干预地方行政，间接活动的力量确是值得惊异的。”① 此外，传统社会中，很多乡绅都有任教于私塾的经历②，大约1/3的塾师同时在从事经理地方事务中获得更高的社会威望和丰厚的收入③。乡绅作为地方权力的代表，又身兼私塾教师的身份，无疑使私塾在地方文化中占据霸主地位。实际上乡间应用文字的地方很少，一切对外的交涉、田地的冲突、田赋经济的组织、集市、对付官府等运用文字的场合，经常见到塾师活动的身影。一些通达乡土人情的塾师适合百姓的日常需要，在村民中赢得了很高的信任和尊重。

2. 乡民对私塾的认同根深蒂固

清末政府在兴办新教育过程中，重在制度模仿和建设，而缺乏对民众社会心理的及时跟进。“废科举、兴学堂虽然意味着传统文化在体制中的断裂，但它并不是马上就进入博物馆为人凭吊，而是如潜流一般，在人们的心海中暗藏、流动和珍视。”④ 废科兴学可以立刻实行，但是传统观念却不可立即转变。有学者调查内地新学推进过程中，乡民为何认同私塾而非学堂，其说不越三端：“一曰科举已废，吾家子弟，可不必读书也。一曰君等开设洋学堂，殆将引诱我家子弟，使吃洋教也。一曰今年虽不收学费，殆以甘言诱我，明年将令我出学堂捐也。此三种人之口吻，一鄙、一陋、一过虑，而其不愿子弟就学则尽同。”⑤ 可见，传统观念、民众心理以及教育经费等因素是导致乡民认同私塾而非学堂的主要原因。其中，废科兴学推行的过于急躁，传统观念一时无法改变是其中之根本原因。

与新式学堂相比，私塾具有灵活的办学方式，较低的学费，严格的而且适合乡间生活的教学和管理方法，因而得到乡民的信仰。推行新式教育之处，私塾的教学方式为社会所诟病。但是私塾教法也并非一无是处，其某些教学方式和教学方法甚至可为新式学堂所借鉴，如安徽寿州蒙养学堂教员权骅说道：“余观近日之教初学者，多喜仍私塾之旧。与生徒作文时，所命之题率为抽象的论说体，不问生徒之程度及适用与否，总以为不若是即不能谓之文题矣”；“默写之法，向日私塾即用之”，“特其默写者，仅字句而已”，“近日教国文者，莫不用还讲法”，“所还讲者，亦不过词句而已，与向日私塾之旧法无异”⑥。乡村私塾以其教学方式和教学内容的灵活性和乡土性，在乡村民众中获得了极高的认同度。

---

① 廖泰初：《动变中的中国农村教育——山东省汶上县教育研究》，燕京大学社会学系，1936年，第32页、第34页。

② 具体分析详见张仲礼：《中国绅士的收入》，上海社会科学院出版社，2001年，第4页、第106－107页。

③ 张仲礼：《中国绅士的收入》，上海社会科学院出版社，2001年，第250页。

④ 柳琴等：《略论20世纪上半叶中国的私塾改良》，《历史档案》，2002年第2期。

⑤ 同天：《述内地办学情形》，《教育杂志》，商务印书馆，1909年第7期。

⑥ 权骅：《教育实验心得》，《教育杂志》，商务印书馆，1911年第3期。

（二）新式初等教育发展动力不足

1. 内部动力缺乏：教育经费不足，设施设备落后

清末教育改革之初，中央政府将支持重点放在初等教育。据1907年统计数据显示，各类学堂经费拨款百分比分别为：初等学校51%、师范学校20%、中等学校12%、专门学校12%，实业学校5%，高等、中等、初等学堂的百分比分别为1∶2∶7。[①] 可见，新教育经费的50%左右拨给了初等教育，但是，具体到地方执行上，地方官将官款拨充、地方税收及书院改建主要投向了城镇高等和两等小学堂的建设。正如《教育杂志》所载："地方官绅筹办学务往往偏重城间，集一地之汗血钱，教养少数之子弟……循是以降，城间之学堂日益多，乡间之学堂日益少；城间之子弟有权利，乡间之子弟有义务而无权利。城乡之界限既分，贤愚之程度遂判，而市民非市民之阶级，永难消弭。"[②]

安徽乡村小学堂大部分依靠有识之士捐助，个人之财力何其有限。更何况新式学堂创办所需的经费远远超过旧式私塾，如时人所述："今一旦废科举而兴学校，其所学者必科学也。一器之费千万金，一师之俸数千金，此断非数家之力所能及，不能不合一县之力成之。"[③] 光绪三十四年（1908）安徽新教育经费统计表显示，小学堂的收入和支出两相对比，明显入不敷出。由于教育投入严重不足，清末安徽乡村学堂多借用寺庙、宗祠等作为教室。1905年安徽将小学堂建在乡村祠堂的多达75所，设在寺庙的达65处，远超其他场所[④]。但是祠堂和寺庙本非为学校而建，鲜有适合学校教学与管理的。大多数由寺庙和宗祠改设的学堂设施简陋，一些学堂甚至连最基本的教学设施如黑板、桌椅等都不具备。由于教育经费短缺，缺乏地方政府的支持，乡村教员待遇也随之菲薄。1907年安徽省高等小学堂教员年平均薪水为135.89两，两等小学堂为83.06两，初等小学堂仅为55.68两，还不到高等的一半。而同时期湖北、浙江、江苏、云南等地小学堂教员的薪水均远远高于安徽省。教员的低收入状态影响了工作积极性，从而直接影响教学质量。

2. 外部力量抵制：缺乏乡民支持，矛盾冲突不断

清末安徽新式初等教育借助国家的权力向乡村推进，但是却遭遇到扎根于传统社会土壤中的私塾的顽强抵制。安徽乡村大多与世隔绝，比较闭塞，封建势力顽固；乡民多将新学视为"洋教"，宁愿选择私塾而不去选择学堂。1909年安徽巡抚朱家宝在奏章中仍提到："本省风气尚未大开，皖北各属尤称朴塞"[⑤]。况且乡民自古以来受儒家思想的熏陶，最为关心人心风俗和伦理道德。而新式学堂中的教学内容淡

① 《第一次教育统计图表》，1907年，第33－35页。
② 《省视学鄙视乡间子弟》，《教育杂志》，商务印书馆，1909年第3期。
③ 《论废科举后补救之法》，《东方杂志》，商务印书馆，1905年第11期。
④ 《清末安徽的新教育》中，《学风》，安徽省立图书馆，1932年第2卷第9期。
⑤ 《京外奏章：安徽巡抚朱家宝奏筹备宪政第一年办理情形》，《学部官报》，学部图书局，第87期。

化了儒家典籍，注重科学知识的传授，传统的道德人格研习居于次要地位。乡民们认为新式学堂的教学必然会造成人心日坏。徽州乡民的看法便具有代表性，例如，他们中“许多人以为读书（所谓洋书）读不得的，读了则将来发生男女自由恋爱结婚，甚至无家无父，要变洋鬼子了”①。至于新式学堂中活泼灵活的教学方式、自由融洽的新型师生关系，更是与传统的死记硬背、体罚、“严师出高徒”等教育方式和理念差别较大，一般乡民很难接受，故多对新式教育持排斥态度。此外，由庙宇改建小学堂极易引起信仰上的冲突。长期以来佛教、道教各种仪式扎根乡村，经过历史变迁形成了以庙宇为中心的民间信仰。这些信仰一代代相传已形成习惯，被广大民众所认可和依赖，而兴办小学堂，占用庙宇、捣毁神像，必然会引起乡民反感，极易导致冲突。例如，宁国县监生邓昌云等因天旱求雨率领乡民赴庙求香，适逢小学堂在庙宇内上课，阻其入内，结果引发冲突，乡民百余人冲进学堂将斋舍桌椅器具等件一律拆毁。②

新式小学堂在乡村推广过程中，新旧之间的竞争和矛盾不断，从“对簿公堂”到“暴力毁学”，冲突逐渐升级。笔者据1907—1911年《申报》记载，统计出清末安徽新教育诉讼案件接近40起，原因多种多样，但大多集中在乡村劣绅毁学或唆使学生毁学；提拨寺产导致寺僧毁学；新旧势力争夺学款和学堂堂长腐败废弛学务等几方面。而更为严重的暴力事件，从1905年至1911年，安徽省“毁学”达到11次，在全国23个省份中位居第4。③ 1906—1911年的《申报》中关于安徽“毁学”的具体报道有19次。有因学堂侵占庙宇引发的毁学，如凤阳府怀远县杨启泰等人捣毁养正小学堂④和合肥县肥西寺僧捣毁学堂事件⑤；有因听信谣言诬蔑学堂收捐导致的毁学，如歙县溧川学堂被毁事件⑥；有因教堂教民和学堂产生冲突导致的毁学，如芜湖繁昌三山镇教民毁学，此次毁学事件影响颇大，甚至引发商人罢市、学生罢课⑦。

结 语

清末政府推行私塾改良运动，兴办新式学堂，开启了中国教育近代化的历程，促进了新式教育的发展。但是，中央政府只是机械地模仿西方制度，并未结合中国乡村具体实际制定教育政策，忽视民众自身的教育诉求。地方政府在执行过程中又偏重城镇，忽视乡村，使得城乡教育之间的差距拉大，乡村社会更为闭塞。安徽教

① 徽州人：《徽州乡村教育问题》，《微音》，1926年第29期。
② 《乡董祈雨毁学之荒谬》，《申报》，1908年9月11日。
③ 邱秀香：《清末新式教育的理想与现实》，台北“国立政治大学”历史系2000年硕士论文，第108页。
④ 《补记怀远县毁学情形》，《申报》，1906年2月21日。
⑤ 《寺僧捣毁学堂》，《申报》，1908年7月16日。
⑥ 《补记溧川毁学情形》，《申报》，1906年9月1日。
⑦ 《三山镇教民毁学罢市四志》，《申报》，1907年12月31日。

育近代化初期，私塾改良成效微乎其微，新式学堂的建设阻力重重，“实然”和“应然”之间存在巨大落差。传统教育的近代转型是一个极其复杂的过程，它的成功与失败是多种因素作用的结果，但是，如何引导民众的价值观念和社会心理，如何调动社会各界投身教育的积极性以及如何将传统的精神与现代的制度完美结合，是当今教育现代化仍需深入思考的课题。

清末礼法之争的焦点：比附制度与罪刑法定原则的废立

彭凤莲

（安徽师范大学教授）

1902年清政府决定修订《大清律例》，1906年开始起草新刑律，1908年初修订法律大臣沈家本上奏《大清新刑律草案》，1911年《大清新刑律》颁布。刑事法律的变革贯穿了晚清十年法律改革的整个过程，然而《大清新刑律草案》因引进资产阶级的刑法基本原则而引起了空前激烈的礼法之争。《大清新刑律草案》第10条规定："凡律例无正条者不论何种行为不得为罪。"这是中国刑法首次确立罪刑法定原则。同时，由沈家本主持修订的《刑事民事诉讼法草案》第76条规定："凡裁判均须遵照定律，若律无正条，不论何项行为，不得判为有罪。"① 这从程序法上进一步规定了罪刑法定原则。集中记录礼教派与法理派关于新刑律争论意见与主张的是《刑律草案笺注》与《修正刑律案语》，这两部书详细记载了对《大清新刑律草案》第10条罪刑法定原则的签注与辩驳。《大清新刑律草案》"签注"是在晚清法律近代化的背景下，作为制定《大清新刑律》的必经程序而出现的，是指修订法律馆上奏《大清新刑律草案》后，按照立法程序，朝廷下宪政编查馆交各中央部院堂官、地方各省督抚、将军都统签注意见。② 因为修订法律办法规定："应修各项法典，（由修订法律馆）先编草案，奏交臣馆（宪政编查馆）考覈，一面由臣馆分咨在京各部堂官、在外各省督抚，酌立期限，讨论参考，分别签注，咨覆臣馆，汇择覈定，请旨颁行"。③ 从1908年到1910年，京内外各衙门陆续上奏对《大清新刑律草案》的意见，这些意见被称为"签注"。对于京外各衙门上奏的"签注"，朝廷先后在十多份奏折上作了硃批，足见朝廷对"签注"的重视。1910年2月修订法律馆会同法部上奏修正刑律草案后，将《修正刑律案语》排印成书，"于草案中详列中外各衙门签注，持平抉择以定从违。并于有关伦纪各条，恪遵谕旨加重一等"。④ 随后宪政编

① （清）政学社编：《大清法规大全·法律部》，政学社石印本。

② 参见高汉成：《大清刑律草案签注研究概述》，www. law-culture. com/shownews. asp? id = 13003 - 32k，2006年12月28日访问。

③ 《宪政编查馆大臣奕劻等奏议覆修订法律办法折》，载故宫博物院明清档案部编：《清末筹备立宪档案史料》（下册），中华书局1979年版，第850页。"覈"同"核"。

④ 宣统二年十月初四（1910年11月5日）《宪政编查馆大臣奕劻等奏为核定新刑律告竣请旨交议折》，载《钦定大清刑律》书前所附奏折。

查馆也将签注意见进行整理，成《刑律草案笺注》一书以备审核草案时参考。因此《刑律草案笺注》与《修正刑律案语》乃代表官方意见，且能较全面揭示清末礼法之争的内容。

一、清末礼法之争焦点之通说

（一）礼法之争的焦点在于义关伦常之罪名的通说

学界通说认为，礼法之争的焦点在于义关伦常的几个具体罪名。这与礼教派、法理派强烈交锋后，于1911年最终公布的《大清新刑律》增加了草案中原本没有的《暂行章程》五条直接相关。此五条内容皆是义关伦常的罪与罚：第1条是侵犯皇室罪、内乱罪、外患罪、杀害伤害尊亲属罪，处死刑的，仍用斩刑；第2条是损坏、遗弃、盗取尸体者，损坏、遗弃、盗取尊亲属尸体及遗骨、遗发及殓物者，发掘尊亲属坟墓者，发掘尊亲属坟墓而损坏、遗弃、盗取其尸体者，应处二等以上徒刑者，得因其情节仍处死刑；第3条是犯强盗罪得因其情节仍处死刑；第4条是无夫奸之罪与罚；第5条是“对尊亲属有犯，不得适用正当防卫之例”。[①] 1936年，杨鸿烈先生在其所著《中国法律思想史》中将劳乃宣、张之洞为代表的一派称为礼教派，将以沈家本、杨度为代表的一派称为法治派，并对“两派冲突的要点”进行了梳理与阐释：第一，礼教派认为，刑法草案中“内乱罪无纯　死刑”及“无大奸之无罪”有妨礼教（张之洞）；“干名犯义”、“犯罪存留养亲”、“亲属相奸”、“亲属相盗”、“亲属相殴”、“故杀子孙”、“杀有服卑幼”、“妻殴夫”、“夫殴妻”、“无夫奸”、“子孙违教令”等款，《大清律》皆有特别规定，而《大清新刑律草案》则一笔抹杀，大失明刑弼教之意（劳乃宣）。第二，法治派领袖人物沈家本愤慨异常，独当其冲，著《书劳提学新刑律草案说帖后》，对劳乃宣之说一一痛驳。[②] 经由此，礼法之争的焦点在于义关伦常的罪名之通说基本奠定。

（二）清末礼法之争焦点通说之评论

在杨鸿烈先生《中国法律思想史》一书之后，中国法律思想史的教材或论著中关于清末礼法之争的焦点之说大致与之相同。换句话说，关于礼法之争的主要观点中皆不见比附援引与罪刑法定原则之争论的内容，更不见清末比附援引与罪刑法定原则之论争是礼法之争的焦点之说。就新近著作来看，张晋藩教授在《中国近代社会与法制文明》一书中指出：礼法之争“虽然涉及传统刑法的许多方面，但焦

---

① 参见中国人民大学法律系法律史教研室编：《中国近代史资料选编》第一分册，1980年校内用书，查于中国人民大学法学院图书馆。

② 参见杨鸿烈：《中国法律思想史》（下册），商务印书馆1998年影印第1版，第324－332页。

点是新修订的刑律，是否应继续纳入封建礼教的内容"。[①] 张德美博士在《探索与抉择——晚清法律移植研究》一书中指出，礼法之争的焦点"并非是与封建法律截然对立的近代西方刑法原则，而不过是所谓义关伦常的几个罪名的存废问题。究其原因，或许是因为体现近现代西方刑法原则的法律条文，总是能够在传统文化中追本溯源。也许正是因为诸如罪刑法定、罪刑相适应、人道主义等刑法原则都能从中国古代传统文化中寻根，它们才可以在《大清新刑律草案》引起激烈争论之际毫发未损。"[②] 该说认为罪刑法定原则在激烈争论中"毫发未损"基本属实，说基本属实是从整体而言，因定本与草案相比，在文词上还是"酌加修正"了，草案的表述是"凡律例无正条者不论何种行为不得为罪"，定本的表述是："凡法律无正条者不问何种行为不为罪"。然而，对其认为"与封建法律截然对立的近代西方刑法原则"不是礼法之争焦点的观点，考之于史，笔者认为值得商榷。虽然《清史稿》记载了关于干名犯义等罪名的争议，[③] 但是，《刑律草案笺注》一书更是记载了对罪刑法定原则的签驳盛况（见下文）。陈新宇博士在其《从比附援引到罪刑法定》一书中列有专章"比附援引与罪刑法定之争"，[④] 但并未指出这场论争在清末礼法之争中的位置及重要性。

二、礼教派力主比附不可废

《大清新刑律草案》中比附的废除，罪刑法定原则的确立，着实为礼教派与法理派提供了论战的靶子。"草案一出，举国哗然。内则九卿科道，外则各省督抚，群相诟病，纷纷奏参。"[⑤]《刑律草案笺注》等史书详细记录了各督抚等对刑律草案第10条之攻诘，认为比附不可废，理由大致可归纳为以下几个方面。

（一）比附乃古之善法，不可废

部分重臣认为，比附乃古已有之的善法，能预防"情伪无穷科条所不及者"，不可废。

---

① 张晋藩：《中国近代社会与法制文明》，中国政法大学出版社2003年版，第311页。

② 张德美：《探索与抉择——晚清法律移植研究》，清华大学出版社2003年版，243－244页。

③ "宣统元年，沈家本等汇集各说，复奏进修正草案。时江苏提学使劳乃宣上书宪政编查馆，论之曰：'法律大臣会同法部奏进修改刑律，义关伦常诸条，未依旧律修入……'谓宜将旧律有关礼教伦纪各节，逐一修入正文，并拟补干名犯义、犯罪存留养亲、亲属相奸相殴、无夫奸、子孙违犯教令各条。法律馆争之。明年资政院开，宪政编查馆奏交院议，将总则通过。时劳乃宣充议员，与同院内阁学士陈宝琛等，于无夫奸及违犯教令二条尤力持不少息，而分则遂未议决。"见于《清史稿·刑法志一》，上海古籍出版社、上海书店1986年版，第9345页。原书无断句、无标点，标点为笔者所加。

④ 参见陈新宇：《从比附援引到罪刑法定——以规则的分析与案例的论证为中心》，北京大学出版社2007年版，第60－100页。

⑤ 《皇朝续文献通考》卷242《刑考一》。

苏抚云："比附加减之法，三代已有行之，非自秦汉以降始创也。诚以天下事变万端，有非法律所能赅备者，故特设此条为用法之准则，此正执简御繁之善法。"[①]河南巡抚吴重憙云："比罪之法，其制最古，亦以人情万变，科条所不能赅，而始设为此例。沿及于唐，出罪举重明轻，入罪举轻明重，诚不能无爱憎之弊。明律力救其失，改为引律比附，加减定拟，问刑者有所依据，以律为衡，即不能凭空比引，恣为出入。我朝益昭慎重，凡援引比附者，均请旨遵行，司法者更无从稍越立法之范围。"故"比附未可删除也"。[②]

张之洞认为，"比附古已有之，中国旧法律例中，如果审讯案件，为条例所未及，则援引《三礼》以为证。"他说，《大清新刑律草案》、《刑事民事诉讼法草案》没有提到比附，是最大的缺点。罪无正条，比照某律某例科断，或比照某律某例加一等减一等科断，可以预防"情伪无穷科条所不及者"。若因律无正条，不论何项行为，概置而不议，那么，只会给刁徒提供"趋避之端"。长此以往，必致"法政废弛"。所以，比附法不可废。[③]

他们从比附源远流长的历史、执简御繁与预防"情伪无穷科条所不及者"的功效进行论证，认为比附乃古之善法，不可废，废除比附后，会导致"法政废弛"的严重后果。

（二）比附乃防卫治安之道，不可废[④]

部分签注者从人心诈伪、律所难赅、钻法律空子等角度认为，废除比附不足以惩奸，比附乃防卫治安之道，不可废。

江苏提刑按察使司签注云："若如本条名言律例无正条者不论何种行为不得为罪，恐自此奸狡之徒将百计巧饰为非法之事，殊非防卫治安之道。"邮传部签注云："迩来人心不古，犯罪者择律例无正条者故意犯之，以难执法之人。自离于罪，俾执法者无所措施。其流弊亦不堪设想，且以一人之心思才力对付千万人之心思才力，非以定法治之不足以为治。……后世人心巧诈以致任意枉法，始非治法之过，乃不得治人之过也。按此条，仍不如仍尊旧律引律比附，应加应减，定拟罪名，议定奏闻为妥。"此乃主要从人心诈伪的角度论证废除比附不能防卫治安。

滇督签注云："查律例无正条不得为罪，本各国之通例，特情幻百出，律所难赅。设有准情酌理，确为有罪之行为，只以律无正条，遽尔判为无罪，似亦难昭允协，应请再酌。"川督签注云："窃以人心诈伪百出，案情变化万殊，断非律例数百条所能赅载。"黔抚云："删除比附原具深心，但民情万变，防不胜防。若例无正条不论何种行为不得为罪，则必本案三百八十七条尽数赅括，毫无遗漏而后可，否则

① 宪政编查馆编：《刑律草案笺注》，1910年，查于国家图书馆分馆，下同。

② 故宫博物院明清档案部编：《清末筹备立宪档案史料》（下册），中华书局1979年版，第871页。

③ 参见华友根、倪正茂：《中国近代法律思想史》（上册），上海社会科学出版社1992年版，第213页。

④ 本目下引文全部来自宪政编查馆编：《刑律草案笺注》，1910年。

有犯无刑，国家可力存宽大，人民将不免怨咨。持是谓能得情理之平，恐不然。"此乃主要从律所难赅不能包罗万象的角度论证比附乃防卫治安之必需。

江西巡抚签注云：此条立法"所以防承审官吏任意轻重，立法不为不严，若概为罪，则法制有限而人情变幻无穷，刁诈之徒择律无专条者犯之，可在其幸逃法网乎？"两广总督签注云："今以所犯之事为律例所未载者即不得为罪，则法不足以禁奸，罪多可以幸免，刁徒愈祷张为幻，有司之断狱亦穷。"此乃主要从防止人们钻法律空子的角度论说比附乃防卫治安之道，不可废。

比附乃防卫治安之道是我国传统刑法观念的集中折射，其哲学根基是人性本恶。人性本恶的观念，是当时礼教派论争的基本出发点，礼教派领袖及代表人物又都是当时社会举足轻重的法律实践者，故而他们对人性的认识不只是停留在观念的层面，更成为立法、司法实践的指导，并借由司法活动，渗透到社会生活的方方面面。比附的存在与主张比附不可废，是基于对人性悲观的认识而表现出的对刑罚的过分依赖。① 同时也是过分夸大刑法控制功能的刑法万能主义的体现，刑法万能的思想是中国传统刑法观念的主流之一。②

（三）比附仍属司法而非立法③

沈家本在《大清新刑律草案》第10条的立法"理由"中指出：若许比附援引，则"司法之审判官得以己意，于律无正条之行为比附类似之条文，致人于罚，是非司法官直立法官矣？司法立法混而为一，非立宪国之所应有也。"对此，一些签注者认为，比附仍属司法。

两广总督签注云："释文谓比附类似之文致人于罚，则司法立法混而为一，非立宪国所应有。不如无此法而定此例者方为立法，若既有他律而比附定拟则仍属司法而非立法也。如以比附为立法则于本律酌量轻重者，又与立法何异？类似之例不能援以罚人，而轻重之权独可操之问官？诚恐任意出入将较比附为尤甚。此条似宜再酌。"大意是，如果像沈家本所说比附断案有立法之嫌疑的话，那么依据罪刑法定原则酌量轻重，与立法又有什么区别？如果让审判官独操酌量轻重之权，那么在任意出入人罪上恐怕罪刑法定原则较比附更为严重。核心意思是罪刑法定原则不比比附制度好。

江苏提刑按察使司签注云："虽云比附要不能越乎法律之范围，仍是司法之性质，固不得讥为司法立法混而为一。"苏抚云："虽曰援引比附仍不越乎正律之范围，犹是司法之向例，与立法迥乎不同，岂得指比附为司法而兼立法，与三权分立之义不符竟可删除不用？况外国法律非无比较参照之办法，即草案内亦尚有准照某条适用之文，乃独于第十条著明'凡律例无正条者不论何种行为不得为罪'，转似明导人

---

① 参见杨鸿雁：《和谐社会视野下对传统刑法观念历史局限的考量》，《法学杂志》2008年第2期。

② 参见杨鸿雁：《和谐社会视野下对传统刑法观念历史局限的考量》，《法学杂志》2008年第2期。

③ 本目下引文全部来自宪政编查馆编：《刑律草案笺注》，1910年。

作奸趋避之路。此失于太疏者一。”湘抚笺注云：“至谓引律比附即为司法而兼立法，恐亦不然。可否准其引律比附是为立法之权，律有引律比附之范围而引律比附者，司法之事，即如审判官因律有临时审定之文，而审定罪名上下不同亦可谓之司法兼立法耶？窃谓定律果能以简驭繁，比附自属罕见，然法律中，断不可无此条以规定律令赅载不尽之事理。此条仍宜更定。”有的直陈、论证比附属于司法性质；有的以反问的方法论证比附的长期存在是合理的、必要的——如果罪刑法定原则的刑法真的能以简驭繁，那么比附当属“罕见”稀有之物，然而事实上数千年来比附一直发挥着“律令赅载不尽之事理”的作用。

（四）不具备实行罪刑法定原则的条件

一些督抚大臣认为，当时清政府法制不完备，审判人才缺乏且程度不及，民众文明程度不高，尚不具备实行罪刑法定原则的条件，比附不可废。

河南巡抚签注云：“本条采用日法，凡律无正条不论何种行为不得为罪，范围既狭，疏纵必多，施诸中国，决其不可。……东西各国所以能正条之外，概不处罚者，实向于文明程度与中国不同，且与刑法之外有民法、商法、海陆军刑法、海关条例、学堂规则诸类。”① 其在《奏签注刑律草案缮单呈览并陈制律应顾立国本原折》中云：“原奏采用日法，指斥比附，于第十条明定律无正条，不论何种行为，概不为罪，亦虑执简御繁，不无渗漏，遂于一罪悬数等之刑，并列数十元以至数千元之罚，则由裁判官伸缩于临时。窃恐本案颁行后，不肖官吏，初无畏难苟安之心，转有骩法营私之便。救弊之弊将滋甚，不待智者可决其非。应复加编订，以存其旧，方不至窒碍难行。”②

湖广总督签注云：“惟审判人才现尚缺乏，各条所载罪名颇多，死刑与徒刑并列之处，设审判官程度不及，援引失当，即难免罪有出入，恐亦不能无弊。此条似应修订。”湖广总督陈夔龙复《奏新订刑律与政教难符应详加修改折》云：“惟是中外风俗不无异宜，人民程度亦多差等，似有不得不就政教民情再加讨论者。如删除比附以杜意为重轻，而情伪万殊，条目不足以赅事变，且审判人才缺乏，如凭审判官就各刑上下之限，临时审定，恐程度不及，亦不免援引适当，出入人罪。”③

河南巡抚与湖广总督均运用简单比较的方法从中国法制不如外国完备、文明程度不如外国高、审判人才缺乏或不肖等角度，论证实行罪刑法定原则时机不成熟。

湘抚笺注云：“如谓犯应论罪之行为无不赅载于法律之内，是数百科条已能逆臆万变之人情，而无或轶乎其范围之外？恐非立法家所敢自信也。”此乃从质疑立法家的自信角度试图论说立法家制定不出包罗无遗的刑法典，从而论证比附不可废。

质言之，在他们看来，新律中废除比附、引入罪刑法定原则，会成为纵恶长奸

① 宪政编查馆编：《刑律草案笺注》，1910年。

② 故宫博物院明清档案部编：《清末筹备立宪档案史料》（下册），中华书局1979年版，第871页。

③ 故宫博物院明清档案部编：《清末筹备立宪档案史料》（下册），中华书局1979年版，第861页。

的引路石，奸人趋避惩治之保护伞。所以，无论是从历史的角度（比附乃古之善法），还是从现实的角度（比附乃防卫治安之道），礼教派的结论都是相同的：比附不可废，罪刑法定原则不能立。从他们论述的理由中，我们似乎仍然可清晰地触摸到几千年前中国传统文化的现实存在，并深刻地感受到传统文化在社会变迁中发挥的巨大作用。①

三、法治派力主废除比附确立罪刑法定原则

法治派废除比附、引入罪刑法定原则的态度是明确的、坚决的。法治派领袖沈家本等人在奏折、立法理由中不只一次地指出比附的弊端，为了获得人们对罪刑法定原则的认同，又尽力从传统中找寻罪刑法定的因子，并论证比附不必存不宜存的理由。

（一）细数比附的弊端

在《大清新刑律（草案）》第10条的立法理由中指出：“本条所以示一切犯罪须有正条乃为成立，即刑律不准比附援引之大原则也。凡刑律于无②正条之行为若许比附援引及类似之解释者，其弊有三：第一，司法之审判官得以己意，于律无正条之行为比附类似之条文，致人于罚，是非司法官直立法官矣？司法立法混而为一，非立宪国之所应有也。第二，法者，与民共信之物，律有明文乃知应为与不应为，若刑律之外参以官吏之意见，则民将无所适从。以律无明文之事，忽援类似之罚，是何异于以机阱杀人也？第三，人心不同亦如其面，若许审判官得据类似之例，科人以刑，即可恣意出入人罪，刑事裁判难期统一也。”③

1907年10月3日修订法律大臣沈家本等在《奏进呈刑律草案折》中再次主张“删除比附”，指出了比附援引的两大弊害：第一，混淆立法与司法。他说在唐朝时赵冬曦曾上书痛论其非，言“‘死生罔由于法律，轻重必因乎爱憎，受罚者不知其然，举事者不知其法’，诚为不刊之论。况定例之旨，与立宪尤为牴牾。立宪之国立法、司法、行政三权鼎峙，若许司法者以类似之文致人于罚，是司法而兼立法矣。”第二，使审判不能统一。“人之严酷慈祥，各随禀赋而异，因律无正条而任其比附，轻重偏畸，转使审判不能统一。”因此，“拟删除此律，于各刑酌定上下之限，凭审判官临时审定，并别设酌量减轻、宥恕减轻各例，以补其缺。虽无比附之条，至援引之时亦不致为定例所缚束。论者谓人情万变，断非科条数百所能赅载者。不知法

① 参见王一俊：《从传统文化视角看检察权》，《法学杂志》2008年第3期。

② 《大清法规大全》此处没有“无”字，《大清刑律总则草案》中有“无”字，根据上下文的意思，笔者以为应有“无”字。

③ 修订法律馆编：《大清刑律总则草案》，光绪丁未法律馆印，庚戌冬月再版。原书无标点，只有圆点为断句的标志。此处引文中的标点为笔者所加。

律之用，简可驭繁。例如，谋杀应处死刑，不必问其因奸、因盗，如一事一例，恐非立法家逆臆能尽之也。"[①]

（二）挖掘传统法律中"罪刑法定"的因子

为应付各种对于刑律草案废除比附旧制的责难，沈家本对中国历代刑法进行考察，从中挖掘出传统法律中所包含的"罪刑法定"的因子。他以晋刘颂的"律法断罪，皆当以法律令正文"之疏为例，指出："今东西国之学说正与之同，可见此理在古人早已言之，特法家之论说无人参究，故称述之者少耳。"[②] 并以《金史·刑志》所载的"自今制无正条者，皆以律文为准"的上谕为例，指出："金代承用唐、宋刑法，而制无正条者一以律文为准，其不得用他律比附，灼然无疑。是中国本有此法，晋刘颂议之于前，金世宗行之于后，初不始于今东西各国也。"[③] 对此，被聘来中国法律学堂主讲刑法、兼任调查员"帮同考订"刑律的日本法学博士冈田朝太郎也持相似的观点，认为"中国向用法定主义，故官吏断狱，必根据于大清律"，不过他同时认为中国古代的法定主义并不纯粹，"然杂犯不应为律，语义不明，何事不应为，仍由裁判官以己意断，非纯粹的法定主义也。新定刑草，凡大清律不明白之处，全行删去，一切犯罪之行为，皆列刑草中，其不列刑草者，不为犯罪。将来刑草实施，则中国刑事制度，一变而为纯粹法定主义，与文明各国无异也。"[④] 这些观点未免牵强附会，或许只是他们应对反对派的一种策略，但在事实上壮大了改革旧制的声势，为改革比附援引旧制奠定了思想基础。

（三）比附不可存不宜存

《修正刑律案语》运用归纳、对比、引证等方法论述了比附不可存、不宜存的理由。

《大清新刑律草案》第10条的"案语"云："谨按此条即为不准比附援引而设。原奏理由并臣馆原奏业经剀切言之，乃邮传部并四川、两广、云南、贵州、湖广、湖南、江西、河南、两江等省签注，独于此条驳诘尤力。立论虽互有不同，大致以人情万变，非比附援引不足以资惩创。此盖狃于旧习所致，殊不知于今日情形，比附之制实有不必存、不宜存者。旧律毛举细端，几于一事一例，综计大清律例全书不下一千八百余条，然比附定案时有所闻。诚以条文有限，人事无穷，纵极繁密，星漏实多。草案正条一以赅括为主，实无斯弊。……昔日本旧刑法采用法国，即以

① 《大清光绪新法令》第19册，商务印书馆1909年铅印本。

② 沈家本：《历代刑法考》（四）"明律目笺一"，邓经元，骈宇骞点校，中华书局1985年版，第1813页。

③ 沈家本：《历代刑法考》（四）"明律目笺一"，邓经元，骈宇骞点校，中华书局1985年版，第1815页。

④ 熊元翰编辑：《刑法总则》，安徽法学社1911年版，第18页。

此条弁于篇首，行之数十年，惟窃引电气一案，颇滋疑义，卒以电气具有流质亦物体之一，仍当窃盗之罪。初未闻有巨奸大憝优游法外，何至行之我国反有不便之虞？况草案每条刑名均设数刑，即每等亦有上下之限，司谳者尽可酌情节之重轻，予以相当之惩处，是无比附之名而有加减之实，不过略示制限，不似旧日可以恣意出入其间耳。此揆诸新制，比附之不可存者一也。”在此段论述中，运用对比方法指出实行罪刑法定原则有“一以赅括为主”之便利，而无“星漏实多”之弊端。

“案语”又云：“刑法与宪法相为表里，立宪国非据定律不处罚其臣民，此为近世东西各国之通例，故有明定于宪法者，兼有备载于刑法者。光绪三十四年　月①钦定宪法大纲业经载入，昭示中外。我皇上寅绍丕基，复叠次儆告朝廷，克成先志，则旧律中之违于宪法者，亟应一体删汰，庶上副缵述之至意，乃于刑律一端忽生异议，实与历次明诏显有背驰。此鉴于立宪比附之不宜存者又一也。”② 这段论述中，沈家本等运用三段论方法推导出比附不宜存的结论：大前提为东西各立宪国的通例是“非据定律不处罚其臣民”，即不许比附；小前提为我大清国即将实行立宪成为立宪国；结论实行立宪后的《大清新刑律》中不许比附。故比附不宜存。

沈家本在“案语”中说，“此条为刑律注重之要端而关系筹备前途尤非鲜浅，是以臣等敬谨统筹全体引伸前说，不敢与众论为苟同也。”意即第10条罪刑法定原则是刑法立法重中之重，关系到筹备立宪的前途。

尽管草案遭到强烈反对，但经法理派的据理力争，最终公布的《大清新刑律》将草案第10条的规定保留下来了，只不过在字句上酌加修改了。这是中国刑法史上将罪刑法定作为刑法基本原则予以立法化的最初体现，也是《大清新刑律》之所以成为近代刑法典的重要标志之一。当时中国近代型的法律制度上处在模仿阶段，我们还没有真正的法学知识传统，③ 所以引进西方法学和法律文化的优秀成果就是一条路径。西方法学和法律文化的优秀成果，作为人类积累的用法律管理社会事务、调整社会矛盾和人与自然矛盾的经验和智慧，对法的功能和技术做了相当精细的阐释，④ 对当时中国法制建设具有借鉴意义。罪刑法定原则的引进本身就是一种借鉴。

四、结　语

研究清末礼法之争，中央各部院、地方督抚的“签注”不可忽视。这不仅在于中央各部院堂官、地方督抚本身就是礼法之争的重要参与者，如军机大臣、管理学

① 原文“月”字前空缺。

② 沈家本编：《修正刑律案语》，修订法律馆1910年印。查于国家图书馆分馆。原书无标点，此处标点为笔者所加。

③ 参见支振锋：《变法、法治与国家能力——对中国近代法制变革的思考》，《环球法律评论》2010年第4期。

④ 参见孙国华、龚刚强：《“科学、民主、人权、法治”的中国之路探索与理论精髓——马克思主义法学原理中国化六十年》，《法学杂志》2009年第10期。

部事务的张之洞就是礼法之争的主角；而且还缘于中央各部院堂官、地方督抚所处的现实地位和他们“签注”的历史价值。在君主专制、中央集权的传统社会里，君主固然拥有对国家事务无可争议的最高决策权，但最高统治者身居内宫的特点，既决定了最高统治者主要依赖外来信息做出决策，也决定了国家决策的执行和落实同样主要依靠外部力量。而在条块分割的政府架构下，中央各部院、地方各省级机构分居条条块块的最顶端，起着关键性的作用。中央各部院大臣、地方封疆大吏既向君主提供国家决策所需要的主要信息，又负责决策的贯彻和执行。这种既参与决策、又负责执行的身份，决定了他们承上启下的重要地位，也使得他们对国家和地方事务有更好地了解和判断。[①]

概言之，礼教派对《大清新刑律草案》第10条的攻诘较详细地记录于《刑律草案笺注》一书中。法理派对“签注”反对声的回应则集中体现在《修正刑律案语》一书中。围绕《大清新刑律草案》第10条的争论是认识清末礼法之争的重要场域。从其攻诘与回应中可以看出，对在立法中是确立罪刑法定原则还是保留类推比附的论争十分激烈，而此争论关乎刑事立法的指导思想，是关于刑法基本原则的争论，是刑法总则方面的争论，因而具有根本性、全局性的意义。从史料来看，其争论的激烈程度与争论内容本身的地位与作用都不亚于对义关伦常的具体罪名的争论，因此，我们有责任恢复历史真貌，还原比附与罪刑法定原则的废立在这次礼法之争中的真实位置，即比附与罪刑法定原则的废立之争是清末礼法之争的焦点。与“义关伦常的几个罪名”之争相比，无论从争论的内容本身还是从中国法制近代化转型来看，在这场具有重要历史意义的重大争论中，比附制度与罪刑法定原则的废立之争都更具有根本性的意义。从立法角度看，社会利益种类纷繁，立法活动实际上就是平衡各方利益的过程。[②]《大清新刑律》第10条罪刑法定原则的保留与《大清新刑律》增加了草案中原本没有的《暂行章程》五条，就是利益平衡的结果。这场利益平衡过程的重大论战，在学理意义上，当时亦有体现，例如，《大清现行刑律讲义》记载：“现在泰西各国刑法，惟俄国尚有比例一法，其余各国均无此例，日本采用法德二国刑制，凡法律上无正条者，无论何种所为不得处罚，现在新定民刑诉讼法第七十六条采用其意亦有律无正条不论何项行为不得为有罪之语，此法若行，则此律[③]即议废。惟中国情形不同，比附一法恐不能骤除，现在外省已有顶驳者。将来能否行之无弊，尚难预决也。”[④] 可见，比附援引与罪刑法定的辩驳，在清末无论是在官方还是在学界都是争论的重大议题。

---

① 参见高汉成：《大清刑律草案签注研究概述》，www. law-culture. com/shownews. asp? id = 13003 - 32k，2006年12月28日访问。

② 参见王成礼：《利益、法治、秩序与和谐——关于构建和谐社会法治维度的价值理路》，《法学杂志》2008年第6期。

③ “此律”是指《大清现行刑律》。

④ （清）吉同均纂：《大清现行刑律讲义》卷一“名例下”，清宣统二年（1910）法部律学馆石印本（共八卷，二函），第43-44页。

国家政治决策与刑法变革的关系问题既是一个政治问题，也是一个刑法问题。国家政治决策与刑法变革关系的历史告诉我们，两者必须要处于良性的互动关系之中。现实中两者关系存在的问题也使我们倍感协调两者关系的重要性和迫切性。[①] 我国在治国理政的摸索与实践中，忽而礼法对立，忽而礼法结合，忽而重礼轻法，忽而重法轻礼，但不管是探讨、选择哪一种模式，都是在寻求最佳的治理方案。[②]

① 参见高铭暄：《论国家政治决策与刑法的变革》，《法学杂志》2009 年第 1 期。

② 参见彭凤莲：《论中华法系“重礼轻法”特征的形成》，《安徽师范大学学报》1999 年第 2 期。

清代恩科述论*

宗　韵

（华东师范大学副研究员）

如果说清代科举制“多沿明旧”① 的话；那么，恩科的创置不仅是清代科举区别前代的显著特色，也是其“得人之盛，远轶前代”② 的最主要原因。在满洲贵族定鼎北京后举行的113科乡试、112科会试中，恩科乡、会试各有26科。也就是说，有清一代所取的举人和进士有近四分之一由恩科而来。清代恩科科次之多、历时之久、得人之盛，均耐人寻味。但是，长期以来学界对该制度的关注非常有限③。为此，本文对清代恩科举行的类别、科次、录取人数等问题进行综述，并对清廷创置恩科之缘由、社会影响等方面给予评介，试图借此展示清代统治者在控制士人社会走向上所做的尝试与努力。

前言：清代恩科之开设及缘由

科举的乡、会分试在明代三年一举，且年份明确：每逢子、午、卯、酉年举行乡试；每逢辰、戌、丑、未年举行会试。清代在遵循这一举行程式的基础上，还推出了一项新制度——恩科。恩科即由于皇帝、皇太后、太上皇寿辰，新皇帝即位，或者遇到其他值得庆贺的事情，统治者于正科之外，颁发谕旨诏书，增设的乡、会试。

恩科始于宋代的“特奏名”。顾炎武《日知录·恩科》云：“宋时有所谓特奏名者：开宝三年三月庚戌，诏礼部阅进士及十五举尝终场者，得司马浦等一百六人，赐本科出身，特奏名恩例自此始，谓之恩科。”“特奏名”，是相对于科举考试成绩合

---

* 基金项目：上海市教育委员会、上海市教育发展基金会2010年“晨光计划”项目；教育部人文社科青年基金项目《清代恩科研究》（12YJCZH322）。

① 《清史稿》卷108《选举志》，中华书局1976年版，第3149页。

② 《清史稿》卷108《选举志》，中华书局1976年版，第3149页。

③ 仅少数科举研究论著提及此制，但未作具体介绍。如商衍鎏：《清代科举考试述录及其有关著作》（百花文艺出版社2004年版，见第49－59页）；刘海峰、李兵：《中国科举史》（东方出版中心2004年版，见第363－364页）；范沛潍：《清代癸卯甲辰科会试述论》（《历史档案》1993年第3期）。程小丽：《清代浙江举人研究》（华东师范大学2009届研究生硕士学位论文）一文的个别章节有对恩科乡试作过专门探讨，但此文囿于浙江一省，且在科次统计等方面还存在错误。

格的“正奏名”而言的。因“特奏名”录取的是一些参加科举考试次数多、年龄大的考生，故当时以“恩科”相称。可见，应举次数与年龄是宋代“特奏名”的基本条件，而这与清代恩科有显著区别，因为清代恩科题目的关键仍在于科考成绩优否。

清代恩科的前身是顺治三年与顺治十七年的两次加科。“顺治三年奏准。本年八月再行乡试，来年三月再行会试。谨按顺治二年乙酉乡试，三年二月会试，虽列于登极恩诏，然康熙五十一年万寿，廷议引顺治丙戌乡试，丁亥会试为恩科之例，则乙酉丙戌为正科，此二年为加科审矣。”“顺治十六年奉上谕，云贵新附地方，绥辑需人，现在候选官员尚未足用，应预为徵取，以备任使，著于今科再行会试，钦此。”①

从这两段记载，我们也可以清楚的看出，清代最初实行加科的原因是为了补充重建统治秩序过程中的人才空缺。

清代恩科正式启动于康熙五十二年癸巳科。据实录载，康熙五十一年已亥，直隶各省举人、贡、监生员李长庚等上书称，康熙五十二年乃是康熙皇帝六旬万寿，普天胥庆，率土同欢，恭请特开万寿乡、会试，以彰千载一时之盛。上奏很快得到恩准，“造就人才，实为美事，著如所议行”，于是“照顺治丙戌科特行乡试，已亥科特行会试例，于二月内举行乡试，八月内举行会试，以惬舆情，以彰盛典。”② 仿照顺治三年加科的程序，清代首次恩科就此诞生。此后的清代王位继承者坚守这一祖制，凡遇皇帝、皇太后寿辰，新皇帝即位，或其他值得庆贺的事宜，均实行恩科。直至科举制度终结，恩科才最终停行。

那么，康熙及后继清朝统治者为什么要在三年大比之外，还特开乡、会恩科呢？此时“候选官员尚未足用”已不再是缘由，因为自顺治二年起，清廷即恢复科举考试，至康熙五十一年，六十余年的揽才已使清廷有了基本的人才储备。“副朕行庆作人、弘敷教泽之意”③ 是历朝统治者要开恩设科的一致口径。而至于他们“渥沛恩膏，嘉惠士林”的真实动机，唯乾隆皇帝有所提及，他说：“国家大典，首重抡才。我朝培养多年，人文日盛。是以皇考御极之初，于三年大比之外，特开乡会恩科，广录俊乂，所以鼓舞而振兴之者，至为周备。”④ 在乾隆看来，经过多年的兴学校、育人才，想借科举出仕的生员“日盛”，三年一举的乡、会试，非常有限的录取名额，让许多士子看不到出仕的希望。于是，其父、祖才想到特开恩科，增加录取名额，从而达到“鼓舞而振兴”士林的目的。乾隆所述确为实情。据学者研究：“清代科举人口的总数量要大大高于以前的任何王朝。……科举人口的‘供’是大大超过‘需求’的。”⑤ 事实上，这种仕途壅滞的情况在康熙朝已成问题。当时一些士子为

① 《钦定科场条例》卷1《乡会试加科附补行正科》，《续修四库全书》第829册，上海古籍出版社2002年版。以下所引本书只注著作名及卷数。

② 《清圣祖仁皇帝实录》卷250“康熙五十一年四月至八月”，中华书局1986年版，以下所引清各代实录均为此版本。

③ 《钦定科场条例》卷1《乡会试加科附补行正科》。

④ 《清高宗纯皇帝实录》卷3“雍正十三年九月下”。

⑤ 王跃生：《清代科举人口研究》，《人口研究》1989年第3期。

求早点出仕，“标榜虚名，暗通声气，夤缘诡遇，罔顾身家。又或窜改乡贯，希图进取……”，种种科场弊病频发，促使皇帝公开承诺：“乡会科名，乃抡才大典，关系尤巨。士子果有真才实学，何患困不逢年。”[①] 劝说天下读书人，只要你有真才实学，就一定有机会入仕。以此来看，五十二年诏举恩科，扩大取士名额，也是康熙兑现诺言的表现。

一、类别名目

清代恩科根据举行的具体缘由上的差别，主要可以分为万寿恩科和登极恩科两大类。

万寿恩科是指为庆祝皇帝、皇太后、太上皇等的寿辰而举行的科举。中国人重视寿辰，尤其整十之庆。康熙五十二年清代首次举行的恩科，就是为庆祝康熙皇帝六十大寿而创设的，此次恩科亦是清代万寿恩科之始。乾隆皇帝继承了康熙皇帝开创的万寿恩科例，同时也进行了一定的改变。乾隆十七年，正是乾隆皇帝母亲六十寿辰，皇帝颁布上谕：“今岁恭逢圣母皇太后六旬万寿，慈福需被，海宇同之，敬稽皇祖圣祖仁皇帝万寿，特开乡会恩科，广作人雅化。”[②] 于是万寿恩科由皇帝寿辰拓展到皇太后寿辰。嘉庆六年，太上皇（乾隆帝）九旬万寿，皇帝“谕内阁、上年吁请恭办皇考九旬庆典，钦奉敕旨，特开乡会恩科。本年正月内，猝遭皇考大事。朕当哀痛迫切之时，曾降旨因庆典既不能举行，并将恩科停止。兹过百日后，复思开科一事，乃皇考嘉惠士林至意。”[③] 于是万寿恩科又拓展到太上皇寿辰。不过，清代为庆祝太上皇寿辰而举行的恩科亦仅此一次。

最初无论是皇帝或者皇太后万寿恩科，均以年六十为始，后每逢整十开科。到了乾隆二十五年又改为五十岁为始。是年恰逢乾隆皇帝五十寿辰，第二年又是皇太后七十寿辰，于是皇帝下诏曰：“来岁恭逢圣母皇太后七旬万寿，今年为朕五十诞辰，仰荷上苍福祐，西陲大武告成，普天同庆，自壬申特开万寿恩科，于今十载，当此懋祉频臻，宜锡鸿恩，用昭盛典。著于本年八月举行恩科乡试，来岁三月举行会试。”[④] 乾隆五十寿辰和其母亲七十寿辰共开一科，还不能说明万寿恩科已改为皇帝五十岁。但是，至嘉庆十三年举嘉庆帝五旬万寿恩科则表明皇帝五十即举万寿恩科。自是，皇帝五十岁、皇太后六十岁举万寿恩科乡、会试成为定制。嘉庆、道光沿之。到了咸丰年间，又发生了变化——皇帝由五十寿辰始举恩科变为三十。咸丰九年，皇帝下诏曰：“朕自御极之初，特开恩榜，迄今已阅数年。缅惟皇考宣宗成皇帝五旬、六旬万寿，均降旨特开乡会试恩科。仰见宏敷教泽，行庆作人，有加无已。

---

① 康熙《御制训饬士子文》，《圣祖仁皇帝圣训》卷12。
② 《清高宗纯皇帝实录》卷391“乾隆十六年闰五月下”。
③ 《清仁宗睿皇帝实录》卷42“嘉庆四年四月上”。
④ 《清高宗纯皇帝实录》卷604“乾隆二十五年正月上”。

兹于咸丰十年届朕三旬万寿庆辰，允宜特开庆榜，嘉惠士林。着于本年八月举行恩科乡试，明年三月举行恩科会试。"① 光绪朝沿用此例。光绪二十五年，皇帝"谕明年朕三旬寿辰，允宜特开庆榜，嘉惠士林。著以明年庚子科为恩科乡试，次年辛丑科为恩科会试。"②

登极恩科是为庆贺新皇帝继承大统而举行的乡、会试。登极恩科首创于清雍正元年四月。《世宗宪皇帝实录》中并未具体说明此次特开恩科的缘由，只云："礼部遵旨议奏，雍正元年特开恩科，请于四月乡试，正科九月会试，十月殿试。其癸卯、甲辰乡会试正科改于雍正二年举行，二月会试，九月殿试，从之。"③ 但在《高宗纯皇帝实录》中上谕说："皇考御极之初，于三年大比之外，特开乡会恩科，广罗俊乂，所以鼓舞而振兴之者至为周备。今朕缵承统绪，照雍正元年特开恩科之例，举行兹典。乾隆元年系丙辰会试正科，着于八月举行乡试，乾隆二年二月举行会试，以副朕兴贤育才之至意。"④ 此上谕不仅指明雍正元年癸卯恩科是为雍正皇帝"御极"而开，而且还说明雍正帝举行登基恩科乡试，目的与康熙五十二年万寿恩科相同，即旨在"广罗俊乂"，"鼓舞而振兴"士林，以彰显皇帝"兴贤育才之至意"。雍正皇帝开创登极恩科之后，每位皇帝新承统绪，均如例举行登极恩科。登极恩科相比万寿恩科，形式比较固定，一直延续到光绪年间，最后随着科举的废除而结束。

除万寿恩科、登极恩科之外，有清一代的恩科还有些特例，如乾隆五十九年甲寅科乡试、六十年乙卯科会试是乾隆皇帝为庆贺自己在位六十年特开的。光绪十五年乡试、十六年会试，是光绪皇帝为庆祝亲政而举行的。

二、科次科年

清代自康熙五十二年始，至光绪三十年终，共举恩科乡、会试各26科（具体科次参见表1），其中恩科乡、会试同举于一年的有康熙五十二年、雍正元年和乾隆十七年⑤，其他恩科会试均于恩科乡试翌年举行，因而，清代恩科会试的科年由考察恩科乡试举行的时间即可厘清。

---

① 《清文宗显皇帝实录》卷273"咸丰九年正月上"。

② 《清德宗景皇帝实录》卷457"光绪二十五年十二月下"。

③ 《清世宗宪皇帝实录》卷2"康熙六十一年十二月"。

④ 《清高宗纯皇帝实录》卷3"雍正十三年九月下"。

⑤ 康熙五十二年癸巳万寿恩科（见《清圣祖仁皇帝实录》卷250"礼部题直隶各省举人贡监生员李长庚等呈称，康熙五十二年系皇上六旬万寿，普天胥庆，率土同欢，恭请特开万寿乡会科，以彰千载一时之盛。应如所请，照顺治丙戌科特行乡试，己亥科特行会试例，于二月内举行乡试，八月内举行会试。"）；雍正元年癸卯恩科（见《清世宗宪皇帝实录》卷2"礼部遵旨议奏，雍正元年特开恩科，请于四月乡试，九月会试，十月殿试。其癸卯、甲辰乡会试正科改于雍正二年举行，二月会试，九月殿试，从之。"）；乾隆十七年壬申万寿恩科（见《清高宗纯皇帝实录》卷391"今岁恭逢圣母皇太后六旬万寿，慈福需被，海宇同之，敬稽皇祖圣祖仁皇帝万寿，特开乡会恩科，广作人雅化。盖国家遇大庆，则必有殊常之恩。朕思以绍吁俊之鸿规，溥承欢之渥泽，于壬申举行万寿恩科，三月乡试，八月会试，兹多士共乐观光，以昭盛典。"）

恩科原则上是正科以外，礼部根据皇帝圣旨加开的，乡试时间应在子、午、卯、酉年之外，但是由于皇帝、皇太后、太上皇整十寿辰、新皇帝继位是举行恩科的直接原因，因此恩科、正科之间必然存在时间冲突。这就需要注意并非所有正科乡试都于子、午、卯、酉年举行，所有恩科乡试都在子、午、卯、酉年之外。对于恩科、正科乡试时间出现冲突现象，往往根据具体情况变更正科、恩科举行时间。考察有清一代26科恩科乡试的举行时间，共有八科与正科时间相抵触，分别是雍正元年癸卯御极恩科、乾隆五十四年己酉万寿恩科、乾隆六十年乙卯嘉庆帝登极恩科、道光十一年辛卯万寿恩科、道光二十年庚子万寿恩科、咸丰九年乙未万寿恩科、光绪二十六年庚子万寿恩科、光绪二十九年癸卯万寿恩科。此八科在时间安排上主要别为两类：一是恩科如期举行，正科或提前或推后。雍正元年癸卯恩科、道光十一年辛卯万寿恩科，都是本年举行恩科，本年该举行的正科推后一年举行。① 按上谕，光绪二十六年、二十九年的两次恩科也应如期举行，把本年该行之正科推后一或二年。② 但因时势变化，光绪二十六年庚子恩科与该年当行却被延至庚子年举行的正科合并于光绪二十八年补行。光绪二十九年癸卯恩科如期举行，而当年该行之正科被延至丙午年，丙午年科举已终结，故此正科未举。乾隆五十四己酉万寿恩科、道光二十年庚子万寿恩科两科于本年举行，本年该行之正科均于头年预先举行。③ 二是正科时间不变，调整恩科举行时间。咸丰九年乙未万寿恩科就属此类。咸丰十年是咸丰皇帝三十寿辰，于头年八月举行咸丰万寿恩科乡试。④ 乾隆六十年为嘉庆皇帝举行的乙卯登基恩科，虽值正科乡试年份，由于乾隆五十九年已举行恩科，故乾隆六十年的正科乡试没有另行补举，正、恩并为一科。

此外，恩科与恩科、恩科与正科乡试间隔年份各不相同。万寿恩科因整十寿辰举行，因此相同两科万寿恩科乡试（同为皇帝或同为皇太后）时间间隔为十年，如

---

① 分别见《清世宗宪皇帝实录》卷2“礼部遵旨议奏，雍正元年特开恩科，请于四月乡试，九月会试，十月殿试，其癸卯、甲辰乡会试正科改于雍正二年举行，二月乡试，八月会试，九月殿试，从之。”《清宣宗成皇帝实录》卷183“本年为朕五旬万寿庆辰……著于本年八月举行恩科乡试，来岁三月举行恩科会试。所有应行本年正科乡试、来岁正科会试，著移于道光十二年八月，十三年三月举行。”

② 分别见《清德宗景皇帝实录》卷457“又谕：明年朕三旬寿辰，允宜特开庆榜。嘉惠士林。著以明年庚子科为恩科乡试，次年辛丑科为恩科会试。其正科乡、会试着递推于辛丑、壬寅年举行。”卷511“谕内阁：明岁恭逢慈禧端佑康颐昭豫庄诚寿恭钦献崇熙皇太后七旬万寿。仰维懿德，普被寰区，庆洽敷天，欢胪率土。允宜殊恩特沛，加惠艺林。著于本年举行癸卯恩科乡试，明年举行甲辰恩科会试。其癸卯、甲辰正科乡、会试即归并丙午、丁未科举行。”

③ 分别见《清高宗纯皇帝实录》卷1290“前据王公大臣及直省督抚大吏等，以乾隆五十五年，朕八旬庆节，举行万寿庆典……所有下届乡试、会试正科，著于五十三年八月，五十四年三月，预先举行。五十四年秋，举行恩科乡试，五十五年春举行恩科会试，以示乐育敷恩，寿世作人至意。”《清宣宗成皇帝实录》卷313“瞬届二十一年六旬万寿……允宜重开庆榜……所有下届乡会试正科，著于十九年八月，二十年三月，预先举行。二十年秋举行恩科乡试，二十一年春举行恩科会试。”

④ 见《清文宗显皇帝实录》卷273“咸丰九年正月上”“朕自御极之初，特开恩榜，迄今已阅数年。缅维皇考宣宗成皇帝五旬、六旬万寿，均降旨特开乡会试恩科……兹于咸丰十年届朕三旬万寿，允宜特开庆榜，嘉惠士林。著于本年八月举行恩科乡试，明年三月举行恩科会试。”

嘉庆十三年戊辰万寿恩科和嘉庆二十三年戊寅万寿恩科。但是由于时间调整，也有相隔九年，如道光十一辛卯万寿恩科和道光二十年庚子万寿恩科。乾隆朝因乾隆皇帝与其母亲整十寿辰相差一年共举一科，因而也存在相隔八年现象。登极恩科乡试举行完全取决于皇帝继位，不存在有规律的时间间隔。

表1　清代恩科乡、会试科次表

乡试			会试		
朝代	科年	公元	朝代	科年	公元
康熙	五十二年癸巳恩科	1713	康熙	五十二年癸巳恩科	1713
雍正	元年癸卯恩科	1723	雍正	元年癸卯恩科	1723
乾隆	元年丙辰恩科	1736	乾隆	二年丁巳恩科	1737
	十七年壬申恩科	1752		十七年壬申恩科	1752
	二十五年庚辰恩科	1760		二十六年辛巳恩科	1761
	三十五年庚寅恩科	1770		三十六年辛卯恩科	1771
	四十四年己亥恩科	1779		四十五年庚子恩科	1780
	五十四年己酉恩科	1789		五十五年庚戌恩科	1790
	五十九年甲寅恩科	1794		六十年乙卯恩科	1795
	六十年乙卯恩科	1795	嘉庆	元年丙辰恩科	1796
嘉庆	五年庚申恩科	1800		六年辛酉恩科	1801
	十三年戊辰恩科	1808		十四年己巳恩科	1809
	二十三年戊寅恩科	1818		二十四年己卯恩科	1819
道光	元年辛巳恩科	1821	道光	二年壬午恩科	1822
	十一年辛卯恩科	1831		十二年壬辰恩科	1832
	十五年年乙未恩科	1835		十六年丙申恩科	1836
	二十年庚子恩科	1840		二十一年辛丑恩科	1841
	二十四年甲辰恩科	1844		二十五年乙巳恩科	1845
咸丰	元年辛亥恩科	1851	咸丰	二年壬子恩科	1852
	九年己未恩科	1859		十年庚申恩科	1860
同治	元年壬戌恩科	1862	同治	二年癸亥恩科	1863
光绪	元年乙亥恩科	1875	光绪	二年丙子恩科	1876
	十五年己丑恩科	1889		十六年庚寅恩科	1890
	十九年癸巳恩科	1893		二十年甲午恩科	1894
	二十八年壬寅补行庚子、辛丑恩正并科	1902		二十九年癸卯补行辛丑、壬寅恩正并科	1903
	二十九年癸卯恩科	1903		三十年甲辰恩科	1904

注：本表中咸丰以前的科次由《钦定科场条例》卷一《乡会试加科附补行正科》统计得来，咸丰以后的恩科科年信息，据同治、光绪两朝实录记载，汇总而来。

三、取中人数

清代恩科、正科乡试除上述时间差别外，对解额的规定也存在较大差别。这里又因万寿、登极恩科而别为两种情况。万寿恩科乡试在取中举人额数方面和正科乡试没有区别，一般依照常科乡试定额取中举人①（排除定额浮动及偶然的一次广额现象）。登极恩科相对正科乡试则存在较大不同。登极恩科乡试除按照常科乡试定额取中举人外，还伴随有规律的一次性广额现象。据《钦定科场条例》，康熙六十一年上谕规定，雍正元年首举恩科乡试，加广乡试中额：大省30名，中省20名，小省10名。② 此后乾隆元年、嘉庆三年（以元年授受广额）、道光元年、咸丰元年、同治元年、光绪元年六科均遵照此例加广取中。按照上述额数规定，清代恩科录取的举人数无论如何也不少于三万名。

清代恩科会试录取的人数，由《明清历科进士题名碑录》及其它诸种清代进士题名材料载录的统计，计5821人，占清代进士总数的四分之一有余。详见表2。

表2　清代恩科会试录取人数

朝代	科年	人数	朝代	科年	人数
康熙	五十二年癸巳恩科	196	道光	二年壬午恩科	222
雍正	元年癸卯恩科	246		十二年壬辰恩科	206
乾隆	二年丁巳恩科	324		十六年丙申恩科	172
	十七年壬申恩科	231		二十一年辛丑恩科	202
	二十六年辛巳恩科	217		二十五年乙巳恩科	217
	三十六年辛卯恩科	161	咸丰	二年壬子恩科	239
	四十五年庚子恩科	155		十年庚申恩科	189
	五丨五年庚戌恩科	97	同治	二年癸亥恩科	200
	六十年乙卯恩科	111	光绪	二年丙子恩科	324
嘉庆	元年丙辰恩科	144		十六年庚寅恩科	326
	六年辛酉恩科	275		二十年甲午恩科	314
	十四年己巳恩科	241		二十九年癸卯补行辛丑、壬寅恩正并科	315
	二十四年己卯恩科	224		三十年甲辰恩科	273
总计：5821					

注：本表数据系国家清史编纂委员会《清史·历科进士表》项目组人员统计所得。

① 清代乡试解额数的产生大体依据每省区的人口数量、人文状况和经济情况，并参照前三科实际录取人数取其平均数。以顺治二年（1645）乡试名额分配为例，顺天168人，江南163人，浙江107人，江西113人，湖广106人，福建105人，河南94人，山东90人，广东84人，山西79人，陕西79人，广西60人，云南54人，贵州40人。康熙三十五年（1696）乡试名额分配为：顺天141人，江南83人，浙江71人，江西75人，湖广70人，福建70人，河南62人，山东60人，广东57人，四川56人，山西53人，陕西53人，广西40人，云南57人，贵州40人。乾隆九年（1744）乡试分配名额为：顺天135人，江南114人，浙江94人，江西94人，湖广93人，福建85人，河南71人，山东69人，广东72人，四川60人，山西60人，陕西61人，广西45人，云南54人，贵州34人。

② 见《钦定科场条例》卷23《乡会试广额》。

结语：清代恩科的作用及影响

有清一代，自康熙朝始，历雍正、乾隆、道光、咸丰、嘉庆、同治，至光绪朝终，八朝共举恩科乡、会试各26科，取中进士5821名，取中举人三万有余，历时之久、科次之多、得人之盛，必然对清代社会的诸多方面产生影响，择要而言，在以下两点：

其一，恩科的设立，强化了科举笼络士子的功能，在维持满洲贵族统治中原方面发挥了特殊的作用。尽管科举自诞生之初就成为一条荣耀非凡的入仕之途，具有神奇的诱惑力。为求金榜题名，有的士子竟连续参加科举考试二、三十年之久，但庞大的应考大军，有限的录取名额，使科举之途尽显狭隘壅滞。久举不第的士子势必心生愤懑。加之，历经明王朝近三百年间夷夏之辩的精神熏陶，清朝这个以异族入主方式建立的新王朝在汉族知识分子心中的合法性已极端薄弱。那么，为什么清朝并未像元朝那样经过短暂的形式统一之后就分崩离析，而是持续统治中原大地达268年之久？这与清代统治者自建制之初便恢复科举不无关系。在正常开科之余，又设“博学宏词”特科，再加开乡、会恩科，把荣誉与权力适当分配给汉族知识分子。毫无疑问，诸如此类的市恩行为对巩固政权大有裨益。

其二，恩科的举行还在两个层面上促使清代教育事业生机勃勃。首先，正科之外，增加恩科，意味着取士额的扩大，使读书应举的前途显得更加光明。明代以来，科举必由学校。此举自然要带动学校教育的发展。史载：乾隆初年，“凡属大学，应试童生自一千数百以至二、三千人所在多有。”① 由此亦可窥见清代学校兴盛之一斑。其次，从另外一个层面而言，恩科的举行拓宽了生员仕进的门径，缓解了科举的压力，但是，“天下之才无穷，而朝廷之官有限，以有限之官给无穷之才，前后相守，历岁月而不能即登庸者，势也。”② 特别是咸丰帝践祚后，太平军起于广西，捻军响应，内忧外患，为解决财政窘境、为激励将士效力于朝廷，捐纳和“军功”之门大开。在此冲击下，原本就极其有限的官职空缺更加难求。那些仕进无门的登科者只能回归乡里。而他们居乡期间所从事的著书立说、教学等活动，又直接推动了当地文化教育的发展。

要而言之，清代恩科应清初巩固政权的需要而生，在缓和民族和阶级矛盾中发挥了一定程度的功效。恩科的举行，变相促进了科举的开放性和封建文化教育的发达性，而这与清王朝官吏职位的有限性形成尖锐的矛盾。清后期，在一些举人已终生无望候补实缺时，王朝统治者依然于庆典之年开设恩科，既无调适，亦无变通，其结果只能是推动科举走向覆亡。

---

① 礼科题本，礼部尚书允祹，乾隆二年六月二日。

② 陆陇其：《三鱼堂外集》卷3，《四库全书》第1325册，第232页，商务印书馆影印本。

清代宁国商人与社会公益事业

董家魁

（安徽师范大学博士生）

宁国商人是指明清时期安徽宁国府籍的商人团体。[①] 明清时期，宁国府与徽州府毗邻，下辖宁国、宣城、泾县、旌德、太平、南陵六县。宁国商人与徽商是安徽境内知名的两支商帮，学界有时将二者并称为“徽宁商帮”[②]，二郡之人往往共同外出经营，活跃于皖省内外的商业市镇。如位于安徽桐城县南的棕阳镇，濒临长江，“为桐城首镇，鱼虾蕃衍，罛罶相望，舟船来往，百货俱集，民多以贸易为业，徽宁商贾最多”[③]；又如道光十二年的《徽宁会馆碑记》称：“吴江县治南六十里，曰盛泽镇。凡江、浙两省之以蚕织为业者，俱萃于是。商贾辐辏，虽弹丸地，而繁华过他郡邑。皖省徽州、宁国二郡之人，服贾于外者，所在多有，而盛镇尤汇集之处也。”[④] 明代中后期，宁国商人在人地矛盾尖锐、谋生观念转变、徽州商帮影响等诸多因素的促进下兴起，至清代康、乾年间获得了较大发展，其活动足迹主要集中于安徽、湖北、江苏等长江中下游地区，经营范围“以兴贩木材为上，下则携纸、刀、花、剪、漆、扇、绒、伞诸物。”[⑤] 同其他商帮一样，宁国商人具有开拓进取的精神，不乏较为雄厚的资本，热心于社会公益事业。本文试对清代宁国商人的善行义举进行考察，以期加深对宁国商人的认知。

一、修桥铺路，方便行人

宁国府地处皖南山区，那里山高谷深、沟壑纵横，大宗货物的运输多依赖水路

---

① 参见戴玉、范金民：《宁国商人初探》，《中国社会经济史研究》1998 年第 3 期；戴玉：《宁国商人初探》，南京大学硕士学位论文，1998 年；董家魁：《清代宁国府商业与商人研究》，安徽师范大学硕士学位论文，2006 年。

② 相关研究参见李甜的三篇论文：《明清时期宁国府旌德县商业发展与社会变迁》，复旦大学硕士学位论文，2009 年；《“徽宁商帮”初探》，《明清长江下游地区人文地理专题学术研讨会论文集》，安徽芜湖，2010 年，页 185 – 192；《宁国商人再探：兼论与徽商的关系》，《中国商帮高端论坛：徽商与晋商研究研讨会会议手册》，安徽合肥，2011 年，页 222 – 262。

③ 道光《续修桐城县志》卷 1《乡镇》，民国二十九年铅印本。

④ 江苏省博物馆编：《江苏省明清以来碑刻资料选集》，北京：生活·读书·新知三联书店，1959 年，页 446。

⑤ 嘉庆《宁国府志》卷 18《食货志·物产》，清嘉庆二十年刻本。

进行。在清代，受人力及自然环境双重因素的影响，宁国府境内时常发生洪灾，桥梁被毁、道路中断的现象时有发生。因此，在宁国人眼中，修桥铺路是一件积德行善、造福百姓的义举。一些发财致富的宁国商人往往不惜巨资予以慷慨资助。

以泾县、旌德、太平三县为例。在泾县，一位叫胡承端的商人，他出身贫寒，"以服贾致裕，尝与族兄承鋗、承铨共建乌溪桥。"① 还有位叫查冠群的商人，在经商致富后，"修村口大路及狮子山栈道，并建石桥"。②

在旌德县，商人吕德俊，"服贾于宣邑之湾沚镇，积勤起家，施济不吝。重建离沚五里之凤凰桥，又建惠风亭，以惠行旅。"③ 靠经商致富的汪秉璧，"贾汉阳积赀，喜行善举，归里独力造聚金桥，并构殿阁凉亭，以为村之北障，沿溪筑堤砌路，计费千数百金"。④ 有位叫江一廉的商人，经商刚处于起步阶段便慷慨好施，"牵车服贾，方起家，慨捐银二千金造黑溪长春桥。"⑤

在太平县，同治年间，商人李万枝，因"村北岭山脚，徽池要道毁"，于是便"捐山场、田地，立本村桥会建桥，以济行人。"⑥

除了为桑梓故里的道路、桥梁建设添砖加瓦外，宁国商人在寄籍和侨寓地，也不吝将自己的商业利润用来支持当地的基础设施建设。在省内，太平商人胡国理，曾"出千金修通徽州太平路十数里"⑦，方便了两地来往的行人和商旅。太平人杜伯端"尝贸易徽州，稍有余资，辄行善举。对歙县岩寺等处桥梁亭路，倡捐募修甚伙。"⑧ 另一太平商人李绍祖"性好善，道光时侨居贵池之唐田，倡建永济石桥三洞，费数万金。"⑨ 嘉庆初年，铜陵县大通镇境内的紫阳桥毁于洪水，在那里经商的泾县商人"相谋集资"，"得白金七千有奇"，重建了桥梁，平整了道路。⑩ 另一泾县商人查崇禧，也曾于"含山修路建桥"。⑪

在省外，同治初年，太平人李志发在湖北董滩口经商期间，"独资重建距董市十里之龙灯桥，行人称便"。⑫ 旌德人汪上裕"服贾孝养，远游江右，在江右独立建大塘桥，费千余金，毫无吝色"。⑬ 江右即今江西省，也是在那里，太平商人林贵，"懋迁江右，平治路修桥梁，凡二十年，前后所费共二千金有余。"⑭

① 光绪《重修安徽通志》卷253《人物志·义行七》，清光绪四年刻本。
② 光绪《重修安徽通志》卷254《人物志·义行八》，清光绪四年刻本。
③ 嘉庆《宁国府志》卷末《补遗·懿行》，清嘉庆二十年刻本。
④ 民国《南陵县志》卷8《人物·善行》，民国十三年铅印本。
⑤ 乾隆《旌德县志》卷8《人物志·善行》，清乾隆十九年刻本。
⑥ 民国《太平县志（稿）》，《人物类》，1984年太平县地方志办公室整理复印本。
⑦ 光绪《重修安徽通志》卷254《人物志·义行八》，清光绪四年刻本。
⑧ 民国《太平县志（稿）》，《人物类》，1984年太平县地方志办公室整理复印本。
⑨ 民国《太平县志（稿）》，《人物类》，1984年太平县地方志办公室整理复印本。
⑩ （清）朱珔撰：《小万卷斋文稿》卷18《大通镇重建紫阳桥并修路碑记》，清光绪十一年嘉树山房重刊本。
⑪ 光绪《重修安徽通志》卷254《人物志·义行八》，清光绪四年刻本。
⑫ 民国《太平县志（稿）》，《人物类》，1984年太平县地方志办公室整理复印本。
⑬ 道光《旌德县续志》卷7《人物·懿行》，清道光六年刻本。
⑭ 嘉庆《宁国府志》卷末《补遗·懿行》，清嘉庆二十年刻本。

当然，乐善好施是没有本地和外乡之分的。在清代，不少宁国商人或多或少地参与了家乡与寓居地两个地方的基础设施建设事业。例如，泾县人查维吉，“少外贸，见义必为，尝倡修青邑山路河桥，客无为州又独建周家硚，事载州志。”①

二、赈灾济民，回报社会

清代，宁国府境内灾害频发，其中较大规模的自然灾害就达20余次之多，包括水灾、旱灾、雪灾、蝗虫灾、饥荒灾及瘟疫灾。如果考虑到战争等人为灾难，清代的宁国府还真不算太平。宁国商人参与赈灾济民的史料多有记载，其赈灾内容与接济形式也各式各样。

乾隆八年春，泾县雨雪成灾，“雨雪连绵，米价腾涌”，商人江璐及其家人“出所藏谷，减价平粜，不足则之山溪太邑贸易以济，全活实多，至今乡邑犹称颂之。”②宣统三年，繁昌、太平一带发生水灾，“圩田尽没”，太平商人杜毓苓“捐米五十石赈饥，并集地方富绅募捐助赈。”③乾隆六十年，太平县发生旱灾，刘时可“尝贾于浙，积有余资，辄行善举。人苦饥，与弟际可、行可、仕可、圣可，由浙运米六百石助赈。”④乾隆十七年，宁国府多数地方先旱后涝，“里中不火者大半”，宣城商人王杰“自捐银米，周恤族邻。”⑤

当饥荒发生时，宁国商人的慷慨解囊拯救了许多乡亲。乾隆年间，泾县发生饥荒，商人翟思珠“捐金数千，平粜，贾于湾沚镇，施槥又费千金。”⑥嘉庆十六年，旌德县“大饥”，旌德人吕溶“慷慨好施……与兄发米赈济，全活甚众。”⑦嘉庆十九年，太平县闹饥荒，商人杜殿臣“捐银五百两，平粜。”⑧道光十九年，太平县“岁荒，里人乏食”，商人李春顺，“捐赀赴石邑香口镇，购大批粮米，运入平粜，以济哀鸿。”⑨光绪年间，宣城商人孙元瑾“每遇岁祲，必出己资以济族众。”⑩事实上，宁国商人在赈灾方面的义举还有很多，此不赘述。

宁国商人的乡土观念十分强烈，他们在寓居地常常对落难的家乡父老施以援手。有以下史料为证。同治二年，太平人苏成美“商于徽……里人避难，还家者饥饿无所得食，成美捐金千两，倡办赈济，全活无算。”⑪太平人项善宝“寓鄂之沙市，见

---

① 道光《泾县续志》卷5《人物·懿行》，清道光五年刻本。
② 嘉庆《旌德县志》卷8《人物·懿行》，清嘉庆十三年刻本。
③ 民国《太平县志（稿）》，《人物类》，1984年太平县地方志办公室整理复印本。
④ 民国《太平县志（稿）》，《人物类》，1984年太平县地方志办公室整理复印本。
⑤ 光绪《重修安徽通志》卷254《人物志·义行八》，清光绪四年刻本。
⑥ 光绪《重修安徽通志》卷253《人物志·义行七》，清光绪四年刻本。
⑦ 道光《旌德县续志》卷7《人物·懿行》，清道光六年刻本。
⑧ 民国《太平县志（稿）》，《人物类》，1984年太平县地方志办公室整理复印本。
⑨ 民国《太平县志（稿）》，《人物类》，1984年太平县地方志办公室整理复印本。
⑩ 光绪《宣城县志》卷16《人物·懿行》，清光绪十四年活字本。
⑪ 民国《太平县志（稿）》，《人物类》，1984年太平县地方志办公室整理复印本。

同县难民千余人，为募捐于同乡各商贾，始开粥厂，继给钱文，全活甚众。寻复量给资斧，雇船送回。”① 太平人谭冠英，“客楚南，邑人来避难者，无不周恤。”② 咸丰年间，太平县人在湖北汉口经商者较多，这些商人曾多次对乡邻出手相助。赵希圣“经商汉口……县人避难于汉者几万人，希圣会同黄景星等捐巨款，筑屋百十间以居，日给粥两餐，全活甚众。”③ 胡国理则出资帮助乡邻返乡，“咸丰中，在汉口资送乡人避难者数千人。”④ 在战乱期间，孙逢吉、汪金鳌都曾救济过不少乡亲。前者“服贾汉，为养亲计，有余积，好周贫乏。咸丰十年贼踞城，乡人避难者接踵至汉，吉与同乡捐钱搭蓬分住，日给钱米，全活多人。后贼退，买舟回籍，并给川资、谷种。”⑤ 后者“贸易汉口，族人避兵来者，悉资助之。”⑥

倘若寓居地有灾害发生，宁国商人也常常会出手相助。捐赠银两是其中一种救济方式。旌德商人吕灿章，家境并不富裕，“嘉庆八年，在徐郡贸易，遇河水泛溢，捐输银二百八十两，周恤穷檐”。⑦ 旌德人吕锋，“广置学田，贾业在六安思古潭。嘉庆甲戌岁荒，捐千余金，倡赈安抚。”⑧ 泾县人胡一嵩，“尝贸易含山，县连遭水旱，遂罄资本输粟济人。”⑨

捐赠谷粮、低价销售是另外一种救济方式。泾县商人朱时庆，为人慷慨好施，“雍正间游楚，适汉口大荒，输粟数千石”。⑩ 王全，以服贾致饶，“康熙癸酉饥，输谷二千石以赈”⑪。此外，有些宁国商人还通过免费提供食宿的方式来赈灾济民。据载，道光初年，泾县人潘景彰“贾芜湾沚镇，值水灾”，他与同乡潘周达、潘周云“倡赈难民数万，三月之久，全活实众”。⑫ 太平人项凤祥“贾荆宜间，道光三年，川水灾，雇船捞埋浮尸，捐设粥厂八所，经理五月，全活流民万余。”⑬

扶贫帮困是中华民族的传统美德。宁国商人的特殊之处在于他们以“商人”的身份担当着社会救助者的角色。他们“先义后利”的实际行动为“宁国商人”这一商帮概念赢得了赞誉。

---

① 民国《太平县志（稿）》,《人物类》，1984年太平县地方志办公室整理复印本。
② 光绪《重修安徽通志》卷254《人物志·义行八》，清光绪四年刻本。
③ 民国《太平县志（稿）》,《人物类》，1984年太平县地方志办公室整理复印本。
④ 民国《太平县志（稿）》,《人物类》，1984年太平县地方志办公室整理复印本。
⑤ 民国《太平县志（稿）》,《人物类》，1984年太平县地方志办公室整理复印本。
⑥ 光绪《重修安徽通志》卷254《人物志·义行八》，清光绪四年刻本。
⑦ 道光《旌德县续志》卷7《人物·懿行》，清道光六年刻本。
⑧ 道光《旌德县续志》卷7《人物·懿行》，清道光六年刻本。
⑨ 嘉庆《泾县志》卷19下《人物·懿行附》，清嘉庆十一年刻本。
⑩ 嘉庆《泾县志》卷19下《人物·懿行附》，清嘉庆十一年刻本。
⑪ 光绪《重修安徽通志》卷252《人物志·义行六》，清光绪四年刻本。
⑫ 光绪《重修安徽通志》卷254《人物志·义行八》，清光绪四年刻本。
⑬ 光绪《重修安徽通志》卷254《人物志·义行八》，清光绪四年刻本。

三、施德行义，泽被四方

人们习惯于用“无商不奸”一词来形容商人的贪婪与自私，然而我们从宁国商人身上看到更多的则是其施德行义的正面形象。表现在以下四个方面。

其一是育婴堂的建设方面。育婴堂是一种萌生于清乾隆年间的收养孤儿的会社组织，属慈善性质，分为堂养、寄养、自养三种形式。泾县、太平等宁国商人都曾在育婴堂的建设与操持方面出力不少。据记载，泾县人朱琛“与弟琯俱理问，并孝友好义……后贸于嘉定，捐重资为地方兴复育婴堂，妇婴俱得实惠。”① 同治年间，太平人崔祖懋，“贸易汉口，凡太平会馆义冢、善堂、育婴堂，悉捐助之。”② 光绪时太平人绍廷佐“经商于芜湖，凡内河红船局、江口救生局、芜邑育婴堂，均为赞襄。”③ 另有太平人程君宗“自弱冠经商营口，至今近四十年……其善举之最尤者，创办育婴堂，建造三江会馆。”④

其二是义塾的创办方面。在清代，义塾也称“义学”，指的是由私人集资或用地方公益金创办的免收学费的学校。宁国府自古重视教育，是著名的“文房四宝”产地之一，培养出了大批文人志士。以旌德县为例，光绪年间，全县有书屋、文会、书院、县学100余处，自唐朝至清末，有姓名可考者就有举人206人、进士142人，其中状元、榜眼、探花各1人。⑤ 清代，不少宁国商人出资创办义塾。太平人汪诰“经商汉口，宣统元年捐资兴义学，培植里中子弟。”⑥ 太平人孙享榜，是一名贡生，他“长贾于外，积有赢余。同治初年，输金百两以修家庙，捐腴田四十亩以立义塾。”⑦ 另一名贡生旌德人汪笃周也十分卖力，他“少服贾，孝养父母，赀稍裕，买田三十亩储谷备荒，以敦族谊。又捐建义塾，置田六十亩为膏火资。”⑧

其三是义渡的设立方面。义渡是指对乘船渡河的行人不收或少量收取运输费用。宁国商人出资设立义渡的事迹多有记载。例如，泾县曾有五位商人共同出资在县内设立了“上坊渡”。《式好堂兴复上坊义渡碑记》对此有详细记载：“泾城之西为赏溪……在距县治五里许，有上坊渡，宣歙行旅往来如织。当春夏涨发，腾激浩瀚，然率止数日，势易消减，平时则泫然深碧，揭与砅皆不能，故需舟最急，邑东朱胡洪郑汪五姓，曩习贾吴兴，立式好堂公寓，积存余赀，设义渡。”⑨ 不过，由于义渡

① 光绪《重修安徽通志》卷253《人物志·义行七》，清光绪四年刻本。
② 民国《太平县志（稿）》，《人物类》，1984年太平县地方志办公室整理复印本。
③ 民国《太平县志（稿）》，《人物类》，1984年太平县地方志办公室整理复印本。
④ 民国《太平县志（稿）》，《人物类》，1984年太平县地方志办公室整理复印本。
⑤ 参见旌德县地方志编纂委员会办公室编：《旌德县志》，合肥：黄山书社，1992年，页2。
⑥ 民国《太平县志（稿）》，《人物类》，1984年太平县地方志办公室整理复印本。
⑦ 民国《太平县志.（稿）》，《人物类》，1984年太平县地方志办公室整理复印本。
⑧ 嘉庆《宁国府志》卷30《人物志·懿行》，清嘉庆二十年刻本。
⑨ ［清］朱琦撰：《小万卷斋文稿》卷18《式好堂兴复上坊义渡碑记》，清光绪十一年嘉树山房重刊本。

的设立会不可避免地影响到其他以摆渡为业者的利益，因此，宁国商人在其寓居地设立义渡一事往往并不顺利。据载，清同治年间，“泾太同乡汪浑轩、方敬兰、赵应等，联合旅通徽商，创办义渡，手订规条，每一义渡只载十人。自桐埠至大通，每人取茶资二十八文，呈准立案。”但是当地的摆渡者“不容义船下河，并欲制创办人之性命而甘心焉”，结果滋事者受到处罚，“迄至行旅便之。”①

其四是义冢的置办方面。义冢指的是为客死他乡者或死后无处安置者提供葬身墓地。《旌德县志》这样记载道：“旌邑每多义冢，瘗埋暴露骸骨，或一人输造，或本族公费，或同志捐助，有呈县举行而卷案可稽者，有不禀有司而自为营建者，并有不使人知而称为公置者，城乡各处不一而足。”② 县志内容真实性可以从吕祥姚、吕裕成两位商人身上得到印证。据载，吕祥姚、吕裕成“俱旌德人，贸易六安，岁饥捐赈，在本邑置义冢，合葬浮榇七百余具”③。当然，义冢的置办并不局限于宁国府境内，置办人也不限于旌德人。据记载，旌德人张钟玠，时为监生，“一日买舟赴金陵，道由湾沚东下，见河滨大有枯骨，心恻然哀之，遂停舟不进，于神山下购地一区，筑为义冢。”④ 另一监生旌德人洪廷显，“贸庐江，捐四百余金创立会馆，并置义冢，收葬客骸。”⑤ 泾县人王承超，太学生，“贸易泗州……于泗州魏家嘴置有义冢，地方官奖以好善可嘉。”⑥

以上从四个方面分类考察了清代宁国商人的善行义举，事实上，上述义举并不是孤立存在的，它们完全可以发生在同一个宁国商人身上。兹举两例。清道光时，太平县人汪庭有“尝捐金二千，建义学、造乐成桥，费至巨万。又砌路、建亭、捐田、施茶者数起，约费三千金有奇。贸易汉阳，置义冢、施棺木，更于本县置义冢数处，岁歉赈济，建义仓、兴文会，义行甚多。”⑦ 泾县人朱宗潘“经商于三江两湖闽粤各州县镇市，建育婴、贞节诸堂，置义冢，造桥道，设义渡，捐金自二万至千数百不等，又于本邑建溪桥，埋胔八千余具，先后捐军饷练费……共四五万金。同治五年，倡修县学捐千金，次年独修府学，费近四万金，督工三载，不辞劳瘁。”⑧

结　语

俗语说“一方水土养一方人”。宁国府山高水深、人多地少的生存环境，既是多数宁国人弃农从商的重要动因，也是孕育他们喜山爱水、乐善好施性格的酵母。良

① 民国《太平县志（稿）》，《人物类》，1984年太平县地方志办公室整理复印本。
② 乾隆《旌德县志》卷1《风俗》，清乾隆十九年刻本。
③ 光绪《重修安徽通志》卷254《人物志·义行八》，清光绪四年刻本。
④ 道光《旌德县续志》卷7《人物·懿行》，清道光六年刻本。
⑤ 道光《旌德县续志》卷7《人物·懿行》，清道光六年刻本。
⑥ 道光《泾县续志》卷5《人物·懿行》，清道光五年刻本。
⑦ 光绪《重修安徽通志》卷253《人物志·义行七》，清光绪四年刻本。
⑧ 光绪《重修安徽通志》卷254《人物志·义行八》，清光绪四年刻本。

好的品德教育加之日常的生活体验，清代宁国商人热心于修桥铺路、赈灾济民等社会公益事业便不难理解了。学界在探讨商人资本的出路时，倾向于认为商人参与社会公益事业的行为会影响商业资本的积累，有损商业活动的进一步开展。然而，笔者认为宁国商人积极参与清代社会公益事业的行为，不仅彰显了宁国商人施德行义的美德，拓展了他们获利的空间，而且有助于形成商人与社会发展的良性互动，推动了当时社会的和谐发展。